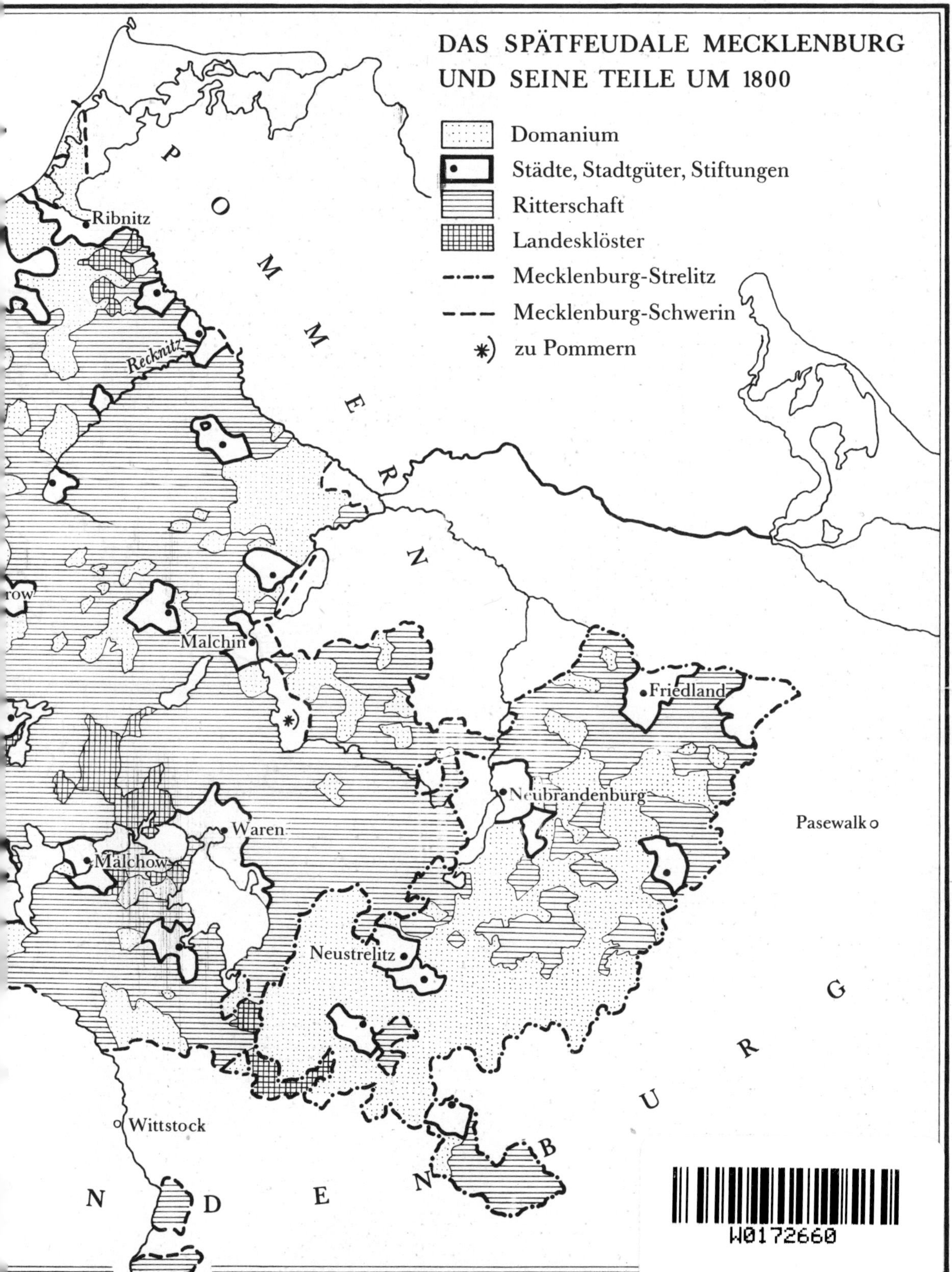
DAS SPÄTFEUDALE MECKLENBURG
UND SEINE TEILE UM 1800
Domanium
Städte, Stadtgüter, Stiftungen
Ritterschaft
Landesklöster
Mecklenburg-Strelitz
Mecklenburg-Schwerin
*) zu Pommern
POMMERN
Ribnitz
Recknitz
Malchin
Friedland
Neubrandenburg
Pasewalk
Waren
Malchow
Neustrelitz
Wittstock
BRANDENBURG

MECKLENBURGISCHE VOLKSKUNDE

Herausgegeben von
Ulrich Bentzien und Siegfried Neumann

MECKLENBURGISCHE VOLKSKUNDE

von
Karl Baumgarten · Ulrich Bentzien
Jürgen Gundlach · Martin Heyne · Ingeborg Müller
Heike Müns · Siegfried Neumann
Wolfgang Rudolph · Wolfgang Steusloff
Ralf Wendt

VEB Hinstorff Verlag Rostock

Buchgestaltung: Mathias Rohde
Farbfotografie: Martin Dettloff
Bildredaktion: Ulrich Bentzien
Lektor: Wolfgang Müns

ISBN 3-356-00173-6

1. Auflage 1988. Lizenz-Nr. 391/240/28/88
Printed in the German Democratic Republic
Gesamtherstellung: Offizin Andersen Nexö,
Graphischer Großbetrieb, Leipzig III/18/38
Bestell-Nr. 5229028

04950

Inhalt

Vorwort

Das große Sammelwerk von Richard Wossidlo (1859–1939) hat Mecklenburg zu Recht den Ruf eingetragen, eine volkskundlich gut erforschte Landschaft zu sein. Auch die jüngere Forschung seit den fünfziger Jahren wurde in Mecklenburg verhältnismäßig intensiv betrieben, so daß der namhafte österreichische Volkskundler Leopold Schmidt schon 1964 von einer „Blütezeit der Volkskunde von Mecklenburg" sprach: „Nie vorher sind wohl so viele Bücher über mecklenburgische Volksüberlieferungen erschienen, von den Bauernhäusern bis zu den Märchen haben die verschiedensten Gebiete in den letzten Jahren ihre zum Teil sehr gründlich erarbeiteten Darstellungen gefunden."

Seitdem ist weitergeforscht worden, so daß eine Gesamtdarstellung möglich ist. Wir legen sie hiermit vor, und zwar mit einer Einschränkung in chronologischer Hinsicht: Anfang und Ende entziehen sich vorläufig einer Synthese, denn zu einseitig sind die Quellen für mecklenburgische Volkskultur vom Mittelalter bis zur Mitte des 18. Jahrhunderts, und zu wenig erforscht ist bisher die Zeit seit den sechziger Jahren des 20. Jahrhunderts. Unsere Darstellung erstreckt sich somit im wesentlichen auf rund zwei Jahrhunderte zwischen 1750 und 1960/61, sie bietet gleichsam – um es gut mecklenburgisch zu sagen – den „Middeldrummel" des Ganzen.

Räumlich behandeln wir Mecklenburg in seinen jeweiligen geschichtlichen Grenzen, also bis 1945 – das heißt für den weitaus größten Teil der Untersuchungszeit – Alt-Mecklenburg, ab 1945 Mecklenburg-Vorpommern und ab 1952 die Bezirke Neubrandenburg, Rostock und Schwerin, wobei um der historischen Vergleichbarkeit willen auch die jüngeren Belege überwiegend auf alt-mecklenburgisches Gebiet bezogen sind. Es ist uns bewußt, daß damit die Rolle jener Teilregionen, die bis 1945 nicht zu Mecklenburg gehörten, nur ungenügend gewürdigt wird. Hier verbleibt Raum für künftige volkskundliche Forschung und Publizistik.

Die „Mecklenburgische Volkskunde" geht einer geplanten neuen Landesgeschichte von Mecklenburg voraus. Als regionale historische Volkskunde hat sie auch innerhalb der eigenen Disziplin in der DDR kein unmittelbares Vorbild, aber sie steht durchaus in der Kontinuität der Volkskundeforschung hierzulande. Historisch vorzugehen, Volkskultur in ihrer geschichtlichen Entwicklung und nicht zeitlos – etwa nach der Art älterer „landschaftlicher Volkskunden" – zu betrachten, ist die herrschende Forschungsrichtung seit der Neubegründung der Volkskunde in der DDR durch Wolfgang Steinitz (1905 bis 1967). Sie wurde überregional erprobt in Editionen, Monographien und Gesamtdarstellungen, unter anderen in einer „Geschichte der deutschen Volksdichtung", und sie kam auch in regional angelegten Forschungen zur Geltung, so in der fünfbändigen Darstellung von Lebensweise und Kultur der Dorfbevölkerung in der Magdeburger Börde.

Die genannten Arbeiten entstanden wie die vorliegende „Mecklenburgische Volkskunde" aus Forschungsergebnissen des Wissenschaftsbereichs Kulturgeschichte/Volkskunde im Zentralinstitut für Geschichte der Akademie der Wissenschaften der DDR (jeweils, wie auch hier, mit Hilfe von Kooperationspartnern). Das Neue an unserer Aufgabe bestand darin, eine ganze historische Region über einen längeren Zeitraum hinweg volkskundlich komplex zu erfassen, dabei alle Trägerschichten der Volkskultur einzubeziehen und die volkskulturellen Teilbereiche in einer angemessenen Auswahl abzuhandeln. Auf dem Wege zu dieser Synthese war Forschungsarbeit auf bisher vernachlässigten Gebieten zu leisten, die hier teilweise erstmals in einer regionalen Volkskunde präsent sind, so das Verhältnis von herrschender Kultur und Volkskultur. Andere Teilgebiete wie die oben von Leopold Schmidt genannten weisen eine dichte Spezialliteratur auf, die selbstverständlich stärker in die Breite und in die Tiefe geht als die vorliegende Darstellung, deren Zweck die zusammenfassende Information über Volkskultur in Mecklenburg ist.

Die darstellerische Aufarbeitung erfolgt in einem Dreierschritt. Erstens wird in einem historischen Abriß ein Überblick über die Volkskultur in Mecklenburg im Rahmen der regionalen Geschichte und Kulturgeschichte vermittelt. Zweitens werden Lebensweiseprozesse in ihrer sozialen Spezifik – bei Bauern, Landarbeitern, Handwerkern, Werftarbeitern und Seeleuten – untersucht. Drittens finden sich Teilbereiche des Erbes und der Traditionen mecklenburgischer Volkskultur dargestellt: Bauen und Wohnen, gegenständliche Volkskunst, Nahrung, Brauchtum, Volksmusik, Volksdichtung und Mundart. Diese Teilbereiche sind – mit zusätzlichen Beispielen – natürlich auch im ersten und zweiten Teil des Buches vertreten, so wie umgekehrt der mehr systematische dritte Teil nicht losgelöst von Geschichte und Gesellschaft im Raum steht. Der gründlicheren Erschließung des Inhalts dient ein Register.

Es sei darauf aufmerksam gemacht, daß ein anderes, großartiges Register zur Geschichte der Volkskultur in Mecklenburg sich zur ergänzenden Benutzung empfiehlt: das Mecklenburgische Wörterbuch, begründet von Richard Wossidlo und Hermann Teuchert. Wortgeschichtliche Fragen, die bei der Lektüre der Mecklenburgischen Volkskunde offen bleiben, beantwortet es erschöpfend (in hohem Maße auch sachgeschichtliche). Auf weitere Literatur wird in den Anmerkungen am Ende eines jeden Kapitels verwiesen, ferner in Auswahl auf die primären Quellen, soweit sie nicht über die zitierte Literatur erschließbar sind. Die Orthographie der Zitate, auch der niederdeutschen, folgt der jeweiligen primären bzw. literarischen Quelle.

Zu danken haben wir sehr vielen Mecklenburgern und Nichtmecklenburgern: zuerst unseren Mitautoren, besonders denen, die nicht oder nicht mehr unsere unmittelbaren Kollegen sind, sodann den vielen Gewährsleuten in Stadt und Land, den Archivaren und Museologen, den Gutachtern und dem Verlag, dem Leiter und den Mitarbeitern des Wissenschaftsbereichs Kulturgeschichte/Volkskunde. Statt einer Liste der Namen, die sehr lang wäre, geben wir die Versicherung, daß ohne ihrer aller Hilfe dieses Buch nicht entstanden wäre.

Dankbar gespürt haben wir auch das öffentliche Interesse an dem Gegenstand unserer Arbeit, das stark angewachsen ist und uns gewiß sein läßt, daß die Traditionen der Volkskultur in Mecklenburg nicht nur eine Geschichte, sondern auch eine Zukunft haben.

Rostock, Wossidlo-Archiv, im Herbst 1986
Die Herausgeber

VOLKSKULTUR IN MECKLENBURG

Ein historischer Abriß

VON
ULRICH BENTZIEN

ERSTER TEIL

Über Mecklenburg

Mecklenburg, mittelniederdeutsch *Mikilinborg*, das heißt ‚Große Burg' – so nannten die deutschen Siedler des Mittelalters den mächtigen Burgwall südlich von Wismar, ein Zentrum des Stammesverbandes der Obodriten. Wie die Slawen selbst diese Stätte nannten, wissen wir nicht. Im Gegensatz zu dem dichten Netz slawischer Ortsnamen, das bis heute unsere Landschaft überzieht, ist kein slawischer Name für die Mecklenburg überliefert. Er mag so ähnlich wie *Wiligrad* geklungen haben, jene gelehrte Rückübersetzung, die sich gegen Ende des 19. Jahrhunderts der mecklenburg-schwerinsche Herzogregent Johann Albrecht – stolz auf seine „wendische" Abstammung – als Namen für sein neuerbautes Schlößchen am Schweriner See erkor.

Mecklenburg – der Name schon sagt etwas aus über die Wurzeln und den Fortgang der Kulturgeschichte dieser Region. Er bezeichnete also zuerst eine Hauptburg der slawischen Obodriten, dann – übrigens bis heute – das deutsche Dorf Mecklenburg, zusätzlich das Fürstentum Mecklenburg, endlich ein ganzes Land: das Herzogtum Mecklenburg (seit 1348). Die niederdeutsche Lautgestalt wandelte sich von *Mikilinborg* über *Mekelenborg* zu *Mekelborg*. Die teilweise verhochdeutschte Sprachform *Mecklenburg* galt seit dem 16. Jahrhundert und bezeichnete nacheinander die Herzogtümer Mecklenburg bzw. (seit 1701) Mecklenburg-Schwerin und Mecklenburg-Strelitz, die Großherzogtümer Mecklenburg-Schwerin und Mecklenburg-Strelitz (seit 1815), die Freistaaten Mecklenburg-Schwerin und Mecklenburg-Strelitz (seit 1919), das Land und den „Gau" Mecklenburg (1934–1945) und wiederum das Land Mecklenburg (1945–1952). Als Bezeichnung einer historischen Region lebt der Name *Mecklenburg* bis heute fort, und zwar in durchaus verschiedener Aussprache: Auf plattdeutsch spricht man von *Mäkelborg*, auf hochdeutsch in einheimischer Aussprache von *Meklenburg* (also mit langem *e*) und auf hochdeutsch im Munde der Zugereisten von *Mecklenburg* (also mit kurzem *e*, was buchstabengetreu, aber nicht lautgerecht ist).

Slawisches, Niederdeutsches, Hochdeutsches ging ein in die mecklenburgische Volkskultur, und dies nicht nur auf sprachlichem Gebiet. Die Begriffe stehen hier für das andersethnische Moment, für die innerethnische besondere Komponente und für das allgemeine nationale Element, die in historischer Abfolge ihren Einfluß ausübten. Frühgeschichtliche Traditionen, mittelalterliche Siedlungsbewegungen im niederdeutschen Raum, Ausstrahlungen bürgerlichen Kulturfortschritts in Deutschland, die Katastrophen zweier imperialistischer Weltkriege und die jüngste Geschichte mit ihrem nationalen und internationalen Verlauf auf den Sozialismus zu – all das wirkte zu seiner Zeit und manchmal über seine Zeit hinaus auf das Leben des Volkes in Mecklenburg ein. Bestehendes verflocht sich immer wieder mit Hinzugekommenem, Altes verschloß sich oft dem Neuen und machte ihm endlich doch Platz, Neues wurde schließlich auch von Mecklenburgern erdacht und von Mecklenburgern durchgesetzt.

Wo liegt da der Unterschied zu anderen historischen Regionen? Slawische Relikte gab es auch in der Volkskultur anderer nordostdeutscher Regionen; niederdeutsch geprägt waren alle Nachbarregionen Mecklenburgs; in die gesamtnationale deutsche Entwicklung wurden sie ebenfalls sämtlich einbezogen; und zum sozialistischen deutschen Staat gehören die Nordbezirke der DDR nicht allein. Wo also liegt das Besondere? Oder bietet Mecklenburg nur ein Beispiel für das Einzelne im Rahmen des Allgemeinen?

Zweifellos kann die Frage nicht für alle Zeiten in gleicher Weise beantwortet werden. Es gab und gibt Geschichtsabschnitte, in denen sich die Gemeinsamkeiten zwischen den Regionen stärker als die Unterschiede ausgebildet zeigen. Mit großer Wahrscheinlichkeit waren das Mittelalter und sogar noch das 16./17. Jahrhundert eine Zeit, in der sich die feudalzeitlichen Kulturverhältnisse in Mecklenburg wenig von denen in den Nachbarregionen Holstein, Niedersachsen, Brandenburg und Pommern unterschieden. Und ganz gewiß ist unsere unmittelbare Gegenwart eine Zeit, in der die sozialistischen Kulturverhältnisse in den Bezirken Rostock, Schwerin und Neubrandenburg sehr weitgehend übereinstimmen mit denen in den Nachbarbezirken Magdeburg, Potsdam und Frankfurt (Oder) sowie überhaupt in der DDR. Anders in dem dazwischenliegenden Geschichtsabschnitt, der in spätfeudaler Zeit – etwa um die Mitte des 18. Jahrhunderts – einsetzt und 1945, spätestens jedoch um 1960/61 mit dem Abschluß der Übergangsperiode vom Kapitalismus zum Sozialismus endet. Während dieser Zeit hat sich das Besondere in der Kultur und Lebensweise der Mecklenburger stärker entwickelt, zeitweilig kräftig ausgeprägt und traditionsbildend gezeigt.

Ein feinfühliger Beobachter, der Künstler Ernst Barlach, glaubte bei seinen Landsleuten sogar eine „mecklenburgische Daseinsweise“ wahrzunehmen. Kann man so weit gehen? Wir werden darauf zurückkommen.

Unter spätfeudalen Verhältnissen (Mitte bis Ende des 18. Jahrhunderts)

Die Entdeckung von Volkskultur und Volkssprache. Zur Quellenlage

Am 14. September 1757 fand an der Rostocker Universität eine Disputation statt, in deren Verlauf nicht nur die üblichen lateinischen Thesen und Kommentare, sondern gehäuft auch plattdeutsche Wörter und Wendungen durch den Raum schwirrten. Da tauchte zum Beispiel das Stichwort *Hest* auf: „Hest significat, inter rusticos, adhuc hodie, eqvum." (*Hest* bezeichnet unter den Bauern bis heute ein Pferd.) Und man fügte sogleich eine lateinisch erläuterte plattdeutsche Wendung hinzu: „Rusticus enim Mecklenburgensis dicit de tantum non emerito eqvo: et is all eenen olden Hest – binnen Felds deet he 't noch so wol, äverst up Stadtreisen dögt he nich mehr." (Der mecklenburgische Bauer nämlich sagt von einem nicht ganz ausgedienten Pferd: es ist schon ein alter Hest – auf dem Acker tut er 's noch so eben, aber zu Stadtfahrten taugt er nicht mehr.) Der Gleichklang mit dem dänischen Wort *hest* und mit dem schwedischen *häst* kam zur Sprache, nicht jedoch die Frage, ob hier ein gemeinsamer älterer Wortschatz vorliege oder ob das Wort erst durch die Schweden, denen seit dem Dreißigjährigen Krieg Wismar und das Amt Neukloster gehörten, eingeführt worden sei. Auf der Hand lag dagegen die Erklärung eines weiteren Wortes für ‚Pferd', nämlich *Kunjer*: Das stamme „de vocabulis Russiis, occasione belli ... in his terris" (d. h. aus dem Munde der Russen während des Nordischen Krieges in Mecklenburg) und sei von den Bauern aufgenommen und bewahrt worden.

Zwanglos ging die Disputation von einem Wort zum andern gemäß der Vorlage des präsidierenden Professors.[1] Zur Debatte stand nämlich ein mecklenburgisches Wörterbuch, als Beispielsammlung angelegt von Ernst Johann Friedrich Mantzel, Doktor der Theologie, Professor der Moral und Professor der Rechte, einem Mann, der sich 1750 schon einmal zu einem „mecklenburgischen Glossario und Idiotico" geäußert hatte. Dieser Mantzel (Abb.) war ein typischer Vertreter der akademischen Vielschreiberzunft seines Jahrhunderts – so typisch, daß sich sein Landsmann, der große Satiriker Christian Ludwig Liscow, ihn als Opfer seiner Fehden wider die „elenden Scribenten" erwählt und der Lächerlichkeit preisgegeben hatte. Unbeirrt davon häufte Mantzel Publikation auf Publikation, darunter zwischen 1761 und 1766 neun Fortsetzungen aus seinem „Idioticon"-Material. Dies geschah in der von ihm herausgegebenen und im wesentlichen von ihm allein mit Beiträgen versorgten Zeitschrift „Bützowsche Ruhestunden", einem Unikum unter den gelehrten Publikationsorganen jener Zeit, so wie die Universität Bützow selbst eines war (Herzog Friedrich der Fromme hatte sie 1760 nach einem Streit mit dem Rostocker Rat als separate herzogliche Einrichtung in dieser Kleinstadt begründet). Hier also betrieb Mantzel, der dem herzoglichen Ruf nach Bützow gefolgt war, hauptsächlich historische und juristische Studien und untersuchte in diesem Zusammenhang auch Fragen des Mundartgebrauchs in Mecklenburg.

Als Mantzel sich diesem Interessengebiet zuwandte, war Liscow – aufgerieben zwischen den Intrigen rivalisierender Frak-

Ernst Johann Friedrich Mantzel

tionen der Feudalklasse in Mecklenburg – literarisch bereits verstummt; das Erscheinen der „Ruhestunden“ erlebte er (gestorben 1760) schon nicht mehr. Gewiß hätten die dort veröffentlichten Fortsetzungsfolgen des „Idioticon“ mit ihren weitschweifigen Auslassungen, unpassenden Belegstellen und endlosen Zitaten ein geeignetes Objekt Liscowscher Satire abgegeben. Etwa jener Passus, in dem Mantzel (1761) davon handelt, wie der mecklenburgische Bauer die hochdeutsche Kirchenliturgie so schlecht verstehe und beim Gloria statt „All Fehd' hat nun ein Ende“ falsch singe: „Alle Freed (Frieden) hat nun ein Ende“.[2] – „Mag zuweilen sonst wol wahr genug seyn“, räsoniert Mantzel, ohne auf den Gedanken zu kommen, daß das Kirchenvolk diese bittere zeitgenössische Wahrheit – mitten im Siebenjährigen Krieg, unter dem das Land entsetzlich litt – mit Ernst gemeint haben könnte.

Was bleibt, ist der Quellenwert von Mantzels „Ruhestunden“, die uns z.B. manchen Erstbeleg für Sprichwörter im mecklenburgischen Volksmund liefern, aber auch Hinweise auf Äußerungen des Volksglaubens. So liest man das Geschichtchen von jenem Bauern, der in abergläubischer Scheu den Wolf nicht nennen mag und daher, nach dem Namen seines Pfarrers (Wolf) gefragt, diesen mit „Herr Undeerd“ angibt.[3] Weiteres Material enthalten andere Abhandlungen, darunter ein Kommentar zum Edikt gegen den Aberglauben der Zwölfnächte (1740), ein Traktat über den Brauch der Pfingst-Maibüsche (1758), die Beschreibung einer mecklenburgischen Bauernhochzeit (1763), ein mecklenburgischer Hausmannskalender mit Sprüchen und Sitten zu den einzelnen Jahreszeiten (1765), aber auch die erste mecklenburgische Pfarr- und Dorfgeschichte (1764), betreffend Jördenstorf, Kreis Teterow, woher Mantzel stammte und wo er Plattdeutsch gelernt hatte.

Ernst Johann Friedrich Mantzel (1699 bis 1768) besitzt das unbestreitbare Verdienst, erstmals nach Chyträus im 16. und Lauremberg im 17. Jahrhundert wieder öffentliches Interesse für Volkssprache und Volkskultur in Mecklenburg geweckt zu haben. Er stand damit nicht allein, weder in Deutschland, wo allenthalben Barockdissertationen über juristisch-kameralistische Fragen im Zusammenhang mit Volksbräuchen und -glaubensvorstellungen erschienen, und auch nicht in Mecklenburg. 1742 veröffentlichte Johann Peter Schmidt seine von der jüngeren Forschung vielzitierte und vielgeschmähte Schrift „Fastel-Abends-Sammlungen oder Geschichtsmäßige Untersuchung der Fastel-Abends-Gebräuche in Mecklenburg“,[4] und Hermann Becker verteidigte 1752 an der Rostocker Universität eine Programmschrift „de donis natalitiis sub denominatione derer Angebinden“, d.h. über die Sitte des

Schenkens anläßlich der Geburt. Schmidt und Becker, beide Juristen, mögen durch den älteren Mantzel zur Behandlung dieser Themen angeregt worden sein. Becker wurde später Amtskollege Mantzels, d.h. Professor der Rechte in Rostock bzw. Bützow, und Schmidt „würklicher Geheimer Rath und Minister" zu Schwerin.

Akademisch gebildete Beamte des feudalen Staates waren es, die auch in anderen Teilbereichen ein gewisses Interesse an der mecklenburgischen Volkskultur bekundeten. Da ist Andreas Christlieb Streubel (1698–1774) zu nennen, Amtmann des herzoglichen Amts Schwerin. Er gilt als der Entdecker des Mecklenburgischen Hakens, eines altüberlieferten Pfluggerätes mecklenburgischer Bauern, über das er eine Abhandlung schrieb (1753). Sein Nachfolger im Amt, Christian Wilhelm Christlieb Schumacher, veröffentlichte 1774 sogar ein kleines, instruktiv bebildertes Buch über denselben Gegenstand (Abb. daraus unten und S. 150). Daraus geht nun recht deutlich hervor, worauf das Interesse gerichtet war, das uns diese Art von Quellen beschert hat: nicht auf volkskundliche Erfassung, sondern auf Erfassung zum Zweck verbesserter Ökonomie und Finanzpolitik. Schumacher beschrieb die Vorteile des Hakens bei der Erhöhung der Bodenfruchtbarkeit, und vor allem rechnete er vor, daß die Herstellungskosten für einen Haken nur die Hälfte der für einen Pflug

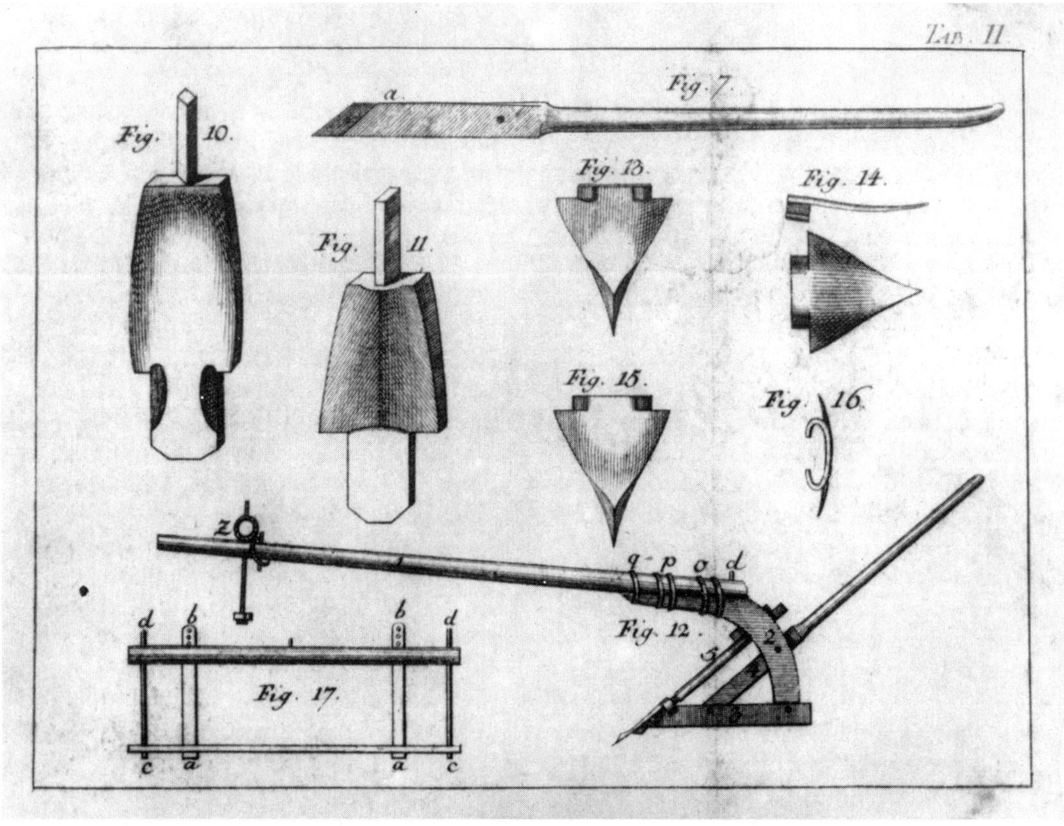

Werkzeichnung aus der „Abhandlung vom Haaken" (1774)
1 Der Haakenbaum, 2 Der Haakenkrümmel, 3 Das Haakenhöfft, 4 Der Sterz, 5 Das Haakbrett oder Reester, 7a Der Sterz mit der Wurzel, 10–11 Das Haakbrett, 12 Die Befestigung durch d Stifft und o p q Die Weeden, 13–16 Das Haakeisen, 17 Das Haakenjoch mit dem Jochbaum und dem Kehlholz, a–b Die Jochscheiden, c–d Die Jochsticken

aufgewendeten Kosten betrügen, daß der Ochsenanspann wohlfeiler sei als der Pferdeanspann, daß die menschliche Arbeitskraft besser ausgenutzt werden könne usw. Würde überall dort, wo überwiegend oder teilweise der Pflug zum Einsatz käme, allein der Haken benutzt, wäre dies zum Nutzen für Bauern, Gutsherren, Domänenpächter und für den Staat. Wie in der Widmung an den Erbprinzen Friedrich Franz offen ausgesprochen, sollte das Buch direkt dazu dienen, daß aus ihm „ein Theil einer wohlgefaßten Dienstordnung fließet",[5] das heißt, eine Verordnung über die möglichst effektive Ableistung der bäuerlichen Frondienste.

Alle diese Männer, ob gebürtige Mecklenburger oder nicht (Streubel stammte aus Kursachsen), dokumentierten ein Stück mecklenburgischer Volkskultur aus überwiegend pragmatischen Motiven heraus. Ob es darum ging, plattdeutsch sprechende Zeugen vor Gericht richtig zu verstehen, Volkssitten in ihrem Verhältnis zum herrschenden Recht zu überprüfen oder ein möglichst wohlfeiles Arbeitsgerät herauszufinden: In der Regel war das Interesse praxisbezogen, ausgerichtet nach bestimmten Bedürfnissen der feudalen Justiz, Finanzpolitik und Ökonomie.

In noch höherem Maße trifft dies auf all jene schriftlichen Quellen zu, die unmittelbar aus der behördlichen Praxis des spätfeudalen Staates erwachsen sind und die uns ein ziemlich einseitig beleuchtetes Bild von der Lebensweise und Kultur des Volkes in Mecklenburg erkennen lassen. Es sind dies die Gesetze und Verordnungen und das ihnen zugrunde liegende Behördenschriftgut, vor allem jedoch die Inventarverzeichnisse, die unter den historischen Quellen der Volkskunde eine so große Rolle spielen und die doch stets kritisch beurteilt werden müssen. Als Faustregel kann gelten: Je feudalabhängiger eine soziale Klasse oder Schicht war, desto gründlicher beschäftigte sich die zuständige Behörde mit ihr. Wo es herrschaftliches Eigentum an Grundstücken, Häusern, Vieh und Gerätschaften – die sogenannte Hofwehr – gab, dort entstanden auch Inventarverzeichnisse, d.h. Verzeichnisse des herrschaftlichen Inventars, gelegentlich schon ergänzt durch Aufstellungen des persönlichen Eigentums (bei Frauen der Mitgift). So kommt es, daß wir über die materielle Kultur der mecklenburgischen Bauern jener Zeit verhältnismäßig viele Angaben besitzen, über die der Knechte und Tagelöhner dagegen keine – jedenfalls keine aus solchen Inventarverzeichnissen, die sich hauptsächlich auf Produktionsmittelbesitz bezogen. Anders liegen die Dinge bei Nachlaßverzeichnissen in Gerichtsakten. Hier bildete den Maßstab nicht die Rechtsqualität – Besitz oder Eigentum –, sondern eher die Quantität: Nur wo hinreichend viel vorhanden war und vererbt werden konnte, lohnte die Aufstellung eines Nachlaßverzeichnisses. So wiederum kommt es, daß wir beispielsweise aus dem städtischen Bereich über das materielle und kulturelle Besitztum der herrschenden und wohlhabenden Schichten umfangreiche Kenntnisse haben, über das der plebejischen Schichten dagegen keine ausreichende Information.

All dies muß in Rechnung gestellt werden, wenn wir nunmehr versuchen wollen, aufgrund der Quellen den Entwicklungsstand der Volkskultur in Mecklenburg während der zweiten Hälfte des 18. Jahrhunderts zu skizzieren und in weiteren Kapiteln dieses Buches einzelne Bereiche getrennt abzuhandeln.

Volksleben in Mecklenburg – Allgemeines und Besonderes

Um die Mitte des 18. Jahrhunderts gab es schätzungsweise 150000 Mecklenburger, die auf einer Fläche von etwa 16000 Quadratkilometern siedelten, also in einem Land mit sehr geringer Einwohnerdichte lebten.

Das spätfeudale Mecklenburg war wie seine Nachbarregionen – ja noch ausgeprägter als diese – ein Agrarland. Bauern und Bäuerinnen, Knechte und Mägde, Tagelöhner und Dorfhandwerker mit ihren Familien bestimmten die Sozialstruktur des platten Landes. Eine Manufakturentwicklung (Glashütten, Papiermühlen, ein Eisenwerk, eine Pappmachéfabrik u.a.) gab es nur in schwachen und verkümmernden Ansätzen, so daß kein zahlenmäßig ins Gewicht fallendes Manufakturproletariat im Lande existierte. Ähnliches gilt von den Städten, die in der Mehrzahl Ackerbürger-Handwerker-Städte waren, mit gewisser Ausnahme der zum Seehandel privilegierten Städte Rostock und Wismar sowie der Residenzen.

Dynastisch war Mecklenburg seit 1701 geteilt in das Herzogtum Mecklenburg-Schwerin, das seiner Fläche nach – mit mehr als 13000 km^2 – zu den mittelgroßen Territorien des Reiches rechnete, und das Herzogtum Mecklenburg-Strelitz, das – mit weniger als 3000 km^2 – zu den Kleinstaaten des Reiches zählte. Man vergleiche dazu die Karte im Vorsatz.

Ihrer ethnischen Zugehörigkeit nach waren die Mecklenburger Deutsche, genauer gesagt: Niederdeutsche, eingerechnet eine kleine Zahl assimilierter Dänen und Schweden, die nach dem Dreißigjährigen Krieg in das von Menschen stark entleerte Land gekommen waren, ergänzt durch Zuzügler aus anderen Landschaften, darunter einige Dutzend jüdischer Familien. Ein ethnohistorisch hochbedeutsamer, massenhafter Prozeß, nämlich die Verschmelzung niederdeutscher und westslawischer Bevölkerung im Mittelalter, hatte seine Spuren hinterlassen, lag aber weit zurück und spielte im 18. Jahrhundert für das ethnische Selbstverständnis des Volkes in Mecklenburg keine Rolle. Germanisierung, Feudalisierung und Christianisierung gehörten einer schon entfernten Geschichtsperiode an. Die Herkunftslandschaften der niederdeutschen Siedler des Mittelalters waren Westfalen, Niedersachsen, Holstein und andere Territorien, darunter die Mark Brandenburg, von der aus die deutsche Besiedlung des „Landes Stargard" erfolgte – siedlungsgeschichtliche Tatsachen, die den Charakter der mecklenburgischen Volkskultur über lange Zeiträume hinweg wesentlich prägten, ohne daß sie den Trägern der spätfeudalzeitlichen Volkskultur in Mecklenburg noch bewußt gewesen wären.

Gleichwohl blieb das Erbe der niederdeutschen Siedler des Mittelalters in mancherlei Beziehung und Gestalt lebendig. Es war verkörpert in vielen traditionellen Kulturformen, die wir in den Ausgangslandschaften der Besiedlung finden und in Mecklenburg wiederfinden: in den Grundelementen des Geräts der Bauern und Handwerker, in der ländlichen Hallenhausbauweise, in der kirchlichen und profanen Architektur der Städte, in der Sprache – dem Niederdeutschen – und in der Volksdichtung. Hier gibt es unübersehbare und unüberhörbare Gleichungen, teilweise bis in Einzelheiten hinein.

Daneben stellen wir Abweichungen fest. Ein Beispiel ist die Bodenkultur, die sich in Mecklenburg nicht durchgängig nach dem westelbischen Vorbild entwickelte. Zwar wurde der dortige Typ des einsterzigen Beetpfluges weitgehend übernommen, aber gleichzeitig die Tradition der Bodenbearbeitung mit dem Haken – einem entwicklungsgeschichtlich älteren Gerät von der Art der Wühlpflüge – fortgeführt.[6] Der Mecklenburgische Haken, wahrscheinlich aus der westslawischen Bodenkultur hervorgegangen, war eine wichtige und historisch stabile Besonderheit der materiellen Kultur des mecklenburgischen Dorfes (Abb. S. 36, 150f.). Abweichungen zeigen auch die Feldsysteme, unter denen im Südosten Mecklenburgs die Dreifelderwirtschaft und im Norden die Vier- bzw. Fünffelderwirtschaft vorherrschten, während die im Altsiedelland ursprünglich verbreitete Einfeldwirtschaft mit „ewigem" Roggenbau oder freier Körnerfolge nur im Südwesten übernommen wurde. Andererseits stellt die Mehrfelderwirtschaft mit Brache, insbesondere die Dreifelderwirtschaft, natürlich keine mecklenburgische Besonderheit dar; sie wurde nicht allein und nicht zuerst hier, aber auch hier – unbekannt wann – übernommen. Wieder anders steht es mit den Dorf- und Flurformen, die sich wahrscheinlich in Abhängigkeit von den Verhältnissen in den Heimatlandschaften der Siedler entwickelt, aber später auch weiterentwickelt haben, so vom Weiler (Drubbel) zu geregelten dörflichen Kleinformen, von der Langstreifenflur zur Blockgewannflur.[7]

Manche Übereinstimmungen sind Gleichungen mit einer Unbekannten, nämlich der Zeit. Früher löste man sie oft in der Weise, daß man die betreffende Erscheinung im Altsiedelland als Wurzel bezeichnete und die gleiche im Neusiedelland Mecklenburg zum Ableger erklärte. So verfuhr 1925 Johann Ulrich Folkers, der die dreiständrigen Bauernhäuser des Doberaner Gebiets als Erbteil der mittelalterlichen Siedler aus den Weserbergen um Amelungsborn (wo es ähnliche Bauernhäuser gibt) erklärte. Karl Baumgarten hat nachgewiesen, daß es sich in beiden Gebieten um eine junge Formenschicht handelt, die um Doberan sogar erst dem 18. Jahrhundert angehört und sich unabhängig, aus wirtschaftlichen Erfordernissen heraus, entwickelt hat.[8]

Zwischen diesen beiden entgegengesetzten Möglichkeiten – der Einführung durch Siedler des Mittelalters und der selbständigen Entstehung – liegt das weite historische Feld der überregionalen Kulturkontakte, die es während der weiteren Entwicklung und des Verfalls der Feudalgesellschaft im deutschen Sprachgebiet (und darüber hinaus) stets gegeben hat. Erinnert sei hier nur an den Sieg der Reformation in Mittel- und Norddeutschland und die auch für das Volksleben folgenreiche Durchsetzung der evangelisch-lutherischen Konfession, an das Eindringen bürgerlicher Lebensweise und Ideologie, an den Übergang des Niederdeutschen in den Status einer Mundart. Durch solche überregionalen Kontakte gelangten viele neue Elemente von Lebensweise und Kultur auch nach Mecklenburg – in voller Breite und in räumlicher Begrenztheit, zeitgleich und phasenverschoben, unverwandelt und umgewandelt. Das Ergebnis bildeten weitere Übereinstimmungen der Volkskultur Mecklenburgs und seiner Nachbarlandschaften, aber auch regionale Varianten und Besonderheiten. Ein besonderes Kapitel mecklenburgischer Kulturgeschichte im Spätfeudalismus stellen die nicht angekommenen und nicht angenommenen zeitgemäßen Neuerungen dar. Wir wollen die Beispiele und Gegenbeispiele hier nicht geschlossen aufzählen, sondern die Darstellung mit einem Rundblick über mecklenburgische Verhältnisse in der zweiten Hälfte des 18. Jahrhunderts verbinden.

Zuerst stoßen wir auf die schon erwähnte Zweiteilung des Landes in Mecklenburg-Schwerin und Mecklenburg-Strelitz. Das Leben des Volkes in den beiden Herzogtümern unterschied sich in Einzelheiten durchaus. Der Schwerinsche Dorfbewohner wuchs für gewöhnlich in einem raucherfüllten Dielenhaus auf, das – ob Bauernhaus oder Katen – dem Typ des niederdeutschen Hallenhauses zugehörte und als späte wohnkulturelle Zutat den Einbau oder Anbau einer Stube erfahren hatte. Der Strelitzer Dorfbewohner lebte dagegen normalerweise in einem kleineren, von vornherein mit einer Stube ausgestatteten Haus, das dem mitteldeutschen und brandenburgischen Ernhaus glich. Unter preu-

DIE STADT RATZEBURG.
Verlag d. Tiedemannschen Hof-Steindr. z. Rostock.

DÖMITZ.

Nordwestmecklenburg: Dom und Domhof Ratzeburg (1648 bis 1937 mecklenburgisch),
Südwestmecklenburg: Dömitz am Eldezufluß in die Elbe,
Nordostmecklenburg: Ribnitz – Landeskloster (Adliges Fräuleinstift),
Südostmecklenburg: Neubrandenburg – Friedländer Toranlage; Stargarder Tor, St. Marien, Wassermühle.
Stahlstiche von 1842–1845

ßisch-brandenburgischem Einfluß waren Neubauten in der materialaufwendigen Hallenhausbauweise durch die herzoglich-strelitzische Regierung untersagt und damit die Wohnweise und der Charakter des Dorfbildes weitgehend verwandelt worden. Schon älter, auf die Zeit der mittelalterlichen Besiedlung zurückgehend, war der Gegensatz zwischen beiden Landesteilen in der niederdeutschen Mundart: Im Schwerinschen sprach man ein dem westlichen Niederdeutschen mehr ähnelndes Platt, im Strelitzischen dagegen ein Platt, das dem Brandenburgischen mehr glich und auch stärker hochdeutsche Lautformen angenommen hatte – daher der Scherzname „de Fifundreißiger" für die Strelitzer (im Schwerinschen heißt die Zahl 35 „fifundörtig").

Fernab vom Strelitzer Kerngebiet, getrennt durch das Schweriner Herzogtum, lag das zu Strelitz gehörende Fürstentum Ratzeburg, scherzhaft „Nümsland" (Niemandsland) genannt. Die „Nümser" zeichneten sich in ihrer Lebensweise und Kultur durch Merkmale aus, die von der strelitzischen, aber auch von der gesamten mecklenburgischen Norm stark abwichen. Der Unterschied zum übrigen Mecklenburg bestand in der rein bäuerlichen Prägung der Agrarverhältnisse, d.h. im Fehlen von Ritter- und Domänengütern (und sogar von Städten). Die dortigen Bauern, seit alters unter einer einzigen Grundherrschaft (zuerst dem Ratzeburger Bischof, zuletzt dem Strelitzer Herzog) in lockerer Feudalabhängigkeit lebend, bewahrten manche Traditionen dörflicher Freiheit; sie führten die überlieferte Volksbauweise durch die Ausgestaltung ihrer niederdeutschen Hallenhäuser zu einer neuen Blüte (Abb. S. 294), sie besaßen eine auch in Tracht und Mobiliar anschaubare reiche Volkskunst (Abb. S. 268, 312ff.), und sie waren mehr als ihre Standesgenossen im übrigen Mecklenburg des Lesens und Schreibens kundig: Bücherbesitz in Form von Bibeln, Gesangbüchern und Traktaten ist im 17./18. Jahrhundert mehrfach nachweisbar.[9]

Die Ausnahme, die das Fürstentum Ratzeburg darstellt, lenkt den Blick auf eine Regelhaftigkeit mecklenburgischer Verhältnisse im Spätfeudalismus. Es war – einen abhängigen sozialen Status einmal vorausgesetzt – weniger entscheidend, in welchem der beiden Herzogtümer man lebte, als vielmehr, welcher feudalen Herrschaft man unmittelbar unterstand: dem Herzog, dem Domänenpächter, dem Rittergutsbesitzer oder der Stadtobrigkeit. Nicht die dynastische Landesteilung, sondern die faktische Gewaltenteilung wirkte sich entscheidend auf das Volksleben in Mecklenburg aus.

Als wesentliche Ursache ist Mecklenburgs staatspolitische Verfassung hervorzuheben, die sich auf der Grundlage spezifischer sozialökonomischer und politischer Entwicklung und Rückentwicklung (die hier nicht dargestellt werden können) herausgebildet hatte. Mecklenburg war ein Ständestaat, kein absolutistischer Staat, d.h. hier hatte sich das politische Herrschaftssystem des Absolutismus als der dominierenden Form des spätfeudalen Staates nicht durchgesetzt. In Mecklenburg blieben die Interessen des Adels dem Gesamtinteresse des feudalen Staates nebengeordnet, sie wurden ihm nicht untergeordnet. Im Gegensatz zu Brandenburg und Pommern (ohne Neuvorpommern) unter seinen preußischen Königen, im Gegensatz zu Hannover, Schleswig-Holstein und Dänemark war Mecklenburg also in höherem Maße ein Ständestaat mit einer in ihrer Macht beschränkten herzoglichen Landesherrschaft geblieben, und das letzte Ergebnis der Machtaufteilung und des Finanzausgleichs zwischen den Herzögen und den „Ständen" lag seit 1755 in Gestalt des „Landesgrundgesetzlichen Erbvergleichs" als Landesverfassung vor. Demnach herrschten die Herzöge von Mecklenburg-Schwerin und Mecklenburg-Strelitz „absolut" nur in ihrem Eigenterritorium, dem Domanium, nicht souverän dagegen in den Adelsbesitzungen (dem Gebiet der „Ritterschaft") und in den Städten (dem Gebiet

Ehemaliges Domanialdorf Levin, Kreis Malchin. Zustand um 1938

der „Landschaft"). Ritterschaft und Landschaft, letztere vertreten durch die Bürgermeister der Städte, bildeten die allein landtagsfähigen „Stände". Jeder Gutsbesitzer, ob adlig oder nicht (was zunehmend vorkam), und jedes Stadtoberhaupt waren automatisch Landtagsmitglied. Im Landtag und im „Engeren Ausschuß" wurde die „Union der Stände" gegenüber den Herzögen praktiziert und jedes Privileg der feudalen Gutsherrschaft und des feudalen Stadtregiments zäh verteidigt. Die Herzöge waren also machtbegrenzt und dadurch, daß der – für beide Mecklenburg gemeinsame – Landtag das Steuerbewilligungsrecht besaß, stark von den Ständen und besonders von deren mächtigster Gruppierung, der Ritterschaft, abhängig.

Das *Domanium*, der Eigenbesitz der Herzöge, umfaßte etwa 38 Prozent der Gesamtfläche des Landes und lag verstreut über das ganze Land, etwas stärker konzentriert im Südwesten von Mecklenburg-Schwerin, vor allem in der „Griesen Gegend", sowie in den ehemals geistlichen Gebieten um Bützow, Neukloster, Doberan, Dargun u. a., in Mecklenburg-Strelitz mehr im südlich-mittleren Teil, abgesehen von dem isoliert gelegenen Ratzeburger Land mit seiner Sonderstellung.

Die domanialen Verhältnisse in den beiden Herzogtümern verkörperten gleichsam die Normalität ostelbischer Agrarverhältnisse im Spätfeudalismus. Amtshauptmann und Domänenpächter herrschten mit harter Hand über die leibeigene, frondienstverpflichtete Bauernschaft in den Dörfern und über die ebenfalls leibeigenen Tagelöhner, Knechte und Mägde auf den domanialen Gutshöfen.[10] Gemäß dem Büdnerpatent von 1753 kamen im Verlauf des 18. Jahrhunderts Kleinststellenbesitzer in zunächst geringer Zahl zu den Bauern der verschiedenen Größenordnungen hinzu. Dorfhandwerker – Müller, Schmiede, Stellmacher, seltener Weber u. a. – ergänzten die Sozialstruktur der Dörfer. Von entscheidender Wichtigkeit war der Fortbestand der bäuerlichen Klasse, die – im Gegensatz zum Gebiet der „Ritterschaft“ – durch Legungen (d.h. Einziehung bäuerlicher Wirtschaften zugunsten von Gutsländereien) hier kaum dezimiert wurde.

Demgemäß war das Domanium zweifellos der Bereich in Mecklenburg, in dem Traditionen bäuerlicher Kultur sich in größerer sozialer und topographischer Dichte überhaupt fortpflanzen und weiterentwikkeln konnten (Näheres dazu im Kapitel „Bauern“). Annähernd gleich lagen die Verhältnisse in den etwa 15 Prozent der Gesamtfläche des Landes ausmachenden Besitzungen der Städte und der säkularisierten Landesklöster – nunmehrigen adligen Fräuleinstiften – Dobbertin, Malchow und Ribnitz. Hier wie dort herrschte aber letztlich das System der Gutsherrschaft mit Frondienst und Leibeigenschaft, die das kulturelle Niveau herabdrückten.

Ausweis dessen ist z.B. die Vermittlung des landwirtschaftlichen Arbeitswissens, die allein mündlich erfolgte, ebenso die gesamte Betriebsführung, die ohne geschriebene Zahlen und Wörter auskam. Bäuerliche Anschreibebücher stellen zwar auch in nordwestdeutschen Territorien und in Dänemark, wo man verschiedene Stücke aus dem 18. Jahrhundert ermittelt hat, die Ausnahme dar, sind aber nirgendwo so selten wie aus Mecklenburg überliefert. Das hängt nicht erstrangig mit der Schriftunkundigkeit zusammen, denn aus dem 18. Jahrhundert besitzen wir sehr wohl Zeugnisse, daß Dorfbewohner in der Schule wenigstens ungelenk zu schreiben und zu rechnen gelernt hatten. Dabei handelt es sich allerdings um Dorfhandwerker, hauptsächlich Schmiede, die ihrer bäuerlichen Kundschaft im Bedarfsfall (d.h. meist im Zusammenhang mit gerichtlicher Schuldeneintreibung) Rechnungen ausstellten (vgl. Abb. S. 178). Nichts oder fast nichts dergleichen auf der bäuerlichen Seite, weder individuell noch kollektiv. Denn es fehlen in Mecklenburg auch die über den bäuerlichen Gemeinschaftsbesitz – Allmende und Dorfeinrichtungen – geführten Gemeinderechnungen, wie sie in Mittel- und Süddeutschland aus spätfeudaler Zeit so reichlich überliefert sind. Das hängt mit vorhandener bzw. nicht vorhandener Finanzhoheit der Gemeinden zusammen. Die Gemeinde als bedeutsames Organ bäuerlicher (Teil-)Selbstverwaltung des Dorfes war in Mecklenburg – auch im Domanium – ihrer wichtigsten Funktionen beraubt und eigentlich nur noch Frongemeinde. Es gab einen Schulzen, aber dieser wurde nicht gewählt, sondern vom Amt eingesetzt. Er kontrollierte, bestimmte aber nichts eigenverantwortlich, nicht einmal den Termin des jeweiligen Erntebeginns auf den bäuerlichen Feldern, den der Amtmann festlegte. So erloschen Traditionen des autonomen Lebens der Dorfgemeinde – zum Beispiel die bäuerlichen Gilden im Klosteramt Dobbertin – im Laufe des 18. Jahrhunderts.[11]

Hier liegt zugleich eine der Wurzeln für das wohl schwächer entwickelte Gemeinschaftsleben und die offenbar geringer ausgeprägte Geselligkeit in den Dörfern Mecklenburgs gegenüber denen in südlicheren Territorien. Man sollte aber auch beachten, daß die kleinere Einwohnerzahl und die weniger dichte Bebauung der meisten Dörfer – besonders auffällig im Norden Mecklenburgs – objektiv wenig kommunikationsfördernd waren. So gab es in ihnen normalerweise keine Gemeindebacköfen, obwohl deren Errichtung durch herzogliche Erlasse zum Zwecke des Brandschutzes mehrfach angeordnet wurde. Vielmehr besaß weiterhin jeder Bauer und Kossat am Haus seinen feuergefährlichen eigenen Backofen oder im Garten ein eigenes Backhaus. Hier zeigt sich ein gewisser individualistischer Zug in der dörflichen Lebensweise schon unter feudalen Verhältnissen. Dennoch: Bäuerliches Gemeinschaftsleben und andere Erscheinungen ländlicher Volkskultur waren – trotz eingeschränkter Geltung – im Domanium und in den oben erwähnten ähnlich strukturierten Gebieten

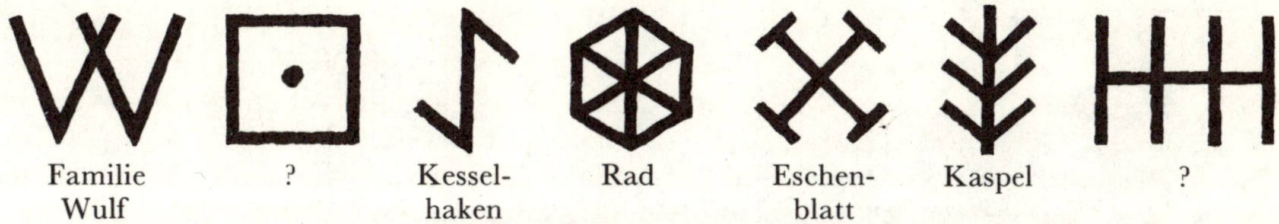

immer noch am kräftigsten innerhalb Mecklenburgs ausgeprägt. Dazu gehörte beispielsweise das Führen von Hausmarken (Abb.).

Es war auch das Domanium, in dem sich tendenziell eine stärkere Ausbreitung des Dorfhandwerks vollzog.[12] Und es waren Domanialdörfer an der Küste, in denen sich zuerst die sogenannte Klippschiffahrt und aus ihr seit der Mitte des 18. Jahrhunderts die Seefahrt als ein Hauptgewerbe entwickelte. In Bauern- und Seefahrerdörfern wie Wustrow, Brunshaupten, Alt Gaarz bildete sich eine maritim geprägte regionale Sonderkultur heraus (vgl. das Kapitel „Seefahrer").

Besondere Verhältnisse mit negativen Folgen für das Leben des Volkes herrschten im Gebiet der *Ritterschaft* oder „im Ritterschaftlichen", wie man in Mecklenburg sagte. Etwa 47 Prozent der Gesamtfläche des Landes umfassend, war dieses Gebiet über fast ganz Mecklenburg verstreut, wenn auch mit größerer Konzentration östlich einer Linie etwa von Rostock–Güstrow–Goldberg–Plau und in weiteren „Inseln", z. B. im Nordwesten im Klützer Winkel. Es führten Wege hinein in die ritterschaftlichen Dörfer, und es führten Wege heraus aus ihnen, aber hinein wollte niemand, und heraus konnte niemand, jedenfalls kein leibeigener Bauer oder Tagelöhner. Stellenwechsel zwischen Domanium und Ritterschaft war so gut wie ausgeschlossen, Heiratskonsense hinüber und herüber gab es nicht, wohl aber „Ausfolgung" entlaufener Untertanen an die Gutsherrschaften.

Im ritterschaftlichen Gebiet war das System der Gutsherrschaft voll ausgeprägt, ja, es nahm hier eine während der zweiten Hälfte des 18. Jahrhunderts in Deutschland einmalig extreme Ausprägung an. Die Gutsherren vergrößerten ihre Eigenwirtschaften rücksichtslos durch das sogenannte Bauernlegen.[13] Es kam zur massenhaften Auslöschung bäuerlicher Wirtschaften, so daß sich deren Zahl pro Gutsherrschaft auf durchschnittlich zwei bis drei verringerte. Die „gelegten" Bauern verblieben im Status der Leibeigenschaft und wurden größtenteils Gutstagelöhner. Den verbliebenen Bauern wurden vermehrte Frondienste aufgebürdet, die ungemessen und – außer sonntags – täglich zu erbringen waren. Auch die Arbeitszeit des gutsherrlichen Gesindes und der Tagelöhner war faktisch unbegrenzt.

Dienstvergehen wurden grausam geahndet durch Einschließen in das Marterinstrument *Gant* und vor allem durch Prügel; erst 1802 beschränkte ein Gesetz die Verwendung von Peitschen, besonders der „dicken Peitschen mit Knoten", und setzte die Zahl der zulässigen Stockhiebe auf 50 (!) herab.

Bäuerliche Hausmarken aus Upahl, Kreis Grevesmühlen. 19. Jahrhundert

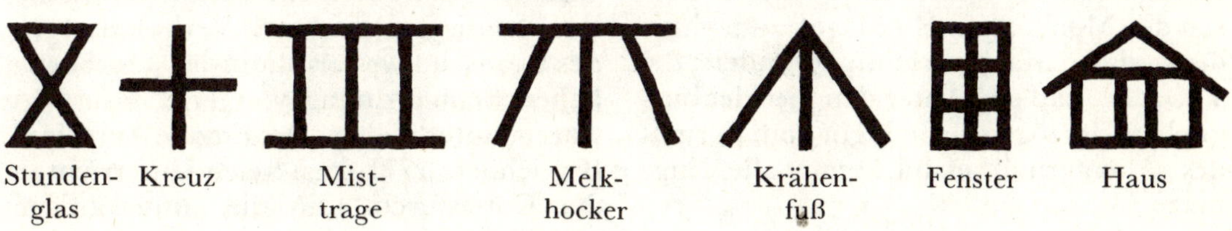

Rittergut Prebberede, Hofanlage des 18. Jahrhunderts. Zustand um 1938

Der Untertan war im Prinzip rechtlos, im Ritterschaftlichen rechtlich völlig ungeschützt. Der Gutsherr war gleichzeitig Gerichtsherr in allen Belangen der niederen Justiz. Für den ritterschaftlichen Bauern, Knecht, Tagelöhner führte praktisch kein Instanzenweg bis zum Landesherrn. Dessen Ohnmacht wurde im Lande auch durchaus empfunden. Im Gegensatz zu den absolutistischen Feudalstaaten finden wir in den Anschauungen der mecklenburgischen Bevölkerung, wie sie sich etwa in der Volksdichtung widerspiegeln, nicht jenen „naiven Monarchismus", der bekanntlich auch in Preußen eine Rolle spielte. In Mecklenburg ruhten spätestens seit dem Scheitern von Herzog Carl Leopold (abgesetzt durch Reichsexekution 1728) keine Hoffnungen des Volkes mehr auf der Person des Monarchen. Hier lagen zum einen die feudalen Machtverhältnisse anders; die Tatsache, daß sich unter den mecklenburgischen Herzögen keine Figur vom Format des „Alten Fritz" befand, kommt allerdings hinzu.

Herzogliche Gesetze und Verordnungen, die es in beiden Mecklenburg im Spätfeudalismus so zahlreich gab wie in anderen Staaten und die das Leben des Volkes bis hinab zur Kleiderordnung reglementierten, galten nicht in jedem Fall für das Gebiet der Ritterschaft. Dies traf insbesondere und in besonders folgenschwerer Weise auf die Schulgesetzgebung zu. In den Städten und teilweise auch im Domanium, wo wenigstens in jedem Kirchort winters Schule gehalten wurde, näherte sich Mecklenburg schrittweise dem Standard des Elementarschulwesens im sonstigen Norddeutschland. Nicht so im Ritterschaftlichen, wo die an Pastoren und Küster (Lehrer) übertragenen Rechte als Eingriff in die alleinige Jurisdiktion der Gutsherrschaft betrachtet wurden und daher alle die bescheidenen Verbesserungen des Landschulwesens, die in der landesherrlichen Schulordnung von 1771 festgelegt waren, unterblieben. Der Engere Ausschuß bezeichnete 1771 „den freien Unterricht in der Gottesfurcht" für die „untertänigen

Kinder“ als durchaus hinreichend, denn „dem Bauersmann liegt daran nichts, ob seine Kinder im Schreiben und Rechnen Unterricht bekommen, und die Herrschaft hat davon noch weniger Vorteil“. Eine andere Erklärung des Engeren Ausschusses von 1774 verstieg sich mit dem Hinweis darauf, daß ein „in Gottesfurcht und der Lehre des heiligen Wortes genugsam geübter und mit Segen lehrender Handwerksmann, der sich außer der Schulzeit sehr nützlich beschäftigt und sich damit ein bequemes Auskommen zu verschaffen weiß“, der richtige Lehrer sei, zu der Behauptung: „Der Untertan kann und darf (d.h. braucht) nicht schreiben und rechnen lernen. Will aber der freie Handwerker, der Holländer (Milchwirtschaftspächter), der Schäfer usw. sein Kind dazu anführen lassen, so hindert ihn ja nichts, in Ermangelung eines dazu tüchtigen Schulmeisters seinen Aufenthalt anderswo im Lande zu nehmen ...“[14] Solche öffentlichen Erklärungen – keine privaten Meinungsäußerungen – waren wohl nur in Mecklenburg möglich. Der extreme Tiefstand des Bildungswesens in nahezu der Hälfte des Landes verursachte dort notwendigerweise einen Rückstand an Kulturentwicklung, der letztlich das Land negativ beeinflußte und historische Langzeitwirkung besaß.

Wir zögern nicht, bestimmte Defekte der mecklenburgischen Volkskultur des Spätfeudalismus mit solchen (und weiteren) Defekten des sozialökonomischen, politischen und geistig-kulturellen Entwicklungsstandes Mecklenburgs in Zusammenhang zu bringen. Selbst in der Landwirtschaft, dem einseitig führenden Gewerbe des Landes, kann man Rückstände gegenüber dem zeitgenössischen Standard beobachten. Mecklenburgs Bauern waren noch ganz dem traditionellen Anbauprogramm bei den Kulturpflanzen (Roggen, Gerste, Hafer) verhaftet.[15] Sie vernachlässigten den Weizenanbau selbst auf weizenfähigen Böden und gaben auf Sandböden der Kartoffel nicht den Raum, den diese in Brandenburg-Preußen gerade seit der Mitte des 18. Jahrhunderts schon einnahm. Sie kannten noch nicht den Raps, der in Schleswig-Holstein in den wirtschaftlichen Dispositionen auch der Bauern bereits eine große Rolle zu spielen begann. Zwerghaft entwickelt blieb der Tabakanbau, den in Brandenburg die französischen Planteurs zur Blüte führten. Das Hauptproduktionsinstrument der mecklenburgischen Landwirtschaft, der Haken, wurde bezeichnenderweise zuerst nicht von mecklenburgischen Bauern und Stellmachern weiterentwickelt, sondern die sehr wesentliche Umwandlung von einem Jochhaken mit Ochsenanspann zu einem Radvorgestellhaken mit Pferdeanspann erfolgte nach den frühesten Belegen seit etwa 1750 in der Prignitz und in Vorpommern.

Mecklenburgs Dörfer zeigten hinsichtlich ihrer Bausubstanz in der zweiten Hälfte des 18. Jahrhunderts schon recht deutlich, in welchem Maße der kontaktärmere, kulturell rückständigere ritterschaftliche „Landesteil" das Gesamtniveau herabdrückte. Als äußeres, ansehbares Zeichen nennen wir die Gestaltung des Bauernhausgiebels. Im Ratzeburger Land und im mecklenburgischen Südwesten, wo domaniale Dörfer überwogen, wurden Häuser mit reichverzierten Giebeltrapezen errichtet (Fußbandreihe, Ziegelsetzungen mit Ornamenten, vgl. Abb. S. 294f.), während im Osten des Landes diese Bauweise überhaupt nicht heimisch wurde, weil man beim Typ mit tiefem Walm verblieb, der keine Fachwerkauszier zuließ. Dies war sowohl in ritterschaftlichen Dörfern, die hier dominierten, als auch in domanialen Dörfern so, die, inmitten der ritterschaftlichen Besitzungen gelegen, den aus westlichen Hallenhauslandschaften kommenden volksarchitektonischen Trend nicht mehr aufnehmen konnten (Abb. S. 256). Die Verarmung der Fachwerklandschaft Mecklenburgs nach Osten hin ist zweifellos Spiegelbild des dortigen Vorherrschens adliger Gutsherrschaften. Außerdem entstanden seit dem 18. Jahrhundert in Mecklenburg überall dort, wo Gutswirtschaften existierten und sich durch Bauernlegen vergrößerten, neben den herrschaftlichen Gebäuden Tagelöhnerkaten in mehrhieschiger Bauweise (zwei, vier, später auch acht Wohnungen) mit traufseitiger Lage. Diese tristen Tagelöhnerzeilen prägten das Aussehen der Gutsdörfer in ganz Ostelbien, waren aber wegen des überdurchschnittlich hohen Anteils dieser Dörfer an der Gesamtheit der Siedlungen eben nirgendwo so massenhaft vorhanden wie in Mecklenburg und hier besonders im „Ritterschaftlichen".

In den pauperisierten ritterschaftlichen Dörfern stagnierte das Handwerk, und es ging in der Folgezeit quantitativ deutlich zurück. In den Wäldern zahlreicher mecklenburgischer Rittergüter waren Glashütten angelegt worden, doch kam es hier weniger zu einer Akkumulation von Manufakturkapital als vielmehr (über die Grundrente) zu einer Stärkung des agrarisch-feudalen Sektors. Um 1750 hatte der Glashüttenbetrieb in Mecklenburg seinen Höhepunkt bereits überschritten.[16] Die Erzeugnisse der zuerst aus Hessen eingewanderten Glasmacher, deren Nachkommen und Nachfolger jedoch als Mecklenburger gelten können, werden im Kapitel „Volkskunst" gewürdigt.

Die *Städte* Mecklenburgs, knapp fünfzig an der Zahl, waren zumeist klein und gering bevölkert, einige hatten nur wenig mehr als tausend Einwohner. Ackerbürger und Handwerker, Tagelöhner, Knechte und Gesellen bestimmten die Sozialstruktur. Besonderheiten gegenüber anderen norddeutschen Territorien sind kaum feststellbar, es sei denn, man faßt die in Mecklenburg besonders extreme Manufakturarmut ins Auge. Das Handwerk war nach den traditionellen Bedürfnissen des Landes proportional entwickelt und produzierte für einen begrenzten Markt innerhalb der üblichen Zunftschranken. Den städtischen Zünften, in Mecklenburg *Ämter* genannt, waren die Landhandwerker der jeweiligen Umgebung angeschlossen. Marktwesen, Handwerksbräuche und städtische Vergnügungen (wie vor allem der Königsschuß) besaßen den altüberlieferten Charakter. Bescheidene Fortschritte gab es im

Stadt Wittenburg, Kreis Hagenow. Zustand um 1939

städtischen Schulwesen. Viel geklagt wurde seitens der Behörden über Brandgefahr, Schmutz und Unordnung sowie über die Sittenlosigkeit „der geringen Menschenclasse in unsern Städten", über ihre „Unmoralität, ihre Faulheit und geringe Anhänglichkeit an Herrn und Vaterland".[17] Die Armen und Verarmten in der Stadt genossen als einzigen Vorteil gegenüber den meisten Dorfbewohnern, persönlich frei zu sein und beim Betteln und Stehlen keine so durchorganisierte Verfolgung wie die Leibeigenen befürchten zu müssen.

Der vermögendere Teil der Bürgerschaft war in allen mecklenburgischen Städten in der Schützenzunft vereint. Die Würde des Königs, die hohes gesellschaftliches Ansehen genoß, war nicht wohlfeil. Nach einer Spezifikation von 1750 kostete sie den Boizenburger Ratsherrn Meyer 104 Taler 4 Schillinge, darunter 53 Taler 12 Schilling für 120 Flaschen Wein, 7 Taler 8 Schilling für Zwieback und Butter, 12 Taler 6 Schilling für 44 Pfund englischen Käse.[18]

Der Rückstand in der gewerblichen Entwicklung wirkte sich in der zweiten Hälfte des 18. Jahrhunderts durchaus negativ auf das Leben des Volkes – in den Städten wie allgemein in Mecklenburg – aus. Die Produktionsprogramme des einheimischen Handwerks und die Produktionserfahrungen der Handwerker sicherten zwar noch die Abdeckung des Bedarfs an den wesentlichen traditionellen Konsumgütern der Menschen in Stadt und Land, aber immer weniger vollständig. Der überregionale Handel und Kulturaustausch, den es schon lange gab und von dem Mecklenburg trotz seiner Verkehrsungunst nie ausgeschlossen war, sah Mecklenburg immer mehr auf der nehmenden Seite, und dies sogar bei Erzeugnissen, die nicht aus den klassischen Manufakturzentren stammten. Es zogen süddeutsche Hausierer durch das Land, die mit Sensen und Haubenschachteln handelten (Abb. S. 55), aber es wurden auch „Fehmersche" (d.h. auf der Insel Fehmarn hergestellte) Strümpfe und „Stettinsche" Töpfe im Lande verkauft.[19] Mecklenburg selbst exportierte eigentlich nur Getreide und als einziges verarbeitetes Erzeugnis des Nahrungsgütergewerbes Rostocker Bier, das sich namentlich in Dänemark großer Beliebtheit erfreute.

Hauptumschlagplatz für alle Güter und wirkliches Kulturzentrum des Landes war Rostock. Das Seetransportgewerbe hier – und bedingt auch in Wismar, das bis 1803 zu Schweden gehörte – stellte die positive Ausnahme von der Regelerscheinung der städtischen Gewerbearmut in Mecklenburg dar. Hier gab es eine gewisse Konzentration von Handelskapital und gleichzeitig einen höheren Anteil plebejisch-vorproletarischer Schichten, zu denen nicht nur Handwerksgesellen, sondern auch Arbeiter und Gelegenheitsarbeiter des Transportgewerbes, Seeleute und Soldaten, Bedienstete beiderlei Geschlechts, Bettler und Huren gehörten. Hauptsächlich über den seestädtischen Handel drangen die Novationen ein, die sich zunächst in der bürgerlichen, dann aber auch in der Lebensweise breiterer Volksschichten durchzusetzen begannen. Schon 1748 wurden nach der Rostocker Akziserolle besteuert: Schnupftabak, Knastertabak, Tabakspfeifen, Kaffeebohnen und Tee.[20]

Zwischen den Extremen der kleinen Landstädte und der Seestädte lagen einige andere städtische Gemeinwesen mittlerer Größe oder besonderen Charakters, so Parchim, Güstrow und Neubrandenburg als „Vorderstädte" eines „Kreises", Sternberg und Malchin als Landtagsstädte (im Wechsel), schließlich die Residenzstädte Schwerin und Neustrelitz samt ihren Nebenresidenzen. Als Schilda Mecklenburg-Schwerins galt Teterow, in Mecklenburg-Strelitz war es Wesenberg.

Wir haben von den Unterschieden gesprochen, die es in den mecklenburgischen „Landesteilen" gab, soweit sie sich auf die Lebensweise des Volkes auswirkten. Es muß jedoch betont werden, daß unendlich viele Kulturelemente in allen Teilen Mecklenburgs gleichartig beschaffen waren, ja, daß eine gewisse geographische Einheitlichkeit der Volkskultur sogar zu den besonderen Merkmalen Mecklenburgs – im Gegensatz etwa zu Pommern – gehört. Das gilt in erster Linie von der Einheitlichkeit innerhalb bestimmter sozialer Klassen, also beispielsweise von der Lebensweise und Kultur leibeigener Bauern im westlich gelegenen Amt Gadebusch und im östlich gelegenen Amt Stavenhagen. Es gilt teilweise aber auch in klassenübergreifender Beziehung.

Von größter Wichtigkeit ist die Tatsache, daß die Sprache des Volkes das Niederdeutsche oder Plattdeutsche war. Sie wurde von allen Angehörigen der werktätigen Klassen und Schichten gesprochen, eigentlich und ausschließlich gesprochen. Das heißt, sie war Mundart und lebte im engsten Sinn von „Mundart" wohl niemals in so konsequenter Beschränkung wie im 18. Jahrhundert, an dessen Ende erst wieder verschüttete Traditionen niederdeutscher Literatur aufgenommen wurden. Literatursprache war das Hochdeutsche, das zugleich die Umgangssprache der herrschenden Klassen und Schichten in ganz Norddeutschland geworden war. Im mündlichen und schriftlichen Gebrauch, ob auf dem Amt, vor Gericht, in der Kirche und nicht zuletzt in der Schule – überall herrschte das Hochdeutsche. Im Hause (auch in manchem Bürgerhause), auf dem Feld, in der Werkstatt, an Bord lebte das Plattdeutsche. „Zweisprachigkeit" hat es sicherlich gegeben, so bei den einheimischen Gutspächtern und Großkaufleuten, die noch Plattdeutsch konnten, und bei den Handwerkern und gewiß auch manchen Bauern, die schon Hochdeutsch gelernt hatten und es bei Bedarf benutzten. Das ändert jedoch nichts an der Tatsache, daß es in Mecklenburg einen Sprachantagonismus gab, der auf einem Klassenantagonismus beruhte. Infolgedessen waren alle Bereiche der Lebensweise, die mit sprachlicher Interaktion zu tun hatten, und namentlich alle kulturellen Äußerungen, die sich geformt sprachlich realisierten (also vor allem Literatur bzw. Volksdichtung), durch eine tiefe soziale Barriere getrennt.

Das mecklenburgische Plattdeutsch, dessen Spracheigentümlichkeiten in einem besonderen Kapitel dargestellt werden, befand sich während des 18. Jahrhunderts in einer Phase des Wandels. Manche Besonderheiten wie die Tonhebung von langem *e*, *o* und *ö* vor *r* zu *i* (*Ihr* ‚Ehre'), *u* (*Uhr* ‚Ohr') und *ü* (*hüren* ‚hören') und die Verwendung der Koseendung *-ing* (*Mudding* ‚Mütterchen') begannen sich eben erst auszubreiten. Auch nach ihrer Durchsetzung kann man davon ausgehen, daß die enge Verwandtschaft der ostniederdeutschen Mundarten untereinander hörbar war, wobei es allerdings Abstufungen gab. Die brandenburgische Mundart mit ihren Untermundarten unterschied sich recht stark vom Mecklenburgischen, während das Vorpommersche nahezu identisch mit dem Mecklenburgischen blieb. Näheres ist im Kapitel „Volkssprache" nachzulesen.

Der allgemeine Charakter des Volkslebens in Mecklenburg wurde zugleich dadurch mitbestimmt, daß die Bewohnerschaft seit über zweihundert Jahren protestantisch war. Die herrschende evangelisch-lutherische Konfession beeinflußte das Gemeinschaftsleben und die geistige Kultur des Volkes sehr stark, obwohl die Kirchensprache hochdeutsch war. Neben der verordneten und wohl auch weitgehend vorhandenen evangelischen Volksfrömmigkeit behaupteten sich Elemente eines nichtchristlichen Volksglaubens, gegen den Staat und Kirche erfolglos ankämpften.[21] Die magische Krankheitsbehandlung durch „Stillen“ oder „Böten“ spielte noch lange eine große Rolle, daneben manch andere Glaubensvorstellung wie der schreckliche Hexenwahn, unter dem die verschrieenen Personen oft ihr Leben lang zu leiden hatten, wenn sie im 18. Jahrhundert auch nicht mehr angeklagt, verurteilt und verbrannt wurden.

Die Quellenlage läßt weitreichende Schlüsse auf den Gesamtcharakter der mecklenburgischen Volkskultur im Spätfeudalismus noch nicht zu, zumal sie vorläufig nur für die agrarischen Verhältnisse ausreichend ist. Die ländliche Volkskultur des spätfeudalen Mecklenburg zeigt jedenfalls in wesentlichen Zügen den gleichen Standard wie in den Nachbarlandschaften und in einigen Punkten, bedingt durch den abweichenden Entwicklungsweg des mecklenburgischen Spätfeudalismus, gewisse Besonderheiten. Die im 19. Jahrhundert als so typisch für Mecklenburg angesehene Rückständigkeit war noch nicht voll ausgeprägt, aber zweifellos in ihren Wurzeln schon angelegt. Sie betraf jetzt und künftig auch keineswegs alle Angehörigen der werktätigen Klassen und Schichten an jedem beliebigen Ort Mecklenburgs. Der ritterschaftliche Bauer oder Gutstagelöhner auf der einen Seite und der Rostocker Handwerker und Seefahrer andererseits: Sie markieren gewissermaßen extreme Positionen der Kultur und Lebensweise des werktätigen Volkes in Mecklenburg.

Feudalkultur und bürgerliche Kultur in ihrem Verhältnis zur Volkskultur

Die ungebrochene Macht des Feudalismus in Mecklenburg läßt eigentlich erwarten, daß hier eine Feudalkultur blühte, die große Ausstrahlungskraft besaß. Andererseits sind die Erwartungen im Hinblick auf die eigenartige Machtverteilung unter den Fraktionen der herrschenden Feudalklasse wiederum geteilt.

„Wir (Friedrich, Adolf Friedrich ...), von Gottes Gnaden Herzog zu Mecklenburg, Fürst zu Wenden, Schwerin und Ratzeburg, auch Graf zu Schwerin, der Lande Rostock und Stargard Herr etc.“ – so bezeichneten sich die mecklenburgischen Herzöge beider Linien. Diesem länglichen Urkundentitel entsprach aber keine barocke Machtfülle, wie wir schon wissen, und auch die Fülle der landesherrlichen Kassen hielt sich sehr in Grenzen. Die Grenzen waren gesetzt durch das Steuerbewilligungsrecht der Stände und das fast völlige Fehlen von Manufakturen im Lande. Vor allem aber litten die Staatsfinanzen unter den Auswirkungen des Siebenjährigen Krieges, der sich zwar nicht unmittelbar auf mecklenburgischem Boden abgespielt hatte, jedoch mit Invasionen, Scharmützeln, Plünderungen und Zwangswerbungen durch die Preußen sowie mit Kontributionen und Lieferungen riesigen Ausmaßes verbunden war. Mecklenburg-Schwerin, dessen Rolle innerhalb der antifridericianischen Koalition besonders kläglich war, hatte bis 1763 Leistungen im Geldwert von 14864921 Talern an Preußen aufzubringen, eine Summe, die größer war als die der Unterstützungsgelder, die Friedrich II. aus England erhielt.[22]

Dies hinderte den Schweriner Herzog Friedrich nicht, mitten im Krieg mit dem Aufbau einer neuen Residenz zu beginnen, die er zu Ehren seines Vaters Christian

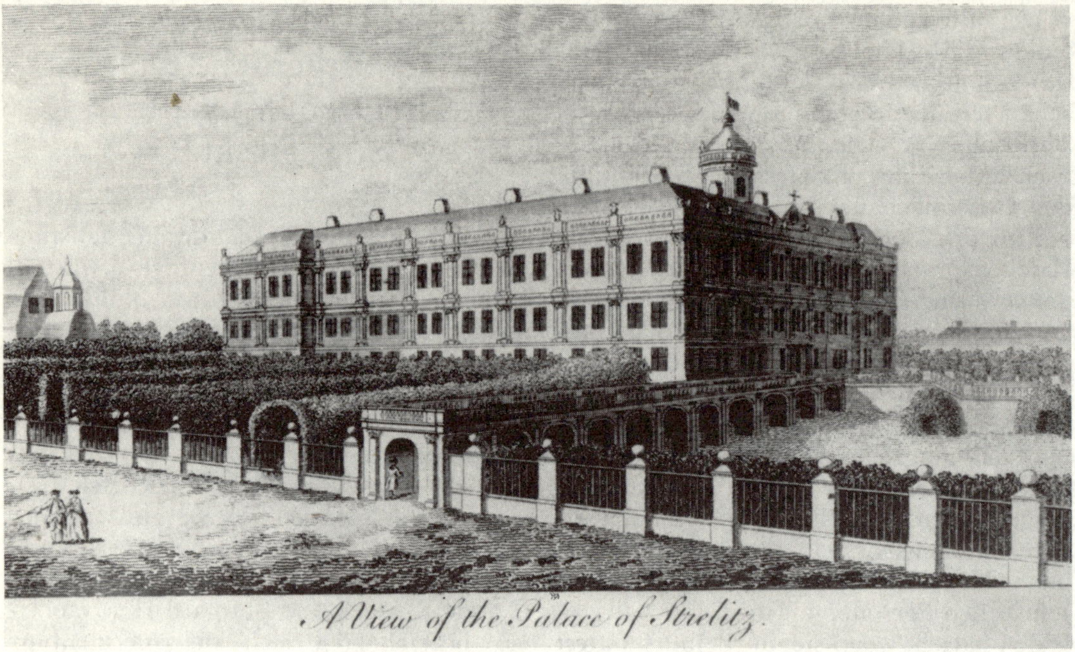

Das Schloß Neustrelitz. Kupferstich um 1768

Ludwig *Ludwigslust* nannte (Abb. S. 50). Es entstanden – schon im Krieg – unter gewaltigem Aufwand an Fron- und Lohnarbeit eine Parkanlage und ein Kanalsystem mit Wasserspielen, bevor 1772 bis 1776 das neue Schloß im Stile des spätbarocken Klassizismus (Architekt: Johann Joachim Busch) errichtet wurde, das den Vorgängerbau eines Jagdschlosses ablöste, in dem Friedrich seit 1764 residierte. Der Strelitzer Herzog Adolf Friedrich III. hatte schon 1726–1731 in Neustrelitz ein neues Schloß (Architekt: Julius Löwe) erbauen lassen (Abb.). Er und seine Nachfolger betrieben den Ausbau ihrer Residenz und ihrer Nebenresidenzen Mirow und Fürstenberg planmäßig. Zum herzoglichen Hofstaat gehörten hier wie dort Hofmarschälle, Hofkavaliere (Kammerherren, Kammerjunker, Hofjunker), Hofprediger, Hofmedici, Hofküchenmeister nebst Kellermeister, Mundschenk, Kaffeesieder, Silberdiener, Stallmeister, Reitknechte usw.

In gewissen Grenzen, die durch den nichtabsolutistischen, eingeengten Status der Herzöge gesetzt waren, entwickelten sich die mecklenburgischen Residenzen zu regionalen Zentren spätfeudaler höfischer Kultur.[23] Die herzogliche Gemäldegalerie zu Schwerin ist als ein bedeutendes Beispiel hervorzuheben. Die Bibliotheken zu Schwerin und Neustrelitz waren durchaus respektabel. Friedrich, genannt der Fromme, Herzog von Mecklenburg-Schwerin (1756 bis 1785), stellte einen Hofmaler und eine italienische Hofsängerin an. Am Neustrelitzer Hof wirkte ein Hoftheater mit Regisseur, Schauspielern, Ballettmeister, Tänzern und Tänzerinnen, während der prüde Schweriner Herzog das von ihm als Stätte des Lasters empfundene Hoftheater schloß. Johann Friedrich Schönemann, der bedeutende Theaterleiter, wurde fortab nur noch als herzoglicher Rüstmeister zeitweilig beschäftigt, und der namhafteste Schauspieler, Conrad Ekhof, ging für immer außer Landes und konnte erst in der thüringischen Residenzstadt Gotha seinen zuerst in Mecklenburg konzipierten Plan einer deutschen Schauspielakademie verwirklichen. Fürstliches Mäzenatentum gegenüber Künstlern spielte in Mecklenburg nur eine ganz geringe Rolle, die geringste im Bereich der Literatur, die zwei bescheidene Beispiele – aber eigentlich sind es Gegenbeispiele – liefert. In Schwerin beschäftigte der Erbprinz Ludwig pro forma den Schriftsteller Johann Friedrich Löwen als Offizianten, dem sein „müßig Sekretariat" Zeit zur Abfassung von Werken beließ, über die Moses Mendelssohn in seinem 80. Literaturbrief ein vernichtendes Urteil fällte. Und in der Umgebung des kindischen und schrulligen Strelitzer Herzogs Adolf Friedrich IV. (1752–1794), den später Fritz Reuter in seiner Erzählung „Dörchläuchting" porträtiert hat, wirkte als Advokat und Hofpoet tatsächlich jener Gerhard Friedrich Kegebein, über den Reuter in derselben Erzählung Hohn und Spott ausgegossen hat.

Eine niveauvolle, wenngleich stark auf den kirchlichen Raum beschränkte Musikkultur entwickelte sich seit 1767 am Ludwigsluster Hof, vor allem während der Wirkungszeit des renommierten Kapellmeisters Francesco Antonio Rosetti (Franz Anton Rösler), der aus Böhmen stammte. Die meisten Hofmusikanten kamen aus anderen deutschen Ländern zwischen Holstein und Bayern. Von 76 Mitgliedern der mecklenburg-schwerinschen Hofkapelle in der zweiten Hälfte des 18. Jahrhunderts, bei denen die regionale Herkunft feststellbar ist,[24] waren nur 9 Mecklenburger. Aus regionalen Traditionen erwuchs diese höfische Musikpflege somit kaum.

Während sich an vielen deutschen Höfen ein üppiges barockes Festwerk in Form zeremoniöser Aufzüge entfaltete, bei denen auch das Volk mit Tracht und Requisiten seine Rolle zu spielen hatte, veranstalteten die mecklenburgischen Höfe weder derartige pompöse Aufzüge, noch nutzten sie gezielt Elemente der Volkskultur für die höfische Kultur. Ein vergleichbares Beispiel gibt es allerdings, das wenig Pomp, aber enge Bindung an älteres Rechtsbrauchtum aufwies. Es handelt sich um die „Martensmann-Gesandtschaft" aus Lübeck, die jährlich zu Martini (11.11.) ein Ohm Rheinwein an den Schweriner fürstlichen Keller lieferte.[25] In Rede und Gegenrede bekräftigten der Bote des lübischen Rates seine Auffassung, er bringe ein nachbarliches Geschenk, und der herzogliche Beauftragte die seines Herrn, man empfange eine schuldige Lieferung. Zu diesem Brauch gehörten die Protokollierung der beiderseitigen Standpunkte, die öffentliche Überprüfung der lübischen Equipage auf technische Mängel (fehlte ein Nagel o. ä., war das Gefährt dem Herzog verfallen) und das Austeilen von Kleingeld an die Jugend. Die Schweriner Jungen schwärzten sich das Gesicht mit Ruß und umschwärmten den Martensmann bei seiner Rundfahrt um den Schloßplatz lärmend. Der brauchtümliche Aufzug, der seit etwa 1500 nachweisbar ist, fand 1805 zum letzten Mal statt.

War die höfische Kultur im spätfeudalen Mecklenburg im Vergleich zu anderen Territorien relativ unbedeutend, so überragte sie gleichwohl das Kulturniveau des einheimischen Adels. Der Beamtenadel partizipierte an der Residenzkultur. Der grundbesitzende Landadel ließ sich zwar ebenfalls hier und dort (nicht allgemein) neue Schlösser in schlichtem, vergröbertem Barockstil erbauen, doch lebte er auf seinen Gütern normalerweise weniger der Kultur als vielmehr der Agrikultur, und auch dies mit nur mäßigem Erfolg. Durch Bauernlegungen wurde die Getreideproduktion extensiv erweitert; man führte die sogenannte „Mecklenburgische Schlagwirtschaft" – modifiziert aus der Holsteinischen Koppelwirtschaft – ein, ohne bei Fortdauer des kulturfeindlichen Fronsystems schon einen spürbaren Qualitätsvorsprung vor den Bauernwirtschaften zu erlangen. Noch kam es vor, daß Gutsherren ihre ganze Wirtschaftsrechnung mit Kreide an der Tür führten. Auf der entgegengesetzten Seite steht das Beispiel des Ernst Friedrich von Engel, der 1785 einen dreibändigen „Briefwechsel, die Landwirthschaft, insbesondere die Mecklenburgische betreffend" herausgab, wobei seine ökonomischen Ratschläge wenig Anklang gefunden haben dürften, da es landauf landab bekannt war, daß der Autor seine ererbten Rittergüter als Bankerotteur hatte aufgeben müssen. Immer mehr Bürgerliche wurden Rittergutsbesitzer, und der Adel verschliß beträchtliche Kräfte und Mittel im Kampf gegen jene neuen Standesgenossen. Daneben gab es noch die Rivalität zwischen dem „eingeborenen", dem „rezipierten" und dem nichtrezipierten Adel wegen bestimmter Privilegien. Diese Situation hatte der schärfste mecklenburgische Adelskritiker mit im Auge, als er sein vernichtendes Urteil über die Kräfte der Reaktion in Mecklenburg 1779 niederschrieb:

„Es ist ein schnödes verächtliches Land das Mecklenburg, ohne alles Gefühl von Adel, als dem, den man erbt, dem lumpigen, abgebleichten und stinkenden Ehrenkleide aus der Lade der Ahnen, deren Hauptverdienst war Saufen und Rauben. Und unter diesem das Pfaffengezücht mit dem Basiliskenauge, das alles, was nicht giftig ist, wie sie, zu tödten umherblickt."[26]

Der hier mitangeklagte geistliche Stand war eng verbündet mit dem Thron – wie in allen protestantischen Territorien gab es die Personalunion von Fürst und summus episcopus –, noch enger allerdings mit dem jeweiligen örtlichen Patron, d. h. dem Gutsherrn, dem Amtmann (als Vertreter des Landesherrn) oder dem Rat (in den Städten). Die Patrone ließen sich im 18. Jahrhundert prunkvolle Herrschaftsgestühle oder -emporen in den Kirchen errichten, oft mit getrenntem Zugang von außen, um jede Berührung mit dem Kirchenvolk zu vermeiden, und sie setzten den separaten Abendmahlsempfang durch, was sogar im Landesgrundgesetzlichen Erbvergleich von 1755 (§ 508) festgeschrieben wurde. Stärker noch deformierte die Rolle der Pastoren als „schwarze Polizei" (Gottfried Holtz) das kirchliche Leben, besonders auf dem Lande. Die von den Pastoren aufzusetzenden „Beichtkinderverzeichnisse" bzw. Martinilisten dienten unmittelbar der Steuerveranschlagung. Arbeitsleistungen für die Kirche wurden wie Frondienste

Die Bauernfrau und ihre Kinder blicken den zum Militärdienst gepreßten Männern nach.

Nach der Interpretation von Ingrid Möller ist der oppositionelle Inhalt des Blattes nach Art einer Bildgeschichte aufbereitet (oben links beginnend): Ein Husar galoppiert auf ein Waldstück zu, in dem sich zwei Bauern versteckt halten; Husaren führen Männer ab; Abtransport der Rekruten und des Viehs, beklagt vom Bauern. Der eingezäunte Bauernhof mit Haus, Scheune, Bienenschauer, Ziehbrunnen und Misthaufen wird von einem Husaren erstürmt, dem der Bauer seinen leeren Geldbeutel zeigt. Unten werden vierspännige Wagen, beladen mit Getreide, Mehlsäcken und Heu aus dem Bild herausgeführt; links agieren Musikanten, Kartenspieler, ein tanzendes Mädchen und der Tod.

Der Himmel beschert dem verzweifelten Bauern Trost aus einem Füllhorn.

Federzeichnung von unbekannter Hand, vermutlich aus der Zeit des Siebenjährigen Krieges.
Durch Aufklappen der Zeichnung werden nebenstehende Innenbilder sichtbar.

Die Wortzeilen lauten:
Hew yi den Mann wegnahm(en), sau neimbt dei Kiener oock mit. – O, wie arme Lüde. –
Owe, das solte ich gewust haben. – Ach min Sähn, min Veh (auf dem Baumstamm). –
Gib heraus, was du hast. – Hier is min Sweet un Blaut (in Spiegelschrift).

abgefordert. Geldzahlungen für kirchliche Amtshandlungen zur Taufe, Heirat, Beerdigung waren belastend, die Bußen und ihre Begleitumstände demütigend. Außereheliche Kinder durften vom Pfarrer ungestraft als „Hurenkinder" bezeichnet werden, und lediglich die Gewohnheit, auch in der Ehe frühzeitig geborene Kinder so zu nennen, wurde 1784 durch herzoglichen Erlaß verboten.

Solche Verhältnisse legten den Grund für eine gewisse Unkirchlichkeit des Volkslebens in Mecklenburg, wie sie dann vor allem seit dem 19. Jahrhundert festzustellen ist.[27] Demgegenüber scheint es unerheblicher, daß auch die innerkirchliche Entwicklung geistig zum Stillstand gekommen war und neuen Ansätzen – etwa in Gestalt des Halleschen Pietismus, dem Herzog Friedrich persönlich anhing – keinen Raum gab. Die evangelisch-lutherische Lehre war in Mecklenburg zur Orthodoxie erstarrt.[28]

Dieser Punkt ist insofern bemerkenswert, als der Protestantismus, einst Kernstück der Ideologie des frühen Bürgertums, das geistige Leben des Landes im 16. Jahrhundert wesentlich befruchtet hatte. In Rostock wurden niederdeutsche Bibeln, Gesangbücher und andere Schriften gedruckt. Die dortige Universität nannte man damals die „Leuchte des Nordens" wegen ihrer Ausstrahlung in den skandinavischen Raum. Diese Zeiten waren längst vergangen. Kirche, Universität und bürgerliche Kultur verkörperten im spätfeudalen Mecklenburg nicht mehr den progressiven Standard von einst.

Bezeichnend ist, welches regionale kulturelle Ereignis der zweiten Hälfte des 18. Jahrhunderts über Jahrzehnte hinweg die Gemüter der Bildungsschicht in Mecklenburg am meisten bewegte. Es war das Auftauchen der „Prillwitzer Idole" seit 1768, angeblich ausgegrabener slawischer Götzenfiguren, die in Wahrheit von dem Neubrandenburger Goldschmied Jacob Sponholtz gefertigt und von seinem Bruder Gideon den altertumsbeflissenen Interessenten in die Hand gespielt wurden.[29] Die erst sehr spät – und zum Mißvergnügen der Herrschenden des Landes – als Fälschungen erkannten Idole konnten deshalb so großes Interesse erregen, weil sowohl das herzogliche Haus als auch der einheimische Adel sich viel auf ihren Ursprung aus dem „Wendentum" zugute taten.

Während des 18. Jahrhunderts blieb Mecklenburg dennoch nicht unbeteiligt an dem Aufschwung bürgerlicher Kultur in Deutschland, so eingeschränkt die Möglichkeiten der Teilhabe und des eigenen schöpferischen Beitrages für das mecklenburgische Bürgertum auch waren. Wir erinnern noch einmal an das klägliche Universitäts-Schisma zwischen 1760 und 1789, das eine zeitgemäße Entwicklung der Wissenschaft im Lande blockierte, mag es auch an einzelnen tüchtigen Gelehrten in Bützow und Rostock nicht gefehlt haben. Sehr langsam drangen Ideen der Aufklärung und Werke der großen deutschen Literatur dieser Epoche nach Mecklenburg durch.

Ein Streiflicht auf die Zustände wirft der folgende Ausschnitt aus einem Brief, den ein emigrierter Mecklenburger 1775 an seine Braut schrieb (der darin erwähnte Johann Erich Biester lehrte seit 1773 am Bützower Pädagogium): „Hab' ich Dir schon Biesters Schicksal erzählt? Er war Konrektor in Bützow und feierte diesen Sommer [1775] Klopstocks Geburtstag auf dem Lande. Unter andern mußten einige Mädchen um einen Altar tanzen und Blumen darauf werfen. Dies ward bekannt, man hatt' ihn im Verdacht des Heidentums und nahm ihm sein Amt. Stell' Dir die Aufklärung in meinem lieben Vaterlande vor!"[30]

Wir haben zum zweiten Mal einen Mann zitiert, der nun endlich beim Namen genannt werden muß, weil er in seiner Zeit für Mecklenburg – und gegen Mecklenburg – allein einstehen könnte: Johann Heinrich Voß (1751–1826). Es soll hier nicht wiederholt werden, was man über den Hainbunddichter und Homerübersetzer Voß in Literaturgeschichten nachlesen kann. Wir halten fest, daß der vorehelich geborene Sohn eines Gutspächters und einer Küstersochter die Küsterschule des Städtchens Penzlin und die Stadtschule zu Neubrandenburg besuchte, dann eine dreijährige Leidenszeit als gedemütigter Hauslehrer derer von Oertzen auf Ankershagen durchmachte und schon 1772 Mecklenburg für immer verließ. Drei Aspekte von Vossens Werk und Wirkung verdienen in unserem Zusammenhang besondere Beachtung.[31]

Erstens. Die Idyllendichtungen beruhen auf intimster Kenntnis der Lebensweise und Kultur des Landadels, der leibeigenen Bauern und des ländlich-landstädtischen Kleinbürgertums in Mecklenburg. Während Vossens Adelshaß und sein Mitleiden mit dem unterdrückten Volk heute wohlbekannt sind, ist der kulturgeschichtlich-volkskundliche Quellenwert seiner Idyllik noch überhaupt nicht ausgeschöpft.

Ringsum blinkten gescheuert die
    zinnernen Teller und Schüsseln
Auf dem Gesims; auch hingen ein Paar
    stettinsche Krüge
Blaugeblümt an den Pflöcken,
    die Feuerkieke von Messing,
Desem und Mangelholz und
    die zierliche Elle von Nußbaum.

Diese vier Hexameterzeilen aus der Idylle „Der siebzigste Geburtstag“ (1781), dazu die sonstigen Schilderungen des Hausrats einer dörflichen Lehrer- und Küsterfamilie böten schon Stoff genug für eine Rekonstruktion des kleinbürgerlichen häuslichen Lebens in Mecklenburg. Das mecklenburgische Dorf als Handlungsort ist hier noch vorauszusetzen und auch zu erschließen, im Gegensatz zur Idylle „Luise“ (1783/84) mit ihrem Schauplatz Grünau, einem erdichteten holsteinischen Dorf, „dessen Lage, Anbau und Lebensart nur im Gebiete der veredelten Möglichkeit zu suchen sind“, also nicht in Mecklenburg. Im Detail wird freilich auch hier die mecklenburgische Herkunft des Autors spürbar, und zwar bis hinein in die breit und liebevoll ausgemalten kulinarischen Szenen, die manchen Literaturhistoriker auf der Suche nach dem ästhetischen und revolutionären Gehalt von Vossens Dichtung schon irritiert haben.

Zweitens. Vossens bäuerlich-plebejische Antifeudalität ist nicht nur individuelles Bekenntnis, sondern auch kollektives Zeugnis, „Stimme des Volkes“, wie nicht zuletzt die Verwertung der mecklenburgischen Volksdichtung durch den Dichter zeigt. In der Idylle „Die Freigelassenen“ (1775) erinnert die Magd und Braut an die Zeit der Leibeigenschaft:

Und wer im Hunger sich nahm
    vom Ertrag des eigenen Schweißes
Oder was über den Zaun herhing,
    der büßte gelagert
(Wohl zu verdaun, wie es hieß!)
    auf spitzigen Eggen im Kerker.

Dazu machte Voß eine Anmerkung: „In einem benachbarten Gute ist der Keller noch im Gedächtnis, wo der willkürlich bestrafte Leibeigene auf untergelegten Eggen lag. Häufig auch wurden die Unglücklichen wie abzurichtende Jagdhunde an Stricken in die Höhe gezogen und gepeitscht oder, nach eingewürgten Salzheringen, bei glühenden Öfen eingesperrt.“ Was hier mitgeteilt ist, stammt unmittelbar aus dem Motivvorrat antifeudaler Volkssagen, die dem Hofmeister Voß erzählt worden sind. Und direkt in den Text der Idylle aufgenommen ist ein Sagenmotiv von

... dort, wo der Bauer mit Knochen
Seiner verfaulten Tyrannen
    das Obst abschleudert und fluchend
Hin in die Grube sie wirft,
    wo der Pferd' und Hunde Gebein dorrt.

Es handelt sich um keinen anderen Ort als Vossens Leidensstätte Ankershagen, von dessen grausamem Gutsherrn Henning von Holstein, genannt *Bradenkierl*, die Bewohner jahrhundertelang erzählten, aus seinem Grab sei ein Bein gewachsen, womit die Dorfjugend Obst von den Bäumen geworfen habe.[32] Die makabre Szene ist also

Kerkertür im Güstrower Schloß mit Einritzungen von Namen, Daten (1753), Symbolen und Gegenständen. Auffällig ist die große Zahl von eingeritzten Haken und Pflügen – ein Hinweis auf die Arbeitswelt der gefangengesetzten Bauern, Knechte und Tagelöhner.

nicht Vossens Erfindung, sondern Bestandteil von sagenhaften Rachevorstellungen des Volkes.

Drittens. Voß unternahm als erster Dichter den Versuch, „die reiche und wohllautende Sassensprache" poetisch wiederzubeleben, wobei er über die Verwendung einer Regionalmundart – darunter seiner eigenen mecklenburgischen – hinausstrebte. Die beiden plattdeutschen Idyllen „De Winterawend" (1776) und „De Geldhapers" (1777) enthalten dennoch ungewollt vieles, was morphologisch und lexikalisch der mecklenburgischen Mundart zugehört (z. B. die Endung *-en* statt westniederdeutsch *-et* im Plural Präsens der Verbflexion). Skurriler Inhalt und unangemessene Form (Hexameter) ließen diese Idyllen nicht volkstümlich werden. Trotzdem markieren sie den Anfang der neuniederdeutschen Dichtung, die später durch Fritz Reuter – unter Berufung auf Voß – in Mecklenburg zur Blüte geführt wurde.

Anmerkungen

1 Vgl. Bützowsche Ruhestunden, Theil 10, Bützow 1764, S. 3–61.
2 Ebenda, Theil 2, 1761, S. 35.
3 Ebenda, Theil 4, 1762, S. 44.
4 Vgl. Walter Ihrke, Mecklenburgische Fastnachtsbräuche, Deutsches Jahrbuch für Volkskunde 6 (1960), S. 454f.
5 Abhandlung vom Haaken ..., Berlin 1774, (S. VII).
6 Ulrich Bentzien, Haken und Pflug, Berlin 1969.
7 Bruno Benthien, Die historischen Flurformen des südwestlichen Mecklenburg, Schwerin 1960.
8 Karl Baumgarten, Das Dreiständerhaus in Mecklenburg, Neue Meckl. Monatshefte 1 (1956), S. 32–36.
9 Alfred Horn, Zur Geschichte des Kirchspiels Selmsdorf im Fürstentum Ratzeburg, Bd. 2, Schönberg 1924, S. 37–40.
10 Schilderungen u. a. bei Hans Witte, Kulturbilder aus Alt-Mecklenburg, Bd. 1–2, Leipzig 1911.
11 Jochen Richter, Spätfeudale Bauerngilden in Mecklenburg, Jahrbuch für Wirtschaftsgeschichte 1983, Teil 1, S. 99–122.
12 Helga Schultz, Landhandwerk im Übergang vom Feudalismus zum Kapitalismus ... Fallstudie Mecklenburg-Schwerin, Berlin 1984, S. 91–94.
13 Paul Steinmann, Bauer und Ritter in Mecklenburg, Schwerin 1960; Gerhard Heitz, Feudales Bauernlegen in Mecklenburg, Zeitschrift für Geschichtswissenschaft 8 (1960), S. 1342–1379.
14 Otto Vitense, Geschichte von Mecklenburg, Gotha 1920, S. 350–353.
15 Ulrich Bentzien, Landbevölkerung und agrartechnischer Fortschritt in Mecklenburg, Berlin 1983.
16 Ralf Wendt, Glashütten in Mecklenburg, Diss., Berlin 1968.
17 Witte (wie Amm. 10), Bd. 1, S.193.
18 Die Heimat 2 (1908/09), S. 138f.
19 Neue vollständige Gesetz-Sammlung für die Mecklenburg-Schwerinschen Lande, Bd. 5, Parchim 1840, S. 240, 272, 325 u. ö.
20 Ebenda, Bd. 4, S. 181–183.
21 Carl Beyer, Kulturgeschichtliche Bilder aus Mecklenburg, Teil 1,Berlin 1903.
22 Vitense (wie Anm. 14), S. 326.
23 Ebenda, S. 332ff.; Carl Schröder, Mecklenburg und die Mecklenburger in der schönen Literatur, Berlin 1909, S. 91ff.
24 Clemens Meyer, Geschichte der Mecklenburg-Schweriner Hofkapelle, Schwerin 1913, S. 64–166.
25 Georg Christian Friedrich Lisch, Über den Lübecker Martensmann. Jahrbücher des Vereins für mekl. Geschichte und Alterthumskunde 23 (1858), S. 81–90, 173–176.
26 Aus einem Brief von Johann Heinrich Voß, zitiert von Schröder (wie Anm. 23), S. 106f.
27 Gottfried Holtz, Der mecklenburgische Landarbeiter und die Kirche, in: Herbergen der Christenheit, Jahrb. für deutsche Kirchengeschichte, Berlin 1975/76, S. 49–76.
28 Karl Schmaltz, Kirchengeschichte Mecklenburgs, Bd. 3, Berlin 1952, S. 11, 238 u. ö.
29 Franz Boll, Kritische Geschichte der sogenannten Prillwitzer Idole, Jahrbücher des Vereins für mekl. Geschichte und Alterthumskunde 19 (1854), S. 168–286; 20 (1855), S. 208–227.
30 Briefe von Johann Heinrich Voß, Bd. 1, Halberstadt 1829, S. 291.
31 Die folgenden Zitate nach: Johann Heinrich Voß, Werke in einem Band, Berlin u. Weimar 1966, S. 71, 404, 27, 401, 34.
32 Herr und Knecht. Antifeudale Sagen aus Mecklenburg. Aus der Sammlung Richard Wossidlos, hrsg. von Gisela Schneidewind, Berlin 1960, Nr. 138f.

Vom Ausgang des 18. Jahrhunderts bis zur Reichsgründung

Bürgerliche Kulturelemente – Ausprägungen und Auswirkungen

Die Ausnahmeerscheinung, die Johann Heinrich Voß und sein Werk darstellen, fand über Jahrzehnte hinweg keine Wiederholung. Die Stimme des klagenden und anklagenden Volkes, der Voß – außerhalb der Landesgrenzen – Ausdruck gegeben hatte, nahm in Mecklenburg niemand unter den Zeitgenossen der Revolutionsepoche auf. Nur scheinbar gibt es Gegenbeispiele.

Da ist der aus Schwerin gebürtige Rostocker Jurist Diederich Georg Babst (1741–1800), den Goethe mit dem Prädikat eines schätzbaren „Natur- und Nationaldichters", d.h. eines Mundartdichters mit regionaler Geltung, bedacht hat. Babst veröffentlichte ab 1788 niederdeutsche Gedichte, in denen bürgerliche Verhältnisse und provinzielles Volksleben konfliktlos-unverbindlich abgebildet sind. Er gilt als Begründer der neuniederdeutschen Literatur in Mecklenburg und steht am Anfang einer Traditionslinie, die zu Reuters „Läuschen un Rimels" führt – aber eben nicht zu dessen anklagendem Werk „Kein Hüsung". Die Nähe zur mecklenburgischen Volkskultur bleibt bei Babst auf das sprachliche Medium – die geschriebene Mundart – und auf das Stoffliche beschränkt.

Hochdeutsch schrieb der Mecklenburger Johann Jacob Engel (1741–1802), Verfasser des ersten deutschen Familienromans von einigem Belang („Herr Lorenz Stark", 1795/96 in Schillers „Horen" erschienen, 1801 als Buch). Der Roman vermittelt ein Bürgerbild mit ausgesprochen philiströsen Zügen, wie Engel sie in seiner Heimatstadt Parchim als typisch erkannt haben mag. Von einem Echo auf die Französische Revolution und auf deutsche Zeitereignisse in ihrem Gefolge spürt man in diesem Werk der Spätaufklärung so gut wie nichts.

Nimmt man die regionale Publizistik als Maßstab – zum Beispiel erschienen ab 1788 die „Monatsschrift von und für Mecklenburg", ab 1789 die Zeitschrift „Mecklenburgische gemeinnützige Blätter" –, so befand sich Mecklenburgs herrschende Klasse im ungefährdeten Besitz aller Privilegien, Mecklenburgs Bürgertum in den materiellen und geistigen Schranken der feudalen Ständestaatlichkeit und Mecklenburgs arbeitendes Volk im Zustand völliger Obrigkeitstreue.

Dieser Anschein trügt. An der gesellschaftlichen Basis gab es auch in Mecklenburg Bewegung, vor allem in den größeren Städten,[1] so Gesellenstreiks und Hungerrevolten in Rostock und Güstrow. Im Rostocker „Butterkrieg" (1800), der gegen extreme Preiserhöhungen geführt wurde, agierten an der Spitze der aufgebrachten Masse Zimmer- und Maurergesellen, Strandfuhrleute, Matrosen, Tagelöhner und Knechte. Obgleich ursprünglich fern von Mecklenburg ausgelöst, drangen somit „die Volkserschütterungen", wie Ernst Boll sie nennt, „in leisen Wellen auch noch bis zu uns vor".[2] Bürgerlicher Fortschritt sickerte ein und breitete sich zögernd und ungleich aus. Die Feudalkultur setzte mit dem Aufbau der Erholungsresidenz Doberan und der Einrichtung des Seebades Heiligendamm (1793) noch einmal ein sichtbares Zeichen (Abb. S. 51).

Sternberger Bürgerfamilie im Salon. Kolorierte Zeichnung

Auf dem Lande endete die Ära der verhaßten Frondienste. Nach dem Vorbild der Domanialgüter gingen in den neunziger Jahren auch die meisten Besitzer von Rittergütern in ihrem eigenen Interesse dazu über, statt der Arbeitsrenten Geldrenten von den Bauern abzufordern. Eine Begleiterscheinung war das verstärkte Bauernlegen, das während der folgenden Jahrzehnte den ritterschaftlichen Landesteil Mecklenburgs für eine ganze historische Formation in ein Junkerland verwandelte. Dies hatte tiefgreifende Auswirkungen auf die Lebensweise und Kultur der Landbevölkerung, wie in den Kapiteln „Bauer" und „Landarbeiter" noch im einzelnen zu zeigen sein wird.

Vermehrte Agrarproduktion auf der Grundlage der jetzt endgültig durchgesetzten „Mecklenburgischen Schlagwirtschaft" auf den Gutsfeldern belebte den Getreideexport, der zudem dadurch begünstigt wurde, daß den mecklenburgischen Schiffen wegen der Neutralität des Landes in den Koalitionskriegen gegen das revolutionäre Frankreich alle Schiffahrtswege und Häfen offenstanden. Dieser Aufschwung, zeitweilig unterbrochen durch Rückschläge während der Kontinentalsperre, ließ Rostocks Handelsbürgertum erstarken und die Fischländer Schiffahrt aufblühen; er wurde aber auch bis in die mittleren und unteren maritimen Berufsgruppen hinein kulturell wirksam.

Es gibt keine anschaulichere Quelle für das Leben in Rostocker Schifferfamilien um 1800 als John Brinckmans „Kasper-Ohm un ick". Der enge mecklenburgische

Horizont zeigt sich hier geweitet nach West und Ost: nach den Niederlanden, die das kulturelle Leitbild liefern, und nach Rußland, dessen Zarenhof mit den Äpfeln aus Bauerngärten der Rostocker Umgebung beliefert wird. Kasper-Möhmes Wohnstube, modisch eingerichtet, zieren eine „grot sülwern Teemaschin" und eine „sülwern Koffikann". Wie sah es in einem Matrosenhaushalt aus?

Als 1796 der Nachlaß der Matrosenfrau Lowisa Grünhoff geb. Waack gerichtlich aufgenommen wurde, inventarisierte man kein Stück Silberzeug, aber immerhin einen kleinen kupfernen Teekessel (12ßl = Schilling) und eine „Coffee-Kanne" aus Kupfer (16ßl), dazu Teetassen, die nicht zum „Irden Zeug" zählten, sondern offenbar aus Porzellan oder Fayence bestanden. Die neue Sitte des Tee- und Kaffeetrinkens war aufgrund des Kontakts mit englisch-niederländischer Nahrungskultur ausgangs des 18. Jahrhunderts auch in dieser Sozialschicht schon bekannt. Ein Bruder, der Bootsmann gewesen war, dürfte die guten Stücke – ferner eine englische Zinnschale – der Schwester als Souvenirs mitgebracht haben. Louisa Waack, Tochter eines „Arbeitsmanns", hatte 1793 geheiratet und sich ihr Eingebrachtes im übrigen langjährig durch „Dienstlohn erworben". Dazu gehörten auch ein zeitgemäßer „Koffer" (statt der traditionellen Lade), lederbezogene Stühle, ein Teetisch, ein Spiegel und Wandschmuck in Form kleiner Bilder. Das Neue in der Lebensweise dieser Familie wird auch dokumentiert durch die kleine Mietswohnung in einem Bürgerhaus; der ältere Standard wäre eine Wohnbude bzw. ein Haus- oder Budenanteil gewesen.[3]

Es lohnt sich, weitere Rostocker Nachlaßverzeichnisse, die aus dieser Zeit erhalten sind,[4] auf solche Indikatoren der Lebensweise und der Wohnkultur hin zu befragen. Das Ergebnis besagt zunächst, daß der oben dargestellte Matrosen-Standard in der Familie eines Kapitäns (Daniel Willers, gestorben 1773) zeitlich früher schon längst erreicht war und übertroffen wurde z. B. durch das Vorhandensein von Fenstergardinen. Ein Kaufmann und Partenreeder (Heinrich Christoph Krahnstöver, gestorben 1809) besaß außer Haus und Obligationen, Gold und Silber unter seinem Hausrat: Mahagonimöbel, darunter Kommoden, 1 Schreibpult, 1 Eckschrank mit Glastüren, Teetische, ferner Kanapee und Sofa, Plüsch- und Lederstühle, Schlaguhren, Spiegel in Goldrahmen, englisches Zinnzeug die Menge, 1 Teemaschine aus Messing, Kaffeekannen aus Steingut, Töpfe aus Stettiner Fayence usw.

Die Handwerksmeister bewohnten zumeist eigene Häuser und waren während dieser Zeit offenbar in der Lage, einen Teil der kulturellen Neuerungen aufzunehmen: die holländische Mode der Fenstergardinen aus Musselin, englisches Zinngeschirr, kupferne Teekessel und messingene Kaffeekannen, Porzellan- und Fayencegeschirr, den Teetisch, lederbezogene Stühle, die hölzerne Schlaguhr, aber noch nicht Sofa und Kommode (Gerbermeister Johann Michel Kern, gestorben 1798; Pantoffelmacher-Ältester Graewe, gestorben 1815; Tuchmacher-Ältester Joachim Christoph Jenssen, gestorben 1825). Die Gerbermeisterstochter Maria Prätzel erhielt 1795 eine Mitgift nebst Hochzeitsfeier im Wert von 294 Talern, darunter 1 Goldring mit Steinen, silberne Schuh- und Knieschnallen, Ohrringe, Bett- und Tischwäsche, 1 Teekessel, 1 Kaffeekanne, 1 Kaffeebrenner und -mühle, 2 Teetöpfe, 8 Paar Tassen, 12 Stück „weiße Teller", 1 Teetisch, 1 Koffer, Fenstergardinen; in ihrem Nachlaß fanden sich 1802 ferner: 1 Bibel, 1 Rostocker Gesangbuch und ein weiteres Buch („Orbis pictus").

Träger und „Arbeitsleute" als die typischen Vertreter vorproletarischer Schichten in der Handelsstadt bewohnten, soweit es die Quellen erkennen lassen, eigene Buden in den Nebenstraßen. Ihre Wohnkultur zeigt großen Abstand von den Handwerkern und auch von der Matrosenfamilie. Der Arbeitsmann Franz Köhn (gestorben 1814) hinterließ nur Brettstühle,

Zinngeschirr aus Goldberger Bürgerhaushalten: Kanne von Smith & Fisher, Sheffield; Henkeltopf von Friedrich Dethloff Drühl, Bützow (Meister seit 1794)

keinen Lederstuhl, keine Fenstergardinen, kein Tee- und Kaffeegeschirr, sondern gewöhnliches Irdenzeug und nur zwei Teller aus Fayence.

Entsprechende Abstufungen stellen wir in der mecklenburgischen Kleinstadt fest. Ein Beispiel bietet Goldberg, wo für die Zeit zwischen 1794 und 1843 27 Nachlaßverzeichnisse ausgewertet werden konnten (7 von Beamten, Kaufleuten und Ackerbürgern, 16 von Handwerkern und 4 von Tagelöhnern/Arbeitern).[5] In ihnen taucht ganz vereinzelt 1809 das erste Kaffeegeschirr auf, nämlich bei einem herzoglichen Beamten in Form von 12 „blau und weiß"-Porzellan-Kaffeetassen, wahrscheinlich also Meißner Ware. Erst von 1829 datiert der früheste Nachweis von Teegeschirr bei einem Kaufmann, der seinerseits aber in seinem Viktualienlager schon 150 Pfund Kaffee vorrätig hielt. Tatsächlich beginnen jetzt – ab 1830 – die Nachweise für Kaffeekannen, Kaffeemühlen und -brenner wie auch für Teekessel, Teelöffel usw. in Handwerkernachlässen, jedoch nicht in den Nachlässen der städtischen „Arbeitsleute" oder Tagelöhner. Bei ihnen fehlen auch die Fayenceteller, die in Handwerkerhaushalten zunehmend das ältere Irdengeschirr ergänzten. Der Abstand zwischen Kleinbürgertum und Vorproletariat zeigt sich hier größer als der zwischen der herrschenden städtischen Schicht und dem Kleinbürgertum, das allerdings die neuen Kulturformen phasenverschoben aufnahm.

Aufschlußreich sind auch die Neuerungen in der Wohnweise, wobei wir als Indikator den Wandel der Verwahrmöbel heranziehen. (Man vergleiche hierzu auch Abb. S. 268f., 297). Im Gegensatz zur Seestadt Rostock verzögerte sich in der kleinen Ackerbürger- und Handwerkerstadt Goldberg die endgültige Ablösung der schlichten Lade durch den eisenbeschlagenen Koffer

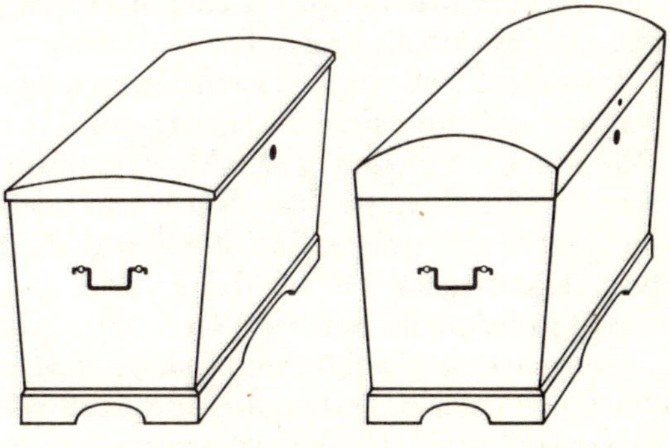

Lade und Koffer, Grundformen

um einige Jahrzehnte. Zwischen 1794 und 1836 betrug das Verhältnis Lade zu Koffer in Bürgerhaushalten 1 zu 9, aber bei Handwerkern noch etwa 1 zu 2. Einzelne Arbeiter besaßen ab 1821 einen Koffer im Nachlaß. Kommoden als das neueste Verwahrmöbel der mittleren Größenordnung erscheinen seit 1829/30 in Bürger- und Handwerkernachlässen.

Diese Verhältnisse wichen wiederum von denen in mecklenburgischen Bauernhäusern ab, wo sich am Anfang des 19. Jahrhunderts Lade und Koffer zahlenmäßig etwa die Waage hielten[6] und die Kommode noch später aufgenommen wurde. Die mit der Nahrungssitte des Kaffee- und Teetrinkens verbundenen Neuerungen im Haushaltsgeschirr begannen in Bauernfamilien zumeist erst wesentlich später eine Rolle zu spielen.

Es ist anzumerken, daß solche Belege aufgrund von Nachlaßverzeichnissen stets zurückdatiert werden müssen in die Lebenszeit der betreffenden Leute, bei Frauen meist sogar bis zum Datum der Hochzeit, wenn es sich um die Mitgift handelt. Aber diese Zurückdatierung gilt ja für alle Belege, weshalb sie letztlich vergleichbar bleiben. Der Vergleich konnte nur Einzelheiten erfassen, die aber dennoch einige Zwischenschlüsse zulassen.

1. Die materiell-kulturellen Verhältnisse der mecklenburgischen Bevölkerung waren um 1800 und danach nicht pauschal rückständig, sondern teilweise durchaus von Elementen bürgerlichen Kulturfortschritts geprägt, der nicht grundsätzlich einen Bogen um Mecklenburg machte.

2. Neue Elemente der Lebensweise und Kultur setzten sich in geographischer Differenzierung und sozialer Abstufung durch. Räumlich ging der Norden mit seiner maritim geprägten Küstenkultur dem binnenländischen Mecklenburg voran.

3. Traditionelle Formen von Kultur und Lebensweise blieben bei den Bauern länger bewahrt, ebenso – aber aus unterschiedlichen Gründen – bei den vorproletarischen Schichten in Stadt und Land.

Zwischen Reaktion und Fortschritt

Am 26. August 1819 trug sich in Rostock ein Ereignis zu, das seinesgleichen sucht in der mecklenburgischen Geschichte. Es wurde das Denkmal eines Mannes enthüllt, der noch am Leben war. Keinem Regenten galt die Ehrung, sondern dem preußischen Generalfeldmarschall Gebhard Leberecht von Blücher (1742–1819), einem gebürtigen Rostocker. Der namhafte Berliner Bildhauer Johann Gottfried Schadow hatte das Denkmal geschaffen und zum Autor einer Inschrift Goethe gewonnen, der Schadow auch bei der Ausführung und Aufstellung beriet. Blücher auf dem Sockel repräsentierte in den Augen der zeitgenössischen Öffentlichkeit den überragenden Anteil Mecklenburgs an den antinapoleonischen Befreiungskriegen. „Gott hat es mir, einem Mecklenburger, gelingen lassen, mitzuhelfen, daß die Welt befreit würde vom Sklavenjoche des Tyrannen.“[7]

Als Blücher dies schrieb (1816) und als er starb (1819), war „die Welt“ gewiß befreit nach den Maßstäben des Sprosses einer altmecklenburgischen Adelsfamilie. Unbefreit aber lebte weiterhin ein großer Teil des Volkes in Mecklenburg: nicht frei von Leibeigenschaft, nicht frei von Zunftschranken, nicht frei von feudaler Bürokratie. Erst zu Ostern 1821 trat in den Großherzogtümern Mecklenburg die Aufhebung der Leibeigenschaft in Kraft: spät genug, am spätesten von allen deutschen Bundesstaaten. Lange nach Ende der „Franzosentid“ wurden Mecklenburgs Bauern, Knechte und Tagelöhner in eine Freiheit entlassen, die sie mehr erlitten als genossen, allerdings mit unterschiedlicher Perspektive.

Die weiteren Schritte auf dem Wege bürgerlicher Agrarreform – die Beseitigung der Gemenglage der Felder und die Aufteilung der Allmenden („Separation“) sowie die Überführung in Erbpacht – erfolgten qualvoll langsam und auf Kosten der Bauern.[8]

Dennoch differenzierte sich die Bauernschaft durch die Aufnahme kapitalistischer Elemente in Ökonomie, Lebensweise und Kultur weiter. Diejenigen mecklenburgischen Dörfer, in denen sich eine starke großbäuerliche Schicht entwickelte und zahlreiche neue Kleinbauernstellen („Büdnereien") – oft verbunden mit Handwerksstätten – entstanden, wandelten ihren Charakter zunehmend. In den Wandel wurden jedoch bäuerliche Traditionen einbezogen, in seinem Vollzug teilweise sogar belebt, wie das Beispiel der – offensichtlich jungen – Festtrachten in einigen Gebieten zeigt.[9] Traditionsbrüche gab es vor allem dort, wo die Junkerwirtschaft örtlich oder gebietsweise dominierte.

Die nichtbäuerlichen Schichten auf dem Lande, vor allem in den Gutsdörfern, erlitten den werdenden Agrarkapitalismus und zugleich den Mangel an kapitalistischer Entwicklung in Mecklenburg besonders stark. Befreit von der bisherigen Versorgungspflicht für die Gutsuntertanen, aber noch im Vollbesitz ortsobrigkeitlicher Gewalt, begannen die Junker rationelle Landwirtschaft zu betreiben. Am konsequentesten kapitalistisch wirtschafteten etwa die Pogges auf Roggow, Zierstorf usw., vor allem aber Johann Heinrich von Thünen (1783–1850) auf Tellow, der Begründer der kapitalistischen landwirtschaftlichen Betriebslehre, „eine Ausnahme unter den deutschen Ökonomen"[10]. In ihrer Mehrzahl jedoch verbanden die mecklenburgischen Rittergutsbesitzer feudale Unterdrückung mit kapitalistischer Ausbeutung. Sie bestimmten willkürlich, welcher Tagelöhner Heimatrecht erhielt und welcher nicht, welcher ledige Knecht in den Tagelöhnerstatus überführt wurde und „Hüsung" in der Katenzeile bekam – oder „kein Hüsung" und damit keinen Heiratsschein. Fritz Reuter hat das Schicksal solcher Menschen ergreifend gestaltet und dargestellt, wie in ihnen jener wilde Haß heranwachsen konnte, der sich in Einzelaktionen gewaltsam entlud. Aber auch die Volkssage kündet davon, so vom grausigen Ende des Matzdorfer Gutsherrn Georg Haberland, der 1839 eine barbarische Strafe – den Tod auf Scherben – für barbarische Taten davontrug.[11]

Urwüchsige Antifeudalität in Wort und Tat war die Reaktion mecklenburgischer Knechte und Tagelöhner auf die feudale Anmaßung mecklenburgischer Junker. Sie äußerte sich auch 1848 in Gewaltakten, sie bestimmte die Gesellschaftsauffassung noch des jüngeren Landproletariats, und sie durchzog wie ein roter Faden die Genres der mecklenburgischen Volksdichtung. Diese Antifeudalität wurde jedoch geschwächt durch das fast völlige Fehlen eines industriellen Proletariats als der Haupttriebkraft und das Fehlen einer industriellen Bourgeoisie als des Hegemons der bürgerlichen Umwälzung.[12]

Das spürt man auch der mecklenburgischen Publizistik des Vormärz, der Jahre 1848/49 und der Restaurationsperiode ab. Die zeitgemäßen Forderungen nach einer Repräsentativverfassung, der Aufhebung feudaler Privilegien, dem allgemeinen Wahlrecht, der Preßfreiheit usw. wurden ehrlich, aber wenig wirkungsvoll erhoben. Volksverbunden und scharfzüngig stritten demokratische Publizisten und Literaten vor allem, soweit sie gegen extreme Mißstände und Gebrechen angingen. Dabei herrschten die ausgesprochen provinziellen Themen vor, bis hin zu dem Streit zwischen Uradel, rezipiertem Adel und bürgerlichen Rittergutsbesitzern um die Nutzung der Landesklöster als Fräuleinstifte. Ihr Bestes gaben sie in der Satire – die Immigranten Heinrich Hoffmann von Fallersleben und Adolf Glaßbrenner sowie die Mecklenburger Daniel Sanders, Wilhelm Raabe, Ludwig Reinhard, John Brinckman und andere.[13]

Kulturgeschichtlich-volkskundlich hochbedeutsam ist die Entdeckung der mecklenburgischen Mundart und der Volksdichtung durch die demokratische Publizistik in Mecklenburg. Namentlich die Kleinformen – Redewendungen, Sprichwörter, Reime – wurden operativ genutzt und in den Dienst gesellschaftskritischer Aussage gestellt. Als Beispiel diene „Der wahrhaftige Meklenburgische Prophet für alle Tage ...", erschienen in zwei Jahrgängen für 1847 und 1848. Die „Prophezeiungen" sind hochdeutsch abgefaßt, in einem satirischen Duktus, der auf Glaßbrenner als Verfasser hindeutet. Zum 7. März 1848 heißt es z. B.: „Der Röbel'sche Parforcejagdverein läßt sich einen neuen Hundestall bauen. Der bisherige sollte erst zu Tagelöhnerwohnungen eingerichtet werden, wird aber jetzt, da er zu solchen zu splendid gebaut ist, auf Abbruch verkauft." Dazwischen sind plattdeutsche Sentenzen, Sprichwörter und Reime als Wochensprüche eingeblendet, z. B. „Holl die an 'n Tuhn, dei Himmel is hoch" (10. Woche) oder „Riden und Roben, dat wier kein Schand' / dat dehr dei Adel im ganzen Land'" (12. Woche).

Solche Literatur wurde konfisziert, um die weitere Ausbreitung von oppositionellem Gedankengut einzuschränken. Das zeigt z. B. der „Catalog der Gertz'schen Leihbibliothek" in Goldberg (1850) in einem Exemplar, das bei der Polizeibehörde hinterlegt war.[14] Darin sind u. a. gestrichen Glaßbrenners „Freie Blätter" und Raabes Jahrbuch „Mecklenburg" auf das Jahr 1848. Toleriert wurde eine beachtliche Breite an zeitgenössischer Belletristik, auch des Auslandes; am häufigsten vertreten waren Eugène Sue mit 115 und Alexander Dumas mit 88 Bänden, gefolgt von Edward George Bulwer (52 x) und Charles Dickens (44 x). Totale geistige Provinzialität gab es somit selbst in dieser abgelegenen mecklenburgischen Kleinstadt nicht – jedenfalls für die des Lesens Kundigen. Aber daraus erwuchs noch keine materielle Gewalt.

Revolutionäre Forderungen der Landarbeiter (dazu näher S. 154f.), demokratische Debattenergebnisse in den städtischen Reformvereinen und großherzogliche Zusagen in Richtung auf eine erneuerte Landesverfassung scheiterten letztlich an den realen Machtverhältnissen im Lande, die kaum Veränderungen zuließen.

Das Scheitern der Revolution wurde in Mecklenburg mit einem Satz glossiert, der in den Zitatenschatz des deutschen Volkes eingegangen ist: „§ 1. Allens bliwwt bi 'n Ollen."[15] Sein Urheber war Fritz Reuter (1810–1874), dessen literarisches Schaffen während der fünfziger und sechziger Jahre den bedeutendsten Beitrag Mecklenburgs zur bürgerlichen deutschen Nationalkultur darstellte. Reuter schuf mit seiner plattdeutschen Literatur das erfolgreichste und folgenreichste schriftstellerische Oeuvre in Mecklenburgs Kulturgeschichte. Uns geht es um die Rolle der Volkskultur in seinem Werk.[16]

Im Vordergrund steht die Verwendung der mecklenburgischen Mundart als sprachliches Medium. Plattdeutsch war die Sprache der arbeitenden Menschen in jener Zeit, aber zugleich die familiäre Umgangssprache des Bürgertums in Stadt und Land, bis hin zu Großkaufleuten und Gutspächtern. Zu vordergründig wäre es, die Verwendung der Mundart, die eben nicht nur Volkssprache war, zum alleinigen Maßstab von Volkstümlichkeit und Volksverbundenheit zu erheben. Wesentlich ist die Tatsache, daß Reuters Epik Traditionen mündlichen Erzählens aufnimmt, daß sich Genres und Stoffe der Volksdichtung bei ihm künstlerisch vielfältig verarbeitet finden. Dörfliche und kleinstädtische Lebensweise ist in Reuters Werk allgegenwärtig. Der „Stimme des Volkes" aber hat der Demokrat Reuter nur in einem seiner Werke unmittelbaren Ausdruck gegeben, in „Kein Hüsung" (1858), dem Hohelied von Liebe und Haß der mecklenburgischen Dorfarmut. Es gibt zu denken, daß Reuter hier, wo seine Sympathien mit dem unterdrückten Volk am persönlichsten gestaltet sind, die formal geringste Anlehnung an die Volksdichtung vollzieht, während in den Reimschwänken und in den großen Prosawerken mit ihrer humoristischen Verklärung der Vorrat an formaler Volkstümlichkeit voll ausgeschöpft wird. In „Kein Hüsung" besteht die Volksverbundenheit des Autors vor allem in der Auffassung der so-

Unkel Bräsig im Rahnstädter Reformverein 1848. Holzschnitt von Ludwig Pietsch, 1864/65

zialen Wirklichkeit nach den Maßstäben – nicht nach der Machart – der Volkssage: in der Dämonisierung des negativen Helden, der Ausmalung der Rache und der Flucht, der Sehnsucht nach Freiheit.

Seine Kenntnis mecklenburgischer ländlicher Sozialverhältnisse verdankte Reuter nicht allein eigenem Erleben, sondern auch persönlichen und publizistischen Anregungen aus dem Freundeskreis. Hier sind vor allem die Neubrandenburger Brüder Franz und Ernst Boll zu nennen, letzterer als Autor einer „Geschichte Meklenburgs mit besonderer Berücksichtigung der Culturgeschichte" (1855/56). Aus ihr bezog Reuter einen Großteil seiner historischen Kenntnisse, so über die unmenschliche Heimatgesetzgebung in Mecklenburg. Dieses Werk demokratischer Geschichts- und Kulturgeschichtsschreibung entstand abseits von der offiziellen Historiographie des Landes, die durch den großherzoglichen Archivar und Vorsitzenden des „Vereins für meklenburgische Geschichte und Alterthumskunde", den bedeutenden Gelehrten Georg Christian Friedrich Lisch, repräsentiert wurde. In den von ihm herausgegebenen Jahrbüchern des Vereins erschienen fast von Anbeginn Materialien und Untersuchungen zur Volkskunde, z. B. von Mussäus und Masch (beide 1837).

„Vaterländische", d. h. mecklenburgische Kulturgeschichte und Volkskunde spielten auch im engeren Umkreis des Schweriner großherzoglichen Hauses eine gewisse Rolle. Als 1857 der aufwendige Umbau des Schweriner Schlosses vollendet war, wurde zur Einweihung die Oper „Andreas Mylius" uraufgeführt, in der Figuren der mecklenburgischen Geschichte des 16. Jahrhunderts agierten. Der Komponist war der in die mecklenburgische Heimat zurückgekehrte berühmte Friedrich von Flotow (1812–1883), der in dieser Oper auch plattdeutsche Chortexte des Librettisten Eduard Hobein vertonte, z. B.: „In Dütschland an den Ostseestrand, dor liggt en gor to schönes Land ..."

Der Eklektizismus von französischem Opernstil und mecklenburgischer Provinzialität besaß seine Entsprechung in der Architektur des Schloßneubaus (Abb. S. 52), die einerseits französierend war und andererseits einheimischen Traditionen Raum gab (erneuerte „Hofdornitz", „Sagen-Zimmer", Standbild des „Petermänken"). Von den Wänden des Vorsaals der Throngemächer blicken mecklenburgische Bauern und Bäuerinnen in festtäglicher Tracht herab, nachgestaltet den von Lisch in der Reihe „Meklenburg in Bildern" veröffentlichten Lithographien (vgl. Abb. S. 198 und 310f.). Auf Lisch geht das ikonographische Programm dieses Raums zurück (Fresken von Fischer-Poisson, 1852), nicht auf Ideen des Hofbaurates Georg Adolf Demmler (1804–1886), eines revolutionären Demokraten, der 1850 entlassen wurde. Es entspricht dem landesherrlichen Bild von „Unseren" Bauern, das durch und durch patriarchalisch-konservativ war.

Die Großherzöge Friedrich Franz I., Paul Friedrich und Friedrich Franz II. erfreuten sich der Huldigungen, die ihnen alljährlich die „Landleute" auf dem Kamp zu Doberan darbrachten, und hatten

„Bauerntrabrennen auf einem landwirthschaftlichen Feste in Mecklenburg". Holzschnitt, 1868

ihr Amüsement an den „Bauernrennen" (Abb.), die neben den hochherrschaftlichen Pferderennen bei Doberan abgehalten wurden. Das Fischländer Tonnenfest, ein Reiterspiel der Bauernsöhne und Knechte, wurde aus der großherzoglichen Kasse von 1835 bis 1914 regelmäßig unterstützt.[17]

Die insgesamt bescheidene Kenntnisnahme und Förderung bäuerlicher Kultur durch die Landesherren stand gleichwohl im schärfsten Widerspruch zu den bauernvernichtenden Praktiken der anderen Fraktion der herrschenden Klasse, die Mecklenburg über weite Strecken in ein Land voller Tagelöhnerdörfer verwandelt hatte. Hier war bäuerliche Kultur ausgelöscht worden. Nachdem Fritz Reuter die verheerende Folge, das Knechts- und Tagelöhnerdasein in den Gutsdörfern, künstlerisch dargestellt hatte, fand nunmehr auch die Ursache, das Bauernlegen, ihren literarischen Gestalter. John Brinckman (1814–1870) hat in seiner 1869 erschienenen Erzählung „Uns Herrgott up Reisen" historisches Unrecht des mecklenburgischen Adels auf das schärfste gegeißelt und gleichzeitig ein utopisches Bild historischer Wiedergutmachung entworfen. Wir kommen auf Brinckmans Bauernbild noch zurück.

Zuvor bleibt festzuhalten, daß Lebensweise und Kultur des mecklenburgischen Adels eine schon unüberbrückbare Distanz zur regionalen Volkskultur aufwiesen. Allerdings war das kulturelle Niveau der Junkerklasse in Mecklenburg nicht so hoch, wie ihre politische Allmacht groß war. Der Dichter Adolf Friedrich Graf von Schack und der Komponist Friedrich Freiherr von Flotow – beide größtenteils außerhalb des Landes wirkend – blieben Ausnahmeerscheinungen unter ihren Standesgenossen wie auch drei Generationen des gräflichen Geschlechts von Hahn: der Astronom Friedrich, der mit Herder korrespondierte, der „Theatergraf" Karl Friedrich, der sein Vermögen seiner Schauspielleidenschaft opferte, und die Schriftstellerin Ida Hahn-Hahn, die mit Ideen zur Frauenemanzipation antrat und als Konvertitin im Schoß der katholischen Kirche endete.

Diese Richtung empfing keine Impulse von der Volkskultur mehr – ganz im Gegensatz zur progressiven bürgerlichen Kultur regionaler Prägung. Wie zu zeigen versucht wurde, erfolgte hier in Auswahl eine Aneignung des Erbes der regionalen Volkskultur. Diese Aneignung bestimmte den Charakter der bürgerlichen Kultur in Mecklenburg gewiß nicht allein, sie wurde vielmehr begleitet und sogar übertroffen durch die Rezeption nationaler und internationaler Standards bürgerlicher Kultur; sie war in Mecklenburg jedoch ausgeprägter vorhanden als etwa in den meisten preußischen Provinzen und blieb auf einer historischen Wegstrecke wirksam, die auch nach 1870 weiter beschritten wurde.

Schwarzwälder Wanduhr, vermutlich aus einem Tagelöhnerhaushalt, zweite Hälfte des 19. Jahrhunderts. Kirchgrubenhagen, Kreis Waren

Volkskultur im Übergang

In der Zwischenzeit hatte die Volkskultur selbst mancherlei Wandlungen erfahren, und zwar sowohl im agrarischen als auch besonders im nichtagrarischen Bereich. Zunächst einmal war die Bevölkerungszahl bedeutend gewachsen. 1850 betrug sie 536 727 in Mecklenburg-Schwerin und etwa 98 000 in Mecklenburg-Strelitz. Der späte und inkonsequente Abschluß der bürgerlichen Agrarreformen in Mecklenburg brachte es mit sich, daß der Weg vom großen Bauern zum Großbauern bis 1870 noch nicht voll durchmessen war und die Lebensweise dieser im Bauerndorf dominierenden Schicht nach wie vor bestimmte traditionelle Züge aufwies, etwa hinsichtlich der Wohnweise, der patriarchalischen Stellung zum Gesinde und des Bildungsniveaus. Daneben entwickelten sich neue Elemente, wie sie u.a. John Brinckman in seinem zuletzt genannten Werk als Ausblick und unter indirekter Berufung auf das erneuerte Vererbpachtungsgesetz von 1867 benannt hat. Der Schriftsteller sieht nach der Einführung neuer Fruchtfolgen auf den separierten Bauernfeldern wirtschaftlichen Aufschwung verwirklicht, und er erkennt einen Wandel der bäuerlichen Lebensweise und Kultur, den wir als Verbürgerlichung bezeichnen würden und für die bei ihm als Indikatoren der Kachelofen und das Kanapee, die Stubenuhr (Abb.) und der Weihnachtsbaum stehen.

Überlieferung und Wandel in der bäuerlichen Lebensweise während dieser Zeit werden wir im Kapitel „Bauern" und in weiteren Abschnitten dieses Buches näher verfolgen, in Entsprechung dazu die Lebensweise des Gesindes und der Landarbeiter, der zahlenmäßig stärksten Schicht unter den arbeitenden Menschen im Agrarland Mecklenburg, die sich auf einem mühseligen Weg zu agrarkapitalistischen Arbeitsverhältnissen befand. Bescheidener Restbesitz an Produktionsmitteln (Kuh, Schweine, Kartoffel- und Leinacker)

Haubenschachtel des jüngeren Thüringer Typs, allgemein verbreitet in der zweiten Hälfte des 19. Jahrhunderts. Mecklenburg, ohne Ort

sperrten ihn ebenso wie die bis 1868 gültige Heimatgesetzgebung (die keine innermecklenburgische Freizügigkeit zuließ), die bis zu ebendiesem Jahr notwendige ortspolizeiliche Ehegenehmigung, die Fortexistenz der gutsherrlichen Patrimonialgerichte, die nach wie vor zugelassene Prügelstrafe u. a. m.

Unter diesen Bedingungen klammerten sich Tausende und schließlich Zehntausende Mecklenburger an die Hoffnung, in Nordamerika zu Land und „Hüsung", zu Wohlstand und Menschenwürde zu gelangen. Von 1853 bis 1870 wanderten aus Mecklenburg-Schwerin 63679 Menschen nach Übersee aus, unter ihnen in der Mehrzahl Tagelöhnerfamilien sowie Knechte und Mägde (z. B. 1857 70% aller Fälle mit angegebener „Standeszugehörigkeit").[18] In seinem bekannten Briefroman „Jürnjakob Swehn, der Amerikafahrer" (1917) hat Johannes Gillhoff die Lebensgeschichte eines Auswanderers gestaltet, der aus einem Tagelöhnerkaten in einem südwestmecklenburgischen Bauerndorf stammte. Swehns Briefe an seinen ehemaligen Lehrer sind „missingsch" geschrieben: hochdeutsch (mit ein bißchen Englisch), dabei plattdeutsch gedacht.

In den meisten Gutsdörfern war es um die Schulbildung noch elender bestellt als in den Bauerndörfern; bis 1869 gab es – im Gegensatz zum Domanium – kein Seminar für die Ausbildung von Lehrern ritterschaftlicher Dörfer. So war der Analphabetismus sogar unter den Heranwachsenden immer noch verbreitet. Nach statistischen Erhebungen konnten von 9273 mecklenburgischen Rekruten der Einstellungsjahrgänge 1853–1862 1128 (12%) nicht schreiben und 2791 (30%) nicht rechnen.[19]

Über Lebensweiseprozesse im nichtagrarischen Bereich während dieser Zeit der bürgerlichen Umwälzung ist in Mecklenburg kaum geforscht worden. Auf die Verhältnisse im ältesten mecklenburgischen Industriebetrieb, der Rostocker Neptunwerft (gegründet 1850), wird im Kapitel „Werftarbeiter" gesondert eingegangen. War selbst hier die handwerklich-manufakturelle Produktion zunächst noch vorherrschend, so dominierte sie im sonstigen Gewerbe landesweit total. Meister, Geselle und Lehrling bestimmten die Sozialstruktur der Städte (in den Dörfern gab es unter den Handwerkern viele „Alleinmeister"), dazu städtische Tagelöhner, die „Arbeitsmann" genannt wurden. Sie alle produzierten mehr oder weniger handwerklich, und sie reproduzierten ihr Dasein in kleinbürgerlicher Lebensweise, wie der Vergleich von Nachlaßverzeichnissen erkennen läßt. Neue Momente gewahren wir bei einer besonderen Gruppe, die um die Jahrhundertmitte auch in Mecklenburg geballt in Erscheinung trat: den Chaussee- und Eisenbahnbauarbeitern.

1846 wurden die Bauarbeiten an der Eisenbahnlinie Schwerin–Rostock aufgenommen. Seit August arbeiteten Kolonnen in der Nähe von Dalwitzhof bei Rostock. Einer der Schachtmeister (Vorarbeiter), Carl Groke, nahm Quartier bei dem Gutstagelöhner Steffen, erkrankte am „Nervenfieber" und starb dort am 22. Dezember. Der 1820 geborene Groke stammte aus dem niederschlesischen Dorf Seebnitz, wo sein Vater Dreschgärtner – also etwa dasselbe wie sein Quartierwirt – war. Der Verstorbene hatte schon verschiedene Arbeitsstel-

Das mecklenburgische Wappen.
Heraldische Version von Georg Christian Friedrich Lisch (1861)

Das Dorf Klenow um die Mitte des 18. Jahrhunderts, vor der Anlage der Residenz Ludwigslust. Kolorierte Lithographie um 1843

Schloß Ludwigslust, Residenz der Herzöge und Großherzöge von Mecklenburg-Schwerin im letzten Viertel des 18. und in der ersten Hälfte des 19. Jahrhunderts. Kolorierte Lithographie um 1843

Das Doberaner Seebad am „Heiligen Damm“, erstes Seebad in Deutschland, gegründet 1793. Kolorierte Lithographie um 1843

Ansicht von Doberan, auf dessen „Kamp“ ein Puppenspieler gastiert. Aquarellierte Federzeichnung von J. L. Hornemann (um 1820)

Das großherzogliche Schloß zu Schwerin nach dem Um- und Neubau (1843–1857). Farblithographie von Friedrich Jentzen

Schloß Lebbin („Blücher“) in Göhren-Lebbin, Kreis Röbel, erbaut Ende des 19. Jahrhunderts.

Haus eines Domanialbauern am Dorfanger.
Fahrbinde, Kreis Ludwigslust

Haus eines aus dem Gutsdorf „umgelegten“ ritterschaftlichen Bauern.
Feldmark Schwartow, Kreis Hagenow

Pottsbouteille aus Waldglas.
Mecklenburgisches Glashüttenerzeugnis, 18. Jahrhundert

Haubenschachtel des Berchtesgadener Typs,
wie sie u. a. an mecklenburgische Bauern verkauft wurden. Datiert 1779

Bürgerliche Küchenanlage des frühen 19. Jahrhunderts, rekonstruiert.
Museum der Stadt Güstrow

len in verschiedenen Ländern innegehabt, wie drei Führungszeugnisse und zwei Reisepässe beweisen, die sich neben seinem Armutspaß im Nachlaß befanden. Weitgereist und damit schon unterschieden von den meisten mecklenburgischen „Arbeitsleuten", unterschied sich auch die Art und Weise seiner Nachlaßaufnahme und Beisetzung grundsätzlich von der sonst üblichen. Das zuständige Hospitalgericht (der Sterbeort Dalwitzhof gehörte zum Rostokker Hospital St. Georg) machte die Nachlaßaufnahme zwar aktenkundig, führte sie aber ebensowenig selbst durch wie der Ortsvorstand (der Gutspächter) oder der „Dienstherr" (die Eisenbahnaktiengesellschaft). Vielmehr taten dies in Eigeninitiative Grokes Schachtmeisterkollege Frimke – wohl ein Landsmann – und drei Arbeiter, letztere als Zeugen. Acht Arbeiter trugen den Sarg, drei Arbeiter (nicht der Totengräber) hatten das Grab ausgehoben, und drei Arbeiter (nicht der Küster) läuteten die Glocken. Der Nachlaß bestand aus wenigen Stücken guter Kleidung (Tuchrock, -hosen und -mantel, 1 englisch-ledernen Hose, 4 Westen, 4 Hemden, 2 Paar Stiefeln, 1 Hut, 1 Mütze), einem Felleisen und einer Geldkatze. Im Gegensatz zu Handwerksmeistern und -gesellen oder Tagelöhnern besaß der Vorarbeiter beim Eisenbahnbau somit keinerlei Produktionsinstrumente zu eigen; dem entspricht auf der anderen Seite das Vorhandensein von verhältnismäßig viel Bargeld (81 preußische Courantmark) und einer silbernen Taschenuhr.[20]

Das in der Lebensweise Neue, das hier im Ansatz greifbar wird, kann man vielleicht besser beurteilen, wenn man ein Vergleichsbeispiel heranzieht. Im gleichen Jahr starb im Bauerndorf Groß Schwaß, das zur selben Grundherrschaft gehörte, der Tagelöhner Joachim Friedrich Faaß. Hier trat die Hierarchie von Hospitalgericht, Dorfschulze und Schullehrer in Tätigkeit, um einen ganz anders gearteten Nachlaß aufzunehmen, der aus folgendem bestand: zahlreichen, wenig qualitätvollen Kleidungsstücken, aber diversen Produktionsinstrumenten (1 Spaten, 4 Sensen, 1 Dengelgeschirr, 1 Dreschflegel, 1 Beil, 1 Säge); Bargeld war nicht vorhanden, ebensowenig eine Taschenuhr.[21]

Chausseearbeiter waren es, die sich 1848 mit den Gutstagelöhnern der Warener Gegend solidarisierten und am 22. Mai das Palais des verhaßten Gutsherrn von Behr-Negendank niederbrannten, „was den bedeutendsten Exceß bildet, der in dem gedachten Jahr im Lande vorgekommen ist".[22] Jüngerer Überlieferung zufolge sollen sie der treibende Keil bei dieser Aktion gewesen sein.[23]

Wir verbleiben bei den neuen Elementen in der Lebensweise dieser Arbeiter und befragen eine interessante Quelle, die zugleich die Verhältnisse bei anderen – landwirtschaftlichen und handwerklich-gewerblichen – Berufsgruppen erkennen läßt. Es handelt sich um das „Uhren-Verkaufsbuch" des Goldberger Uhrmachers Wilhelm Jantzen,[24] angefangen 1861, woraus die ersten 1000 Angaben (Ende 1861 bis Ende 1870) in einer Fallstudie ausgewertet worden sind. Nach dem sozialen Status, der in 609 Fällen angegeben ist, setzte sich die Käuferschaft von Taschenuhren prozentual wie folgt zusammen.

Käufer	1861–1870 in Prozent	1868/69
Herrschende Schicht (Gutsbesitzer, Beamte usw.)	18,4	13,8
Handwerksmeister	21,5	16,2
Gesellen	10,7	8,0
Lehrlinge	1,5	1,1
Handlungsgehilfen	1,5	1,1
Bedienstete	3,8	2,9
Bauern	8,2	6,2
Landarbeiter	30,1	22,8
Städtische Arbeiter	1,1	0,9
Chausseearbeiter	2,3	26,2
Sonstige	0,9	0,8

Die erste Ergebnisspalte bezieht sich auf die Angaben im gesamten Zeitraum, die zweite ist reduziert auf 1/15 des Gesamtzeitraums, nämlich auf die Zeit vom 9.8. bis

25.11.1868 und vom 1.4. bis 15.7.1869. Während dieser Zeit traten 14mal Chausseearbeiter als Käufer von Taschenuhren in Erscheinung, womit sie mehr als ein Viertel der Käuferschaft stellten, während sie im Gesamtzeitraum weniger als ein Vierzigstel der Kundschaft ausmachten. Zur Zeit des Chausseebaus in Goldbergs unmittelbarer Umgebung kauften sich innerhalb kurzer Zeit und somit sicherlich nicht zufällig mehrere Chausseearbeiter eine Taschenuhr, darunter je zur Hälfte numerierte Markenuhren (silberne und aus Doublé) und unnumerierte einfachere Stücke. Vier Chausseearbeiter verkauften ihrerseits je eine Taschenuhr beim Uhrmacher Jantzen, unter ihnen einer, der wiederum zweimal als Käufer auftaucht.

Es verdient festgehalten zu werden, daß die Taschenuhr ganz offensichtlich zum Lebensstandard und zur Lebensweise dieser Arbeiter gehörte. Das „Leben mit der Uhrzeit" als historisch junge Erscheinung – jedenfalls bei den werktätigen Volksklassen – wurde von den Arbeitern rasch und konsequent angenommen. Die ländlichen Arbeiter (Tagelöhner, Knechte usw.) treten in den Prozentzahlen – wie auch absolut – ebenfalls stark hervor, was mit ihrer Dominanz innerhalb der Sozialstruktur dieser Gegend zusammenhängt. Auch für sie scheint Uhrenbesitz schon obligatorisch gewesen zu sein; er kam bei ihnen teilweise seit den 1830er Jahren vor, ohne sich doch von Anfang an so konsequent durchzusetzen. Augenfällig ist der Gegensatz zu den Handwerksgesellen, bei denen der Uhrenerwerb schwach ausgeprägt erscheint, mit gewisser Ausnahme der Maurer- und Zimmergesellen. Der Geldlohn der Gesellen war äußerst gering, bei freier Kost und Logis im Meisterhaushalt jedenfalls geringer als der der Chausseearbeiter. Ein Handwerksgeselle mit der Chance oder wenigstens der Hoffnung, einmal Meister werden zu können, wird auch sparsamer gelebt haben als der reine Lohnarbeiter. Dessen Nichtbesitz an Produktionsmitteln erlaubte zugleich einen bescheidenen Erwerb von Konsumtionsmitteln und zeitgemäßen Kulturgütern, von denen die Uhr nur ein Beispiel – allerdings ein typisches – ist.

Solche Anzeichen kulturellen Fortschritts gab es also in Mecklenburg vor 1870 neben vielen, ja sehr vielen Merkmalen überlieferter, rückständiger Lebensweise und Kultur. Bedenkt man, daß während jener Zeit auch in den meisten anderen deutschen Staaten und Provinzen die bürgerliche Umwälzung der Kulturverhältnisse noch nicht die ganze Gesellschaft erfaßt hatte, so wird man Mecklenburg und seine Volkskultur bis 1870/71 nicht als total rückständig bezeichnen dürfen, sondern eher dem Urteil eines Publizisten beipflichten, der 1860 schrieb, hier befände sich das „Volksleben unter einem Uebergangsstadium".[25]

Anmerkungen

1 Helga Schultz, Soziale und politische Auseinandersetzungen in Rostock im 18. Jahrhundert, Weimar 1974; dieselbe, in: Rostock. Geschichte der Stadt, Berlin 1980, S. 61 f.

2 Ernst Boll, Geschichte Meklenburgs, Bd. 2, Neubrandenburg 1856, S. 330.

3 Ulrich Bentzien, Der Nachlaß einer Rostokker Matrosenfrau (1796), in: Seehundslied–Linienaquavit–Schifferfayencen, hrsg. von Wolfgang Rudolph, Rostock 1984, S. 5–10.

4 Stadtarchiv Rostock, Vormundschafts- u. Nachlaßgericht, Nr. 29, 80–83, 122, 125 bis 127, 129; Waisengericht, Litt. W, No. 7.

5 Heimatmuseum Goldberg, Goldberger Magistratsakten.

6 Siegfried Neumann, Lade und Koffer im bäuerlichen Mobiliar Westmecklenburgs, Deutsches Jahrbuch für Volkskunde 11 (1965), S. 123–136.

7 Otto Vitense, Mecklenburgische Geschichte, Gotha 1920, S. 411.

8 Georg Moll, Die kapitalistische Bauernbefreiung im Klosteramt Dobbertin, Rostock 1968.

9 Ralf Wendt (Hrsg.), Mecklenburgische Volkstrachten, Rostock 1983.

10 Karl Marx an Hermann Schumacher/Zarchlin (Meckl.), Marx/Engels, Werke, Bd. 34, S. 151.

11 R. Wossidlo u. G. Schneidewind, Herr und Knecht. Antifeudale Sagen aus Mecklenburg, Berlin 1960, Nr. 172.

12 Wilhelm Herferth, Wetterleuchten in Mecklenburg, Berlin 1961.

13 Jenny Lind und die grüne Flanelljacke. Mecklenburgische Satiren und Anekdoten aus den Jahren 1844 bis 1849, hrsg. von Egon Schmidt, Rostock 1970.

14 Heimatmuseum Goldberg, Inv.-Nr. 1191.

15 Fritz Reuter, Gesammelte Werke und Briefe, Bd. 7, Rostock 1967, S. 41.

16 Kurt Batt, Fritz Reuter. Leben und Werk, Rostock 1967.

17 Gunther Lübbe, Das Tonnenabschlagen auf dem Fischland, Jahrbuch für Volkskunde und Kulturgeschichte 25 (1982), S. 76–94.

18 Max Wiegandt, Die Auswanderung aus Mecklenburg nach Übersee, in: Mecklenburg, hrsg. von R. Crull, Bielefeld/Leipzig 1938, S. 255, 247.

19 Peter-Joachim Rakow, Ständische und bürgerliche Schulpolitik in Mecklenburg ..., Archivmitteilungen 13 (1963), S. 24.

20 Stadtarchiv Rostock, Rep. 1.1.10, Nr. 6929.

21 Ebenda, Nr. 8376.

22 Wilhelm Raabe, Meklenburgische Vaterlandskunde, Theil 1, Wismar/Ludwigslust 1857, S. 753 f.

23 R. Wossidlo u. G. Schneidewind (wie Anm. 11) S. 160.

24 Heimatmuseum Goldberg, Inv.-Nr. A 483.

25 Ludwig Fromm, Mecklenburg. Ein niederdeutsches Landes- und Volksbild, Schwerin 1860, S. 38.

Von der Reichsgründung bis zum ersten Weltkrieg

Eine bürgerliche Regionalkultur

„Wenn die Welt untergeht, ziehe ich nach Mecklenburg; dort geht sie fünfzig Jahre später unter." Der unbekannte Urheber dieses Ausspruchs glossierte die Rückständigkeit Mecklenburgs, die sich im geeinten Deutschen Reich offensichtlich von den Verhältnissen in den anderen Bundesstaaten abhob. Ein Hauptmerkmal war weiterhin die „sarmatische Adelsherrlichkeit" Mecklenburgs, wie Heinrich von Treitschke in einem treffenden Vergleich bemerkte. Auch Friedrich Engels setzte 1873 polemisch Mecklenburg mit Rußland gleich und stellte 1876 fest, daß die bürgerlichen Agrarreformen des 19. Jahrhunderts in Deutschland mit den Resten des Mittelalters „so ziemlich" aufgeräumt hätten. „Wir sagen so ziemlich, denn in Mecklenburg besteht der Feudalismus noch in ungeschwächter Kraft fort."[1] 1895 präzisierte Engels den Bereich, in dem die Rückständigkeit Mecklenburgs festgeschrieben war, durch Hinweis auf den Landesgrundgesetzlichen Erbvergleich von 1755, „die noch heute gültige glorreiche Verbriefung des Feudalismus".[2]

Feudalverhältnisse um 1900? In der Tat gab es ihn noch, den Erbvergleich, jenes Fossil aus der Zeit von Mecklenburgs spätfeudaler Sonderentwicklung, und er beeinflußte in seiner versteinerten Gestalt bis 1918 die verfassungsrechtliche Seite des politischen Lebens im Lande (vgl. auch Abb. S. 61). Freilich war die Stagnation im verfassungsrechtlichen Überbau das eine und die Bewegung an der gesellschaftlichen Basis das andere. Friedrich Engels selbst hat auf das neue, bewegende Element in einer Analyse der Reichstagswahlergebnisse von 1877 hingewiesen: „Sogar in der Hochburg des Feudalismus, in Mecklenburg, gewannen wir eine starke Minderheit bei den Landarbeitern."[3] Die Arbeiterbewegung war also auch in das Agrarland Mecklenburg vorgedrungen, wo ein relativ großes Landproletariat auf den kapitalistischen Junker- und Großbauernwirtschaften mit teilweise halbfeudalen Methoden ausgebeutet wurde. Kapitalistisch wirtschafteten die wenigen Industriebetriebe des Landes. Kapitalismus sickerte auf allen Wegen ein, die Mecklenburg mit dem geeinten bürgerlichen Nationalstaat verbanden. Maschinen, Eisenbahnen, Chausseen, Telegraph und Presseerzeugnisse drangen gewiß nicht bis ins letzte Dorf vor, verwandelten jedoch auch in Mecklenburg die Arbeitsverhältnisse und die Lebensweise eines langsam sich vergrößernden Teils des werktätigen Volkes.

Wir werden demnach unseren Blick, der durch die vielstimmigen Urteile über Mecklenburgs Rückständigkeit geschärft ist, sowohl auf die Bewahrung überlieferter als auch auf die Ausbildung neuer Elemente in der Kultur und Lebensweise richten. Zunächst folgen einige Bemerkungen zur Kultur der herrschenden Klassen.

Bemerkenswert bleibt es, in wie geringem Maße sich bei dem politisch allmächtigen Adel Macht und Geist verbanden und wie wenig seine Vertreter aus der Geschichte und in der Gegenwart als volkstümliche Leitbilder fungierten. Es will nicht viel besagen, daß der Dichter Emanuel Geibel 1871 im Lobgesang auf die deutschen Lande als die größten Mecklenburger die Königin Luise (aus dem strelit-

Das „Ständehaus" in Rostock, erbaut 1889–1893. Zeitgenössischer Holzschnitt

zischen Herzogshaus stammend) und die Feldmarschälle Blücher und Moltke (beide von mecklenburgischem Uradel) anführte. Das war der preußisch-deutsche Wertmaßstab, nicht der mecklenburgische, der sich andere Leitbilder erkor. Hierbei handelte es sich wiederum nicht um die Großherzöge, die allesamt unter ihrer Machtbegrenzung litten und von denen keiner so populär wurde, daß er im Andenken des Volkes länger fortgelebt hätte. Bei Hofe ging es hochadlig-kulturvoll zu; die Mittel für die großherzoglichen kulturellen und wissenschaftlichen Einrichtungen (Theater, Museen, Bibliotheken, Landesuniversität) lagen an der unteren Grenze des reichsweit üblichen Einsatzes. Eine herausragende Leistung war die zügige Erarbeitung und Herausgabe der „Kunst- und Geschichtsdenkmäler des Großherzogthums Mecklenburg-Schwerin" (5 Bände, erschienen 1896–1902) durch Friedrich Schlie.

Diejenige Klasse, die in Mecklenburg kulturell, in der Lebensweise, hinsichtlich der Wertorientierungen und schließlich personell die Leitbilder stellte, war die Bourgeoisie. Gemäß der wirtschaftlichen Struktur des Landes handelte es sich bei ihr vor allem um Agrar- und Handelsbourgeoisie sowie um mit ihr verbündete bürgerliche Intellektuelle. Eine besondere Rolle spielten die bürgerlichen Rittergutsbesitzer und Gutspächter, die dem Kapitalismus in der mecklenburgischen Landwirtschaft Bahn gebrochen hatten und als Agrarkapitalisten dem grundbesitzenden Adel normalerweise weiterhin überlegen waren. Ihre Zugehörigkeit zur herrschenden Klasse war jedoch in den Augen des Adels mit dem Makel und in den Augen des Kleinbürgertums und breiterer Volksschichten mit dem Vorzug behaftet, gewisse liberale und demokratische Traditionen zu besitzen. Im Vormärz und 1848/49 hatten viele bürgerliche Gutsbesitzer und -pächter auf der Seite des historischen Fortschritts gestanden, eine Haltung, die man für die Verhältnisse ab spätestens 1871 nicht mehr feststellen kann, die aber noch nicht vergessen war. Zudem blieb die alte

Standesrivalität erhalten, die sich auf der einen Seite in herablassendem Adelsstolz und auf der anderen Seite in selbstbewußter antiadliger Haltung ausdrückte. Solche Attitüde, oft allerdings scharf hervorgekehrt, genügte in Mecklenburg, um als zeitgemäß denkend, biedermännisch und volksverbunden zu gelten.

Mecklenburgs Bourgeoisie eignete sich im wesentlichen den Kulturstil der nationalen deutschen Bourgeoisie an, bewahrte und entwickelte jedoch zugleich spezifische regionale Züge. Dazu gehörte das bewußte Festhalten an der mecklenburgischen Mundart, die zwar immer weniger im Familienkreis gesprochen wurde, dort aber immerhin noch beim abendlichen Vorlesen aus niederdeutschen Büchern lebendig blieb und vor allem im mündlichen Umgang der Gutsbesitzer, Großkaufleute, Schiffskapitäne, Advokaten usw. mit Standesgenossen, mit Kunden und mit der Belegschaft eine bedeutende Rolle spielte. Das bewußte Plattdeutschsprechen wurzelte in einem regionalen Identitätsbewußtsein und förderte es zugleich.

Die Heimatliebe des mecklenburgischen Bürgers war auch im neuen Reich auf sein engeres Vaterland gerichtet, ohne deshalb antipreußisch zu sein. Im Gegenteil: Die mecklenburgische liberale Bourgeoisie hatte den preußischen Führungsanspruch im zeitlichen Vorfeld der Reichseinigung weit eher anerkannt als der Adel und die Schweriner Regierung, die Österreich mehr zugeneigt waren. Das preußisch-deutsche Nationalbewußtsein drang ab 1871 auch nach Mecklenburg durch, es war aber vorläufig noch kein Traditionsbewußtsein und wurde durch das starke mecklenburgische Regionalbewußtsein gleichsam gedämpft. Bürgerlicher Nationalstolz und bürgerlicher Regionalstolz überlagerten sich, bevor sie in einer späteren Entwicklungsphase einander aufzuheizen begannen.

Zu den Regionaleigenschaften „des Mecklenburgers" rechneten nach eigener Anschauung und auswärtigem Urteil ferner der Sinn für deftige Speisen und Getränke, eine Behäbigkeit ohne Vornehmtuerei, plattdeutscher Humor, laut geäußertes Selbstbewußtsein. Theodor Fontane, der zahlreiche Mecklenburger kannte und den eine Jugendfreundschaft mit dem Inhaber einer Rostocker chemisch-pharmazeutischen Fabrik, Friedrich Witte, verband, urteilte 1895 leicht verärgert über die Mecklenburger: „Sie haben unbestreitbar eine wundervolle Durchschnittsbegabung, werden aber ungenießbar dadurch, daß sie einem dies Durchschnittsmäßige, dies schließlich doch immer furchtbar Enge und Kleinstädtische, als etwas ‚Höheres', als das eigentlich Wahre aufdringen möchten. Ein Mecklenburger ... bringt die Vornehmheit, den großen Stil nicht heraus, er bleibt bei Lining und Mining oder bei Bräsig oder bei Leberecht Hühnchen. Das sind nun alles allerliebste Figuren, aber sie rechtfertigen durchaus nicht die Dickschnäuzigkeit, womit sie einem präsentiert werden." – Und an anderer Stelle im Anschluß an inhaltsgleiche Worte: „Dabei sind sie alle langweilig. Das nennen sie dann Humor, wenn sie plötzlich, mit einem ziemlich unverschämten Gesicht, aus ihrem Mustopf herauskucken."[4]

Viel freundlicher lautete Fontanes Urteil über Mecklenburg und die Mecklenburger, sobald er auf den Mann zu sprechen kam, der drei der oben genannten Figuren nicht „präsentiert", sondern geschaffen hat: Fritz Reuter. Ebenfalls 1895 heißt es in einem Brief: „Am Mittwoch will ich mit Frau und Tochter nach ‚Nigen Bramborg' abdampfen, um Preußen zu vergessen, wozu Fritz Reuters Heimat – als eine Art Gegensatz – die beste Gelegenheit bietet. Ich stelle Rotspohn und Onkel Bräsig höher als den ganzen Borussismus ..."[5]

Reuter, Reuters Lieblingsrequisit und Reuters volkstümlichste literarische Gestalt stehen hier für Mecklenburg, und sie stehen nicht zufällig hier. Reuter und Mecklenburg wurden vielfach gleichgesetzt, wobei man in der Regel übersah, daß jener Mecklenburger nicht nur in preu-

Fritz Reuter am Stammtisch im Neubrandenburger Ratskeller. Ölbild von J. Bahr, 1899

ßischen Festungen, sondern auch an Verhältnissen seines Heimatlandes gelitten hatte. Aber soviel ist richtig: Fritz Reuter (Abb.), der 1874 starb, war der populärste Mecklenburger, und er blieb es durch sein Werk lange über seinen Tod hinaus. Das deutsche Bürgertum eignete sich Reuter ausdauernd, wenn auch nicht allseitig an. Noch 1906 war sein Roman „Ut mine Stromtid" das meistgedruckte deutsche Buch. Mecklenburgs Tragödie, niedergeschrieben in „Kein Hüsung", blieb weitgehend unbeachtet, während sich die „Läuschen un Rimels" wiederum größter Beliebtheit erfreuten, wie überhaupt „das komische Element aus seinem Werk herausdestilliert und als die eigentliche Reuter-Essenz gehandelt wurde".[6]

In Mecklenburg selbst identifizierte sich das Bürgertum in hohem Maße mit Fritz Reuter und seinen Gestalten. Gemütlichkeit, goldener Humor und kernfestes Plattdeutsch – das waren ja im Selbstverständnis des mecklenburgischen Bürgers die eigenen Tugenden, die man bei Reuter gestaltet sah, dazu noch eine Dosis liberalen Biedersinns ohne revolutionäre Ambitionen. Dieser Reuter-Torso wurde zum Leitbild bürgerlicher Regionalkultur in Mecklenburg.

Neben Reuter standen weitere Persönlichkeiten, auf die Mecklenburg stolz war oder stolz hätte sein sollen. Der große niederdeutsche Dichter John Brinckman (1814–1870) geriet zeitweilig ganz in Vergessenheit. Andere Achtundvierziger, wie der langjährig eingekerkerte Julius Wiggers (1811–1901), der in der Bützower Untersuchungshaft eine plattdeutsche Grammatik verfaßt hatte, wurden notdürftig in das Bürgerbild integriert. Wieder andere, die an ihrem Lebensabend Anschluß an die Arbeiterbewegung fanden, wie der Publizist Ludwig Reinhard (1805–1877) und der Architekt Georg Adolf Demmler (1804 bis 1886), galten nichts. Den Literaten Adolf

„Voß-un-Haas-Kalender“,
so benannt nach der Titelgrafik

Wilbrandt (1837–1911) und Heinrich Seidel (1842–1906) dankte man es, daß sie in Wien bzw. Berlin zu Mecklenburgs höherem Ruhm wirkten. Beide verklärten die Heimat aus konservativer Grundhaltung heraus.

Viel Bewunderung fand der Ausgräber von Troja und Mykene, Heinrich Schliemann (1822–1890), in seiner Heimat, die er einst mittellos hatte verlassen müssen. Dieser so erfolgreiche und reiche Mecklenburger tat das seine dazu, die Anhänglichkeit der Söhne Mecklenburgs an ihr Vaterland zu dokumentieren. Er schrieb 1878 aus Athen, es sei ein mecklenburgisches Dorf gewesen, „wo eigentlich die Haue und der Spaten zur Ausgrabung von Troja und Mykene geschmiedet und geschliffen wurden“.[7] Es war Ankershagen, der Ort, an dem einst Johann Heinrich Voß gewirkt hatte, und Schliemann erinnert sich an eben jene Lokalsagen um Henning Bradenkierl, die Voß dort schon gehört hatte, ferner an Sagen von einem unterirdischen Gang und von der goldenen Wiege, die seine kindliche Phantasie beflügelt hätten. Die heimatliche Lokalsage als gedachter Ausgangspunkt: offenbart sich hier das „furchtbar Enge“, das Fontane an den Mecklenburgern zu tadeln fand? Wir möchten es eher so sehen, daß Mecklenburgs Bourgeoisie und Bildungsbürgertum betont heimatliche Traditionen pflegten und dabei auch das Erbe überlieferter Volkskultur teilweise noch mit einbezogen – im Fall Schliemanns sogar eine antifeudale Sage.

Diese bürgerliche Regionalkultur mit ihren Repräsentanten, Traditionen und neuen Elementen war als Bestandteil der bürgerlichen Nationalkultur durchaus die herrschende Kultur in Mecklenburg am Ende des 19. Jahrhunderts. Sie wurde zunehmend in die gesamte Gesellschaft hineingetragen, am intensivsten über das Schulwesen und die Publizistik, wie zum Beispiel die Lesebücher für Volks- und Bürgerschulen und verschiedene Hauskalender zeigen. Zum beliebtesten Lesestoff im Kleinbürgertum und bei vielen anderen lesekundig gewordenen Menschen in Stadt und Land wurde der seit 1864 in der Hinstorffschen Hofbuchhandlung erscheinende Großherzoglich Mecklenburg-Schwerinsche Kalender oder „Voß-un-Haas-Kalender“, wie ihn die Mecklenburger wegen der beiden Hauptakteure der plattdeutschen Versschwänke nannten, die in jedem Jahrgang zu finden waren. Kalendarium, Wetterregeln, Marktverzeichnis dienten dem praktischen Gebrauch. Der sonstige Inhalt zeigt einen langsamen Wandel von zaghaftem Liberalismus zu strammem Konservatismus mecklenburgischer Prägung (Abb.).

Volkskultur – Relikt und Realität

Bestandteil bürgerlicher Regionalkultur war auch das wachsende Interesse für mecklenburgische Volkskultur. Mit dem von Karl Bartsch 1879/80 herausgegebenen zweibändigen Sammelwerk „Sagen, Märchen und Gebräuche aus Meklenburg" und einigen weiteren Veröffentlichungen zum Thema nahm Mecklenburg innerhalb der zeitgenössischen volkskundlichen Literatur Deutschlands schon einen durchschnittlichen Rang ein, als um die Mitte der achtziger Jahre ein Mann auftrat, der durch sein Lebenswerk die mecklenburgische Volkskunde vollends auf die Höhe der Zeit hob: Richard Wossidlo (1859–1939) (Abb.). Seine Dokumentation der Mundart, der Volksdichtung, des Gemeinschaftslebens und der materiellen Kultur schritt zügig voran und erreichte schließlich einen Umfang, für den man im Vergleich schon einen internationalen Maßstab anlegen muß, etwa das Sammelwerk des polnischen Volkskundlers Oskar Kolberg (dessen Vater übrigens aus Mecklenburg stammte, während Wossidlos Vorfahren väterlicherseits polnischer Abstammung waren). Richard Wossidlo trug den weitaus größten Teil seines Materials durch unmittelbare Exploration von Gewährsleuten – Landarbeitern, Bauern, Handwerkern, Seeleuten – zusammen, betrieb aber auch Materialerhebung durch Fragebogen und Korrespondenz. Methodisch waren seine Aufzeichnungen nach den Maßstäben der Zeit vorbildlich: Sie enthalten die Mitschrift (oder anschließend aufgefüllte Stichworte), den Namen (oft auch den Beruf) der Gewährsperson, deren Herkunftsort, den Aufzeichnungsort und (durchgängig etwa seit 1907) das Datum der Aufzeichnung. Bedeutende wissenschaftliche Leistungen stellen die Strukturbildung der Dokumentation (als „Wossidlo-Archiv" bis heute erhalten und benutzbar) und die frühen editorischen Arbeiten („Mecklenburgische Volksüberlieferungen", 1897 ff.) dar, für die der Gymnasiallehrer Richard Wossidlo 1906 die Ehrendoktorwürde der Landesuniversität erhielt.[8]

Richard Wossidlo um 1885. Jahrmarktsfoto

Von volkskundlicher Theorie hielt sich Wossidlo fern. Gefühlsmäßig hing er romantischen Anschauungen an, die sich zum Beispiel darin äußerten, daß er alle Volksüberlieferung als anonym entstanden ansah, unentwegt Uraltes aufzudecken bemüht war und seinen Forschungsgegenstand mit heiligem Ernst betrachtete. Tatsächlich kam der Sammler im rückständigen Mecklenburg zu Funden von ehrwürdigem Alter, etwa in Gestalt der Zwölfgottheit, deren Namen *de Waul, Fru Waus', Fru Gaud'* (usw.) auf „Wodan" zurückgehen, in ihrer geographischen Verbreitung allerdings keine altgermanischen Relikte, sondern eher den Verlauf mittelalterlicher deutscher Siedlerströme bezeugen. Umsonst suchte Wossidlo im Volksmund nach dem „heidnischen“ Opferspruch der Mäher, der seit dem 16. Jahrhundert durch die Literatur geisterte und den manche seiner Beiträger angeblich noch aus dem Munde alter Erntearbeiter gehört haben wollten:

Wode, Wode,
hale dinem Rosse nu Foder!
Nu Distel und Dorn –
tom andern Jar beter Korn!

Was Wossidlo aufspürte und aufschrieb, waren im wesentlichen Zeugnisse der Volkskultur des 19. Jahrhunderts, und zwar (bei alten Gewährsleuten der frühen Sammelperiode) mit einer historischen „Tiefenschärfe“ bis in die erste Jahrhunderthälfte zurück, mindestens jedoch bis vor 1870, und natürlich Zeugnisse der jeweils jüngsten Vergangenheit. Die Sachkapitel dieses Buches zehren demnach hauptsächlich für die Verhältnisse des 19. und frühen 20. Jahrhunderts von Wossidlos Sammelwerk.

Im Spiegel der Wossidlo-Aufzeichnungen war die mecklenburgische Volkskultur der hier behandelten Periode stark traditionell geprägt. Mythische Sagen, Zaubermärchen, sehr alte Rätselformen, archaisches niederdeutsches Wortgut finden sich reichhaltig belegt, ebenso Anschauungen und Praktiken des Volksglaubens, traditionelle Bräuche des Jahres- und Lebenslaufes usw. Die tatsächliche Lebendigkeit all dessen bis hin zum ersten Weltkrieg ist kaum in Zweifel zu ziehen, jedoch zu präzisieren in Richtung auf den topographischen und sozialen Umkreis, den Wossidlo bei seiner Sammelarbeit bevorzugte: das Dorf, die alten Leute, die Landarmut.

Das dokumentierte Gesamtbild zeigt dabei keineswegs eine Idylle. Wossidlo sammelte Überlieferungen in voller Breite und mit unterschiedlichsten Aussagen. Auf diese Weise gelangten auch Zeugnisse oppositioneller Haltung des Volkes im historischen Prozeß in die Dokumentation. Sozialkritische Sagen, Schwänke, Sprichwörter und Redensarten, die Wossidlo aufgezeichnet hat, bringen die Hoffnung und die Sehnsucht, den Gerechtigkeitssinn und das Aufbegehren des Volkes zum Ausdruck. Der Sammler suchte gewiß nicht planmäßig z. B. nach Sagen über grausame Gutsherren und Schwänken über anmaßende Beamte. Aber er schrieb auf, was seine Gewährsleute zu berichten wußten, um auch diese Seite der Anschauung des Volkes nicht undokumentiert in Vergessenheit geraten zu lassen. Solche Unvoreingenommenheit, die in der beginnenden imperialistischen Ära nur wenige bürgerliche Volkskundler aufbrachten, darf als wissenschaftliche Größe bezeichnet werden. Als hochbedeutend muß auch die Erfassung von Aussagen zur Lebensweise der Bauern, des Gesindes, der Landarbeiterfamilien, von Handwerkern und Seeleuten eingeschätzt werden. Wossidlos Materialzusammenstellung zu einer Seemannsvolkskunde, postum herausgegeben unter dem Titel „Reise, Quartier, in Gottesnaam“, gilt bis heute als Standardwerk maritimer Volkskunde, als ein Gedenkbuch nicht der Schifferbourgeoisie, sondern in memoriam Jan Maat. Und ein letztes Beispiel für Wossidlos unvoreingenommenen Realitätssinn: Trotz seiner Auffassung von der Schönheit und „Reinheit“ der Volkssprache scheute er sich nicht, auch den großen Vorrat an plattdeutschen Wörtern aus dem Bereich des Sexuellen und Fäkalischen in seinen Aufzeichnungen zu berücksichtigen, was in der prüden bürgerlichen Gelehrtenwelt durchaus unüblich war.

Relikte des Mythos, die er suchte, und Zeugnisse der Geschichte, die er fand, ergänzte Richard Wossidlo durch zeittypische Befunde. Um an das oben gegebene Beispiel anzuschließen: Er war auf der Suche nach der Erntegottheit, er dokumentierte den realen Arbeitstag der Sensen-

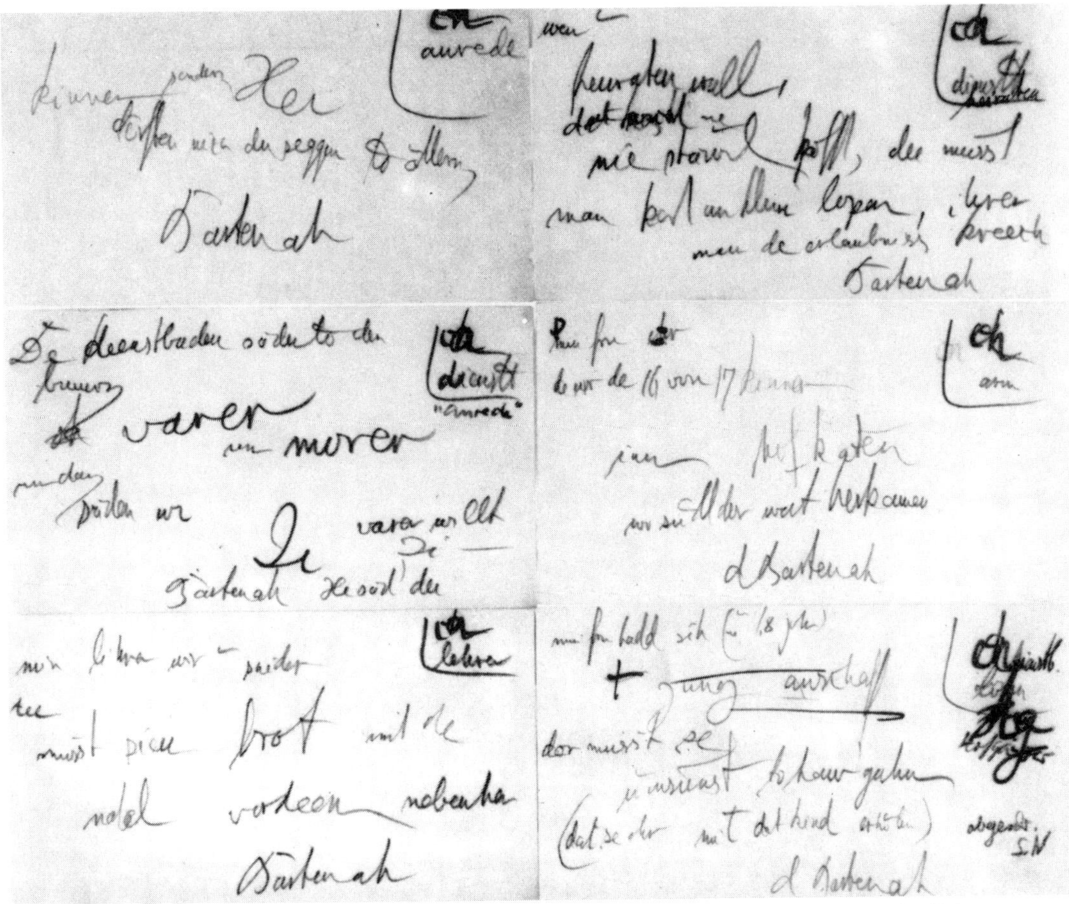

Wossidlo-Aufzeichnungen, 1891. Gewährsmann: Chausseearbeiter Barten in Altheide bei Ribnitz

mäher auf dem Erntefeld (also einen schon historischen Zustand), und er befragte die Landarbeiter ergänzend nach ihrer Haltung zur Mähmaschine (vgl. das Kapitel „Landarbeiter"). Die vierbändige Edition „Mecklenburgische Volksüberlieferungen" enthält zahlreiche Belege für einen zeittypischen Wandel der mecklenburgischen Volksdichtung, z. B. in Form von Scherzfragen statt Vollrätseln, von Reimen mit aktuellen Bezügen, von hochdeutschen Abzählversen, ganz jungen Weihnachtsmann„gebeten" u. a. m. Teilweise sind städtische Belege einbezogen. Weitgehend real erscheinen hauptsächlich die ländlichen Verhältnisse dokumentiert. Sie zeigen um 1900 eine überlieferte regionale Volkskultur in Auflösung und Wandlung begriffen, einerseits noch voller feudalzeitlicher Relikte, andererseits verwandelt durch bürgerlichen Kultureinfluß und durch agrarkapitalistische Verhältnisse, die den Nährboden für eine proletarische Lebensweise und Kultur bildeten. Diese hat Wossidlo nicht erfassen wollen und können. Immerhin notierte er folgendes Reimsprichwort von einem Landarbeiter:

> Wer in 'n Akkord väl slöppt
> un sik in 'n Daglohn dot löppt,
> dee is wiert,
> dat em de Schinner mit de Kor utführt.[9]

Industrie in Rostock: Neptunwerft, 1910

Neue Lebensweise – Elemente der Arbeiterkultur

Wenn im folgenden neue Züge der Lebensweise und Kultur des werktätigen Volkes, besonders des städtischen Proletariats, im frühen 20. Jahrhundert zur Sprache kommen, so ist vorab auf den sehr engen sozialökonomischen Rahmen zu verweisen, in dem sich in Mecklenburg dieses Neue entfalten konnte. Als um 1900 der Kapitalismus in seine monopolistische Phase hinüberwuchs, gab es in Mecklenburg kaum Industriebetriebe, in denen dieser Prozeß unmittelbar mitvollzogen wurde, und somit nur eine kleine Abteilung des Proletariats, deren Existenz direkt von den neuen Methoden der Produktion und Reproduktion betroffen wurde. Die bedeutsamste Ausnahme stellte der einzige Großbetrieb des Landes dar, die Rostocker Schiffswerft „Neptun" (1900: 1400–1500 Arbeiter), gefolgt von mittelgroßen Betrieben wie der Waggonfabrik Wismar, den Kaliwerken Lübtheen u.a. Im Durchschnitt 100–200 Beschäftigte wiesen während der Kampagne die 10 Zuckerfabriken des Landes auf. Die weitaus meisten mecklenburgischen Industriebetriebe wie z.B. Ziegeleien, Sägewerke, Eisengießereien und Gasanstalten beschäftigten dagegen nur je 10–20 Arbeiter. Im Bereich der kapitalistischen Junkerwirtschaften fand ein monopolistischer Konzentrationsprozeß nicht statt. Weit über die Hälfte der nunmehr (1900) 607770 Mecklenburger wohnte auf dem flachen Lande; eine Großstadt mit über 100000 Einwohnern gab es nicht. Die Stadt mit den meisten Arbeitern mecklenburgischer Herkunft war Hamburg.

„Land Ein", wie man dort Mecklenburg nannte, gehörte gleichwohl zum imperialistischen Deutschen Reich und nahm Impulse der nationalen Entwicklung auf, die mittelbare Auswirkungen zeitigten. Mit anderen Worten: Was nicht unmittelbar aus der regionalen sozialökonomischen Ba-

„Industrie" im Walde: Teerofen Nossentiner Hütte, 1912

sis als Ursache erwuchs, konnte dennoch in abgeschwächter Form als Folge auftreten. Das betrifft etwa den Wandel der Lebensweise breiterer Volksschichten durch das Eindringen industriell gefertigter Konsumgüter auf der einen Seite und die Ruinierung verschiedener Handwerksbranchen und damit die Verkleinerung der Grundlage kleinbürgerlicher Lebensweise auf der anderen Seite. Wir werden demnach auch solche mittelbaren Beziehungen im Auge behalten müssen, uns allerdings in erster Linie darauf beschränken, die neuen Züge in der Lebensweise und Kultur in jenem kleinen Umkreis zu suchen, der sie unmittelbar begünstigte.

Von einigem Quellenwert sind in diesem Zusammenhang die Beobachtungen des Pastors und Reserveoffiziers Voß aus Kuppentin, die dieser bald nach 1900 in Rostock als Untermieter einer Fabrikarbeiterfamilie gemacht hat.[10] Demnach war deren Lebensweise u. a. durch folgende Merkmale bestimmt: Die Fabrikarbeit beansprucht Kraft und Geschick des Arbeiters stark; die geregelte Arbeitszeit wird „intensiver ausgenützt als auf dem Lande". Sozialer Maßstab ist der „Gelernte", d. h. der Facharbeiter. Die meisten Arbeiterfrauen müssen als Wasch- oder Aufwartefrau, durch Hausschneiderei oder auch durch Fabrikarbeit hinzuverdienen. In anderen Fällen hilft das Abvermieten der Vorderstube bzw. die Aufnahme von Schlafburschen bei der notdürftigen Absicherung des Familienbudgets. Die Normalwohnung in einem Mietshaus des Arbeiterviertels besteht aus einem größeren Vorder- und einem kleineren Hinterzimmer mit dem zwischen beiden gelegenen fensterlosen Alkoven (Schlafkammer) sowie einer Küche. Der Kontakt unter den Mietern in einem Haus, ja auf einem Flur, ist angeblich gering. Wirtshausbesuche der Männer kommen häufig vor. Das städtische Leben verlangt größeren Aufwand an Kleidung, was durch Sparen am Essen wettgemacht wird; zu den Nahrungsmitteln zählen viele Erzeugnisse der damaligen modernen Nahrungsgüterindustrie: Magermilch, Margarine, amerikanisches Schmalz, Kunsthonig, Sirup. Im Krankheitsfall ist der städtische Fabrikarbeiter schlechter, aber sicherer versorgt als der Landarbeiter.

Wir können hier abbrechen und festhalten, daß solche Züge proletarischer Lebensweise offenbar eine geringe Regionalspezifik aufweisen und jedenfalls nichts typisch Mecklenburgisches zum Inhalt haben. Wesentlich ist, daß sie sich *auch* in Mecklenburg herausbildeten, obwohl der augenfällige Rückstand an industrieller Entwicklung außerhalb weniger Städte wie Rostock und Wismar die sozialökonomische Struktur als Ganzes prägte.

Als die Arbeiterkulturbewegung nach Aufhebung des Sozialistengesetzes in die Breite wuchs, erfaßte sie auch mecklenburgische Städte. Zu ihrem Zentrum wurde folgerichtig die größte Stadt des Landes, Rostock, in der die Sozialdemokratie die stärkste Basis hatte. Hier entwickelte sich trotz des bis 1908 gültigen „Landesausnahmegesetzes“ von 1851 ein halblegales proletarisches Vereinswesen. Schon 1890 wurde ein sozialdemokratischer Frauenverein gegründet; 1896 folgte die Gründung des Arbeiterturnvereins, dem ab 1901 (mit Unterbrechungen zwischen 1903 und 1909) eine Turnerinnenabteilung und ab 1913 eine Kinderabteilung angegliedert waren. Seit 1902 gab es einen Arbeiterradfahrerbund. Am 1.4.1913 erwarben die Gewerkschaften die „Philharmonie“, das größte Versammlungshaus der Stadt, in dem sich die politische und kulturelle Arbeit konzentrierte.[11]

Gut bekannt ist die Geschichte der Ersten-Mai-Demonstrationen in Rostock, die bis ins Jahr 1890 zurückreicht.[12] Eine zusätzliche Quelle (obgleich sie durch Arbeiterfeindlichkeit getrübt ist) ermöglicht es uns nun, die sozialistische Maifeier von 1907 in Rostock gleichsam aus Nahdistanz kennenzulernen.[13] Der lange Demonstrationszug aus der Stadt heraus in die Barnstorfer Anlagen beeindruckt den uniformierten Beobachter, den die mit roten Nelken, roten Schlipsen und Bändern geschmückten Arbeiter auffordern: „Treck man den'n bunten Rock ut un kumm mit.“ Im Zug wird über Bebels Antimilitarismus-Rede diskutiert: „Un hest 't nich läst, wat Bebel dunn segt hat? Gistern stünd 't in uns Zeitung. Weistu ...“ Man singt die Arbeitermarseillaise: „Sing mit!“ – „Wat, du wist nich?“ – „Aha dat is ok einer von dei, dei in 'n Fett sitten – – Hoch die rote Internationale!“ Auf der Festwiese beim Feiern wird ein Fremder angesprochen: „He du, man nich so an dei Bost gestött! Orä wat büst du vör einer –?“ – „Je – wat du denkst? Ik betahl so gaut min'n Bidrag as du, läs dei Volkszeitung un bün in 'n Voband!“ – „Denn kumm her, Minsch, will'n einen drink'n – hoch!“ So werden Agitation, Solidarisierung, Rauflust, Zecherei, Tanz und Liebesfreuden mehr oder weniger lebensnah geschildert. Was wir dem feindselig eingestellten Beobachter unbedingt glauben müssen, ist die Verwendung des Plattdeutschen durch die Arbeiter selbst im politischen Dialog. Der bürgerliche Plattdeutschenthusiast kann dies nicht erfunden haben, da er die ehrwürdige Mundart von solcher Funktion sicherlich lieber frei gesehen hätte.

Auf der anderen Seite, in der Arbeiterpresse, erfahren wir nichts über einen derartigen Mundartgebrauch, da das Bildungsziel natürlich darin bestand, über ihn hinauszugelangen. Der Befund ist interessant: In dieser historischen Phase spielte das Plattdeutsche in der proletarischen Familie und am Arbeitsplatz, aber auch in der politischen Kommunikation selbst des fortgeschrittensten Teils der mecklenburgischen Arbeiterklasse noch eine bedeutende Rolle. Hochdeutsch waren die Lieder und die Losungen, die sozialdemokratische Presse und „Der Mecklenburgische Volkskalender“ (mit Ausnahme einiger plattdeutscher Gedichte von Meta Prüß in den Jahrgängen 1900/1901), auch die regionale sozialistische Dramatik, z. B. „Verflucht sei der Acker“ und andere Schauspiele von

Plätterin und Sohn, Rostocker Schlosserlehrling. Holzschnitt, 1904

Robert Nespital und Franz Starosson. – Plattdeutsch war und blieb noch für längere Zeit das Medium der mündlichen Rede der Arbeiter, mit dem sie ihre Vorstellungen ausdrückten. Diese Vorstellungen selbst aber entfernten sich immer mehr von traditionellen Denkweisen, wie sie etwa in der niederdeutschen Volksdichtung verkörpert waren.

Eine triviale Erzählung von Franz Bardey („Christophorus", 1916), die ebenfalls antisozialistisch konzipiert ist, vermittelt uns indirekt weitere Anschauung von der frühen Arbeiterkultur in Mecklenburg.[14] Der Held ist ein Wismarer Arbeiter (Tischler), der vor seiner Bekehrung zum Christenmenschen und Vaterlandsverteidiger aktiv im sozialdemokratischen Ortsverein und im Betriebsrat, aber auch in der eigenen Familie wirkt. Hier setzt Bollow u.a. durch, daß Frau und Kinder dem Fakkelzug anläßlich der Jahrhundertfeier der Völkerschlacht bei Leipzig fernbleiben und daß die Kinder kein Kriegsspielzeug – nicht einmal Bleisoldaten – in die Hand bekommen. Neben dem Antimilitarismus ist es vor allem der Atheismus, den der Autor seinem Helden zuschreibt – beides ebenso bemerkenswert wie das Fehlen des eigentlichen sozialistischen Kampfziels. Auf diesem Feld zur Diskussion gestellt, versagt Bollow, und ein Versammlungsteilnehmer ruft ihm zu: „So gaud as du kann ick ok noch."

Die Elemente der Arbeiterkultur können in Mecklenburg schon deshalb nicht ganz bedeutungslos gewesen sein, weil gegen sie ein ganzes Arsenal reaktionärer und erzreaktionärer kultureller Beeinflussungsmittel in Stellung gebracht wurde. Dazu zählten ja bereits die vorstehend zitierten heimatkundlichen und belletristischen Beiträge, die in der Zeitschrift „Die Heimat" erschienen, dem Organ des Mecklenburgischen Landesvereins für ländliche Wohlfahrts- und Heimatpflege. Sie weisen jene Pseudoromantik auf, die antikapitalistische Stimmungen ausnutzte und zum Kampf gegen „böse Gefahren" antrat: gegen Fabrikarbeit und Großstadtleben, gegen Sozialdemokraten und polnische Schnitter, gegen Konfektionskleidung und -mobiliar, gegen Unzucht, Gassenhauer usw. Gepriesen wurden – auf teilweise unterstem ästhetischen Niveau – die dörfliche Idylle, die christliche Sitte, die Treue zu Kaiser und Großherzog. Über die Publizistik hinaus nutzte man weitere Foren zur

Verbreitung solchen Gedankenguts. Es mehren sich vor 1914 die Berichte über sozialfriedliche „Dorfabende", die von Junkern und Pastoren veranstaltet wurden. In den Bauerndörfern und in den Städten wirkten die Vereine, vor allem die Kriegervereine, in diesem Sinne.

Hatten die eingesetzten Mittel der herrschenden Klasse Erfolg? Man wird hier nicht pauschal urteilen dürfen. Als Indiz werten wir die tatsächliche Verbreitung der stark propagierten Feiern zum Sedantag und zu Kaisers Geburtstag. In den Städten wurden sie – nach Stichproben in Tageszeitungen – in der Tat alljährlich begangen, wobei freilich die soziale Zusammensetzung der Teilnehmer fraglich bleibt. Für die Dörfer ziehen wir als Quelle das Anschreibebuch des Musikmeisters Wilhelm Kröplin aus Satow heran,[15] in dem dieser für die Zeit von 1901 bis 1913 1735 Auftritte der Kapelle in über 70 Dörfern (mit Einnahmen) festgehalten hat. Von diesen Auftritten entfielen nur 11 auf Feiern zum Sedantag und 8 auf Feiern zu den Geburtstagen des Kaisers bzw. des Großherzogs, also 19 von minimal möglichen 39. Überdies beschränken sich die Belege auf 5 Bauerndörfer von 33, nämlich Satow, Bernitt, Neu Karin, Retschow und Warnkenhagen, in denen diese Feiern auch nur jeweils ein- bis zweimal und nicht alljährlich begangen wurden. Bei der Großbauernschaft fanden diese „patriotischen" Feiern offenbar also eine immerhin noch feststellbare Resonanz, bei der Landarbeiterschaft dagegen sehr wahrscheinlich gar keine. In buchstäblich keinem der 39 Gutsdörfer gab es entsprechende Veranstaltungen mit Musik, sondern ausschließlich Feiern zu den traditionellen Anlässen: Fastnachtsbier, Saatbier, Erntebier usw.

Eine fast ausschließlich auf die Städte beschränkte Erscheinung waren die plattdeutschen Vereine. Nur hier, wo der Rückgang des Plattdeutschen beim Bürgertum und in der Intelligenz schon spürbar wurde, konnten sich ein Krisenbewußtsein in bezug auf das Plattdeutsche und – daraus abgeleitet – nostalgische Bemühungen um die Mundartpflege entwickeln. Lehrer, Kaufleute, Handwerksmeister waren die Initiatoren, während sich unter den Förderern auch adlige Herrschaften befanden. Als erster wurde 1898 der „Plattdütsch Verein för Rostock un Ümgegend" gegründet; 1905 schlossen sich 11 Vereine mit insgesamt 801 „Maaten" zum „Plattdütsch(en) Landsverband Meckelborg" zusammen; auf dem 6. Verbandstag 1914 waren 25 Vereine, die zusammen 2056 Maaten zählten, vertreten.[16] Um eine eigentliche Massenbewegung handelte es sich somit nicht. Die Massen sprachen plattdeutsch und benötigten für ihre sprachliche Kommunikation keinen bürgerlichen Verein.

Massenwirksamer als das entsprechende Vereinsleben waren die niederdeutschen Bühnen, die aus den Vereinen hervorgingen. Das Repertoire bestand bis auf wenige Ausnahmen wie Wossidlos „Winterabend" (1905) aus Schwänken einfachster Machart, an deren Aufführung jedoch Darsteller und Publikum größtes Vergnügen hatten. Bei aller künstlerischen Belanglosigkeit der Stücke ist zu bedenken, daß hier kleinbürgerliche Laienschauspieler eine Art Volkstheater verwirklichten, das in Mecklenburg keine Traditionen hatte, aber Traditionen begründete, die noch heute lebendig sind, ohne daß die damaligen sozialen Intentionen und die damaligen Stücke noch eine Rolle spielen. Letztere gab es in Mengen; 13 eigene Stücke pries z. B. Lehrer Schröder aus Vellahn 1911 in einer Selbstanzeige an, darunter „5. Unkel Bollhagen up dei Reis, von Schröder-Vellahn. Personen: 4 männl., 3 weibl., Dauer 3/4 Std., Preis für Aufführung 5 Mk. Die aufdringliche Tätigkeit mancher Menschen in den Angelegenheiten anderer findet eine höchst ergötzliche Abweisung. Sehr patriotisch und humorvoll."[17] Oft gab es noch ein Rahmenprogramm.[18] (Abb. S. 73)

Die niederdeutsche Literatur Mecklenburgs wuchs in der Reuter-Nachfolge stark in die Breite, wobei sich Adolf Brandt (Pseudonym Felix Stillfried) mehr des sen-

Familien-Abend

des

Wohlfahrtsvereins Nantrow-Teschow

am Freitag, den 26. Februar 1909,

im Saale des Herrn J. Kletzin.

PROGRAMM.

1. Abendlied von E. Hamann.
2. Prolog.
3. Vortrag des Herrn Lehrer Rudolf Ahrens-Rostock: „Humor in der plattdeutschen Sprache."
4. Achtern Möllergorn, Lied von Henny Schröder.
5. „Dörpleben", lebendes Bild mit Text von Reuter.
6. Bauernreigen.

PAUSE.

7. Wanderlied von Heinr. Lange.
8. Dei fidelen Arrestanten

Manöverschwank von Kreuzer.

Personen:

Leutnant von Klingrodt.
Mamsell Knurr, Haushälterin.
Lene, Köchin.
Anna (Angelika), Stubenmädchen.
Ferdinand Kaften, Gefreiter.
Spalt, Gemeiner.
Christoph Buck, Scheper.

Kassenöffnung 5 1/2 Uhr. • Anfang 6 Uhr.

Preise der Plätze:

Für Mitglieder des Vereins: I. Platz 50 Pf., II. Platz 25 Pf.

Für Nichtmitglieder: I. Platz 1 Mk., II. Platz 50 Pf.

— Kinder zahlen die Hälfte. —

Herren, welche nicht Mitglieder des Vereins sind, zahlen für Teilnahme am nachfolgenden Tanz 50 Pf. extra.

Billets im Vorverkauf bei den Herren Gastwirten Kletzin-Nantrow und Peters-Altbukow, sowie im Schulhause zu Nantrow und in Greifer's Buchhandlung in Neubukow.

Der Reinertrag ist für die Beschaffung von 2 Samariterschränken bestimmt.

Es wird höflichst gebeten, im Saale nicht zu rauchen.

Handzettel mit Programm.
Nantrow, Kreis Wismar, 1909

timentalen und Rudolf Tarnow sich des derb-komischen Elements bemächtigte. Helmuth Schröder schuf in der Brinckman-Nachfolge ein beachtliches lyrisches Werk, das wenig populär wurde, während Tarnow mit seinen „Burrkäwers" (1911 ff.) größten Publikumserfolg hatte.

Tarnow ist zugleich das Musterbeispiel dafür, wie bürgerliche Plattdeutschtümelei 1914 nahtlos in den chauvinistischen Kriegstaumel hinüberglitt. Die plattdeutschen Beschimpfungen der Völker Rußlands, Frankreichs und Englands unterscheiden sich in nichts von der einschlägigen hochdeutschen Afterpoesie jener Jahre. Nicht alle, aber die meisten niederdeutschen Autoren – reaktionär, heimattümelnd – trieben es gleich toll. Aber selbst Johannes Gillhoff hängte seinem realitätsnahen Briefroman „Jürnjakob Swehn der Amerikafahrer" (1917) ein feierliches Gottstrafe-England an. Der Weltkrieg bewies es: Die ideologische Arbeit der herrschenden Klassen hatte Erfolg gehabt, und die in Mecklenburg daran Beteiligten hatten ihn ebenfalls. Das reaktionäre Erbe der Regionalkultur war erfolgreich mobilisiert worden, das fortschrittliche Erbteil lag unbeachtet, ausgeschlagen darnieder.

Vor dem Krieg und im Krieg belebten sich auch bei den Mecklenburgern Anschauungen des Volksglaubens, die aus der Angst geboren waren, z. B. der Glaube an Prophezeiungen des Weltendes. In Todesfurcht und Hoffnung legte sich mancher mecklenburgische Soldat einen „Himmelsbrief" zu, etwa des Inhalts: „Wer diesen Brief hat, dem wird nichts schaden, es wird ihn nicht treffen des Feindes Geschütz und Waffen, es soll ihm nicht schaden Geschütz, Degen und Pistolen, alle Gewehre müssen still stehn."[19] Aber im weiteren Verlauf des Krieges tauchten auch in Mecklenburg und bei mecklenburgischen Soldaten an der Front volkstümliche Verse auf, die Stellungnahmen gegen Krieg und Hungerpolitik enthielten. Im Rübenwinter 1916/17 sangen Rostocker Arbeiter die parodierte Strophe:

O Deutschland hoch in Ehren,
du kannst uns nicht ernähren.[20]

In Rostocker Kasernen und in Unterständen fanden sich entsprechende Inschriften „unserer Kämpfer", z. B.

Der Krieg ist für die Reichen,
der Mittelstand muß weichen,
die Arbeiterschaft liefert die Leichen.

Gleiche Löhnung, gleiches Essen –
wär der Krieg schon längst vergessen.[21]

Aus dem überregionalen Kontakt stammend, waren solche Lieder und Sprüche bezeichnenderweise hochdeutsch. Kriegsfeindlichkeit artikulierte sich nicht mit den sprachlichen Mitteln der traditionellen regionalen Volksdichtung. Gleiches gilt von der Sprache der Revolution im November 1918, als Kieler Matrosen und mecklenburgische Arbeiter durch ihre Aktion den halbfeudalen Ständestaat in Mecklenburg zum Untergang verurteilten.

Anmerkungen

1 K. Marx u. F. Engels, Werke, Bd. 18, S. 290; Bd. 19, S. 81.
2 Ebenda, Bd. 22, S. 524.
3 Ebenda, Bd. 19, S. 89.
4 Fontane-Blätter, Bd. 2, Heft 8 (1973), S. 567f.
5 Briefe Th. Fontanes, 2. Sammlung, Bd. 2, Berlin 1910, S. 423.
6 Kurt Batt, Mecklenburg. Ein Lesebuch, Rostock 1977, S. 294.
7 Briefe von Heinrich Schliemann, hrsg. von Ernst Meyer, Berlin/Leipzig 1936, S. 152.
8 Bibliographie Richard Wossidlo, Deutsches Jahrbuch für Volkskunde 5 (1959), S. 153 bis 163; Biographie u. a. in: Geschichten, Riemels un Lüüd'snack. Mecklenburgische Volksüberlieferungen, gesammelt von Richard Wossidlo, neu hrsg. von Ulrich Bentzien, Rostock 1982, S. 262–279.
9 Richard Wossidlo, Riemels, Neuausg., Rostock 1985, S. 64.
10 Die Heimat 2 (1908/09), S. 182–184.
11 Wolfgang Pahnke, Traditionen der Rostokker Arbeiter-Turn- und Sportbewegung, Wissenschaftl. Zeitschrift der Universität Rostock, Gesellschafts- und sprachwiss. Reihe 13 (1964), S. 284–340.
12 Martin Polzin, Grundlagen und Geschichte der Maikundgebungen von 1890–1918 in Rostock, Diss., Rostock 1958.
13 Die Heimat 1 (1907/08), S. 217f.
14 Die Heimat 9 (1916), S. 135–138, 146–147, 185–189, 199–201.
15 Fundus zur Kreischronik Bad Doberan; Depot Wossidlo-Archiv.
16 Uns' plattdütsch Heimat 5 (1930), S. 12, 18–25.
17 Die Heimat 5 (1911/12), S. 32.
18 Die Heimat 3 (1909/10), S. 104.
19 Die Heimat 8 (1915), S. 59.
20 Pahnke (wie Anm. 11) S. 294: *uns] dein Volk.*
21 Die Heimat 10 (1917), S. 45.

Nachkriegszeit und Vorkriegszeit

Zwischen Tradition und Modernisierung

Kriegsende und Revolution bewirkten in Mecklenburg einen Wandel, der dem allgemeinen Wandel im Übergang vom Kaiserreich zur Weimarer Republik entsprach und doch in einem Punkt etwas anders gelagert war als sonst in Deutschland. Der Ausgangspunkt nämlich lag in Mecklenburg mit seinen ständestaatlichen Verhältnissen „tiefer", weshalb hier das neu erreichte Niveau in mancher Hinsicht relativ höher war, obwohl es im Absoluten niedrig blieb. Der Übergang vom Ständestaat zur bürgerlichen Republik hatte dabei nicht nur eine verfassungsrechtliche Seite, sondern durchaus Auswirkungen auf das Alltagsleben des Volkes.

„Das älteste Fürstengeschlecht Europas verläßt den Thron" – so kommentierte die „Mecklenburgische Zeitung" den Abdankungserlaß des Großherzogs Friedrich Franz IV. vom 4. November 1918 betreffend Mecklenburg-Schwerin (und mittelbar Mecklenburg-Strelitz, das seinerzeit ohne regierenden Großherzog war). Bei dem abgedankten Herzogshaus handelte es sich freilich nicht nur um das älteste, sondern auch so ziemlich um das machtloseste in Europa. Deshalb war nicht sein Rücktritt, sondern die Außerkraftsetzung des „Landesgrundgesetzlichen Erbvergleichs", der „Magna Charta der Ritterschaft", und die Aufhebung der anachronistischen Privilegien der „Stände" das Besondere beim Zusammenbruch Alt-Mecklenburgs. Erst 1918/19 wurde der Mecklenburger überhaupt wahlberechtigt, soweit es um die Zusammensetzung des Landtags ging (zuvor durfte er sich nur an der Reichstagswahl beteiligen). Das bedeutete letztlich nicht allzuviel, stellte aber doch einen größeren Fortschritt dar, als es in anderen Ländern der Übergang vom Dreiklassenwahlrecht zum gleichen Wahlrecht war. Man bedenke auch, daß in Mecklenburg jahrhundertelang nicht einmal ein Dorfschulze oder Ortsvorsteher gewählt worden war.

Bedeutsame Auswirkungen hatte die verwaltungsmäßige Neugliederung. Zwar blieb die – ursprünglich dynastische – Zweiteilung in Mecklenburg-Schwerin und Mecklenburg-Strelitz erhalten. Es kam jedoch innerhalb beider Mecklenburg zur Gleichstellung der bisherigen Bestandteile Domanium, Ritterschaft und Landschaft (Städte), d.h. zu einer längst fälligen bürgerlichen Flurbereinigung von Verwaltungszuständigkeiten und Unterstellungsverhältnissen, die bis dahin auf feudalrechtliche Besitztitel gegründet waren. Konkret bedeutete das: Die Dörfer einer regionalen Einheit gehörten nunmehr erstmals zu einem Kreis („Amt"), beispielsweise zum Amt Rostock und nicht mehr – in bunter Streulage – teils zum Domanialamt Toitenwinkel, teils zum Ritterschaftlichen Amt Ribnitz, teils zur Hospitalverwaltung bzw. zur Kämmerei in Rostock, teils zum Klosteramt Ribnitz usw. Die Vereinheitlichung führte nicht nur zu Erleichterungen bei Behördengängen, sondern verbesserte auch die bisher stark beeinträchtigte Kommunikation zwischen den Dörfern und nicht zuletzt die Voraussetzungen für den ökonomischen und politischen Kampf.

Was international und in Deutschland während der Revolution, der Nachkriegs-

Erster Mai 1920 in Dömitz

krise und der Inflation, in der Periode der relativen Stabilisierung des Kapitalismus und in der Zeit der Weltwirtschaftskrise wirtschaftlich, politisch und kulturell geschah, prägte letztlich auch die innermecklenburgische Entwicklung, wie von der historischen Forschung nachgewiesen worden ist.[1] Weniger erforscht sind die Folgen für das alltägliche Leben des Volkes. Dazu

„Reutergeld" aus der Inflationszeit. Die abgebildete Schachtanlage war bereits stillgelegt.

gehört etwa das Durchleiden der Inflationszeit, das wie überall in Deutschland – aber in Mecklenburg besonders kraß – mit einem Rückfall in naturalwirtschaftliche Verhältnisse verbunden war und auch durch das bunte Fritz-Reuter-Notgeld mecklenburgischer Städte (Abb.) nicht gemildert wurde.

Unbestreitbar ist auf der anderen Seite, daß in der Lebensweise und Kultur mecklenburgischer Dorf- und Kleinstadtbewohner während der zwanziger und frühen dreißiger Jahre unendlich vieles erhalten blieb, was seiner Entstehung und Bedeutung nach mit älteren gesellschaftlichen Verhältnissen verbunden war. Wossidlo – nunmehr als Emeritus mit vergrößertem Zeitfonds – hielt weiterhin reiche Ernte bei der Erkundung „altertümlichen" Volkslebens. Wie groß der Rückstand des mecklenburgischen Dorfes war, erhellt dabei etwa aus der Vielzahl neu aufgezeichneter mythischer Sagen (die Entdeckung der Figur des „Gälknoeker" in der Rostocker Heide fällt in diese Zeit) und anderer Äußerungen des Volksglaubens. Eine Karte nach den Umfrageergebnissen des Atlas der deutschen Volkskunde zum Hexenglauben in Deutschland um 1930, die schwarze Signaturen für das Vorkommen bringt, zeigt Mecklenburg völlig „schwarz".[2] Wossidlo zeichnete aber auch weiterhin historische Sagen mit antifeudaler Aussage auf und dokumentierte damit einen progressiven Zweig der Volksüberlieferung, der aber wohl nur im mecklenburgischen kapitalistischen Junkerdorf noch aktuell war, weil hier die feudale Vergangenheit so wenig weit zurücklag.

Die zwanziger und teilweise die dreißiger Jahre waren unbestritten die Zeit, in der vieles Alte mit jahrhundertelanger Geschichte entweder noch massenhaft fortlebte oder wenigstens resthaft lebendig war. Ganze Dorfschaften ackerten noch mit dem inzwischen modernisierten Hakenpflug, vollständige Gehöfte waren noch – aber wurden nicht mehr – in niederdeutscher Bauweise errichtet. Durch die Kleinstädte zogen morgens und abends die Kuhherden der Ackerbürger. In vielen Handwerksbranchen wurde nach altüberlieferter Weise wenig ökonomisch produziert: von den Töpfern, den Gelbgießern (Abb.), den Gerbern und anderen. Auf den Straßen erklangen die plattdeutschen Ausrufe der Fischverkäuferinnen („Hiring, gräunen Hiring!") und der professionellen Ausrufer („Dat Water ward afslaten!"). Noch immer erzählte man sich Schwänke von Eulenspiegel, von König Fritz und vom buhlerischen Pfaffen. Mit anderen Worten und ganz persönlich aus der Sicht der Autoren dieses Buches: All das, was wir in der Zeit um 1960 während unserer Feldforschung an Sachzeugen, Erzählgut und Anschauungen bei den älteren Gewährsleuten antrafen, war in den zwanziger Jahren gehäuft lebendig, vielleicht typisch, ohne doch eine historische Perspektive zu besitzen.

Eine interessante Illustration des Alltagslebens in einer mecklenburgischen Kleinstadt hauptsächlich während der zwanziger Jahre liefert das Büchlein „Fiek'n hett schräb'n ut Hagenow" von Karls/Schneider (1982) mit seinen Texten und Bildern.[3] Da sieht man die Frau des Malermeisters Helmut Richers im Ganzfoto mit dem Hausschlachter, dazwischen das frisch geschlachtete Schwein auf der Leiter. Zärtlich und stolz gleitet der Blick der Besitzerin an dem stattlichen, einzigen Stück Vieh, das man durchgefüttert hat, herab (siehe Abb. S. 338). – Bemerkenswert ist, welche Leute, Schicksale und Verhaltensweisen die kleinstädtische Öffentlichkeit seinerzeit bewegten. Hunger und Not waren es im nahrhaften Mecklenburg offensichtlich nicht, denn der Schuldiener fütterte mit den nicht verzehrten, liegengelassenen Schulbroten der Kinder seine Schweine. Derselbe Mann fungierte auch als Schwimmlehrer in der städtischen Badeanstalt, obwohl er nicht schwimmen konnte, sondern nur die Kommandos beherrschte. Echt mecklenburgisch: Der Standard der Zeit war erreicht, wenn auch nicht so völlig (und recht eigentlich gar nicht ...).

Gelbgießer in Wismar, um 1934

Kleinstadt Tessin, Kreis Rostock, um 1930

Im übrigen erregten Stadttrottel und Originale das Interesse: ein vagabundierender Gelegenheitsarbeiter und Trunkenbold, ein grobianischer Medizinalrat, ein geiziger Schlachtermeister, ein wohltätiger jüdischer Eisenwarenhändler und andere. Von den Stürmen der Zeit ist in dieser „Normalität" nichts zu spüren.

Und doch flutete in dieser Zeit eine Modernisierungswelle nach Mecklenburg hinein. Sie erfaßte nur eben die sozialen Klassen und Schichten, die Städte und Dörfer, die Berufs- und Altersgruppen höchst unterschiedlich, die Tagelöhner, Kleinbauern, Handwerker, die Alten durchweg weniger, die Industriearbeiter, Angestellten, Jugendlichen allemal mehr. Jedenfalls blieb Mecklenburg von ihr nicht unberührt. Auch hier entfaltete sich die moderne Kultur des Kapitalismus.

Im Arbeitsleben spielte neben der Handarbeit die Maschinenarbeit eine immer größere Rolle. Neue Produktionserfahrungen wurden vom Arbeiter wie vom Handwerker angeeignet. Wir können es anhand von mehreren Schmiederechnungsbüchern bis in Einzelheiten hinein nachweisen, daß z. B. der mecklenburgische Dorfschmied der zwanziger und dreißiger Jahre industriell gefertigte Pflüge wartete und reparierte, Maschinenteile schweißte und montierte. Die Arbeit vieler mecklenburgischer Handwerker und Arbeiter stand technologisch im wesentlichen auf der Höhe der Zeit, und auch die des mecklenburgischen Bauern und Landarbeiters wurde – von gewissen Besonderheiten abgesehen – keineswegs mehr nach Urväterart betrieben.

Die Wohnumwelt wurde stetig modernisiert. Schon gab es Dörfer, in denen kein Rohr- oder Strohdach mehr existierte. Nicht nur der Rostocker Arbeiter und der Schweriner Angestellte wohnten in verputzten Häusern mit Ziegel- oder Pappdach, sondern auch der Büdner und Häusler im Dorf. Die Elektrifizierung des Landes kam voran. Nähmaschine und Fahrrad gehörten zum Alltag. Mecklenburgische Mägde trugen Bubikopffrisuren, die Knechte rauchten Zigaretten und tranken Flaschenbier.

Das städtische und immer mehr auch das dörfliche Gemeinschaftsleben war durch die Klassenpolarität innerhalb der bürgerlichen Gesellschaft bestimmt. Das gilt für den Alltag wie für den Festtag. „Das Volk", soweit unmanipuliert, feierte auch in Mecklenburg durchaus getrennt nach Klassen, Schichten und Gruppen. Die „Dorfgemeinschaft", die schon lange durch einen kapitalistischen Differenzierungsprozeß zersetzt war, zerfiel endgültig, wie es am auffälligsten die Ausführung der Bräuche des Jahres- und Lebenslaufes zeigt (im Bauerndorf: die Großbauern unter sich, die Knechte und Mägde unter sich, die Kleinbauern unter sich; im Gutsdorf: die deutschen Landarbeiter unter sich, die polnischen Schnitter unter sich). Das Brauchtum selbst, besonders das Familienbrauchtum, nahm überregionale Trends auf. Weihnachten, Geburtstag, Hochzeit (silberne und goldene Hochzeit usw.) wurde im wesentlichen gemäß der allgemeinen jüngeren Norm in Deutschland – genauer: in den protestantischen Ländern Deutschlands – begangen. Bemerkenswert ist zugleich, was in Mecklenburg nicht volkstümlich wurde: die familiäre Feier des ersten Schultages; dieser Tag galt bei den Betroffenen weiterhin nicht als Ehrentag, sondern als nun einmal unabänderliches Datum („Hei möt nu nah Schaul"). Zunehmend volkstümlich wurde der Sport, der die überlieferten Bewegungsspiele allmählich verdrängte, besonders der Fußball.

Auch das Reim- und Liedgut der Kinder erfuhr Modernisierungen, die der unbestechliche Realist Richard Wossidlo zur Kenntnis nahm. Derselbe Wossidlo, der in den Gestalten und Requisiten der Laternenlieder die Fru Gaur („de Ollsch mit de Lücht") und Thors Hammer („mit den groten Hamer") verborgen glaubte, notierte als eine Strophe dieses Liedtyps in Güstrow:

Mien Mudder hett 'n Bubikopp
un dorüm drecht s' keenen Hängezopp.[4]

Wenn man der heimatkundlichen Literatur folgt – und man kann es, wenn man die aufgebauschten Wertungen beiseite läßt –, so lag Mecklenburg während der zwanziger Jahre voll im Einflußbereich der „Berliner und Hamburger Großstadtkultur". Als ein Indiz wird das Eindringen der modernen Gesellschaftstänze und des Schlagers gewertet. Statt Volksliedern singe man jetzt sogar im mecklenburgischen Dorf „Was machst du mit dem Knie, lieber Hans" und „Wenn du nicht kannst, laß mich mal".[5] Schieber, Foxtrott und Shimmy hätten die alten Tänze ersetzt. Welche Kreise diese Erscheinung zog, zeigt der Bericht von einem Sängerfest in einem ungenannten mecklenburgischen Ort (vor 1928): Am Tage habe man das „echte" Volkslied gepflegt, und am Abend sei unter „modernen Bewegungen" getanzt worden – nach dem Vorbild einiger städtischer Teilnehmer, denen es die Dorfjugend sofort gleichgetan habe.[6]

Schließlich sei erwähnt, daß damals schon jede mecklenburgische Stadt ein Kino besaß; die größeren Städte hatten sogar mehrere Lichtspielhäuser, und in vielen Dorfsälen fanden ebenfalls Filmvorführungen statt. Über dieses Medium drang bürgerliche Massenkultur ganz intensiv ein. „Hüüt glöben se, dat Kino is de Kirch" – mit diesem Ausspruch glossierte ein schlichter Wossidlo-Gewährsmann um 1930 die Beliebtheit des Kinos bei der jüngeren Generation.

Die „Modernisierung" der Lebensweise und Kultur breitester Volksschichten wäre nun bei weitem nicht so intensiv ins Bewußtsein reaktionärer Heimatpfleger gedrungen, wenn sie allein auf der Klassenlinie der Bourgeoisie gelegen hätte. Sie war aber nicht nur „großstädtisch", sondern sie war auch proletarisch. Was sich vor 1918 an Elementen einer Arbeiterkultur herausgebildet hatte, wuchs während der zwanziger Jahre in die Breite und reifte ideolo-

Schalmeienkapelle des Rotfrontkämpferbundes Boizenburg, um 1930

gisch – aus der Sicht der herrschenden Klasse – in bedrohlichem Maße. Dabei lag Mecklenburg im Hinterland der norddeutschen Zentren der Arbeiterbewegung (Hamburg, Lübeck, Stettin), teilweise aber auch in deren unmittelbarem Einflußbereich wie z.B. Selmsdorf im Kreis Schönberg, dessen Bewohnerschaft großenteils im Hochofenwerk Schlutup beschäftigt war. „Verhetzungen durch die Parteien" – natürlich die Arbeiterparteien – trügen die Schuld, daß sich bei diesen Industriearbeitern keine christlich-heimatpflegerischen Traktate absetzen ließen.[7]

Die geistigen Interessen der Arbeiter wurden auch in Mecklenburg beeinflußt durch die Lektüre der Parteipresse. Die „Mecklenburgische Volkszeitung", politisch zwar auf dem reformistischen Kurs der zentralen Organe der SPD, popularisierte sozialistische und fortschrittliche Kultur in beachtlicher Themenbreite, die auch die regionale Seite mit einschloß. Das Organ der KPD für beide Mecklenburg, die „Volkswacht", beruhte weitgehend auf dem Zentralorgan „Die Rote Fahne", auch hinsichtlich des kulturellen Bereichs, z.B. bei den Fortsetzungsromanen, die von sowjetischer Literatur bis zu Werken proletarisch-revolutionärer Schriftsteller Deutschlands reichten. Der regionale Teil, redigiert von Ernst Goldenbaum, war schmal und stark geprägt durch den Kampfblattcharakter. Kultur und Kulturerbe der Region spielten kaum eine Rolle, wohl aber erste bemerkenswerte Ansätze zu einem parteilichen Feuilleton – in Plattdeutsch! Da geht es in einem Dialog um die echte und die falsche Vertretung von Arbeiterinteressen im Goldberger Stadtrat (Jahrgang 1930, Nr. 241) und in zahlreichen plattdeutschen Gedichten aus der Feder von E. Scheel/Wismar gegen Notverordnungen, Luftschiffbau, Renegaten (Nr. 230ff.). Gegen letztere wurde bitterernst und bitterböse gestritten; ein Gedicht endet mit den Worten: „Gah weg, du Hund, du rückst so slecht!" Auf der anderen Seite klingt das Neujahrsgedicht „Helpt mit 1931" mit dem Ruf zur Einheitsfront der Arbeiter aus:

Doch wenn ji juch tausamenschlut't,
is 't bald mit all de Knechtschaft ut.

Die für den Tageskampf verfaßten Gedichte zeigen keinerlei Zugeständnisse an bürgerliche Plattdeutschtümelei.

Berichte über kulturelles Laienschaffen mecklenburgischer Arbeiter fehlen in der proletarischen Presse. Wenn die „Volkswacht" zum 7. November 1925 eine Revolutionsfeier der Rostocker Arbeiter in Gehlsdorf ankündigt mit dem Programm: *Gesang – Rezitationen – Theaterstück „Aus dem Leben eines Werftarbeiters" – Ansprache*, so stellt sich die Frage nach Art und Darstellung jenes Theaterstücks leider vergeblich. Als Ersatz muß auf eine Gegendarstellung proletarischen Milieus aus bürgerlicher Sicht zurückgegriffen werden.

Mecklenburgische Industriearbeiter bildeten 1924 erstmals die Personage eines niederdeutschen Schauspiels, „Streik" von Karl Krickeberg. Allein diese Tatsache ist bedeutsam, nicht die Aussage des Stückes, die natürlich gegen den Streik gerichtet ist. Das politisierte Arbeitermilieu erscheint hier gleichsam im Zerrspiegel. Eine Frage bleibt: Ist es Verzerrung, Fessel des Dialektgenres oder Realität, daß sich alles, selbst der Streikaufruf bei der Demonstration, auf Plattdeutsch artikuliert? Alte Gewährsleute betonen, daß die vorbereiteten Reden von Arbeiterführern in den zwanziger Jahren hochdeutsch gehalten worden seien, es jedoch stets – bei den Einheimischen – auch spontane plattdeutsche Einschübe gegeben habe. Richard Wossidlo machte die Erfahrung, daß Arbeiter, die er ins Gespräch zog, sich plattdeutsch zu politischen Fragen äußerten und dabei in der plattdeutschen Rede moderne hochdeutsche Begriffe verwandten, z. B. „klassenmäßig" – in bezug auf die gesellschaftliche Realität –, was er sich notierte.[8] Der Arbeiter in den Barrieren des Dialekts befangen – das war doch wohl mehr bürgerlicher Wunschglaube als proletarische Wirklichkeit, zumindest was den Befund in den Städten anbetrifft.

Während die Arbeiterkulturbewegung das nationale und internationale Erbe planmäßig pflegte, waren ihre Bewertungsmaßstäbe für das regionale Erbe und speziell für das Erbe der überlieferten Volkskultur noch nicht ausgearbeitet, die Einschätzungen dementsprechend unsicher. Der Abdruck von Reuters „Kein Hüsung" in Fortsetzungen in der „Volkswacht" (schon 1921/22) zeigt immerhin an, daß die Kulturredakteure in bewußter Distanz zur bürgerlichen Reuterrezeption das fortschrittliche regionale Kulturerbe zu vermitteln trachteten. Ein Verständnis für die eigenen Traditionen etwa in der Volksdichtung war offenbar noch nicht vorhanden, wobei man bedenken muß, daß die Fülle sozialkritischer Sagen, Schwänke usw. ja unpubliziert in Wossidlos Zettelkästen ruhte und erst nach 1945 veröffentlicht wurde.

Wir können festhalten, daß sich während der Zeit der Weimarer Republik auch in Mecklenburg Züge der imperialistischen Massenkultur durchsetzten und daß sich auf der entgegengesetzten Klassenlinie Merkmale einer sozialistischen Kultur entwickelten. Gegen diese Entwicklung sammelte die Reaktion ihre Kräfte. Es wurde schon angedeutet und muß wiederholt werden: Der Kampf galt letztlich der Arbeiterbewegung, nur die Kampfansage richtete sich gegen Volksnot, Großstadt, „Unzucht", Mode, Alkohol, Kino, Schlager, „Negertänze". Auf alle diese Schlagworte stößt man gehäuft beim Durchblättern von Veröffentlichungen entsprechender Organisationen und engagierter Einzelpersönlichkeiten.

Von den reaktionären Heimatorganisationen sei zunächst der Mecklenburgische Landesverein für ländliche Wohlfahrts- und Heimatpflege genannt, ein Ableger des reichsweit verbreiteten gleichnamigen Vereins, dessen geistiger Vater Heinrich Sohnrey war. Er bezweckte auch in Mecklenburg unter der Leitung seines langjährigen Geschäftsführers (1919–1933) und zeitweiligen Vorsitzenden Hermann Priester „die

Kirche, Küsterhaus, Schule. Brüz, Kreis Lübz. Zustand von 1985

Versöhnung der verschiedenen Klassen auf dem Lande". Die hauptsächlichen Adressaten der Versöhnungspolitik, die Landarbeiter, zählten freilich nicht zu den Mitgliedern, die sich 1921 wie folgt sozial zusammensetzten:[9]

Mitglieder	Zahl	Prozent
Gutsbesitzer und Gutspächter	184	22
Hofbesitzer (d. h. Großbauern) und Kleinbauern	163	19
Beamte	162	19
Landlehrer	91	11
Korporative Mitglieder (d. h. Vereine)	67	8
Landpastoren	63	8
Landfrauen (d. h. Frauen von Gutsbesitzern und Großbauern)	56	7
sonstige Berufe	52	6

Wie versuchte man nun die Landarbeiter in die „Dorffamilie" zu integrieren? In erster Linie geschah dies durch wohlüberlegte Veranstaltungen verschiedener Art. Da gab es Unterhaltungsabende mit plattdeutschen Rezitationen, „sittlich erneuerte" Erntefeste, Betriebsfeiern aus Anlaß eines Jubiläums u. a. m. Als der Rittmeister a. D. Reimar von Plessen auf Kurzen und Langen Trechow 1929 sein vierzigjähriges Gutsbesitzerjubiläum feierte, veranstaltete er ein Heimatfest mit ca. 250 Teilnehmern und folgendem Programm: Morgenständchen der Stahlhelm-Ortsgruppe Bützow für den Jubilar; Gottesdienst, unter Mitwirkung eines Bützower Damenquartetts; Glückwünsche des Reitervereins des Bauerndorfes Penzin; Mittagessen für die 1889 schon ansässigen Landarbeiter und ihre Nachkommen; Gartenfest mit Vortrag des Pfarrers zur Geschichte des Ortes und der Adelsfamilie; allgemeine Kaffeetafel, eingerahmt von Glückwünschen des Bützower Kavallerievereins und des Plattdeutschen Vereins; Konzert des Bützower Posaunenchors, Gesang von „vaterländischen und Volksliedern".[10]

Intensive Bemühungen galten der Erneuerung des Erntefestes im „dorfgemeinschaftlichen“ Sinne in den Bauerndörfern und nach patriarchalischem Muster in den Gutsdörfern. Traditionen wurden umgebogen und schon vorhandene devote Züge ausgenutzt. So sollten bei der Überreichung von Brot und Salz an den Junker von zwei Mägden u.a. folgende Wünsche ausgesprochen werden:

Un Arbeit un Rauh un Leiw un Tru
sall binnen de Lüd an Herrn un Fru!
De Herr sall hebben up Jagd sien Freud
un scheiten väl Wild in Busch un Heid!
Gesundheit gäw em Gott alltied
un ümmer Freden un nümmer Stried
un dägte Lüd, up dei hei kann bugen
un dei tau em stahn in fasten Vertrugen,
dei mit em warden in Ihren olt.
Gesegen uns Gott dat leiwe Solt![11]

Neu sind hier Brot und Salz als symbolträchtige Gaben (in Mecklenburg bis dahin nicht üblich, bekannt geworden vielleicht durch emigrierte deutsch-baltische Adlige), ferner der von allem Hochdeutsch und Missingsch gereinigte plattdeutsche Text und vor allem die eindringliche Betonung des sozialfriedlichen, anhänglichen Verhaltens der „Leute“. Wie viel nun tatsächlich durch solche Bemühungen bewegt und bewirkt wurde, steht dahin.

In der nächsten Größenordnung des organisierten dörflichen Gemeinschaftslebens gab es die sogenannten „Dorftage“ des Landesvereins. Jährlich durchgeführt seit 1925, waren sie gleichsam Leistungsschauen ländlicher Heimatpflege mit einem reichlichen Angebot zur passiven und aktiven Teilnahme. Dazu gehörten ein plattdeutscher Gottesdienst, Vorträge, Heimatstube, Reiterspiele, turnerische Vorführungen, Leiterwagenfahrten, Theaterspiel, Feuerwerk. Es fehlten die „normalen“ Dorfvergnügen: Fußball, Alkoholausschank, Tanz. Sittenstreng wachte der Veranstalter selbst gegenüber kleinsten Formfehlern, z.B. die unmilitärische Haltung zigarettenrauchender Knechte zu Pferde während der Reitpausen. Bemerkenswert sind die Namen derer, die Preise stifteten: der abgedankte Großherzog, Gutsbesitzer und -pächter, städtische Geschäftsleute. Die Resonanz dieser Dorftage war im Junkerland Mecklenburg insgesamt verhältnismäßig gering, jedenfalls bei den Landarbeitern und wohl auch bei Kleinbauern, stärker offensichtlich bei den Großbauern.

Die mecklenburgischen Großbauern – einst „Erbpächter“, jetzt „Hofbesitzer“ tituliert – waren konservativ, herzogstreu, aber (aus geschichtlicher Erfahrung) wenig adelsfreundlich, mäßig kirchlich, ohne größere geistige Interessen, durch und durch unromantisch. Hier gab es offensichtlich noch ungenutzte Möglichkeiten der Beeinflussung im „völkischen“ Sinne.

Glaube, Volkstum, Heimat – diese Werte bei der großbäuerlichen Jugend zu pflegen, trat eine zusätzliche Einrichtung an, die aus dem Landesverein für ländliche Wohlfahrts- und Heimatpflege hervorging und als Idee ursprünglich aus Dänemark und Schweden stammte: die Bauernhochschule (führender Beförderer in Deutschland und Leiter der „Germanischen Bauernhochschulwochen“: Bruno Tanzmann). Die Gründung in Mecklenburg erfolgte Anfang 1922; als Schulungsstätte diente der Wohnsitz des Ex-Herzogregenten Johann Albrecht in Wiligrad, verbunden mit einem Heim der Inneren Mission, später das ehemalige Drosteigebäude in Warin. Getragen vom Verein Bauernhochschule und mitfinanziert von der Landwirtschaftskammer, der Landeskirche und dem abgedankten Herzogshaus, sollte die Bauernhochschule nicht in erster Linie landwirtschaftliche Weiterbildung betreiben, sondern es sollte in ihr – als einem „Pflanzgarten jungen keimenden Lebens“ – an der „geistigen und sittlichen Wehrhaftmachung unserer bäuerlichen Landjugend“ gearbeitet werden.[12] Während das geistliche Rüstzeug außer in den Anfangsjahren nur eine Nebenrolle spielte, erfolgte die ideologische Zurüstung hauptsächlich

Rademacher in Alt Gaarz

Fischfrau in Warnemünde

Tagelöhner in Bristow, Kreis Teterow

Bauer in Loosen, Kreis Ludwigslust

Mecklenburg, physiognomisch. Fotografien um 1932

Bauerntöchter in der Webschule Warin, um 1934

durch chauvinistische Deutschtümelei und rassistischen Bauernmythos.

In diesem Zusammenhang wurden zielgerichtet Bestandteile der überlieferten – und der nichtüberlieferten! – bäuerlichen Volkskultur aufgenommen bzw. künstlich wiedererweckt. Die Mädchen lernten spinnen und weben (Abb.) oder doch mindestens die Anfertigung der Wiligrader Tracht, um nicht mehr auf die Trachtenverleihanstalten in Schwerin, Lübtheen und andernorts angewiesen zu sein. Die Schnittmuster dazu konnten von der Bauernhochschule Wiligrad auch entliehen werden. Äußerlich blieb diese Tracht bis in die Mitte der fünfziger Jahre hinein das Leitbild für die Trachten mecklenburgischer Volkskunstensembles.

Auch ältere Volkstänze, besonders die „Bunten", die aus der lebendigen dörflichen und städtischen Tanzpraxis schon verdrängt waren, wurden wiederbelebt. Grundlage bildeten die verdienstvollen Sammlungen der Schweriner Turnlehrerin Marie Peters (Abb. S. 392), die ihrerseits Lehrgänge übernahm und damit eine lebendige Anschauung vermittelte, von der – äußerlich, bezogen auf die tänzerische Ausführung – noch heute vielfach gezehrt wird.

Die Bauernhochschule steht hier nur als ein Beispiel, das gut belegt ist und das trotz seiner sicherlich begrenzten Ausstrahlung eine wesentliche Tendenz bloßlegt: den Übergang von der Manipulation mit unschuldiger Volkskultur zu militanten präfaschistischen Positionen. Schon 1924 bildeten sich im Kreise ehemaliger Bauernhochschüler – aber nicht nur unter ihnen – sogenannte Artamanenschaften, die unmittelbar in den Dienst völkischer Blut-und-Boden-Politik traten. Die Tätigkeit dieser „Kampfgenossenschaft junger Helden" bestand in der Erledigung landwirtschaftlicher Saisonarbeiten auf „polenfreien" Junkerwirtschaften und in völkischer Agitation.[13] Offen faschistisch wurden die Artamanen in Mecklenburg spätestens gegen Ende der zwanziger Jahre. Der Sitz ihres Bundesführers, das Rittergut Severin im Kreis Parchim, galt als feste Burg der Faschisten und wurde am 19. Dezember 1931 zum Schauplatz der Trauung des faschistischen Propagandachefs Goebbels. Über den Altar der Dorfkirche hatte der aus Berlin mitgekommene NS-Geistliche die Hakenkreuzfahne gebreitet.[14]

In der Zeit des Faschismus

Die Welt ging in Mecklenburg nicht fünfzig Jahre später unter, die deutsche Republik ging hier faktisch sogar einige Monate eher unter. Seit Mitte 1932 hatte der mecklenburgische Landtag eine faschistische Mehrheit und das Land eine entsprechende Regierung. Seit dem 30. Januar 1933 herrschte der Terror uneingeschränkt, auch auf kulturellem Gebiet, und hier besonders augenfällig. Mecklenburg stand nicht nach, sondern ging voran mit der Kulturbarbarei. Vor der Rostocker Universität – in Deutschland außer Münster als einziger – wurde am 5. Mai ein „Schandpfahl" errichtet, an den Bücher sozialistischer und bürgerlich-humanistischer Autoren genagelt wurden, bevor man sie wie überall im Reich am 10. Mai öffentlich verbrannte. Zerstört wurde während der faschistischen Herrschaft die proletarisch-sozialistische Kultur mit ihren Organisationen, verfemt war aber auch bürgerliches Kulturgut, das der Blut-und-Boden-Ideologie entgegenstand, wie das Werk des großen Künstlers Ernst Barlach, der seit über einem Vierteljahrhundert in Mecklenburg gelebt hatte und 1938 starb. Im zweiten Weltkrieg schließlich versanken auch in mecklenburgischen Städten viele Denkmale der Kulturgeschichte in Schutt und Asche.

Es lohnte nicht, über faschistische Kulturpropaganda zu schreiben, wenn nicht ihre Wirkung eine so erschütternd große gewesen wäre. Das gilt vollinhaltlich auch für die Manipulation von und mit Volkskultur. Die Wossidlo-Sammlungen im Besitz der Staatlichen Museen Schwerin wurden 1937 zu einem rassistischen „Bauernmuseum" vereinigt, übrigens ohne direkte Mitwirkung des Gelehrten selbst, der auch den zu seinem 75. und 80. Geburtstag veranstalteten Staatsfeiern fernblieb, ohne doch die Vereinnahmung seines Werkes und die Ausnutzung seiner Popularität durch die Machthaber verhindern zu können. Der „Gauleiter und Reichsstatthalter" Friedrich Hildebrandt bevorwortete das „Mecklenburgische Wörterbuch" von Wossidlo/Teuchert, dessen erste Lieferung 1937 erschien. Die Liebe zum Plattdeutschen und zur plattdeutschen Volksdichtung (natürlich ohne ihre demokratischen Züge) gehörte jetzt gleichsam zur geforderten Weltanschauung – eine ungeheure Versuchung für viele bisher unpolitische Heimatfreunde, der sie durchweg erlagen. Entsprechend umwarb man bekanntlich die Bauern, deren Haus und Hausrat beinahe heiliggesprochen wurde und deren „Erbhöfen" man – größtenteils frei erfundene – altertümliche Hofnamen beilegte. Balkeninschriften wie „Errichtet im 3. Jahre" (d.h. gerechnet von 1933) zierten manches Siedlerhaus, so in Alt Rehse, wo das Katendorf durch Fachwerkneubauten ersetzt wurde, während man das ehemalige Rittergut zur „Reichsärzteschule" umgestaltete.[15]

Zahlreiche weitere künstliche Traditionen wurden geschaffen, um auch die nicht mehr in den Traditionen der Volkskultur stehenden Mittelschichten, Arbeiter und Jugendlichen entsprechend „völkisch" beeinflussen zu können. So entstanden zur Beförderung des „Volksgemeinschafts"-Lebens auch in Mecklenburg vielerorts Thingstätten und Ahnenhallen; Sommer- und Wintersonnenwende wurden, obwohl hier gänzlich traditionslos, stimmungsvoll am flammenden Holzstoß begangen; „deutsche Weihnacht" wurde als Fest germanischer Lichtsehnsucht propagiert. In kirchlichen Kreisen gewann die Glaubensbewegung „Deutsche Christen" die Oberhand; sie war kaum irgendwo so stark verbreitet wie in Mecklenburg, wo sie – wie sonst nur in Thüringen – sogar das Amt des Landesbischofs und „Landeskirchenführers" besetzte. Für die Beeinflussung der Intelligenz sorgten im regionalen Maßstab einheimische Blut-und-Boden-Schriftsteller wie Friedrich Griese (im „Rethus" bei Parchim), aber auch ein namhafter Autor wie Hans Franck (in „Francken-

Wiege aus Bauernbesitz, 18. Jahrhundert, vorgezeigt als „Ahnenerbe"

horst" bei Schwerin), der sich zeitweilig in „völkische" literarische Niederungen begab, ferner die heimatgeschichtlichen Monumentalwerke „Mecklenburg. Ein deutsches Land im Wandel der Zeit" und „Mecklenburg. Werden und Sein eines Gaues".

Propagandistischen Erfolg hatten Maßnahmen wie die Wiedervereinigung von Mecklenburg-Schwerin und Mecklenburg-Strelitz zum Land bzw. Gau Mecklenburg (1.1.1934), die durch Zuzug und Eingemeindungen erreichte Überführung Rostocks in den Großstadtstatus (1935), die Umbenennung des slawischen Ortsnamens Alt Gaarz in den Wikingernamen Rerik (1938) u.a.m. Wie offen und ungeniert vorgegangen wurde, zeigt nicht nur der bornierte Stolz auf die Erhebung Rostocks zur Großstadt (sonst wurde ja eine zivilisationskritische Großstadtfeindlichkeit kultiviert), sondern auch die unverhüllte Herausstellung von Vertretern des Monopolkapitals als regionaler Leitfiguren. Da war einmal Ernst Heinkel, der „Betriebsführer" der Heinkel-Flugzeugwerke in Rostock, die sich als Rüstungsbetrieb gewaltig ausdehnten. Und da war zum anderen Sir Henry Deterding, der Generaldirektor des niederländisch-britischen Ölkonzerns Shell, der an seinem Lebensabend in das Land seiner Vorfahren zurückkehrte. Während man sonst Tankstellenneubauten und Treibstoffreklamen in mecklenburgischen Dörfern heimatpflegerisch beargwöhnte, war der internationale Ölmagnat, dessen Antikommunismus und Antisowjetismus die Faschisten besonders schätzten, als Geldgeber hochwillkommen. Deterding erwarb zwei Rittergüter und stellte Teile davon als Siedlungsland zur Verfügung, was sich angesichts des tatsächlichen Rückgangs der Schaffung von Siedlerstellen im Junkerland Mecklenburg propagandistisch erfolgreich ausschlachten ließ. Der täglichen Propaganda dienten sämtliche Pressemedien und zunehmend auch der Rundfunk. 1938 besaßen 58,7 Prozent aller mecklenburgischen Haushaltungen Rundfunkgeräte, womit Mecklenburg über dem Reichsdurchschnitt lag.[16]

Es gab Bereiche des alltäglichen Lebens, die scheinbar abseits von faschistischer Einflußnahme lagen, aber doch nur scheinbar. Bei der Arbeit, die unfreier war als je zuvor, herrschte Antreiberei in den Werkstätten und auf den Äckern („Ernteschlacht"). Im Zeichen der Kriegsvorbereitung hielt erstmals die moderne Großproduktion mit Fließbandfertigung in Mecklenburg Einzug. In den Heinkel-Werken Rostock arbeiteten 1939 9000 Beschäftigte, darunter tausende hochqualifizierte Facharbeiter. Hier und in anderen Industriebetrieben erwuchs dem Faschismus zugleich der tapfere Widerstand von Menschen, die nicht manipulierbar waren, vor allem von Kommunisten.[17] Die eingeschüchterte Masse unternahm jedoch keine Aktionen, sie lebte mit alltäglichen Sorgen und bescheidenen festtäglichen Freuden weiter. Die Lebensweise vieler einfacher Mecklenburger in Stadt und Land veränderte sich gegenüber den Jahren der Weimarer Republik nicht grundsätzlich. Sie paßte sich den herrschenden Bedingungen an, ohne im allgemeinen die geforderten heroischen Züge der materiellen Entsagung, des unbedingten Arbeits- und Wehrwillens und des Führerkults auf allen Ebenen anzunehmen. Aber auch diese Gleichgültigkeit war letztlich Ausdruck der Zerstörung von Moral und Kultur des Volkes.

Wie weit es damit gekommen war, zeigt das Ende, die Beteiligung am Raubkrieg der deutschen Faschisten. Die Ausplünderung des halben Kontinents und die Zwangsarbeit ausländischer Kriegsgefangener sorgten dafür, daß „die Heimat" nicht hungerte. Kriegsbedingte einschneidende Änderungen der Lebensweise gab es zunächst nicht in dem Maße wie im ersten Weltkrieg, bevor dann im Verlaufe des Krieges Tod, Zerstörung, Mangelwirtschaft und Arbeitshetze auch viele Mecklenburger unmittelbar betraf und nachdenklich machte. Die Solidarität von Arbeitern mit hungernden ausländischen Zwangsarbeitern und das menschliche Verhalten mancher Bauernfamilie gegenüber „ihren" Kriegsgefangenen wollen wir erwähnen, aber auch die Kehrseite nicht verschweigen. Anna Seghers hat berichtet: Nach ihrer Heimkehr stieß sie einmal „auf ein mecklenburgisches Dorf, ein richtiges ‚Märchendorf', in dessen unmittelbarer Nähe bei Kriegsende zwei Tage lang ein Zug mit verhungernden gefangenen Frauen, Ausländerinnen, gestanden hat, ohne daß eine Hand in diesem Dorf sich zur Hilfe gerührt hätte."[18] Das war 1945 nicht nur in Mecklenburg möglich, aber eben auch in Mecklenburg.

Mecklenburgische Magd mit Stoßbutterfaß.
Detail aus dem Ölbild „Im Kuhstall" von Dietrich Findorff, 1762

Stube im Tagelöhnerkaten, rekonstruierter Zustand zweite Hälfte des 19. Jahrhunderts. Agrarhistorisches Museum Alt Schwerin, Kreis Waren

Maschinendrusch auf dem Gutshof Schlieffenberg, ehemals Ritterschaftliches Amt Güstrow. Aquarellierte Zeichnung 1854

Stube im ehemaligen Tagelöhnerkaten in Alt Schwerin, bewohnt von einer LPG-Bauernfamilie. Originalzustand vom Anfang der 1960er Jahre

Katenzeile im ehemaligen Rittergutsdorf. Groß Viegeln, Kreis Rostock

Fahne der 1918 gegründeten Ortsgruppe Kröpelin
des Deutschen Landarbeiterverbandes, 1921

Fahne der Ortsgruppe Dömitz
des Arbeiter-Radfahrer-Bundes „Solidarität", geweiht 1923

10000-Tonnen-Frachtschiff „Dresden" des Typs IV („Frieden"),
erbaut auf der Warnowwerft ab 1957.
Seit 1970 als „Traditionsschiff" in Rostock-Schmarl

Bauernhaus aus Haar, ehemals Amt Neuhaus,
inschriftlich datiert 1847.
Umgesetzt 1980 nach Wittenburg, Kreis Hagenow, heute Museum

Volkstanzgruppe der „Schönberger Späldäl“
in nachgestalteter „Ratzeburger“ Tracht mit Originalbestandteilen. Um 1960

Anmerkungen

1 Bibliographiert in: Mecklenburgische Bibliographie 1945–1964, Schwerin 1979, Nr. 2850 ff. und fortlaufend für 1965 ff., Schwerin 1966 ff.

2 Günter Wiegelmann, Matthias Zender u. Gerhard Heilfurth, Volkskunde. Eine Einführung, Berlin (W) 1977, S. 156, vgl. auch die R. Wossidlo gewidmete Dissertation von Gerhard Staak, Die magische Krankheitsbehandlung in der Gegenwart in Mecklenburg, Kiel 1930.

3 Inzwischen fortgesetzt als Reihentitel mit Nr. 2 (1985).

4 Richard Wossidlo, Kinderreime, Teil 1, Rostock 1931, Nr. 650.

5 Die Meckl. Heimat 5 (1926), S. 44.

6 Gottfried Holtz, Ähren vom Erntefeld, o. O. 1928, S. 22 f.

7 Ebenda, S. 27.

8 Wossidlo-Archiv, ch-varia, Hintz, Spornitz, 1933.

9 Die Heimat 1 (1922), S. 4.

10 Die Meckl. Heimat 8 (1929), S. 91–93.

11 Uns' plattdütsch Heimat 5 (1930), S. 59.

12 Die Heimat 3 (1924), S. 100, 127.

13 Die Meckl. Heimat 4 (1925) S. 61 f., 12 (1933) Heft 9, S. 21 ff.

14 Niklot Beste, Der Kirchenkampf in Mecklenburg, Berlin 1975, S. 14–16.

15 Chr. u. R. Krug, Alt Rehse. Geschichte eines Dorfes, Neubrandenburg 1982, S. 23–29.

16 Meckl. Monatshefte 14 (1938), S. 481.

17 Der antifaschistische Widerstand unter Führung der KPD in Mecklenburg 1933 bis 1945, Berlin 1985.

18 Christa Wolf, Glauben an Irdisches, in: Fortgesetzter Versuch, Leipzig 1982, S. 233.

Einer neuen Zeit entgegen

Die Neubürger

Nachdem der Treck sich aufgelöst hatte, steuerte ein einzelnes Gefährt das abgelegene Gutsdorf Großmühlen an. Beim Anblick der heruntergekommenen Gutsarbeiterhäuser, des Hundezwingers und des Schlosses sagte Frau Charlotte, geflüchtet aus einer mittelgroßen Stadt des Ostens: „Meine Lieben, hier sind wir am Arsch der Welt." – „Es war die Wahrheit", fügt die Erzählerin, Christa Wolf („Kindheitsmuster"), hinzu.

So und nicht anders wurde Mecklenburg 1945/46 von vielen Menschen erlebt, die, teilweise aus dichter besiedelten Landschaften, aus Industriegebieten, aus größeren Städten stammend, in die hiesige Dorfeinsamkeit verschlagen worden waren. Gelegentlich erschien kriegsbedingt Mecklenburgs Rückständigkeit größer, als sie es in der Vorkriegszeit gewesen war. Häufiger trafen die Urteile ins Schwarze. Tatsächlich war Mecklenburg rückständig gegenüber anderen Territorien in mancherlei Hinsicht. Das betraf die Bevölkerungsdichte, die Technisierung in der Industrie, ja selbst in der Landwirtschaft, soweit sie mittel- und kleinbäuerlich war, das betraf den Anteil massiver Gebäude in den Dörfern, die hygienischen Verhältnisse, das ländliche Schulwesen, die Zahl und Organisiertheit der Arbeiter ... Auf der anderen Seite war Mecklenburg im Befreiungsjahr 1945 keine Region, in der die Elektrifizierung erst in den Anfängen steckte oder der Analphabetismus noch weitverbreitet gewesen wäre. Wie wir in den vorherigen Kapiteln zu zeigen versucht haben, hatten sich letztlich alle entscheidenden Entwicklungsprozesse mit nationaler Dimension auch in Mecklenburg – wenngleich oft verdünnt und verspätet – durchgesetzt, eingeschlossen (und hier leider unverdünnt und nicht verspätet) die jüngstvergangenen, verheerend negativen Erscheinungen faschistischer Menschenfeindlichkeit und imperialistischer Manipulation. Mecklenburgs kulturelle Befreiung vom Faschismus vollzog sich durch sehr verschiedene Akteure und Aktionen: durch sowjetische Kulturoffiziere, durch die Kulturpolitik der deutschen antifaschistischen Kräfte, durch einen Lernprozeß aller Menschen guten Willens. Wir können die Ergebnisse hier nur in Auswahl behandeln.[1]

Neben vielen Einheimischen waren es gerade Flüchtlinge und Umsiedler, die als überlebende Opfer des faschistischen Krieges im antifaschistisch-demokratischen Umwälzungsprozeß eine wesentliche Rolle spielten. Zusammen mit den aufbauwilligen Einheimischen verwandelten sie Mecklenburg auf Dauer gründlich – ökonomisch, politisch und kulturell. Zunächst jedoch bewirkte der Zustrom von knapp einer Million Menschen eine enorme demographische Wandlung. Mecklenburg in seinen historischen Grenzen hatte am 1.1.1940 mit 900600 Einwohnern eine Bevölkerungsdichte von etwa 56 pro km^2. Die neugeschaffene territoriale Einheit „Mecklenburg-Vorpommern" wies 1946 mit 2089000 Einwohnern eine Bevölkerungsdichte von 91,25 pro km^2 auf. Der Flächenzuwachs durch Angliederung des benachbarten Vorpommern war bedeutsam, spielte aber bevölkerungspolitisch keine so entscheidende Rolle wie der Zuzug, der seinerseits beide Landesteile erfaßte. Das „Land Mecklenburg", wie die offizielle Bezeichnung seit 1947 lautete, wurde demnach in seinem historischen Kerngebiet zur knappen Hälfte von Neubürgern und in seinem angegliederten Ostteil zur Gänze von Nichtmecklenburgern bewohnt.

Stärker als irgendwo sonst in der sowjetisch besetzten Zone ermöglichte und erforderte in Mecklenburg die Bevölkerungszunahme eine demokratische Bodenreform und den Aufbau einer regionalspezifischen Industrie. Beide Prozesse werden an Ort und Stelle (im Teilkapitel „Bodenreformbauer“ und im Kapitel „Werftarbeiter“) näher behandelt. Hier sei bereits festgehalten, daß die Produktionserfahrungen Stettiner, Danziger und Königsberger Schiffbauer, böhmischer und schlesischer Industriearbeiter, aber auch das Arbeitswissen vieler tausend Bauern aus allen Herkunftslandschaften den sozialökonomischen Wandel Mecklenburgs wesentlich begünstigten und beschleunigten.

„Böhmen am Meer“ (dies der Titel einer Erzählung von Franz Fühmann, 1962) – das bedeutete zugleich ethnisch und kulturell einen gewissen Einschnitt. Seit Jahrhunderten hatte auf Mecklenburg keine innerethnische Bewegung solchen Ausmaßes eingewirkt. Der Nationalität nach Deutsche, waren die ost- und südostdeutschen Umsiedler ihrer Mentalität, ihren Lebensweisemerkmalen und Wertvorstellungen, oft auch ihrer Religionszugehörigkeit nach (1950 in Mecklenburg: 11% Katholiken, 85% Evangelische[2]) – und bis zu einem bestimmten Grade sogar in ihrem physischen Habitus – doch stark verschieden von den Mecklenburgern bzw. von den Vorpommern. Das führte anfänglich zu ernsten Schwierigkeiten vor allem für die Umsiedler selbst, bot jedoch eine große bevölkerungspolitische Chance für das Land, die letztlich nicht ungenutzt blieb. Andere Temperamente und neue Anschauungen lockerten die erstarrten Verhältnisse besonders in den Dörfern und Kleinstädten auf, zunächst innerhalb der einzelnen Klassen und Schichten, dann auch im breiteren sozialen Rahmen.

Umsiedler und Neubauer 1946, LPG-Vorsitzender 1952. Alt-Schwerin, Kreis Waren

Im Kirchspiel Lichtenhagen bei Rostock gab es 1946–1952 178 evangelische kirchliche Trauungen, darunter 81 zwischen Einheimischen (eingeschlossen die aus anderen Landschaften westlich von Oder und Neiße Stammenden), 34 zwischen Umsiedlern aus den Gebieten östlich von Oder und Neiße und immerhin 63 zwischen Einheimischen und Umsiedlern.

Von den im Standesamt Rostock 1946 geschlossenen 639 Ehen konnten in 606 Fällen die beiderseitigen Geburtsorte bestimmt werden. Die 1212 Eheschließenden wurden in „Einheimische“ und „Umsiedler“ gegliedert, wobei zu jenen sowohl diejenigen mit mecklenburgisch-vorpommerschen Geburtsorten als auch diejenigen gezählt wurden, die in Deutschland westlich von Oder und Neiße geboren waren, weil ihr Zuzug vor 1945 in den meisten Fällen wahrscheinlich ist. Als „Umsiedler“ wurden alle gezählt, die in Orten östlich von Oder und Neiße sowie in der ČSR und in

Osteuropa geboren waren. Demnach handelte es sich bei den Männern um 474 „Einheimische" (78%) und 132 „Umsiedler" (22%), bei den Frauen um 485 „Einheimische" (80%) und 121 „Umsiedlerinnen" (20%). In 395 Fällen (65%) heirateten Einheimische unter sich, in 42 Fällen (7%) Umsiedler unter sich, in 169 Fällen (28%) gab es gemischte Ehen, wobei 90 mal (15%) der Mann und 79 mal (13%) die Frau Umsiedler war. Da Rostock als stark bombenzerstörte Stadt verhältnismäßig wenig Umsiedler aufnehmen konnte, war deren Anteil an der Bevölkerung begrenzt. Stellt man in Rechnung, daß eine „gemischte" Ehe überhaupt nur in maximal 253 Fällen möglich gewesen wäre und dieser Fall 169 mal real eintrat, was 66,8 Prozent entspricht, so ergibt sich ein außerordentlich positives Bild: Bei den Eheschließenden – überwiegend (wenn auch nachkriegsbedingt nicht ausschließlich) jungen Leuten – spielte die Abgrenzung nach landschaftlicher Herkunft, nach bewahrten und verlorenen materiellen Gütern keine wesentliche Rolle. Die Integration der Umsiedler war bereits im ersten vollen Nachkriegsjahr gesellschaftliche Realität. Die entsprechenden Zahlen für 1949 – bei 1084 Eheschließungen (davon 1053 auswertbaren) – lauten: 522 mal (49%) Einheimische unter sich, 135 mal (13%) Umsiedler unter sich, 396 mal (38%) „gemischt", wobei 188 mal (18%) der Mann Umsiedler und 208 mal (20%) – also öfter – die Frau Umsiedlerin war – eine erstaunliche Tatsache für den Chronisten, der das Wehklagen mancher Einheimischen über die vom Sohn der Familie getroffene Wahl eines „Flüchtlingsmädchens", einer „nakten Diern", noch im Ohr hat.[3]

Die Mehrzahl der anfänglich nahezu besitzlosen Umsiedler verschaffte sich Respekt durch großen Arbeitsfleiß und andere, auch notgeborene Eigenschaften (wie Organisationstalent), die manchem Mecklenburger eher fremd waren.

All dies vollzog sich langsam, uneinheitlich und konfliktreich. Zeitweilig verhieß die politische Hoffnung mehr, als die ökonomische Realität hergab. Dabei war die politische Gleichstellung und Eingliederung der Umsiedler eine Errungenschaft, die gar nicht hoch genug veranschlagt werden kann. Ihre Grundlage besaß sie in dem humanistischen Konzept der Nichtdiskriminierung, das mit allen zur Verfügung stehenden Machtmitteln durchgesetzt wurde und – anders als in den Westzonen Deutschlands – jedem Herrschaftsanspruch der Einheimischen und damit zugleich jeder Rückkehrillusion und jedem Revanchismus den Boden entzog.

Das bedeutet nicht, daß „vor Ort" keine Demütigungen, keine Verächtlichmachung als „Flüchtling" vorgekommen seien, daß sich keine Trauer und Mutlosigkeit eingestellt hätten. Die aus Ostpreußen geflüchtete Großmutter des Autors dieser Zeilen trug 1945 in ihr „Christliches Vergißmeinnicht" die Verse ein, die damals unter ihren Schicksalsgenossen von Mund zu Mund gingen:

Wer die Heimat nicht verloren,
wer nicht selber Leid gesehn,
kann das Leiden in der Fremde
und die Sehnsucht nicht verstehn.

Groß war das Wohnungselend in den Dörfern, wo sich nicht nur Schlösser in Umsiedlerkasernen verwandelten, sondern auch unheizbare Kammern und Wirtschaftsräumlichkeiten zur Unterkunft dienten. Am Rande der größeren Städte gab es Barackenlager und im Extremfall – bei Neubrandenburg – sogar Erdhütten als Notunterkünfte.[4]

Dennoch wurden aus Umsiedlern Neubürger. Beispielsweise betrug 1945/46 ihr Anteil in den Gemeinde-Bodenkommissionen zwischen 22 und 24 Prozent.[5] Auch bei der Besetzung des Bürgermeisteramtes, beim Aufbau der demokratischen Verwaltungsorgane und bei der Entfaltung des politischen Lebens in den Parteien und Massenorganisationen war der Anteil der Umsiedler recht hoch, häufig proportional und

Auszug zum Erntefest im Bodenreformdorf, 1949. Dodow, Kreis Hagenow

stellenweise überproportional. Die Bereitschaft zur Loyalität, zum Umlernen und schließlich zum revolutionären Mittun wäre bei diesen härter gestraften und nachdenklicher gewordenen Menschen psychologisch verständlich. Hervorzuheben ist besonders die tätige Rolle der Frauen und Jugendlichen.

Es dauerte einige Jahre, bis Leben und Sterben in ein Verhältnis traten, das normal zu nennen ist. Als Spiegel dessen soll uns anstelle einer Statistik das Anschreibebuch eines Goldberger Tischlermeisters dienen.[6] Vor dem Krieg hatte Walter Dempzin jährlich etwa 8 bis 9 Särge, darunter manchmal einen Kindersarg, angefertigt. Als er zu Anfang 1946 den Betrieb wieder aufnahm, erhöhte sich die Sargproduktion im ersten Geschäftsjahr auf 129, darunter 4 Särge für Angehörige der Sowjetarmee und 9 Kindersärge. Die Gesamtzahl der Särge betrug 1947 98 (8), 1948 66 (4), 1949 33 (3), 1950 24 (0) (in Klammern die Zahl der Kindersärge). Hölzerne Grabkreuze gehörten in der Vorkriegszeit nicht zum Produktionsprogramm des Tischlermeisters. 1946–1948 fertigte er im Jahresdurchschnitt ein Dutzend davon an, ab 1949 keines mehr – das „Flüchtlingsbegräbnis" blieb eine Episode in der Friedhofskultur, die fortab wieder von den Erzeugnissen des Steinmetzen geprägt wurde. Dabei sahen viele Umsiedlerfamilien darauf, daß – entsprechend der Sitte der Einheimischen – auch ihre Grabsteine Rang und Stand der Toten kundgaben (sofern irgend hervorhebenswert); öfter noch wurde der Geburtsort nebst Heimatprovinz hinzugefügt.

Der Mai 1945 bedeutete eine gewaltige Zäsur für das Leben der Volksmassen, indem nicht mehr Krieg herrschte, sondern Waffenstillstand und schließlich Frieden. Der Mai 1945 bildete aber deshalb noch nicht die Zäsur für alle möglichen Erscheinungen kulturellen Massenverhaltens. Untersucht man beispielsweise die 1701 Geburtseintragungen des Standesamts Rostock von 1945, so zeigen die Namensgebungen bis zum 30. April und ab dem 1. Mai keine wesentlichen Unterschiede. Es herrschte weiterhin das Namengut vor, das

Der Landfilm kommt. Mecklenburg, Juli 1949

aus der Tradition – und zwar einer ganz jungen – stammte. Davor hießen die neugeborenen Knaben am häufigsten (in der Reihenfolge) Peter, Wolfgang und Rainer, danach Peter, Wolfgang und Dieter; die häufigsten Mädchennamen waren davor Renate, Karin und Helga, danach Renate, Brigitte und Karin. Schwache Anzeichen für den Rückgang „nordischer" Vornamen sind immerhin spürbar, und „Edda" verschwand schon 1945 gänzlich aus der Namensgebung.

Während die materielle Kultur in Stadt und Land vielfach durch Mangelerscheinungen, Notlösungen und – bei vielen Einheimischen – durch Beharrung gekennzeichnet war, erfuhr das öffentliche geistig-kulturelle Leben auch in Mecklenburg entscheidende und verhältnismäßig durchgreifende Wandlungen.[7] Man muß hier freilich unterscheiden zwischen massenwirksamen Prozessen und kulturpolitischen Intentionen, die vorläufig nur von einer Minderheit verwirklicht wurden. Faschistische Kulturbarbarei wurde allseitig, konsequent und erfolgreich bekämpft. Auf der anderen Seite ist in Rechnung zu stellen, daß viele Bestandteile der imperialistischen Massenkultur, soweit sie nicht unmittelbar faschistischen Geistes waren, nach wie vor eine legale Existenz führten: Trivialliteratur in Leihbibliotheken und Privatbesitz, UFA-Filme in den Kinos, Lehár-Operetten in den wiedereröffneten Theatern, deutsche Schlagermusik der dreißiger und der Kriegsjahre auf den Tanzböden. So liefen – nach den Anzeigen in der Tagespresse – in den fünf Rostocker Kinos während des Monats Dezember 1946 zwar schon 13 sowjetische Filme, aber daneben 14 „altdeutsche" Streifen mehr oder weniger unverbindlichen Inhalts. Ähnlich sah es zunächst in den Dörfern aus, die der „Landfilm" versorgte (Abb.).

Antifaschistisch-demokratische Kulturpolitik schuf ein Gegengewicht, das auf die Dauer den Ausschlag gab, aber noch nicht alle Bereiche der alltäglichen geistigen Kultur erfaßte. Die weitaus erfolgreichste und folgenreichste Maßnahme zur geistig-kulturellen Erneuerung war auch und besonders in Mecklenburg die demokratische Schulreform von 1946.[8]

Zielgerichtet, wenngleich noch nicht in voller Breite und beeinträchtigt durch Hemmnisse verschiedenster Art, betrieb die Kulturpolitik der Kommunisten und ihrer Verbündeten die Heranführung der Menschen an das humanistische Erbe der Weltkultur und der deutschen Kultur sowie die Vermittlung der sozialistischen Kultur des In- und Auslandes, darunter vor allem der Sowjetkultur. Die Wirksamkeit des schon am 26.8.1945 auf Landesebene gegründeten „Kulturbundes zur demokratischen Erneuerung Deutschlands" erhöhte sich von Jahr zu Jahr. Personifikation dieses Mühens war der aus der Emigration zurückgekehrte kommunistische Schriftsteller Willi Bredel, dessen arbeitsreiche Schweriner Jahre (1945–1949) mit der Erneuerung des geistig-kulturellen Lebens in Mecklenburg für immer verbunden sein werden. Unter Mitarbeit von Erich Fabian, Karl Kleinschmidt, Adam Scharrer, Ehm Welk und anderen gab er als Vorsitzender der Landesleitung des Kulturbundes die Monatsschrift „Heute und Morgen" heraus, die ein publizistisches Spiegelbild dieser Leistung ist – und für uns eine hochinteressante Quelle in vielfacher Hinsicht.

Wir befragen sie nach dem Zustand und dem Werdegang dessen, was bisher hauptsächlicher Gegenstand unserer Untersuchung gewesen ist, der regionalen Volkskultur. Etwas übertrieben läßt sich sagen: Die überlieferte Volkskultur Mecklenburgs war in den ersten Jahren nach 1945 kein Thema und die vorpommersche – allein wegen des Namens – schon gar keins. Der Hauptgrund dafür lag in der Wertorientierung hinsichtlich der „Volkskultur" und auch des Niederdeutschen während der Zeit des Faschismus, nicht etwa in der massenhaften Niederlassung von Umsiedlern und der Vermischung regionaler Kulturtraditionen.

Was kulturpolitisch keine Rolle spielte, war gleichwohl an der gesellschaftlichen Basis nicht tot, sondern behauptete naturwüchsig mehr oder weniger starke Restpositionen. Die bauliche Substanz zahlreicher Dörfer vor allem Westmecklenburgs prägten weiterhin niederdeutsche Hallenhäuser, Fachwerkscheunen und rohrgedeckte Stallgebäude. Als „Hütten" erschienen sie manchem Umsiedler aus moderner gebauten Dörfern z.B. preußischer Provinzen. Aber weder solche zeitgemäße Anschauung noch die einstige Verklärung „nordischer" Bauweise durch die faschistische Kulturpropaganda tat der faktischen Existenz dieses Erbes der Volksarchitektur Abbruch. Ebenso bearbeiteten viele mecklenburgische Altbauern ihre Äcker noch oder wieder – bedingt durch Mangel an Ersatzteilen für moderne Pfluggeräte – mit dem Haken, und mancher umgesiedelte Landarbeiter, der bei einem mecklenburgischen Großbauern in Dienst trat, lernte unfreiwillig mit diesem „Teufelspflug"[9] umzugehen, mancher Neusiedler schaffte ihn gar freiwillig an.[10]

Am Beispiel der sprachlichen Kommunikation läßt sich besonders gut die Rolle des regionalen Elements erkennen. Die einheimischen Bewohner in Stadt und Land, soweit sie den werktätigen Klassen und Schichten angehörten, sprachen überwiegend weiterhin plattdeutsch untereinander und – mehr oder weniger rücksichtslos – auch mit den Zugezogenen, was zur Folge hatte, daß viele von diesen, besonders aus der jüngeren Generation, erfolgreich mundartlich assimiliert wurden. Zahlreiche um 1940 geborene Umsiedlerkinder sprachen alsbald und sprechen heute als Erwachsene geläufig mecklenburgisches Plattdeutsch. Es sind Leute darunter, deren Eltern, aus ostdeutschen Städten stammend, den Mundartgebrauch daheim strikt abgelehnt hatten und in Mecklenburg zu ihrem Erstaunen gewahr wurden, wie lebendig hier das Plattdeutsche als Volkssprache noch war.

Galt bei vielen Umsiedlern, besonders aus bürgerlichen Kreisen, die Vitalität des Plattdeutschen hierzulande als Ausweis der Rückständigkeit Mecklenburgs, so traf sich diese Anschauung formal mit der eines kleinen, aber entscheidend wichtigen Teils der Einheimischen. Es handelte sich um diejenigen, die an der vordersten Front standen im Kampf um die Brechung des bürgerlichen Bildungsmonopols, um den Zugang der Arbeiterklasse und aller Werktätigen zu den Schätzen der Kultur, um die politische Befreiung. Sie, die selbst das Niederdeutsche von Haus aus beherrschten, hatten jetzt „das Sagen". Was sie zu sagen hatten, sagten sie aber hochdeutsch, was sie zu schreiben hatten, erst recht auf hochdeutsch – in der Sprache, der sich in Deutschland seit Jahrhunderten die jeweils herrschende Klasse bedient hatte und in der auch seit der Existenz der Arbeiterbewegung deren gedruckte Dokumente stets abgefaßt waren. Niederdeutsch war in dieser Phase des Neubeginns für die zur Herrschaft gelangten ehemals Mundart sprechenden Mecklenburger gewiß keine öffentliche Schande, aber auch beileibe kein Stolz. Auf der bildungspolitischen Tagesordnung stand die Notwendigkeit der Aneignung bzw. besseren Beherrschung des Hochdeutschen. Daraus abgeleitet war eine spontane Wertorientierung, die in bezug auf das Niederdeutsche und entsprechend auf andere Bestandteile des Erbes der regionalen Volkskultur die ersten Jahre nach 1945 nicht zu „Hoch-Zeiten" werden ließ.[11]

Es kam jedoch zu keiner Bilderstürmerei. Behutsam dosiert fand mecklenburgische Volksdichtung Aufnahme in die Zeitschrift „Heute und Morgen", wurde im Landessender Schwerin auf MW 243,7 m in der Sendung „Dit un dat ut Land un Stadt" plattdeutsch rezitiert, erschien Plattdeutsch in „Uns' Kalenner" (1947 ff.), dem Nachfolgeorgan des Hinstorffschen „Voß-un-Haas-Kalenders", und in den Randglossen der „Landes-Zeitung", erhielten niederdeutsche Bühnen Spielerlaubnis, wurden Heimatmuseen mit Beständen zur materiellen Volkskultur wiedereröffnet. Im Mittelpunkt kulturpolitischer Bemühungen stand solches Tun nicht, es war in dieser Phase des Kampfes gegen den faschistischen Mißbrauch von Volkskultur mehr eine Tolerierung des Indifferent-Unschuldigen als eine Ausschöpfung des Progressiven in der Volkskultur (das noch weitgehend unerkannt blieb).

Gelegentlich bediente man sich in der Publizistik schlagfertig des Plattdeutschen, auch zur politischen Auseinandersetzung. In einer satirischen Gegenüberstellung des Demokratieverständnisses im Osten und Westen Deutschlands finden sich die 27 Parteien der amerikanisch-britischen „Bizone" aufgezählt mit der abschließenden Notiz: „Demokratie ist, wenn – een sin Klook nich hett un likest sin eegen Partei upmakt."[12] Das ist die Diktion Willi Bredels, der aus seiner Jugendzeit in Hamburg, der Stadt Thälmanns, die Verwendung des Plattdeutschen im politischen Tageskampf kannte. Schon am 31.12.1945 hatte die „Volkszeitung", das Landesorgan der KPD, in einer plattdeutschen Schlagzeile auf der Titelseite gemeldet: „64000 Nieburn hemm'n Hüsung." Dies wiederum war nichts anderes als die aufgehobene Negation des Titels „Kein Hüsung" von Fritz Reuter.

Das demokratische Erbe des großen Mecklenburgers wurde nun keineswegs nur in Schlagzeilen angeeignet, sondern in den Folgejahren zielgerichtet gepflegt. Jenes Schlüsselwerk „Kein Hüsung", das von der bürgerlichen Reuterrezeption als Erbe ausgeschlagen worden war, erschien ab 1947 in hohen Auflagen im Hinstorff Verlag. Ebendort kam 1949 erstmals eine für die Öffentlichkeit bestimmte Ausgabe von Reuters unbetiteltem hochdeutschen Romanfragment heraus („Herr von Hakensterz und seine Leibeigenen", später mit der berechtigten Titeländerung: „... und seine Tagelöhner"). Auch das publizistische Erbe der mecklenburgischen Demokraten des Vormärz und der Revolution von 1848/49 wurde in ersten Ansätzen aufgearbeitet, vor allem im Gedenkjahr 1948.

Um die Relationen klarzustellen, muß jedoch an dieser Stelle gesagt werden: Nicht das regionale Kulturerbe stand im Mittelpunkt des kulturpolitischen Wollens, sondern das nationale, wie es besonders im Goethejahr 1949 deutlich wurde, und von

Die Bezirksstadt Neubrandenburg im Aufbau, erste Hälfte der fünfziger Jahre

Anfang an zugleich das internationale, darunter erstmals die Sowjetkultur. Von diesem kulturrevolutionären Streben wurde die Masse der mecklenburgischen Alt- und Neubürger jedoch noch nicht erfaßt. Noch bedeutete es vielen Menschen am meisten, überlebt zu haben.

Kulturarbeit in der jungen Republik

Seit dem 7. Oktober 1949 war Mecklenburg ein Land der Deutschen Demokratischen Republik. Die Zugehörigkeit zum ersten Staat der Arbeiter und Bauern auf deutschem Boden bestimmte von jetzt an die ökonomische, politische und kulturelle Entwicklung des Landes. Mecklenburg brachte ein vielgestaltiges regionales Erbe in die Republik ein, das seitdem in ihr und durch sie lebt, aber auch – man bedenke das sprichwörtliche Erbe an Rückständigkeit – von ihr überwunden wurde.

Die Alt-Mecklenburger und die Neu-Mecklenburger bauten Wirtschaft, Staat und Kultur auf, verwandelten damit schrittweise das Land und gleichzeitig sich selbst. Plan und Planerfüllung bestimmten das Wirtschaftsleben, die Arbeit der betrieblichen Kollektive und zunehmend auch den Alltag vieler Werktätiger.[13] Binnen weniger Jahre entstand eine leistungsfähige volkseigene Industrie, vor allem längs der Küste in Gestalt der Schiffswerften und ihrer Zuliefererbetriebe, verbunden mit einem enormen Wachstum der industriellen Arbeiterklasse, das die Sozialstruktur des Landes völlig veränderte.[14] Abermaliger Zuzug, besonders von hochqualifizierten Facharbeitern und Ingenieuren aus den Südbezirken der DDR, veränderte wiederum die Zusammensetzung der Bevölkerung nach der regionalen Herkunft. Dies geschah in erster Linie in den Industriestädten, aber auch in zahlreichen Bodenreformdörfern, in denen es noch eine erhebliche demographische Fluktuation gab. Die Lebensweise der Menschen war weiterhin gemäß den sozialen Unterschieden, aufgrund des vorhandenen Stadt-Land-Gegensatzes und auch hinsichtlich des Status' Einheimische/Umsiedler stark differenziert und keinesfalls so beschaffen, daß man sie in ihren wesentlichen Bestandteilen als „mecklenburgisch" bezeichnen könnte.

Schwand oder wuchs unter diesen Bedingungen das Identitätsbewußtsein, „Mecklenburger" zu sein oder zu werden? Diejenigen, die das Wort am vollmundigsten aussprachen, die bürgerlichen Gralshüter eines Mecklenburg in seinen historischen Grenzen und mit seinen alten Besitz- und Machtverhältnissen, waren in der Minderheit. Ein Teil von ihnen – Großbauern, kleine Unternehmer, Angehörige der Intelligenz – fand über die alte Anhänglichkeit an Mecklenburg zur Loyalität gegenüber dem neuen Staat, da man letztlich nur als DDR-Bürger Mecklenburger sein konnte. Ein anderer Teil von ihnen verließ das Land für immer und gesellte sich jenseits der Staatsgrenze den 1945 entwichenen Junkern zu, die zusammen mit den exgroßherzoglichen Familien den Ton in der 1951 gegründeten „Landsmannschaft Mecklenburg" angaben.

In Mecklenburg selbst gestalteten die arbeitenden Menschen das nationale Aufbauwerk in Stadt und Land, ohne daß jemand an ihren Regionalpatriotismus appelliert hätte. Noch war die Gefahr des Umschlagens von „Heimatliebe" in bürgerlichen Nationalismus nicht gebannt. In den altmecklenburgischen Kerngebieten bestand ein gewisses Regionalbewußtsein fort, das traditionell geprägt war und sich nur langsam zu verwandeln begann, indem es bei den ideologisch fortgeschrittensten Mecklenburgern neue Züge annahm wie den Stolz auf progressive regionale Traditionen und auf den Aufbruch Mecklenburgs aus der Rückständigkeit. Diese Tendenz gab es analog, wenngleich schwächer ausgeprägt und kompliziert durch die historische Eigenentwicklung, auch im ehemaligen Vorpommern.

Völlig neue regionale Verwaltungseinheiten entstanden Mitte 1952 durch das Gesetz über die weitere Demokratisierung des Aufbaus und der Arbeitsweise der staatlichen Organe. Die neu geschaffenen Bezirke bildeten den territorialen Rahmen für den historisch herangereiften Aufbau der Grundlagen des Sozialismus in der DDR. Im Norden wurden drei Bezirke geschaffen, die altmecklenburgisches und vorpommersches Territorium sowie Teile anderer historischer Territorien enthielten und enthalten: der Bezirk Rostock mit ehemals mecklenburgischen und vorpommerschen Anteilen, der Bezirk Schwerin mit ehemals mecklenburgischen, brandenburgischen (westprignitzischen) und hannoverschen Anteilen (Amt Neuhaus, seit 1945 bei Mecklenburg) und der Bezirk Neubrandenburg mit ehemals mecklenburgischen, vorpommerschen und brandenburgischen (uckermärkischen) Anteilen. Damit endete die Geschichte Mecklenburgs als eines der Länder der DDR. Es begann die Geschichte und die Kulturgeschichte der Bezirke Rostock, Schwerin und Neubrandenburg, der „Nordbezirke".

Die Entwicklung des kulturellen Lebens, die spätestens seit 1949 geplant und gesteuert verlief, können wir hier nicht in voller sachlicher Breite abhandeln. Aus volkskundlicher Sicht soll stellvertretend nur ein Bereich zur Sprache kommen, der als zeittypisch für die Periode bis zur Mitte der fünfziger Jahre gelten kann. Es handelt sich um die Kulturarbeit in Form von Ensembles des künstlerischen Laienschaffens. Diese „Volkskunstensembles", wie sie seinerzeit allgemein bezeichnet wurden, umfaßten normalerweise eine Tanzgruppe, eine Instrumentalgruppe und einen Chor, wobei letztere auch einzeln vorkamen, ferner häufig einen dramatischen Zirkel (ebenfalls oft einzeln existierend).

Nachdem 1933 sämtliche Arbeitergesangvereine gewaltsam aufgelöst worden waren und die bürgerlichen Gesangvereine nach 1945 keine Zulassung erhalten hatten, entstanden ausgangs der vierziger Jahre in fast allen Städten und in einigen Dörfern auf breiter sozialer Grundlage „Volks-Chöre", zum Beispiel in Stavenhagen der „Fritz-Reuter-Chor" (1948), der Traditionen der Gesangvereine „Frohsinn" und „Liederkranz" fortsetzte.[15] Noch zahlreicher waren die Schulchöre, die es an fast allen städtischen und den größeren ländlichen Schulen gab. Neben überlieferten Volksliedern meist überregionalen Charakters und volkstümlichem bürgerlichem Liedgut erklangen erstmals wieder – und in mecklenburgischen Kleinstädten und Dörfern teilweise überhaupt erstmals – Lieder und Hymnen der Arbeiterbewegung. Neugeschaffenes sozialistisches Liedgut wurde im organisierten Chorgesang, aber auch im ungeschulten Singen auf Versammlungen, Fahrten und Demonstrationen angeeignet. An der Quantität und Spontaneität gemessen, waren die Jahre um 1950 eine Blütezeit des Gesanges, gerade auch unter der Jugend. Möglicherweise spielte dabei der Anteil von Menschen aus Landschaften mit höherem volksmusikalischem Niveau (Böhmen u. a.) eine Rolle, die sich aber nicht so weitgehend auswirkte, daß etwa die dortigen Traditionen freien mehrstimmigen Singens in Mecklenburg heimisch geworden wären.

Im Rahmen des Laienspielwesens bestimmten in Mecklenburg weiterhin die niederdeutschen Bühnen das regionalspezifische Profil. Entsprechende Ensembles gab es seit Jahrzehnten in Rostock, Schwerin, Wismar, Parchim, Güstrow, Neubrandenburg und Stralsund, ferner zeitweilig in Bad Doberan sowie neu in Schönberg (1947). In den Laienensembles wurde – unter Abwerfung etlichen Ballastes aus der Zeit des Faschismus – mit vielen bewährten und einigen neu gewonnenen Kräften das niederdeutsche dramatische Erbe gepflegt, dessen ästhetische Substanz objektiv recht dünn war, so daß auch nach 1945 überwiegend das ambitionslose heitere Genre – darunter manche regelrechte Dialektklamotte – zur Aufführung gelangte. Ernste Bemühungen um die wenigen niederdeutschen „Klassiker", um zeitgenössische niederdeutsche Dramatik und um mundartliche Adaptionen hochdeutscher Zeitstücke sollen nicht unerwähnt bleiben.

Lehrabschlußfeier, Ribnitz-Damgarten 1953

Als Beispiel kann die „Plattdütsch Spälдäl to Stralsund" gelten, die während der frühen fünfziger Jahre einen Höhepunkt ihres Wirkens erreichte.[16] Ihr langjähriger Leiter Wilhelm Puchert war besonders tatkräftig darum bemüht, künstlerisch und ideologisch neue Maßstäbe zu setzen. 1951/52 wurde „Börgermeister Anna", niederdeutsch adaptiert nach dem Stück des sozialistischen Dramatikers Friedrich Wolf, mit Erfolg aufgeführt. Wie alle anderen niederdeutschen Bühnen spielte man weniger in der eigenen Stadt als vielmehr auf abendlichen Abstechern in mehr oder weniger weit entfernten Kleinstädten und Dörfern. Von 1954 datiert ein Bericht über die Aufführung des Lustspiels „Dat Sympathiemiddel" (plattdeutsch nach der hochdeutschen Komödie des Mecklenburgers Max Dreyer) in Gingst auf Rügen: 250 Karten waren im Vorverkauf abgesetzt worden („De Späldäl kümmt!"). Den Aufbau und Abbau der Kulissen besorgte man selbst. Ein begeistertes Publikum („Kaamt man bald wedder!") belohnte die geistige und körperliche Anstrengung der im Be-

Volkstanzgruppe der Lehrwerkstätten für Wirtschaftspflege und der Fachschule für Gartenbau, Ribnitz-Damgarten 1953

rufsleben stehenden Laienschauspieler. Der „Späldäl“ war auch eine Tanzgruppe angegliedert, die mit der Aufführung norddeutscher überlieferter Volkstänze 1952 Republiksieger in der Sparte Volkstanz der Deutschen Festspiele der Volkskunst des FDGB in Berlin wurde.[17] Mehrfacher Auszeichnungen erfreute sich auch die „Späldäl“ Schönberg (Abb. S. 96).

Im übrigen stellten Tanzgruppen normalerweise das Kernstück gemischter Ensembles dar (mit Chor, Instrumentalgruppe und Rezitatoren). Solche Ensembles entstanden während der frühen fünfziger Jahre in sehr vielen mecklenburgischen Dörfern, Städten, Betrieben, Institutionen, Schulen und anderen Lehranstalten (Abb.). Es handelte sich durchaus um einen neuen Typ kollektiven künstlerischen Laienschaffens, der in Mecklenburg und in Deutschland allgemein verhältnismäßig geringe Traditionen besaß und unmittelbar auf sowjetisches Vorbild zurückgeführt werden kann. Sowjetische Berufs- und Laienensembles hatten schon während der ersten Nachkriegsjahre auch in mecklenburgischen Städten Aufsehen erregt, so daß die Popularisierung des Ensemblewesens gute Voraussetzungen hatte, die sich dann noch verbesserten, als nach Gründung der DDR auch die materiellen Mittel für die Förderung dieser kulturellen Massenarbeit zunehmend zur Verfügung gestellt werden konnten. Einen ersten Höhepunkt, der viele Impulse auch in unserer Region auslöste, markierten 1951 die III. Weltfestspiele der Jugend und Studenten in Berlin mit den Auftritten sowjetischer und anderer nationaler Ensembles und auch schon zahlreicher Volkskunstgruppen aus der DDR.

In der UdSSR war die internationale, nationale und regionale volkstümliche Estradenkunst schon seit langem ein Gegenstand engagierter Kultur- und Nationalitätenpolitik. Eine wichtige Besonderheit bestand dort darin, daß bestimmte Genres der russischen, ukrainischen (usw.) Folklore noch vital waren, d.h. in der Alltagskultur der Menschen eine Rolle spielten, während die entsprechenden Gattungen und Kulturformen unter deutschen Verhältnissen größtenteils erst reaktiviert werden mußten. Dies war selbst in Mecklenburg der Fall, wo beispielsweise die „Bunten Tänze“, die bäuerlichen Festtrachten und der größte Teil des Volksliedguts fast nur noch in Form von Aufzeichnungen existierten und in der Lebensweise keiner sozialen Schicht und Klasse praktisch eine Rolle spielten. Die vorhandene Dokumentation ihrerseits war durch bürgerliche Erbevorstellungen geprägt und zudem im reaktionären Sinne mißbraucht worden.

All das focht die Wegsuchenden in jener Zeit wenig an. Pragmatisch und mit großem Eifer wurde das annehmbare Erbe „ausgegraben“, wenn nur der Schutt darüber nicht zu dick und undurchsichtig war. Neues Liedgut, neue Ideen in der Choreographie und neue musikalische Techniken griff man willig auf und vereinte sie mit dem überlieferten Erbe. Vorbereitungen, Proben, Reisen, Aufführungen waren durchweg von angestrengter Arbeit und zugleich von großer eigener Freude erfüllt. Selbst in den größeren Ensembles wie z.B. dem des Zentralen Klubhauses „Kurt Bürger“ der Gewerkschaft Land und Forst (Parchim) oder in dem des Pädagogischen Instituts „Adolf Diesterweg“ (Putbus) nähten und stickten die Mitglieder ihre Trachtenbestandteile selbst.[18] Ebenso stolz wie freimütig berichteten die Leiterinnen in der Zeitschrift „Volkskunst“ darüber, woher sie – in Ermangelung direkter Anleitung – die entsprechenden Vorlagen für die Trachten beschafft hätten: aus dem Museum, von der früheren Besitzerin eines Kunstgewerbehauses (!), aus der heimatkundlichen Fachliteratur (darunter dem Mönchgut-Buch von Fritz Adler, erschienen 1936).

Am beachtlichsten sind im Grunde genommen die Mühen und Erfolge, die es – wenn auch vielleicht nicht massenhaft – dort gab, wo die arbeitenden Menschen bis dahin am meisten von geistig-kultureller Tätigkeit ausgeschlossen waren: im ehemaligen mecklenburgischen Gutsdorf, in den jetzigen Bodenreformdörfern mit werktätigen Einzelbauern und seit 1952 teilweise schon mit Genossenschaftsbauern. In diese Dörfer kamen nicht nur Laienensembles und der „Landfilm“, sondern in einigen von ihnen konnten rührige Klubhausleiter, Lehrer, Neubauern und Hausfrauen, unterstützt von Institutionen wie der VdgB/BHG, der MAS bzw. MTS, LPG und VEG, sogar eigene Dorfensembles ins Leben rufen. Als Beispiele nennen wir Garvensdorf, Kr. Bad Doberan, Alt-Sammit, Kr. Güstrow, und allein aus dem Kreis Demmin Hohenbrünzow, Zemmin und Wolkow. Groß war hier der Einsatz, der oft auch die Herrichtung von Gebäuden und Räumen einschloß, beschwerlich der Transport von Personal und Material, schwer die künstlerische Arbeit und besonders dankbar das jeweilige Dorf, in dem das Ensemble beheimatet war, nebst den Nachbardörfern.[19]

In Thandorf, Kr. Gadebusch, gab es seit 1951 Singegemeinschaften bzw. einen Chor der dortigen landwirtschaftlichen Berufsschule, seit 1952 eine Volksmusikinstrumentengruppe und einen Volkschor im Dorf, die sich mit der 1953 entstandenen Volkstanzgruppe sämtlich zu einem „Volkskunstensemble“ unter der Leitung von Rudolf Klosa vereinigten. 1953 zählte das Ensemble in Thandorf, dessen Mittel- und Kleinbauern inzwischen eine LPG gegründet hatten, 92 Mitglieder, 1954 70 Mitglieder, davon 36 im Chor, 16 in der Instrumentalgruppe und 18 in der Tanzgruppe. Das Repertoire enthielt überlieferte Volkstänze, deutsche und andere Volkslieder sowie zeitgenössisches Musikschaffen. Niederdeutsches Liedgut wurde auch örtlichen aktuellen Bedürfnissen angepaßt, z.B. das Lied von „Burlala“ entsprechend umgetextet, wobei eine Strophe lautete:

Ganz anners äwer as Burlala
denkt uns Parteisekretär.
Vör 'n halv Johr
wull he all mit uns sing'n,
in 'n Chor wier he äwer nich to find'n.
Helpt doch na! seggt he ...
Helpt doch na! seggt Burlala.

Der folgende Vers wurde auf einem Kulturprogramm in der Nachbargemeinde Schlagsdorf gesungen:

As Burlala na Schlagsdörp kem,
dor höll he sick den Buuk.
Kulturarbeit harr'n se gor nich dahn,
Kultur haalt se sick von Thandörp ran.
Lach mi weg, seggt he ...
Lach mi weg, seggt Burlala.[20]

Dieser Typ des Volkskunstensembles war zeitgebunden in mancherlei Hinsicht. Er verkörpert eine kulturelle Perzeptionsweise, die mittelbar zunächst ökonomisch bestimmt ist. Solche Ensembles blühten, seitdem die materiellen Mittel (Raum, Licht, Heizung, Treibstoff, Textilien usw.) in einem Maße wieder zur Verfügung standen, daß man sich selbst helfen konnte, und sie blühten, solange dieses begrenzte Maß zugleich die Notwendigkeit einschloß, sich selbst helfen zu müssen. Als sich ökonomisch neue Möglichkeiten auftaten, die Trägerbetriebe beispielsweise in der Lage waren, jede beliebige Volkstracht vom VEB Theaterkunst in Berlin anfertigen zu lassen, ihrem Ensemble einen Reisebus zu stellen, den Leiter hauptberuflich zu bestallen (usw.), war die große Zeit dieser Gruppen vorbei – in Mecklenburg übrigens etwas später als in manchen anderen Landschaften, was sicherlich mit dem größeren Nachholebedarf zusammenhängt.

Im kulturellen Bereich selbst entwickelten sich mit der Erhöhung des Bildungsgrades und der Wahrnehmung neuer Möglichkeiten andere Perzeptionsweisen, die Massencharakter annahmen: das Lesen, der rezeptive Kunstgenuß, das Radiohören und – in den Dörfern seit Ende der fünfziger Jahre – das Fernsehen. Schon um 1955 war die kulturelle Eigenbetätigung junger Menschen nicht mehr so beschaffen, wie sie (vielleicht schöngefärbt) 1952 bei einem musterhaften Schlosserlehrling, dem jugendlichen Helden des Dramatischen Zirkels Zingst, ausgesehen haben soll: Mo – FDJ-Schuljahr; Di – Dramatischer Zirkel im Betrieb; Mi – Sport in der BSG; Do – Betriebschor; Fr – Selbststudium; Sa – Arbeit in der Dorfgruppe Zingst; So – dasselbe.[21]

Als 1956 Mitarbeiter des Zentralhauses für Volkskunst „auszogen, die Volkskunst zu suchen", kamen sie auch nach Zingst, wo die betagte Heide Guter das Ensemble noch notdürftig zusammenhielt, während sich Gruppen in Prerow, Wieck und Born schon zwei Jahre zuvor aufgelöst hatten. Ähnlich sah es in anderen Städten und Dörfern der Kreise Ribnitz-Damgarten, Stralsund und Rügen aus, u. a. in der MTS Semlow, dem VEG Velgast, der LPG Berglase.[22] Die Bühnen der Klubhäuser dienten jetzt häufiger zu Aufführungen der Konzert- und Gastspieldirektion und weniger häufig als Raum kultureller Selbstbetätigung des Typs der frühen fünfziger Jahre.

Bei den Ensembles selbst gab es einen gewissen Konzentrationsprozeß, der es ermöglichte, künstlerisch anspruchsvollere Programme zu gestalten. In dieser Richtung entwickelten sich die Ensembles der Großbetriebe, z. B. der Warnowwerft Rostock-Warnemünde und der Universität Greifswald. Aus Berufskünstlern bestand das Staatliche Dorfensemble, das seit 1956 in Neetzow, Kreis Anklam, Bezirk Neubrandenburg, seinen Sitz hatte. Unter der Leitung von Rosemarie Lettow-Schulz (Ehm-Schulz) spielte es eine große Rolle als kultureller Faktor im Territorium, ja im Dorf selbst, dessen Entwicklungsprobleme in Kleinprogrammen gezielt zur Sprache kamen.[23] Die Mehrzahl der Auftritte lag außerhalb der Nordbezirke und schließlich außerhalb der DDR. Das Staatliche Dorf-

Teppichknüpferin aus Usedom, um 1960

ensemble wurde in vielen Ländern zum Botschafter des Arbeiter-und-Bauern-Staates mittels niveauvoller Estradenkunst, darunter adaptierter mecklenburg-vorpommerscher Folklore.

Aufschlußreich für den Wandel, der im künstlerischen Laienschaffen während dieser Jahre vor sich ging, ist auch das Beispiel der Freester Teppichknüpfer. Angelernt von Rudolf Stundl, hatten die Fischer dieses Dorfes am Greifswalder Bodden in der Zeit der Weltwirtschaftskrise die Arbeit am Knüpfstuhl erlernt und sich durch Verwendung traditioneller und neuer Ornamentik (Fische, Anker, Möwen u.a.) eine eigene Bildsprache geschaffen. Der aus der Not geborene winterliche Nebenerwerb war nach 1945 aus ökonomischen Gründen nicht mehr notwendig, weil mit dem Fischfang gutes Geld verdient wurde. In einigen Fischerfamilien knüpfte man, sobald die Versorgung mit Wolle wieder in Gang gesetzt war, indessen weiterhin Teppiche, „weil man Freude an ihnen hatte". Schließlich trennten sich die Tätigkeitsbereiche. 1953 wurde die Ein- und Verkaufsgenossenschaft der Knüpfer in eine Produktionsgenossenschaft des Handwerks umgewandelt, die seither mit ständig verbesserten handwerklichen Methoden in erhöhter Stückzahl die zu einer regionaltypischen Tradition gewordenen „Fischerteppiche" herstellt.[24] (Abb.)

Wie schon angedeutet, konnte das hier kurz abgehandelte Laienschaffen auf die Dauer nicht der Hauptweg zur Gestaltung eines kulturvollen Lebens aller Werktätigen sein. Es büßte daher gesetzmäßig seinen Stellenwert ein, ohne überflüssig zu werden. Es handelte sich bei dieser Entwicklung um ein Ergebnis sozialistischer Wirtschafts-, Sozial- und Kulturpolitik. Auf der einen Seite ermöglichten die Erfolge des sozialistischen Aufbaus eine merkliche Steigerung des materiellen Lebensniveaus, was sich kulturell unmittelbar auswirkte – man denke nur an die Fortschritte im Wohnungsneubau, die menschenwürdiges Wohnen schrittweise möglich machten, an die wesentlich verbesserten Voraussetzungen für den individuellen Konsum oder an die Verbesserung der Infrastruktur durch den Omnibus-Linienverkehr. Auf der anderen Seite erforderte der sozialistische Aufbau ein Kulturniveau sozialistischen Inhalts, das nur über zeitgemäße Medien angeeignet werden konnte.

Das Erbe der regionalen Volkskultur in volkskundlicher Forschung und kultureller Aktion (1955–1961)

In diesen Jahren des weiteren Aufbaus der Grundlagen des Sozialismus in der DDR beschleunigte sich die Entwicklung, die den einstigen Rückstand Mecklenburgs bzw. der drei Nordbezirke in ökonomischer und kultureller Hinsicht abbaute und schließlich weitgehend überwand. Das geschah durch eine immer stärkere überregionale Verflechtung bei gleichzeitig verstärkter Nutzung der regionalspezifischen Möglichkeiten, besonders auf ökonomischem Gebiet. Als die hervorragendsten Beispiele seien hier nur genannt der zügige Aufbau einer Handels- und Fischfangflotte im Ostseebezirk und der Sieg der sozialistischen Produktionsverhältnisse in der Landwirtschaft, dem nach wie vor führenden Wirtschaftszweig in allen drei Nordbezirken (1960). Wir kommen auf beide Bereiche in diesem Buch noch ausführlich zurück, wollen aber schon hier festhalten, daß damit die Werftarbeiter, die Beschäftigten der See- und Hafenwirtschaft und die Genossenschaftsbauern nicht nur zahlenmäßig anwuchsen, sondern auch neue Elemente in der Lebensweise entwickelten, die zunehmend gesamtgesellschaftliche Bedeutung und Verbindlichkeit erlangten.

Anders betrachtet, waren diese Jahre zugleich die letzten, in denen die sozialökonomischen Voraussetzungen dafür bestanden, daß wesentliche Elemente nicht-sozialistischer Lebensweise ständig reproduziert werden konnten. Das betraf die einzelbäuerliche Wirtschaft ebenso wie das private Handwerk, eingeschlossen die in diesen Bereichen beschäftigten Lohnarbeitskräfte. Körperliche Schwerarbeit, überbelegte Altbauwohnungen, Kleinstädte und Dörfer ohne zentrale Wasserversorgung, nicht vollausgebaute Dorfschulen, bürgerlich geprägtes kulturelles Interesse bzw. Desinteresse gab es noch massenhaft. Daneben existierten viele Zeugnisse eines älteren historischen Erbes, die in der Lebensweise keine entscheidende Rolle mehr spielten, aber in viel größerer Zahl als heute noch vorhanden waren: Bauernhäuser mit Gerüsten aus dem 16. bis 18. Jahrhundert, landwirtschaftliche und handwerkliche Geräte aus dem 19. Jahrhundert, tradiertes Erzählgut verschiedenster Genres und nicht zuletzt das Erinnerungsvermögen einer alten Generation, das um 1960 noch bis in das späte 19. Jahrhundert zurückreichte.

In den fünfziger Jahren gab es eine ganze Welle von Museumsneugründungen längs der Küste und im Binnenland. Aus örtlichen Initiativen heraus entstanden Heimatmuseen und Heimatstuben, so 1953 in Rerik, Prerow, Kloster/Hiddensee und Bad Sülze, 1954 in Dömitz, 1955 in Wolgast, 1956 in Binz, Göhren/Rügen und Cumlosen Kr. Perleberg, 1957 in Bad Doberan, Gadebusch und Templin, 1958 in Kirchdorf/Poel, Ribnitz-Damgarten und Teterow.[25] Nicht alle, aber die meisten blieben von Bestand, und die schon vorhandenen wurden ausgebaut. Eine rege und gezielte Sammeltätigkeit der meist ehrenamtlichen Leiter und ihrer Helfer verbreiterte die Quellenlage besonders für die Geschichte der materiellen Kultur außerordentlich.

All das begünstigte den Versuch, in der Nachfolge Richard Wossidlos auch die wissenschaftliche Dokumentation der mecklenburgischen Volkskultur fortzusetzen und neue volkskundliche Forschungen aufzunehmen. Die „Quellenlage" allein hätte einen solchen Neuanfang jedoch niemals auf die Tagesordnung gesetzt. Es bedurfte dazu einer ideologisch erneuerten Volkskunde, einer volkskundlichen Wissenschaft mit marxistisch-leninistischem Profil, wie sie sich seit den frühen fünfziger Jahren in der DDR schrittweise entwickelte. Ihr Begründer, der Philologe und Ethnograph Wolfgang Steinitz, hielt von Beginn an Kontakt mit dem Kuratorium der Wossidlo-Stiftung, in deren formaljuristischem Besitz sich der Wossidlo-Nachlaß befand, und bewirkte die Überführung in das Eigentum der höchsten wissenschaftlichen Institution der DDR, der Akademie der Wissenschaften. 1954 wurde die Wossidlo-Forschungsstelle als Bestandteil des Instituts für deutsche Volkskunde der AdW in Rostock gegründet (heute als Wossidlo-Archiv zum Wissenschaftsbereich Kulturgeschichte/Volkskunde im Zentralinstitut für Geschichte der AdW der DDR gehörig). Ihr erster Leiter war Paul Beckmann, ihr zweiter seit 1959 Karl Baumgarten. Ebenfalls in den Verantwortungsbereich der Akademie der Wissenschaften ging das Mecklenburgische Wörterbuch über, dessen Herausgeber, Nationalpreisträger Hermann Teuchert, 1955 die erste Nachkriegslieferung des großen, auf Wossidlos Sammlungen gegründeten Mundartwörterbuchs vorlegen konnte.

Die seit 1955 angelaufenen volkskundlichen Forschungen schöpften aus dem Wossidlo-Archiv und basierten auch auf neuen Quellen. Vor allem jedoch wiesen sie neue Erkenntnisziele, neue Fragestellungen und neue Adressaten auf. Karl Baumgarten legte mit seinen Terrainerhebungen und seinen Forschungen zur Volksarchitektur den Grund für eine Geschichte der materiellen Kultur des mecklenburgischen Dorfes. Reinhard Peesch gelangte bei seinen Untersuchungen der „Fischerkommünen auf Rügen und Hiddensee“ (veröffentlicht 1961) zu gänzlich neuen Einsichten in die schöpferische Gestaltung des Arbeitslebens, wobei er den Übergang von der traditionellen Gemeinschaftsfischerei zur sozialistischen Genossenschaftsfischerei schon mit einbezog. Auf dem Gebiet der geistigen Volkskultur erwies sich das Wossidlo-Archiv als eine einzigartige Quelle für die Forschungsrichtung, die Steinitz initiiert hatte, nämlich die Ermittlung des demokratisch-oppositionellen Gehalts der Volksdichtung. Gisela Schneidewind untersuchte und edierte antifeudale Sagen aus Mecklenburg; Siegfried Neumann analysierte den sozialen Gehalt und die soziale Funktion des mecklenburgischen Volksschwanks aufgrund des Wossidlo-Materials und selbstgesammelten lebendigen Erzählguts. (Abb.)

Volkskundliche Feldforschung in Damshagen, Kreis Grevesmühlen, 1961

Gewährsmann Heinrich Peters, Klockenhagen, Kreis Ribnitz-Damgarten, 1961

Diese und weitere Forschungen machten in jener wissenschaftsgeschichtlichen Etappe die Nordbezirke zur volkskundlich vielleicht am intensivsten bearbeiteten Region in der DDR. Eine Zwischenbilanz konnte 1959 auf einer internationalen Konferenz zum Thema „Antifeudale Volksdichtung in den Ostseeländern“, verbunden mit einer Wossidlo-Ehrung aus Anlaß des 100. Geburtstages des mecklenburgischen Volkskundlers, gezogen werden.[26] Die wissenschaftliche Resonanz der Tagung und der Publikationen zur mecklenburgischen Volkskunde aus dieser Zeit war

In der Dorfbibliothek.
Mecklenburg, vor 1960

im In- und Ausland bedeutsam und belebend für die weitere Forschungsarbeit. Es handelte sich um wissenschaftliche Resonanz, die auch von benachbarten Gesellschaftswissenschaften ausging, in deren Ensemble die junge Volkskunde in der DDR ihren Weg und ihr Profil suchte. Besonders intensiv begannen sich die Beziehungen zur Agrargeschichtsschreibung zu entwickeln.

Dahinter trat die kulturpolitische Wirksamkeit der Forschungen zur mecklenburgischen Volkskunde vorerst zurück. Das hatte verschiedene Gründe. Die einschlägigen Veröffentlichungen waren recht akademisch und erreichten kaum breitere Interessentenkreise. Aber selbst verhältnismäßig populäre Ausgaben wie die 1960 erschienenen „Volkslieder aus Mecklenburg“ lagerten lange in den Buchhandlungen. Denkmalpflegerische Fachberatung, populärwissenschaftliche Vortragstätigkeit, Expertisen für Volkskunstensembles u. a. m. wurden kaum abgefordert. Desto mehr vergrößerte sich der volkskundliche Forschungsvorlauf, was in einer späteren Etappe auch der kulturpolitischen Praxis unmittelbar zugute kommen sollte.

Größerer Beliebtheit erfreuten sich heimatkundliche Darstellungen, die der Rostocker Carl Hinstorff Verlag – ab 1959 VEB Hinstorff Verlag – in durchweg hohen Auflagen herausbrachte, darunter Käthe Miethes Fischland-Buch mit 5 Auflagen zwischen 1949 und 1954, Arnold Gustavs' Hiddensee-Buch mit 7 Auflagen zwischen 1951 und 1958, Wolfgang Rudolphs Rügen-Buch mit 8 Auflagen zwischen 1953 und 1958, Hermann Heinz Willes Usedom-Buch mit 4 Auflagen zwischen 1953 und 1956. Es handelte sich bei diesen im „Heimatbuch“ dargestellten Kleinregionen fast ausschließlich um Erholungslandschaften längs der Küste, woraus sich die Auflagenhöhe erklärt, die ohne den demokratisierten Tourismus niemals erreicht worden wäre. Übrigens spielte in den meisten dieser Bücher, vor allem in denen von Fritz Meyer-Scharffenberg („Die Insel Poel und der Klützer Winkel“, 1957 u. ö.; „Zwischen Strom und Haff“, 1957 u. ö.) die regionale Volkskultur eine angemessene Rolle, ebenso in den „Neuen Mecklenburgischen Monatsheften“, die 1956/1957 in zwei Jahrgängen erschienen.

Die neue niederdeutsche Literatur jener Zeit mühte sich, ihren Platz in den revolutionär veränderten Kulturverhältnissen zu finden. „De Brügg. Eine Sammlung plattdeutscher Dichtung“ (1955) war ein erster und zugleich letzter Versuch, niederdeutsche Schriftsteller aus beiden deutschen Staaten in einer Anthologie zu vereinen. Die im Klappentext beschworene „Einheit des gesamten niederdeutschen Raumes“ gab es angesichts restaurierter imperialistischer Machtverhältnisse in der BRD und des sozialistischen Aufbaus in der DDR nicht mehr. Einige Texte, besonders die Gedichte von Gerda Uhthoff, bezeugen mit ihrem Stolz auf die Errungenschaften des neuen mecklenburgischen Dorfes das ganz neue Anliegen und die ganz neue Weise niederdeutscher Dichtung in der DDR. Zum frühen Chronisten der sozialistischen Genossenschaftsbewegung im mecklenburgischen Dorf wurde Fritz Meyer-Scharffenberg mit seinen „Dörpgeschichten" (1959), denen die verdiente Anerkennung durch ein größeres Lesepublikum jedoch vorerst noch versagt blieb – ganz im Gegensatz zur erweiterten Auflage von 1976! Die kleinräumigere Verbreitung des uckermärkischen Platt mag dafür mitverantwortlich gewesen sein, daß die bedeutende Lyrik von Erna Taege-Röhnisch in ihrem Buch „Wind över de Heid'" (1955) ebenfalls wenig populär wurde. Noch herrschten in bezug auf das Plattdeutsche vielfach Erwartungen vor, wie sie einst Rudolf Tarnow mit seinen versifizierten Schwänken erfüllt hatte und wie sie mit einigem Niveau nunmehr durch das „fröhliche Lese- und Vortragsbuch" – „Dat plattdütsche Lachen" (1959) befriedigt wurden, wobei es sich ausschließlich um Texte nicht mehr lebender Autoren handelte. Der Kreis zeitgenössischer niederdeutscher Schriftsteller in der DDR war klein geworden. Er vergrößerte sich auch nicht durch Zirkel schreibender Arbeiter, die sich stofflich sehr oft der engeren Heimat zuwandten, aber vorerst allein im Hochdeutschen das angemessene sprachliche Medium sahen.

Die Pflege des niederdeutschen literarischen Erbes dagegen machte weitere Fortschritte und erreichte 1960 anläßlich von Fritz Reuters 150. Geburtstag einen Höhepunkt. Auf dem Wege dorthin vermerken wir Werkausgaben von Hans-Joachim Gernentz und Kurt Batt, Übersetzungen ins Hochdeutsche, Dissertationen, die Begründung des Fritz-Reuter-Literaturmuseums in Stavenhagen, die Herausgabe einer Festschrift und – Reuter in einem neuen Medium – die Gestaltung von „Kein Hüsung" als Film. Das Szenarium schuf Ehm Welk, das Drehbuch wurde später verändert, und der Film selbst (uraufgeführt 1953) enthielt nicht mehr die vom Szenaristen vorgenommene Einbettung in das revolutionär veränderte Dorf der Gegenwart. Welk selbst kam von dieser Idee nicht mehr los und erzählte schließlich „Die Geschichte einer armen Liebe" (1960) ganz neu.

Die gültige und massenwirksame künstlerische Gestaltung von Menschenschicksalen im Guts- und Bodenreformdorf erfolgte jedoch nicht durch eine Reuter-Adaption, sondern durch ein neu geschaffenes Filmwerk: „Schlösser und Katen" (1957), nach dem Drehbuch von Kuba. Eine Chronik der antifaschistisch-demokratischen Umwälzung in Mecklenburg schuf Willi Bredel mit seiner Romantrilogie „Ein neues Kapitel" (1959ff.). Bis an den Vorabend des Sieges sozialistischer Produktionsverhältnisse im mecklenburgischen Dorf führte Erich Köhler sein „Marnitzer Tagebuch" (1960) heran. In der Erzählung „Kabelkran und blauer Peter" (1961) von Franz Fühmann ist dann erstmals ein sozialistischer Großbetrieb, die Warnowwerft, Schauplatz der Handlung.

Zu einem der meistgelesenen Bücher wurde Heinrich Alexander Stolls Schliemann-Roman „Der Traum von Troja" (1956). Held und Autor, beide Mecklenburger, zeigen sich von Heimatliebe bewegt. Die antifeudalen Ankershäger Lokalsagen werden nacherzählt, und Heinrich Schliemann denkt in der Todesstunde: „Is all man'n Öwergang, säd de Voß, dunn treckten s' em dat Fell öwer de Uhren."

Ein Durchbruch bei dem Bemühen, das progressive regionale Erbe für die sozialistische Bewußtseinsbildung fruchtbar zu machen, gelang dem Dichter Kuba mit seiner dramatischen Ballade „Klaus Störtebeker", uraufgeführt zu den Rügenfestspielen 1959 in der dramaturgischen Einrichtung und unter der Regie von Hanns Anselm Perten.[27] Ausgehend von geschichtlichen Ereignissen des 14. Jahrhunderts und von der niederdeutschen Volksüberlieferung um Störtebeker und die Likedeeler, hat Kuba das Leid und die Kraft des Volkes gestaltet, hat er in einem kühnen Wurf plebejisch-rebellische Traditionen des Mittelalters mit den revolutionären Aufgaben der Gegenwart und der Zukunft verbunden.

Störtebeker, Störtebeker,
reise ut Quartier.
Likedeeler, Likedeeler,
das seid heute ihr.

Die niederdeutsche Volksdichtung spielt eine Schlüsselrolle in diesem Werk. Sie gibt ihm Volkstümlichkeit und Volksverbundenheit. Verwertung, Umformung, Zitat sind wohlbedacht und wirksam eingesetzt. Das niederdeutsche historische Lied „Störtebeker un Gödtke Micheel / dat weeren twee Röwer to gliecken Deel" wird wegen seiner Aussage im Sinne der Herrschenden nicht adaptiert. An seine Stelle treten moritatenartige Lieder des blinden Sängers in archaisierender Sprache und Vertonung (Musik: Günter Kochan). Zwei Strophen aus der I. und der VI. Episode lauten:

Item –
unweit dieser strahlenden Gestade
schlug ein junger Knecht
in großer Seelennot
einen Herrn zu Ruschwitz
ohne Reu und Gnade
und den Vogt dazu
mit einem Steinkrug tot.

Nicht durch Schwert,
nur durch Verräter ward bezwungen
Clawes Störtebeker
und zum Block geschleift. –
Doch ein tapfres halb Jahrzehnt
war ihm gelungen,
was ein halb Jahrhundert braucht,
bevor es reift.

Rügisches vogelfreies Volk singt plattdeutsch „Und komt en Koopmansvar/van Ost und West" mit dem eingefügten Kernspruch in altertümlicher Lautform „Den leven Got to Frunde/und aller werlt Viant" (IV/3). In dieselbe Szene ist ein seemännisches Arbeitslied, gesungen beim Ziehen – hier beim Verholen von Störtebekers Kogge –, eingearbeitet. Gerufen werden die Namen der Hansestädte des wendischen Quartiers, gezogen wird auf „Hol fast!" Ein anderer Chor der Vogelfreien ist hochdeutsch gereimt und bringt inmitten der Aufzählung feiner Beute mit den zwei plattdeutschen Zeilen „Dat wier alleen / för de Fru Senatern gedacht" ästhetisch gelungen die spezifisch plebejische Note ins Spiel. Der Chor, teilweise wiederholt im Epilog, endet mit der Feststellung und Verheißung, es gäbe „für alle lütten Leute / like deel" (IV/6).

Bemerkenswerterweise beläßt Kuba die von ihm eingesetzten Elemente der Volkskultur beim Volk der Handlung, enthält sie konsequenterweise den Herrschenden vor, selbst das Niederdeutsche, das diese ja in der historischen Realität ebenfalls sprachen. Meister Hosang, Mitglied der Stralsundischen Bürgeropposition gegen den patrizischen Rat, grüßt mit Worten in Mittelniederdeutsch: „Denst und stede vruntschop", sein schwankender Verbündeter im Rat greift die Formel abwehrend hochdeutsch auf: „Böser Dienst und schlimme Freundschaft..." (I/4). Mehr als solche Feinheiten zählt die grundsätzliche Bewertung der Likedeeler nach den Maßstäben der Volksüberlieferung und die künstlerische Transformation im ganzen.

Nicht unwesentlich ist auch die künstlerische Freiheit des Autors, mit der er die Hauptschauplätze des Geschehens gemäß der ostniederdeutschen Volksüberlieferung und durch eigene Zutat festgelegt hat: Ruschwitz und Ralswiek auf Rügen, Stralsund, Rostock (neben Lindholm, Marienhave, Hamburg). Diese Lokalisierung im Norden der DDR erwies sich als äußerst wichtig für die Identifikation der Zuschauer mit dem Geschehen, für ihr emotionales Beteiligtsein und auch für das Engagement der Mitwirkenden. 1959–1961 sahen über 400000 Zuschauer die dramatische Ballade „Klaus Störtebeker" auf der Ralswieker Freilichtbühne.

Die Verbindung von szenischem Massenspiel und Künstlertheater war und ist, wie auch die Wiederaufführung 1980/81 gezeigt hat, außerordentlich publikumswirksam. Sie bietet und nutzt aber vor allem die Möglichkeit, eine große Zahl von Laienmitwirkenden in das Spiel einzubeziehen. 1959–1961 und 1980–1981 wirkten bei jeder Aufführung jeweils etwa 350 Rüganer als Laiendarsteller mit. Das Beteiligtsein bewegte die Gemüter in vielen Orten auf der ganzen Insel. Rostocker Volkskundler, die 1959 auf Ummanz Terrainforschungen zur überlieferten Volkskultur durchführten, konnten feststellen, daß die Resonanz des großen Spiels bei der Inselbevölkerung alles andere übertönte. Die erste Mitteilung an uns war: „Uns' Norbert spält mit bi ‚Störtebeker' in Ralswiek, he geiht mit unsen Äsel, hebben Se em seihn?"[28] Es gab viele, besonders junge Menschen, die sich Nacht für Nacht um die Ohren schlugen, um dabeizusein.

Wir haben Kubas „Klaus Störtebeker" hier deshalb so ausführlich behandelt, weil dieses kulturelle und kulturpolitische Großereignis 1959–1961 eine Ausnahmeerscheinung darstellte, die der weiteren Entwicklung in mancher Hinsicht vorausgeeilt war. Dies betrifft die Stellung zum Erbe der regionalen Volkskultur, die ideologische Reife seiner Aneignung und die Massenwirksamkeit der künstlerischen Transformation. Insgesamt hatte in jenen Jahren das Erbe der regionalen Volkskultur noch keinen gesicherten Platz in der Traditionspflege und im Traditionsverhalten. Auf der kulturpolitischen Tagesordnung stand vielmehr die Pflege der Traditionen der nationalen und internationalen revolutionären Arbeiterbewegung, die im Volkskunstschaffen der fünfziger Jahre keine zentrale Rolle gespielt hatte und die nunmehr vor allem durch die seit 1959 stattfindenden Arbeiterfestspiele aktiviert wurde. Erst nachdem dieses Kernstück des eigenen sozialistischen Erbes der Arbeiterklasse in der kulturellen Massenarbeit fest verankert war, konnte auf breiter Basis das ganze Erbe, darunter das der regionalen Volkskultur, neu bewertet und für die erweiterten Ansprüche an ein kulturvolles Leben mobilisiert werden.

Als 1980 anläßlich der Arbeiterfestspiele die erste Wiederaufführung des „Klaus Störtebeker" stattfand, hatte sich in rund zwanzig Jahren viel bewegt bei dem Bemühen um die Aneignung des eigenen, sozialistischen und des gesamten Erbes. In den Nordbezirken waren Traditionsstätten der Arbeiterbewegung und der sozialistischen Landwirtschaft entstanden. Ein profiliertes Museumswesen vermittelte sozialistisches Geschichtsbewußtsein aufgrund von Exponaten, die jetzt auch die jüngste, sozialistische Epoche der regionalen Geschichte nacherlebbar machten (darunter das Traditionsschiff vom Typ „Frieden", seit den Arbeiterfestspielen 1970). Freilichtmuseen wurden gegründet und ausgebaut, so im Bezirk Neubrandenburg Alt Schwerin (Abb. S. 90f.), im Bezirk Rostock Klockenhagen und im Bezirk Schwerin Mueß bei Schwerin (Abb. S. 267) und Wittenburg (Abb. S. 95). Eine Vielzahl von Laienensembles entstand neu, darunter erstmals eine Anzahl von kleineren Folkloregruppen, die vor allem niederdeutsches Liedgut pflegen. Die Leserschaft plattdeutscher Bücher stieg – im Spiegel der Titelzahlen und der Auflagenhöhen – bedeutend. Einen Anteil daran haben auch Editionen von Genres der Volksdichtung (Märchen, Volkslied, Sprichwort u. a.). Mit anderen Worten: Die Wiederaufführung von Kubas dramatischer Ballade – immer noch der kulturelle Höhepunkt – war 1980 eingefügt in eine bedeutend vertiefte und verbreiterte Aneignung des Erbes der regionalen Volkskultur.

Gewandelt aber hatten sich vor allem die Menschen – ob sie in Ralswiek Zuschauer waren oder nicht. Auf dem Weg zur entwikkelten sozialistischen Gesellschaft und bei der weiteren Gestaltung dieser Gesellschaft waren Merkmale einer Lebensweise und Kultur entstanden, die sich um 1960 eben erst keimhaft bemerkbar machten. Um wenigstens einige zu nennen, können wir beim Beispiel der Ralswiek-Zuschauer verblei-

Ralswiek 1960

ben. Der Zeitfonds hatte sich für die meisten Menschen vergrößert: für die Arbeiter und Angestellten durch den seit 1967 arbeitsfreien Sonnabend, für die Bauern ebenfalls durch kürzere Arbeitszeit, seitdem sie genossenschaftlich erfolgreich produzierten. Die Mobilität war größer geworden: typisch jetzt die Anreise mit dem individuellen Fahrzeug (auch von Laiendarstellern!). Die Camping-Urlauber – seinerzeit noch selten – stellten ein starkes Zuschauerkontingent. Die Vollkomfortwohnung daheim hätte übrigens jedem Gelegenheit geboten, die dramatische Ballade von Klaus Störtebeker am Bildschirm zu erleben, was aber 1980 offenbar nicht mehr so allseitig wahrgenommen wurde wie 1960 in der Frühzeit des „totalen Fernsehens" breitester Bevölkerungskreise. Das unmittelbare Miterleben war noch attraktiver geworden.

In anderen Genres zeigt sich, daß neben dem entwickelten rezeptiven Kunstverhalten, dessen persönlichkeitsbildender Wert hoch zu veranschlagen ist, auch das produktive Selbstgestalten – auf höherer Ebene als in der Volkskunstbewegung der fünfziger Jahre – in der Lebensweise vieler Menschen Raum gewinnt. Welche regionalspezifischen Eigenarten sich dabei ausprägen werden, welche Rolle die überlieferte Volkskultur und neu geschaffene kulturelle Traditionen des Territoriums dabei spielen werden, wird die Zukunft lehren.

Anmerkungen

1 Zum folgenden vgl. auch: Geschichte der Landesparteiorganisation der SED Mecklenburg, 1945–1952, Rostock 1986.
2 Nach der Volkszählung 1950, Statistisches Jahrbuch der DDR 2 (1956) S. 36.
3 Quellen: Pfarrarchiv Lichtenhagen; Rat der Stadt Rostock, Urkundenstelle.
4 Boje Schmuhl, Zur Lebensweise und Kultur in der Trümmerstadt Neubrandenburg 1945–1952, Dipl.-Arbeit Ethnographie, Berlin 1983, S. 22f.
5 Johannes Kornow, Zur führenden Rolle der Arbeiterklasse und ihrer Partei bei der Entwicklung der Organe der Volksmacht in Mecklenburg 1945–1952. in: Greifswald-Stralsunder Jahrbuch 11 (1977), S. 188f.
6 Heimatmuseum Goldberg, Akten, Nr. 1453.
7 Dokumente zur Kulturpolitik in Mecklenburg nach der Befreiung vom Faschismus, Schwerin 1972; Walter Kortyka, Die geistig-kulturelle Umwälzung... in Mecklenburg (1945–1949), Diss., Greifswald 1978.
8 Walter Fröhlich, Die Demokratisierung des mecklenburgischen Grundschulwesens vom Juni 1945 bis ... 1948, Diss., Greifswald 1963.
9 Wossidlo-Archiv, mdl. aus Domsühl, Kr. Parchim, 1963; Blankenhagen, Kr. Ribnitz-Damgarten, 1982.
10 Wossidlo-Archiv, Bildkartei Geräte.
11 Ulrich Bentzien, Etappen der Mundartpflege in Mecklenburg, Jahrbuch für Volkskunde und Kulturgeschichte 23 (1980), S. 152–157.
12 Heute und Morgen 1948, Heft 1, 3. Umschlagseite.
13 Chronik zur Geschichte der Gewerkschaftsbewegung im Lande Mecklenburg, Bd. 1–3, Schwerin 1979.
14 Karin Labahn, Die Herausbildung der Zweiggruppe der Arbeiterklasse in den Ostseewerften... 1945–1952, Diss., Rostock 1978.
15 Die Reuterstadt Stavenhagen ... 1264–1964, Stavenhagen 1964, S. 113f.
16 Elke Engelmann, Der Anteil der „Plattdütsch Späldäl to Stralsund" an der Entwicklung der niederdeutschen Dramatik, Dipl.-Arbeit, Rostock 1975.
17 Volkskunst 1 (1952), Heft 3/4, S. 27; 3 (1954), Heft 3, S. 17.
18 Volkskunst 4 (1955), Heft 7, S. 25; 5 (1956), Heft 11, S. 32.
19 Dokumente zur Kulturpolitik (wie Anm. 7), S. 106f.
20 Volkskunst 3 (1954), Heft 2, S. 5–6; Heft 3, S. 4f.
21 Volkskunst 1 (1952), Heft 5, S. 32.
22 Volkskunst 5 (1956), Heft 6, S. 33f.
23 Volkskunst 5 (1956), Heft 5, S. 3–6.
24 Rudolf Stundl, Fischerteppiche, Neue meckl. Monatshefte 2 (1957), S. 104–109; Volkskunst 4 (1955), Heft 2, S. 26f.
25 Handbuch der Museen ... in der DDR, Halle/Saale 1963, S. 35–81.
26 Deutsches Jahrbuch für Volkskunde 5 (1959) Teil I; 6 (1960), S. 423ff.
27 Störtebeker in Ralswiek, hrsg. von Heinz Gundlach, Rostock 1984.
28 Wossidlo-Archiv, Bestand Expedition Ummanz.

ARBEIT UND LEBENSWEISE NACH BERUFSGRUPPEN

VON
ULRICH BENTZIEN
SIEGFRIED NEUMANN
MARTIN HEYNE
WOLFGANG RUDOLPH
WOLFGANG STEUSLOFF

ZWEITER TEIL

Bauern

von Ulrich Bentzien

Die mecklenburgischen Dörfer waren jahrhundertelang Bauerndörfer, bevor sich viele von ihnen in Gutsdörfer verwandelten.[1] Das 18. Jahrhundert bildete dabei eine Übergangszeit. In seiner ersten Hälfte bestimmte noch die Bauernwirtschaft den Charakter des platten Landes und der materiellen Kultur des Dorfes, war Mecklenburg ein Bauernland; in seiner zweiten Hälfte beschleunigte sich der folgenreiche Übergang zur feudalen Gutswirtschaft, entwickelte sich Mecklenburg immer mehr in Richtung auf jenen Zustand, der um die Mitte des 19. Jahrhunderts seinen Charakter bestimmte: ein Junkerland, in dem die Bauern weniger als die Hälfte der landwirtschaftlichen Nutzfläche bewirtschafteten. Diese Entwicklung trennte Mecklenburg von der in den meisten Nachbarregionen außer Vorpommern, wo sich die gleiche Tendenz durchsetzte. Das Schicksal der „gelegten" Bauern wird uns im nächsten Kapitel beschäftigen. Zuvor geht es um jene, die Bauern blieben.

Traditionen – Bestand, Verlust, Wandel

Bäuerliche Arbeit und Lebensweise waren im 18. Jahrhundert in hohem Maße von Traditionen geprägt, die sich im Mittelalter herausgebildet und bis zum 16./17. Jahrhundert weiterentwickelt hatten. Das betraf so wichtige Erscheinungen wie die Gemeinweide und die Gemenglage der Felder, die Verwendung des Beetpfluges und der Getreidesense, überhaupt den gesamten Gerätebestand und die Viehschläge, den Haustyp – das niederdeutsche Hallenhaus –, die Gehöftsanlage und die Dorfformen, aber auch die Besitzgrößenstruktur. Es überwogen traditionell die vollbäuerlichen Stellen, deren Zahl in den kleinen bis mittelgroßen mecklenburgischen Dörfern im Durchschnitt etwa 6 bis 8 (bei etwa 2 Kossatenstellen) betrug. Ferner erhielten sich Faktoren der Lebensweise wie die Anerbensitte, die Mehrgenerationenfamilie, die Tischgemeinschaft von Bauer und Gesinde, Nahrungsgewohnheiten und anderes mehr. Das bewahrte Erbe war durchaus zwiespältig, denn dazu gehörten auch unterentwickelte Arbeitsteilung, Analphabetismus, Hexenglaube.

Ebenso aufschlußreich ist die Bilanz des Erbeverlustes. Aus der bäuerlichen Lebensweise verschwanden nicht nur manche Züge mittelalterlicher Rückständigkeit – etwa in der Wohnweise –, sondern auch bestimmte positive Seiten mittelalterlichen Bauernlebens. Im 18. Jahrhundert erloschen in Mecklenburg Elemente bäuerlicher Lebensweise, die auf den Traditionen dorfgenossenschaftlicher und persönlicher Freiheit beruhten. Eine Dorfgemeinde mit Selbstverwaltungsfunktion gab es schon seit langem nicht mehr. Die bäuerlichen Gilden, die im 17. Jahrhundert hier und da noch vorhanden gewesen waren[2] und Allmendeangelegenheiten des Dorfes geregelt hatten, gingen unter obrigkeitlichem Druck ein. Fast alle Bauern hatten ihr günstiges Erbzinsrecht eingebüßt und waren zu frondienstverpflichteten, leibeigenen Zeitpächtern abgesunken. Entsprechend verfiel das bäuerliche Selbstbewußtsein, das einst auch in Mecklenburg beachtliche Zeichen gesetzt hatte: Von der Zeremonie des „Weinkaufs", mit der bäuerlicher Grundstücksverkehr noch bis ins 17. Jahrhundert vereinzelt feierlich bestätigt wurde,[3] findet sich kaum noch eine Spur. Es erlosch auch die bäuerliche Sitte, für die Kirche oder für das neuerbaute Haus des Verwandten oder Nachbarn eine gemalte Fensterscheibe mit dem eigenen „Wappen" und Namen zu stiften. Einige solcher Fensterbierscheiben sind erhalten (Abb.). Von einer selbstbewußten bäuerlichen Einstellung künden auch für die Kirche gestiftete Kleingeräte, vor allem Zinnleuchter. Diese Stiftungen hatten ihren Höhepunkt um 1700; aus der zweiten Hälfte des 18. Jahrhunderts gibt es nur noch wenige Beispiele. Die bäuerliche Sitte, Hausmarken zu führen und damit Haus, Gerät und Vieh – auf der Insel Poel auch Schriftstücke – rechtskräftig zu zeichnen, wurde vereinzelt bewahrt (vgl. Abb. S. 23).

Wer um 1750 mecklenburgische Bauerndörfer bereiste, dem bot sich vielerorts ein Bild des Verfalls dar. So haben es kritische Beobachter gesehen, unter ihnen der herzogliche Kammerdirektor Wachenhusen, der die Zustände seiner Heimat mit hannoverschen und sächsischen Dörfern vergleichen konnte: Hier halte der Bauer „seine Gebäude in tüchtigen und netten Stande" – dagegen „ein mecklenburgscher Leibeigener läßt alles mit größter Gleichgültigkeit einstürzen und niederfallen".[4] Andere zeitgenössische Publizisten bezeichneten den mecklenburgischen Bauern als unsauber, verkommen, faul, apathisch, niedergeschlagen, kopflos, stumpfsinnig, roh, innerlich verelendet, falsch, tückisch, als „entmenscht durch so unmenschliche Herrschaft", wie Johann Heinrich Voß, die Wirkung auf die Ursache zurückführend, es brillant ausgedrückt hat.[5]

Dabei war es nicht die Leibeigenschaft schlechthin, die den Bauern in jeder Hinsicht am stärksten einengte. Bäuerliche Arbeit und Wirtschaft wurden vielmehr durch den Frondienst am meisten beeinträchtigt. Mecklenburg gehörte mit Holstein und Vorpommern zu den Ländern, in denen die Bauern am ausgedehntesten und am härtesten durch Frondienste belastet waren.

Fensterscheibe als bäuerliche Stiftung. Kirch Mummendorf, Kreis Grevesmühlen

Bedingt durch das Bauernlegen, hatte eine verminderte Zahl von Bauern vermehrten Dienst zu leisten. Alle Erleichterungen, darunter die einst gewährte Frönerkost und die Dienstbefreiung anläßlich einer Hochzeit, Kindtaufe usw., waren fortgefallen. Der Dienst war jetzt täglich – außer am Sonntag – zu leisten, und zwar als Spanndienst mit vier Pferden und zwei Personen oder als kombinierter Spann- und Handdienst mit zwei Ochsen und einer Person und einer weiteren Person; in der Ernte mußten Spanndienst und erweiterter Handdienst (mit regional bis zu vier Personen) geleistet werden. Die Dienstzeit ging zwischen Mariä Verkündigung (25. 3.) und Martini (10. 11.) von 7 Uhr bis 19 Uhr, von Martini bis Mariä Verkündigung von 8 Uhr bis zur Abenddämmerung und in der Ernte von 6 Uhr bis zum Dunkelwerden und darüber hinaus, „so lange es die Umstände erfordern". Die Hofdienstordnung von 1753 befahl weiterhin, daß „allemahl tüchtige und der Arbeit gewachsene Leute" sowie solide Gerätschaften zu stellen seien. Peinlich genau wurde z. B. festgelegt, wie stark die Wagen, wie lang die Eggenbalken und wie breit ein Schwad beim Mähen sein sollten.[6] Im Interesse der Frondiensteffektivität wurde alles und jedes reglementiert, bäuerlicher Eigeninitiative kein Freiraum gelassen.

Reglement und Kontrolle richteten sich auf alle Bereiche feudalherrlichen Eigentums in bäuerlicher Hand (Acker, Haus und Hof), am schärfsten jedoch auf das Inventar oder die *Hofwehr*, mit der jeder bäuerliche „Hof" „bewehrt" war, um die Rentenleistung zu garantieren. Die Anzahl des Viehs und des Geräts wurde in Listen festgeschrieben und bei jedem Wechsel des „Hauswirths" – so hieß der Bauer in der mecklenburgischen Behördensprache – auf Vollständigkeit überprüft. Auf einer Vollbauernstelle mußten – ämterweise verschieden – gehalten werden: 6–8 Pferde, 2–4 Fohlen, 4–6 Zugochsen, 4–6 Jungtiere, 3–4 Milchkühe, 3–4 Starken, 3–4 Kälber, 4–6 Schafe, 1–2 Zuchtsauen, 3 Schweine bzw. Pölke, 6 alte Gänse, etwa 20 Hühner; ferner 3–4 Wagen, 1 Pflug, 2–3 Haken, 2–4 Eggen und anderes „Bau- und Hausgeräth".

Demzufolge gleichen sich innerhalb eines Dorfes, zumeist auch innerhalb eines Amtes und manchmal innerhalb des ganzen Landes die Inventarlisten von Bauernstellen weitgehend. Die Gleichheit, die wir tatsächlich immer wieder feststellen, war also zunächst eine Folge des Reglements. Sie hätte sich bis zu einem gewissen Grade auch unreglementiert entwickelt als Folge der amtlich egalisierten Betriebsgrößen und der vereinheitlichten Frondienstverpflichtungen. Auf keinen Fall aber ist die Gleichheit als ein Ergebnis bäuerlicher Denkweise zu werten, die allein der Üblichkeit gefolgt wäre und individuellen wirtschaftlichen Dispositionen keinen Raum gegeben hätte. Die für mecklenburgische spätfeudale Bauernwirtschaften so typische Egalität war erzwungen, nicht gewollt, und sie wurde in vielen Fällen zu überwinden versucht. Wir können dies beobachten aufgrund der in den Inventarlisten vermerkten „Defekte" einerseits und der seit der zweiten Hälfte des 18. Jahrhunderts ziemlich regelmäßig erfaßten „Überwehr" (auch „Superinventarium" oder „Allodium" genannt). Die Überwehr war bäuerliches Privateigentum, soweit sie bei Inventaraufnahmen nicht zur Kompensierung von Defekten in die herrschaftliche Hofwehr „transferiert" wurde.

Eine genauere Überprüfung soll anhand eines zentralen Bereichs bäuerlicher Wirtschaftsführung erfolgen, nämlich der Zugviehhaltung, die wegen ihrer Bedeutung für den Spanndienst zugleich das besondere Interesse der feudalen Bürokratie beanspruchte.

Die Grundlage für die folgende Berechnung bilden zunächst 297 Inventarverzeichnisse aus der Zeit zwischen 1701 und 1750 und 644 Inventarverzeichnisse aus der Zeit zwischen 1751 und 1790 von vollbäuerlichen Gehöften der mecklenburg-schwerinschen Domanialämter und des Rostocker Distrikts.[7] Danach betrug der Gesamtdurchschnitt pro Vollbauernstelle vor 1750 7,2 Pferde und 3,0 Ochsen, ab 1751 6,9 Pferde und 2,9 Ochsen. Diesen Durchschnittswerten entsprachen in der Realität 4, 6, 8, 10, 12 (usw.) Pferde, am häufigsten 8, und 0, 2, 4, 6 Ochsen, am häufigsten 2 und 4. Die Durchschnittswerte bei den kleinen Bauern oder Kossaten, ermittelt auf der Grundlage von 20 bzw. 33 Inventarverzeichnissen, lagen vor 1750 bei 2,2 Pferden und 1,4 Ochsen, ab 1751 bei 1,9 Pferden und 1,5 Ochsen, d.h. real bei 0, 2, 4 Pferden und 0, 2, 4 Ochsen, wobei die Konzentration auf jeweils die eine oder die andere Zugtierart charakteristisch war. Festzuhalten ist als Zwischenergebnis, daß die landesübliche Zugviehrelation der ersten Jahrhunderthälfte während der zweiten Jahrhunderthälfte stabil blieb: Sie betrug in beiden Zeitabschnitten bei den Vollbauern jeweils 70% Pferde und 30% Ochsen, bei den Kossaten mit leichter Wandlungstendenz zunächst 61% Pferde und 39% Ochsen, ab 1751 55% Pferde und 45% Ochsen. Hinsichtlich der absoluten Zugviehzahlen läßt sich bei den Vollbauern ein geringfügiger Rückgang von 7,2 auf 6,9 (Pferde) bzw. 3,0 auf 2,9 (Ochsen) beobachten, der mit den ersten Frondienstablösungen in Zusammenhang gebracht werden muß, weil er sich vor allem in den Ämtern Dömitz, Lübtheen, Hagenow und Gadebusch ausgeprägt zeigt, in denen die Bauern verhältnismäßig früh „auf Dienst-

„Im Kuhstall", Ölbild von Dietrich Findorff, 1762

geld" gesetzt wurden. Hier sank die durchschnittliche Pferdezahl pro Stelle um etwa zwei Häupter, die Zahl der Ochsen pro Stelle sank auf die Hälfte herab. Der prozentuale Anteil der Ochsen verminderte sich insgesamt.

Bedeutsam für die Einschätzung des bäuerlichen Verhaltens ist die Frage, wieviel Zugvieh vorgeschriebenermaßen gehalten wurde und wieviel kraft eigener Disposition zusätzlich vorhanden war oder auch fehlte. In den Ämtern Gadebusch und Grevesmühlen trennten die Beamten bei Inventaraufnahmen schon im 18. Jahrhundert das zur „Hofwehr" und das zur „Überwehr" zählende Vieh, eine Praxis, die uns weitgehend gesicherte Antworten ermöglicht.

Im Amt Gadebusch wurden zwischen 1751 und 1790 bei 41 Inventaraufnahmen auf 23 Vollbauernstellen in 23 Dörfern insgesamt 404 Pferde erfaßt, davon 276 oder 68% zur herrschaftlichen Hofwehr gehörige und 128 oder 32% zur bäuerlichen „Überwehr" zählende. Ein Drittel der Pferde wurde somit von den Bauern nicht aufgrund amtlicher Administration, sondern aus freien Stücken gehalten, wahrscheinlich für den Fuhrbetrieb oder auch zum Zweck des Verkaufs. Anders bei den Ochsen, deren Zahl zwischen 1751 und 1790 fast nirgendwo die amtlich festgelegte Größenordnung übersteigt, sie teilweise nicht einmal erreicht.

Weniger erfolgreich waren die Bemühungen der Bauern, die feudale Administration zu umgehen und selbständig zu disponieren, bei der Nutzviehhaltung, die durch den Zwang zur übergroßen Zugtierhaltung sehr eingeengt war, und beim Kulturpflanzenanbau außerhalb der traditionellen Getreidearten Roggen, Gerste und Hafer. Der Weizenanteil blieb weiterhin sehr gering, die Kartoffel wurde noch kaum feldmäßig angebaut. In der Nähe der Seestädte spezialisierten sich die Bauern einiger Dörfer auf den Obstanbau. Äpfel aus dem „Häger Ort" zwischen Rostock und

Doberan wurden zu einer gefragten Handelsware und gelangten – nach Aussage des Schiffers Pött in Brinckmans „Kasper-Ohm un ick“ – bis auf die Tafel des russischen Zaren. Dagegen verfiel der bäuerliche Hopfenanbau, ein einst blühender Zweig des Kulturpflanzenanbaus in Mecklenburg, immer mehr.

Vom „Hauswirt“ zum „Erbpächter“

Als während der neunziger Jahre des 18. Jahrhunderts die Frondienste weitgehend abgeschafft wurden, eröffneten sich den mecklenburgischen Bauern günstigere Möglichkeiten der Betriebsführung, der Erhöhung des Lebensstandards und der kulturellen Entfaltung. Die weiteren Etappen der Agrarreform – die Aufhebung der Leibeigenschaft 1820/21, die Separation der Feldmarken und schließlich die sogenannte Vererbpachtung – beförderten diesen Prozeß, an dessen Ende um 1870 aus dem von Feudallasten noch nicht freien „Hauswirt“ der kapitalistisch wirtschaftende „Erbpächter“ wurde. Drei Typen des Weges und des Resultats zeichnen sich dabei in Mecklenburg ab.

Im Ergebnis des ersten, am seltensten beschrittenen Weges erstand aus dem Wechselspiel von Beharrung und Fortschreiten der Typ des ratzeburgischen Bauern. Kaum belastet durch Frondienste und frei von Leibeigenschaft, brauchte der Bauer im Lande Ratzeburg am wenigsten abzuschütteln, um die feudale Vergangenheit hinter sich zu lassen. Im Gegenteil: Er bewahrte Traditionen bäuerlicher Kultur und Lebensweise, die er im Feudalismus angenommen hatte, auf einer langen Wegstrecke bis in den Kapitalismus hinein, darunter selbstbewußte Formen des Gemeinschaftsbrauchtums (bäuerliche Reiterspiele), die Bautradition des niederdeutschen Hallenhauses in repräsentativer Weiterentwicklung (Werderhaus; Abb. S. 265) wie auch die aufwendige Festtracht (Abb. S. 310, 312f., 315). Nicht minder stark entwickelten und verstärkten sich Elemente agrarkapitalistischen Wirtschaftens und bürgerlicher Kultur, wie schon ein Blick in die Aussteuerverzeichnisse der Bauerntöchter erkennen läßt. Die Tauschfreite, *Tuuschfri*, bei der zwei Gehöftserben jeweils die Schwester des anderen heirateten, wodurch der Besitz beieinander blieb, war nirgendwo in Mecklenburg so häufig wie hier.[8] Die etwa 200 ratzeburgischen Bauern verkörperten den wirtschaftlich erfolgreichen, kulturell traditionsverhafteten Typ nordwestdeutscher Bauern, wie er unter grundherrschaftlichen Agrarverhältnissen beispielsweise in Westfalen und längs der Nordseeküste verbreitet war.

Das krasse Gegenteil stand am Ende des Weges, den die nicht gelegten „ritterschaftlichen“ Bauern – etwa noch 1000 an der Zahl – gingen. Abgedrängt auf die unfruchtbareren und verkehrsungünstiger gelegenen Bereiche der jeweiligen Gutsfeldmark, unsicher gemacht und gedemütigt seit Generationen, mühten sie sich, gegen die kapitalistische Junkerwirtschaft anzukonkurrieren und waren jedenfalls ohne Ambitionen, der eigenen Vergangenheit bewahrenswerte Züge abzugewinnen (vgl. auch Abb. S. 53 unten).

Die Mehrzahl der etwa 5000 Bauern, deren Hufen herzogliches, städtisches oder

Silberne Hemdspangen Ratzeburger Bäuerinnen, 1815 und ohne Jahr

landesklösterliches Eigentum waren, geriet auf einen Mittelweg bzw. wurde auf ihn gedrängt. Es kam auch hier zu Umlegungen, zu Landabtretungen und finanziellen Verlusten der Bauern bei der Ablösung der Feudallasten, demzufolge zu mancherlei Besitzwechsel. Doch wuchs die Mehrzahl der feudalabhängigen Bauern in die kapitalistische Zeit und den kapitalistischen Status hinüber. Dies geschah unglaublich langsam und vielleicht nirgendwo so unvollkommen wie in Mecklenburg, wo der mit der Abzahlung des „Kanons" belastete „Erbpächter" bis 1918 den Status eines großbäuerlichen Agrarkapitalisten nicht vollständig erreichte – weder objektiv noch subjektiv.

Die Wirtschaft selbständig zu führen, war für die durch Amtleute, Pächter und Schulzen bevormundeten mecklenburgischen Bauern ein schwieriger Lernprozeß. Aufgezwungene und eingefahrene Gewohnheiten in der Wirtschaftsführung abzulegen, gelang ihnen nicht von einem Jahr zum anderen. Dies zeigt beispielsweise die Lösung der Zugtierfrage, die nach Aufhebung der Frondienste doch scheinbar leicht gewesen wäre. Aber die Masse der Bauern tat sich schwer dabei.

Wir können den Nachweis wiederum statistisch absichern.[9] Die folgenden Angaben für die Zeit von 1791 bis 1820 beruhen auf 2243 Inventarverzeichnissen von Vollbauernhöfen des mecklenburg-schwerinschen Domaniums und des Rostocker Distrikts. Demnach sank die Durchschnittszahl der Pferde von etwa 7 zur Zeit der Frondienste auf etwa 5 1/2 nach ihrer Abschaffung. Das weitere Absinken auf durchschnittlich 4 in Etappen zwischen 1821 und 1870 steht dann im Zusammenhang mit der Einführung einer leistungsstärkeren Pferderasse. „Ein Spann Pierd' ", d.h. ein Gespann von 4 Zugpferden, samt der notwendigen Fohlenaufzucht, bildete in Mecklenburg den Zugviehstapel der Vollbauern, bis der Traktor aufkam. In der Feudalzeit waren es 6 bis 8 Pferde gewesen, dazu 4 Hakochsen.

Es ist bezeichnend, wie sich der Wandel vollzog: nicht schlagartig mit dem Aufhören der Frondienste, sondern allmählich mit der wachsenden Einsicht in betriebswirtschaftliche Zusammenhänge. Die Ochsenanspannung erhielt sich in einzelnen Ämtern recht zäh, erst gegen 1870 sank sie fast überall auf den Nullpunkt ab. Wertet man die Umstellung auf reinen Pferdeanspann als bäuerliche Beweglichkeit und den Verbleib beim Ochsenanspann als bäuerliche Beharrung, dann waren zwischen 1790 und 1870 die Bauern in den westmecklenburgischen Ämtern am beweglichsten, die im Ostteil des Landes wie auch im Rostocker Distrikt dagegen am beharrlichsten. Die letzten „Ochsenbauern" gab es in größerer Zahl im Amt Dargun.

Diese Reihenfolge hat ursächlich weder mit Boden und Klima noch mit unterschiedlicher Mentalität zu tun. Sie ist vielmehr ein ziemlich getreues Spiegelbild des Fortschreitens der Agrarreformen innerhalb des Landes, insbesondere der Separation und der Vererbpachtung. Man hat den Eindruck, daß viele Bauern das in den Hofwehrverzeichnissen festgeschriebene Inventar – in diesem Falle die Ochsen – noch unterhielten, weil sie die Ablösung in Geld fürchteten oder ihr zumindest mißtrauten.

Um dieselbe Zeit verwandelte sich auch endgültig das farbige Bild auf den Viehweiden Mecklenburgs. Bis in die ersten Jahrzehnte des 19. Jahrhunderts hinein herrschte nämlich die einheimische rote, rotbunte (auch graue, gelbe usw.) Landrasse vor. Das belegen auch die Eigennamen, die man den Rindern zulegte, z.B. *Brun, Brünick, Gäl, Gälick, Röder, Rodick, Schimmel.*[10] Erst seit der Jahrhundertmitte dominiert in den Bauernwirtschaften die nordwestdeutsche schwarzweiße Viehrasse, die seither als so landschaftstypisch für Mecklenburg gilt. Sie gewährleistete vor allem die Vermehrung der Milchproduktion, mit der es bis dahin kümmerlich bestellt war.

Schon zahlenmäßig hatte die Milchviehhaltung hinter der starken Zugtierhaltung zurückgestanden. Ganze zwei bis drei Milchkühe waren es oft nur, die der Bauer auf die magere Weide schicken und im Winter durchfüttern konnte. Im Verlauf des 19. Jahrhunderts kehrte sich das Verhältnis beim Großvieh um: Die Nutzviehhaltung begann die Zugviehhaltung zu übertreffen. Verfolgen wir die Vorgänge am Beispiel der Vollbauern des Dorfes Lichtenhagen im Amt Doberan (Tabelle),[11] so zeigt sich abermals die Langsamkeit der Entwicklung: Von 1750 bis 1850 dauerte es, bis das zweite Pferdegespann abgeschafft und das volle Ochsengespann nicht mehr bei allen vorhanden war (erst um 1870 fiel es fort). Dagegen stieg die Milchviehhaltung steil an.

Durchschnittliche Großviehhaltung der Vollbauern von Lichtenhagen bei Rostock

Zeitraum	Kühe	Ochsen	Pferde
1751–1770	2,0	4,7	8,4
1771–1790	2,7	4,0	7,0
1791–1810	3,8	4,0	6,0
1811–1830	4,7	4,0	4,8
1831–1850	4,8	3,4	4,0
1851–1870	7,4	2,3	4,2

Der Bestand an Ackergeräten wandelte sich in diesem Dorf wie in fast ganz Mecklenburg nur zögernd. Ausgangs des 18. Jahrhunderts besaßen die Lichtenhäger Bauern herkömmliche Beetpflüge zum Pferdezug, Jochhaken zum Ochsenzug, Eggen mit Holzzinken, Wagen mit hölzernen Achsen, um nur die wichtigsten Gerätschaften zu nennen. Der alte Beetpflug mit hölzernem Streichbrett, Eisenschar und -sech starb in dieser Gegend um die Mitte des 19. Jahrhunderts aus, wenig später auch der Jochhaken. Zählebiger war der Spottname „de Lichtenhäger Wädenbuern" – so waren sie von ihren Nachbarn genannt worden, weil sie die Verbindung zwischen Pflug und Radvorgestell bzw. Haken und Joch mit einer Schlaufe aus Weidenruten *(Wäd')* statt mit einer Kette bzw. einem Eisenring herstellten, wie dies „de Lambrechtshäger Kädenbuern" taten. Als neues Bodenbearbeitungsgerät kam vorerst noch nicht der moderne Beetpflug mit kombiniertem Pflugkörper auf, sondern der Haken mit Radvorgestell – zur Pferdeanspannung – wurde um 1830/50 zum typischen Pfluggerät der Bauern hier und fast überall in Mecklenburg. Eggen mit eisernen Zinken waren in den zwanziger Jahren auf allen Lichtenhäger Bauernstellen vorhanden, wobei aber Holzzinkeneggen weiterhin benutzt wurden. Ackerwalzen gab es lange Zeit hindurch nicht, erst 1868 besitzt der Bauer auf Hufe V eine „zum 3ten Theil", d.h. mit zwei anderen Bauern gemeinsam. Ein *isenassen Wagen* ist bis 1870 nirgendwo im Dorf vorhanden, ebensowenig eine Arbeitsmaschine zum Dreschen, Häckseln o. ä.

An dieser Stelle bietet es sich an, nach den Besonderheiten der überlieferten bäuerlichen Gerätekultur in Mecklenburg zu fragen. War das mecklenburgische Bauerngerät einmalig und unverwechselbar? In seiner Gesamtheit keineswegs. Die Mehrzahl der Gerätetypen verkörperte den durchschnittlichen norddeutschen Standard.

Die bedeutsame Ausnahme stellt der Mecklenburgische Haken dar (vgl. Abb. S. 14, 150), der zwar auch in Teilen Vorpommerns, Brandenburgs und Lüneburgs verbreitet war, in Mecklenburg jedoch eindeutig sein Hauptverbreitungsgebiet besaß.[12] Dieses Bodenbearbeitungsgerät von der Art der Haken- oder Rührpflüge hatte einen festen Platz in der Gerätekultur mecklenburgischer Bauern erlangt. Anders als in den meisten norddeutschen Regionen, in denen man allein den Beetpflug benutzte, wurde der Acker in Mecklenburg gepflügt und gehakt, wobei im 18. und im 19. Jahrhundert die Verwendung des Hakens immer mehr zunahm, vor allem nach der Umgestaltung des Jochhakens in einen Radvorgestellhaken. Die drehsteife Gerippekonstruktion – bestehend aus Sohle, Krümmel, Grindel und Sterze – blieb dabei erhalten, wurde allerdings in der Konsistenz

Dreschflegel des schweren Typs, 19. Jahrhundert. Mueß, Kreis Schwerin

(eiserne Krümmel statt hölzerner usw.) verändert. Die Wirksamkeit der Bodenbearbeitung verbesserte sich durch die geneigte Führung des Geräts, die der Radvorgestellhaken ermöglichte: Der Boden wurde stärker gewendet, ohne daß der bisherige Vorteil gegenüber der Arbeitsweise des Beetpfluges, nämlich die wirkungsvollere Lockerung und Unkrautbekämpfung, aufgehoben wurde. Mecklenburgs Bauern waren (und die älteren sind noch) begeisterte Lobredner ihres Hakens, der von ihnen gar „de mäkelbörger Herrgott" genannt wurde.

Ein allgemeiner Wesenszug mecklenburgischen Bauerngeräts ist seine verhältnismäßig große Dimension, die offensichtlich mit der Dominanz großer Wirtschaften und mit der geringen Bevölkerungsdichte zusammenhängt. Mecklenburgische Akkerwagen gehörten zu den längsten und breitesten in Deutschland und zeichneten sich durch „ausnehmende Stärke in Holz und Eisen aus".[13] Die zum „Ausschwaden" benutzte Hakensense besaß in Mecklenburg eine „größere Länge" und gewährleistete ein sehr hohes Arbeitspensum, „welches mit den hiesigen kleineren Sensen unmöglich sein würde". So urteilte 1838 die Königlich Hannoversche Landwirtschaftsgesellschaft zu Celle, und sie räumte weiterhin ein, daß die wesentlich größeren mecklenburgischen Dreschflegel (Abb.) mit ihrem verlängerten Schlegel das tägliche Druschergebnis steigern würden. Allerdings könne man diese schweren Flegel im Hannöverschen nicht einführen, da „bei den hiesigen Landleuten ... auch Weiber und halberwachsene Burschen beim Dreschen helfen". Ähnliches wird aus Mecklenburg selbst berichtet, nämlich daß „in Bauerndörfern, wo Frauen und Kinder sich ihrer bedienen", noch die kleineren Dreschflegel, sonst dagegen die größeren benutzt würden.[14] Der vergrößerte mecklenburgische Maßstab in der Gerätekultur ging somit ursprünglich von der Junkerwirtschaft und nicht von der Bauernwirtschaft aus, in die er jedoch voll übernommen wurde. Zügig, effektiv und schwer – so wurde mit diesen Geräten, reinen Männergeräten, gearbeitet.

Damit steht im Zusammenhang, daß den mecklenburgischen Agrargerätschaften jede Zierlichkeit und Auszierung fehlte. Mir ist nur ein einziger Pflug – er stammt bezeichnenderweise aus dem Land Ratzeburg – bekannt, der ein verziertes Detail (eine gekerbte und gefaste Griessäule) aufweist. Sonst fehlen jegliche Schmuckformen, übrigens auch Namensinitialen und Datierungen. Ausnahmen bilden die Mädchen- und Frauengerätschaften, soweit sie Minnegabencharakter besaßen, z. B. Harken und Mangelhölzer.

Die Arbeit auf den mecklenburgischen Bauernhöfen erfuhr während der Übergangszeit bis 1870 keinen grundsätzlichen Wandel. Dementsprechend geringfügig veränderten sich die Arbeitsverhältnisse. Selbst auf den großen Stellen arbeitete der Bauer weiterhin körperlich mit, hielt Tischgemeinschaft mit seinem Gesinde, blieb geistig dem allgemeinen dörflichen Niveau verhaftet. Selbstverständlich gab es Unterschiede von Dorf zu Dorf, von Bauer zu Bauer, von Zeit zu Zeit. Als im September 1809 die Dorfschulzen des Klosteramts Dobbertin aufgefordert wurden, ein amtliches Schriftstück gegenzuzeichnen, sah das Ergebnis so aus, daß zwar niemand mehr Kreuze machte, aber auch niemand fließend den betreffenden Ortsnamen und seinen Familiennamen schreiben konnte. Dabei besaßen die Dobbertiner Klosterbauern schon seit dem 17. Jahrhundert Schulmeister in ihren Dörfern und damit seit Generationen eine gewisse Schriftkundigkeit.[15]

In Groß Schwaß, einem Bauerndorf südwestlich von Rostock, hatte sich einer Familienüberlieferung zufolge der nachmalige Schulze Gribnitz nach einem sehr mangelhaften Schulunterricht selbständig im Schönschreiben fortgebildet, und zwar als Pferdeknecht des Vaters beim Schein der Stalleuchte in der Häckselkammer. Als nun 1802 die Grundherrschaft eine Neuvermessung der Bauernfelder ankündigte, mit der die Separation vorbereitet werden sollte, führte der nunmehrige Schulze Gribnitz mit seinen bäuerlichen Dorfgenossen eine eigene Vermessung durch, dazu legte er ein Buch an mit dem Titel „Soli Deo Gloria. Gott allein die Ehre. Dies Buch enthält in sich Das Feld Register Welches von uns Haußleuten aufgerichtet ist, bey dieser Veränderung, da unser Feld aus den Vierschlägen in die Sieben Schläge geteilet worden. Anno 1803 Großen Schwas."[16] Das blieb nicht ohne Eindruck.

„Früher wier dat jo so: De Katenlüd' glöwten an 'n Buern, de Buern an 'n Schulten, de Schult an 'n Preester, un de Preester wier de Herrgott."[17] In dieser Hierarchie des Bauerndorfes nahm der Schulze demnach eine mittlere Stellung ein. Im übrigen unterstand er direkt dem jeweiligen Amtmann. Dieser setzte den Schulzen ein, so wie er auch den Gehöftsnachfolger auf den Bauernhöfen einsetzte. Wie dabei verfahren wurde, zeigen die wechselnden Geschicke mehrerer Generationen auf der Hufe I zu Lichtenhagen, der Schulzenstelle des Dorfes.[18]

1775 ist der Hauswirt und Schulze Daniel Harms nach 29 Jahren seit der Gehöftsübernahme wirtschaftlich am Ende. Fünfmal hatte die Rindviehseuche in seinem Stall Opfer gefordert. Der älteste Sohn unter den acht Kindern eignet sich nach Auffassung des herzoglichen Amtes Doberan nicht für die Gehöftsnachfolge und das Schulzenamt, weshalb verfügt wird, „einen alten Knecht zu Elmenhorst nahmens Joachim Beckmann", der des kranken Schulzen Tochter heiraten wolle, einzusetzen. Beckmann, wahrscheinlich ein nachgeborener Bauernsohn, übernimmt die Hufe und das Schulzenamt. Er stirbt schon 1784, und ihm folgt der Knecht Joachim Both aus Groß Klein, ein Endvierziger, der die Witwe heiratet und mit ihr, die schon vier kleine Kinder hat, weitere Kinder zeugt. 1808 tritt Both altershalber ab, und sein Schwiegersohn, der Knecht Hans Joachim Mackat (Sohn eines Bauern aus Admannshagen) wird Nachfolger auf dem Gehöft und im Schulzenamt, nachdem Both versichert hatte, daß jener „ein ordentlicher Mensch sey, gegen welchen gesamte übrige Hauswirthe in Lichtenhagen nichts einzuwenden finden" würden. Mackat wirtschaftet und amtiert viele Jahrzehnte. 1845 ist er nach einigen Unglücksfällen mit dem Vieh ziemlich mittellos und erwirkt eine Stundung der Pacht. 1851 tritt er ab und überläßt das Gehöft seinem Sohn Hans Joachim Mackat jun., der 1853 auch Schulze wird und dies bis nach 1870 bleibt.

Schulzenknüppel, 19. Jahrhundert

Während dieses einen Jahrhunderts wurden die Bauern des Dorfes frei von Frondiensten, erneuerten und vergrößerten ihre Häuser – auf der Schulzenstelle wurde 1812 ein Neubau errichtet –, fiel die Leibeigenschaft fort (1820), wurde die Feldflur separiert (vor 1845), erfolgte schließlich die Überführung in den Status des Erbpächters (vor 1870). Aber die Befreiung ging nicht so weit, daß die Bauern ihren Schulzen wählen durften. Dieses Amt hing an einer Stelle, und über die Besetzung entschied – in Mecklenburg bis 1918 – die Behörde.

Unter solchen Verhältnissen konnten nur sehr bedingt bäuerliche Persönlichkeiten heranwachsen, bei den Durchschnittsbauern noch weniger als bei den Schulzen. Die Charakterisierungen des mecklenburgischen Bauern um die Mitte des 19. Jahrhunderts klingen zwar keineswegs mehr so negativ wie die eingangs zitierten aus der zweiten Hälfte des 18. Jahrhunderts, doch fehlt von Mussäus bis Fromm[19] sowie (retrospektiv) bei Wossidlo immer noch der Hinweis auf bäuerliches Selbstbewußtsein. Es werden an Eigenschaften mecklenburgischer Bauern genannt: große Körperkraft, stark ausgeprägter Arbeitsfleiß, Neigung zu vielem Essen und Branntweintrinken, Feierlust, Hang zum Althergebrachten, Phlegma, gutes Gedächtnis bei fehlendem Scharfsinn, mangelnde Allgemeinbildung, Mißtrauen gegenüber allem Preußischen, Religiosität.

Das Bild entspricht nur teilweise den volkssprachlichen Charakterisierungen des Bauern, wie sie – „von oben", vor allem aber auch „von unten" gesehen und formuliert – in plattdeutschen Redensarten und Rätseln, Sprich- und Sagwörtern zu finden sind.[20]

„Wennihr is de Buer 'n Minsch?" heißt es in einer Scherzfrage, und die Antwort lautet: „Wenn he in 'n Snei gahn hett, denn seggt man: 'züh, hier hett all 'n Minsch gahn'." Solche Glossierung feudaler Bauernverachtung ist kein Einzelfall. „De Eddelmann hett meint, ähnlich sehg' sonn Buer 'n Minschen doch." Die Erinnerung an jene Zeit, da der Bauer von den Feudalgewalten verachtet und geschunden wurde, blieb das ganze 19. Jahrhundert hindurch unvergessen: „Dat ... bekümmt einen bäter, as wenn teihn Buern 'ne Jack vull Släg' krigen." – „Alltauväl Ihr, säd' de Buer, donn tellt em de Herr Amtmann sülben fifuntwintig in de Jack." Die Erinnerung lebte nicht nur in komischen Genres: „Wohr di, Buer, de Eddelmann kümmt!" Die glossierende Antifeudalität mit einer gewissen Sympathie für den Bauern, die hier deutlich wird, zeigt teilweise bürgerliche Herkunft.

Aus Bauernmund selbst dürften Einschätzungen stammen wie „Buerbrot is 'n suer Brot" oder „Buerläben is 'n suer Läben". Dasselbe gilt von Urteilen über bäuerliches Darben vor der Ernte und bäuerliches Frohlocken nach der Ernte: „In de Aust ward de Buer frischmelken", „He sitt as 'n Buer nah de Aust", d.h. breitspurig. „Buer warden is kein Kunststück, Buer bliben is ein." Setzt schon dieses Sprichwort den wirtschaftlich frei disponierenden Bauern einer jüngeren Zeit voraus, so bezieht sich das folgende deutlich auf neu entstandene Ausbeutungsverhältnisse, unter denen der Bauer mehr von der Landwirtschaft verstehen mußte als sein Knecht:

„Wisst du Knecht warden, möööst di bögen; wisst du Buer warden, mööst di rögen."

Aus der Sicht der Bauerntagelöhner und des Gesindes sind viele sprichwörtliche Feststellungen überliefert, deren Alter größtenteils unbekannt ist und die überwiegend wohl Verhältnisse des 19. Jahrhunderts widerspiegeln. Zum Arbeitsverhalten und zum Essen: „Wat gaut geiht, dat deit de Buer sülwst." – „Eenen Fulen möt de Städ' dragen kœnen, dat is de Buer sülben." – „Bi 'n Buern is kein gaud' Deinen, wenn 't an de Arbeit geiht, œwer gaut, wenn 't an 't Äten geiht." – „Lat di Tit, seggt de Buer uppe Hochtit, 't lett sick beistig wat rinnerpacken." Tierliebe wird dem Bauern in hohem Maße zugesprochen: „'n ornlichen Buer höllt mihr von sin Pier as von sin Fru."

Erfahrung „von unten" erscheint komprimiert in dem Reimsprichwort „Kein Pierd ritt so hart, / as wenn de Buer 'n Eddelmann ward" oder in der Sentenz „Wenn de Buer 'n Eddelmann ward, deit he 'n Düwel in de Höll nich gaut." In der Realität stieg der wohlhabende Bauer natürlich nicht zum Edelmann, aber gelegentlich doch zum Domänen- oder Rittergutspächter auf. Typischer war der Aufstieg zum kapitalkräftigen Großbauern, zumindest in vielen Dörfern in Stadt- und Küstennähe.

„Dor fallen hunnertdusend Daler hen, säd' de Buernfru, dor smet se sick in 'n Lähnstauhl." Die vom Neid hochgespielte Größenordnung 100000 weist auf kapitalschwache Bürger als Urheber dieses Sagwortes hin. In Schifferkreisen kursierte der Schwank von der reichen Bauernfrau, die von einem mittellosen Kapitän um „Parten" für sein Schiff gebeten wird: ein Achtel möge sie doch übernehmen. Sie antwortet: „Nee, 'n Achtel is mi toväl, 'n Viertel will 'k di gäben." Womit zugleich der Bildungsstand der führenden bäuerlichen und der führenden seemännischen Schicht verdeutlicht ist.

Die Partenreederei spielte bis etwa 1870 in vielen küstennahen Dörfern eine gewisse Rolle im bäuerlichen Finanz- und Prestigegebaren. Anteilig Schiffseigner zu sein, brachte gute Zinsen und verschaffte offensichtlich auch Ansehen. Normalerweise befanden sich einzelne wohlhabende Bauern als Partenreeder in der Gesellschaft von Kapitänen, Schiffshandwerkern, Kleinindustriellen und Gutsbesitzern, so der Schulze Dethloff vom Rostocker Elmenhorst mit einem „Part im Barkschiffe ‚Hans Georg'" (erbaut 1859) bei jährlicher Dividende von 50 Reichstalern.[21] Gelegentlich aber schlossen sich die Bauern auch zusammen und bildeten eine starke Gruppe unter den Anteilern, so 1856 mindestens 14 Bauern aus Pölchow, Reinshagen, Wilsen, Lüningshagen, Stülow, Parkentin, Bargeshagen, Allershagen, Groß und Lütten Klein sowie Klockenhagen, die 1868 noch knapp 15 Prozent der Parten an der Bark „Mecklenburgs Hauswirthe" (Rahden Nr. 953) besaßen.[22] Der programmatische Schiffsname ist besonders bemerkenswert. Er wurde ganz offensichtlich gewählt als Gegenstück zu dem Namen der Bark „Mecklenburgs Ritterschaft" (Rahden Nr. 954), die 1854 vom Stapel gelaufen war. Bei der Namensgebung wurde nun weder die volkssprachliche Bezeichnung „Bauer" verwendet, die nicht ehrenvoll gewesen wäre, noch der neue Titel „Erbpächter", weil eben eine Vielzahl von Bauern noch nicht vererbpachtet war, sondern das landesübliche Wort „Hauswirthe", das die „unregulierten" Bauern bezeichnete. Die bäuerlichen Miteigner und Namensgeber ließen von ihrem Selbstbewußtsein auch bildnerisch künden: „Dor wier dat ganze Buergeschirr – Pier un Wagen un Ploog – up 't Speegel." Auf anderen Schiffen konnte man Bauern und Bauernfrauen als Galionsfiguren abgebildet sehen, darunter einen Bauern in der „schwarzen" Biestower Tracht.[23]

Diese Bauern erreichten in ihrer Wirtschaft und Kultur die obere Grenze dessen, was auf dem gewöhnlichen mecklenburgischen Entwicklungsweg zum Großbauern bis 1870 möglich war. Anders die Masse der Bauern im Binnenland. Wir

Schrank aus einem Bauernhaushalt in Grittel, Kreis Ludwigslust
(Catharina Maria Elisabeth Leist)

werfen einen Blick in den Südwesten Mecklenburgs, in „de gries' Gegend", eine typisch bäuerliche Region mit weniger häufigem Vorkommen von Großgrundbesitz. Die ökonomische Entwicklung der Bauern verlief dort, beginnend auf einem dürftigen Niveau, kontinuierlich und in den quantitativen Kennziffern – z. B. bei der Großviehhaltung – mittelmäßig. Eine gründliche Analyse von Gehöftsakten des Dorfes Loosen, Kr. Ludwigslust, ermöglicht es nun, am Beispiel der Wohnkultur Einblick in die bäuerliche Lebensweise und die Faktoren ihres Wandels zu gewinnen.[24]

Nach den Inventarverzeichnissen von 18 Bauernstellen zwischen 1850 und 1873 gehörten zur Hofwehr im Durchschnitt jeweils 1 Bank, 1–3 Brettstühle, 1 Lehnstuhl, 1 Spinnstuhl, 1 Tisch, 1 Lade, 2 Gesindebetten, 1 Speiseschrank, 1 Milchschrank, 1 Kannenborte (vgl. dazu auch Abb. S. 41, 259 f., 343).

Dieses Minimum an Mobiliar, das von Amts wegen zur Stelle gehörte und bei der Vererbpachtung durch Geldzahlung abgelöst werden mußte, wurde ergänzt durch weitere Stücke in bäuerlichem Privateigentum. Dabei zeigt sich nun eindrucksvoll, daß gerade diese Stücke es sind, die über den traditionellen Standard hinausführen und Neuerungen in der Wohnkultur darstellen. Durch die Mitgift der Braut und späteren Bauernfrau gelangten in den Haushalt jeweils 2–4 Polster- oder Rohrstühle (daneben auch noch 2 zusätzliche Brettstühle), 1–2 Koffer (aber keine Laden mehr), 1 Kleiderschrank (Abb. S. 133), ferner sporadisch 1 Spiegel, nur in einem Fall 1 Kommode und in keinem Fall ein Sofa. Nur im Männernachlaß, mithin also während der Ehe angeschafft, taucht jeweils eine Wanduhr auf (vgl. Abb. S. 47).

Man kann daraus zunächst ermessen, wie langsam sich die feudalzeitliche Möbelarmut im mecklenburgischen Bauernhaus wandelte. Bewirkt wurde der Wandel durch bäuerliches Bedürfnis, nicht etwa durch neue Hofwehrvorschriften, und er nahm konkrete Gestalt bei der jeweiligen Eheschließung an. Die Möbelproduzenten waren dörfliche und kleinstädtische Handwerker. Das Leitbild für die Wohnkultur stellte die Stadt dar, wo sämtliche Neuerungen zeitlich früher anzutreffen sind, und in der Stadt wohl vornehmlich bei den mittleren Schichten der Ackerbürger und Handwerker.

Mecklenburgs Großbauernschaft, die nunmehrige Erbpächterschicht, hatte schon vor 1870 ihre Rolle als Trägerin ländlicher Volkskultur mit anderen dörflichen Schichten geteilt. Nach 1870 trat sie schrittweise, wenn auch nicht endgültig von ihr zurück. Auf die Frage, von wem die Traditionen bäuerlicher Arbeit, Lebensweise und Kultur jetzt bewahrt und fortgeführt wurden, werden wir zurückkommen.

Den Bruch mit der Tradition vollzogen die Großbauern unterschiedlich rasch und in verschiedenen Lebensbereichen ungleichzeitig. Sie wirtschafteten kapitalistisch, beschränkten sich aber in der Mehrzahl nicht darauf, ihren Betrieb nur vom Schreibtisch her zu leiten. Es gibt keine statistischen Erhebungen über die körperliche Mitarbeit von Großbauern im Deutschen Reich, doch scheinen die mecklenburgischen Großbauern besonders lange – und oft bis zu ihrer Integration in die Landwirtschaftlichen Produktionsgenossenschaften (1960) – in dieser Hinsicht einen Status von Werktätigkeit bewahrt zu haben. An den Maschinen, die nach 1870 schrittweise auf den Erbpachtstellen Einzug hielten,[25] arbeiteten sie oft selbst mit. 1882 gab es im Durchschnitt auf jeder zweiten, 1907 auf jeder mecklenburgischen Bauernwirtschaft zwischen 20 und 100 ha eine Dreschmaschine, 1925 auf jeder eine Gras- und eine Getreidemähmaschine, 1940 schätzungsweise auf jeder zweiten bis dritten einen Traktor, den häufig der Bauer (oder einer seiner Söhne) selbst fuhr.

Parallel zur Kapitalisierung der großbäuerlichen Betriebe entwickelten sich in ihnen Züge bürgerlicher Lebensweise: im Hausbau, in der Wohnkultur, in der Kultur zwischenmenschlicher Beziehungen. Nachlaßverzeichnisse von Rostocker Hospitalbauern, befragt nach dem Vorkommen weniger, aber wichtiger Indikatoren (Sofa, Silberzeug) ergaben folgendes: Während vor 1870 Bänke und Stühle das Sitzmobiliar bildeten und das „gute“ Löffelbesteck häufiger aus Zinn als aus Silber bestand, gab es in den siebziger und achtziger Jahren auf jedem Großbauernhof ein Sofa; durchweg vorhanden waren Silberbestecks, allerdings meist nur in Form von Eß- und Teelöffeln, kaum von Messern und Gabeln. Im Besitz des Erbpächters Johann Kuhse und seiner Frau in Groß Schwaß befanden sich 1872 1 Sofa, 12 zinnerne Teelöffel, 5 silberne Teelöffel, 7 silberne Eßlöffel (letztere zur Hochzeit 1866 geschenkt erhalten).[26]

Etwa in derselben Zeit wandelten sich die Tischsitten. Statt aus einer gemeinsamen Schüssel zu essen, erhielten jetzt alle Teilnehmer der Mahlzeit einen Teller. Die Tischgemeinschaft wurde vielerorts aufgehoben: Die eigentliche Bauernfamilie und die Gesindeangehörigen saßen an zwei getrennten Tischen, später in zwei getrennten Räumen, der „Wahnstuw'“ und der „Lüd'stuw'“.[27] Das Gesinde redete den Bauern und seine Frau nicht mehr mit „Vadder“ und „Mudder“, sondern mit „Bur“ und „Fru“, im 20. Jahrhundert dann mit „Herr“ an. Statt „Ji“ (Ihr) wurde jetzt „Sei“ zum

Bäuerliche Göpelanlage. Nordwestmecklenburg, noch in Betrieb 1936

Bauern gesagt, während dieser das Gesinde weiterhin duzte.

In der Sprache des Alltags verblieben die mecklenburgischen Großbauern beim Plattdeutschen. Ihr Traditionsbewußtsein wurde teilweise mißbraucht und zum Bestandteil reaktionärer Heimattümelei gemacht, wie wir im historischen Abriß gezeigt haben.

Büdner und Häusler

Eine Besonderheit des mecklenburgischen Bauerndorfes im Kapitalismus bestand darin, daß die mittelbäuerlichen Betriebe (5–20 ha) verhältnismäßig sehr schwach vertreten waren. Sie erreichten 1882 (6449 zu 7242) und 1895 (6832 zu 7201) nicht die Zahl der großbäuerlichen Betriebe und übertrafen sie 1907 (7950 zu 6959) nur knapp. Dabei betrug der Anteil der mittelbäuerlichen Wirtschaften an der gesamten Betriebsfläche des Landes 1906/07 in Mecklenburg-Schwerin 8,1%, in Mecklenburg-Strelitz 5,1%, im Deutschen Reich dagegen 31,9%. Von den mecklenburgischen Mittelbauern besaßen die meisten wiederum weniger als 10 ha Betriebsfläche, waren also der kleinbäuerlichen Schicht angenähert, was mit ihrer Entwicklungsgeschichte zusammenhängt.

Den Typ des mecklenburgischen Kleinbauern verkörperte der Büdner, plattdeutsch *Bäudner* genannt. Ursprünglich nur mit einer „Bude", Gartenland und Weidegerechtigkeit ausgestattet (Büdner-Patent von 1753), erreichten die Büdnereien im Verlauf des 19. und frühen 20. Jahrhunderts durch die Separation sowie durch Zukauf und Zupachtung von Land in der Regel um 5 ha und oft etwas über 5 ha Betriebsfläche.[28] In die ursprüngliche Größenordnung der Büdner rückten die Häusler auf, die seit 1846 im Domanium planmäßig angesetzt wurden und Landwirtschaft ausschließlich im Nebengewerbe betrieben. Ein Teil von ihnen erlangte jedoch durch Zupachtung von Ländereien den kleinbäuerlichen Status. 1907 existierten in Mecklenburg etwa 10000 Kleinbauernwirtschaften mit einer Betriebsfläche zwischen 2 und 5 ha, darunter viele Häusler, hauptsächlich aber Büdner, dazu etwa 5000 Büdner mit einer Betriebsfläche zwischen 5 und 10 ha.

In den Dörfern wurden die Büdnereien und Häuslereien zumeist längs einer Ausfallstraße angelegt, während die Bauerngehöfte überwiegend im Dorfkern verblieben. Zeitgenossen verglichen solche mecklenburgischen Dörfer mit einer Pfanne, plattdeutsch Pann: „De Buern wahnen uppe Pann, de Bäudners un Hüüslers up 'n Stäl", hieß es. Der soziale Unterschied wurde bis in die Hausnumerierung hinein sichtbar gemacht: Die Hufenstellen (Erbpachtgehöfte) trugen römische Zahlen, die Büdnereien arabische Zahlen mit vorgesetztem B und die Häuslereien arabische Zahlen mit vorgesetztem H, also z.B. IV, B4, H4 (Abb.). Nach plattdeutschen Tierstimmendeutungen waren die Unterschiede sogar hörbar: „Up 'n lütten Enn', wo de Hüüslers wahnen, seggen de Aanten: ‚All Pracherwark, Pracherwark.' Up 'n groten Enn', wo de Buern wahnen, röppt de Hahn: ‚Hier wahnen de riken Lüd'!'"[29]

Man sollte annehmen, daß sich in diesen Klein- und kleinen Mittelbauernwirtschaften, reinen Familienbetrieben, hinsichtlich des Charakters der Arbeit und der Lebensweise vieles erhalten hat, über das die Großbauern kraft ihrer ökonomischen Möglichkeiten hinausgewachsen waren. Das trifft auf manche Bereiche vollinhaltlich zu. Es war durchweg der ältere Standard der Gerätekultur, den die Büdnerwirtschaft aufwies. Hakenpflüge mit hölzernem Krümmel, Holzzinkeneggen, Wagen mit hölzernen Achsen und andere überlieferte Gerätschaften prägten noch über die Jahrhundertwende hinaus den agrartechnischen Stand der mecklenburgischen Kleinbauernwirtschaft, und in einer späteren Phase blieb hier der Anteil der Handarbeit gegenüber dem der Maschinenarbeit zwangsläufig stets größer – ob beim Mähen, beim Dreschen oder bei anderen Tätigkeiten.

Häuslerei 122. Eldena, Kreis Ludwigslust

Auch in der Lebensweise setzten sich bestimmte Neuerungen langsamer durch. Eine Anschauung davon vermitteln wiederum Mitgift- und Nachlaßverzeichnisse.[30] Als der Büdner Dethloff in Groß Klein bei Rostock 1846 heiratete, brachte seine Braut Catharina Elisabeth Harms u.a. 4 Stühle, 1 Bank, 1 Tisch, 1 Kleiderschrank und 1 Lade in die Ehe ein, keinen Koffer und keine Kommode, die auch bis 1861 (ihrem Todesjahr) nicht angeschafft wurden. In demselben Dorf brachte die Büdnertochter Catharina Maria Radloff, als sie 1855 den Matrosen und späteren Büdner Jacob Beust heiratete, neben einem Kleiderschrank, Stühlen (u.a.) auch einen „tannen Koffer" in die Ehe ein, der nach ihrem Tod (1874) auf 6 Mark taxiert und in der Auktion für 4 Mark an den Büdner Peter Brinkmann losgeschlagen wurde. Die Mitgift der Frau des Büdners Heinrich Harder in Schlage bei Rostock enthielt in den fünfziger Jahren bereits zwei Koffer. Als der Ehemann 1884 starb, befand sich auch eine Kommode im Nachlaß, die also während der Ehejahre angeschafft worden war. Ein Sofa ist nirgendwo verzeichnet.

Nach Erhebungen bei einer Häuslergruppe, die faktisch kleinbäuerlichen Status besaß, war 1906/07 die Kommode als Behältnismöbel durchweg vorhanden, der Koffer – meist mehrfach – noch vorhanden, das Sofa in etwa der Hälfte der Haushaltungen schon vorhanden. In der Mehrzahl der kleinbäuerlichen Wohnungen gab es nach großbäuerlichem bzw. städtischem Vorbild die „beste Stube", die außer zu hohen Festtagen nicht benutzt wurde. Sämtliche Wohngebäude waren massiv und mit Ziegel- oder Pappdach erbaut.[31]

Der Trend dieser Entwicklung war weder typisch mecklenburgisch noch typisch kleinbäuerlich, allenfalls war es das Entwicklungstempo. Doch auch dieses stand nicht pauschal hinter dem der großbäuerlichen Verhältnisse zurück, so hinsichtlich der Massivbauweise der Häuser. „Up 'n Stäl" – unter den Büdnereien und Häuslereien – konnte man durchweg modernere Häuser antreffen als „uppe Pann", unter den Bauernhäusern.

Weitere wesentliche Züge kleinbäuerlicher Arbeit und Wirtschaft entwickelten sich jenseits altbäuerlicher Tradition. Schon die Erwerbstätigkeit (Handwerk, Lohnarbeit, an der Küste Vermietung der „besten Stube" an Sommergäste) gehört dazu, ferner die häufig fehlende Spannfähigkeit, die solche Kleinbauern dazu zwang, Ackerarbeiten und Fuhren durch Großbauern oder spannfähige andere Kleinbauern ausführen zu lassen, was durch Erntearbeit abgegolten werden mußte, überhaupt die ökonomisch erzwungene „Überarbeit" dieser Bauern und Bäuerinnen.

Das Denken und Trachten ungezählter mecklenburgischer Büdner war auf das Erlangen und Bewahren der Spannfähigkeit gerichtet, um unabhängig von fremder Gespannarbeit zu sein. Eigene Pferdehaltung war bis weit über die Mitte des 19. Jahrhunderts hinweg für die Masse der Büdner nicht realisierbar. Einen Ausweg bot die Nutzung von Milchkühen zum Zug (Abb.). Diesen ökonomisch vernünftigen Ausweg zu beschreiten, entschlossen sich viele Büdner und Häusler vor allem im südlichen Mecklenburg. 1882 wurden in den kleinbäuerlichen Wirtschaften des Landes 5249 Zugkühe gehalten, von den kleineren Mittelbauern 2037; 1895 betrugen die Zahlen 7303 bzw. 1807. Im 20. Jahrhundert scheinen die Zahlen gesunken zu sein. Eine Stichprobe für das Dorf Banzkow, Kr. Schwerin, ergab, daß 1941 von 61 spannfähigen Büdnern und Häuslern 34 noch insgesamt 129 Arbeitskühe hielten.[32]

Diese „Kauhbuern", wie sie genannt wurden, handelten entgegen der Landesüblichkeit, entgegen der öffentlichen Meinung des Dorfes, die ganz von den pferdehaltenden Großbauern geprägt war. Kühe vor dem Pflug, der Egge und dem Wagen – das bedeutete einen Bruch mit der Tradition, eine für den Kleinbauern im Kapitalismus typische Lösung des Zugviehproblems, die – was wenig bekannt ist – auch in Mecklenburg, einem traditionellen Kerngebiet der Pferdeanspannung, praktiziert wurde.[33]

„Wer sin Kauh as Ossen vörspannt, möt sin Pir (Pferde) melken." Dieses neuentstandene Sprichwort setzt eine Alternative, vor der die meisten „Kauhbuern" ja gar nicht standen. Sie hatten sich im Umgang mit Kühen, die eine Milch- und eine Arbeitsleistung erbringen sollten, erst einzuüben. Dazu gehörte ganzjährige Stallfütterung, mithin der Verzicht auf den Weidegang. Um die Zugtiere zu schonen, verwendete man geringer dimensionierte Gerätschaften, speziell auch kleinere Wagen als sonst in Mecklenburg üblich. Als Anschirrgerät wurde das Stirnjoch, seltener das

Büdner mit Kuhgespann, 1939. Loosen, Kreis Ludwigslust

Kuhkummet eingeführt und nirgends das einst beim Ochsenanspann landesüblich gewesene Widerristjoch übernommen. Die kleinbäuerliche Gerätekultur war also in dieser Phase durchaus mit Novationen verbunden.

Daran hatte das dörfliche und kleinstädtische Handwerk Anteil, das sich teilweise auf die Bedürfnisse der Kleinbauernschaft einstellte. Doch gab es auch Schwierigkeiten, vor allem bei der oft notwendigen Umstellung von Geräten auf Einspännigkeit. Wossidlo notierte einen Bericht, wonach „een mit een Koh führen ded un hülp mit trecken; he müßt den Diestel (Deichsel) fasthollen: Eenspänner gew 't nich". Es kam auch beim Pflügen vor, daß der Mann oder die Frau an der Seite der Kuh ziehen mußte – ein bis dahin auf mecklenburgischen Feldern nie gesehenes Bild, das ein besonders krasser Ausdruck des Tiefstandes kleinbäuerlicher Agrartechnik war. Den Normalanspann bildeten jedoch zwei Kühe, manchmal auch drei („een uppe Spitz").

Viele dieser „Kauhbuern" und vor allem die Büdner im nördlichen Mecklenburg, die bis dahin auf fremde Gespannarbeit angewiesen waren, weil sie sich zur Anspannung ihrer Kühe nicht entschließen konnten, waren von dem Wunsch beseelt, Pferde zu besitzen. Die Erfüllung dieses Wunsches erfolgte oft gegen alle wirtschaftliche Vernunft, wurde aber stets aufs neue versucht, um die Arbeits- und Transportaufgaben des kleinbäuerlichen Betriebes nach Art der Mittel- und Großbauern „aus dem vollen" zu lösen und im Dorf als leistungsfähiger Landwirt zu gelten, denn: „Bäuner (Büdner) ahn Pierd hett keenen Wiert."

1895 hielten 7611 Betriebe der Größenklasse 2–5 ha immerhin 2521 Pferde, 3619 Betriebe der Größenklasse 5–10 ha sogar 4004 Pferde (Zahlen nur für Meckl.-Schwerin). Das bedeutete in der Praxis, daß von den „großen" Büdnern jeder zweite zwei Pferde hielt, während von den „kleinen" Büdnern etwa jeder fünfte ein bis zwei Pferde in seinem Besitz hatte. 1941 gab es unter den 61 spannfähigen Büdner- und Häuslerstellen des Dorfes Banzkow 25 Pferdehalter mit zusammen 44 Pferden (also im Durchschnitt mit zwei).

Zwei Pferde hielt auch der Büdner Wilhelm Randow in Klockenhagen bei Ribnitz, dessen Kassenbuch – geführt 1936 bis 1941 – ausgewertet werden konnte.[34] Durch Zupachtung von Acker hatte Randow seine

Betriebsfläche auf 8 ha Land erweitert. Den Ackerbau stellte er – wie viele Büdner – ganz in den Dienst der Viehwirtschaft, die enorm arbeitsaufwendig, aber letztendlich rentabler war. 1938 wurden als Nutzvieh 4 Kühe, 1 Starke (Färse), 10 Schweine und 15 Hühner gehalten. Der Verkauf von Schlachtvieh und die Lieferung von Milch an die Genossenschaftsmolkerei sicherten das wirtschaftliche Überleben. Mehr noch: Randow kaufte eine Grasmähmaschine (201,– M), eine Dreschmaschine mit Elektromotor (900,–), eine Schrotmühle (188,60), einen Elektrokartoffeldämpfer (100,–) – alles individualwirtschaftliche Investitionen. Genossenschaftliche Maschinenanschaffung gab es unter den Büdnern dieses und manchen anderen Dorfes entgegen aller betriebswirtschaftlichen Vernunft nicht. Den Preis bezahlte die Familie (2, dann 1 Altenteiler, Eltern, 2 Kinder) durch allseitigen, wenn auch nicht extremen Unterkonsum. Die traditionelle Selbstversorgung aus der eigenen Wirtschaft wurde ergänzt durch Kauf von Materialwaren, Haushaltsbriketts, zweier Fahrräder usw. Unter den Lieferfirmen taucht bezeichnenderweise auch das Fürther Versandhaus Quelle auf. Dieses Kaufverhalten verdeutlicht ebenso sinnfällig den Bruch mit Traditionen wie das Abonnement einer Tageszeitung, der Erwerb eines Radiogeräts u. a. m.

Es fällt schwer, aus dem untypischen Fall Randow – denn die Führung eines Kassenbuches stellte die Ausnahme, nicht die Regel dar – auf die typischen Merkmale kleinbäuerlicher Arbeit und Lebensweise im Kapitalismus zu schließen. Erinnerungen von Gewährsleuten besagen, daß bis 1945 im mecklenburgischen Dorf niemand körperlich so schwer gearbeitet habe wie der Büdner mit seiner Familie: nicht der Bauer, der besser lebte, und nicht der Landarbeiter, der schlechter lebte. Vielen mißlang die Sicherung der wirtschaftlichen Existenz, viele büßten für ihre Überarbeit mit vorzeitiger Invalidität. Bescheidener Produktionsmittelbesitz, Marktbeziehungen und Kulturkontakte bewirkten bei der Masse der Kleinbauernschaft, die in Mecklenburg von der Betriebsfläche her durchweg an der Grenze zur mittelbäuerlichen Wirtschaft stand, das Eindringen kleinbürgerlicher Lebensweise, jedoch unterhalb des durchschnittlichen Niveaus städtischer Handwerker.

Siedler und Genossenschaftsbauern

Durch die demokratische Bodenreform im Osten Deutschlands entstand in Mecklenburg-Vorpommern ein neuer Typ des Bauern, Neubauer oder Siedler genannt. Nicht vergleichbar dem hier und dort auf ehemaligen Gutsländereien angesetzten Siedler der zwanziger und dreißiger Jahre, war der Neubauer eine Massenerscheinung, zugleich Ergebnis und Verkörperung revolutionärer Umwälzungen im Dorf. In Mecklenburg und im ehemaligen Vorpommern, den „klassischen“ Gebieten feudalen und kapitalistischen Bauernlegens, wurden 1945/46 durch Aufteilung von junkerlichem und anderem Großbesitz 79 927 Neubauernwirtschaften geschaffen (davon 49 986 in Altmecklenburg), die zusammen 686 125 ha Gesamtfläche (592 639 ha LNF) zugewiesen erhielten. Das entspricht einer Durchschnittsgröße von 8,6 ha (7,4 ha LNF). Damit bildeten die Neubauernwirtschaften die zahlenmäßig stärkste Gruppe aller landwirtschaftlichen Betriebe. Mehr noch: Die klein- und mittelbäuerlichen Betriebe der Größenordnung zwischen 2 und 10 ha bewirtschafteten jetzt 38% der gesamten landwirtschaftlichen Nutzfläche des Landes (die Mittelbauern zwischen 10 und 20 ha 23% und die Großbauern 30%).[35] Mit anderen Worten: Mecklenburg und Vorpommern waren auf einer neuen historischen Stufe wieder zu einem Bauernland geworden. Als Ort der feierlichen Verkündung der „Verordnung über die Bodenreform im Lande Mecklenburg-Vorpom-

Bodenreformdorf Severin, Kreis Parchim. 1949

mern" vom 5.9.1945 hatte man mit Bedacht das von seinen faschistischen Besitzern kompromittierte Gutsdorf Severin bei Parchim gewählt (vgl. S.85, rechte Sp.) – eine wirkungsvolle Gedächtnisleistung der engagierten Mecklenburger unter den Mitgliedern der Landesverwaltung und der Landesleitungen der Arbeiterparteien wie Wilhelm Höcker und Hans Warnke, Bernhard Quandt und Hermann Schuldt.

Der schwere Anfang des Neubauern im ehemaligen mecklenburgischen Gutsdorf hat seit langem Niederschlag in der regionalen Geschichtsschreibung gefunden.[36] Volkskundliche Aspekte sind bisher weniger beachtet worden, obgleich sie sich förmlich anbieten. Aus der Fülle der Probleme soll eines herausgegriffen werden, das schon in anderen Abschnitten dieses Kapitels eine Art Leitfaden dargestellt hat: das Zugtierproblem. Die Materialien dafür liegen quellenkritisch gründlich aufgearbeitet vor.[37]

Die Ausgangslage im Herbst 1945 war katastrophal, das Zugvieh zu einem großen Teil verschleppt, ausgemergelt, krepiert. 11779 Pferde konnten aus dem Bodenreformfonds an die Neubauern verteilt werden; hinzu kam eigener Pferdebesitz solcher Umsiedler, die mit ihren Trecks Mecklenburg erreicht und ihre Pferde nicht eingebüßt hatten. Ende 1945 entfiel statistisch nur auf jede dritte Neubauernstelle ein Pferd, Ende 1946 auf nahezu jede zweite eines. Zugochsen waren 1946/47 bei noch nicht einmal 6 Prozent der Neubauern vorhanden, und bei Zugkühen erreichte die Prozentzahl 1947 nur 4,5 bis 7,3. Nun sind die Statistiken hier möglicherweise unvollständig, und Kuhanspannung mag tatsächlich häufiger vorgekommen sein. Dominierend aber war sie in der mecklenburgischen Bodenreformwirtschaft ganz offensichtlich nicht.

Dies widerspricht nun in auffälligster Weise sämtlichen betriebswirtschaftlichen Anordnungen und Empfehlungen, wie sie von allen maßgeblichen Seiten den Bodenreformbauern erteilt worden waren und immer wieder neu erteilt wurden. Die 6. Durchführungsverordnung zum Landwirtschaftsgesetz bestimmte z.B., 25 Prozent aller Kühe anzuspannen – ein Ziel, das niemals erreicht wurde, weder bei den Neubauern noch bei kleinen und kleinsten Altbauern. Wenn es nach den Autoren der führenden agrartechnischen Zeitschrift der Sowjetischen Besatzungszone – „Deutsche Bauerntechnik", herausgegeben seit 1946 –

gegangen wäre, hätten sich hundert Prozent der Bodenreformbauern dem Argument beugen müssen, wonach für den bäuerlichen Betrieb dieser Dimension allein die Zugkuh rentabel sei. Man leistete viel Überzeugungsarbeit und half auch praktisch, indem thüringisches Vieh, das besser als die einheimische Rasse für den Zug geeignet war, eingeführt wurde, indem Kuhgeschirre (Dreipolsterkummete) bei Handwerksbetrieben und sogar industriell in Auftrag gegeben, ja sogar leichtere landwirtschaftliche Fahrzeuge für Kuhzug entworfen und gebaut wurden.

Bei der Mehrzahl der Bodenreformbauern in Mecklenburg fruchtete dies alles nicht. Jedermann strebte nach einem Pferd, und besaß er es endlich, mußte – zumal bei den Neubauern der größeren Kategorie – ein zweites her. Mitte 1947 gab es bei 6,1% der Neubauern mehr als ein Pferd; der Anteil der Neubauern, die überhaupt Pferde besaßen, betrug immerhin schon 56,4%. Die Zahlen steigerten sich weiter, bis 1952/1953 fast alle Neubauernwirtschaften 1–2 Pferde im Besitz hatten und ein Zustand erreicht war, vor dem Fachleute der landwirtschaftlichen Betriebsführung eindringlich gewarnt hatten, daß nämlich ein unverantwortbar großer Teil des Ackerlandes der Neubauernwirtschaften dem Anbau von Pferdefutter geopfert wurde.

Bemerkenswerterweise schlossen sich die Umsiedler unter den Neubauern davon nicht aus. Mir sind Fälle bekannt, daß selbst Umsiedler aus dem Sudetenland, denen der Rinderanspann von Haus aus vertraut war, als Neubauern in Mecklenburg glaubten, nicht auf Pferdeanspannung verzichten zu können. Das Leitbild wurde also gesetzt durch die regionale Tradition der neuen Heimat, durch eine Wertorientierung, die nicht nur die der einheimischen Groß- und Mittelbauern war, sondern auch die der Kleinbauern und selbst die der ehemaligen Knechte und Tagelöhner, die auf den Gütern mit Pferden gearbeitet hatten, ohne sie selbst zu besitzen. Bei dieser Gruppe von Neubauern kann man davon sprechen, daß Pferdebesitz für sie ein besonderes Symbol ihrer politischen Befreiung, wirtschaftlichen Unabhängigkeit und persönlichen Tüchtigkeit darstellte. Tradition und Hierarchie der Werte erwiesen sich bei der Mehrheit der Bodenreformbauern hinsichtlich der Spannviehfrage somit als bestimmend gegenüber dem betriebswirtschaftlichen und gesamtvolkswirtschaftlichen Kalkül.

Natürlich hatten die Neubauern auch ökonomische Argumente bei der Hand: Das Pferd besitzt die doppelte Zugkraft der Kuh bzw. sogar – rechnet man hinzu, daß die Kuh möglichst nur halbtägig zum Zug eingesetzt werden sollte – effektiv die vierfache Zugkraft; das Arbeitstempo des Pferdes ist höher, was bei allen Ackerarbeiten und besonders bei Fuhren einen positiven Ausschlag gibt (usw.). Das sind Fakten, die dem Arbeitspferd historisch den Vorzug vor dem Arbeitsrind (und später der Zugkuh) verschafft hatten. Hinter diesen historischen Stand zurückzugehen, hätte in den Augen der Neubauern Rückschritt bedeutet. Die ideell fixierte Kulturstufe wurde unter großen Opfern wieder zu erreichen versucht und tatsächlich erreicht, bevor man sie in einer weiteren historischen Etappe überwand.

Dies geschah schrittweise zwischen 1952 und 1960. Es war nicht zuletzt das Zugkraftproblem, das den Übergang von der einzelbäuerlichen zur genossenschaftlichen landwirtschaftlichen Produktion auf die Tagesordnung setzte. Die in den Maschinen-Traktoren-Stationen konzentrierte schwere Technik, mit der allein zeitgemäß produziert werden konnte, verlangte größere Betriebsflächen. Ökonomische Einsicht und politische Reife der Bauern, allen voran der Neubauern, ebneten den von der Arbeiterklasse vorgezeichneten Weg vom Ich zum Wir. Die letzte, entscheidende Wegstrecke im Frühling 1960 wurde unter der Losung „De Appel is riep" bewältigt.

Der Sieg sozialistischer Produktionsverhältnisse in den Alt- und Neubauerndör-

LPG-Bauern in Alt Schwerin, Kreis Waren. Um 1960

fern der Bezirke Rostock, Schwerin und Neubrandenburg vollzog sich weder konfliktlos noch gemütvoll und keineswegs allein durch die Überzeugungskraft plattdeutscher Argumente. Er wurde von Menschen durchgesetzt, die ihresgleichen und sich selbst nicht schonten. Viele Bauern waren darunter, Persönlichkeiten, die inzwischen in das kollektive Gedächtnis ihrer engeren Region eingegangen sind wie Egon Feldt (Damshagen) und Ernst Wulff (Schulenberg), beide Neubauern seit 1946 und LPG-Vorsitzende seit 1952. Kein mecklenburgischer Bauer vor 1945 hatte in seiner Zeit in solchem Ausmaß Geschichte gemacht.

Zu den im Spätsommer des Jahres 1952 gegründeten Landwirtschaftlichen Produktionsgenossenschaften gehörte die LPG „Ernst Thälmann" in Stellshagen im Klützer Winkel (als Typ I registriert 11.9.1952, als Typ III 1.6.1953).[38] 8 Neubauernwirtschaften mit 7 männlichen und 5 weiblichen Arbeitskräften machten den Anfang unter der Leitung des gewählten Vorsitzenden Egon Feldt, eines Stellshäger Neubauern und Tagelöhnersohnes. Das Areal der LPG betrug 1953 62,88 ha; das genossenschaftlich gehaltene Vieh bestand aus 5 Arbeitspferden, 12 Kühen, 17 Häuptern Jungvieh, 5 Sauen, 40 Mastschweinen, 29 Läufern und Ferkeln, 5 Schafen und 42 Hühnern; bescheiden war der genossenschaftliche Besitz an Gerätschaften: 1 luftbereifter Wagen, 9 eisenbereifte Wagen, 2 Gespannpflüge, 6 Eggen (usw.) – die Maschinen für den Feldbau stellte die MAS Damshagen. Von den Schwierigkeiten des Anfangs haben uns die Genossenschaftsbauern vielfältig und anschaulich berichtet, von Rückschlägen, aber auch von Erfolgen, die schon vor 1960 die Mitgliederzahl beträchtlich ansteigen ließen (1959: 55, auch aus Nachbardörfern).

Schwierig war die Einhaltung der Fruchtfolge auf den zusammengelegten, aber zunächst immer noch verstreut gelegenen Ackerflächen, problemlos nicht einmal deren Benennung. Oft behalf man sich mit Flurnamen, die den Familiennamen des einstigen Siedlers, jetzigen LPG-Mitgliedes, enthielten, z. B. „Riekhoffs Acker". Interessanterweise wurden die alten Schlagbezeichnungen der Junkerwirtschaft nicht reaktiviert.

Das Großvieh zog etappenweise in LPGeigene Ställe um, zuerst das Milchvieh. Es wurde bis 1960 von Hand gemolken. Die Kühe behielten weitgehend ihre Eigennamen aus der einzelbäuerlichen Zeit. 1954 hießen sie – 23 an der Zahl – *Adele, Brandi, Fanni, Gerda, Grete, Hanni, Johanna, Laura, Lene, Liesa, Liese, Lieschen, Luise, Lotte, Maria, Monika, Nelke, Panther, Polli, Renate, Rosi, Toni, Vera* – ein auch namenkundlich interessanter Befund, der gegenüber den Verhältnissen des 18./19. Jahrhunderts eine ausgesprochene Vornamenmode erkennen läßt, die neben älteren Namen wie *Liese* und *Lotte* auch ganz moderne einschließt. Bemerkenswert ist, daß kein Name mehrfach auftaucht – sicherlich schon ein Resultat „ausgleichender" Namengebung oder wenigstens Variantenbildung *(Liesa, Liese, Lieschen)* durch die LPG-Bäuerinnen unter den neuen betriebswirtschaftlichen Verhältnissen.

Anders bei den Pferden, die 1955 in Stellshagen folgende Namen trugen: *Anton, Arno, Binder, Max* (2x), *Moritz, Minzlaff, Paul, Schwarzer* (2x) und *Greta, Hanni, Liese, Minka, Paula*. Bei den doppelt vorhandenen Namen fügte man gegebenenfalls den des einstigen Besitzers hinzu; *Binder* und *Minzlaff* hießen allein nach ihren Vorbesitzern. Aus Erinnerungsberichten geht hervor, wie einzelne Bauern an ihren Pferden hingen, auch nachdem diese in die LPG eingebracht waren. Ende 1960 gab es in der neuen, vergrößerten LPG „Ernst Thälmann" 73 Pferde und 12 Fohlen, einen Höchststand, der in der Folgezeit planmäßig abgebaut werden konnte und mußte.

Um 1960 stand vieles, wenngleich nicht alles, im Zeichen radikalen Wandels. An erster Stelle veränderte sich der Charakter der Arbeit, vor allem in den LPG des Typs III. Facharbeiterausbildung, Arbeit in Brigaden, Einsatz moderner Technik, gesetzlich geregelte Arbeitszeit waren wesentliche Neuerungen in der bäuerlichen Arbeitswelt. Am schwierigsten gestaltete sich das Umdenken von individualwirtschaftlicher Alleinverantwortung zur genossenschaftlichen Mitverantwortung. Noch war z. B. auch die Einsicht in die Notwendigkeit unterschiedlicher Eigentumsformen von Großtechnik in den MTS (volkseigen) und sonstiger Technik (genossenschaftlich), wie sie 1959 ein Berichterstatter in dem LPG-Musterdorf Mestlin, Kr. Lübz, schon antraf, nicht überall verbreitet. Hier handelte es sich um ein Agrarflugzeug, dessen Herkunft und Zweck wie folgt erläutert wurde: „Hüren deiht uns dat nich. Wi laten uns dat blot af un an mal eens kamen ... Dat bruken wi to 'n Dünger- un Gesarol-Streuden." – „Ward juch dat nich bannig dür?" – „Nee, kosten deiht dat twors wat, oewer wat sport uns dat för Tied un Arbeit! Denn so ward dat ümmer noch billiger as dat ollmodsche Streuden."[39]

Widersprüchlich wirkte sich die verbliebene Individualwirtschaft aus, vor allem in den LPG des Typs I, aber selbst in denen des Typs III, wo sich nicht mehr die gesamte Viehwirtschaft, sondern nur noch eine „Individualkauh" pro Genossenschaftsmitglied und einige Schweine in privater Hand befanden. Die anfallenden Arbeiten am frühen Morgen und späten Nachmittag verlängerten den Arbeitstag enorm, belasteten die Bauern – besonders die Frauen – schwer und machten den jetzt garantierten Urlaub oft illusorisch. Andererseits beförderten sie die bäuerlichen Einnahmen.

Während unserer Feldforschung in den Jahren 1961–1964 konnten wir interessante Feststellungen über Konstanz und Wandel in der bäuerlichen Lebensweise bis 1960/61 treffen. Das Bild war noch uneinheitlich, die Einebnung des Unterschiedes zwischen ehemaligen Altbauern und Neubauern,

Großbauern und Kleinbauern, Altmitgliedern und Neumitgliedern von LPG eben erst angebahnt. Individueller Wohlstand, begründet durch „Freie Spitzen"-Verkauf und ausgedrückt durch Automobil, Fernsehgerät usw., zeigte sich aber nicht mehr beschränkt auf die großbäuerliche Schicht. Umgekehrt wirkte das Erbe dörflicher Rückständigkeit nicht nur auf ehemalige Kleinbauern und Neubauern. Bei fast allen LPG-Bauern stand die Pumpe noch unweit des Misthaufens.

Im Besitz eines zwiespältigen Erbes bäuerlicher Kultur und Lebensweise, dachte die Mehrheit der Bauern in jener Zeit über Erbepflege kaum nach. Altes Ackergerät wurde benutzt, solange dies sinnvoll war, und dann stehen gelassen, wo es sich gerade befand (und nicht etwa, wie heute, im Vorgarten aufgestellt). Wagenräder drehten sich quietschend auf den vielfach unbefestigten Landwegen und verrotteten schließlich samt dem Wagen, sobald sie keinen Dienst mehr taten (ohne daß mit ihnen die Hauswand drapiert worden wäre). Häuser, Mobiliar und Haushaltstechnik befanden sich häufig noch im Vorkriegszustand, den zu überwinden jedermann bestrebt war, und dies zunehmend mit Erfolg, wobei die Frage nach der Bewahrungswürdigkeit des Erbes normalerweise nicht auftauchte. Viel freundlich, selten barsch geäußertes Unverständnis ist damals in Mecklenburgs Dörfern den Volkskundlern entgegengebracht worden, die sich „för de ollen Hüser" und „den ollen Kram" interessierten, statt sich mit ihren Interviewpartnern über den neuesten „Amiga-Cocktail" zu unterhalten, den *der Fernseh* jüngst ins Haus gebracht hatte.

Überhaupt das Fernsehen! Der Apparat und das Programm beschäftigten die Gemüter im mecklenburgischen Dorf außerordentlich, begünstigt durch die Tatsache, daß diese Novation zeitlich mit der allgemeinen LPG-Mitgliedschaft, die schrittweise mehr Freizeit für die Bauern und Bäuerinnen erbrachte, etwa zusammenfiel. Vorübergehend entstanden sogar „Fernsehgemeinschaften", die Nicht-Besitzer mit Besitzern von Apparaten zusammenführten. Ein Mitautor dieses Buches, regelmäßig (aus anderen Gründen) zu Gast in einer LPG-Bauernfamilie, pflegte 1960/61 als abendlicher Besucher mit den Worten begrüßt zu werden: „Sett di hen, hett all anfungen." Eine wohnkulturelle Folge des Fernsehens war die stärkere Verlagerung des Feierabends in die „Gute Stube", die man zuvor weniger benutzt hatte und in der jetzt die vielfrequentierte Neuanschaffung stand.

Der hohe Anteil von Dörfern innerhalb der Siedlungsstruktur dürfte mitverantwortlich dafür sein, daß bei der Ausstattung mit Fernsehgeräten pro 100 Haushalte (1962) beispielsweise der Bezirk Schwerin mit 33,0 über dem DDR-Durchschnitt von 30,5 lag, während er bei den Waschmaschinen (10,8 zu 13,4) und den Kühlschränken (7,6 zu 12,2) zurückstand.[40] Hier deuten sich regionale Besonderheiten des Ausgleichsprozesses zwischen Land und Stadt in manchen Bereichen der Lebensweise an.

In vielen Dörfern entstanden Denkmäler zur Erinnerung an den genossenschaftlichen Zusammenschluß der Bauern. Oft wurde der Sockel aus den ausgepflügten Grenzsteinen aufgemauert, was allerdings keine mecklenburgische Besonderheit war. Regionales Traditionsbewußtsein wuchs erst keimhaft neu heran, gespeist aus Vorstellungen der alteinheimischen Bauern, die jetzt genossenschaftlich integriert waren, vor allem aber aus den Intentionen der neuen führenden Kraft auf dem Lande, der LPG-Vorsitzenden, Produktionsleiter, Brigadiere usw., oft ehemaliger Neubauern und Industriearbeiter. Durch sie wurden regionale Traditionen mobilisiert, die in die Zukunft weisen sollten. Eine Vorstellung davon vermitteln die Namen der 1960/61 gegründeten LPG. Unter ihnen herrschte zwar eindeutig das überregionale Namengut vor: „Einheit", „Glückauf", „Frohe Zukunft" u. ä., auch bei den Namen nach Vorbildpersonen: „Ernst Thälmann" (17x), „Thomas Müntzer" (13x), „Karl

Altbauhof bei Dargun, Kreis Malchin. Zustand um 1972

Marx“ (12x) – so die Reihenfolge im Bezirk Schwerin 1961/62 auf den Plätzen zwei bis vier. Den ersten Platz (23x) nahm „Fritz Reuter“ ein! Erwähnenswert hinsichtlich der regionalen Traditionen sind „John Brinckman“ (3x), „Heinrich Seidel“, „Jürn-Jacob Swehn“ und „Klaus Störtebeker“ (je 1x).[41] Die Namen von Müntzer bis Thälmann stehen für den revolutionären Prozeß und seine Erkenntnis bei den Agitatoren und Bauern allgemein. „Fritz Reuter“ bildet die Besonderheit in Mecklenburg, der Name steht für die heimatliche Tradition, für die Verbindung von Heimat und Sozialismus bei den Bauern.

Symbole bäuerlicher Arbeit wurden für Dorfwappen, MTS- und LPG-Signets (Beschilderung von Toren, Fahrzeugen usw., Briefköpfe) verwendet, und zwar in bezeichnender Auswahl und Reihenfolge: Der Traktor wurde zum Symbol, als er noch selten war, Realität schon, aber auch begehrtes Ziel. Traditionelle Gerätschaften tauchten auf, als die Traktorisierung beendet war. Die Mitglieder der LPG „Glückauf“ in Altbauhof bei Dargun, Kr. Malchin, beschlossen 1971 die Errichtung eines Denkmals aus Anlaß des Jahrestages der DDR. Auf den Sockel stellten sie das alte Pfluggerät der mecklenburgischen Bauern, Symbol härtester Arbeit und bäuerlichen Stolzes: den Mecklenburgischen Haken (Abb.). Die Inschrift lautet:

De Hakenplauch – Vergangenheit
För dat Nige sträben – sünd wi bereit.

Anmerkungen

1 Paul Steinmann, Bauer und Ritter in Mecklenburg, Schwerin 1960.
2 Jochen Richter, Spätfeudale Bauerngilden in Mecklenburg, Jahrbuch für Wirtschaftsgeschichte 1983, Teil 1, S. 99–122.
3 Jahrbücher des Vereins für mekl. Geschichte und Alterthumskunde 3 (1838), S. 165–167.
4 Hans Witte, Kulturbilder aus Alt-Mecklenburg, Leipzig 1911, Bd. 1, S. 21.
5 Friedrich Mager, Geschichte des Bauerntums und der Bodenkultur im Lande Mecklenburg, Berlin 1955, S. 222–226.
6 Neue vollständige Gesetz-Sammlung für die Mecklenburg-Schwerinschen Lande, Bd. 4, Parchim 1840, S. 25–27.
7 Staatsarchiv Schwerin, Rep. 92: Domanialämter; Stadtarchiv Rostock, Rep. Kämmerei u. Stadtgüter.
8 Georg Krüger u. Heinrich Ploen, Dreißig Dörfer des Fürstentums Ratzeburg, Schönberg ^{2}1926.
9 Quellen wie Anm. 7, vgl. auch Ulrich Bentzien, Zur Periodisierung der landwirtschaftlichen Arbeitswelt ..., in: Wandel der Alltagskultur seit dem Mittelalter, hrsg. von Günter Wiegelmann, Münster 1987, S. 119 bis 137.
10 Ulrich Bentzien, Tiereigennamen, Deutsches Jahrbuch für Volkskunde 14 (1968), S. 39–55.
11 Quelle: Staatsarchiv Schwerin, Rep. 92, D. A. Doberan, Nr. 3308–3327.
12 Ulrich Bentzien, Haken und Pflug, Berlin 1969.
13 Alexander von Lengerke, Landwirthschaftliche Statistik der deutschen Bundesstaaten, Bd. 2/1, Braunschweig 1840, S. 203.
14 Friedrich Gotthard von Boddien, Der Mecklenburgische Haken ..., Oldenburg 1840, S. 188f., 229 u. ö.
15 Jochen Richter, Zur Schriftkundigkeit mecklenburgischer Bauern im 17. Jahrhundert, Jahrbuch für Wirtschaftsgeschichte 1981, Teil 3, S. 79–102.
16 Die Heimat 2 (1908/09), S. 238f.
17 Wossidlo-Archiv, Abt. ch, Allg.: Schwartz, Zernin, 11. 8. 1920.
18 Staatsarchiv Schwerin, Rep. 92, D. A. Doberan, Nr. 3308.
19 Mussäus, Ueber die niedern Stände auf dem flachen Lande von Meklenburg-Schwerin, Jahrbücher des Vereins für mekl. Geschichte und Alterthumskunde 2 (1837), S. 107–140; Ludwig Fromm, Mecklenburg. Ein niederdeutsches Landes- und Volksbild, Schwerin 1860.
20 Richard Wossidlo u. Hermann Teuchert, Mecklenburgisches Wörterbuch, Bd. 2, Berlin 1957, Sp. 81ff.
21 Stadtarchiv Rostock, Rep. 1. 1. 10, Kämmerei u. Hospitäler, Nr. 7491.
22 Ebenda, Gewettsakten, Schiffsregisterakte 507, Litt. M.
23 Richard Wossidlo, Reise, Quartier, in Gottesnaam, Bd. 2, Rostock 1943, S. 99f.
24 Henry Gawlick, Die Entwicklung des ländlichen Mobiliars unter besonderer Berücksichtigung der Wohnkultur des Domanialbauern Südwestmecklenburgs in der Epoche des Übergangs zum Kapitalismus, Dipl.-Arbeit, Leipzig 1983.
25 Ulrich Bentzien, Landbevölkerung und agrartechnischer Fortschritt in Mecklenburg, Berlin 1983, S. 125f.
26 Stadtarchiv Rostock, Rep. 1. 1. 10, Kämmerei u. Hospitäler, Nr. 8372, vgl. Nr. 6511, 7083, 7492, 8374 u. a.
27 Karl Baumgarten, Die Tischordnung im alten mecklenburgischen Bauernhaus, Deutsches Jahrbuch für Volkskunde 11 (1965), S. 5–15.
28 Mager (wie Anm. 5), S. 400–407.
29 Richard Wossidlo, Mecklenburgische Volksüberlieferungen, Bd. 2, Die Tiere im Munde des Volkes, Wismar 1899, S. 63.
30 Stadtarchiv Rostock (wie Anm. 26), Nr. 8081, 8082, alt 2629 (kassiert).
31 Hermann v. Wenckstern, Existenz-Bedingungen seßhafter Landarbeiter, Berlin 1909.
32 Staatsarchiv Schwerin, Hofkarten „Reichsnährstand".
33 Zum folgenden Bentzien (wie Anm. 25), S. 157.
34 Hans Erichson, Das Kassenbuch eines mecklenburgischen Büdners, Jahrbuch für Volkskunde und Kulturgeschichte 22 (1979), S. 171–196.
35 Die Quelle, nach der Ulrich Bentzien die hier angeführten statistischen Angaben zitiert bzw. errechnet hat, war trotz intensiver Recherchen bisher nicht zu ermitteln.
36 Siegfried Kuntsche u. Siegfried Schlombs (Hrsg.), Dokumente zur Bauernbefreiung, Schwerin 1975, Dok. 133; Otto Rühle, Vom

Untertan zum Staatsbürger, Berlin 1958; Siegfried Kuntsche, Die „Gemeinwirtschaft“ der Neubauern. Probleme der Auflösung des Gutsbetriebes und des Aufbaus der Neubauernwirtschaften ..., Diss., Rostock 1970.

37 Siegfried Kuntsche, Zur wirtschaftlichen Situation des werdenden Neubauerndorfes in Mecklenburg-Vorpommern. Das Zugkraftproblem, Wissenschaftl. Zeitschrift der Universität Rostock, Gesellschafts- und sprachwiss. Reihe 21 (1972), S. 149–165.

38 Wossidlo-Archiv Rostock, Abt. Damshagen, N 1 ff.

39 Uns' Kalenner (Rostock, Hinstorff) 1960, S. 61.

40 Statistisches Jahrbuch Bezirk Schwerin, Schwerin 1967, S. 135; Statistisches Jahrbuch der DDR 15 (1970), S. 355.

41 Amtl. Fernsprechbuch Bezirk Schwerin, Ausg. 1962; auf derselben Quelle beruhend: Anneliese Krug, LPG-Namen im Bezirk Schwerin, Schweriner Blätter 4 (1984), S. 50–55.

Landarbeiter

VON ULRICH BENTZIEN

Frühe Lohnarbeit

Die Frühgeschichte des Landarbeiters beginnt auch in Mecklenburg schon während des Feudalzeitalters. Auf den Rittergütern, auf den domanialen Pachthöfen, auf den Bauhöfen der Städte und Klöster begegnen uns außer Knechten und Mägden vor allem seit dem 16. Jahrhundert zunehmend landlose oder landarme Arbeitskräfte, die – normalerweise verheiratet – nicht dem eigentlichen Gesinde zuzurechnen sind. Man nannte sie nach der Art des Lohns „Tagelöhner" (teilweise „Insten"), nach ihrem unselbständigen Wohnverhältnis „Einlieger" oder – nach bestimmten Tätigkeitsmerkmalen – „Drescher" und „Häker" (dies war ein mit dem gutsherrlichen Hakenpfluggespann arbeitender Mann). Ihre Zahl mehrte sich stetig, als mit dem feudalen Bauernlegen die bäuerlichen Frondienste der Zahl nach zurückgingen, und sie nahm schlagartig zu, nachdem die Frondienste in den neunziger Jahren des 18. Jahrhunderts weitgehend abgelöst worden waren. Jetzt herrschte im mecklenburgischen Gutsdorf eindeutig die Lohnarbeit vor, unfreie Lohnarbeit allerdings, denn wie die Bauern und das Gesinde, so waren auch die Gutstagelöhner in Mecklenburg bis 1820 durchweg leibeigen oder „unterthan", wie es allgemein in den Quellen heißt.

Reste feudaler Unfreiheit, aber auch Reste von Produktionsmittelbesitz blieben in der etwa 150jährigen Geschichte des altmecklenburgischen Gutstagelöhners lange erhalten. Sie prägten den historischen Entwicklungsweg des Tagelöhners vom Prototyp zum Typ des kontraktlich gebundenen Landarbeiters in Mecklenburg zumindest das ganze 19. Jahrhundert hindurch. Und sie prägten auch die Entwicklung der Lebensweise und Kultur dieser zahlenmäßig stärksten Klasse auf dem Lande in hohem Maße.

Die Ausgangssituation sei an einem konkreten örtlichen Beispiel (das wir noch öfter heranziehen werden) verdeutlicht. In der Gutsherrschaft Damshagen im ritterschaftlichen Amt Grevesmühlen waren 1794 die Hofdienste der Bauern und Kossaten durch Geldrente abgelöst worden. Im Jahr der mecklenburgischen Volkszählung – 1819, also kurz vor Aufhebung der Leibeigenschaft – arbeiteten auf dem Rittergut Damshagen mit einer Betriebsfläche von etwa 450 ha (ca. 400 ha LNF) je 5 ledige Knechte und Mägde, dazu als Holländereigesinde – also in der verpachteten Milchwirtschaft – 2 Knechte und 7 Mägde, ferner – als verheiratete Arbeitskräfte – 1 Schweinehirt, 1 Kuhhirt, 1 Schäfer mit Schäferknecht und 1 Jäger mit Knecht. Die weitaus stärkste Gruppe unter den Arbeitskräften aber bildeten 19 Tagelöhner mit ihren Ehefrauen.[1]

Die Namen der Tagelöhner und die Mädchennamen der Tagelöhnerfrauen verweisen, wie nicht anders zu erwarten, auf die Herkunft aus alteingesessenen Bauernfamilien im Bereich der Gutsherrschaft und der nächsten Umgebung, wobei der Wechsel in den Tagelöhnerstatus in der Regel zwei bis drei Generationen (auch weiter) zurücklag und sich 1819 jedenfalls kein ehemaliger, „gelegter" Bauer unter den Tagelöhnern befand. In nur zwei Fällen bei den Männern und in einem Fall bei den Frauen waren noch die Väter Bauern gewesen. Der Tagelöhnerstatus war hier somit schon „erblich", und er blieb es weitgehend.[2]

Das Durchschnittsalter der Damshäger Tagelöhner betrug im August 1819 annähernd 47 Jahre, das ihrer Frauen 40 Jahre. „Hüsung" in einem der Tagelöhnerkaten und damit Heiratserlaubnis hatten sie mit durchschnittlich 29 1/2 bzw. 24 Jahren erhalten. Bei vielen Familien befanden sich aufgrund dieser Altersstruktur die Kinder nicht mehr im Haus – 3 bis 4 waren es im Durchschnitt gewesen, wobei der Mittelwert selbst am seltensten erreicht wurde, vielmehr Kinderreichtum (bis 8) einerseits und vor allem 1- und 2-Kind-Ehen andererseits häufiger vorkamen. Von 15 dieser Tagelöhnerfrauen ließen sich im Pfarrarchiv auch die Sterbedaten ermitteln: Demnach wurden die Frauen durchschnittlich 65 Jahre, die Männer (13 Fälle) 67 1/2 Jahre alt.

Der im folgenden zitierte Pachtvertrag zwischen der adligen Gutsherrschaft und dem bürgerlichen Pächter von Damshagen galt von 1818 bis 1836, also bis weit in die Zeit nach Aufhebung der Leibeigenschaft hinein. In ihm waren u.a. die Löhne und die Arbeitszeit der „Insten", zunächst der männlichen, festgeschrieben (ßl = Schilling).

von Martini bis Lichtmeß	den	Tag	8 ßl
Von Lichtmeß bis Maitag	"	"	9 ßl
Von Maitag bis zur Ernte	"	"	10 ßl
Für Erntearbeit (...)	"	"	12 ßl
Von Vollendung der Ernte bis Michaelis	"	"	10 ßl
Von Michaelis bis Martini	"	"	9 ßl

Dafür arbeiten die Insten
In den langen Tagen außer der Ernte
vormittags von 6 bis 12 Uhr
nachmittags von 1 bis 8 Uhr
In den kurzen Tagen,
wie die Tage ab- und zunehmen,
vom Tagwerden bis zum Dunkelwerden
In der Ernte
von morgens 5 Uhr bis Sonnenuntergang,
wenn gemähet, wenn eingefahren wird,
des Abends solange man sehen kann;
dabei mittags 1 Stunde zum Essen,
9 Uhr vormittags zum Hochimt 1/2,
nachmittags zum Vespern 1/2 Stunde
Die Instenfrauen
müssen für Wohnung und Garten den
gewöhnlichen Hoftag wöchentlich tun.
Für jeden anderen Tag erhalten sie

Von Martini bis Fastnacht	5 ßl
die übrige Zeit des Jahres	6 ßl
aber in der Ernte	7 ßl

Sie kommen in der Kornernte
von 6 Uhr morgens bis abends spät,
solange die Umstände es erfordern,
außer der Ernte in den langen Tagen
von morgens 7 bis abends 7,
in der Heuernte
bis 8 Uhr abends,
in den kurzen Tagen
von Aufgang bis Untergang der Sonne;
wenn nicht (ein-)gefahren wird,
von morgens 6 bis abends 8,
mittags 2 Stunden frei.

Weitere Festlegungen betrafen die kostenlose Anfahrt von Arzt und Hebamme, die Gestellung von 8–10 Quadratruten Brachland (wahrscheinlich für Kartoffeln), die Aussaat von 1 Faß Lein (wofür 3 „Frauentage" extra zu leisten waren), die Weidegenehmigung für 1 Schwein (gegen Hütelohn), den Anteildrusch und garantierte Preise für den Ankauf von Milch, Butter und Getreide beim Holländer bzw. auf dem Gut.[3] Dabei kostete 1 Scheffel Roggen 48 ßl (= 1 Rthlr.), 1 Scheffel Gerste 32 ßl. Auf eine fünfköpfige Tagelöhnerfamilie rechnete man alle 14 Tage 1 Scheffel (ca. 40 Liter) Roggen als Brotgetreide und alle vier Wochen 1 Scheffel Gerste als Grützkorn. Das entspricht einer kohlehydratereichen Kost, angereichert durch Fleisch und Fett aus der Schweineschlachtung und durch einen nicht näher bestimmbaren Anteil an eigenen Milchprodukten und Gartenfrüchten.

Grobe Nahrung und harte Arbeit entsprachen einander. Was mecklenburgische Tagelöhner leisten mußten und leisteten – ob mit dem Pfluggespann, bei der Ernte oder als Drescher –, rief das Erstaunen auswärtiger Beobachter hervor. Nach zeitgenössischen Quellen und nach Auskünften von Gewährsleuten Richard Wossidlos, die

Mecklenburgischer Häker. Kupferstich, 1774

sich an Arbeitsverhältnisse vor 1850 erinnerten, rekonstruieren wir den Arbeitstag eines Häkers, der mit Wechselochsen arbeitete – ein nur in Mecklenburg und seinen unmittelbaren Nachbarlandschaften angewandtes mörderisches Arbeitsverfahren.[4]

Morgens, noch vor Sonnenaufgang, zieht der Häker mit zwei Ochsen zu Feld. In der Dämmerung spannt er die Tiere vor den Haken, der abends am Ackerrain geblieben ist. Ein prüfender Blick gilt noch einmal der Einstellung des Hakens, ob „Snut" oder „Noors" nicht zu hoch oder tief stehen, ob „Hinnersahl un Isenspitz een Linie sünd". Gegen 4 Uhr beginnt er dann gemeinsam mit den anderen Häkern zu arbeiten. Endlos lang ist die ihm zugeloste „Kawel". Jetzt heißt es, einerseits mit allen anderen Schritt zu halten, andererseits nicht vor dem „Vörhœker" zu wenden; denn wer beim „Ümtoggholien" aus der Reihe fällt, wird sogleich gehänselt. Mit dem Ruf „to di!" oder „von di!" bzw. „hüh!" oder „hott!" dirigiert der „Hœker" seine Ochsen nach links oder rechts. – Gegen 8 Uhr legt man eine Frühstückspause von einer knappen Viertelstunde ein. Inzwischen ist der „Jung" mit frischen Ochsen eingetroffen, denen jetzt das Joch aufgelegt wird. Während der Junge die abgespannten Ochsen auf die Weide oder in den Stall bringt, hat der Häker seine Arbeit von neuem aufgenommen. Wieder liegen vier lange Stunden vor ihm, und ganz kurze Verschnaufpausen sind nur an den „Hakenwendingen" gestattet. Der „Hœkerspruch" gibt den Gefühlen des Häkers beredten Ausdruck:

De Hœker, de Knœker
harr Hunger in 'ne Darm,
Hei möößt vör Hunger
hinner 'n Haken herscharrn.
Hei dörft nich murrn,
hei dörft nich gnurrn,
Hei möößt still
hinner'n Haken herschurrn.

Haken mit Joch: Einritzungen am Scheunentor durch die Knechte. Frühes 19. Jahrhundert. Bartenshagen, Kreis Bad Doberan

Um 12 Uhr endlich ist Essenspause; die Frau, die Kinder oder der Ochsenhirte haben das Mittagbrot herausgebracht. Nach dem Essen bleibt noch Zeit für etwas Ruhe, d. h., einige Züge aus der „Hœkerpip", die so manchem zünftigen Häker freilich auch während der Arbeit kaum jemals ausgeht. Noch vor 13 Uhr sind die Ochsen ein weiteres Mal gewechselt, und das erste Paar geht wieder im Joch. An ein Ausruhen ist auch jetzt nicht zu denken; was sich der Pflugknecht gelegentlich erlauben darf – nämlich einen kurzfristigen Arbeitstausch mit seinem „Plauchdriwer" –, ist dem allein arbeitenden Häker verwehrt. Das Nahen des letzten Wechsels zwischen 16 und 17 Uhr verraten die Tiere durch immer häufiger werdendes Gebrüll; sie sind es gewöhnt, pünktlich abgespannt zu werden. Wieder kommt der „Jung" mit dem zweiten Paar der „Wesselossen". Die Häker halten eine Vesperpause, und der eine oder andere begutachtet wohl auch kritisch die Arbeit des Nachbarn. Da fliegen Scherzworte hin und zurück wie: „Hest luter Kösters un Preesters (Buer un Eddelmann) hakt", d. h., eine Furche zu tief, die andere zu flach gegeben, „Hest 'n schönen Pudel makt" (ein Stück ungepflügt gelassen), „Wisst woll de Ünnerierdschen söken?" (zu tief gehakt); „Dat hett de Mullworm man 'n bäten ümräten" (zu flach); ein tief ausgepflügtes Loch wird auch „Swienskuhl" genannt, und von der ungeraden Furche heißt es: „So krumm pißt jo keen Bull!" Dem unerfahrenen „Jung", der sich erstmals mit dem Haken versucht, rät man, „he süll sick de Kitteltaschen got vull Feldsteen packen, denn sleiht de Haken nich hen und her, denn güng he wisser". – Jetzt beginnt der letzte Tagesabschnitt der Hakarbeit. Er ist zwischen 20 und 21 Uhr beendet. Schon im Dämmern spannt der Häker die Tiere aus, verwahrt Leine und Hakeisen und zieht zu Hof, wo die Ochsen vom Futterknecht in Empfang genommen werden. Der morgige Tag wird bringen, was der heutige gebracht hat: „De Ossen würden wesselt, de

Hœker müßt uthollen." Ein Leben lang.

Dabei wurde mit dem Mecklenburgischen Haken nicht nur harte, sondern auch gute Arbeit geleistet. Als Wilhelm Hamm, der namhafte Förderer englischer Landmaschinen- und Bodenbearbeitungstechnik in Deutschland, um 1850 mecklenburgische Tagelöhner bei der Arbeit mit dem Haken beobachtet hatte, zollte er ihnen hohes Lob: „Und wie die Mecklenburgischen Akkersleute, die Häker, zu haken verstehen! Sie wissen eine meilenlange Furche zu ziehen, so gerade, wie ein Lineal, wenn sie nur ihr Terrain zu übersehen vermögen. Ich habe mich an ihrer Arbeit innig gefreut."[5]

Für die herkömmlichen Arbeitsverfahren – und sie dominierten noch überall – galt der mecklenburgische Tagelöhner als hinlänglich qualifiziert. Zum Erwerb des notwendigen Arbeitswissens genügten unverändert die Anschauung und die mündliche Tradierung. Zwanglos erwarb der Tagelöhnernachwuchs die Fähigkeit, die in Form und Funktion überlieferten Geräte zu bedienen, zu warten und teilweise selbst zu fertigen (Dreschflegel, Sensenbäume, Eggenzinken, Hakengerippe). Gewisse Neuerungen in der täglichen Arbeit wie der Übergang von der Ochsen- zur Pferdeanspannung oder auch neue Gerätschaften wie der Radvorgestellhaken und die Ackerwalze, die nur die Muskelkraft unterstützten bzw. einen einzigen Arbeitsgang zweckmäßig ersetzten, blieben an den Menschen, an seine Hand und sein Auge begreiflich, anschaulich gebunden und wurden daher ohne größere Schwierigkeiten bewältigt. Bei der Einführung gänzlich neuartiger Geräte wie z. B. englisch-schottischer Bodenwendepflüge oder erster Arbeitsmaschinen (Häckselmaschine u. a.) kam es vorübergehend zu Äußerungen des Un- und Mißverständnisses, ehe die Tagelöhner, die damit umgehen sollten, sich darauf einzustellen verstanden. Die „Dummheit" der „Leute" wurde von den Junkern vielfältig beklagt, aber nie auf die Ursache, den Mangel an Bildung und landwirtschaftlicher Fortbildung, zurückgeführt.[6]

Tagelöhnerleben im 19. Jahrhundert

Die Lebensstationen eines Tagelöhners waren üblicherweise: Geburt im Katen eines Gutes oder eines großen Bauernhofes (denn auch wirtschaftsstarke Bauern hielten 1–2 verheiratete Tagelöhner), Hütejunge schon während der Schulzeit, Kleinknecht in der Viehwirtschaft, Groß- oder Pferdeknecht, in der Zwischenzeit Soldat – wenn man kein Freilos zog –, Heirat und Anstellung als Tagelöhner, Altenteiler in der Tagelöhnerwohnung eines Sohnes oder einer Tochter. Dieser Lebensweg im engsten sozialen Binnenraum war vorgezeichnet, aber nicht garantiert. Heiratserlaubnis und Niederlassungsrecht wurden von der Ortsobrigkeit und vom Dienstherrn – in der Regel ein und derselben Person – nach wirtschaftlichem Kalkül und persönlicher Willkür erteilt oder verweigert. Wossidlos Gewährsmann Barten in Altheide, geboren um 1820, erinnerte sich: „Wenn 'n heuraten wull, denn würden niege Stäwel köfft, dee müßt man kort un klein loopen, ihrer man de Erlaubnis tom Heuraten kreeg. Früher hebben se männigmal poor Johr loopen, bet dat erlauwt würd."[7] Vor allem der Mangel an Wohnungen, an „Hüsung", in den Gutsdörfern ließ oft genug das Landarbeitshaus in Güstrow zur Zwischenstation und – stärker nach der Jahrhundertmitte – Amerika zur Endstation werden. Manche Männer blieben lebenslang Knecht, viele wechselten als ungelernte Gelegenheitsarbeiter in die nächstgelegenen Städte über.

Wir verbleiben bei den im Dorf gebliebenen Tagelöhnern und fragen weiter nach ihrer Lebensweise und Kultur. Nachlaßverzeichnisse aus der Rostocker Umgebung gewähren Einblick in die Verhältnisse von Tagelöhnerfamilien auf Gutshöfen (3) und auf großen Bauernhöfen (10).[8]

Der angehende Tagelöhner, der einen Hausstand gründete, mußte zunächst im Besitz der notwendigsten Arbeitsgeräte sein, die nun – im Gegensatz zur Knechtszeit – nicht mehr vom Gutshof gestellt wurden. Zur Grundausstattung gehörten Sense und Dengelgeschirr, Dreschflegel, Gaffel und Wurfschaufel, Forke, Hacke, Spaten, Axt und Beil, oft in mehreren Stücken vorhanden bzw. im Verlauf des Tagelöhnerdaseins ständig erneuert und teilweise ergänzt durch weitere Gerätschaften wie Säge, Zugbank und Schiebkarre. Neben diesem bescheidenen Produktionsmittelbesitz brachte der junge Tagelöhner nur seine Knechtslade mit ein samt der Kleidung, darunter den blauen oder grauen leinenen Arbeitskittel, einen sonntäglichen Tuchrock und ein Paar Stiefel. Besondere Beachtung verdient die Lade. Es handelte sich bei ihr während der ganzen ersten Hälfte des 19. Jahrhunderts selbst in den stadtnahen Rostocker Hospitaldörfern Groß Schwaß, Schlage, Göldenitz und Dalwitzhof ausschließlich um Laden im engeren Sinne (vgl. Abb. S. 41), also den älteren Typ des Verwahrmöbels. Ein einziges Mal wird ein Tisch genannt, der so ausgesehen haben mag, wie ihn Wossidlos Gewährsmann Barten beschrieben hat: „As ick heuraten ded', gew een Timmermann mi 'n Stück Brett, dor steek ick poor Been in – dat wir mien Disch. Twölf Johr lang hadd ick wieder (weiter) nicks – dor heff 'ck mi 'n Stohl köfft."

So lange wie Barten, dessen Frau das 16. von 17 Kindern eines Tagelöhners war, brauchten nicht alle Tagelöhnerfamilien auf jegliche Wohnkultur zu verzichten. In der Regel brachten die jungen Frauen eine bescheidene Aussteuer ein, die außer Kleidung, Bettzeug und dem notdürftigsten Hausrat auch mehr oder weniger Mobiliar umfaßte: mindestens eine Lade und wahrscheinlich eine Bettstelle, manchmal einen Tisch mit Stühlen, seltener einen Schrank. Statt oder neben der traditionellen Lade taucht in Aussteuer- und Nachlaßverzeichnissen von Tagelöhnerfrauen auch der Koffer als Novation auf, allerdings mit bemerkenswerter Verspätung gegenüber den Verhältnissen in Bauern- und Handwerkerfamilien. Vgl. die folgende Übersicht („tannen" bedeutet stets ‚aus Kiefer').

Eingebrachtes Mobiliar von Tagelöhnerfrauen in Rostocker Hospitaldörfern (1. Hälfte 19. Jahrhundert)

(1. Spalte: ungefähres Heiratsjahr)

(1810)	1 tannene Bettstelle, 1 eichene Lade
(1818)	2 tannene Laden
(1828)	1 Bettstelle
(1830)	1 Bettstelle, 2 tannene Laden, 1 Schrank, 1 Tisch, 3 Stühle, 1 Kannenborte
(1837)	1 zweischläfrige Bettstelle, 1 eichene Lade, 1 eichener Koffer, 1 Bank, 6 Stühle, 1 kleiner Spiegel, 1 Küchenschrank, 1 Tassenborte
(1838)	1 Bettstelle, 1 eichener Koffer mit Eisenbeschlag, 1 Schrank, 1 Stuhl
(1840)	1 Lade, 1 Kleiderschrank
(1840)	1 Bettstelle, 1 tannene Lade, 1 tannener Koffer, 1 tannener Tisch, 2 Stühle, 2 Borten
(1842)	1 tannene Bettstelle, 2 tannene Laden
(1845)	2 Bettstellen, 1 Wiege, 2 Koffer, 1 Tisch, 3 Stühle, 1 Spiegel, 1 Kannenborte, 1 Eßschrank
(1847)	1 Wiege, 1 eichene Lade, 1 tannene Lade, 1 Kleiderschrank, 1 Tisch, 3 Bänke, 5 Stühle, 1 Wanduhr, 1 Küchenschrank
(1850)	1 Lade, 1 Kleiderschrank, 1 Tisch, 1 Bank, 4 Stühle, 1 Spiegel, 1 Wanduhr, 1 Hängeborte

In drei Fällen (1830, 1847, 1848) befanden sich Kaffeegeschirr, einmal (1830) ein paar Teetassen in der Aussteuer: wenige und offenbar wenig wertvolle Stücke ohne Angabe des Materials. Zinnlöffel kommen vereinzelt (1847) vor. Ein Gesangbuch wird häufig erwähnt.

Während der Ehejahre wurde der Besitz durch gemeinsame Arbeit bescheiden erweitert. Ein Schwein gehörte allemal dazu, eine Häcksellade und anderes Vieh- und Hauswirtschaftsgerät. An die Stelle der selbstgezimmerten Bank traten im Lauf der Zeit vermehrt Stühle. Ein Tisch war stets vorhanden, ein Schrank zumeist auch, ferner Küchenmobiliar in Form eines Eßschranks und einer Kannenborte. Neben hölzernen Löffeln sowie Tellern, Schüsseln und Töpfen aus Irdenzeug zählten auch je eine Kanne und Schüssel aus Zinn vereinzelt noch zu den Neuanschaffungen (zwischen 1828 und 1845), ferner Glasbouteillen, aber offenbar kein Stück Fayence oder gar Porzellan. Kaffeemühle und Kaffeegeschirr tauchen außerhalb der Mitgiftverzeichnisse vorerst selten auf. Dagegen wurde während der Ehejahre der Wunsch nach dem Besitz eines kleinen Spiegels und einer Stubenuhr mit Gehäuse bemerkenswerterweise häufiger realisiert. Die Tagelöhner erstrebten demnach mehr Kultur und Lebensqualität, sie wollten zeitgenössische Neuerungen in der Lebensweise mitvollziehen und blieben doch in mancherlei Hinsicht einem schon überlebten Niveau verhaftet (Lade als Verwahrmöbel, Irdenware als tägliches und Zinn als „gutes“ Geschirr, Gesangbuch als einzige Lektüre) bzw. konnten gewisse Fortschritte verspätet allenfalls nachvollziehen. Dabei lieferte augenscheinlich die bäuerliche Lebensweise und Kultur das Leitbild.

Nahrung war zumeist ausreichend, Geld weniger als notdürftig, Bildung am wenigsten in den Tagelöhnerfamilien vorhanden. Der Tagelöhnersohn Barten, geboren um 1820 in Schutow bei Rostock, berichtet über die Schulverhältnisse im Dorf: „Wer 'n klein bäten lihrt hadd, dee künn scholmeistern. Mien Lihrer wir 'n Snieder, dee müßt sien Brot mit de Nadel nebenher verdeenen. Dat Räken un Schrieben kost'te 'n Schilling för 'n Winter – mien Oll hadd keenen Schilling.“ Es kam noch vor, daß Gutsobrigkeiten überhaupt die Einrichtung einer Schule hintertrieben, wie 1831–1836 die Affäre Golchen-Kaarz-Necheln zeigte.[9]

„Schräben Schrift“ zu lesen, geschweige denn selbst schreiben oder auch nur die Unterschrift leisten zu können, war um die Jahrhundertmitte den meisten mecklenburgischen Tagelöhnern unmöglich. Die ehrlich gemeinte Angabe in der liberalen Publizistik, daß 1848 über 50 000 mecklenburgische Tagelöhner demokratische Forderungen nach Besserstellung ihrer ökonomischen, politischen und rechtlichen Lage unterschrieben hätten,[10] läßt sich durch zeitgenössische Originalquellen präzisieren: Es waren mehr Kreuze als Namenszüge (Abb.).

Nach Richard Wossidlos Ermittlungen gehörten die Tagelöhner zu den treuesten Überlieferungsträgern der geistigen Volkskultur im mecklenburgischen Dorf dieser

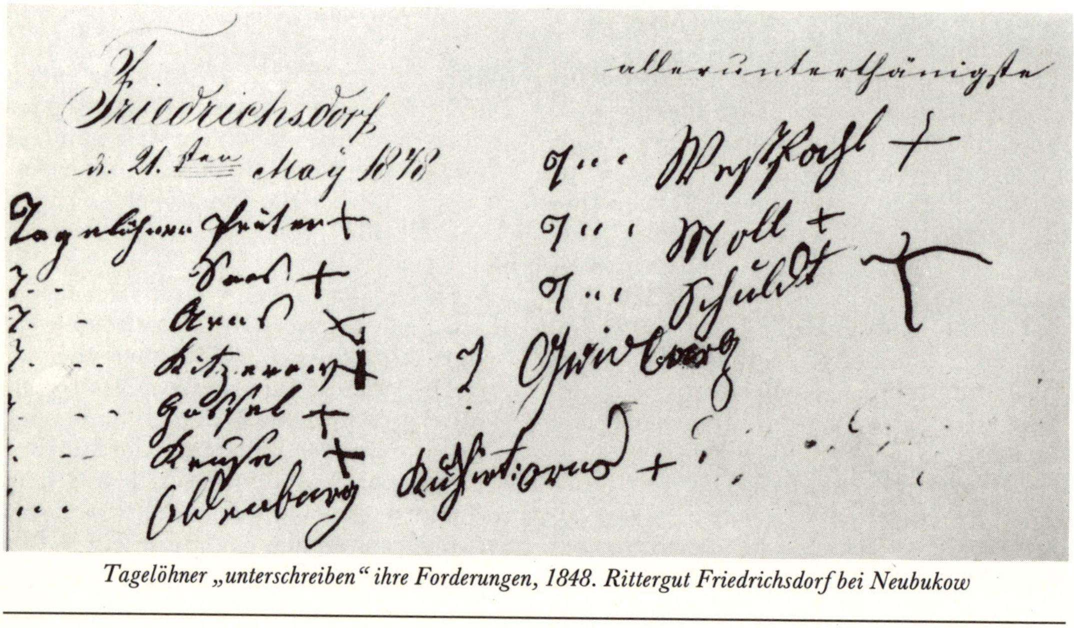

Tagelöhner „unterschreiben“ ihre Forderungen, 1848. Rittergut Friedrichsdorf bei Neubukow

und der folgenden Zeit. Sie bewahrten die überlieferte Volksdichtung in beachtlicher Breite und Vielfalt der Genres, sie rezipierten und bereicherten den antifeudalen Duktus vor allem des Sagengutes, aber sie verblieben auch bei Anschauungen des Volksglaubens, die ihnen die Erkenntnis von Natur, Technik und Gesellschaft schwer machten.

Fritz Reuter läßt seinen Inspektor Bräsig im Jahre 1846 berichten, daß die Pastoren die Menschen zur Buße ermahnt hätten, da mit der bevorstehenden Sonnenfinsternis der jüngste Tag nahe herbeigekommen sei. „Zu Lütten-Bibow haben die Tagelöhner die Arbeit niedergelegt und haben ihre bischen Habseligkeiten an die Juden verkauft un saufen nu den ganzen Tag, indem sie ihr Eigentum hier noch verzehren wollen.“[11]

Eine reale Bedrohung der Existenz brachten die Kartoffelkrankheit und die entsprechenden Mißernten der Jahre 1845 bis 1848. Eine weitverbreitete Anschauung machte dafür die Dämpfe der Eisenbahn verantwortlich, deren erste mecklenburgische Streckenabschnitte zu derselben Zeit in Betrieb genommen wurden: „De Rok sleiht up de Ird dal, un dorvon kriegen de Getüffel dat mit de Krankheit.“ In vielen Prophezeiungen, die man u.a. einer „Dachlöhnerdiern“ in Tüzen zuschrieb, wurde das rätselhafte, unheimliche Phänomen Eisenbahn – „Wagen ahn Pier“ – als Anzeichen des nahen Endes gewertet.[12]

Die gescheiterte Revolution brachte dem mecklenburgischen Tagelöhner keine bürgerlichen Freiheiten, sondern einige zwiespältige Zugeständnisse: als ökonomisch wichtigstes das Recht, eine Kuh halten zu dürfen, und als sozial folgenreichstes die Möglichkeit, statt der Ehefrau einen Hofgänger zur Arbeit auf das Gut zu schicken. Diese Fortschritte waren zugleich Rückschritte, weil sie den Entwicklungsweg zu rein kapitalistischen Arbeitsverhältnissen blockierten. Der Besitz einer Kuh konnte quasi-bäuerliches Eigentümerbewußtsein hervorrufen, und – gravierender noch – die Bezahlung eines Hofgängers barg die Gefahr in sich, eine Art Arbeitgeberbewußtsein entstehen zu lassen. Wie wurden Mecklenburgs Tagelöhner mit diesen und anderen Problemen in der zweiten Hälfte des 19. Jahrhunderts fertig?

Die Tagelöhnerkuh wurde in Mecklenburg normalerweise nicht in einem eigenen Stall am Katen ihres Besitzers, also nach bäuerlicher Art, gehalten, sondern die Tagelöhnerkühe des Dorfes waren sämtlich mit den Kühen des Gutshofes gemeinsam eingestallt. Füttern, Ausmisten, Weidegang und Decken unterlagen überhaupt nicht der Disposition des Tagelöhners, sondern wurden vom Gut aus erledigt. Kälber wurden nicht aufgezogen, sondern gleich verkauft. Allein das Melken besorgte die Tagelöhnerfrau; früh und abends zog sie mit Eimer und Melkschemel in den Viehstall des Gutshofes und kehrte mit der Milch heim, die nur zum geringsten Teil getrunken, gekocht und zu selbstverzehrter Butter verarbeitet wurde. Der größte Teil der aus ihr erzeugten Butter wurde verkauft und verbesserte die geringfügigen Geldeinnahmen (Tagelohn um 1866 für Männer 10 ßl, in der Ernte 14 ßl; für Frauen oder Hofgänger 6 ßl, in der Ernte 7 ßl bei 80 unentgeltlich zu leistenden Tagen pro Jahr).

Trotz oder wegen des räumlichen Getrenntseins von dem wertvollsten Besitztum, das die Kuh (plattdeutsch „Ollsching“) für jede Tagelöhnerfamilie darstellte, sorgte man sich ständig um das Wohlergehen des Tieres. Ein ersatzloser Verlust wäre katastrophal gewesen, weshalb sich die Tagelöhner entsprechend sicherten. Kommerziellen Viehversicherungen gingen sie zumeist aus dem Wege. Vielmehr gründeten die Tagelöhner in den Gutsdörfern besondere Kuhkassen. „De Dörpkass wir billiger as anner Kassen. Alle Monat betahlten se föftig Penning, so lang, bet för twee bet dree Köh nog Geld dor wir (d.h. im Schadensfall 2–3 Haupt angekauft werden konnten). De Vörmeiher oder Staathöller (der oberste Tagelöhner) bröcht dat Geld nah 'n Herrn, dee bröcht dat nah de

Sporkass, dat dat Tinsen drägen ded. Mit 12 Johr müßt 'ne Koh rut ut de Kass." Bezeichnend ist es, daß die Tagelöhner dieses höchst einfache Finanzgeschäft teilweise dem Gutsinspektor übertrugen und nicht in völliger Eigenregie besorgten.[13]

Wieviel der Besitz einer Kuh bedeutete, war allen Tagelöhnern einsichtig. Wie wenig er objektiv bedeutete, erweist sich im Blick auf den Produktionsmittelbesitz der Junkerwirtschaften, der sich seit dieser Zeit bedeutend vermehrte. Dies betraf zunehmend auch die Produktionsinstrumente, darunter die ersten effektiven Arbeitsmaschinen, allen voran die Dreschmaschine (Abb. S. 90). Sie griff in die Arbeits- und Lebensverhältnisse der Gutstagelöhner nachhaltig ein. Eine traditionelle Haupteinnahme nämlich, der Drescherlohn in Form eines Anteils am Druschergebnis, wurde durch den Maschineneinsatz zunächst empfindlich geschmälert und später völlig durch Tagelohn in Geld ersetzt. In den fünfziger und sechziger Jahren führten die mecklenburgischen „Drescher" einen zähen Kampf gegen die Herabsetzung der Anteilquote von 1/16 bei Flegeldrusch auf 1/25 bei Maschinendrusch. Letztlich unterlagen sie.[14] Ohne Übertreibung kann man feststellen: Einen Teil dessen, was die Tagelöhner durch die Kuh gewannen, verloren sie durch die Dreschmaschine.

Der agrartechnische Fortschritt, der um Mecklenburg keinen Bogen machte und von einzelnen mecklenburgischen Gutsbesitzern sogar entschieden vorangetrieben wurde, wandelte die Arbeitsverhältnisse der Knechte und Mägde, der Tagelöhner und Tagelöhnerfrauen, der Freiarbeiter und Hofgänger in den verschiedenen Bereichen der Feld- und Viehwirtschaft unterschiedlich rasch. Im Getreidebau, der weiterhin vorherrschte, trat neben die Arbeit mit dem Mecklenburgischen Haken zunehmend die Arbeit mit modernen Bodenwendepflügen, die Handaussaat wurde durch den Einsatz von Breitsä- und Drillmaschinen ersetzt. Am längsten erhielt sich die herkömmliche Erntetechnologie. Mecklenburg gehörte zu den Landschaften, in denen die Sense seit alters das einzige Mähwerkzeug war und nicht erst im 19. Jahrhundert an die Stelle der Sichel trat. Die lange Tradition der Sensenmahd war verbunden mit eindeutiger geschlechtlicher Arbeitsteilung auf dem Erntefeld und hohen Anforderungen an die Arbeitsleistung. Nur die Männer mähten, nur Frauen und Mägde banden das Getreide. Beim „Utswaden" folgte dem Mäher eine Binderin, beim „Bihaugen" waren es zwei.

Einen Erntetag unter Gutstagelöhnern und Gutsgesinde am Ende des 19. Jahrhunderts hat Richard Wossidlo gründlich dokumentiert.[15] Die Äußerungen der Erntearbeiter sind in den Zitatenschatz der volkskundlichen Literatur eingegangen, weshalb hier nur einige Worte und Sätze wiederholt werden sollen. Größte Sorgfalt galt der einwandfrei schneidenden Sense. Am Abend gedengelt („hoort") und auf dem Erntefeld ständig nachgeschärft („sträken"), mußte die *Seiß* wie „Giftstahl" durch das Korn gehen. Höhnische Bezeichnungen für eine schlechte Sense wie „Kes'metz", „Kniew", „Aashack", „Messhaken", „Arwtenplücker" waren ebenso gefürchtet wie Tadel und Spottreden über mangelndes Können: „Dien Swadd süht jo ut, as wenn dor 'ne krank Koh grast hett." Gleiches mittleres Arbeitstempo zu halten, war das Bestreben der Mehrheit. Langsamkeit wurde getadelt, forsches Tempo bewundert, aber auch gescholten, wenn es nur im Angesicht des „Herrn" erbracht wurde: „Dee will sick wat seihn laten vör den Herrn, dee will sick andremmeln."

Leew' Sünn, gah dienen Gang,
uns Haw'lüüd' ward de Tiet all lang.

So lautete ein stoßgebetartiger Spruch der Erntearbeiter, die ein Ende des oft 14stündigen Tages herbeisehnten. Stolz auf das Vollbrachte, Galgenhumor und Verzweiflung sprechen aus weiteren Äußerungen: „Hüüt güng dat för de Welt; hüüt hebben wi hinnerhaugt, dat dat Kuurn man so fla-

Erntearbeit in der Art des 19. Jahrhunderts (fotografiert um 1930)

gen is. – Hüüt hebben wi uns eens ornlich de Knaken mör (mürbe) makt un uns Gewalt eens utlaten. – Hier behöllt 'n jo dat leew' Läben nich bie – dor kann de Düwel Minsch bi blieben. – Wenn w' von dit Kalw af sünd, ward nich wedder bullt. – Ick bün poggenmöd', dodenmöd' ..., mi sangeln de Knee, mi sacken de Knaken tosamen."

Seit dem Ausgang des 19. Jahrhunderts wurde die Erntearbeit durch den Einsatz von Mähmaschinen schrittweise umgestaltet. Die Erntemäher standen der neuen Technik zunächst hilflos und mißtrauisch gegenüber, wie Richard Wossidlo festgehalten hat, und sie zeigten sich – bei der Aussicht, zu Bindern degradiert zu werden – auch um ihren Lohn besorgt: „De Maschinen dat sünd 'ne Knieptang' för uns armen Lüd'; dor willen se uns de Tähnen mit utbräken. – Dat sünd dee, dee uns dat Broot nähmen – dor trecken s' uns dat Broot mit ut de Tähnen."

Die Mähmaschine – später der Mähbinder – vollendete bis 1914 auf Mecklenburgs Junkerwirtschaften und Großbauernhöfen, was agrartechnisch mit dem Bodenwendepflug und der Dreschmaschine begonnen hatte: die Ablösung des Ackerbaus mit seinen überlieferten Verfahren und Geräten durch eine moderne Pflanzenproduktion und die Ablösung des Häkers, des Dreschers und des Erntemähers durch einen Landarbeiter und Saison-Landarbeiter mit zeitgemäßen Tätigkeitsmerkmalen. Neue Kulturen (z.B. Zuckerrüben), neue Verfahren und immer neue Maschinen drangen in die Arbeitswelt des Landarbeiters ein. Dabei wurde das erforderliche Arbeitswissen weiterhin allein durch Anschauung und tätige Praxis erworben, nicht etwa durch eine Lehrausbildung vermittelt.

Um 1900 wandelte sich die Selbstbezeichnung der mecklenburgischen Tagelöhner. Bisher hatten sie darauf bestanden: „Ick bün Daglöhner, ick bün kein Arbeiter." Jetzt konnte man als Zurechtweisung hören: „Daglöhner klingt so häßlich, möößt Arbeitsmann seggen." Damit übernahmen die Tagelöhner die alte Bezeichnung für den ungelernten städtischen Arbeiter, der sich seinerseits jetzt als Arbeiter zu bezeichnen begann. Dahinter stehen gewisse Wandlungen des Selbstverständnisses, die für den Landarbeiter noch wenig erforscht sind. Von proletarischem Selbstbewußtsein und proletarischer Lebensweise waren die mecklenburgischen Tagelöhner noch weit entfernt. Landwirtschaftliches Proletariat wohnte zwar auch in den Tagelöhnerkaten, aber das waren die Hofgänger: völlig besitzlose Söhne aus der Landarmut und der städtischen Arbeiterschaft sowie zunehmend Berliner Arbeitslose. Das perfide System des Hofgängerwesens hatte dem Tagelöhner die Rolle des „Arbeitgebers" zugedacht, die er überwiegend wohl in humaner Weise wahrnahm. Die von August Bebel herausgegebene Schrift „Hofgängerleben in Mecklenburg" (1896) erhebt Anklage gegen Mecklenburgs Junker, die solche Arbeitsverhältnisse schufen, glossiert allerdings auch den vergleichsweise geringen Bildungsstand der Tagelöhner.

So wenig die mecklenburgischen Tagelöhner und Knechte den Agrarkapitalismus jener Zeit durchschauten, so treffend – im doppelten Wortsinn – wußten sie konkrete Verhältnisse auf bestimmten Junkerwirtschaften und konkrete „Herren" anzuprangern. Wossidlo notierte u. a.: „Dat is 'n Schinnerknecht, 'n Blotsuuger. – Bie den hängen de Minschenfell œwer 'n Tuun. – Dor hängt dat Dodenhemd up 'n Durpost. – Dor trecken de Pierd' in Käden un de Lüüd' in Strängen. – Bie den mücht ick nich dodig sien, väl weniger noch lebennig. – Dat Lohn? Dag's frie Licht, nachts frie Quartier – de œwrigen Stunnen warden mit 'n Schacht utbetahlt."[16] Drastische Wortbilder und ironische Übertreibung sind hier Ausdruck unversöhnlicher Widersprüche. Und dennoch sagten manche: „Up 'n leegen (schlechten) Hoff is 't bäter as bie 'n goden Buern." Das bezieht sich auf den etwas höheren Lohn im größeren Betrieb, auch wohl auf den Schutz durch die größere Gemeinschaft Gleichgestellter.

Im Spiegel von Mitgift- und Nachlaßverzeichnissen läßt sich für die zweite Hälfte des 19. Jahrhunderts kein gravierender Unterschied zwischen Gutstagelöhnern und Gehöftstagelöhnern feststellen. Die folgenden Angaben beziehen sich wiederum auf häusliche Verhältnisse in Rostocker Hospitaldörfern, wobei es aufgrund der Nachlaßverzeichnisse größtenteils möglich ist, das Eingebrachte der Ehefrauen und die in der Ehe gemeinsam erarbeiteten Anschaffungen auseinander zu halten, während der mitgebrachte Besitz des Ehemannes in einigen Fällen erschlossen werden kann.[17]

Das „Arbeitsgeschirr" des Mannes blieb bezeichnenderweise dasselbe wie in der ersten Jahrhunderthälfte – nur daß es sich seinerzeit um existentiell wichtige Geräte (Sense, Dreschflegel usw.) handelte, die jetzt im Zeichen zunehmenden Maschineneinsatzes an Bedeutung für die tägliche Arbeit eingebüßt hatten. Tuchrock und Leinenkittel bestimmten das Habit des Tagelöhners am Festtag und am Werktag noch lange. Nur zwei von 19 Tagelöhnern, die zwischen 1850 und 1899 starben, besaßen keine Tuchröcke mehr, sondern Anzüge (1889, 1898); fünf Tagelöhner waren Besitzer einer Taschenuhr, deren Anschaffungszeit unklar bleibt, jedenfalls in zwei Fällen vor 1867 bzw. 1868 (den Todesjahren) liegen muß.

Was die Ehefrauen in den Hausstand einbrachten, bildete weiterhin den Grundstock des Mobiliars, des Bettzeugs usw. Wir überprüfen 13 Illatenverzeichnisse, bezogen auf Heiratsdaten zwischen 1850 und 1886, und stellen zunächst fest, daß das Verhältnis von *Laden* und *Koffern* (9 zu 12) sich zwar gewandelt hat, das altmodische Behältnismöbel Lade aber immer noch in neugegründete Tagelöhnerhaushalte mitgebracht wurde. Unter den Koffern findet sich ein einziger mit Metallbeschlag (aus Messing). Erstmalig taucht 1857 eine *Kommode* unter dem Eingebrachten auf, eine weitere 1870 und keine weitere bis 1886. Kleiderschrank, Tisch und Stühle

Initialen der Grafen Hahn am Tagelöhnerkaten. Ulrichshusen, Kreis Waren

gehörten häufig zur Aussteuer bzw. wurden während der Ehe angeschafft, ebenso Spiegel und Wanduhr. Das Haushaltsgeschirr bestand weiterhin meist aus Irdenzeug, dreimal (1850, 1867, 1875) sind „weiße Teller" – wohl aus Steingut – und zweimal (1870, 1875) Porzellanteller erwähnt. Kaffeegeschirr aus billigstem Material, darunter mehrfach eine „eiserne Kaffeekanne" (aus emailliertem Gußeisen), gab es in fast jedem Haushalt, Teegeschirr dagegen selten. Zum letzten Mal gelangte 1869 Zinnbesteck in Form von 11 Löffeln in die Aussteuer einer Tagelöhnerfrau.

Obwohl die nach etwa 1870 neuerrichteten Katen im allgemeinen Ziegelbauten waren – am Giebel oft bekrönt von den Initialen der Bauherren (nicht der Bewohner!) –, blieb der Rückstand in der Wohnkultur der Tagelöhnerfamilien gegenüber bäuerlichen und kleinbürgerlichen Verhältnissen weitgehend erhalten. Gleichzeitig ist das Bemühen erkennbar, ihn aufzuholen und sich bestimmte zeitgenössische Kulturformen anzueignen. Weitere, recht genaue Information darüber vermittelt uns das von 1874 bis 1907 geführte Anschreibebuch des Tischlers Wilhelm Zachow in Techentin bei Goldberg, Kreis Lübz,[18] bei dem alle Schichten der Dorfbevölkerung arbeiten ließen. Unter den neu angefertigten Behältnismöbeln für Tagelöhnerhaushalte kam der jetzt schon traditionelle Koffer am häufigsten vor, während die Kommode als das „neue" Möbelstück sich allmählich durchzusetzen begann (je 1 Stück verkauft 1875, 1876, 1896, je 2 1897 und 1900). Auch der Glasschrank für die Wohnstube taucht zwischen 1876 und 1900 siebenmal auf. Koffer, Kommoden und Glasschränke bestanden meist aus „Tannen"holz und waren teils einfach angestrichen, teils lackiert und nur ausnahmsweise „nußbaumpoliert", während dies bei der gehobenen Käuferschicht die Regel darstellte. Die Novation dieser Zeit, das Sofa, gab es offenbar noch in keiner Tagelöhnerwohnung (es wurde vom Sattler, nicht vom Tischler geliefert, der jedoch Sofatische in großer Zahl für Großbauern und Dorfhandwerker anfertigte und reparierte, wodurch sich der Nachweis mittelbar führen läßt). Auch Gardinenbretter, die Zachow herstellte, wurden an die Tagelöhnerkundschaft nicht geliefert. Zum Schlafen diente weiterhin die schmale Doppelbettstelle in der Wohnstube; das zusammengestellte Bettenpaar gab es nur in den Schlafstuben der Bauern (usw.). Die Tagelöhnerkinder schliefen zu zweit oder mehreren in Einzelbettstellen in der Kammer, die zugleich der Hofgänger als Schlafraum beanspruchte.

Gänzlich illusorisch wäre der Wunsch gewesen, in der Tagelöhnerwohnung noch eine sogenannte „gute" oder „beste Stube" nach dem Vorbild kleinbürgerlichen und bäuerlichen Wohnens einzurichten. Diese Mode zu übernehmen, gelang nur den Landarbeitern mit zugepachtetem Acker und eigenem Haus. Die Häusler, oft „Freiarbeiter" auf Junker- und Großbauernwirtschaften, besaßen nach gründlichen Erhebungen für die Jahre 1906–1908[19] durchweg bereits die „beste Stube", und zwar durch Raumgewinn aus der Zusammenlegung von Wohn- und Schlafstube. Sofa und Sofatisch, Kommode und Glasschrank, Spiegel und Regulator, Gardinen und Tapeten (letztere meist nur in der guten Stube) prägten bei ihnen bereits den wohnkulturellen Standard.

Weitere Angaben zur Lebensweise dieser gehobenen Landarbeiterschicht – mit fließenden Grenzen zur Kleinbauernschaft – können mit Vorsicht auf die allgemeinen Landarbeiterverhältnisse zu Beginn des 20. Jahrhunderts übertragen werden. Die Milch der einzigen Kuh wurde zu etwa einem Fünftel direkt verbraucht und zu etwa vier Fünfteln noch traditionell – in Milchsatten und nicht durch die Zentrifuge – entrahmt und mit dem Dreh- oder Stoßbutterfaß verbuttert. Die Butter verbrauchte man etwa zur Hälfte selbst, der Rest ging in den Verkauf auf dem Markt und im Dorf selbst. Als häusliches Getränk hatte sich der Mischkaffee voll durchgesetzt; durchschnittlich 10,75 kg, dazu 11,5 kg Zichorie wurden im Jahr pro Familie verbraucht. Der Durchschnittsverbrauch von Trinkbranntwein lag bei 41 Litern im Jahr oder gut 100 Gramm am Tag pro Familie (d. h. in der Regel für den einzigen männlichen Erwachsenen). Das liegt beträchtlich unter dem Quantum der Tagelöhner, das nach Berichten von Wossidlo-Gewährsleuten täglich „ein Viertel" (250 g) betragen haben soll. Der Branntwein wurde hauptsächlich während der Arbeit und teilweise zu Hause getrunken, weniger in Wirtshäusern, die es in den meisten Gutsdörfern auch gar nicht gab.

Wenn man versucht, allgemeine Züge der Lebensweise und Kultur mecklenburgischer Tagelöhner am Anfang des 20. Jahrhunderts zu ermitteln, so zeigt sich etwa folgendes Erscheinungsbild: Hundert Jahre nach der endgültigen Trennung der Tagelöhner von der Bauernschaft, aus der sie historisch hervorgegangen waren, lebte bäuerliches Erbe bei den Tagelöhnern nur noch resthaft fort, am stärksten offenbar in der geistigen Kultur, besonders der Volksdichtung, deren treueste Überlieferungsträger bis in die jüngste Vergangenheit die Tagelöhner blieben. Sie tradierten zugleich am nachhaltigsten die antifeudalen Inhalte und Aussagen im historischen Sagengut, im Volksschwank, im Sprichwort usw. Das geschichtliche Bewußtsein, aus der Bauernschaft abzustammen, war im Laufe der Generationen noch nicht überall erloschen. Ein geistig regsamer Tagelöhner wie unser Damshäger Gewährsmann Otto Warnemünde bewahrte über Vorelternberichte die Erinnerung an den „Vörfohr, dee in Gutow behauwt (im Besitz einer Bauernhufe) wäst is", und an ein letztes Familienerbstück in Form eines Bierkruges mit Zinndeckel.

Quasi-bäuerliche Züge in der Lebensweise waren bei den Tagelöhnern zweifellos vielfältig vorhanden. Sie stellten aber kein „Erbe" dar, sondern hatten sich auf dem Wege der Orientierung an kleinbäuerlicher Lebensweise – einer in Mecklenburg historisch jungen Erscheinung – neu entwickelt. Das betrifft die Haltung der Tagelöhnerkuh ebenso wie die Übernahme bestimmter Elemente der Wohn- und Nahrungskultur. Die Grenzen solcher Rezeption wurden gesetzt durch die Eigentumsverhältnisse, vor allem durch den Teilbesitz und Nichtbesitz von Produktionsmitteln. Zeitgenössisches bäuerliches Wirtschaftsdenken konnte sich in den Tagelöhnerfamilien nicht entwickeln – ein Manko, das sehr viele landhungrige Tagelöhner davon abhielt, sich in den zwanziger und dreißiger Jahren um eine Siedlungsstelle zu bewerben. Weniger als 40 Prozent der Siedler dürften ehemalige Landarbeiter gewesen sein (offizielle Angabe der Mecklenburgischen Landgesellschaft: 43,3%, darin die „Gutsangestellten" einbezogen).[20]

In weiteren Bereichen der Lebensweise und der materiellen Kultur zeigt sich deutlich die Entfernung vom bäuerlichen Standard. In den Tagelöhnerkaten wohnten ganz überwiegend 2-Generationen-Familien ohne Altenteiler. Die Tischordnung war vor 1848 nicht die altbäuerlich-patriarchalische, denn es fehlte ja als wesentliche Komponente das Gesinde in der Tagelöhnerfamilie; und die Tischordnung war nach 1848, als ein Hofgänger in den Haushalt kam, nicht die neue bäuerliche, nach der das Gesinde in der „Leutestube" aß, vielmehr aß der Hofgänger mit am Tisch der Tagelöhnerfamilie. Das Wohnen in gutseigenen Mehrhieschkaten mit 2, 4 und 8 Wohnungen unter einem Dach bedeutete im Gegensatz zum individualisierten bäuerlichen Wohnen ein Mehr an Gemeinschaftlichkeit. Die Gemeinschaftsbeziehungen, die zuallererst auch aus der gemeinsamen Arbeit erwuchsen, scheinen nach den Aussagen vieler Gewährsleute innerhalb der Tagelöhnerschaft mecklenburgischer Gutsdörfer sehr eng gewesen zu sein. Sie gestalteten sich herkömmlicherweise und auch immer wieder spontan im engsten Kreis dieser Gruppe, in der man – bei durchaus vorhandener Fluktuation zwischen einzelnen Dörfern – oft jahrzehntelang miteinander arbeitete und feierte, untereinander heiratete und die Paten suchte. Der Heiratskreis und die Patenschaften zeigen das fast völlige Abgegrenztsein gegenüber der Bauernschaft am eindeutigsten.

Landarbeiter im 20. Jahrhundert

Abgrenzung gab es auch in der entgegengesetzten sozialen Richtung, wo sich im 20. Jahrhundert und besonders nach 1918 eine neue Mehrheit der Landarbeiterschaft formierte, die enger mit der modernen kapitalistischen Agrarproduktion und deren sozialen Folgeerscheinungen verbunden war. Schon die Hofgänger hatten eine besondere, wenn auch noch ganzjährig tätige Arbeitskräftegruppe auf den mecklenburgischen Gutshöfen dargestellt, mit der die Tagelöhner nicht in allen Lebenslagen verbunden sein wollten. Ein Pfarrer berichtet, daß seine Bemühungen um die Gründung eines Gesangvereins in einem Gutsdorf daran gescheitert seien, „daß die Tagelöhner mit den Hofgängern ... aus Standesbewußtsein durchaus nicht singen wollten".[21] Um 1900 hörte das überlebte Hofgängerwesen auf. An seine Stelle trat immer mehr der „Snitt", wie man im mecklenburgischen Dorf verkürzt sagte, d. h. die Saisonarbeit gegen Akkordlohn. Die Schnitter, die sämtliche Pflege- und Erntearbeiten ausführten, stammten überwiegend aus Russisch-Polen, teilweise aus Preußisch-Polen; größere Gruppen mit deutscher Muttersprache kamen auch aus dem Netzekreis.

Von den Junkern und ihren Beauftragten angeworben, wurden besonders die polnischen Schnitter und Schnitterinnen alsbald in die Rolle von Brotdieben, Sittenverderbern und Volkstumszerstörern gedrängt. Als gefährdet erschien den „Heimat- und Wohlfahrt"-Pflegern vor allem der mecklenburgische Tagelöhner, wie u. a. aus den folgenden Auslassungen über einen Sonntagsbesuch im Rittergutsdorf Alt Schwerin, Kreis Waren, hervorgeht: „Dort in der Kirche unsere alteingesessenen mecklenburgischen Gutstagelöhner mit ihren Kindern und den Beamten, zu einem Kirchenchor vereint, die Ehre des Ewigen rühmend; in der großen, zweistöckigen

Tagelöhnerfrau
in einem mecklenburgischen Gutsdorf; vor 1930

Schnitterkaserne fremdes Volk nach einer Ziehharmonika, einer Geige und einem Baß in wildem Durcheinander tanzend, in fremden Zungen singend und sinnlos lärmend."[22] Haß diktierte diese Zeilen – und Verlogenheit. Denn die mecklenburgischen Tagelöhner waren wenig kirchlich – ganz im Gegensatz zu den polnischen Schnittern, deren katholische Konfession sie freilich zusätzlich verdächtig machte.

Oft waren es Jugendliche, fast noch Kinder, die mit den Vorschnittern nach Mecklenburg kamen, wie das Schwesternpaar Michaela und Apolonia Garbaiciak, 18 und 15 Jahre alt, denen der zuständige zaristische Kreisbeamte am 17. März 1901 einen Reisepaß ausstellte, mit dem sie bis nach Großenhof im Amt Grevesmühlen gelangten, wo sie flüchtig wurden und das Dokument zurückließen (Abb. S. 163).

Die einheimischen Landarbeiter sahen in den Schnittern zunächst Lohndrücker, Störenfriede und unerwünschte Fremdlinge. Wossidlo hat Äußerungen notiert wie: „Dat wier uns' Dot, as de Snitters kemen. – As de Räubenbu in Gang keem un de Snitters kemen, donn wier 't vörbi mit de Einigkeit."[23] Im Laufe der Jahre kam aber doch manche individuelle „Einigkeit" zustande, indem polnische Schnitter mecklenburgische Mädchen und mecklenburgische Männer polnische Mädchen heirateten. So konnte man schließlich in manchem Gutshof feststellen: „Früher wier dat all een Stamm, nu is dat versmölt't mit frömd Bloot. – Nu is dat Mischmascherie, früher wier dat eenerlei Oort Lüüd'." Man darf getrost behaupten, daß dieser ethnische und kulturelle Vermischungsprozeß nach jahrhundertelanger Isolation für das mecklenburgische Dorf auf Dauer nur von Vorteil gewesen ist.

Neben den Schnittern ist die wachsende Gruppe der „Freiarbeiter" zu erwähnen: lediger, teilweise auch verheirateter männlicher Arbeitskräfte, die nicht in gutseigenen Katen wohnten und ohne Deputatkuh, Kornlieferung und Kartoffelacker auskommen mußten. Ihr vergleichsweise höherer Lohn wurde vor allem im Akkord verdient. Schnitter und Freiarbeiter verkörperten im mecklenburgischen Dorf eine ganz neue Arbeitsweise. Endlos und schwer war der Arbeitstag schon immer gewesen, aber jetzt kamen Leistungsdruck und Arbeitshetze hinzu. Wossidlo hat auch dazu in den zwanziger Jahren einige Wertungen festgehalten: „De Arbeit wier nich so stramm früher, de Lüüd' würden nich so dräben; hüüt willen se de Tiet utnutzen. – Früher wiren se lustig bi de Arbeit, hüüt gahn se all mit Wedderwillen an de Arbeit. – Früher, wenn se ok noch so dull sweet't hadden, denn güngen se lustig na Huus; nu gahn se still na Huus."[24]

Wir kehren noch einmal in das Gutsdorf zurück, dessen Tagelöhner uns eingangs beschäftigt haben, und versuchen wiederum, am lokalen Beispiel den allgemein erfolgten Wandel zu erläutern.

In Damshagen standen im Jahre 1920 6 Mehrhieschkaten, erbaut zwischen etwa

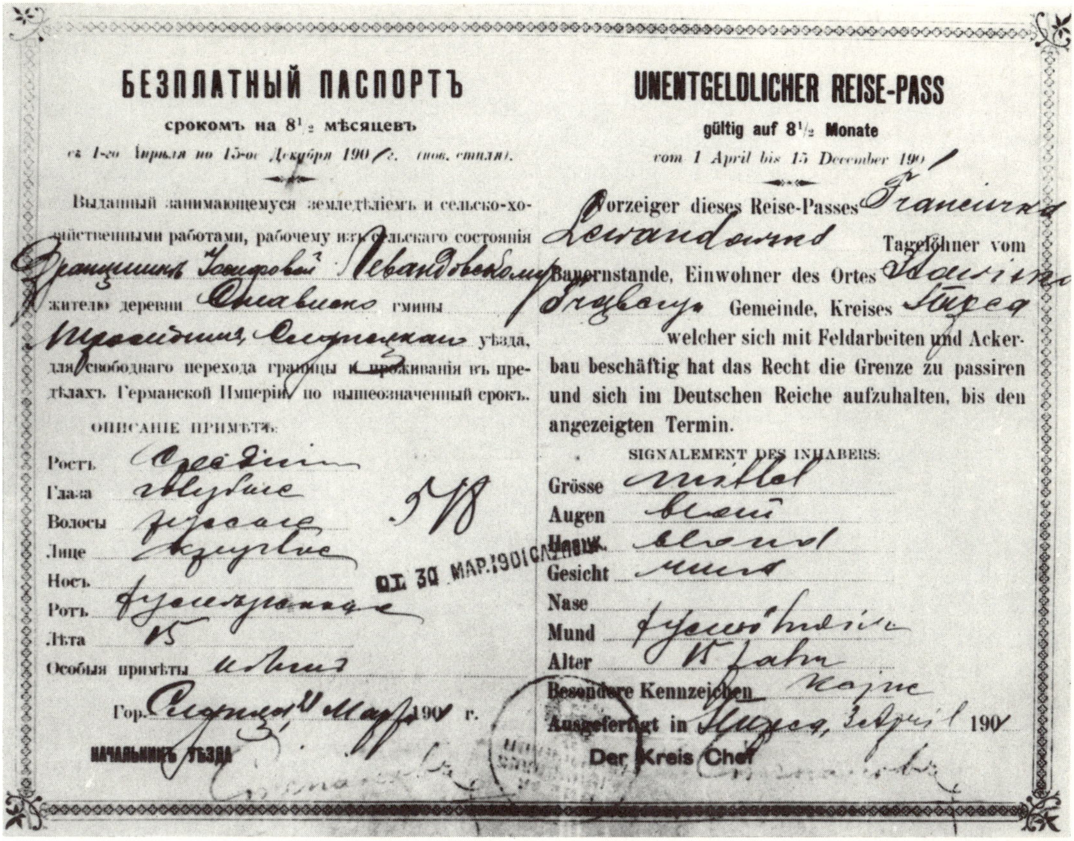

БЕЗПЛАТНЫЙ ПАСПОРТЪ

срокомъ на 8½ мѣсяцевъ

съ 1-го Апрѣля по 15-ое Декабря 1901 г. (нов. стиля).

Выданный занимающемуся земледѣліемъ и сельско-хозяйственными работами, рабочему изъ сельскаго состоянія ... жителю деревни ... гмины ... уѣзда, для свободнаго перехода границы и проживанія въ предѣлахъ Германской Имперіи по вышеозначенный срокъ.

ОПИСАНІЕ ПРИМѢТЪ:

Ростъ ...
Глаза ...
Волосы ...
Лице ...
Носъ ...
Ротъ ...
Лѣта 15
Особыя примѣты ...

Гор. ... 1901 г.

НАЧАЛЬНИКЪ УѢЗДА

UNENTGELDLICHER REISE-PASS

gültig auf 8½ Monate

vom 1 April bis 15 December 1901

Vorzeiger dieses Reise-Passes Franciszka Lewandowska Tagelöhner vom Bauernstande, Einwohner des Ortes ... Gemeinde, Kreises ... welcher sich mit Feldarbeiten und Ackerbau beschäftig hat das Recht die Grenze zu passiren und sich im Deutschen Reiche aufzuhalten, bis den angezeigten Termin.

SIGNALEMENT DES INHABERS:

Grösse mittel
Augen blau
Haar blond
Gesicht rund
Nase
Mund gewöhnlich
Alter 15 Jahr
Besondere Kennzeichen keine
Ausgefertigt in ..., 3 April 1901

Der Kreis Chef

Paß einer 15jährigen polnischen Schnitterin, 1901 flüchtig aus Großenhof, Kreis Grevesmühlen

1750 und 1850, mit zusammen 28 Wohnungen, ferner einige Nebengebäude des Gutshofes mit Wohnbelegung, ein Schmiede- und ein Müllerhaus, ein Kossatenhaus und zwei Pachtbüdnereien. Unter den Tagelöhnern finden wir direkte Nachkommen (in männlicher Linie) der Tagelöhnerfamilien von 1819: Bruhn, Dube, Eggers, Warnemünde; dagegen fehlen Böckmann, Grebien, Isernhagen, Kaben, Pleß, Qualmann, Rosenow, die aber zum Teil mit den Geburtsnamen der Frauen unterschiedlicher Generationen ausgestorben sind. Neue Namen tauchen auf, deren Träger meist aus der näheren Umgebung stammten: Blenck, Dankert, Leu, Rieckhof, Tretow, Wilcken, Willwater. Die Alteingesessenen und die zugezogenen Mecklenburger machten 20 Tagelöhnerfamilien aus. Bei 8 Familien mit den Namen Appel, Binder, Nikolajewski, Rath, Reinberger, Röhl, Semrau und Sommerfeld handelte es sich um deutsche Rückwanderer evangelischer Konfession aus Wolhynien: Söhne und Töchter von Landarbeitern und landarmen Bauern, die um 1910 das zaristische Rußland verlassen hatten und mit einigen Zwischenstationen nach Damshagen gekommen waren. Die Männer hatten teilweise den Status des „Freiarbeiters“. In demselben Arbeitsverhältnis standen vier weitere zugezogene Arbeiter, darunter ein Monteur. Der Schweizer (Obermelker) beschäftigte seinerseits drei bis vier Unterschweizer (Melker). Eine nicht genannte Zahl von Schnittern bewohnte 1920 das Müllerhaus. 1909/10 war der Vorschnitter Woltersdorf erstmals mit 25 ostdeutschen und polnischen Schnittern und Schnitterinnen am Ort erschienen. Je eine Schnitterkaserne im benachbarten Gutsdorf Stellshagen und (später) im Ortsteil Nedderhagen bildeten die Hauptunterkunft.[25]

Damit hatte sich die Struktur der Landarbeiterschaft wesentlich verändert. Neben alteingesessenen, altgedienten Tagelöhnerfamilien waren Freiarbeiter aus der näheren Umgebung und aus weiter Ferne ansässig geworden, und temporäre Arbeitskräfte (Schnitter) spielten eine bedeutende Rolle. Die unterschiedliche Lage der Gruppen und die Zersplitterung ihrer Interessen – vom junkerlichen Unternehmer zielstrebig genutzt und gefördert – erschwerten die Herausbildung einheitlicher Elemente proletarischer Lebensweise und Kultur, besonders von Organisiertheit und Bewußtheit. Dennoch machte die epochentypische Entwicklung auch um den Gutsbezirk und das Kirchspiel Damshagen keinen Bogen.

Als der Damshäger Pfarrer Peek Ende 1897 einen Dorfkaten nach dem anderen aufsuchte, um u. a. für ein christliches Wochenblatt zu werben, begegnete er sozialdemokratischen Agitatoren, die ihrerseits Aufklärungsmaterial für die Reichstagswahlen verteilten. „Ich merkte, daß die Leute doch durch manches, was die Socialdemokraten lehren und fordern, sich sympathisch berührt fühlen.“[26] In die Jahre um 1900 reichte auch die Erinnerung unserer 1960–1969 befragten älteren Gewährsleute zurück. Demnach wuchs die SPD-Anhängerschaft und -Mitgliedschaft in den Dörfern um Damshagen bis zum ersten Weltkrieg langsam, in Damshagen selbst sogar sehr langsam. Von revolutionären Ereignissen 1918 war fast nichts mehr erinnerlich, während bestimmte Aktionen in der revolutionären Nachkriegszeit für viele Jahrzehnte in das kollektive Gedächtnis und das Erzählgut eingingen.[27]

Insbesondere die Streiks auf den Gütern und die Demonstrationen in Klütz und Grevesmühlen gegen den Kapp-Putsch, die Verbarrikadierung der Junker, der Großbauern und des Pastors im neuen Damshäger Schloß, die Flucht der Familie von Plessen nach Lübeck und die Ermordung des jungen Tagelöhners Paul Brümmer im Nachbardorf Parin durch die Putschisten bewegten das Dorf, wie auch die Aktionen selbst Ausdruck der Bewegung des Dorfes, speziell der Landarbeiter, waren.

Vorbei war die Zeit der Devotion und des „Sozialfriedens“, auch in Damshagen, wo eine geschickte junkerliche Personalpolitik betrieben wurde (Aufnahme der Wolhyniendeutschen). An den Streikaktionen im März 1920 beteiligten sich alle einheimischen und einheimisch gewordenen Landarbeiter (die Schnitter waren noch nicht angereist). An einem weiteren Streik im Oktober 1922 waren alle Landarbeiter beteiligt. Besonders die Teilnahme der Tagelöhner traf den Junker Hans von Plessen empfindlich. Sie, die er als „ganz hervorragend tüchtige Arbeiter“ einschätzte und im Gespräch mit dem patriarchalischen „Du“ anzureden pflegte, strafte er mit Aussperrung und Kündigung zum 1. November 1922 – die Tagelöhner waren damit „ut de Arbeit sett't“, wie sie diesen für sie neuen Zustand nannten. Die Solidarität der im Landarbeiterverband (vgl. auch Abb. S. 92) organisierten Streikenden erzwang erstmals den Abschluß von Tarifverträgen auf der Basis von Stundenlöhnen, wobei es jedoch zu Kompromissen kam und die „Tagelöhner“ erfolgreich zweischneidige Privilegien verteidigten wie die Kuhhaltung im Gutsstall, die Gestellung von einem Morgen Kartoffelland, die Lieferung von 38 Zentnern Getreide und 14 m^3 Brennholz pro Jahr usw., was ihren Stundenlohn – nach der Stabilisierung der Mark – auf unter –,10 RM (–,90 am Tag, 20,– im Monat) drückte. Die unverheirateten Freiarbeiter erhielten Verpflegung und –,40 RM pro Stunde, im Winter allerdings nur 12,– RM pro Woche und zusätzliche Naturalien. Der (nur selten berechnete) Stundenlohn der Schnitter betrug –,22 RM, ihr Akkordlohn 18,– bis 19,– RM pro „Pasch“ (1–2 Männer, 1 Frau) und Morgen, beim Rübenverziehen bis zu 25,– RM.[28]

Koalitionsfreiheit und Streikrecht wurden in der Folgezeit nicht mehr zu kämpfe-

Arbeit mit Breitsämaschinen, noch um 1938

rischen Aktionen genutzt. Die teils noch anachronistischen, teils modernisierten Lohnverhältnisse stabilisierten sich in ihrer Gruppenspezifik, die auf unterschiedliche Arbeitsverhältnisse gegründet war. Die ehemaligen „Tagelöhner", mit den vielseitigsten traditionellen Arbeiten z. B. bei der Ackerbestellung beschäftigt, erhielten überwiegend Deputatlohn („Deputatlüd'"); die ehemaligen Knechte und Mägde, vor allem in der Viehwirtschaft eingesetzt, arbeiteten – wie auch sonstige Spezialisten (Schlepperfahrer, Melker u.a.) – gegen Stundenlohn und während der Arbeitsspitzen gegen Stücklohn („Friearbeiter"); die Saisonarbeiter – „disse hebben ümmer so 'ne Arbeit makt, wo man seggen kann: up Schaff-Akkord" – bezogen fast ausschließlich Akkordlohn („Snitters"). Einen vollen Interessengleichklang zwischen diesen Gruppen haben wir bei unseren Befragungen in den sechziger Jahren nicht heraushören können, immerhin aber Verständnis für die jeweilige Position der anderen Gruppe. Dies betraf auch die unterschiedliche Organisiertheit. Die „Tagelöhner" waren überwiegend nur im Landarbeiterverband organisiert, die Freiarbeiter – weniger in Damshagen, mehr in „roten" Nachbardörfern wie Stellshagen, Welzin, Hof Reppenhagen – vielfach in der SPD und im „Reichsbanner", die Schnitter gar nicht. Als 1932 in Damshagen-Stellshagen 13 Stimmen für die KPD ausgezählt wurden, erwirkte der Damshäger Junker die Trennung in zwei Wahllokale, um den Makel, daran beteiligt zu sein, von „seinem" Ort zu nehmen.

Ein lokales Ereignis von 1932 schied die Geister im Dorf in besonders sinnfälliger Weise. Den von Plessen war es gelungen, die drei Zeitpachtbauern im Ortsteil Nedderhagen „abzumeiern" und ihr Land – zusammen etwa 180 ha – der Junkerwirtschaft zuzuschlagen. Auf dem einen der ehemaligen Gehöfte entstand ein neues Schnitterhaus,

Gutsbesitzer mit „Altbelegschaft", 1934. Laase, Kreis Bützow

ein anderes Bauernhaus wurde entsprechend umfunktioniert. Im übrigen berührte die Schnitter dieser Akt nicht. Die Freiarbeiter zeigten Gelassenheit und kaum Anteilnahme, hatten sie es doch nicht vergessen, daß sich 1920 beim Kapp-Putsch die Großbauern mit im Plessenschen Schloß verschanzt und sich auch sonst wie Agrarkapitalisten verhalten hatten. Anders die Reaktion der alteingesessenen Tagelöhnerfamilien. Voller Empörung verurteilten sie im Einklang mit den Betroffenen dieses „Bauernlegen" als Anmaßung des Hans von Plessen, der geäußert hatte: „Die Bauern sind die Läuse im Pelz von Damshagen." Die örtliche Erzählüberlieferung, in der seit Jahrhunderten Sagen von Unrechtstaten der Adelsfamilie vital waren, erhielt durch diesen Vorgang neue Nahrung, wie noch 30 bis 40 Jahre später spürbar war.

Die Reaktivierung antifeudaler Haltungen war indessen nur ein schwaches Rüstzeug gegen den heraufziehenden Faschismus, dessen Demagogie – gerade auf dem Gebiet der Agrarpolitik – viele Landarbeiter nicht gewachsen waren. Dabei gab es ein bemerkenswertes Widerspiel der Klassenkräfte im Dorf. Bis 1933 setzten sich organisierte Landarbeiter gegen nazistische Infiltration zur Wehr. Die Verprügelung eines Nazispitzels, den v. Plessen eingestellt hatte, durch den Freiarbeiter (Rademacher) Rudolf Severin wurde zum Ereignis und zum Erzählstoff für Jahrzehnte. Ratlose Verwirrung herrschte jedoch, als der neue „Betriebsführer" Hans-Balduin von Plessen 1938/39 wegen Vergehens gegen das „Heimtückegesetz" eine Gefängnisstrafe von 15 Monaten verbüßen mußte. Nicht zur Kenntnis der Landarbeiter gelangten die konspirativen Zusammenkünfte im Schloß Damshagen, die Bernhard von Plessen 1943/44 mit adligen Hitlergegnern veranstaltete. Der taktische Sinneswandel eines Teils der herrschenden Klasse blieb denjenigen, deren Mission der antifaschistische Kampf gewesen wäre, zu diesem Zeitpunkt noch verborgen.

Merklich und unmerklich beeinflußt von Krise und Stabilisierung, von Vorkrieg und Krieg, erfolgten von den zwanziger bis zu den frühen vierziger Jahren weitere Wandlungen in der Arbeit und in der Lebens-

Am Höhenförderer. Um 1934

weise der Landarbeiter. Moderne Technik hielt kontinuierlich Einzug in die Feld- und Hofwirtschaft: Ackerschlepper, Höhenförderer und Trocknungsanlage schufen in Damshagen, einer der am durchgreifendsten technisierten mecklenburgischen Junkerwirtschaften, völlig neue Arbeitsbedingungen für einen wachsenden Teil der Stammbelegschaft, die um 1940 50 Arbeitskräfte umfaßte, darunter erstmals Facharbeiter wie Maschinenschlosser und Berufsschweizer. Leistungsdruck und Arbeitshetze nahmen zu. Die mörderische Arbeit am „Osterrieder" (Höhenförderer, Abb.) beim Mietensetzen und beim Einlagern haftete besonders nachhaltig in den Erinnerungen unserer Gewährsleute, ebenso die enorme Arbeitsleistung der „Schnitter" in der Hackfruchternte. In der eigenen Hauswirtschaft setzte das Jahr 1940 eine Zäsur, als aus Gründen kriegswirtschaftlicher Kontrolle die Kuhhalter unter den Landarbeitern die Eigenproduktion von Butter aufgeben und die Milch fortab in die Genossenschaftsmolkerei Klütz liefern mußten. In den alten und den seit 1925 neuerbauten massiven Katen herrschte keine materielle Not, wenngleich auch keine wesentlich gehobene Wohnkultur. Der Fortschritt mehrerer Jahrzehnte bestand in einem Sofa und einem Vertiko bei der älteren und teilweise einer Chaiselongue, einem Buffet und einer Kredenz bei der jüngeren Generation. Konfirmationsspruch und Hochzeitsbild bildeten den Wandschmuck. Ihn ergänzten in vielen Familien die Bilder der Eltern und von Gefallenen des ersten und schließlich des zweiten Weltkrieges.

1945 endete die Geschichte des Landarbeiters in Damshagen wie in den meisten mecklenburgischen Gutsdörfern. Kontinuierlich mit der agrarischen Großproduktion verbunden blieb nur eine begrenzte – erst in wesentlich späterer Zeit wieder steigende – Zahl von Landarbeitern in den neu geschaffenen Volkseigenen Gütern. Unter ihnen wuchsen Persönlichkeiten heran, die Geschichte machten, wie Erich Tack (1921–1978), Landarbeiter und Direktor des VEG Groß Stieten seit 1951. Auf der anderen Seite gab es von 1945 bis 1960 auch noch Landarbeiter auf Großbauernhöfen.

Massenhaft aber wurde der Weg beschritten, den der mecklenburgische Landarbeiter der Nachkriegszeit in einer revolutionär veränderten Existenz einschlug: als Bodenreformbauer. Er begann ihn mit der Last des Erbes kapitalistischer und vorkapitalistischer Ausbeutung und mit einer fehlenden Ausrüstung an betriebswirtschaftlichem Wissen. Mancher strauchelte, aber die Mehrheit ging den gewiesenen und eingeschlagenen Weg, den wir im Kapitel „Bauer" verfolgt haben.

Anmerkungen

1 Wossidlo-Archiv, Abt. Damshagen, C 700ff.
2 Ingeborg Müller, Damshagen. Aus dem Alltagsleben der Tagelöhnerfrauen, Jahrbuch für Volkskunde und Kulturgeschichte 20 (1977), S. 88.
3 Wossidlo-Archiv, Abt. Damshagen, A 32–33.
4 Ulrich Bentzien, Haken und Pflug, Berlin 1969, S. 277–280.
5 Landwirthschaftliche Annalen N. F. 7 (1852), Beiheft II/2, S. 8f.
6 Ulrich Bentzien, Landbevölkerung und agrartechnischer Fortschritt in Mecklenburg, Berlin 1983, S. 65–94.
7 Derselbe, Ein Gewährsmann Richard Wossidlos: Barten, Altheide. Kikut 5 (1980), S. 18–24.
8 Stadtarchiv Rostock, Rep. 1.1.10, Kämmerei u. Hospitäler, Nr. 9950, 8376, 7811, 7468, 7806, 8073, 2632 (alt), 6928, 7074.
9 Johannes Lachs, Die „Affäre Golchen, Kaarz und Necheln", Jahrbuch für Erziehungs- und Schulgeschichte 2 (1962), S. 229–238.
10 Th. Schinker, Adresse und Petition der Tagelöhner ..., o. O. 1849.
11 Fritz Reuter, Ut mine Stromtid. Werke, Bd. 5, Rostock 1967, S. 490.
12 Ulrich Bentzien, Das Eindringen der Technik in die Lebenswelt der mecklenburgischen Landbevölkerung, Diss. Berlin 1961, S. 168f. (J. Gillhoff), 96–118.
13 Bentzien (wie Anm. 6), S. 163.
14 Ebenda, S. 95–116.
15 Richard Wossidlo, Aus dem Lande Fritz Reuters, Leipzig 1910, S. 106ff.
16 Geschichten, Riemels un Lüüd'snack, gesammelt von Richard Wossidlo, Rostock 1978, S. 80.
17 Stadtarchiv Rostock, Rep. 1.1.10, Nr. 5728, 6519, 6811, 7087, 7468, 7806, 8073, 8074, 8089, 8376, 8377, 8750, 9144, 9239, 9950, 10287, 10288.
18 Heimatmuseum Goldberg, Inv.-Nr. 482.
19 Hermann von Wenckstern, Existenz-Bedingungen seßhafter Landarbeiter, Berlin 1909.
20 Walter Völz, Die Siedlungstätigkeit der mecklenburgischen Landgesellschaft, Berlin 1935, S. 82.
21 Die Heimat 7 (1913/14), S. 22.
22 Die Heimat 4 (1910/11), S. 30.
23 Bentzien (wie Anm. 6), S. 176.
24 Ebenda, S. 176f.
25 Wossidlo-Archiv, Abt. Damshagen, P 404 u. Pfarrkartei Peek/Müller.
26 Ebenda, P 451.
27 Gisela Burde-Schneidewind, Damshagen. Erzählüberlieferungen aus der Geschichte des Dorfes, Jahrbuch für Volkskunde und Kulturgeschichte 18 (1975), S. 119ff.
28 Wossidlo-Archiv, Abt. Damshagen, T 102, 123, 125, 104.

Handwerker

von Siegfried Neumann

Zeit der Zunft

Neben der Landwirtschaft spielte das Handwerk im wirtschaftlichen, sozialen und kulturellen Leben Mecklenburgs eine bedeutende Rolle. Es hatte sich seit dem späten Mittelalter vornehmlich in den Städten angesiedelt, und diese waren bestrebt, nicht nur den eigenen Bedarf an handwerklichen Produkten zu decken, sondern auch den innerhalb ihrer ländlichen Bannmeile.[1] So machten um die Mitte des 18. Jahrhunderts die Handwerker mit ihren Familien die größte Bevölkerungsgruppe in den meist kleinen mecklenburgischen Städten aus. Eine typische Landstadt wie Neukalen z. B. beherbergte 1751 in ihren 141 Wohnhäusern – neben 28 Ackerbürgern, 27 Tagelöhnern usw. – 85 Handwerker, die sich auf 25 Gewerke verteilten: 1 Müller, 5 Bäcker, 2 Schlachter und 3 Fischer, 10 Weber, 1 Tuchmacher, 12 Schneider, 16 Schuster und 2 Altflicker, 1 Taschenmacher, 1 Riemer und 1 Seiler, 2 Ziegler, 4 Maurer, 4 Zimmerleute, 4 Tischler und 1 Drechsler, 1 Glaser, 1 Töpfer und 2 Böttcher, 3 Rademacher, 4 Grob- und 2 Kleinschmiede, 1 Korbmacher und 1 Barbier (Chirurg). Diese 85 Meister, die noch 16 Gesellen und 5 Lehrlinge beschäftigten, bildeten einen wesentlichen Teil der Bürgerschaft. Sie hatten in der Regel Wohnung und Werkstatt im eigenen Haus; nur 12 von ihnen, darunter 4 Schneider, 2 Schuster und die beiden Altflicker, wohnten bei anderen Meistern oder bei Ackerbürgern zur Miete. Einige Meister besaßen zudem so viel Acker, daß sie Knecht oder Magd hielten,[2] die meisten bearbeiteten zumindest ein Stück Gartenland, auf das sie sich auch zurückzogen, wenn in der Werkstatt nichts zu tun war. Denn der Bedarf an handwerklicher Arbeit in einer solchen Kleinstadt hielt sich in Grenzen. Bis ins 19. Jahrhundert hinein waren nicht nur die ländlichen, sondern auch die kleinstädtischen Haushalte weitgehend auf Selbstversorgung eingestellt. Man lebte von eigengeernteten Früchten, schlachtete selbst ein und fertigte auch einfaches Haus- und Wirtschaftsgerät nach Möglichkeit selbst.[3]

So entwickelte sich das Handwerk nur langsam und unterschiedlich. Bis 1820 z. B., als Neukalen bereits über 200 Häuser und 1788 Einwohner zählte, hatte sich hier die Zahl der Schuster (und Altflicker) auf 33, die der Tischler auf 8 und die der Schlachter auf 5 erhöht, d. h. verdoppelt; auch die Riemer stellten nun 3 und die Seiler, Töpfer und Glaser je 2 Meister; und es waren einige Handwerke (je 1 Grützmacher, Kürschner, Bleicher, Scherenschleifer und Pfeifenmacher) hinzugekommen. In den anderen Gewerken allerdings blieb die Zahl der Werkstätten über 70 Jahre hinweg nahezu gleich. Trotzdem bildeten die insgesamt 113 Handwerksmeister gegenüber den anderen gewerblich Tätigen des Städtchens (7 Branntweinbrenner, 2 Brauer, 2 Gastwirte, 5 Kaufleute, 1 Apotheker, 2 Musikanten) weiterhin eine deutliche Mehrheit.[4]

Je größer die Städte waren, desto mehr Handwerker wiesen sie auf. So gab es 1820 z. B. in Rostock, der größten Stadt des Landes (mit 15000 Einwohnern), 16 Müller, 35 Bäcker und Konditoren, 38 Schlachter, 51 Fischer und 42 Gärtner, 33 Weber, 14 Tuchmacher, 3 Bleicher, 4 Färber, 97 Schneider, 4 Knopf- und 8 Hutmacher, 49 Loh- und 6 Weißgerber, 139 Schuh- und 28 Pantoffelmacher, 29 Altflicker,

Zunftzeichen der Schmiede und Schlosser im Straßenbild. Gadebusch, 18./19. Jahrhundert (1933)

21 Riemer, 7 Kürschner, 4 Pelzer und 19 Seiler, 1 Ziegler, 5 Maurer, 3 Brettsäger, 7 Haus-Zimmermeister, 45 Tischler, 19 Drechsler und 11 Stuhlmacher, 10 Glaser, 12 Maler, 8 Töpfer und 40 Böttcher, 9 Stellmacher, 30 Hufschmiede und Schlosser, 3 Pumpenmacher, 9 Klempner, 3 Kupferschmiede, 2 Zinn- und 3 Gelbgießer, 1 Nagelschmied, 9 Nadler und 3 Scherenschleifer sowie 8 Barbiere, 2 Bader, 5 Friseure, 14 Perücken- und 2 Kammacher, ferner 8 Uhrmacher, 9 Goldschmiede, 1 Petschierstecher, 2 Bildhauer, 8 Buchbinder, 2 Büchsenschäfter und eine Reihe weiterer Handwerke, die in den kleineren Städten nicht anzutreffen waren. Hinzu kamen die typischen Gewerke einer Seestadt, die (wenige Jahre nach der Kontinentalsperre) bereits wieder 96 Schiffer zählte: 4 Schiffszimmermeister, 3 Segelmacher, ein Teil der schon erwähnten Seiler, 1 Ankerschmied, 20 Schiffsnachprahmer, 40 Träger, 6 Heringshöker usw. Diese Vielzahl und Vielfalt der Handwerksberufe, die in etwa dem norddeutschen Standard entsprach, war 1820 auch in anderen Städten Mecklenburgs, den Residenzen Schwerin und Neustrelitz, der Seestadt Wismar und den drei „Vorderstädten" Güstrow, Neubrandenburg und Parchim, anzutreffen.[5] Andererseits konzentrierten sich in manchen Orten bestimmte Handwerksberufe, ohne daß Manufakturen gegründet worden wären. Eine Stadt wie Malchow mit 2509 Einwohnern z.B. beherbergte 1836 115 Tuchmachermeister mit 70 Gesellen und 56 Lehrlingen sowie 134 Spinner; und in Kröpelin mit nur 1833 Seelen gab es zur gleichen Zeit unter 220 Handwerksmeistern 93 Schuster, deren Erzeugnisse auch über den lokalen Markt hinaus vertrieben wurden.[6]

Allerdings waren der Entwicklung des mecklenburgischen Handwerks im 18./19. Jahrhundert durch die Feudalverhältnisse, speziell die gutsherrliche Einschnürung des inneren Marktes und die herrschende Zunftverfassung, bestimmte Grenzen gesetzt. Die städtischen Zünfte oder „Ämter", wie sie in Mecklenburg genannt wurden, waren im späten Mittelalter als Berufsorganisationen der verschiedenen Handwerke entstanden und hatten sich seither so weit institutionalisiert, daß sie das gesamte handwerkliche Leben bestimmten. Nach den überlieferten Amtsrollen, in denen die Satzungen der einzelnen Handwerksämter festgehalten sind, war handwerkliche Arbeit nur im Rahmen der Zunft zulässig. So wurde immer wieder genau und kleinlich festgelegt, daß innerhalb des Einzugsbereichs der Städte bestimmte handwerkliche Arbeiten nur von Angehörigen bestimmter Zünfte ausgeführt werden durften, was zu einer Aufsplitterung der Handwerke (z.B. der Schmiede in Huf-, Grob-, Klein-, Nagelschmiede usw.) und zu einem ständigen Anwachsen der Zahl der Zünfte führte.

Auch der Weg vom Lehrling zum Meister war bis ins Detail geregelt. Wollte ein

Bursche ein Handwerk erlernen, was nur bei einem städtischen Zunftmeister möglich war, so wurde bis ins 19. Jahrhundert hinein von ihm der Nachweis verlangt, daß er „niemandem mit Leibeigenschafft verwandt“ und „guter deutscher“, ehelicher Geburt sei. Wurde er angenommen, begann eine drei- bis vierjährige Lehrzeit, für die sein Meister ein Lehrgeld erhielt. Nach Verlauf dieser Zeit hatte der Lehrling durch ein Gesellenstück und ab 1765 durch eine Prüfung vor der Zunft zu erweisen, daß er seine Arbeit verstand. Anschließend erfolgten die „Freisprechung“ vor versammelter Meisterschaft und die Aufnahme in die Gemeinschaft der Gesellen. Für viele Handwerke war dann eine mindestens dreijährige Wanderschaft vorgeschrieben, in der sich der Geselle in anderen Orten umtun sollte. Wollte er nach dem Wandern einen eigenen Hausstand gründen, so mußte er das Bürgerrecht und die Meisterschaft erwerben. Er hatte dazu dreimal die versammelten Meister um Zulassung zu bitten und – wenn er ihnen unbescholten, für das Handwerk geschickt und vermögend genug erschien – das ihm auferlegte Meisterstück anzufertigen sowie ein beträchtliches Meistergeld in die Zunftkasse zu zahlen. Dabei galten für Gesellen, die die väterliche Werkstatt übernehmen bzw. eine Meisterswitwe oder -tochter heiraten wollten, gewisse Vergünstigungen, so daß sie leichter in die Zunft aufgenommen wurden.[7]

Zunftmitgliedschaft bedeutete nicht nur zünftische Privilegien (zu heiraten, eine Werkstatt zu betreiben, Lehrlinge auszubilden usw.), sondern auch ein Leben nach Maßgabe zünftischer Regeln und Anschauungen. Den Rahmen für dieses „ehrbare Leben“, das der Meister und seine Angehörigen zu führen hatten, bildeten vor allem Haus und Werkstatt. Die Handwerkerfamilie, zu der im weiteren Sinne auch Geselle und Lehrling zählten, galt als natürliche Arbeits- und Lebensgemeinschaft, in der das patriarchalische Prinzip herrschte: „Gesellen und Lehrlinge wohnten mit dem Meister unter einem Dach, aßen an demselben Tisch und aus derselben Schüssel ... Mit dem Hauswesen, dem sie eingegliedert waren, teilten sie nicht nur die gewerbliche Arbeit und den gewerblichen Erfolg oder Mißerfolg, sondern auch die häusliche Arbeit, die häuslichen Entbehrungen und die häuslichen Freuden“, wie es in einer allerdings idealisierenden Darstellung heißt.[8] Aber der Meister war für alles, was in Haus und Werkstatt geschah, der Zunft gegenüber verantwortlich. Wen er heiratete, wie er seinen Lehrling oder seinen Gesellen hielt, was und wie er produzierte – das waren Fragen, die die ganze Zunft berührten. Gleichzeitig wurden im Verhältnis der Mitmeister zueinander gegenseitige Achtung und solidarisches Verhalten erwartet. Einem anderen einen Kunden oder Gesellen abzuwerben, ihm Übles nachzureden oder ihm nicht die letzte Ehre zu erweisen, hätte bedeutet, sich außerhalb der Gemeinschaft zu stellen. Andererseits sorgte sich die Zunft um ihre Mitglieder, z.B. indem sie invaliden Meistern oder ihren Witwen einen Gesellen zuwies, der für sie die Werkstatt weiterführte, so daß die Handwerker ihr „Amt“ in hohem Maße auch als Rückhalt empfanden.[9]

Im Laufe der Jahrhunderte hatte sich bei den Handwerkern ein Standesbewußtsein herausgebildet, das seinen Anspruch aus der Meisterwürde herleitete. Die Zugehörigkeit zur Zunft gab den Handwerkern ihren besonderen Status, grenzte sie von den anderen sozialen Schichten der städtischen Bevölkerung nach „oben“ und „unten“ hin ab und erzeugte ein berufsorientiertes, von Selbstwertvorstellungen geprägtes Denken, das im 18. Jahrhundert kaum noch über die Grenzen des Zunftinteresses hinausreichte.

Die Leitung der einzelnen Zünfte lag in den Händen von gewählten Altermännern, die bei Bedarf die Meister zu sogenannten „Morgensprachen“ (soweit vorhanden, ins zunfteigene „Amtshaus“) zusammenriefen. Hier wurden die wichtigsten Angelegenheiten der Zunft beraten, Lehrlinge ein-

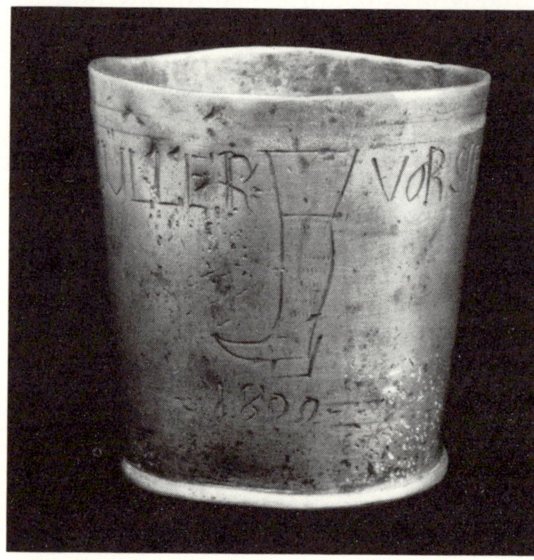

Zunftzinn der Schuhmacher von Gnoien: Willkomm (1731), Becher (1800) und Schenkkanne (1810)

oder ausgeschrieben, neue Meister aufgenommen usw., wobei die zünftische Selbstdarstellung eine große Rolle spielte. So fanden die Morgensprachen traditionell vor geöffneter Amtslade statt, in der die Urkunden und das Barvermögen der Zunft aufbewahrt wurden. Repräsentativen Zwecken dienten auch die Zunftfahne sowie ein zunfteigener großer Zinnpokal mit Deckel, und für den brauchtümlichen Umtrunk, mit dem die Morgensprachen in der Regel ausklangen, besaßen viele Zünfte zinnerne Becher. Auch nach außen hin wurde der Berufsstolz der zünftigen Handwerker oft zeichenhaft dokumentiert, etwa durch das Anbringen kunstvoll gearbeiteter

Zunftschilder mit Berufsemblemen vor Werkstätten, Amtshäusern oder Herbergen, in denen die Meister sich zum abendlichen Schoppen trafen und zuwandernde Gesellen einkehrten.[10]

Die in der zweiten Hälfte des 18. Jahrhunderts bestätigten Amtsrollen, die diese Zunftverfassung ausweisen, unterschieden sich nur wenig von denen früherer Jahrzehnte. Neu war jedoch, daß die Landesherren in beiden Mecklenburg stärker reglementierend in das Zunftleben eingriffen, nachdem 1731 eine Art Reichszunftordnung Gesetzeskraft erhalten hatte. Auch die Zünfte selbst gingen zu verstärkter Administration über, wie sich an den Amtsrollen ablesen läßt. So enthielt z. B. die Rolle der Ribnitzer Zimmerleute von 1748 nur 15 Artikel, die erneuerte von 1766 aber bereits 45. Offenbar wurden von Mal zu Mal mehr Dinge statutarisch fixiert, die bisher Gewohnheitsrecht waren, andererseits aber wurde auch vieles neu festgelegt, was „von oben" verordnet war, in der Praxis aber anders aussah, so daß die Zunftrollen nur bedingt Auskunft über die Verhältnisse im Handwerk geben können.[11]

Tatsächlich zeichnen denn auch die sonstigen Quellen, vor allem die Äußerungen zu „Handwerkermißbräuchen", ein weithin anderes Bild. Das betrifft zunächst das allgemeine Niveau der handwerklichen Produktion im Mecklenburg des 18. und 19. Jahrhunderts. Gediegene Arbeit zu liefern, war eines der erklärten Ziele der Zünfte. Daher wurde den Meistern in der Stadt 1772 „die Haltung mehr als eines Lehrbubens und der nöthigen Zahl von Gesellen" erlaubt, weil wegen der bisherigen Beschränkungen „ein geschickter Meister oft mehrere Arbeit wegweisen und der, so die Fertigung der Arbeit begehret, solche einem weniger geschickten und schlechten Arbeiter übergeben" mußte.[12] Trotzdem wurden immer wieder Klagen über schlechte Arbeit und Lehrlingsausbildung laut. So heißt es z. B. in einem herzoglichen Reskript von 1787: „Es ist mißfälligst bemerkt worden, daß viele Handwerksmeister, zumal in kleinen Städten, die entweder selbst ihr Handwerk nicht gehörig verstehen oder nicht Lust und Gelegenheit haben, sich damit anhaltend zu beschäftigen, die ihnen anvertrauten Lehrlinge, anstatt sie zur Erlernung ihres künftigen Berufsgeschäfts anzuführen ..., fast täglich zu allerhand Feld- und Gartenarbeit und anderen häuslichen Verrichtungen gebrauchen." Das habe zur Folge, „daß dergleichen von der Werkstätte entwöhnte Jungen ohne hinlängliche Kenntniß in den ... Gesellenstand" übergingen.[13]

Daher kam der Wanderschaft besondere Bedeutung zu, auf der „die Handwerkskenntnisse gründlich erweitert und zur Fertigkeit und Vollkommenheit gebracht werden" sollten.[14] Aufgrund der Zunftverfassung, die im ganzen Reich galt, fand der wandernde Geselle im Prinzip überall Unterkunft und einen Zehrpfennig. Da jedoch alle Gesellen wandern mußten, ob sie wollten oder nicht, hielten die meisten ihre Wanderroute, vor allem in Kriegszeiten, möglichst kurz, so daß in Mecklenburg meist mehr Gesellen umherzogen, als Arbeit erhalten konnten. Das rief die zur Unterstützung verpflichteten Meister auf den Plan. So erwähnen z. B. die Neubrandenburger Schneider in einer Klageschrift aus dem frühen 19. Jahrhundert, daß von Februar bis November des betreffenden Jahres 656 Gesellen in der Stadt um Arbeit vorgesprochen und keine gefunden, jedoch, wie üblich, jeweils 2 Schilling Wegzehrung erhalten hätten, und diese 27 Taler und 16 Schillinge drückten die Zunftkasse bei den schlechten Zeiten sehr.[15] War sie leer, scheinen die 2 Schilling also oft auch ausgeblieben zu sein. Zudem hatte die Polizei, vor allem nach Einführung der „Wanderbücher", die 1828 als verbindlich erklärt wurden, ein wachsames Auge auf die Gesellen. So waren sie auf der Wanderschaft mancherlei Widerwärtigkeiten ausgesetzt – oft ohne das angestrebte Ausbildungsziel zu erreichen.

Das läßt sich anhand von 30 Wanderbüchern aus den Jahren 1819 bis 1864, die

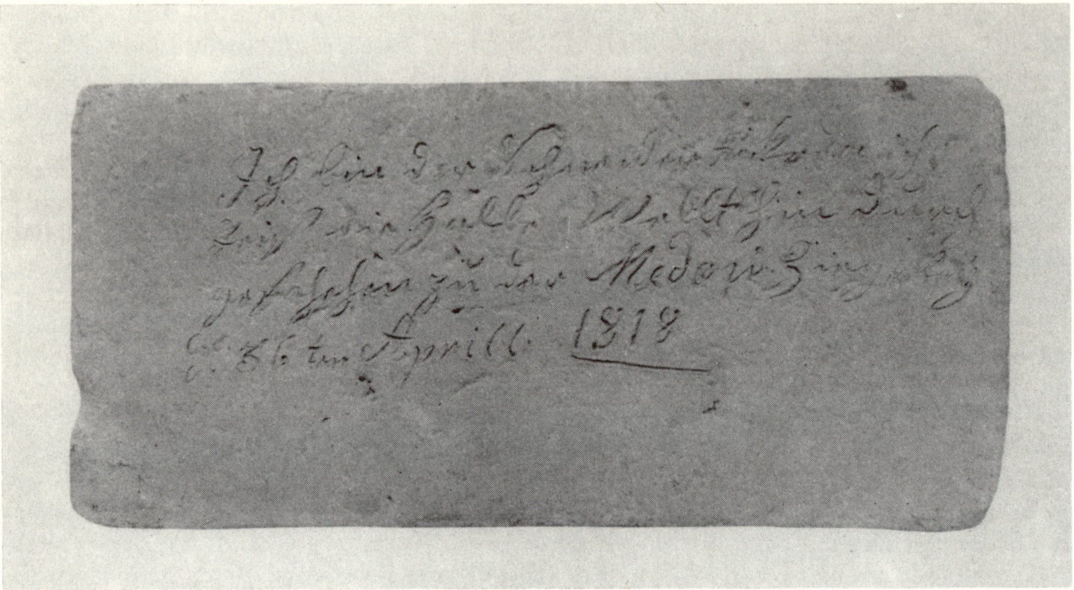

Heischestein eines Zieglergesellen.
Inschrift: Ich bin der Schneider Kakadu, ich reis die halbe Welt hindurch, geschehen zu der Medow Ziegeley d. 6ten Aprill 1818

das Heimatmuseum Goldberg aufbewahrt, sehr genau verfolgen. Sie stammen von 10 Schuster-, 4 Schneider-, 3 Böttcher-, 3 Maurer- und mehreren anderen Gesellen im Alter zwischen 19 und 37 Jahren (als das Wanderbuch ausgestellt wurde), die in der Regel 3, aber zum Teil auch 12 und 15 Jahre gewandert sind. Dabei sind nur wenige über Mecklenburg hinaus in die angrenzenden norddeutschen Landschaften gekommen.[15a] Eine Ausnahme machte der Seiler Dröger, der in Goldberg gelernt und anschließend 3 Jahre als Geselle gearbeitet hatte. Er kam in seiner Wanderzeit (1829 bis 1833) bis ins bayerische Passau, ohne irgendwo länger als einige Wochen (meist nur wenige Tage) Arbeit zu finden – ständig kontrolliert, ob er auch genügend Reisegeld bei sich habe. Auf der anderen Seite begnügte sich z. B. der Webergeselle Cords aus Goldberg damit, ab 1825 für knapp 6 Jahre ins wenige Kilometer entfernte Dobbertin zu gehen, um seiner Wanderpflicht zu genügen. Er scheint es dort gut getroffen zu haben. Oft sahen die Meister in den Wanderburschen, die sie bei Bedarf kurzfristig einstellten, allerdings willkommene Ausbeutungsobjekte.

So verlief auch das statutarisch wohlgeordnete Zusammenleben im Zunfthandwerk keineswegs problemlos in den vorgeschriebenen Bahnen. Grund zur Klage gab vor allem das schlechte Essen, das knickerige Meistersfrauen auf den Tisch brachten. Denn bis ins 19. Jahrhundert machte die Verpflegung den größten Teil des Arbeitsentgelts der Gesellen aus, und es lag nahe, daß sie speziell hier gegen Beeinträchtigungen aufmuckten. Waren der betreffende Meister oder seine Frau zudem charakterlich schwierig, konnten Reibereien nicht ausbleiben, und die unzufriedenen Gesellen schnürten ihr Ränzel oder wandten sich beschwerdeführend an ihre Bruderschaft.

Die Bruderschaften als Korporationen der Gesellen existierten im 18. Jahrhundert weitgehend neben den jeweiligen Zünften einer Stadt, waren jedoch ihrerseits ganz wesentlich, wie die Gesellenartikel zeigen, auf die Bewahrung zünftischer „Ordnung“ gerichtet. Das Benutzen von zeremoniel-

Zunftgeschirr der Schweriner Schlachtergesellen:
Krug (1789) und Röhrchen (1819)

lem Geschirr (Abb.) und „Stubenschildern" (Abb. S. 194) regelte sich ähnlich zünftisch. Analog zu den Meistern hielten auch die Gesellen jeden Handwerks in der Herberge ihre Zusammenkünfte ab, deren Leitung in den Händen des Altgesellen lag, und sorgten sich um Unterstützung für arbeitsuchende und kranke Mitgesellen. Das lag auch im Interesse der Meister. Waren die Gesellen jedoch einmal ausgelassen, rief das sowohl die Zunft wie die Obrigkeit auf den Plan. So heißt es z. B. in einem herzoglichen Reskript von 1796: „Die Handwerksgesellen in einigen Städten erlauben sich bei ihren sonst erlaubten Zusammenkünften allerlei Ausschweifungen ..., indem einige in unanständigen Verkleidungen und lächerlichen Aufzügen mit wüstem Geschrei und wildem Singen in den Herbergen oder auf den Gassen umherschwärmen, einen auf dem Zuber-Baum reitenden Gesellen tragen und sonstige ärgerliche Auftritte unternehmen."[16] Das sei ihnen verboten. Als „mißbräuchlich" galten aber auch die Weitergabe der formelhaften „Geheimsprache" der Gesellen, mit der sie sich als Angehörige eines bestimmten Handwerks auswiesen, oder die Gesellenweihe, bei den Schmieden „Feueranblasen" und „Auskühlen", bei den Schlossern „Bartbeißen", bei den Tischlern „Hobeln" usw. genannt. Sie erfolgte als „Taufe" der „freigesprochenen" Lehrlinge durch Untertauchen im Brunnen oder Begießen mit

Bockwindmühle in Dalwitz bei Gnoien, erbaut 1785, in Funktion 1935

reichlich Wasser unter tatsächlich oft grober Benutzung der Handwerkszeuge. Auch die anschließende Verpflichtung der so Getauften, die ganze Gesellenschaft freizuhalten, was nach einer Aufrechnung der Güstrower Tischlergesellen von 1799 10 Rthlr. und mehr kostete,[17] fand Kritik. Für die Gesellen dagegen waren all diese Brauchelemente natürlicher Bestandteil zünftischen Lebens.

Kam es jedoch zu Zwistigkeiten mit den Meistern wegen der Arbeitsbedingungen oder der Lohnhöhe bzw. glaubten die Gesellen sich in ihrer Ehre gekränkt, so legten sie die Arbeit nieder, sie „traten aus". In der zweiten Hälfte des 18. Jahrhunderts waren in Mecklenburg solche „Austritte" an der Tagesordnung, ja zu einer Art Gewohnheitsrecht geworden. Das zeigen ständig wiederholte herzogliche Reskripte gegen die „an vielen Orten fortdauernde Haltung der sogenannten blauen Montage", an denen sich, wie es heißt, „die Handwerksgesellen der Arbeit eigenmächtig entziehen".[18]

Nach der Französischen Revolution, deren Ideen auch bis Mecklenburg drangen, gewannen die Gesellenstreiks an Umfang. So wurden z. B. 1795 in Rostock die Gerbergesellen bei ihrer Auseinandersetzung mit der Zunft und dem Rat der Stadt von den Schuster-, Tischler-, Schmiede-, Weber- und Töpfergesellen unterstützt. Und zum Teil wuchsen die Unruhen über den zünftischen Rahmen hinaus. Grund zur Unzufriedenheit gab vor allem das durch hohe Exporte bedingte Ansteigen der Lebensmittelpreise, das im Jahre 1800 in Rostock und Güstrow zur Erhebung der Handwerksgesellen und Tagelöhner führte.[19] Die Schärfe, mit welcher hier, aber auch bei anderen, weit geringfügigeren Anlässen, der Streit geführt wurde, läßt erkennen, wie nachhaltig die Bruderschaften für

die Wahrung dessen eintraten, was sie als rechtens ansahen.

Dabei hatte ein Großteil der älteren Gesellen durchaus den eigenen späteren Meisterstatus im Sinn. Was sie von ihrer Wanderung mitbrachten, waren – neben dem Erlebnis von Land und Leuten – vor allem ihre Arbeitserfahrungen: Im rucksackähnlichen Felleisen, das sie mit sich führten, stak das wichtigste Kleinwerkzeug, das sie zum Teil in verbesserter Ausführung vorgefunden und erworben hatten. Sie beherrschten mehr und bessere Arbeitstechniken, als sie der Meister in der Lehre vermitteln konnte, und sie kannten auch andere Erzeugnisse ihres Handwerks, als daheim gebräuchlich waren.[20] Manche von ihnen besaßen sogar ein handschriftliches Musterbuch, in dem sie solche Techniken und Erzeugnisse festgehalten und mitunter auch, wie z. B. der Rostocker Glasergeselle Gottfried Meyer (in den Jahren 1754 bis 1764), Lebensregeln, Lieder, Gedichte usw. notiert hatten, die ihnen über den Tag hinaus wichtig erschienen.[21]

Da die meisten Handwerke in den mecklenburgischen Städten des späten 18. und frühen 19. Jahrhunderts relativ stark besetzt waren, konnte jeder neue Zunftmeister ein unliebsamer Konkurrent werden, der, vor allem wenn er sein Handwerk verstand, den Verdienst der älteren Meister schmälerte. Daher wurden Gesellen, die um Meisterprüfung und Zunftmitgliedschaft nachsuchten, oft hingehalten oder rundheraus abgelehnt, und es war durchaus üblich, daß Zünfte nur dann einen neuen Meister aufnahmen, wenn ein alter gestorben war und sein Sohn sich darum bewarb oder wenn eine Meisterswitwe oder -tochter, die der Bewerber zu heiraten versprach, auf diesem Wege „versorgt“ werden konnte. In Neubrandenburg z. B. wurde in den zwanziger Jahren des 19. Jahrhunderts ein Schuhmachergeselle, der neun Jahre zu allgemeiner Zufriedenheit in der Stadt gearbeitet hatte, sich eines guten Rufs erfreute und eine „ehrbare“ Bürgerstochter heiraten wollte, abgewiesen, während mehrere auswärtige Gesellen, die eine Meisterstochter ehelichen wollten, in die Zunft aufgenommen wurden. In diesem Falle griff der Rat der Stadt ein und erklärte den tüchtigen Gesellen zum „Freimeister“ (d.h. zum Meister außerhalb der Zunft).[22] Doch noch um die Mitte des 19. Jahrhunderts erlebte ein Tischlergeselle folgendes: „As hei wannert harr un nu in Teterow Meister warden wull, fragten s' em, wur hei œwerall west wier un wolang' dat duert harr, un tauletzt säd de Öllermeister: ‚Noch könn'n wi di nich bruken, twei Johr möößt du noch wedder los, ihrer ward dat nicks.‘ Un so is hei denn wedder aftreckt.“[23] Nicht alle Gesellen aber waren so geduldig, sondern suchten ihr Brot, das sie als städtische Meister nicht finden konnten, indem sie sich auf dem Lande niederließen.

Das Landhandwerk, im Landesgrundgesetzlichen Erbvergleich ausdrücklich auf wenige Berufe beschränkt, sollte lediglich Elementarbedürfnisse der ländlichen Bevölkerung befriedigen. Schon in der ersten Hälfte des 18. Jahrhunderts wurden jedoch die Müller, Schmiede und Stellmacher als typische Landhandwerker der Zahl nach von den Leinewebern, Schneidern und Schustern überflügelt. Sie hatten fast alle eine zünftige städtische Lehre absolviert und waren gewandert, besaßen also (wenn auch ohne Meisterprüfung) im Prinzip die gleiche Ausbildung wie die Meister in der Stadt, ohne die gleichen Rechte zu haben. Je schwieriger es wurde, Meister in den Städten zu werden, desto öfter erschien den Gesellen jedoch die Niederlassung auf dem Lande als Ausweg. 1839 z.B. gab es neben den Müllern, Schmieden, Stellmachern, Schneidern und Schustern auch bereits in jedem zweiten Ort einen Zimmermann sowie in jedem dritten einen Tischler und einen gelernten Maurer.[24] Um diesen Zuwachs zu steuern, wurden auch auf dem Lande die Niederlassungsbedingungen er-

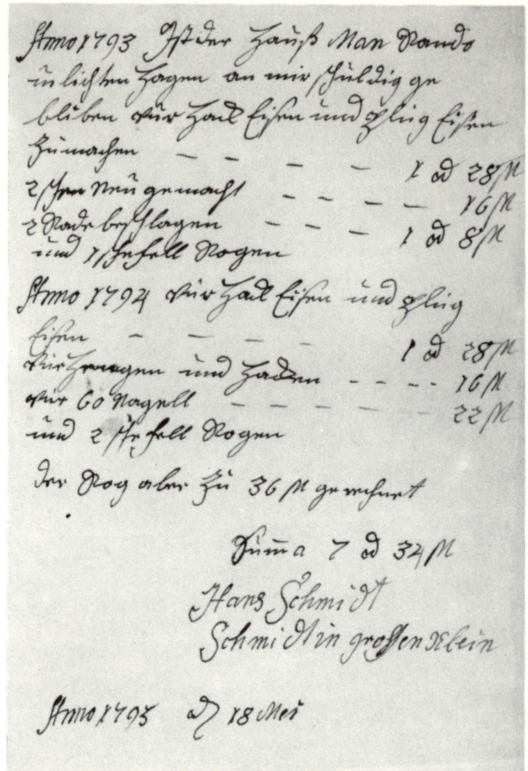

Von der Hand des dörflichen Schmiedes geschriebene Rechnung

schwert: Der Bewerber mußte die Meisterprüfung nachweisen, über ausreichenden Wohnraum verfügen und mit einer „ehrbaren“ Frau verheiratet sein; vor allem aber durfte noch kein Meister derselben Profession in dem Dorf leben.[25] Das machte auch die Etablierung als Landhandwerker zunehmend problematischer.

Aber auch wer Stadt- oder Landmeister werden konnte, war damit keineswegs auf Rosen gebettet. Infolge der Kriegswirren, hoher Exporte oder Mißernten im 18. und frühen 19. Jahrhundert waren die Lebensmittel oft so teuer, daß der durchschnittliche Verdienst kaum dafür reichte, und die Handwerker fanden keine „Nahrung“ auch in dem übertragenen Sinne, daß Aufträge oder Käufer ausblieben. In Mirow z.B. war nach dem Bericht der Ämter 1794 die Lage der Tischler, Schuster und Bäcker meist schlecht, die der Schneider unterschiedlich, während es den 18 Webern, soweit sie Lust hätten zur Arbeit, an Erwerb nicht fehle.[26] Demgegenüber konnte es sich der Tischler-Altermann Ahlmann in Ribnitz 1795 leisten, die Tischlerarbeiten am neuen Schützenhaus für die Hälfte der von der Zunft veranschlagten Summe zu übernehmen, wobei er, selbst Schützenbruder, sicherlich zusetzte.[27] Auch die Altermänner anderer Zünfte, vor allem in den größeren Städten, befanden sich meist in gesicherten Verhältnissen. So umfaßte z.B. der Nachlaß des 1825 verstorbenen Rostocker Tuchmacher-Ältesten Joachim Christoph Jessen ein auf 900 Taler geschätztes Haus, Mobilien und Hausgerät für über 120 Taler, für 230 Taler Handwerksgerät, Vorräte an Tuch und Wolle für 845 Taler sowie 150 Taler Bargeld. Solche Handwerker waren (wie weitere Nachlaßverzeichnisse im Rostocker Stadtarchiv zeigen) auch in der Lage, Novationen des bürgerlichen Lebens, z.B. in der Wohn- und Eßkultur, aufzunehmen (vgl. S. 40f.). Dagegen hinterließ der Vertreter eines wenig lukrativen Handwerks, der Rostocker Pantoffelmacher-Älteste Graewe, bei seinem Tode 1815 ein Haus (geschätzt auf 650 Taler) mit wesentlich bescheidenerer Einrichtung (an wertvollerem Mobiliar z.B. nur 1 Kleiderschrank für 4, 1 tannen Bureau für 2 und 1 Lehnstuhl für 1 Taler) und Handwerkszeug für lediglich 16 Schilling, aber 416 Taler Schulden. Und als Altermann seiner Zunft befand er sich sicher noch in bevorzugter Lage.

Es gab also hinsichtlich der Erwerbslage und der Lebensweise sowohl zwischen den verschiedenen Handwerken als auch innerhalb jedes einzelnen Handwerks erhebliche Unterschiede. In der Regel hoben sich aus der Gruppe der Mitmeister einzelne handwerklich besonders erfahrene und tüchtige Meister heraus, die auch Gebrauchs- und Repräsentationsgut der Feudalsphäre herzustellen und abzuwandeln verstanden und sowohl die Nachfrage des Adels wie des zahlungskräftigen Bürgertums zu befriedigen suchten. Dazu gehörten vor allem geschickte Tischler, Schneider, Sattler, Wagenbauer, Schmiede, Maler und erprobte Zimmerer- und Maurermeister (speziell in den Residenzen Schwerin und Neustrelitz), die sich, oft mit dem Titel „Hoftischler" usw. ausgestattet, in besserer sozialer Stellung befanden und größere eigene kulturelle Ansprüche befriedigen konnten als der Durchschnitt, wobei zum Teil auch Elemente der Feudalkultur die Leitbilder lieferten.

Vor allem diese besonders tüchtigen (und zum Teil besonders protegierten) Handwerksmeister waren es wohl auch, denen wir die oft bemerkenswerten kunsthandwerklichen Erzeugnisse verdanken, die in unseren Museen an heimischer Produktion zu sehen sind. Es wäre jedoch einseitig, den Anteil speziell dieser Gruppe von Meistern an der wirtschaftlichen und kulturellen Leistung des Handwerks in Mecklenburg zur Zeit der Zunft besonders herauszuheben. Die Aufgabe des Zunfthandwerks bestand hier im 18./19. Jahrhundert nach wie vor darin, den elementaren Bedarf der Bevölkerung an handwerklichen Produkten zu befriedigen. Dazu gehörte, daß zumindest in den größeren Städten das Handwerk mit möglichst allen „gefragten" Produktionszweigen vertreten war. Zu ihnen konnten auch spezielle „Kunsthandwerke" zählen, wenn ein Abnehmerkreis dafür bestand. Das galt nicht nur für die Residenzen. In der Stadt Bützow z.B., wo 1835 unter den etwa 3500 Einwohnern viele Pensionäre lebten, gab es unter 360 Handwerksmeistern allein 7 Goldschmiede.[28] Und in allen größeren Städten gab es Zinngießer, die nicht nur Gegenstände für den gehobenen Bedarf des Haushalts (Becher, Teller, Schüsseln usw.), sondern auch dekoratives Zinngerät mit reinem Schauwert bzw. sakrales Gerät (Leuchter, Pokale usw.) herstellten, für das neben der Kirche und vermögenden Adligen die Handwerksämter selbst zu den wichtigsten Auftraggebern zählten.[29] In erster Linie produzierte das Stadthandwerk jedoch traditionelle Waren des täglichen

Bedarfs für die Einwohnerschaft der Stadt. Der Tischler z. B. baute Türen und Fenster fürs Haus, die Möbel der Aussteuer für das junge Paar, das Spinnrad für die Großmutter, den Sarg für den Verstorbenen usw. (vgl. das Kapitel „Volkskunst"). Seine Arbeit, aber auch die des Schusters oder Schneiders, wurde lebenslang benötigt, obwohl ein Paar derbe Stiefel oder ein guter Rock oft „fürs Leben" gedacht waren und eine solide Truhe gar von vornherein ein Familienerbstück bildete. All diese Dinge stellte der Handwerker für gewöhnlich nicht auf Vorrat her, sondern fertigte nach Maß, was der Kunde bestellte. Dann aber wurde ohne Verzug gearbeitet, um die übernommene Bestellung so bald und so gut wie möglich zu vollenden – ohne Rücksicht auf den Zeitaufwand und auf den ausgemachten Preis. Denn nur gute Arbeit brachte neue Aufträge,[30] zum Teil auch von seiten der Landjunker. Die Bedürfnisse des täglichen Lebens auf dem Lande und der Bedarf der Landwirtschaft an handwerklicher Arbeit wurden hingegen meist durch das abgedeckt, was Schmied und Stellmacher, Zimmermann, Maurer, Weber, Schneider und Schuster auf dem Dorf herstellten oder instand hielten.[31]

Das Schwergewicht der handwerklichen Produktion lag also weiterhin in der Stadt, und die Zunfthandwerker bildeten im spätfeudalen Mecklenburg die entscheidenden gewerblichen Produzenten. Darin liegt zugleich ihre bedeutendste kulturelle Leistung. Sie wurde erbracht in zunehmender Auseinandersetzung mit dem überregionalen Warenhandel, durch den mehr und mehr Erzeugnisse des gehobenen Bedarfs auf den regionalen Markt gelangten, und mit der „Pfuscher"arbeit, durch die elementare Bedürfnisse schlecht und recht befriedigt wurden.

In einer Beschwerde wandten sich 1817 die 52 Neubrandenburger Zunft-Schneidermeister gegen die weitere Zulassung von Freimeistern durch den Rat der Stadt (bisher waren es 6), vor allem jedoch gegen die Ausbreitung der „Pfuscher": „Es hat sich eingeschlichen, daß in den meisten bürgerlichen Häusern Mädchen, die nicht Lust haben zu dienen, als Pfuscherinnen unter der Maske von Näherinnen alle Kleidungsstücke anfertigen, welche selbige von irgend einem Schneidergesellen als ihrem Liebhaber notdürftig erlernet". Dadurch werde „den armen Schneidern aller nur mögliche Nahrungsbetrieb entzogen".[32] Tatsächlich war die soziale Lage dieser Näherinnen wie die der „Pfuscher" allgemein wohl um vieles schlechter als die der meisten städtischen Meister, obwohl diese nicht müde wurden, klagende Suppliken zu schreiben. Auf dem Lande brachten es die Schmiede und Müller zum Teil sogar zu behäbigem Wohlstand (wie z. B. Nachlaßverzeichnisse aus dem späten 18. Jahrhundert zeigen), während die übrigen dörflichen Handwerker auch im 19. Jahrhundert oft zur Landarmut gehörten.[33] Necknamen wie *Speikenklöwer* für den Stellmacher, *Kienspohn* für den Zimmermann, *Dreckswölk* für den Maurer, *Pickhingst* für den Schuster usw. drücken oft nachsichtigen Spott gegenüber jenen Handwerkern aus, denen sich andere Berufsgruppen überlegen fühlten.[34]

Natürlich reagierte das mecklenburgische Handwerk in der ersten Hälfte des 19. Jahrhunderts auch auf das zahlenmäßige Anwachsen der Bevölkerung und das Steigen ihrer Bedürfnisse im Rahmen des kulturellen Fortschritts. So etablierten sich selbst in den kleinen Landstädten zunehmend Handwerker wie Uhrmacher, Goldschmiede, Buchbinder usw., die es zu Beginn des Jahrhunderts nur in den wenigen größeren Städten gab.[35] Andererseits beeinträchtigte die Einfuhr modischer Produkte den Erwerb vieler Handwerker, die dergleichen nicht oder nicht so gefällig herstellen konnten. So verdrängte z. B. Geschirr aus Porzellan und Steingut die heimische Zinn- und Töpferware (vgl. das Kapitel „Volkskunst"), und auch andere Neuheiten des Lebens – vom Kaffee bis zum englischen Tuchanzug – ließen für Handwerksarbeit wenig Raum.

„Der blaue Montag" im Püsserkrug bei Schwerin. Lithographie von August Achilles, 1844

Auf diese veränderten Bedingungen, vor allem seit der Mitte des 19. Jahrhunderts, vermochte sich nur ein Teil der im Zunftdenken verhafteten Meister einzustellen. Die anderen schlossen sich nur um so enger der Zunft an, die ihrerseits das Heil in der unbedingten Sicherung ihrer Privilegien sah. So entbrannte z. B. in Neubrandenburg noch 1866 „ein harter Streit zwischen Schmieden und Schlossern über die Frage, wer berechtigt sei, die Eisenarbeiten an den Löschgeräten auszuführen".[36] Und beide Parteien riefen den Rat der Stadt an, ihnen zu ihrem Recht zu verhelfen.

Daß sich zu dieser Zeit die Zünfte immer noch als Teil des „Gemeinwesens" sahen, zeigt beispielhaft ein Bericht über die Feiern anläßlich des 300jährigen Bestehens des Tischleramts zu Güstrow im September 1862: „Um 10 Uhr morgens versammelten sich die Tischler- und Stuhlmachergesellen auf ihrer Herberge, von wo aus dieselben mit ihren Insignien einen festlichen Umzug durch die Stadt hielten. Zu Anfang des Zuges erblickte man eine kleine Wiege, in der Mitte eine kleine Bettstelle nebst sonstigen Wohnungsgegenständen und am Schlusse einen kleinen Sarg, darstellend den innigen Zusammenhang der Tischlerei und dem menschlichen Leben: von der Wiege bis zum Grabe. Die Lehrlinge, welche voraufgingen, trugen die Gesellenlade; die auf dem Rathause versammelten Meister schlossen sich von dort aus mit ihrer Amtslade und auch die Stuhlmachergesellen mit ihrer Fahne dem Zuge an, welcher sich vom Rathause nach dem Schützenhause bewegte. ... Das sodann im Schützenhause abgehaltene Festessen, an welchem auch der Magistrat, die Geistlichkeit, die Aelterleute von sämtlichen Gewerken, Freunde des Handwerks und die Tischler- und Stuhlmachergesellen teilnahmen, verlief in schönster Stimmung. Den Beschluß bildete ein glänzender Ball".[37] Mag an diesem Bericht auch manches idealisiert sein, so illustriert er doch recht aufschlußreich das anhaltende Selbstverständnis der Zünfte und einen Zunftstolz, der von Bürgersinn und Untertanentreue geprägt war.

Hinter der Fassade der hier demonstrierten Gemeinschaft von Meistern und Gesellen war allerdings inzwischen vieles verändert. Die alten, zünftisch gebundenen Gesellenvereinigungen hatten ihre Bedeutung verloren. Doch auf der Walz, im übrigen Deutschland oder im Ausland, kamen auch Gesellen aus Mecklenburg in Berührung mit den Ideen der demokratischen und der frühsozialistischen Bewegung. So gehörte z.B. der Schweriner Uhrmachergeselle Friedrich Bobzin dem deutschen Arbeiterverein in Brüssel an. Und der aus Güstrow stammende Tischlergeselle Johann Karl Bühring, Mitglied des „Bundes der Gerechten" in Berlin und während der Revolution von 1848 in Hamburg aktiv, war sogar ein Duzfreund von Marx. Beider Spuren verlieren sich jedoch später in Mecklenburg, denn es empfahl sich hier für Handwerksburschen nicht, Sympathien für sozialistische Ideen aktenkundig werden zu lassen. Regierung und Zunft hätten unnachsichtig jede derartige Regung verfolgt.[38]

Zeit der Gewerbefreiheit

Die ökonomische Entwicklung in Deutschland, die sich in Mecklenburg zunächst am sichtbarsten im Bau von Eisenbahnen und Chausseen äußerte, brachte nicht nur eine Fülle billiger industrieller Waren ins Land, deren Herstellung bisher zünftisches Privileg war, sondern schuf für das Handwerk insgesamt eine wirtschaftliche Situation, die im Rahmen der engen Zunftbestimmungen nicht mehr zu meistern war. Als diese 1869 durch die Einführung der Gewerbefreiheit fielen, bedeutete das nicht nur die Beseitigung bisheriger Zunftquerelen, sondern eröffnete auch jedem Gesellen die Möglichkeit, (nach Anmeldung bei der Behörde) selbständig ein Gewerbe auszuüben. So brachten die ersten Jahre der Gewerbefreiheit zunächst eine deutliche Zunahme der niedergelassenen Handwerker. In Rostock, der ökonomisch am stärksten entwickelten Stadt des Landes, machte im Jahre 1876 der Anteil der im Handwerk Beschäftigten 35 Prozent der berufstätigen Bevölkerung aus, und bis 1900 nahm die Zahl etwa der Schuhmacher, Schneider, Tischler, Maler und Bäcker nach Ausweis der Adreßbücher sogar stärker zu als die Einwohnerzahl.[39] Allerdings machte das Handwerk im Zuge der fortschreitenden Kapitalisierung eine weitgehende Umwandlung durch. Eine große Gruppe von Handwerkern, zu der die Tischler, Stellmacher, Schuster, Schlosser, Ofensetzer usw. gehörten, konnte weitgehend unbeeinträchtigt von der gleichzeitigen industriellen Produktion in selbständigen Kleinbetrieben weiterexistieren, indem sie sich auf den Nachbau industrieller Produkte, auf Sonderanfertigung und Reparatur umstellten. Andere Handwerke wie die der Tuchmacher, Seiler, Gerber, Böttcher usw., deren Arbeit zunehmend Maschinen in Fabriken erledigten, wurden hingegen vom technischen Fortschritt überrollt und starben mit ihren betagten Vertretern aus. Relativ problemlos in die kapitalistische Entwicklung fügten sich diejenigen Handwerke ein, deren Arbeitsgebiet aus technologischen Gründen nicht oder noch nicht der fabrikmäßigen Produktion zugänglich war. So hielt z.B. die Zahl der Bäcker und Schlachter „mit der Bevölkerungszunahme Schritt; die Möbelhandwerke und die Maler und Tapezierer übertrafen sie sogar beträchtlich".[40] Wie personell stark das Handwerk blieb, zeigt die Tatsache, daß es in Mecklenburg 1914 ca. 20000 Handwerksbetriebe gab.

Als wesentlich für die wirtschaftliche und soziale Stellung der kleinbürgerlichen Schicht gelernter Handwerker erwies sich der Umstand, daß sie den Ruf zu erwerben verstand, im Vergleich zu der billigen Massenware der Fabriken gediegene Qualitätsarbeit zu liefern. Wer es sich finanziell leisten konnte, ließ sich weiterhin die Schuhe beim Schuster oder den Anzug beim Schneider anmessen und die Möbel vom

Malermeister mit Gesellen. Bahnhof Hagenow Land, 1924

Tischler liefern. Für die Bevölkerung in der Kleinstadt und auf dem Lande lag es allerdings oft wohl auch näher, zu den persönlich bekannten Handwerkern zu gehen, deren Arbeit man schätzte, als anonyme Produkte aus einem Geschäft zu beziehen. Eine Reihe erhaltener Rechnungsbücher aus dem späten 19. und frühen 20. Jahrhundert, in denen Handwerker aus Goldberg und Umgebung gewissenhaft ihre verkauften Erzeugnisse und die jeweiligen Käufer notiert haben (heute im Besitz des Heimatmuseums Goldberg), geben hier interessante Aufschlüsse über das Erzeugnisspektrum verschiedener Handwerker, über ihren Kundenkreis, ihre wirtschaftliche Lage usw.

Wir greifen zwei solcher Rechnungsbücher als Beispiele heraus, das des Tischlermeisters Schleiff in Goldberg (1891–1903) und das des Tischlers Zachow im nahegelegenen Techentin (1874–1907). Beide waren sowohl Bau- wie Möbeltischler und fertigten anscheinend alles in diesem Bereich an, was ihre Kunden nur wünschten, übernahmen jedoch auch Reparatur- und Pflegearbeiten, selbst geringfügigster Art, halfen bei Umzügen usw. Aber während der Dorftischler nur mit einer zeitweiligen Hilfskraft arbeitete, beschäftigte der städtische Tischler mehrere Gesellen und Lehrlinge, um der Nachfrage zu genügen. Auch das Produktionsprogramm unterschied sich stark. Während der Dorfhandwerker vor allem als Bautischler gefragt war, zu dessen Kunden vornehmlich Großbauern und Landarbeiter gehörten, und erst in zweiter Linie Särge und einfache Möbel fertigte, war der städtische Tischler vornehmlich auf Möbelherstellung orientiert. Sein Kundenkreis umfaßte alle Schichten der Bevölkerung Goldbergs vom Bürgermeister der Stadt (Schleiff besaß das Prädikat „Hoftischler“) bis zum „Arbeitsmann“, hinzu kam die Einwohnerschaft der umliegenden Dörfer, soweit sie ihre Möbel ebenfalls in der Stadt bestellte oder fertig kaufte. In der Regel handelte es sich um Einzelmöbel, vor allem Tische, Stühle, Kommoden, Glasschränke, Sekretäre, Bettstellen, Kleider- und Wäscheschränke, die wahrscheinlich überwiegend in der eigenen Werkstatt „gearbeitet“ wurden. Dagegen findet sich bei einzelnen, besonderen Möbeln wie Sofas, „Salonschränken“ oder Trumeau-Spiegeln sowie bei kompletten, anspruchsvollen Zimmereinrichtungen wiederholt der Vermerk „geliefert“, was bedeuten könnte, daß wir es hier teilweise mit Mobiliar zu tun haben, das Schleiff aus Spezialwerkstätten bezog und „am Lager“ führte.

Solche kompletten „Einrichtungen“ sind instruktive Zeugnisse sowohl für die Leistungsfähigkeit des städtischen Tischlerhandwerks im Mecklenburg des späten 19. Jahrhunderts als auch für den wohnkulturellen Standard der verschiedenen sozialen Klassen und Schichten zu dieser Zeit. So umfaßte z. B. das Mobiliar, das der Schlossermeister Götting in Goldberg für seine nach Gnoien heiratende Tochter 1895 bei Tischlermeister Schleiff für 800,– Mark kaufte: „1 Sopha und 2 Armfäuteuls, 1 Sopha mit rothbraunen Crepe bezogen, 1 Stegsophatisch, 1 Ausziehtisch, 9 Rohrlehnstühle, 1 Herrnschreibtisch mit Aufsatz lackirt, 1 großen Trumeau Spiegel, 1 nußbraun Vertikow, 1 Leinenschrank nußbaum lackirt, 2 Bettstellen mit Matratzen, 1 Waschtisch unten mit 2 Thüren, 1 Spiegel im Schlafzimmer, 2 einfache Stühle, 1 Küchenschrank oben mit Glasthüren, 1 Küchenstuhl und Wasserbank“. Außerdem hatte Schleiff für diese Aussteuer „1 großen Kleiderschrank aufpolirt, 1 Kommode aufpolirt, 1 alte Kommode zurecht gemacht und lackirt und zu 1 Klaptisch einen neuen Boden gemacht und lackirt“. Solche Möblierung hatte in Mecklenburg damals über die Norm hinausgehenden bürgerlichen Zuschnitt (nur das von Schleiff gelieferte bzw. reparierte Mobiliar eines Gutspächters war noch umfangreicher und teurer) und überschritt offenbar auch die Finanzkraft eines gut verdienenden Handwerkers, wie die Tatsache zeigt, daß einige alte Möbel nur aufgearbeitet wurden.

Die Wohneinrichtung, wie sie einzelne Arbeiter zu dieser Zeit bei Schleiff erwarben, bestand in der Regel nur aus einer zweischläfrigen Bettstelle, Kleider- und Glasschrank, Kommode, Eß- und Küchentisch, einigen Rohr- bzw. Brettstühlen und einer Kannenborte. Einige ältere Stücke mögen hier und da schon vorhanden gewesen sein, für gewöhnlich ging das Mobiliar jedoch über das unbedingt Notwendige nicht hinaus; und die Möblierung der meisten Handwerker, vor allem auf dem Lande, scheint nicht viel umfangreicher gewesen zu sein. Allerdings strebten die städtischen Handwerker, auch die der Kleinstadt, allgemein einen gehobenen, bürgerlichen Möblierungsstandard an, soweit sie ihn nicht schon besaßen. So verkaufte Schleiff um die Jahrhundertwende einzelne Repräsentationsmöbel wie Sofa, Divan, Sofatisch, Damenschreibtisch, Salonschrank, Trumeau-Spiegel usw. an verschiedene Goldberger Handwerksmeister, die sich diesem Standard anpassen wollten. Offenbar handelte es sich hier aber noch um Handwerker, deren wirtschaftliche Situation und wohnkulturelle Ansprüche über dem Durchschnitt lagen.

Die alten Zünfte, die ihre Funktion verloren hatten, lösten sich nach und nach auf. An ihre Stelle traten in den neunziger Jahren durch Gesetz geforderte „Innungen“. In ihrem zeichenhaften Brauchtum setzten sie manche Tradition der „Ämter“ fort – vom Gebaren um die Innungslade (Abb.) bis zum Kult mit der Innungsfahne (Abb. S. 197). Eines der wichtigsten inhaltlichen Ziele der Innungen bestand darin, die Leistungsfähigkeit des Handwerks zu erhalten, die durch den Zustrom „Ungelernter“

Bei der Gründung der Malerinnung in Hagenow, 1888

zu sinken drohte. Diesem Zweck diente vor allem eine Neuregelung der Lehrlingsausbildung (1897) und die Wiedereinführung der Meisterprüfung als Qualifikationsnachweis (1908). Beides blieb jedoch nicht den Innungen allein überlassen, sondern wurde zunehmend in die Regie der entstehenden Gewerbeschulen übernommen. Dadurch gewannen die Meister ein verstärktes Interesse daran, tüchtige Lehrlinge auszubilden. Denn diese mußten nun in jedem Fall ein Gesellenstück anfertigen sowie eine Prüfung vor der Innung ablegen, ehe sie Gesellen wurden, und es fiel dann auf den Meister zurück, wenn der Prüfling nichts gelernt hatte.

An die Lehrzeit schloß sich in der Regel weiterhin eine Wanderschaft an. Die Gewerbeordnung von 1869 enthob die jungen Gesellen zwar ausdrücklich dieser Verpflichtung, aber sie unterzogen sich ihr aus alter Tradition freiwillig oder gezwungen zur Arbeitssuche bis hinein ins 20. Jahrhundert. Allerdings geschah diese Wanderschaft immer weniger zu Fuß, sondern mehr und mehr Gesellen zogen die schnellere und bequemere Fahrt mit der Eisenbahn vor, wobei sie sich oft nur dann auf die Reise machten, wenn sie am Ziel einen Arbeitsplatz in Aussicht hatten. Zugleich weitete sich der Radius der Wanderschaft. Die vorliegenden Wanderbücher aus dem späten 19. Jahrhundert weisen aus, daß die mecklenburgischen Gesellen nun das gesamte deutschsprachige Gebiet und zum Teil halb Europa bereisten und dabei, wie vereinzelte Stimmen bezeugen, wirklich etwas lernten. Mit der Aufhebung des Wanderzwangs hörte freilich auch die Unterstützung der Wandernden durch die Meister an den Gastorten auf, und die Gesellen mußten sich allein unterhalten, wenn sie nicht Mitglied einer Gewerkschaft wurden. Besaßen sie keine Geldmittel und fanden sie auch keine Arbeit, waren sie zum Wandern per pedes gezwungen und sanken teilweise zu Landstreichern herab, die sich das Nötigste zum Unterhalt an den Haustüren zusammenbetteln und oft im Freien nächtigen mußten. Obwohl einzelne arbeitsscheue

Zimmerergeselle aus Hagenow im Wanderhabit, vor 1930

„Tippelbrüder“ die Wanderburschen in Verruf gebracht hatten, sprachen diese doch selten vergeblich um etwas Eßbares vor und erhielten häufig auch Nachtquartier, Kleidung oder einen Zehrpfennig.[41]

Die Mehrzahl der Gesellen stand, wenn auch oft nicht lange auf der gleichen Stelle, „in Lohn und Brot“ bei einem Meister und wohnte meist auch bei ihm. Das wurde von vielen Gesellen als einengend empfunden. So waren es z. B. in Rostock laut Kontributionsregister schon 1870 nur noch 346 Gesellen und Lehrlinge, die bei den Handwerksmeistern lebten, gegenüber 469 Gesellen mit eigenem Logis.[42] In den Landstädten vollzog sich dieser Prozeß offenbar zögernder, aber er vollzog sich auch. Die Arbeitszeit in der Werkstatt wurde dadurch allerdings kaum beeinflußt. Sie stand bis ins 20. Jahrhundert hinein weithin im Belieben des Meisters, der mehr oder minder nach Gutdünken Feierabend gebot. So wurde weiterhin 12 Stunden und mehr am Tage und gegen offizielles Verbot auch sonn- und feiertags gearbeitet. Die Höhe des Lohnes, einst durch die Zunftrollen bestimmt, wurde zunehmend Gegenstand freier Vereinbarung und war abhängig von Konjunktur und Arbeitsmarkt. Wohnten und aßen Gesellen beim Meister und wurden ihnen die schwer bestimmbaren Kosten für die volle Station angerechnet, bekamen sie – in den einzelnen Handwerken unterschiedlich – nicht mehr viel ausgezahlt. Die Lösung vom Haushalt des Meisters erhöhte zwar die ihnen zur Verfügung stehende Summe, bedeutete aber durchaus nicht immer eine wirtschaftliche Besserstellung. So strebten nach wie vor viele Gesellen danach, der drückenden Abhängigkeit dieser Verhältnisse dadurch zu entrinnen, daß sie versuchten, sich selbständig zu machen.

Das war seit Beginn der Gewerbefreiheit zwar auch Gesellen möglich. Doch der Meistertitel und die Erlaubnis zur Ausbildung von Lehrlingen wurden an Vorbedingungen geknüpft: eine mindestens dreijährige Tätigkeit nach erfolgreicher Gesellenprüfung, ein Mindestalter von 24 Jahren und den Nachweis einer Befähigung zum selbständigen Betreiben des erlernten Handwerks durch eine Meisterprüfung. Die notwendige Vorbereitung auf diese Prüfung führte im frühen 20. Jahrhundert zu einer spürbaren handwerklich-technischen und kaufmännischen Fortbildung der Handwerker. Die kapitalistische Entwicklung machte aber die Eröffnung eines selbständigen Handwerksbetriebes zunehmend schwieriger, so daß angesichts der in Mecklenburg nur schwach entwickelten Industrie, die auch nur einen zahlenmäßig begrenzten Übergang ins Industrieproletariat ermöglichte, viele Gesellen lebenslang Gesellen, das heißt unselbständige gewerbliche Arbeitskräfte blieben. Daß auch im Mecklenburg des späten 19. Jahrhunderts eine Verwandlung zünftiger Handwerksgesellen in kapitalistische Industriearbeiter stattfand, zeigt sich am deutlichsten am Beispiel der gelernten Arbeiter im Rostocker Eisenschiffbau (vgl. das Kapitel „Werftarbeiter").

Eigene Korporationen der Gesellen entstanden, seit 1869 die gewerbliche Koalitionsfreiheit in Mecklenburg eingeführt wurde, nicht mehr. Die Handwerksgesellen nahmen jedoch in der Gewerkschaftsbewegung, die sich nach dem Fall des Sozialistengesetzes (1890) auch in Mecklenburg zögernd entwickelte, nicht nur zahlenmäßig den ersten Platz ein, sondern stellten anscheinend zum Teil auch die Funktionäre. Erst im 20. Jahrhundert verschoben sich allmählich die Proportionen zugunsten des industriellen Proletariats.

Der erste Weltkrieg unterbrach die Entwicklung des Handwerks. Für viele Handwerker, die Soldat werden mußten und ihr Leben verloren, fand sich kein Nachfolger, und die anschließende Inflation zerstörte ebenfalls zahlreiche handwerkliche Existenzen, so daß 1926 in Mecklenburg nur noch 17420 Handwerksbetriebe gezählt wurden. Bis 1933 erhöhte sich ihre Zahl jedoch wieder auf 21343, wobei die unselbständigen, Gutswirtschaften angeschlossenen Handwerker nicht miterfaßt sind. Zugleich stieg die Zahl der im Handwerk Beschäftigten von 42314 im Jahre 1926 auf 52919 bei der Zählung von 1933.[43] Da sich in den überwiegend kleinen Städten bis in die 1930er Jahre kaum Industrie entwikkelte, behielt das Handwerk hier weithin seine lokale Bedeutung und versorgte, besonders in Gutsbezirken mit geringem Handwerkerbesatz, weiterhin auch das dörfliche Umland.[44] Dabei gab es durchaus Konkurrenz. Die Kunden konnten auch in der Kleinstadt zwischen mehreren Tischlern, Schustern, Schneidern usw. sowie aus dem Angebot des Handels auswählen. Deshalb war die rasche und gute Ausführung der Aufträge entscheidend für den Gewinn einer Stammkundschaft und damit für die gesicherte Existenz der Handwerksbetriebe. In den größeren Städten verloren selbst

KRAFTWAGEN-LEHRWERKSTATT DES REICHSVERBANDES DES DEUTSCHEN SCHMIEDEHANDWERKS

PRÜFUNGS-ZEUGNIS

Der Schmiede

Herr Johannes Schumacher

aus , geboren am

zu hat vom

bis die Kraftwagen-Lehrwerkstatt besucht und die Prüfung bestanden.

Ausserdem hat er durch die Prüfung vor der amtlichen Prüfungsstelle für Kraftfahrzeuge des Polizei-Präsidiums Berlin den für das Deutsche Reich giltigen Kraftwagen-Führerschein für die Klasse erworben.

Kraftwagen-Lehrwerkstatt des Reichsverbandes des deutschen Schmiedehandwerks

Der Präsident

Der Vorsitzende

Der Leiter:

Berlin, den

Vom Schmied zum Kfz-Mechaniker.
Duckow, Kreis Malchin

tüchtige Handwerker viele Kunden an Fachgeschäfte und Warenhäuser, in denen auch die Landbevölkerung der Umgebung zunehmend ihren Bedarf deckte.

Zugleich führten der technologische Fortschritt und die Zunahme der Industrieproduktion im nationalen Rahmen auch in Mecklenburg zur weiteren Differenzierung der Handwerksberufe (gelernte Schmiede oder Schlosser z.B. spezialisierten sich zu Landmaschinen- oder Autoschlossern) und ließen manche Handwerke wie die des Klempners, Elektrikers, Fahrrad-, Nähmaschinen- oder Radiomechanikers usw. neu entstehen bzw. verschafften ihnen erweiterte Arbeitsmöglichkeiten. Die Handwerker stellten sich auf die Nutzung der ihnen von der Industrie belassenen oder geschaffenen Möglichkeiten (wie Reparatur, Wartung, Einrichtung) ein, und viele eröffneten gleichzeitig Läden und handelten mit industriellen Erzeugnissen der gleichen Branche, die sie so billig nicht herzustellen imstande waren. Die Schuhmacher in den Kleinstädten beispielsweise hatten auch ein Sortiment in Fabriken hergestellter Schuhwaren „am Lager"; die Schlosser offerierten ihren Kunden auch Fahrräder, Nähmaschinen, Zentrifugen u.a. von bekannten Firmen usw.[45] Allerdings boten die Ausnutzung der Elektroenergie sowie die Anschaffung von der Industrie entwickelter Kleinmaschinen auch einer Reihe von Handwerkern (z.B. Tischlern, Stellmachern, Schlossern) die Chance, in der kleinbetrieblichen Produktion bestimmter Erzeugnisse neben der Industrie zu bestehen, wenn sie auf gewandelte Bedürfnisse reagierten. So wird z.B. 1930 über die Werkstatt eines Kupferschmiedes berichtet, sie habe sich sehr verändert: „Fast wie ein kleiner Fabrikraum sieht sie aus. Das Sauerstoffgebläse hat Einzug gehalten, ein Kran läuft unter der Decke, und die Ambosse sind groß und gewaltig geworden. In das dumpfe Dröhnen der Hammerschläge klingt das Rattern der Preßlufthämmer, und statt der graziösen Schmuckkannen schmiedet und treibt man Behälter und Gefäße für Dampf- und Warmwasserheizungen ..."[46]

Die Kehrseite der Medaille war, daß im Laufe des 20. Jahrhunderts zunehmend nur derjenige Handwerker konkurrenzfähig blieb, der Maschinen anschaffen und damit die Herstellungskosten seiner Produkte denen der industriellen Produktion anpassen konnte. Das hatte nicht nur einen ökonomischen Aspekt. Die Schmiede-, Stellmacher-, Tischler-, Maurermeister usw. gehörten zwar meist schon von Berufs wegen zu den angesehenen Leuten in den mecklenburgischen Städten, besonders wenn ihre Werkstätten bereits seit Generationen in Familienbesitz waren. Aber dieses berufliche Ansehen mußte in der Regel durch handwerkliche Leistung und wirtschaftlichen Erfolg bestätigt sein. Dann fand die gehobene soziale Stellung oft auch darin Ausdruck, daß die betreffenden Handwerker in Vereins- und Kirchenvorständen den Ton angaben, in kommunalen Angelegenheiten mitsprachen, danach streben konnten, Schützenkönig zu werden, was mit erheblichen Ausgaben verbunden war, usw. Handwerkern, die wirtschaftlich zu kämpfen hatten, nützte auch das Ansehen wenig, das ihr Beruf genoß. Oft waren es gerade solche Handwerker, die über Land zogen, um ihre Produkte zu verkaufen oder sich für Reparaturen anzubieten.

Das traditionelle Landhandwerk konnte sich nur in jenen Gebieten Mecklenburgs behaupten, die nicht von der Gutswirtschaft geprägt waren. Auf den Gütern wurden die anfallenden Handwerksarbeiten nach wie vor von handwerklich befähigten Tagelöhnern ausgeführt; nur Schmied und Stellmacher waren in der Regel gelernte Handwerker. Aber auch in den Bauerndörfern umfaßte das Handwerk vor allem jene Berufe, die in Beziehung zum Betrieb der Landwirtschaft standen: Schmiede, Stellmacher, Tischler, Zimmerleute und Maurer, während die Zahl der Schuster und Schneider mit dem Vordringen der Konfektionsindustrie stark zurückging. Meist hatten die Landhandwerker allerdings zu wenig Kunden, um von ihrer gewerblichen Arbeit allein zu leben, und bewirtschafteten nebenher ein Stück Land, dessen Bestellung sie von den Spannvieh besitzenden Bauern abhängig machte. Andererseits mußten die bäuerlichen Dorfgenossen anerkennen, daß der schreibgewandtere Handwerker ihnen im Verkehr mit Lieferanten, Kunden und Behörden überlegen war. So wurden nach der Novemberrevolution Handwerker zunehmend auch in die Gemeinderäte gewählt.

Die Gesetzgebung im Gefolge der Novemberrevolution griff auch in das handwerkliche Leben unmittelbar ein. Genannt seien etwa die gegenüber der Vorkriegszeit erweiterte Koalitionsfreiheit der Gesellen und die Einführung des Acht-Stunden-Tages auch im Handwerk.[47] Inwieweit sich beides auf die handwerklichen Verhältnisse auswirkte, ist freilich schwer abzuschätzen. Die wirtschaftliche und soziale

Schmiede in Teschow, Kreis Teterow. Zustand um 1930

Schmiede in einem Dorf bei Boizenburg, vor 1939. Links oben die Auftragstafel („Baron" als Kunde)

Lage auch des mecklenburgischen Handwerks war gerade in den zwanziger Jahren starken konjunkturellen Schwankungen der Wirtschaft unterworfen, die Aufträge oder aber Auftragsmangel mit sich brachten. Wenn genügend Arbeit vorhanden war, dürfte die Begrenzung der täglichen „Durchschnittsarbeitszeit" nicht allzu genau genommen worden sein, wenn das die Verdienstmöglichkeiten geschmälert hätte; und gab es wenig Arbeit, behalfen sich die Meister nach Möglichkeit ohne Gesellen. Das verstärkte Eindringen der Maschinentechnik ins Handwerk seit den zwanziger Jahren machte die Arbeit zwar vielfach leichter, aber gemeinhin auch intensiver und hektischer, und das hatte wiederum Rückwirkungen auf das Verhältnis zwischen Meistern und Gesellen. Die Gesellen waren jedoch meist froh, eine Arbeitsstelle zu haben, und bestrebt, sie sich zu erhalten. Denn ihre Chancen, die Meisterprüfung abzulegen und sich selbst als Handwerker zu etablieren, sanken. Mit der Notwendigkeit, sich die erforderlichen Maschinen anzuschaffen, wurde in den meisten Berufen die Eröffnung einer Werkstatt wesentlich zu einer Frage des Geldes, und wer nicht über das nötige Betriebskapital verfügte, konnte sich nicht selbständig machen.[48]

Bei solch erschwertem Fortkommen zog mit der fortschreitenden Industrialisierung auch in Mecklenburg eine wachsende Zahl von Gesellen der Arbeit unter der „Fuchtel" eines Meisters das Dasein als Facharbeiter in einem größeren Betrieb ihrer Branche vor. 1932 arbeiteten bereits 8,9 Prozent aller in Industrie und Handwerk Tätigen in Industriebetrieben mit über 200 Beschäftigten. Und von 1932 bis 1939 stieg die Zahl der in Betrieben mit über fünf Beschäftigten gewerblich Tätigen von 20000 auf 92000. An diesem rapiden Steigen war vor allem der kriegswichtige Maschinen- und Fahrzeugbau beteiligt, dessen Beschäftigtenzahl sich auf das 25fache erhöhte.[49] Der Zuwachs rekrutierte sich – wie in den vorangegangenen Jahrzehnten auch – zu einem großen Teil aus dem Handwerk, das zunehmend mehr Lehrlinge ausbildete, als es benötigte.

Geistig aufgeschlossene Gesellen, die auf ihrer Wanderschaft über die Landesgrenzen hinauskamen, nutzten das vielfach nicht nur zur Vervollkommnung ihrer beruflichen Kenntnisse, sondern sammelten auch kulturelle Eindrücke der verschiedensten Art, die später nachwirkten. Autobiographische Notizen und Auskünfte, die in den letzten Jahrzehnten von alten Meistern eingeholt werden konnten, weisen ein starkes Engagement von Handwerkern im kulturellen Leben mecklenburgischer Kleinstädte im 20. Jahrhundert aus.

In vielem typisch ist hier das Beispiel des 1877 geborenen Stellmachermeisters Paul Friedrich Kaeding in Burg Stargard. Er war auf seiner Wanderschaft in den Jahren 1895 bis 1899 nicht nur kreuz und quer durch Mecklenburg, sondern auch nach Berlin, Jüterbog, Leipzig, Halle und in verschiedene Städte im Harz gekommen und hatte dort jeweils sowohl etwas in seinem Handwerk dazugelernt, das er später in der eigenen Werkstatt nutzte, als auch alle erreichbaren Sehenswürdigkeiten besucht, am Vereinsleben teilgenommen, Sport getrieben usw. Das setzte er als junger Meister in seiner Heimatstadt fort. Er wurde leitendes Mitglied im Turn- und im Gesangverein, studierte mit Laiendarstellern einfache Theaterstücke ein, schrieb Gedichte zu privaten und öffentlichen Feiern und fungierte dort als „Tanzwart" oder Festredner. Zudem legte er sich eine „Reisesparkasse" an und machte von Zeit zu Zeit eine größere Bildungs- bzw. Vergnügungsreise, so z.B. 1908 zum Turnfest nach Frankfurt/M., 1910 zur Weltausstellung nach Brüssel, 1925 zur Reichsinnungsversammlung des Stellmacherhandwerks nach Breslau und 1927 zu einer Handwerksausstellung nach München. Das Geld dafür stammte zum Teil aus seinen Einnahmen als Lehrer an der Berufsschule, wo er ab 1904 Fachunterricht für Bauhandwerker gab – 35 Jahre lang, neben der Arbeit in der Werkstatt. All das zusammen hob ihn zwar aus der Schar der anderen Handwerksmeister in der Kleinstadt heraus, machte ihn aber nicht zum Einzelfall: Das kleinstädtische Vereinsleben in Mecklenburg wurde damals in hohem Maße von Handwerkern getragen, die zusammen mit den Kaufleuten, Händlern usw. die stärkste kleinbürgerliche Bevölkerungsgruppe bildeten, und der Fachunterricht an der Berufsschule lag generell in der Hand dafür geeigneter Meister, die die Lehrlinge auch hier praxisnah ins Handwerk einführten. Was speziell diese Vereinstätigkeit für das kulturelle Leben in der Kleinstadt bedeutete, wird daraus ersichtlich, daß es daneben – außer Kino- und Tanzveranstaltungen – kaum etwas anderes gab.

Inwieweit in diesem Vereinsleben neben sportlicher Betätigung, fachlicher und musischer Bildung, Unterhaltung, Geselligkeit usw. auch politische Fragen eine Rolle spielten, ist nach dem bisherigen Stand des Wissens schwer einzuschätzen. Mit dem wachsenden Einfluß der Sozialdemokratie und später der KPD auch in Mecklenburg sahen die Gesellen – ebenso wie die Arbeiter – vor allem dort ihre Interessenvertretung. Die Meister hingegen standen wie Kaeding (der 1919 in Burg Stargard eine Ortsgruppe der neugegründeten „Mittelstandspartei" aufbaute) in der Mehrzahl wohl eher rechts und gehörten in der Zeit des Faschismus, auch als Parteilose, oft zu dessen Sympathisanten – bis sich unter dem Eindruck der Judenverfolgung und der Schrecken des Krieges ein allmählicher Sinneswandel vollzog. Immerhin setzten Kriegsgeschehen und Kriegsverlauf auch ihre berufliche und physische Existenz aufs Spiel. Ein Großteil der selbständig gebliebenen Handwerker wurde in die faschistische Kriegsproduktion einbezogen, was mit erheblicher Überarbeit, oft unter Einschluß von Familienangehörigen, verbunden war. Die jüngeren Meister und die Gesellen mußten an die Front oder wurden zur Arbeit in Rüstungsbetrieben verpflichtet. Für normale Handwerksarbeit blieben nur Alte und Invaliden.

In den Jahren des Neubeginns

Über die Entwicklung des Handwerks in Mecklenburg nach dem Sturz des Faschismus wurden bisher so gut wie keine Untersuchungen angestellt. Es ist daher nur möglich, allgemeine Tendenzen zu skizzieren, wie sie sich aufgrund eigener Beobachtung, der Konsultation von Handwerkern und von Informationen in der regionalen Presse darstellen.

Nach dem Krieg war die Ausgangslage der einzelnen Handwerker zunächst sehr unterschiedlich, je nachdem, ob sie noch ihre Werkstätten besaßen oder ob diese im Ergebnis der Kampfhandlungen zerstört worden waren. Handwerker wie der Stellmachermeister Kaeding in Burg Stargard, der nicht nur seine relativ moderne, mit Maschinen ausgestattete Werkstatt behalten, sondern auch genügend Nutzholz gelagert hatte, konnten sofort nach Kriegsende weiterproduzieren, wenn sich auch nicht gleich qualifizierte Handwerker als Mitarbeiter fanden. Soweit die Werkstätten zerstört waren, versuchten die ansässigen Handwerker, sich eine neue notdürftig so weit einzurichten, daß sie wieder arbeiten konnten. Sie zogen aber auch zum Teil aus den eingeäscherten Städten hinaus aufs Land, wo z. B. manche Schmiede oder Stellmacherei verwaist war. Die nach Mecklenburg umgesiedelten Handwerker, darunter viele Meister, die keine Möglichkeit zur Wiedereröffnung einer eigenen Werkstatt sahen und nicht unter einem anderen Meister arbeiten wollten, wanderten zunächst vielfach in die Landwirtschaft ab, wo sich ihnen durch die Aufteilung der Rittergüter im Zuge der demokratischen Bodenreform eine lohnendere Existenzmöglichkeit zu bieten schien. Sie gaben den ihnen ungewohnten Beruf jedoch nach und nach meist wieder auf, wenn sich die Chance zum Wiedereinstieg ins Handwerk ergab oder für die beginnende Industrialisierung geeignete Fachkräfte gesucht wurden.

Da es als Kriegsfolge zunächst an fast allem mangelte und die erst allmählich in Gang zu bringende Industrie in der Sowjetischen Besatzungszone viele benötigte Erzeugnisse noch nicht zu liefern vermochte, fiel dem Handwerk die Aufgabe zu, die diesbezügliche Versorgung der Bevölkerung zu gewährleisten. Das führte nicht nur den ansässigen Handwerkern in den Städten neue Kunden zu (in erster Linie Umsiedler, die neu beginnen mußten), sondern zeitigte auch gerade im agrarisch strukturierten Mecklenburg zahlreiche Neueröffnungen von Handwerksbetrieben, vor allem in den mit Handwerkern schwach besetzten Dörfern. So wurden z. B. allein im heutigen Kreis Lübz in den Jahren 1946–48 29 neue Dorfschmieden in die Handwerkerrolle eingetragen[50]; und solche Eintragungen geben nur ein unvollständiges Bild, da zahlreiche Handwerker oder handwerklich geschickte Leute, die Holzpantoffeln anfertigten, Körbe flochten, Flickschneiderei betrieben usw. und dazu keine besondere Werkstatt benötigten, dieses Gewerbe nicht anmeldeten.

Die Handwerker hatten vor allem instand zu halten und zu reparieren, was noch nicht neu produziert werden konnte: landwirtschaftliche Maschinen und Geräte, Fahrräder, Geräte der Hauswirtschaft usw., wobei die fehlenden Ersatzteile durch improvisierte Eigenanfertigungen ersetzt werden mußten. Vieles, was vor dem Kriege bereits als gängige Fabrikware auf dem Markt war, wurde nun auch per Hand neu hergestellt: Arbeitsgeräte, Kleidung, Schuhe, Möbel usw. Besonders groß war der Bedarf der zahlreichen Neubauern an einfachen landwirtschaftlichen Arbeitsgeräten wie Pflug, Egge, Anspannungsgeschirr, Wagen usw., was vor allem eine Hochkonjunktur der Schmiede, Stellmacher, Sattler usw. zur Folge hatte, bei denen sich die Arbeit häufte. In vielen Fällen mußten sich die Kunden das benötigte Material selbst besorgen und mitbringen, da es die Handwerker nicht liefern konnten. Da ging es oft nach der Devise „Aus alt mach' neu", speziell bei den Schneidern und Schlossern, die alte Kleidung und defektes Gerät erhielten, um Neues daraus zu fertigen. Zum Teil wurden schrottreife Erzeugnisse der Kriegsproduktion verwertet, vor allem von den Schmieden, die aus Panzerplatten Pflugschare, aus Rundeisen Wagenachsen, aus kleineren Teilen Hufeisen usw. fertigten, wobei vielfach alte, fast vergessene Arbeitsweisen und Techniken neu belebt wurden.[51] Zum Teil benutzte man auch andere als die gewohnten Materialien, und es entstanden Holz- statt Zinkeimer, Holz- und Stoff- statt Lederschuhe usw. Was hier der Erfindungsgeist von Handwerkern zuwege brachte, um elementare Bedürfnisse abzudecken und Kundenwünsche zu erfüllen, nötigt in der Rückschau Bewunderung ab.

Planmäßig gefördert wurde vor allem das Bauhandwerk, nachdem der „Befehl 209" der Sowjetischen Militäradministration die Errichtung von genormten Neubauernhäusern in den Bodenreformdörfern eingeleitet hatte. Im Rechnungsbuch des Goldberger Tischlers Walter Dempzin (Heimatmuseum Goldberg) spiegelt sich deutlich wider, wie seit 1949 die Bautischlerei Vorrang vor dem sonstigen Fertigungsprogramm gewann. Die Neusiedler aus Sehlsdorf, Steinbeck und anderen Dörfern ließen Fenster und Türen von Tischler Dempzin anfertigen, was durch die Kreisbauleitung vermittelt und im Fall der Siedler Spieckermann und Räschenski durch Abschlag auch bezahlt wurde.

Bald nach Gründung der DDR, am 9. August 1950, verabschiedete die Volkskammer das „Gesetz zur Förderung des Handwerks", dem eine wichtige Rolle in der Volkswirtschaft des Landes zugewiesen wurde. Anfang der fünfziger Jahre war die Industrie in der DDR so weit wieder aufgebaut, daß sie die Versorgung der Bevölkerung mit Massenbedarfsgütern in allen wesentlichen Bereichen übernahm und das Handwerk sich stärker auf die Abdekkung der verbleibenden Bedarfslücken konzentrieren sowie Dienstleistungsaufgaben

Mecklenburgische Kleinstadt mit Fachwerkbauten des 19. Jahrhunderts: Rehna, Kreis Gadebusch

Städtisches Haus mit einstiger Toreinfahrt, im frühen 19. Jahrhundert auf Türbreite verengt; Tür mit Oberlicht und klassizistischem Dekor. Der datierte Torbalken (1732) ist zweitverzimmert.

Zwei „Stubenschilder" von Handwerksgesellen:
Schlosser und Schmiede in Hagenow (1805) und Drell- und Leineweber, ohne Ortsangabe (1837)

Englische Goldlüster-Teekanne
aus Warnemünder Seefahrerbesitz.
Mitte des 19. Jahrhunderts

Fahne der „Liedertafel" Kröpelin, vor 1862,
mit Schleifen zur Erinnerung an verschiedene Sängerfeste

Meisterfahne der Kröpeliner Schuhmacherinnung, um 1900

Fahne der 1655 gegründeten Schützenzunft Dömitz, 1930

Trachten von der mecklenburgischen Küste.
Warnemünder und Warnemünderin, Bauer und Bäuerin von der Insel Poel.
Kolorierte Lithographien, 1843/44

Panorama des Hafenortes Warnemünde mit Kirche, Vogtei und Mittelflur-Wohnhäusern (Dächer mit Ziegeln bzw. Stroh oder Rohr gedeckt), um 1790. Kolorierte naive Zeichnung, den Besuch des schwedischen Königs Gustaf III. und seines pommerschen Gouverneurs Friedrich Wilhelm von Hessenstein verherrlichend

Schiffsporträt: Bark „Wodan" von Wismar, erbaut 1860 in Ribnitz. Ölbild, vor 1869

Zunftgefäß der Rostocker Bruchfischer. Zinn, datiert 1797

übernehmen konnte. Dazu gehörten die Wartung und Reparatur industriell gefertigter Erzeugnisse (vom Schuh bis zum elektrischen Gerät) ebenso wie die Sonderanfertigung von Dingen, die die Industrie nicht bzw. nicht in den benötigten Maßen oder in der gewünschten Qualität lieferte (z.B. Maßkleidung, Möbel nach individuellen Abmessungen, Modeartikel in beschränkten Stückzahlen usw.). Zum Teil aber nahmen Handwerker mit einer größeren Anzahl von Beschäftigten auch eine Art serienmäßiger Produktion von bestimmten Erzeugnissen (einzelne Möbelarten, Textilerzeugnisse usw.) auf, die im Industriesortiment fehlten. Dabei fungierten sie zum Teil als unmittelbare Partner der Industrie. Schlossereien z.B. besorgten vielfach die Anfertigung und Zulieferung von Einzelteilen (die nur in begrenzten Stückzahlen benötigt wurden) an die Maschinen-, Geräte- und Werftindustrie. Und mit dem Beginn des städtischen Wohnungsbauprogramms in den fünfziger Jahren wurden Tischlereien vertraglich gebunden, die Anfertigung genormter Türen, Fenster, Einbauküchen usw. zu übernehmen, zu deren Herstellung die Baubetriebe keine oder nicht genügend Kapazität besaßen.

Die Handwerker unternahmen in dieser Zeit alle Anstrengungen, den steigenden Bedarf der Bevölkerung an Reparaturen, Werterhaltungsarbeiten und Dienstleistungen zu befriedigen. Statistiken, z.B. für den Bezirk Rostock, weisen in diesen Bereichen für die Jahre 1953 bis 1961 eine ständige Leistungssteigerung aus (bis zu 100 Prozent), obwohl die Zahl der im Handwerk Beschäftigten zurückging. Dabei half die Bildung von Einkaufs- und Liefergenossenschaften des Handwerks, die Materialversorgung der Handwerksbetriebe zu sichern; die Anfertigung aus Kundenmaterial verlor an Bedeutung.[52]

Die größeren Handwerksbetriebe mancher Branchen orientierten sich allerdings weniger auf die individuellen Wünsche einzelner Kunden, d.h. auf handwerkliche Einzelanfertigung und Reparaturen, als

Lehrlinge der Lehrwerkstätten für Wirtschaftspflege. Ribnitz-Damgarten, 1953

auf das volkswirtschaftlich geplante Industrieprogramm und dessen Erfordernisse. Der Geselle in solchen Handwerksbetrieben wurde nicht nur durch Änderung der offiziellen Bezeichnung, sondern zunehmend tatsächlich zum Facharbeiter, der in der Werkstatt in kleinerem Rahmen und an kleinen Maschinen im Prinzip die gleiche Arbeit verrichtete wie in der Fabrik. Auch die Lehrlingsausbildung, die sich fast zur Hälfte aus der Werkstatt in die Berufsschule verlagerte, hatte zunehmend den späteren Einsatz der ausgebildeten Facharbeiter in der Industrie im Blick. Zum einen lag dort – im Unterschied zum Handwerk – ein objektiv ständig wachsender Arbeitskräftebedarf (den die Industriebetriebe auch durch verstärkte eigene Lehrlingsausbildung zu decken versuchten), zum anderen sahen die jungen Facharbeiter – selbst die aus dem Handwerk – in der Industrie auch subjektiv die größere individuelle Perspektive.

Dahinter stand zum einen die wachsende Einsicht, daß der einzelne Handwerksbetrieb die produktionstechnischen Möglichkeiten der Gegenwart nicht mehr befriedigend nutzen konnte, daß man sich also per Hand oder mit Hilfe längst überholter Maschinen mit oft großem Aufwand Gegenstände herzustellen bemühte, die größere Betriebe weit weniger arbeitsaufwendig, rationeller und billiger in hohen Stückzahlen produzierten. Manchen Meistern und bei ihnen beschäftigten Facharbeitern wurde die kleine Werkstatt zu eng und der Verdienst den wachsenden Lebensansprüchen nicht mehr gerecht. Hinzu kam eine gezielte Aufklärungsarbeit der Handwerkskammern und anderer staatlicher Stellen, die die Vorteile genossenschaftlichen Zusammenschlusses der Handwerker für die Beteiligten und für die Gesellschaft erläuterten. So wurden seit 1956 in den einzelnen Städten zunehmend Produktionsgenossenschaften des Handwerks (PGH) gegründet, zu denen sich Schlosser, Tischler, Schuster, Friseure usw. zusammenschlossen. Bis 1958 entstanden allein im Bezirk Rostock 107 Genossenschaften mit 2600 Mitgliedern, und 1961 waren es 180 PGH, vor allem des Bau-, Tischler-, Metall-, Elektro- und Friseurhandwerks, die 6300 Mitglieder zählten. Damit betrug der genossenschaftliche Anteil am Handwerk 38 Prozent.[53]

Diese Entwicklung ging nicht ohne Probleme vor sich. Viele individuell arbeitende Handwerksmeister, die hohe Einkünfte erzielten, fürchteten, durch den Zusammenschluß mit anderen Meistern ihre Selbständigkeit zu verlieren und an Einkommen einzubüßen. Andere hielt ihr Alter davon ab, noch kurz vor „Toresschluß" ihren Status und ihre Arbeitsweise zu ändern. Das waren besonders Alleinmeister und solche mit ein bis drei Beschäftigten, für die besonders günstige Steuerbestimmungen galten und die an das Arbeiten in kleiner Werkstatt gewöhnt waren. Hier bedurfte es mitunter des überzeugenden Beispiels bestehender PGH, ehe der Eintritt in die Genossenschaft erfolgte.[54]

Auf dem Lande gaben vielerorts die Schmiede und Stellmacher ihre private Werkstatt auf und wurden Facharbeiter in den neugegründeten Maschinenausleihstationen (MAS), an deren Aufbau sie maßgeblichen Anteil hatten. Die verbleibenden privaten Schmiede und Stellmacher traten nach und nach, zusammen mit anderen dörflichen Handwerkern wie Tischlern oder Maurern, den ab 1953 entstehenden Landwirtschaftlichen Produktionsgenossenschaften (LPG) bei und arbeiteten für deren Bedürfnisse, wobei meist die Werkstätten von den Genossenschaften mit übernommen wurden. Nachdem durch forcierte Gründung von LPG im Jahre 1960 das vollgenossenschaftliche Dorf erreicht war, gingen auch die Reparaturstützpunkte der inzwischen aufgebauten Maschinen-Traktoren-Stationen (MTS), deren Existenz eine wesentliche Voraussetzung für die Großraumwirtschaft bildete, in genossenschaftlichen Besitz über.[55]

Auch in den städtischen PGH ging es um verbesserte Produktionsmöglichkeiten. Sie wurden bereits durch überlegte Aufteilung der Aufträge zwischen den einzelnen Werkstätten erreicht, durch die betriebstechnischen Besonderheiten und individuellen Neigungen besser entsprochen wurde. Eine zweite Stufe stellte die Konzentration in den am besten ausgerüsteten größeren Handwerksbetrieben dar, bei der die technisch veralteten und oft recht primitiven kleinen Werkstätten nicht mehr genutzt zu werden brauchten. Zugleich sollten die Dienstleistungen für die Bevölkerung verbessert werden, was ebenfalls einerseits durch Spezialisierung bestimmter Werkstätten (z. B. auf die Reparatur besonderer Arten von Elektrogeräten), andererseits durch Konzentration erfolgte (Zusammenfassung z. B. der Schuhmacher in größeren, mit Maschinen eingerichteten Werkstätten; Schaffung von komplexen Annahmestellen für Reparaturen usw.).

Diese PGH brachten für Meister und Gehilfen – selbst dort, wo in der alten kleinen Werkstatt weitergearbeitet wurde – in der Regel bessere Arbeits- und Lebensbedingungen: Die Arbeit wurde leichter, es konnte mehr geschafft und besser verdient werden. Damit verstärkte sich der Trend, der schon in den späten fünfziger Jahren sprichwörtlich geworden war: Handwerker, die eine florierende Werkstatt führten, gehörten in Mecklenburg zu den ersten, die sich ein Auto zulegten, das weniger geschäftlich als privat genutzt wurde, die sich ein Einfamilienhaus bauten und anspruchsvoll möblierten, die an landschaftlich reizvollen Orten einen Sommersitz (Datsche) für die Ferien errichteten, Auslandsreisen unternahmen usw. Sie dokumentierten in ihrer Lebensweise einen Standard, der für die Mehrheit der Bevölkerung (darunter für die Facharbeiter, die Mitglieder von PGH waren) erst später, in den sechziger Jahren, möglich wurde. Das gab vielen Handwerkern in ihrem Lebenszuschnitt eine Art Sonderstellung, die zum Teil durch neue gesetzliche Bestimmungen über die Führung und Besteuerung von Handwerksbetrieben zu regulieren versucht wurde. Der Zusammenschluß der Handwerker in PGH und LPG brachte jedoch für die Mehrzahl der Beteiligten auch insofern einen Wandel, als er sie aus ihrer Vereinzelung in den kleinen Werkstätten löste und in Kollektive einband, die nicht nur zusammen arbeiteten, sondern auch zusammen planten, Neues in Angriff nahmen und feierten.

Die teilweise Entwicklung des Handwerks zum produzierenden und reparierenden Partner der Industrie zeitigte freilich auch problematische Auswirkungen. Zum einen verschoben sich im Handwerk die Proportionen von der Reparatur älterer zur Produktion und zum Verkauf neuerer Erzeugnisse, darunter auch solcher herausragender Qualität. Die PGH des Elektrohandwerks „Elektronik“ in Grevesmühlen, die PGH „Volkskunst an der Ostsee“ in Greifswald, der Goldschmiedemeister Kucher in Rostock und andere waren schon in den fünfziger Jahren regelmäßig mit ihren Produkten auf der Leipziger Messe vertreten.[56] Gleichzeitig geriet jedoch zum Teil die Werterhaltung ins Hintertreffen. So wurde es z.B. schwierig, durch das Wohnungsbauprogramm (und lukrative Mithilfe beim Datschenbau) oft bereits ausgelastete Maurer, Zimmerleute, Dachdecker, Klempner, Glaser, Maler usw. für dringend notwendige Reparaturen an Wohnhäusern und in Wohnungen zu bekommen. Andere Dienstleistungshandwerker wie Friseure, Fotografen, Tapezierer usw. hingegen stellten sich erfolgreich auf die wachsenden Kundenwünsche ein. Infolge der raschen Entwicklung des Produktionsprogramms (etwa für Elektrogeräte) wurden jedoch gelegentlich auch schon Staubsauger, Radios usw. nicht mehr zur Reparatur angenommen, weil die Modelle „veraltet“ und die ursprünglich dafür produzierten Ersatzteile ausgegangen und „nicht mehr beschaffbar“ waren.

Andererseits begannen sich in den sechziger Jahren von dem standardisierten Produktions- und Reparaturgeschehen im Handwerk nicht befriedigte Meister und Facharbeiter darauf zu orientieren, auch solche älteren Erzeugnisse (Uhren, Möbel, Fotoapparate, Plattenspieler usw.) wieder instand zu setzen, für die es seit langem keine vorgefertigten Ersatzteile mehr gab und die deshalb besondere Geschicklichkeit des Reparierenden verlangten. Das gleiche Bemühen, in Fortsetzung alter Handwerkertradition kreativ zu sein, spricht aus der bereits in den sechziger Jahren sich abzeichnenden Tendenz zum Kunsthandwerk, zum Weben, Drechseln, Töpfern, Kunstschmieden usw., das von speziell, zum Teil autodidaktisch ausgebildeten Handwerkern ausgeübt wurde. Die steigende Nachfrage der Bevölkerung nach kunsthandwerklichen Produkten zeigt, daß hier – neben der traditionellen Gebrauchsproduktion und dem Dienstleistungssektor – ebenfalls eine echte Perspektive des Handwerks in Mecklenburg bestand und besteht.

Anmerkungen

1 Vgl. Ernst Schlüter, Mecklenburgisches Handwerk. Ein geschichtlicher Überblick, in: Mecklenburg, hrsg. von E. Schulz, 2. Aufl., Rostock 1939, S. 237–246.
2 Gerhard Heitz, Zur Rolle der kleinen mecklenburgischen Landstädte in der Periode des Übergangs vom Feudalismus zum Kapitalismus, in: Hansische Studien, Berlin 1961, S. 113f. Der Autor stellte mir freundlicherweise seine Archivexzerpte zur Verfügung.
3 Meckl. Monatshefte 13 (1937), S. 76–78, vgl. auch das Kapitel „Volkskunst".
4 Großherzoglich Mecklenburg-Schwerinscher Staatskalender, Schwerin 1820, Teil 2, S. 121.
5 Ebenda, S. 109f., 116f., 128, 119f., 111.
6 Gustav Hempel, Geographisch-statistisch-historisches Handbuch des Meklenburger Landes, Bd. 2, Parchim/Ludwigslust 1843, S. 113, 142.
7 Gertrud Lembke, Die Entwicklung des mecklenburgischen Handwerks, in: Mecklenburg, hrsg. von R. Crull, Bielefeld/Leipzig 1938, S. 179–183.
8 Wilhelmi, Strike und öffentliche Meinung, Güstrow 1835, S. 4f.
9 Karl Wendt, Geschichte der Vorderstadt Neubrandenburg, Neubrandenburg 1922, S. 75.
10 Carl August Endler, Zunftschilder und Zunftgebräuche, Meckl. Monatshefte 6 (1930), S. 525–529.
11 Werner Aul, Die Entwicklung des Zunftwesens in Mecklenburg/Strelitz unter Einfluß der landesherrlichen Gewerbepolitik 1731 bis 1868, Diss., Rostock 1931.
12 Neue vollständige Gesetz-Sammlung für die Mecklenburg-Schwerinschen Lande, Bd. 5, Parchim 1841, S. 164.
13 Ebenda, S. 245.
14 Ebenda, S. 238: 1787.
15 Wendt (wie Anm. 9), S. 152.
15a Dagegen sind die nachweisbaren Wanderrouten Chemnitzer Gesellen in dieser Zeit beträchtlich; vgl. Helmut Bräuer, Gesellenmigration in der Zeit der industriellen Revolution, Karl-Marx-Stadt 1982.
16 Gesetz-Sammlung (wie Anm. 12), S. 270.
17 Kruse, Festbuch zur 350jähr. Jubiläums-Feier der Tischler-Innung, Güstrow 1912, S. 33.
18 Gesetz-Sammlung (wie Anm. 12), S. 164: 1772.
19 Johannes Schildhauer, Gesellen- und Tagelöhnererhebungen in den mecklenburgischen Städten von 1790 bis 1800, Zeitschrift für Geschichtswissenschaft 7 (1959), S. 1256–1281.
20 Reinhard Peesch, Räume und Wege der handwerklichen Tradierung im Bereich der „Seestädte" zu Beginn des 19. Jahrhunderts, in: Kolloquium Balticum Ethnographicum 1966, Berlin 1968, S. 106f.
21 Meckl. Monatshefte 6 (1930), S. 549f.
22 Wendt (wie Anm. 9), S. 148.
23 Ostmeckl. Heimat 5 (1932), S. 141.
24 Helga Schultz, Landhandwerk im Übergang vom Feudalismus zum Kapitalismus ... Fallstudie Mecklenburg-Schwerin, Berlin 1984, S. 84ff.
25 Mecklenburg 42 (1936), S. 91ff.
26 Meckl.-Strelitzer Heimatblätter 3 (1927), S. 59.
27 Paul Kühl, Geschichte der Stadt und des Klosters Ribnitz, Neubrandenburg 1933, S. 388f.
28 Georg Wächter [d.i. K.A. Ackermann], Kleinstadtleben in der Großeltern jungen Jahren, Plau 1904, S. 9.
29 Wilhelm Stieda, Das Amt der Zinngießer in Rostock, Jahrbücher des Vereins für mekl. Geschichte und Alterthumskunde 53 (1888), S. 131–163; Ludolf Fiesel, Mecklenburgische Zinngießerei, Meckl. Monatshefte 6 (1930), S. 536–539; Johann Joachim Bernitt, Rostocker Zinnsammlung, Rostock 1982.
30 Gertrud Lembke, Das Schicksal des mecklenburgischen Handwerks in den letzten hundert Jahren, Meckl. Monatshefte 13 (1937), S. 76–78.
31 Peesch (wie Anm. 20), S. 98ff.
32 Wendt (wie Anm. 9), S. 150.
33 Schultz (wie Anm. 24), S. 105f., 137ff.
34 Ernst Schlüter, Der Handwerker im niederdeutschen Volkshumor, Meckl. Monatshefte 6 (1930), S. 540–544.
35 Mecklenburg-Schwerinscher Staatskalender, Schwerin 1800, 1825, 1850.
36 Wendt (wie Anm. 9), S. 156.
37 Kruse (wie Anm. 17), S. 34f.
38 Nach Klaus Baudis, Karl Marx und seine Beziehung zu Mecklenburg und zu den Mecklenburgern, Vortrag am 18. 5. 1983 in Rostock.
39 Erwin Groenke, Zur industriellen Entwick-

lung Rostocks in der zweiten Hälfte des 19. Jahrhunderts, Beiträge zur Geschichte der Stadt Rostock 2 (1982), S. 3–22, 11f.

40 Helga Schultz, Zur Herausbildung der Arbeiterklasse am Beispiel der mittleren ostelbischen Hansestadt Rostock (1769–1870), Jahrbuch für Geschichte 13 (1975), S. 153 bis 201, 187.

41 Hans Bernitt, Vom alten und vom neuen Mecklenburg, Schwerin 1954, S. 234, zahlr. mdl. Äußerungen.

42 Schultz (wie Anm. 40), S. 194.

43 Albert Sagel, Ländliches Handwerk, in: Mecklenburg, hrsg. von R. Crull, Bielefeld/Leipzig 1938, S. 183–186; Erich Preiser, Die mecklenburgische Industrie, in: ebenda, S. 172–179.

44 Karl Büchner, Wirtschaftsgeographie von Mecklenburg-Schwerin. Diss., Leipzig 1933, S. 32f., 41.

45 Kuno Karls u. Ernst Schneider, Fiek'n hätt schräb'n ut Hagenow. Heft 2, Hagenow 1985, S. 34f., 42f.

46 Meckl. Monatshefte 6 (1930), S. 546.

47 Gewerbeordnung für das Deutsche Reich, 23. Aufl., München 1930, § 1, 3, 5; Meckl. Monatshefte 6 (1930), S. 552.

48 Lembke (wie Anm. 7), S. 180.

49 Preiser (wie Anm. 43), S. 172; Mecklenburg in Zahlen 1833–1938, Schwerin 1939.

50 Hans Hentschel, Die Entwicklung des Schmiedehandwerks im Kreis Lübz, Dipl.-Arbeit, Berlin 1970, S. 28.

51 Ebenda, S. 25f.

52 Karlheinz Ginnow u. Paul Traeger, 10 Jahre Handwerkskammer des Bezirkes Rostock, Rostock 1963, S. 8, 10.

53 Ebenda, S. 7, 14, 17.

54 Autorenkollektiv, Fragen der sozialistischen Umgestaltung des Handwerks in den Bezirken Neubrandenburg und Karl-Marx-Stadt, Wissenschaftl. Zeitschrift der Hochschule für Ökonomie Berlin (1960), S. 12–28.

55 Hentschel (wie Anm. 50), S. 45ff.

56 Ginnow/Traeger (wie Anm. 52), S. 34ff.

Werftarbeiter

von Martin Heyne

Ältere Traditionen des Schiffbaus

Der Schiffbau besitzt an der mecklenburgischen Küste bedeutende Traditionen. Werftarbeiter können hier als ein Kern der industriellen Arbeiterklasse in Vergangenheit und Gegenwart gelten. Wir beschränken uns bei der folgenden Darstellung auf die Verhältnisse in Rostock, der bedeutendsten Werft- und Hafenstadt der Region.

Zeiten der Blüte, der Stagnation und des Verfalls hatten sich in der Geschichte des Rostocker Schiffbaus abgelöst, bevor am Ende des 18. Jahrhunderts, insbesondere dann aber im 19. Jahrhundert, Schiffahrt und Schiffbau in Rostock einen erneuten Aufschwung nahmen.[1] Die Hauptursache war – neben dem Fortfall solcher Behinderungen wie der französischen Kontinentalsperre, der englischen Korngesetze, des dänischen Sundzolls – der vermehrte Getreideexport aus dem Agrarland Mecklenburg in bereits stärker industrialisierte Länder. Dieser erfolgte hauptsächlich über den Rostocker Hafen und erreichte mit 1055000 Zentnern im Jahre 1845 seinen Höhepunkt. Gleichzeitig wuchs bis zu diesem Zeitpunkt die Rostocker Flotte auf über 250 Schiffseinheiten an; mit ihren 378 Schiffen im Jahre 1872 wurde sie vorübergehend nach Hamburg und Bremen die drittgrößte städtische Flotte Deutschlands und die größte der Ostsee. Von dieser Entwicklung profitierte vor allem auch der örtliche Schiffbau. Die Zahl der Bauaufträge nahm ständig zu, und so entstanden seit Mitte des 19. Jahrhunderts in nur wenigen Jahren neun Werften, auf denen sich oft gleichzeitig mehr als 30 Schiffe im Bau befanden. Im Zeitraum von 1800 bis 1917 sollen auf den Rostocker Werftplätzen mehr als 600 Segelschiffe in Holzbauweise gefertigt worden sein.

Es handelte sich dabei um einen handwerksmäßig betriebenen Schiffbau. Immer noch war die Werft (Lastadie) lediglich ein großer umzäunter Platz mit einer schrägen Ablauffläche zum Wasser hin, mit einigen Schuppen für die Unterbringung der Materialien und der zum Trocknen aufgestapelten Bauhölzer. Es gab Winden, um die Eichenbalken und Planken zu heben und die Steven zu richten, Rollen zum Bewegen der schweren Hölzer, Sägeböcke und -bänke und dazu die verschiedensten Werkzeuge insbesondere für die Holzbearbeitung: Brettbeil, Klobsäge, Dechsel, Kalfathammer und -eisen, Hobel, Bohrer usw.

Entsprechend waren die Arbeitsverfassung und die Berufsorganisation beschaffen. Der jeweilige Schiffbaumeister, Mitglied des Amtes der Schiffszimmerleute, beschäftigte Schiffszimmergesellen, die ihrerseits in einem „Amt“ organisiert waren, sowie Lehrlinge und weitere, nichtzünftige Lohnarbeitskräfte.

Beschäftigungsstand von 1859

Bei dem Schiffbaumeister Schönemann:
- 12 einheimische zünftige Gesellen,
- 2 nichteinheimische unzünftige Gesellen,
- 2 Lehrknechte;

bei dem Schiffbaumeister Möller:
- 9 einheimische zünftige Gesellen,
- 17 Arbeitsleute und Matrosen,
- 3 nichteinheimische unzünftige Gesellen,
- 4 eingeschriebene Lehrburschen,
- 9 nichteingeschriebene Lehrburschen;

bei dem Schiffbaumeister Zeltz:
- 8 einheimische zünftige Gesellen,
- 30 unzünftige Arbeitsleute,
- 7 nichteinheimische unzünftige Gesellen,
- 7 eingeschriebene Lehrlinge;

bei dem Schiffbaumeister Ludewig:
- 7 einheimische zünftige Gesellen,
- 32 unzünftige Arbeitsleute,
- 15 nichteinheimische unzünftige Gesellen,
- 3 eingeschriebene Lehrlinge,
- 3 nichteingeschriebene Lehrlinge;

bei dem Schiffbaumeister Rickmann:
- 1 einheimischer zünftiger Geselle;

bei dem Schiffbaumeister Tesdorf:
- 4 einheimische zünftige Gesellen,
- 4 einheimische unzünftige Gesellen.[2]

Nach der neuen Amtsrolle von 1859 dauerte der Arbeitstag für die Schiffbauer vom 20. März bis zum 20. September von morgens 5 Uhr bis abends 6 Uhr bei einer einstündigen Mittagspause und je einer halbstündigen Frühstücks- und Vesperpause, in den übrigen sechs Monaten „von einem Lichte zum anderen“ bei alleiniger Mittagspause. Der Tagelohn für die zünftigen Gesellen betrug vom 20. März bis 20. September 32 Schilling, vom 21. September bis 20. November 28 Schilling, vom 21. November bis 20. Januar 24 Schilling; Arbeiten in Feierabendstunden wurden mit 3 Schilling 6 Pfennig vergütet. Die jährlichen Einkünfte der zünftigen Schiffszimmergesellen lagen damit (bei durchschnittlich 24 Arbeitstagen im Monat) um 176 Taler und erreichten 1867 den Stand von 194 Talern 16 Schillingen. Die zünftigen Schiffszimmergesellen standen damit im Lohnniveau an der Spitze aller städtischen Berufsgruppen und waren vielleicht als einzige in der Lage, Ernährung, Kleidung und Wohnung für ihre Familie zu sichern. Ihr Erwerbssteuersatz lag beträchtlich über dem aller anderen Branchen, auch dem der relativ gut verdienenden Maurer-, Zimmerer- und Tischlergesellen. Diese herausragende Stellung war allerdings das Resultat von oft erbittert ausgetragenen Arbeitskämpfen mit den Meistern und verlangte die Erfüllung von Bedingungen, die weit über das normale Maß hinausgingen.

Seit 1822 war eine Ratsverordnung in Kraft, die für die Schiffszimmergesellen eine Wanderzeit von drei Jahren außerhalb Rostocks, davon zwei Jahre außerhalb Mecklenburgs und wiederum ein Jahr Seefahrt bestimmte.[3] Wanderzeit war in allen Gewerben üblich, für die Schiffszimmerer aber glich sie oft einem Martyrium, das ein großer Teil von ihnen nicht überstehen konnte. So mußten sie die Wanderschaft mit eigenem Werkzeug antreten, das ein Gewicht bis zu 600 Pfund erreichte und ihnen beträchtliche Transportkosten auferlegte. Diese wurden um so bedrückender, je länger die Reisezeit dauerte; das konnten unter Umständen fünf bis sechs Jahre sein, weil der Geselle die volle Arbeitszeit außerhalb Rostocks – ohne Pausen, auch ohne schuldlos bedingte – nachweisen mußte. In jedem Fall bestand das seit 1823 selbständige Amt der Schiffszimmergesellen auf der unbedingten Einhaltung. In dieser Hinsicht war man sich mit den Meistern einig, da diese wegen der geringeren Entlohnung gern mit Unzünftigen arbeiteten.

Ebensosehr waren die Meister aus diesem Motiv heraus bestrebt, viele Lehrlinge einzustellen und die Einschreibung von Lehrlingen möglichst weit hinauszuzögern. Die Gesellen wehrten sich mit aller Kraft gegen diese unliebsame Konkurrenz. Dem Rat stellten sie ihre finsterste Armut vor, die sie an den Bettelstab bringen würde. Um die Not zu lindern, müßten ihre Frauen mitarbeiten, und obwohl sie oft zahlreiche Kinder hätten, würden sie noch fremde Kinder und solche aus dem Armeninstitut an die Brust nehmen; andere müßten sich als Waschfrauen oder beim Kaufmann verdingen, obwohl sie von den Arbeiterfrauen dieserhalb Beschimpfungen zu erdulden hätten.[4]

Die Meister übertrieben sicherlich maßlos, wenn sie mit der Behauptung konterten, die Gesellen liefen wie englische Kapi-

„Hafen von Rostock" mit Werftplatz. Lithographie, um 1840

täne angezogen umher, und ihre Frauen putzten sich heraus wie die Damen. Immerhin war der Besitz einzelner Schiffszimmerleute nicht unerheblich, wie das folgende Beispiel zeigt.

1883 wurde in Warnemünde der Nachlaß des Schiffszimmermanns Friedrich Michaelsen aufgenommen.[5] Er bestand aus einem Wohnhaus im Wert von 6600 RM (davon 5850 RM mit Hypotheken belastet), reichlichem Hausrat und den Arbeitswerkzeugen, die Michaelsen für seine Tätigkeit auf einer der Werften sowie an Bord benötigt hatte. Hobelbank und Drehbank, Axt und Beil, Hobel, Stemmeisen, Sägen, Bohrer usw. bildeten einen Produktionsmittelbesitz, dessen Wert allerdings nur 40,70 RM ausmachte. Demgegenüber besaß der Hausrat einen Schätzwert von 271,73 RM, darin eingeschlossen als wertvollste Stücke ein Sofa mit schwarzem Damastbezug, eine Kommode sowie Bettstellen mit Sprungfedermatratzen. Das meiste Mobiliar und Geschirr war überhaupt erst während der Ehe angeschafft worden, denn es taucht im Nachlaß des Mannes auf und war nicht schon Bestandteil des durch die Ehefrau „Eingebrachten", wie dies z. B. bei den Landarbeitern in jener Zeit üblich war. Unter Frau Michaelsens persönlichem Besitz ist die Nähmaschine (25,– RM) hervorhebenswert; auch sie dürfte nicht „eingebracht", sondern ihr vom Ehemann geschenkt worden sein. Zur Aussteuer zählten u. a. 1 Sofa mit Sofatisch, 6 Rohrstühle, 1 Koffer, 6 silberne Teelöffel und 1 silberner Suppenlöffel. Insgesamt beweist der daran ablesbare Lebensstandard in der Familie dieses Schiffszimmermanns – der kein Meister war – kleinbürgerliches Niveau.

Den Gesellen ging es darum, ihre Ausnahmestellung zu behaupten und nicht Opfer der ständigen konjunkturellen Schwankungen im Schiffbau zu werden. Als sie 1875 höhere Löhne forderten, wies das Amt nachdrücklich darauf hin, daß seine Mitglieder nicht „gewöhnliche" Tagelöhner und Arbeiter seien, sondern aufgrund ihrer Intelligenz und Geschicklichkeit eine bedeutend höhere Stellung in der bürgerlichen Gesellschaft einnähmen, sie könnten daher ein standesgemäßes Leben und die Rücklage eines Sparpfennigs für die alten Tage erwarten. Dieses Bewußtsein hatte sie allerdings auch von den Eisenschiffbauern isoliert und behinderte die Bildung einer gemeinsamen Organisation über Jahre hinweg. Erst der grundlegende Wandel im Schiffbau am Ende des 19. Jahrhunderts, der u.a. auch ihren sozialen Status nivellierte, führte sie zusammen; 1872 teilte das Amt der Schiffszimmergesellen dem Rat den einstimmigen Auflösungsbeschluß mit.[6]

Vom handwerklichen zum industriellen Schiffbau

Durch seine Größe, Zuverlässigkeit und Geschwindigkeit hatte gegen Ende des 19. Jahrhunderts das Dampfschiff endgültig den Sieg über den Segler davongetragen und damit auch in Rostock den Segelschiffe bauenden Werften den Todesstoß versetzt. Für den Bau eiserner Dampfschiffe waren die Werften zunächst nicht ausgestattet, schon die Kosten für die Fertigung eines einzigen Dampfers überstiegen die von mehr als zehn Segelschiffen. Im Jahre 1850 hatten der Fabrikant Albert Tischbein und der Schiffbaumeister Wilhelm Zeltz damit begonnen, eiserne Schiffe zu bauen, und so den Anschluß an die internationale Entwicklung im industriellen Schiffbau vollzogen. Auf der Grundlage einer zeitgemäßen Ausrüstung erarbeiteten ihnen bereits in den Jahren 1856/57 die 400 Beschäftigten einen Umsatz von 480000 Talern. Auf ihrer Werft entstanden 1851/52 die ersten beiden seegehenden eisernen Schraubendampfschiffe Deutschlands; ihr Bau war für diese Zeit eine außerordentliche Leistung und Ausdruck hohen fachlichen Könnens. Zu einem modernen kapitalistischen Schiff- und Maschinenbaubetrieb entwickelte sich ebenfalls die im Jahre 1866 gegründete Werft von Witte und Abendroth, aus der später die „Rostocker Aktiengesellschaft für Schiff- und Maschinenbau" wurde.

Die im Eisenschiffbau beschäftigten Arbeiter rekrutierten sich aus dem örtlichen Handwerk sowie aus den mecklenburgischen Dörfern und Kleinstädten, aber auch aus Hamburg, Kiel und Flensburg, Berlin und Stettin, Mitteldeutschland und Schlesien. Die Übernahme der Gewerbeordnung des Norddeutschen Bundes 1869 legte den Weg frei für die schrittweise Überwindung der Zunftschranken und die ungehemmte Niederlassung der benötigten Arbeitskräfte. Zunächst waren es vor allem Schiffszimmerleute, die nun den komplizierten Übergang von der Holz- zur Eisenbearbeitung finden mußten, mit anderen Werkzeugen, neuen Methoden und letztendlich verbunden mit der Anpassung an eine völlig anders geartete Betriebsorganisation. In der Zeitspanne von 1865 bis 1878 nahmen folgende 654 gelernte, zumeist handwerklich ausgebildete Arbeitskräfte im Rostokker Eisenschiffbau die Arbeit auf:[7]

Beruf	Pers.	Beruf	Pers.
Schmied	149	Messerschmied	2
Schlosser	146	Mechaniker	2
Former	116	Maschinenarbeiter	2
Maschinenbauer	46	Monteur	2
Kesselschmied	35	Schiffsschmied	1
Fabrikarbeiter	27	Seiler	1
(Eisen-)Dreher	24	Waffenschmied	1
Stellmacher	12	Maschinenheizer	1
Tischler	10	Ingenieur	1
Nagelschmied	8	Gelbgießer	1
Drechsler	7	Horndrechsler	1
Hufschmied	6	Nadler	1
Eisengießer	5	Schmied und Eisendreher	1
Klempner	5	Techniker	1
Zimmermann	4	Metallarbeiter	1
Zeugschmied	3	Speicherdecker	1
Modelltischler	3	Schuster	1
Maler	3	Maschinenmeister	1
		Schiffsarbeiter	1
Büchsenmacher	2	Bauschlosser	1
Maschinist	2	Ziegler	1
Kupferschmied	2	Schlachter	1
Rademacher	2	Knecht	1

Diese in die neu entstehende Industrie strömenden Werktätigen arbeiteten und lebten unter schlechten sozialen Bedingungen. Die „Fabrikordnung für die Maschinenbau-Anstalt und Schiffswerft von A. Tischbein" (1854) legte u. a. eine elfstündige Arbeitszeit an allen Werktagen fest und harte Strafen für geringste Vergehen, so z. B. bis zu einem Taler Verdienstabzug für das Rauchen während der Arbeitszeit oder die Beschädigung von Werkzeugen. Mit einem Stundenlohn von 18 bis 33 1/2 Pfennig lagen die Werftarbeiter teilweise unter dem Existenzminimum der Zeit. Als eine Konsequenz dieser Entwicklung vollzog sich nun in raschem Tempo die Formierung der gegensätzlichen sozialen Kräfte:

1859 Die Rostocker Werftarbeiter gründen ihre eigene Sterbekasse, eine der ersten von Arbeitern geleiteten in Deutschland.

1863 119 Werftarbeiter vereinigen sich in einem selbständigen Arbeiterbildungsverein.

1869 Die Gewerbevereine der Werftarbeiter und Maurer bilden einen gemeinsamen Ortsausschuß.

1873 Der „Allgemeine Deutsche Schiffszimmererverein" wird gegründet, er hat in Rostock 70 Mitglieder.

1874 Der Unternehmerverband „Deutscher Schiffbauverein" entsteht, dem auch in Rostock fast alle Werftbesitzer angehören.

1882 Der Verband der Schiffszimmerer vereint sich mit der Gewerkschaft der Eisenschiffbauer zum „Allgemeinen Deutschen Schiffbauer-Verein".

1890 Gründung einer neuen Ortsgruppe des „Allgemeinen Deutschen Metallarbeiterverbandes", der 1909 in der Neptunwerft bereits 390 Mitglieder hat (36,7% der Belegschaft).

1912 86 Prozent der Neptunarbeiter sind gewerkschaftlich organisiert.

Die Werftbesitzer waren gewillt, von Beginn an rigoros und mit allen Mitteln gegen die Vereinigungen der Schiffbauer vorzugehen. So folgten sie auch in Rostock dem Beschluß ihres Unternehmerverbandes, 1876 alle Mitglieder des „Allgemeinen Deutschen Schiffszimmerervereins" auszusperren, die sich nicht zum Austritt bereit erklärt hatten.[8] Gestützt auf die Hilfe ihres Verbandes und die Solidarität vieler Rostocker Werktätiger, wehrten die Schiffbauer den Angriff der Unternehmer ab, auch dadurch, daß sie es verstanden, auswärtige Schiffszimmerer von Streikbrecherdiensten fernzuhalten. Die Werftbesitzer steigerten sich geradezu in eine Hysterie, indem sie die Ausgesperrten als einen Haufen faulenzender Schiffsarbeiter beschimpften und die von ihnen hervorgerufenen Zustände eher einer nordamerikanischen Prärie als einem zivilen Lande gemäß bezeichneten.

Ein neuer Abschnitt in der Geschichte der Rostocker Werftindustrie und ihrer Schiffbauer wurde 1890 mit der Gründung der AG „Neptun", Schiffswerft und Maschinenfabrik, eingeleitet. Hervorgegangen aus einem längeren Konzentrationsprozeß der örtlichen Werftbetriebe, signalisierte die Neugründung auch für Rostock die monopolkapitalistische Entwicklung der deutschen Wirtschaft. Als größter Industriebetrieb Mecklenburgs beeinflußte die Werft in den folgenden Jahrzehnten in hohem Maße die sozialökonomische Entwicklung der Stadt und mit ihrer revolutionären Arbeiterschaft auch das politische Geschehen.

1896 bis 1898 erfolgte eine völlige Neugestaltung des Betriebes – dazu gehörten u. a. neue Schiffbauhallen, die Ausstattung von 19 Werkstätten mit über 250 Werkzeugmaschinen, die Aufstellung von Lauf- und Drehkränen, der Einsatz eines Schwimmkranes und die Einführung der Elektrizität als Betriebskraft für alle Maschinen. Die Betriebsleitung stellte dazu in ihrem Geschäftsbericht 1898 fest: „Die Neptunwerft ist angesichts ihrer besteingerichteten Werkstätten jetzt anderen erstklassigen Werften hinsichtlich ihrer Leistungsfähigkeit gleichgestellt." Die Werft konnte nun

In der Schiffsschmiede der Neptunwerft. Um 1900

den Bau größerer Seeschiffe bis 12000 Tonnen Tragfähigkeit aufnehmen und ihr Absatzgebiet im In- und Ausland bedeutend erweitern. Bereits 1901 wurde das 200. Schiff vom Stapel gelassen, 1905 das 250. und 1914 das 340. Die Neubautonnage stieg von 2390 Tonnen (1896) auf 34450 Tonnen (1905), die Zahl der Beschäftigten im gleichen Zeitraum von 554 auf 1612, die Dividende für die Aktionäre von 0 auf 5% (bei einem Reingewinn von 212239 RM), nachdem sie vorübergehend bereits 9% erreicht hatte; im ersten Weltkrieg kletterte sie durch die Produktion von Kriegsfahrzeugen auf 10%. „Wir begrüßen diese geschätzte Erweiterung unseres Bestellerkreises in der Erwartung, dauernd mit Marinebauten beschäftigt zu werden", vermeldete der Geschäftsbericht für 1914.

An dieser konjunkturellen Entwicklung partizipierten die Werftarbeiter nur im geringen Maße. Ein Werftarbeiter, der 1889 in den Betrieb eingetreten war, berichtete: „Es wurde an vielen Sonntagen gearbeitet, um die Termine zu halten ... Waschgelegenheiten und Kleiderschränke gab es keine, die Kollegen gingen so nach Hause, wie sie im Betrieb gearbeitet hatten."[9] Die Löhne entwickelten sich wie folgt:[10]

	Gelernte Arbeiter		An- und ungelernte Arbeiter	
Jahr	Pfennig	Index	Pfennig	Index
1870	20,7	100,0	18,1	100,0
1890	26,4	127,5	22,4	122,2
1895	25,2	121,7	21,4	118,2
1904	31,7	153,1	27,6	152,5
1905	32,9	154,6	28,6	158,0

Auch die Urlaubsregelung unterschied sich. Lehrlinge erhielten keinen Urlaub. Über die Einstufung in die beiden Hauptgruppen „Gelernte Arbeiter" bzw. „An- und ungelernte Arbeiter" entschied der Nachweis einer Lehrzeit. Dabei konnten

Gelernte durchaus geringer entlohnt werden als An- und Ungelernte. Vollends fließend war die Grenze zwischen den An- und Ungelernten; die Zeit des Anlernens betrug meist nur drei Monate.

Zusammensetzung der Neptunarbeiter

Jahr	Gelernte	An- und Ungelernte	Gesamt
1890	371	263	634
1895	289	196	485
1904	536	797	1383
1905	592	846	1438

Durch die Rekonstruktion der Werft war ein hoher Grad der Arbeitsteilung erreicht worden und damit die Möglichkeit, einen größeren Teil der Arbeiten von an- und ungelernten Kräften ausführen zu lassen. 1890 überwog noch die Handarbeit; Maschinen und Betriebseinrichtungen standen mit 220000 RM zu Buche, 1898 dagegen mit 969000 RM. Die Masse der relativ schlecht bezahlten Arbeiter hatte sich stark vergrößert. Andererseits wird im Lohngefüge ein Entwicklungstypus sichtbar, der die materielle Basis für die Herausbildung einer Arbeiteraristokratie darstellte. Zu den hauptsächlichen Faktoren gehörten überdurchschnittliche Geschicklichkeit (Schmiede), überdurchschnittliche Kenntnisse (Maschinenbauer) und die Herausbildung organisatorischer Funktionen (Meister, Vorarbeiter, Gruppenführer).

Folgende Berufsgruppen erzielten den höchsten Akkordüberschuß:

	1895 Prozent	1905 Prozent
Kupferschmiede	19,0	48,9
Schmiede	13,0	45,8
Zimmerleute	13,0	44,7
Kesselschmiede	19,3	44,0
Schiffbauer	12,3	43,1
Schlosser und Maschinenbauer	18,0	40,6
Dreher	33,7	41,5

Lehrlingsstundenlohn in Pfennig

	1890	1905
Maschinenbauer	5 – 8	5 – 12
Kesselschmiede	10 – 16	10 – 18
Schiffszimmerer	12 – 16	14 – 18

Entwicklung der Löhne nach Berufsgruppen

(durchschnittlicher Stundenlohn in absoluten Zahlen und in Relativzahlen. 1890 = 100)[11]

Beruf	1890 Index	1890 Pf	1905 Index	1905 Pf
Tischler	100	27,0	121,8	32,9
Modelltischler	100	28,0	124,6	34,9
Stellmacher	100	26,4	119,7	31,6
Zimmerer	100	27,7	122,7	34,0
Schmiede	100	25,2	125,8	31,7
Kesselschmiede	100	25,7	126,8	32,6
Kupferschmiede	100	25,8	148,1	38,2
Dreher	100	26,9	121,2	32,6
Schlosser und Maschinenbauer	100	25,9	122,4	31,7
Gießer	–	–	–	37,5
Maler	100	26,1	129,1	33,7
Matrosen	100	24,5	120,8	29,6
Werkzeugmacher	100	28,5	121,1	34,5
Handwerker	100	28,0	124,3	34,8
Schiffbauer	100	27,6	125,4	34,6
Durchschnitt gelernte Arbeiter	100	26,4	124,6	32,9
Gießereiarbeiter	–	–	–	28,8
Eisenarbeiter	100	21,8	128,9	28,1
Nieter	100	22,7	131,7	29,9
Werkstättenarbeiter	100	22,1	129,0	28,5
Hof- und Hafenarbeiter	100	22,4	125,9	28,2
Sägemühlenarbeiter	100	21,8	133,5	29,1
Verschiedene Arbeiter	100	22,2	128,4	28,5
Durchschnitt angelernte und ungelernte Arbeiter	100	22,4	127,7	28,6
Durchschnitt Gesamtzahl der Arbeiter	100	24,6	123,2	30,3

Nominell hatte sich in der Lohnentwicklung auf der Neptunwerft von 1890 bzw. 1895 bis 1904/05 ein beträchtlicher Sprung vollzogen, insbesondere auch durch die mit steigender Arbeitsintensität verbundene Akkordarbeit verursacht. Gleichzeitig hatten sich jedoch die Lebenshaltungskosten noch rascher nach oben bewegt. Im Konjunkturjahr 1905 brachte es ein gelernter Arbeiter in der Werft auf einen Wochenlohn von 19,50 RM, ein ungelernter auf 17,00 RM. Allein für den Erwerb der wichtigsten Grundnahrungsmittel benötigte eine vierköpfige Arbeiterfamilie nach den Rostocker Marktpreisen durchschnittlich 17,00 RM; hinzu kamen die Ausgaben für Miete, Feuerung, Energie u. a. m. Die größeren Arbeiterfamilien lebten demnach ständig am Rande des Existenzminimums, und so war – wie ältere Werftarbeiter rückerinnernd berichteten – die Mitarbeit von Frau und Kindern (außerhalb der Werft) oft notwendig.

Im Vergleich zu anderen deutschen Werften unterlagen die hiesigen Werftarbeiter einem höheren Ausbeutungsgrad; 1907 betrugen die durchschnittlichen Stundenlöhne:[12]

	unter 18 Jahren	von 18–25 Jahren	über 25 Jahren
Neptunwerft	11 1/3 Pf.	27 1/3 Pf.	30 1/2 Pf.
Werften von Bremerhaven	28,0 Pf.	37,0 Pf.	41,0 Pf.
Durchschnitt aller Werften	18 1/2 Pf.	34,0 Pf.	36 1/2 Pf.

Entwicklung der Krankheitstage zu den Arbeitstagen in der Neptunwerft[13]

Beruf	1905 Prozent	1907 Prozent	1908 Prozent
Nieter	3,28	9,20	6,88
Tischler	1,29	4,00	4,44

Dr. Joseph Herzfeld, der sozialdemokratische Abgeordnete des Wahlkreises Rostock/Doberan, prangerte im Reichstag die besonders schlechten Arbeitsbedingungen auf der Neptunwerft an. Der „1. Allgemeine Schutzkongreß für alle in der Schiffahrt und im Schiffbau beschäftigten Arbeiter" richtete 1906 die Aufmerksamkeit auf die außerordentlich hohen Unfall- und Erkrankungsgefahren in der Schiffbauindustrie, die den Reichsdurchschnitt um das Doppelte überstiegen.[13]

Die Werftarbeiter wohnten vor allem in der Kröpeliner-Tor-Vorstadt in drei- und vierstöckigen Mietshäusern. Die Bebauung hatte ab etwa 1850 zwischen dem Kröpeliner Tor und der jetzigen Margaretenstraße begonnen; sie wurde nach 1870 mit der Bebauung zwischen der Margaretenstraße, Ulmenstraße, Doberaner Straße und Elisabethstraße fortgesetzt und im wesentlichen bis zum ersten Weltkrieg abgeschlossen. Das charakteristische Bild dieser Wohnverhältnisse gegenüber den anderen Rostocker Stadtteilen ergibt die Berechnung der Haushaltungen und Bewohner pro Haus.[14] Im Arbeiterviertel lagen die betreffenden Zahlen um 50–60 Prozent höher als die entsprechenden Durchschnittswerte der Stadt (nach der Volkszählung von 1895):

Stadtteil	Einwohner pro Haus	Haushaltungen pro Haus
Altstadt	11,77	3,02
Neustadt	10,25	2,70
Steintor-Vorstadt	8,88	2,25
Kröpeliner-Tor-Vorstadt	20,09	4,79

Ein besonders krasser Unterschied wird zwischen der Steintorvorstadt, dem Villenquartier Rostocks, und dem Arbeiterviertel deutlich. Hier hatte die einzelne Familie auch die höchste Kinderzahl:

Kinder bis zum vollendeten 18. Lebensjahr

Stadtteil	pro Haus	pro Haushaltung
Altstadt	2,24	0,75
Neustadt	1,72	0,62
Steintor-Vorstadt	1,3	0,57
Kröpeliner-Tor-Vorstadt	4,35	0,97

Rostocker Kröpeliner-Tor-Vorstadt. 1910

61 Prozent der Wohnungen besaßen zwei Zimmer, 39 Prozent drei Zimmer (einschließlich Alkoven). Im Vergleich zu den Wohnflächen in anderen Mehrfamilienhäusern der Stadt Rostock waren sie klein und dürftig in ihrer Ausstattung. Während die Versorgung mit Wasser und Gas gewährleistet war, gab es Innentoiletten in den Wohngebäuden erst ab 1914. Nachträglich – sich hinziehend bis Ende der zwanziger Jahre – wurde der Einbau von WCs vorgenommen. Bei den Gebäuden, die vor 1897 gebaut worden waren, erfolgte der Einbau im Treppenhaus, häufiger im Keller (teilweise auch im Dachgeschoß). – Erich Fabian hat eine solche Wohnung für die Zeit um 1900 anschaulich beschrieben.

„Die kleine Wohnung in der Ulmenstraße, gegenüber der Kaserne, bestand aus drei Zimmern und einer Küche. War man die ziemlich steile Treppe emporgestiegen, stand man vor zwei Türen. Rechts wohnten Thielkes, die im Erdgeschoß eine kleine Material- und Kolonialwarenhandlung betrieben; an der linken Tür war ein Messingschild mit dem Namen Wildermuth befestigt. Wurde dem klopfenden Besucher geöffnet, betrat er nicht etwa ein Wohnzimmer, sondern die Küche und konnte gewiß sein, unter zahlreichen Entschuldigungen wegen der Unordnung und des Essensgeruches in ein angrenzendes Stübchen genötigt zu werden. Durch einen Vorhang war eine schmale, fensterlose und daher ständig dunkle Schlafkammer abgeteilt. Fremde wurden in diesen hinteren Teil der Wohnung überhaupt nicht eingelassen, sondern über den Treppenflur nach vorne geleitet, wo wiederum zwei Schilder verrieten, daß auf der einen Seite Thielkes, auf der andern Wildermuths wohnten; hier lagen die besten, nach der Straßenseite blickenden Zimmer.

Die gute Stube der Wildermuths wurde im Winter weder geheizt noch bewohnt. Das grüne Plüschsofa und zwei ebenso grüne Plüschsessel waren zur Schonung mit weißem Leinen verhüllt. Sie waren Hochzeitsgeschenke; Sophiens Geschwister hatten im vorigen Jahre viele harte Taler zusammenlegen müssen, um dem jungen Paare diese begehrten Möbelstücke schenken zu können.“[15]

Der Kampf der Werftarbeiter um bessere

Arbeits- und Lebensbedingungen äußerte sich in zahlreichen, oft mit großen Opfern geführten Streikaktionen. Beeinflußt durch die revolutionären Ereignisse in Rußland, überstanden die Werftarbeiter vom Dezember 1905 bis zum April 1906 ihren bis dahin längsten und entbehrungsreichsten Arbeitskampf,[16] in den harten Wintermonaten mit ihren Familien oft hungernd und frierend und den Verfolgungen der Polizei ausgesetzt. Von den opportunistischen rechten Gewerkschaftsführern verlassen, mußten sie ihn trotz der Solidarität der Rostocker Arbeiterschaft und anderer Bevölkerungsteile erfolglos abbrechen. Auch 1910 wurde über mehrere Monate hin zäh und verbissen gekämpft. Dieses Mal erreichten die Werftarbeiter eine Lohnerhöhung, die Garantie von Mindestlöhnen und das Recht zur Bildung von Arbeiterausschüssen.

Ihre Arbeits- und Lebensbedingungen verschlechterten sich rapide im Verlaufe des ersten Weltkrieges, als die Werftarbeiter – immer mehr durch Frauen ersetzt – zum zwölfstündigen Arbeitstag in der Rüstungsproduktion gezwungen wurden und ständig höhere Preise für die geringer werdenden Lebensmittel bezahlen mußten.

Zahlreichen Werftarbeitern hatte die große Antikriegskundgebung am 29. Juli 1914 in der „Philharmonie" mit Wilhelm Pieck den Mut gegeben, auch unter den verschärften Bedingungen des Kriegsrechts den Kampf nicht aufzugeben. Die Streikaktion im September 1917 brachte einen Teilerfolg: die Wiedereinstellung eines entlassenen Kollegen und eine Stundenlohnerhöhung von 6 Pf für Arbeiter sowie von 3 Pf für Frauen und Jugendliche.

Im gleichen Jahr bildete sich in der Werft eine Gruppe revolutionärer Sozialisten, die u. a. illegale Flugblätter der USPD und der Spartakusgruppe verteilte und maßgeblich die Gründung des Ortsvereins der USPD beeinflußte. Am 6. November 1918 legten sämtliche Neptunarbeiter ihre Arbeit nieder, beispielgebend für die anderen Rostocker Industriebetriebe. Im Januar 1919 erfolgte auch in Rostock die Gründung einer Ortsgruppe der KPD, deren Vorsitzender der Werftarbeiter Franz Sturma wurde. Dem im gleichen Monat in der Werft gewählten Betriebsrat gehörten drei Mitglieder der KPD an. An der Niederschlagung des Kapp-Putsches 1920 wie überhaupt an allen Klassenkämpfen in der Weimarer Zeit – besonders gegen Faschismus und drohende Kriegsgefahr – hatten die Rostocker Werftarbeiter hervorragenden Anteil.

Die Arbeiterbewegung entwickelte sich während dieser Jahre immer mehr in die Breite und beeinflußte in wachsendem Maße alle Lebensbereiche. Das betrifft auch die Entstehung einer Arbeitersportbewegung – in Rostock wiederum unter aktiver und führender Beteiligung der Neptunarbeiter.[17] Schon 1896, als in Mecklenburg noch jede sozialdemokratische Vereinsgründung verboten war, erfolgte die Gründung eines Arbeiter-Turnvereins, wenige Jahre später entstanden ein Arbeiter-Radfahr- und Arbeiter-Athletenverein sowie ein Trommler- und Pfeiferkorps. Das 1919 gebildete Arbeiter-Sportkartell vereinigte bereits rund 1 000 Arbeitersportler. Bald darauf gehörten ihm auch Fußball-, Handball- und Faustballabteilungen an, ein Segel- und Ruderklub, ein Arbeiter-Schwimmverein mit einer Paddlergruppe, ein Arbeiter-Keglerverein und ein Arbeiter-Schachklub. Die materielle Grundlage für ihre Tätigkeit mußten sich die Arbeitersportler selbst schaffen, auch für den Bau eines eigenen Stadions, des größten in Norddeutschland. Das „Volksstadion" wurde zum beliebten Treffpunkt der Rostocker Arbeiter. Für die Arbeitersportler war es ebenfalls wichtig, Einfluß auf das Bildungs- und Kulturniveau ihrer Mitglieder zu nehmen. Die Arbeiterschwimmer z. B. kamen regelmäßig zusammen, um mit Fachleuten über sie interessierende gesellschaftliche und naturwissenschaftliche Probleme zu diskutieren; Vorträge über Musik, über Marx, Engels, Bebel und Liebknecht wurden ebenso besucht wie

KPD-Demonstration in der Rostocker Schröderstraße. 1927

solche über Anatomie und sexuelle Aufklärung. Die Arbeitersportler waren vor allem auch politisch engagiert. Der Radfahrverein unterstützte von Beginn an die Wahlkämpfe und die Landagitation, während der Spielmannszug den Rostocker Arbeitern nicht nur zu ihren Sportfesten und Feiern aufspielte, sondern auch bei den Kundgebungen und Demonstrationen dabei war.

Mit über 1000 Beschäftigten blieb die Neptunwerft auch in den zwanziger Jahren der größte Rostocker Industriebetrieb, wobei er mit seiner stagnierenden technischen Ausrüstung allerdings einer belastenden Konkurrenz durch moderne Großwerften ausgesetzt war. Vor allem kleinere Seefahrzeuge und Frachtschiffe in der Größenordnung bis zu 6000 BRT bestimmten in diesen Jahren das Produktionsprofil. Daneben wurden die oft viele Monate dauernden Flauten im Schiffbaugeschäft durch die Produktion von Zuckerfabrikausrüstungen, Gießereierzeugnissen und sogar von Masten für die Eisenbahnelektrifizierung in Südamerika überbrückt. Um 1930 waren es besonders sowjetische Schiffsreparatur- und Neubauaufträge, die den ständig von Stillegung und Bankrott bedrohten Betrieb existenzfähig erhielten. Sie sicherten in den schweren Krisenjahren vielen Werftarbeitern den Arbeitsplatz und damit den Unterhalt für das tägliche Leben ihrer Familien.

Jahr	Wochenlohn in RM	wöchentliches Existenzminimum für eine Familie mit zwei Kindern in RM
1924	26,50	41,20
1925	35,60	45,15
1926	33,90	45,60
1927	40,55	47,65
1928	42,70	49,00
1929	42,20	49,65

Arbeitersportfest im neu erbauten Rostocker „Volksstadion". Um 1930

Lohnsätze in der Neptunwerft (Pfennig pro Stunde):[18]

	29.9.1925	3.4.1927	4.10.1927	1.4.1928	2.1.1929	2.11.1931	4.7.1932
Gelernte Arbeiter	62–66	68–72	71–75	76–80	80–84	75	65
Angelernte Arbeiter	56–60	61–65	64–68	69–73	73–77	69	59
Ungelernte Arbeiter	49–52	54–57	57–60	62–65	66–69	62	53
Ausgelernte Jugendliche	52	57	60	65	69	63	54
Jugendliche Arbeiter	17–42	19–46	20–48	21–51	23–53	21–50	17–43

Während sich die Werftaktionäre an staatlichen und kommunalen Zuwendungen schadlos hielten, sank die Lebenshaltung der Arbeiter teilweise auf einen Stand, der kaum noch anspruchsloser werden konnte. Die wenigen Errungenschaften der Revolution, ihre Löhne, der Achtstundentag, die demokratischen Freiheiten und Rechte waren den ständigen Angriffen der Unternehmer ausgesetzt und mußten verteidigt werden.

Angesichts dieser Entwicklung orientierten sich die Werftarbeiter immer mehr auf den revolutionären Kern in ihrer Mitte. Die Betriebszelle der KPD, mehr als 50 Genossen stark, übte bald auch den entscheidenden Einfluß im Betriebsrat aus. Bereits 1922 wurden für ihn 7 Mitglieder der KPD und 5 Mitglieder der SPD gewählt (vorher 7 SPD, 5 KPD), und 1923 waren es sogar 9 Mitglieder der KPD gegenüber 3 der SPD.

Nach Fertigstellung der sowjetischen Aufträge meldete die Werft im Oktober 1934 den Konkurs an. Erst als sich der Betrieb voll in die faschistische Kriegsvorbereitung eingliederte, brachte ein umfangreiches Bauprogramm von Kriegsfahrzeugen aller Art die Erweiterung und Modernisierung der Produktionsanlagen sowie Vollbeschäftigung und ständige Vergrößerung der Belegschaft und – hohe Dividenden für die Aktionäre. Bis 1940 erhöhte sich die Zahl der Betriebsangehörigen auf über 4000. So wurde dieses Geschäftsjahr mit einem Gewinn von 1656729,91 RM abgeschlossen; 1943 erfolgte die Aufstockung des Stammkapitals von 2460000 auf 4 Millionen RM, eine weitere Erhöhung auf 6 Millionen RM wurde in Aussicht genommen.[19] – Weniger günstig beeinflußte diese Entwicklung die soziale Lage der Werftarbeiter. 1933 verdienten sie einen durchschnittlichen Stundenlohn von 59 Pf; 1939 wurde folgender Stand erreicht:[20]

Durchschnittliche Stundenlöhne der Werftarbeiter im Jahre 1939	in Pfennig
Facharbeiter	72
Angelernte Arbeiter	66
Ungelernte Arbeiter	60
Ausgelernte Jugendliche	59
Ausgelernte Jugendliche zwischen 18 und 20 Jahren	49–54
Ungelernte Jugendliche zwischen 15 und 20 Jahren	20–42
Ungelernte Jugendliche unter 15 Jahren	17
Gelernte Schiffbauer	73
Kranführer	67
Schmiede	67
Zementierer	65
Meißler	64
Brenner	63

Alle anderen Berufsgruppen und die ungelernten Arbeiter erhielten einen – teilweise beträchtlich unter diesem Niveau liegenden – geringeren Stundenlohn. Bei der Festlegung der Löhne hatten die Werftarbeiter keinerlei Mitspracherechte. Sie mußten bedingungslos die im Jahre 1934 zwangsweise eingeführte „Tarifordnung für die deutschen Schiffswerften" akzeptieren. Der gesamte Werftbetrieb wurde zusehends militärisch gestaltet. Die neue Betriebsordnung der Neptunwerft von 1935 bestimmte die Teilnahme aller Werksangehörigen an dem täglichen Morgenappell des „Betriebsführers". Sie verpflichtete die Arbeiter zur Leistung von Überstunden sowie zur Nacht-, Sonntags- und Feiertagsarbeit.

Die terminliche Gefährdung der Marinebauten veranlaßte die Betriebsleitung zu einigen längst fälligen sozialen Leistungen. In diesem Betrieb gab es noch 1934 keine Waschgelegenheiten. Ein einziger Raum diente zugleich als Umkleide- und Essenraum. In der sogenannten „Sanitätsstelle" gab es nur eine Pritsche, und sie wurde lediglich von einem mit Pflaster und Tabletten ausgerüsteten Sanitäter betreut. Erst 1938 wurde der „Neubau einer Klosett-Anlage" in „Angriff genommen", wozu die Kriegsmarine einen Zuschuß bewilligte.[21]

Im alltäglichen Leben der Werftarbeiter oder der bei „August Neptun" Beschäftigten, wie man in Rostock sagte, gab es zu dieser Zeit Bereiche, die ähnlich beschaffen blieben wie vor 1933. Das sparsame Wirtschaften mit dem Wochenlohn, der Besuch dieser oder jener Stammkneipe am Feierabend, die sonntägliche Arbeit im Schrebergarten, all das hatte sich nicht geändert. Auch im Äußeren waren die Neptunarbeiter mit ihrer dunkelblauen Schirmmütze dieselben geblieben. Aber viele litten unter dem Verlust der legalen Existenz ihrer Klassenorganisationen, die auch im Freizeitverhalten wirksam gewesen waren.

Die klassenbewußten Arbeiter gaben sich mit der Naziherrschaft und dem faschistischen Werftbetrieb niemals zufrieden. Ungeachtet des offenbaren Terrors fanden sie vielfältige Formen und Mittel des Widerstandskampfes. Ihren hervorragenden revolutionären Traditionen folgend, wurde die Neptunwerft unter der Leitung der illegalen Betriebsparteiorganisation der KPD zum Zentrum des Kampfes gegen die Hitlerdiktatur in Mecklenburg.[22]

Neue Technologie – Preßluftbohren – auf der Neptunwerft. Dreißiger Jahre

Es bildeten sich Widerstandsgruppen aus kommunistischen, sozialdemokratischen und parteilosen Arbeitern, darunter sogar eine bewaffnete Gruppe, die über einen Notschlüssel für die Waffenkammer der Werft verfügte. Sie organisierten das heimliche Abhören des Moskauer Rundfunks, verbreiteten unter den Werftarbeitern die Wahrheit über Faschismus und Krieg und veranlaßten zahlreiche von ihnen, durch Langsamarbeiten die Rüstungsproduktion zu hemmen. Auch ihre Losungen wie „Nieder mit Hitler und seinem Mordgesindel, wir sind deutsche Männer und kein Sklavenvolk" wirkten mobilisierend. Durch die Änderung von Zeichnungen für Kriegsschiffe gelang es, deren Bau zu verzögern und damit unmittelbar störend in die Kriegsproduktion des Betriebes einzugreifen. Es gab Verbindungen zu anderen Widerstandsgruppen bis nach Lübeck und Hamburg. 1943 beschäftigte die Neptunwerft 1312 ausländische Zwangsarbeiter und Kriegsgefangene. Für die aktiven Antifaschisten war es eine hohe internationalistische Verpflichtung, diesen, die hier den menschenunwürdigsten, oft bis zur völligen physischen Vernichtung führenden Arbeitsbedingungen ausgesetzt waren, jegliche Hilfe zuteil werden zu lassen und sie in ihre Aktionen einzubeziehen. Ihnen wurden regelmäßig Nachrichten und Informationen vermittelt, sie erhielten aber auch Tabakwaren, Kartoffeln, Brot und andere Lebensmittel – teils beschafft auf gefälschten Lebensmittelkarten, die in der Werft selbst hergestellt wurden. Am 1. Mai 1945 endete der gemeinsame opferreiche Kampf.

Werftarbeiter beim demokratischen und sozialistischen Aufbau

Der Aufbau einer Großindustrie und das Heranwachsen einer industriellen Arbeiterklasse in Mecklenburg gehören zu den erstaunlichsten Tatsachen der deutschen Geschichte nach 1945. Der gesamte Charakter einer historischen Region wurde dadurch wirtschaftlich und politisch, aber auch kulturell verwandelt. Wir verfolgen diesen Prozeß wiederum am Beispiel der Werftindustrie und der Werftarbeiterschaft in Rostock.[23]

In der traditionsreichen Neptunwerft begann die Arbeit am 1. Juni 1945 mit der Enttrümmerung des Werftgeländes, der Bergung von Kriegsmaterial aus der Warnow und der Demontage von Anlagen dieses ehemaligen Rüstungsbetriebes. Schon im Sommer erreichten die Werftarbeiter, unterstützt vom sowjetischen Werftkommando, die vorläufige Rücknahme des Demontagebeschlusses und die Wiederaufnahme produktiver Arbeit. Reparaturarbeiten in der Stadt und im Territorium, einzelne Schiffsreparaturen, die Herstellung von Torfstechmaschinen, Äxten, Hufeisen, Ofenrohren, Feldküchen u. a. m. bildeten den Anfang. Im Juni gründeten Neptunarbeiter eine KPD- und eine SPD-Betriebsgruppe. Am 30. Oktober wählten sie ihren ersten Betriebsrat als freie Gewerkschafter.

Die Schaffung der Klassenorganisation im Betrieb war die erste Kulturtat der Arbeiter. Die Initiative ging von Kommunisten und Sozialdemokraten aus, kurz nachdem die Arbeit wieder aufgenommen und noch ehe die Gewerkschaftsorganisation zentral gebildet worden war. Seine Hauptarbeit richtete der Betriebsrat zunächst auf folgende Schwerpunkte:

- Einflußnahme auf die Produktion
- Mitsprache bei der Ausarbeitung von Arbeitsordnungen sowie bei der Einstellung und Entlassung von Arbeitskräften
- Mitbestimmung bei der Ausarbeitung von Tarifverträgen und Arbeitsnormen sowie bei der Regelung der Arbeitszeit und des Urlaubs
- Einflußnahme auf den Unfallschutz sowie auf die Durchführung sozialer Maßnahmen und die Schaffung sozialer Einrichtungen
- Unterstützung bei der Beschaffung von Arbeitskleidung
- Einstufung der Werktätigen in verschiedene Kategorien für Lebensmittelkarten
- Kontrolle über die gerechte Verteilung der zugewiesenen Nahrungsmittel für die Belegschaft
- Kampf für die Gleichberechtigung der Frauen[24]

Die Schwierigkeiten bei der Realisierung waren enorm. Sie reichten vom Mangel an Material und Produktionsinstrumenten bis zur ideologischen Verwirrung unter den Arbeitern. Die Vorhut klassenbewußter Arbeiter setzte ihren Willen zur antifaschistisch-demokratischen Umwälzung, zum Wiederaufbau und zur Arbeitereinheit durch. Die Rostocker Neptunwerft wurde Anfang 1946 zu einem der Zentren der Vereinigungsbewegung der Arbeiterparteien in Mecklenburg.

Im gleichen Jahr entschied sich endgültig die Perspektive für die Werft und ihre Arbeiter. Die Befehle der SMAD Berlin vom 12.9.1946 und der SMA Mecklenburg-Vorpommern vom 28.10.1946 bestimmten: Die Schiffswerft „Neptun" ist als Eigentum der UdSSR auf Rechnung der Reparation Deutschlands in den Verband der „Sowjetischen Transportmittelbau AG" zu überführen. Die Umwandlung der Werft in eine sowjetische Aktiengesellschaft war für die weitere Entwicklung des Betriebes in jeder Hinsicht von Vorteil: Es begann der planmäßige Auf- und Ausbau zu einem modernen, leistungsfähigen Großbetrieb. Die Belegschaft vergrößerte sich sprunghaft. Sie umfaßte im Januar 1946 900, im März 1450, im Mai 1850, im

Aufbruch zur Demonstration am 1. Mai 1947

November 2187 und im Dezember 2923 Beschäftigte.

An sozialen Leistungen wurde den Werktätigen hier bedeutend mehr geboten als in den landes- und volkseigenen Betrieben. Obwohl die Werft für das Reparationskonto arbeitete, gestattete die sowjetische Direktion den Bau von zwei Kuttern für den eigenen Fischfang. Diese brachten wöchentlich 4–8 t Fisch, der an die Werftarbeiter verteilt wurde. In der Neptunwerft wurde im November 1946 auch das leistungsabhängige Zusatzessen eingeführt. Von den 3000 Beschäftigten erhielten 1400 Kollegen das Essen nach Norm A mit höherem Fett- und Fleischgehalt und 787 Kollegen das Norm-B-Essen.

Im April 1948 wurde mit einer Anzahl von 700 Bänden der Grundstein für die Werftbibliothek gelegt. Noch im selben Monat erfolgte die Übergabe einer Betriebspoliklinik (der ersten in Mecklenburg) mit 12 Behandlungsräumen, einem Labor und einem Krankentransport-Pkw. Hier arbeiteten vier Ärzte, zwei Pfleger, eine Schwester, zwei medizinisch-technische Assistentinnen, eine Krankengymnastin und drei Verwaltungskräfte. Am 1. Mai 1948 wurde in Kühlungsborn ein Werftarbeitererholungsheim eröffnet.

Im September 1948 war es dann soweit: Die Werft erhielt von der Sowjetunion den ersten großen Bauauftrag zum Serienbau von Fischloggern, und im November bekam sie den Auftrag zum Bau von 34 Hebepontons für die Bergung gesunkener Schiffe. Damit war ein neuer Anfang gemacht, wenngleich noch auf sehr schmaler Basis, die von der Neptunwerft als dem einzigen Großbetrieb und einer Reihe von kleinen Werften an der mecklenburg-vorpommerschen Küste und im Binnenland gebildet wurde – insgesamt 2 Prozent der einstigen Gesamtkapazität des Schiffbaus im Deutschen Reich.

Am 3. Mai 1945 begannen auf dem Gelände der stark zerstörten Warnemünder Boots- und Yachtwerft Kröger fünf Arbeiter nach den Weisungen sowjetischer Offiziere mit Aufräumungsarbeiten. Nach der Demontage der Überreste dieses ehemaligen Rüstungsbetriebes beschloß die sowjetische Stadtkommandantur, einen neuen Werftbetrieb zu errichten. Bereits am 21. Mai begannen 28 Arbeiter mit ihrem eigenen Werkzeug Boote der Warnemünder Fischer zu reparieren. Um den Betrieb schnell zu entwickeln, kauften sie aus eigenen Mitteln Maschinen und arbeiteten teilweise ohne den ihnen zustehenden Lohn. Im Oktober 1945 liefen die ersten Fischereifahrzeuge, zwei Halbjollen, vom Stapel; und ein Jahr später – die Werft beschäftigte etwa 200 Arbeiter – erhielt der Betrieb durch den Befehl Nr. 0126 der SMAD vom 3. Juli 1946 den Auftrag zum Bau von sechs Holzkuttern. Doch es mangelte immer noch an Maschinen, Werkzeugen und Material, besonders an Holz. Dadurch kam es oft zu Störungen und Verzögerungen im Produktionsablauf. Trotz aller Schwierigkeiten erwirtschafteten die Werftarbeiter im Jahre 1946 eine Betriebsleistung von 619000 und einen Gewinn von 150000 RM.[25]

Inzwischen (1. September 1946) war die Bootswerft der Hauptverwaltung landeseigener Betriebe Mecklenburg – später Industrieverwaltung Schiffbau, Landeseigene Betriebe Mecklenburg – unterstellt worden. Der Produktionsplan 1947 sah den Neubau von Fischkuttern und Rettungsbooten sowie die Reparatur von Fischereifahrzeugen vor. Dabei sollte es jedoch nicht bleiben. Der Aufbau der Warnowwerft wurde zu einem der bedeutendsten Projekte des Zweijahrplanes 1949/50. „Junge Werft hat große Pläne" und „Warnemünde wird Schiffe von 10000 Tonnen reparieren und ausbauen", las man im August 1948 in der Schweriner Volkszeitung. In den Jahren 1947/48 hatte die Sowjetunion an der Ostseeküste unter den technisch kompliziertesten Bedingungen eine große Anzahl durch Kriegseinwirkung gesunkener Schiffe heben lassen. In den folgenden Jahren sollte auf den Werften eine Gesamttonnage von 430000 BRT überholt und neu ausgerüstet werden – ein großer Teil davon, 16 Schiffe mit insgesamt 120000 BRT, auf der Warnowwerft.

Damit wurde die Werft vor Aufgaben gestellt, die zunächst weit über ihre Möglichkeiten hinausgingen. Der Befehl Nr. 112 der SMAD vom 23.6.1948 leitete die Schaffung der materiellen Voraussetzungen für die Bewältigung dieser Aufgaben ein. Er verfügte den Ausbau der Werft für die Reparatur von Großschiffen. Im Sommer 1948 wurde mit dem Bau von Kaianlagen, Werkhallen, der Montage von Kränen usw. begonnen. Ein Jahr später standen die ersten vier Hallen der Produktion zur Verfügung. Die Gesamtaufwendungen an Investitionen betrugen in den Jahren 1948/49 12080 TDM. Bis dahin wurde unter den primitivsten Bedingungen und fast ohne jede maschinelle Hilfe gearbeitet.

Über den Umbau der „Asia", eines Frachtfahrgastschiffes von 11430 BRT, das im November 1947 in der Werft eintraf, berichtete ein Arbeiter: „Als wir anfangen wollten, sagte die altersschwache Maschine ‚Ohne mich!' Uns blieb nichts weiter übrig als Handbetrieb. Aber die Hämmer waren aus Eisenbahnschienen gemacht und daher zu weich und nicht zu gebrauchen. Wir haben das ganze Gebäude nach einem geeigneten Hammer abgesucht. Endlich fand ich zwei in der Kesselschmiede, und uns war geholfen. Dann ging es an die Bullaugen. Immer die Strickleiter 10 Meter rauf und runter. Ich habe 18 Sonntage hintereinander gearbeitet." Ein anderer, der in diesen Tagen seine Arbeit auf der Werft aufnahm, berichtete später: „Ich hatte Hallen erwartet, in denen Maschinen stehen, Plätze, an denen man richtig arbeiten kann. Nicht so eine Laubenkolonie, so ein paar Bretterbuden und dazwischen ein, zwei Häuschen." Es gab „... Maschinen, die sogenannte ‚vernünftige' Menschen schon längst in den Schrott geworfen hätten. Dazu ein paar hundert Arbeiter, von denen erst ein kleiner Teil wußte, worauf es ankommt, während die Mehrheit den für einen ausgemachten Dummkopf hält, der nicht nach dem Westen geht oder dort bleibt, wenn er drüben ist."[26]

Noch im Winter 1949/50 durchstreiften die Arbeiter und Ingenieure der Warnowwerft Mecklenburg auf Fahrrädern und hielten auf ehemaligen Gutshöfen Ausschau nach alten Lokomobilen, um damit die Werkstätten und Hallen einigermaßen heizen zu können.

Die Entwicklung der Rostocker Werften zu Großwerften mit einem umfangreichen Schiffsneubau- und Reparaturprogramm rief eine ständig steigende Nachfrage nach Facharbeitern und Spezialisten hervor.

In den Werften beschäftigte Arbeitskräfte

Datum	Neptunwerft	Warnowwerft
1. 1.1949	3662	1385
1.11.1949	6293	5050
25.11.1949	7150	6716

Ende des Jahres 1949 waren in der Rostokker Werftindustrie rund 14000 Werktätige beschäftigt. Ihr Anteil an der Gesamtindustriearbeiterschaft betrug ca. 58 Prozent und an der Gesamtbeschäftigtenzahl ca. 19 Prozent.

Dieser enorme Zuwachs war zu einem großen Teil nicht aus örtlichen Reserven gewonnen worden. Schon 1945 hatte eine – nicht mehr zu ermittelnde – Zahl von Umsiedlern Arbeit in Rostock gefunden. Besondere Bedeutung für die Qualifikationsstruktur der Rostocker Werften erlangte der Zuzug von 1865 Werftarbeitern (mit Familien) aus der Stettiner Vulkanwerft im Juli bzw. Dezember 1947. Und dabei blieb es nicht. In einem Schreiben vom 11. Mai 1948 des Amtes für Arbeit Rostock an die Landesregierung Sachsen wird die Bitte ausgesprochen, die Schiffbaufacharbeiter eines Umsiedlertransportes aus Königsberg nach Rostock weiterzuleiten. Aus den Akten ist heute nicht mehr rekonstruierbar, ob die Aktion gelang. Auf der Grundlage des Befehls Nr. 33 der SMAD vom 30.3.1949 wurden dann Arbeiter aus der gesamten sowjetischen Besatzungszone nach Rostock verpflichtet.

Herkunft der im Laufe des Jahres 1949 aus dem zwischen- und überregionalen Ausgleich stammenden 2598 Metallarbeiter

Länder	Arbeiter
Sachsen-Anhalt	492
Sachsen	459
Thüringen	387
Brandenburg	266
Berlin	18
Kreise von Mecklenburg	976

Bei der Zahl für Mecklenburg ist wiederum ein hoher Anteil ehemaliger Umsiedler in Rechnung zu stellen. Im Gegensatz zu den Schiffbauern aus Stettin, Danzig und Königsberg handelte es sich bei den durch die überregionale Aktion nach Rostock gekommenen Arbeitskräften durchweg nicht um Facharbeiter aus der Schiffbauindustrie. In einem Situationsbericht heißt es: „Aus allen Gegenden Deutschlands stammen unsere Kollegen. Flugzeugbauer von den ehemaligen Arado- und Heinkelwerken, Maschinenbauer aus Sachsen, Textilarbeiter aus Schlesien und der Tschechoslowakei, Hafenarbeiter, Schlosser und Schiffbauer aus Stettin, Männer aus Bayern, Württemberg und Hamburg, Hannoveraner und Hessen, Pommern und Schwaben. Natürlich bildeten sich da zunächst allerlei Gruppen und Grüppchen. Die Flugzeugbauer standen gegen die Stettiner, diese gegen die Einheimischen, die Norddeutschen gegen die Sachsen und Schlesier ..."[27] Nur zögernd bildeten sich Stammbelegschaften heraus. Noch herrschte eine extreme Fluktuation.

Mit dem raschen Wachstum der Belegschaften konnte die innerbetriebliche Organisation der Arbeit nicht Schritt halten. Man muß bedenken, daß die Arbeiter in Betriebe kamen, die nicht „fertig“ waren, sondern sich großenteils noch im Aufbau befanden und – wie die Warnowwerft – eher Großbaustellen als Produktionsbetrieben glichen. In Rechnung zu stellen sind die noch mangelnde Qualifikation vieler Arbeiter, das Fehlen von Erfahrungen bei den leitenden Kadern, die technischen Unzulänglichkeiten und die ständigen Engpässe in der Materialversorgung, die mangelhafte Unterbringung und die Tatsache, daß viele Arbeiter nicht freiwillig den Weg nach Rostock gefunden hatten, sondern auf Grund von Dienstverpflichtungen, ferner, daß ein nicht unbeträchtlicher Teil der Werftarbeiter Pendler waren. Der Wohnungsmangel hatte die Werften dazu veranlaßt, sich ein weites Hinterland zu erschließen, zu dem um 1950 vor allem die Städte Kröpelin, Bad Doberan, Kühlungsborn, Güstrow, Schwaan, Laage, Tessin, Ribnitz-Damgarten und ihr Umland gehörten, woraus sich für die Pendler tägliche Fahrten bis über 100 Kilometer ergaben. Die Erfüllung des Produktionsplanes geriet immer wieder in Rückstand, wie der Chef der SMA Mecklenburg u.a. in dem Befehl Nr. 57 vom 27.6.1949 feststellte.[28]

Auf der Grundlage eines neuen Eigentümerbewußtseins erwuchs in zähen Kämpfen eine neue Einstellung zur Arbeit. Zunächst erkannten nur die bewußtesten und klassenverbundensten Werftarbeiter den Sinn der Losung „Mehr produzieren, gerechter verteilen, besser leben“. Unmittelbar nach der bahnbrechenden Tat Adolf Henneckes erzielten die Nieterkolonnen Fett und Kruse von der Neptunwerft den Durchbruch auch in der metallverarbeitenden Industrie der sowjetischen Besatzungszone, indem sie ihre Tagesnorm mit 340 bzw. 421 Prozent erfüllten. Von manchen anfangs verspottet, lösten sie damit eine breite Bewegung im Schiffbau aus. Auf der Warnowwerft folgte der Genosse Repenning, der einen Zwei-Stärken-Bohrer entwickelte und damit die Arbeitsproduktivität um 100 Prozent erhöhte. Das war ganz im Sinne Adolf Henneckes, der am 30. November 1949 in der Neptunwerft vor fast 1000 Aktivisten der Werftindustrie erklärte: „Lieber einen Tropfen Schweiß für den Aufbau der Wirtschaft verlieren, als einen Tropfen Blut in einem neuen Krieg.“ Zu diesem Zeitpunkt war die Deutsche Demokratische Republik bereits gegründet.

Jetzt begann der eigentliche Aufbau einer Werftindustrie. Während des ersten Fünfjahrplans bis 1955 entstanden die wichtigsten Produktionskapazitäten für den Schiffbau. Auf Sumpf und Schwemmsand gegründet, wuchs die Neubauwerft in Warnemünde mit der siebenstöckigen Schiffbauhalle aus Stahlbetonfertigteilen empor, nebst der 65 Meter hohen und 320 Meter langen Kabelkrananlage, dem neuen Wahrzeichen Rostock-Warnemündes, bis heute Produktionsanlage und zugleich schon technisches Denkmal. Hellinge, Kaianlagen, Schwimmdocks kamen bis 1960 hinzu. Die neuen Werftanlagen befanden sich noch im Aufbau, da begann bereits die serienmäßige Neufertigung von 65-Meter-Flußfahrgastschiffen sowie 15- und 20-Tonnen-Schwimmkranpontons für die UdSSR. Der erste Schiffsneubau der Warnowwerft in Stahlkonstruktion war das Segelschulschiff „Wilhelm Pieck“ (27.2.1951 Kiellegung, 26.5.1951 Stapellauf, 2.8.1951 Indienststellung). Daneben wurde ein umfangreiches Reparaturprogramm realisiert.

Ab 1953 verlagerte sich die Produktion immer mehr auf den Neubausektor. Ein großes Ereignis, nicht nur für die Schiffbauer, bildete die Aufnahme der Serienproduktion von 10000-Tonnen-Schiffen. An der Kiellegung des ersten Typschiffes, der „Frieden“, und seiner Übergabe im Juni 1957 nahm die gesamte Republik Anteil. 1957 bis 1960 lieferte die Warnowwerft 13 Motorfrachter vom Typ „Frieden“ (Abb. S. 94) aus, ferner 15 Kohle-Erz-Frachter

Dampfer „Rostock“, erbaut auf der Neptunwerft. Auf Abnahmefahrt 1954

mit einer Tragfähigkeit von 7170 bzw. 9765 tdw aus.[29]

Auch für die Neptunwerft begann 1951 ein neuer Abschnitt in ihrer Entwicklung. Sie nahm jetzt den Bau von Frachtschiffen in der Größenordnung von 4500 tdw auf. Der Stapellauf des ersten Frachters dieser Serie erfolgte am 29. April 1952. Auf Beschluß der Regierung der UdSSR wurde die Werft am 1. Mai 1952 zusammen mit 65 weiteren SAG-Betrieben der DDR übergeben. Unter sowjetischer Leitung war der Betrieb beträchtlich erweitert und modernisiert worden, u. a. durch den Umbau der veralteten Sandhellingen zu Betonhellingen, durch die Verlängerung der Schiffbauhalle um 60 Meter und den Bau einer 3400 m^2 großen Schweißhalle. Von 1951 bis 1955 verließen die Neptunwerft 126 Logger, 14 Frachter, 6 Hebeschiffe, 5 Trawler, 6 Feuerlöschboote und 1 Schlepper.[30]

Der rasche Aus- und Aufbau der Rostokker Werften war mit einer großen Lernbewegung verbunden. Der Bedarf an Facharbeitern und hochqualifizierten Spezialisten nahm ständig zu. Daher wurde hier ein ganzes System der Aus- und Weiterbildung ins Leben gerufen. Als erster Betrieb in Mecklenburg überhaupt hatte die Warnowwerft schon im Oktober 1949 eine eigene Betriebsvolkshochschule eingerichtet. Sie begann mit 1100 Kursusteilnehmern und vermittelte ehemaligen Flugzeugbauern, Textilarbeitern, Handwerkern der verschiedensten Berufe, Hausfrauen und ungelernten Kräften die Grundkenntnisse des Schiffbaus. Ein Jahr später hatten sich bereits 557 Betriebsangehörige in ihrem neuen Beruf qualifiziert. 1951 legten die ersten 11 Arbeiter nach einem 1 1/2jährigen Abendlehrgang ihre Prüfung als Werkmeister ab. Nach dem Vorbild der Warnowwerft entstand im November 1949 auch in der Neptunwerft eine Betriebsvolkshochschule, die ebenfalls mit mehr als 1000 Hörern den Unterricht aufnahm. Allein für die Befriedigung des dringendsten Bedarfs an E-Schweißern wurden so 10 Kurse mit jeweils 36 Anlernlingen durchgeführt. Andere Kurse bildeten Schiffbauer, Stemmer, Nieter und Meißler aus. 1951 wurden 42 Lehrgänge mit 2565 Teilnehmern an technischen und 991 an gesellschaftlichen Kursen durchgeführt.[31]

An dem Lernprozeß hatten die Werftarbeiterinnen einen (heute zahlenmäßig nicht mehr rekonstruierbaren) hohen Anteil. Ihre volle Gleichberechtigung und die ihren Kräften entsprechenden Arbeitsbedingungen durchzusetzen, waren die betrieblichen Frauenausschüsse mit Erfolg bemüht; der erste Frauenausschuß überhaupt wurde im Februar 1952 in der Warnowwerft gegründet.[32]

Ein besonders dringendes Anliegen war die Förderung des Facharbeiternachwuchses. In der Warnowwerft hatte die Berufsausbildung 1948 mit 80 Lehrlingen begonnen. Nach Errichtung des Lehrkombinats „Kurt Bürger" am 21.12.1951, des ersten im Lande Mecklenburg, waren es bereits 677 Lehrlinge, 1952 = 1005; 1953 = 1148; 1954 = 1142 und 1955 = 858. Die Ausbildung in den Betriebsberufsschulen und Lehrwerkstätten der Rostocker Werften löste den Aufbau von Stammbelegschaften langfristig. Noch war die Fluktuation teilweise erheblich. So verließen die Warnowwerft 1953 1991 Belegschaftsangehörige, 1954 = 2144 und 1955 = 2243.[33]

Der Schiffbau in der DDR war während der ersten Jahre ohne gesicherten Nachwuchs an wissenschaftlichen Kadern. Aus diesem Grunde erfolgte die Gründung einer Schiffbautechnischen Fakultät an der Universität Rostock (26. Mai 1951). Neben der Hauptfachrichtung Schiffbau wurden zwei Jahre später die Fachrichtungen Schiffselektrik und Schiffsmaschinenbau eingerichtet. 1955 bildete die Fakultät schon 750 Studenten aus. Die Ausbildung von ingenieur-ökonomischen Kadern speziell für den Industriezweig Schiffbau wurde der Wirtschaftswissenschaftlichen Fakultät der Universität Rostock aufgetragen. Während die Berufsausbildung auf dem Gebiet des Schiffbaus in Rostock und anderen Ostseestädten auf regionalen Traditionen – allerdings geringer Größenordnung – aufbauen konnte, stellte das einschlägige Hochschulstudium in der Region selbst im Grunde etwas völlig Neues dar.

Die Investitionen erwiesen sich als nutzbringend für die Produktion und die Produzenten. Im sozialistischen Wettbewerb wurden bedeutsame technologische Fortschritte durchgesetzt. Die seit 1950 durch das Kollektiv Plötz in der Warnowwerft entwickelte automatische Schweißung (Nationalpreis 1961) bestimmte mehr und mehr den Standard und sicherte dem DDR-Schiffbau eine führende Position im Schiffskörperbau.

Die Neptunwerft stand sowohl in der Produktionsplanerfüllung als auch in der Wettbewerbsbewegung immer an der Spitze der mecklenburgischen Betriebe. Von hier aus erfolgte auch nach der 2. Parteikonferenz der SED die den sozialistischen Wettbewerb auf eine höhere Stufe hebende Initiative zur Bildung von Aktivistenbrigaden im Schiffbau der DDR. Die erste Aktivistenbrigade bildeten 16 Schiffbauer auf der Helling. Sie stellten sich das Ziel, die Handwerkelei im Schiffbau zu überwinden und eine industriemäßige Fertigung mit hoher Organisation und Technik zu entwickeln. Wie die Brigade diese Aufgabe lösen wollte, erläuterte sie den Neptunarbeitern in einem Aufruf: Durch die konsequente Einhaltung des organisierten Schichtwechsels (10-Minuten-Bewegung) sollte eine höhere Form der Arbeitsdisziplin herbeigeführt, durch konkrete Aufgabenstellung für jeden Kollegen und Abgrenzung der persönlichen Verantwortlichkeit in der Brigade eine bessere Arbeitsorganisation geschaffen werden. Um alle schiffbaulichen Arbeiten ausführen zu können, wollten die Brigademitglieder an Schulungen und Qualifizierungslehrgängen teilnehmen mit dem Ziel, mehrere Berufe zu beherrschen. Den immer noch vorhandenen Mangel an Schiffbauern wollten sie durch Erfahrungsaustausch, Hilfe für die zurückgebliebenen Brigaden und durch Qualifizierung der eigenen Brigademitglieder überwinden helfen.

Ihren Höhepunkt erreichte die Wettbewerbsbewegung in der Mitte der fünfziger

Jahre im „Wilhelm-Pieck-Aufgebot“ zu Ehren des 80. Geburtstages des Präsidenten der DDR. Unter der Losung „Auf sozialistische Art zu leben, erfordert, auf sozialistische Art zu arbeiten“ wurde die Jugendbrigade „Kalinin“ der Neptunwerft Initiator dieser Bewegung in den Betrieben des Bezirkes Rostock. Bis Jahresende schlossen sich ihr mehr als 7000 Werktätige der Werft an. In der Warnowwerft folgten dem Beispiel der Jugendbrigade „Junge Garde“ 3500 Werktätige. Jugendbrigaden der Warnowwerft und der Neptunwerft waren es auch, die 1959 erstmals in den Wettbewerb um den Titel „Brigade der sozialistischen Arbeit“ traten. Es ging ihnen um die Steigerung der Arbeitsproduktivität und den wissenschaftlich-technischen Fortschritt auf der Grundlage der gegenseitigen kameradschaftlichen Zusammenarbeit und Hilfe.

Das Leben der Werftarbeiter wurde in diesen Jahren nicht nur dadurch geprägt, daß sie begannen, auf sozialistische Art zu arbeiten und sich ein gutes Fachwissen anzueignen. Die Arbeitsergebnisse schlugen sich bei erfüllten Betriebskollektivverträgen (BKV) auch in vermehrten Sozialleistungen nieder. Bereits 1951 entstand auf dem Betriebsgelände der Warnowwerft eine Poliklinik, die sich in den folgenden Jahren zu einer modernen medizinischen Betreuungsstätte entwickelte (heute 10 Fachabteilungen, 20 Ärzte und 60 weitere medizinische Mitarbeiter). Kostenlose Therapie und Prophylaxe gehörten zu den frühesten Errungenschaften des Sozialwesens. Die Einflußnahme auf die Gestaltung arbeitshygienisch einwandfreier Produktionsbedingungen kam schrittweise voran.

In den Mittelpunkt der Sozialleistungen rückte zunehmend der Wohnungsbau. Belastend für die Betriebe (Trennungsgelder, Reisekosten) und vor allem für die Arbeiter selbst, mußte der Wohnungsmangel energisch bekämpft werden. Dies geschah durch den Bau von Wohnheimen, vor allem aber durch Wohnungsneubau in Rostock und seinen Stadtteilen. Schon 1949 stellte die Warnowwerft 1,5 Millionen Mark für den Wohnungsbau zur Verfügung. In Reutershagen I entstanden 88 Wohnhäuser mit 352 Wohnungen. Die Werftarbeiter leisteten hierbei 70400 freiwillige Aufbaustunden.[34] Weitere Bauprojekte gab es in Warnemünde und Markgrafenheide. Im gleichen Jahr stellte die sowjetische Generaldirektion der Neptunwerft über 4 Millionen Mark für den Ausbau des Hansaviertels bereit; es entstanden hier 256 Werkswohnungen. Großen Anteil daran hatte die FDJ-Gruppe des Betriebes, die dafür in einer stillgelegten Ziegelei in Papendorf die notwendigen Ziegel brannte.

Eine neue Etappe des Wohnungsbaus für Werftarbeiter begann 1954 mit der Gründung von Arbeiterwohnungsbaugenossenschaften (AWG). In Rostock gingen dabei die Arbeiter der Warnowwerft voran. Am 4.2.1954 trugen sich auf der Gründungsversammlung 65 Werftarbeiter in die Listen als Mitglieder der AWG ein, und fünf Monate später feierten sie zusammen mit den Bauarbeitern erstmalig in der DDR das Richtfest eines AWG-Hauses. Die Neptunwerft gründete ihre AWG am 28.4.1954 mit 34 Mitgliedern. Die ersten 15 AWG-Wohnungen entstanden in der Clementstraße. Zur Bewältigung der umfangreichen Erdarbeiten wurden auch hier von den Werftarbeitern zahlreiche Aufbaustunden geleistet.

Daneben blieb die Kröpeliner-Tor-Vorstadt weiterhin ein traditionelles Wohnzentrum der Rostocker Arbeiterklasse, darunter vor allem der Werftarbeiterschaft. Die häusliche Lebensweise veränderte sich in diesen Wohnvierteln nur zögernd. Lichtlose Schlafzimmer (Alkoven) und Kellertoiletten waren noch Standard. Zudem bestimmten auch private Handwerksbetriebe, Lebensmittelgeschäfte, Eckkneipen usw. noch die Infrastruktur dieser Gebiete.

Nachhaltiger entfalteten sich Elemente sozialistischer Lebensweise und Kultur in den Bereichen, die unmittelbar mit dem Betrieb verbunden waren. Sowjetisches Vorbild kam unmittelbar in dem SAG-Betrieb Neptunwerft zum Tragen, wo die Generaldirektion über eine halbe Million Mark für den Bau eines Klubhauses zur Verfügung stellte, für die Ausgestaltung der Klubräume, die Anschaffung von Büchern und Zeitschriften, für den Betriebsfunk und die Entwicklung des Betriebssportes weitere rund 500000 Mark. Das Klubhaus wurde von der Belegschaft und anderen Rostockern rege genutzt; 1954 fanden bereits 1755 Veranstaltungen mit 261012 Besuchern statt.[35]

Auch für die Belegschaft der Warnowwerft wurde das im Jahre 1954 übergebene Klubhaus zum Zentrum ihres kulturellen Lebens. Die reichhaltige Vortrags- und Veranstaltungstätigkeit wurde immer mehr auch vom Wohngebiet genutzt (90000 bis 100000 jährliche Besucher). Unter den 30 Zirkeln und Volkskunstgruppen ist das Blasorchester (früher Schalmeienkapelle) des Betriebes hervorzuheben, dessen Anfänge auf das Jahr 1949 zurückgehen, als sich 20 Laienmusiker zusammenfanden. 1959 wurde in der Warnowwerft eines der ersten Arbeitertheater der DDR gegründet, es erhielt schon ein Jahr später vom Ministerium für Kultur den Preis für künstlerisches Volksschaffen 1. Klasse. Zu einer vielbenutzten Einrichtung wurde die betriebseigene Bücherei, zunächst besaß sie 300 Bände, nur wenige Jahre später schon über 10000, daneben eine große Zahl von Fachzeitschriften.

So wuchsen unter den Rostocker Werftarbeitern in den fünfziger Jahren politisch bewußte, mit hohem fachlichem Können ausgerüstete sozialistische Persönlichkeiten heran, die mehr und mehr auf das gesellschaftliche Leben der Stadt Einfluß ausübten und ihm das Gepräge gaben. Werftarbeiter wurden zu Stadtverordneten gewählt, sie übernahmen Funktionen in der Stadtleitung der SED, in Wohnbezirksausschüssen der Nationalen Front und in anderen Massenorganisationen.

Die Werftbetriebe beeinflußten aber nicht nur das gesellschaftliche Leben in Rostock selbst, sondern sie strahlten auch zunehmend und in vielfältiger Weise auf die angrenzenden Landgebiete aus. Umfangreiche politisch-ideologische und ökonomische Hilfe hatte schon in den Jahren 1948/49 die Neptunwerft geleistet. Die Betriebsgruppen der SED waren Sonntag für Sonntag vor allem in die Notgemeinden des Kreises gefahren und hatten dort bei der Errichtung von Neubauernhäusern geholfen. Die Verantwortung der Arbeiterklasse gegenüber dem Geschehen auf dem Dorfe wuchs, als mit der Bildung von Landwirtschaftlichen Produktionsgenossenschaften die sozialistische Umgestaltung der Landwirtschaft begann. Obwohl sich Anfang 1953 diese Entwicklung noch ganz in den Anfängen befand, bestanden bereits Freundschafts- und Patenschaftsverträge der Warnowwerft mit den LPG in Lichtenhagen und Elmenhorst sowie mit dem VEG Bandelstorf, der Neptunwerft mit der MTS und der LPG Kölzow.

Ein solcher Vertrag zwischen der FDJ-Organisation der Warnowwerft und der LPG Elmenhorst sah z. B. vor: die Hilfe bei der Durchführung von Veranstaltungen und Schulungen sowie bei der Entfaltung des kulturellen Lebens, die ständige Versorgung mit Schulungsmaterial, Bildung und Anleitung eines Frauenausschusses, Organisierung der Erntehilfe, Unterstützung beim Bau von Wohn- und Wirtschaftsgebäuden, Einsatz von Reparaturbrigaden, Hilfe bei der Erarbeitung von Produktionsplänen und bei der Einführung der wirtschaftlichen Rechnungsführung. – Die LPG Elmenhorst verpflichtete sich u. a., ihre Arbeit so zu organisieren, daß sie den Einzelbauern Vorbild sein könne, das Ablieferungssoll 1953 sehr gut zu erfüllen, die Ernteerträge über den im Fünfjahrplan vorgesehenen Stand hinaus zu erhöhen, die Brigadearbeit einzuführen und über den Plan erzeugte Produkte vorrangig der Warnowwerft zum Ankauf anzubieten.[36]

Dem Ruf der SED „Industriearbeiter aufs Land“ folgten in der Warnowwerft 284 und in der Neptunwerft etwa 384 der besten Genossen und klassenbewußten parteilosen Arbeiter. Sie bewährten sich in der Folgezeit als Bürgermeister, Leiter der MTS, VEG, Mitglieder der LPG und MTS und halfen mit, die sozialistische Entwicklung auf dem Lande zu beschleunigen und die führende Rolle der Arbeiterklasse in der gesamten Gesellschaft zu verstärken.

1960/61 war in unserem Territorium ein wesentlicher Teil des Weges zurückgelegt, dessen Ziel darin bestand, eine sozialistische Industrie aufzubauen und die Arbeitsweise, die Lebensweise und die Weltanschauung sozialistischer Industriearbeiter zur gesellschaftlichen Norm werden zu lassen. Die Rostocker Werftarbeiterschaft hatte einen bedeutenden Anteil an dieser historischen Leistung.

Anmerkungen

1 Walter Müller, Rostocks Seeschiffahrt und Seehandel im Wandel der Zeiten, Rostock 1930, S. 16ff., vgl. weiter speziell Heinrich Rahden, Die Schiffe der Rostocker Handelsflotte 1800–1917, Rostock 1941; Jürgen Rabbel, Rostocker Windjammer, Rostock 1984; allgemein: Karl-Friedrich Olechnowitz, Rostock (1218–1848/49), Rostock 1968.
2 Stadtarchiv Rostock, Ratsakten, 1266/1.
3 Ebenda, 1266/8.
4 Stadtarchiv Rostock, Gewett, 1, 12, 3; 508, 30.
5 Ebenda, Handel u. Gewerbe: Schiffszimmerleute.
6 Stadtarchiv Rostock, Ratsakten, 1266/8.
7 Helga Schultz, Zur Herausbildung der Arbeiterklasse am Beispiel der mittleren ostelbischen Handelsstadt Rostock (1769–1870), Jahrbuch für Geschichte 13 (1975), S. 196.
8 Stadtarchiv Rostock, Ratsakten, 1266/15.
9 Betriebsarchiv der Neptunwerft, Veteranenberichte.
10 Erich Sperling, Arbeitslohn-Entwicklung in Handwerk und Industrie, in: Thünen-Archiv, Bd. 2, Jena 1909, S. 473.
11 Ebenda, S. 472.
12 Vom Werden und Wachsen der Neptunwerft, Rostock 1980, S. 13.
13 Otto Leuke, Über einige Bestimmungsgründe der Lohnverdienste, in: Thünen-Archiv, Bd. 3, Jena 1909, S. 646.
14 Max Claus, Untersuchungen über die Bevölkerungs- und Wohnungsdichtigkeit der Stadt Rostock, Centralblatt für allgemeine Gesundheitspflege 19 (1900), S. 91ff.
15 Erich Fabian, Der Weg aus der Mitte, Roman, Rostock 1968, S. 8.
16 Martin Polzin u. Horst Witt, Rostock (1848/49–1945), Rostock 1974, S. 80ff.
17 25 Jahre Betriebssportgemeinschaft „Motor Rostock", Rostock 1973, S. 9ff.
18 Vom Werden und Wachsen der Neptunwerft, Rostock 1980, S. 20f.
19 Betriebsarchiv der Neptunwerft, K 6/97.
20 Ebenda.
21 Ebenda.
22 Vom Werden und Wachsen der Neptunwerft, Rostock 1980, S. 22–25; Der antifaschistische Widerstand in Mecklenburg unter Führung der KPD 1933–1945, Berlin 1985, S. 215–218.
23 Gerd Rackow, Martin Heyne u. Oswald Kleinpeter, Rostock (1945 bis zur Gegenwart), Rostock 1969; Peter Köppen (Hrsg.), Schiffbauer, Seeleute und Hafenarbeiter machen Geschichte, Berlin 1979, Schiffbaumuseum Rostock, Begleitheft, Rostock 1974.
24 Betriebsarchiv der Neptunwerft, K 6/96.
25 VEB Warnowwerft Warnemünde [Chronik], Rostock 1982.
26 Martin Heyne, Die Errichtung der ökonomischen Grundlagen des Sozialismus in Rostock, Diss., Rostock 1966, S. 27f.
27 Ebenda, S. 47.
28 Ebenda, S. 48.
29 Rackow, Heyne, Kleinpeter (wie Anm. 23) S. 184.
30 Heyne (wie Anm. 26) S. 79.
31 Ebenda, S. 34f.
32 Ebenda, S. 45, vgl. auch Petra Clemens, Frauen helfen sich selbst, Jahrbuch für Volkskunde und Kulturgeschichte 30 (1987) S. 107–142.
33 Heyne (wie Anm. 26) S. 108
34 VEB Warnowwerft Warnemünde [Chronik], Rostock 1982, S. 20.
35 Vom Werden und Wachsen der Neptunwerft, Rostock 1980, S. 44.
36 Heyne (wie Anm. 26), S. 238f.

Seefahrende Bevölkerung

VON WOLFGANG RUDOLPH UND WOLFGANG STEUSLOFF

Blütezeit der Dorfschiffahrt (1750–1840)

Die geschichtliche Entwicklung der maritimen Kultur in Mecklenburg unterscheidet sich nicht oder nur unwesentlich vom entsprechenden Entwicklungsverlauf in den benachbarten Teilregionen des südlichen Ostseeküstengebietes. So kann für ihre Darstellung auf eine frühere Behandlung der Sachverhalte in der Großregion zurückgegriffen werden, wo Trends und Fakten ausführlicher geschildert werden.[1] Im folgenden wird eine durch neue Forschungsergebnisse aktualisierte kürzere Fassung geboten, zugeschnitten auf den zur Debatte stehenden Zeitraum und auf das Geschehen im Küstenstreifen vom Priwall hart östlich Travemünde und vom Ufer des Dassower Sees bis hin zum Saaler Bodden und zum Fischländer „Grenzgraben“ gegen Vorpommern, vor Ahrenshoop. An diesem rund 170 Kilometer langen Strand spielten die drei Hafenstädte Wismar, Rostock und Ribnitz ihre Rolle, und neben ihnen gab es eigentlich nur eine Handvoll Seefahrerdörfer, mit Warnemünde (vgl. Abb. S. 199) und den fünf Ortschaften auf dem und am Fischland (Althagen, Niehagen, Wustrow, Dierhagen, Dändorf) an der Spitze, in einigem Abstand gefolgt von der Insel Poel. Wie war dort die Situation um die Mitte des 18. Jahrhunderts?

Damals zeichnete sich der Beginn eines kräftigen Aufschwungs im Seehandel der privilegierten Hafenstädte Mecklenburgs ab, und die volle Entfaltung des (hier seit dem 15. Jahrhundert nachweisbaren, aber illegal wirksamen) dörflichen Schiffahrtsbetriebes wird erkennbar. Beides stand im Zeichen einer seit den vierziger Jahren offenbar gewordenen Schiffahrtskonjunktur. Der Siebenjährige Krieg der europäischen Großmächte vermittelte ihr nach 1756 bedeutende Impulse. Nach kurzer Flaute in den späten Sechzigern verstärkte sie sich noch durch den Boom, der 1776 mit Beginn des nordamerikanischen Unabhängigkeitskrieges einsetzte, und ging ihrem Höhepunkt in den Jahren der Invasionsfeldzüge gegen das revolutionäre Frankreich entgegen. Auf internationale Regressionen nach 1815 folgte dann ein erneuter schrittweiser Aufschwung in den dreißiger Jahren des 19. Jahrhunderts. Die Seewirtschaft des Landes konnte aber nicht nur von den weltweiten Auswirkungen dieser Kriege profitieren, sondern auch von einigen handelsfördernden Maßnahmen (Schutzverträge mit den gefürchteten Mittelmeer-Anrainern, den sogenannten „Barbaresken“), welche von denjenigen Nachbarstaaten ausgegangen waren, die im südlichen Ostseeraum damals tonangebend waren: Dänemark (mit Schleswig-Holstein und Lauenburg), Schweden (mit Vorpommern), Preußen und Polen (mit Danzig und Elbing). Die ganze Entwicklung basierte also auf zeitweilig wirksamen Konstellationen weltpolitischer und weltwirtschaftlicher Faktoren; ihr entsprach in Mecklenburg kein allgemeiner Fortschritt in der Entfaltung heimischer Produktivkräfte, keine allgemeine Herausbildung kapitalistischer Produktionsverhältnisse. Hier gab es nur partielle Neuerungen in kleinen Teilen des Landes. Die schmale Zone der Hafenstädte und Seefahrerdörfer war solch ein Teilgebiet.

Dort beobachten wir eine sich verstärkende Kapitalisierung der ländlichen Seefahrt als Kennzeichen für die qualitativen Veränderungen jener Periode. Der eine oder andere Fahrensmann, der durch Steuermannsreisen nach Übersee oder durch seine Teilnahme am Walfang der Niederländer, Dänen und Lübecker zu Geld gekommen war, vornehmlich aber die Leichter- („Prahm"-) und die Schutenschiffer (z. B. diejenigen, die auf der Relation Rostock/St. Petersburg segelten), nutzten die erworbenen Barvermögen bei Beginn des konjunkturellen Aufschwungs zu höherem Einsatz: „Viele von ihnen bauen sich compagniweise kleine und mittelmäßige Fahrzeuge und begnügen sich nicht mehr, auf die Küsten der Ostsee bis Rußland, Preußen, Schweden oder Dänemark zu trafiquiren. Sie gehen nicht selten durch den Sund in die Nordsee nach Holland" hieß es 1764 in einem Bericht an die großherzogliche Kammer.[2]

Das zum Schiffbau benötigte Kapital wurde in den Stranddörfern durch die aus dem Geschäftsbetrieb der Hansestädte übernommene Partenreederei aufgebracht. Darunter versteht man eine genossenschaftliche Vereinigung mehrerer Personen, die mit dem Schiffer verwandt waren oder mit ihm in nachbarlich-freundschaftlicher Beziehung standen, zum Bau und zum Betrieb eines Frachtenseglers. Der Schiffer war Gründer und verantwortlicher Leiter der Reederei, deren Verwaltungsangelegenheiten anfangs von allen Partnern gemeinsam gehandhabt wurden. Die Größe der Parten war zunächst von 1/4 bis 1/8 gestaffelt, seltener auch bis zu 1/16 der Baukosten. Die Teilhaberschaft am Schiffsbesitz, und damit auch am Gewinn des Unternehmens, war im 18. Jahrhundert noch weitgehend mit dem Arbeitseinsatz beim Bau des Fahrzeuges bzw. an Bord des Schiffes verknüpft.

Seit der Hochkonjunktur der 1780er Jahre veränderte sich jedoch allmählich die Struktur der meisten mecklenburgischen Partenreedereien. Die Schiffe wurden größer; die Folge war, daß der Betriebskapitalbedarf eine Erweiterung des Kreises der Reederpartner verlangte. In steigendem Maße beteiligten sich hinfort auch Bauern und Gutsbesitzer sowie städtische Handwerker, Gewerbetreibende, Beamte und Gelehrte am dörflichen, vornehmlich von Warnemünde und von den Fischlanddörfern ausgehenden Schiffahrtsbetrieb. Bald ließen sich die wachsenden Verwaltungsarbeiten der Reedereien nicht mehr bei den winterlichen Partnerversammlungen in den Kapitänshäusern erledigen; man benötigte dazu einen dauernd einsatzbereiten, kaufmännisch geschulten Geschäftsführer in der Hafenstadt: den sogenannten Korrespondenzreeder.

Im 18. Jahrhundert gab es in den Orten an der mecklenburgischen Küste keine undifferenzierte, sozial homogene „Gemeinde der Seefahrer" mehr, wie sie dort vielleicht in der vorhergegangenen „Klippschiffahrtsperiode" (zwischen 1550 und 1750) noch möglich gewesen sein mag. Bei zunehmender Kapitalisierung machte der soziale Differenzierungsprozeß im Stranddorf bald Fortschritte. Aus der Gruppe der Schutenschiffer und der Seesteuerleute gingen nach 1750 die reedenden Seeschiffer hervor, die sich fortan „Schiffscapitaine" nannten und häufig das nominelle Bürgerrecht einer zum Fernhandel privilegierten Hafenstadt erwarben. Die unselbständigen Steuerleute waren wohl den Kleinschiffern der Prahm- und Tourenfahrt mit Schuten (z. B. Kirchdorf–Wismar bzw. Lübeck, oder Wustrow–Stralsund bzw. Barth) annähernd gleichgestellt. Zur Gruppe der Heuerempfänger gehörten die Matrosen und die Bootsleute; deren Sozialstatus entsprach die Stellung der Fischer. Am Ende der Skala rangierten die Fischerknechte ohne Bootsbesitz. Sicher noch kümmerlicher lebten die Invaliden der Seefahrt und die Matrosenwitwen. Diese Differenzierung schlug sich in den dörflichen Wohnverhältnissen nieder: Es gab seefahrende Büdner und Halbbüdner, Halb- und Viertelkätner, Häusler und Einlieger, mit entsprechender Abstufung des Grundbesitzes bis hinab zur völligen Landlosigkeit.

Nach 1750 wandelten sich die Arbeitsweise und die Lebensbedingungen der maritimen Dorfbevölkerung Mecklenburgs ganz erheblich. Hier wie in den Nachbarlandschaften Holstein und Pommern unterwarfen sich die Kauffahrteischiffer nicht länger der traditionellen Einteilung des dörflichen Arbeitsjahres in aufeinander folgende Fischfang- und Ernteperioden mit dazwischen liegenden Schutenfahrtzeiten, sondern sie gingen davon unabhängig auf monatelang andauernde Reisen. Direkten Kurs auf England und die Niederlande nehmend, überschritten sie die engen Grenzen jener Seglationsbereiche, die den Dörflern – den Warnemündern, Fischländern und Poelern – früher von den handelsprivilegierten Seestädten für die Ausübung der Klippschiffahrt mit offenen Booten zugebilligt worden waren.

In der zweiten Hälfte des 18. Jahrhunderts kamen in Mecklenburg die zweimastigen Galeassen als neuartige Seefahrzeuge auf, etwas später dann die Rahschoner und Brigantinen, noch später die Briggs und Barken. Bei allen diesen Seglern handelte es sich um vollkommen gedeckte Schiffe in zunehmenden Größenordnungen bis etwa 35 m Länge. Ein Teil davon war noch in den Dörfern gezimmert worden, die moderneren aber baute man schon auf städtischen Werften.

An Bord dieser Fahrzeuge trat in der Arbeitsgesellung jetzt die Kommandostruktur nach städtischem Muster an die Stelle des dörflichen traditionell kollegialen Besatzungsverhältnisses von Gleichgestellten, das sich hier hinfort nur noch in der Fischerei und beim Kleinbetrieb der Prahmfahrt erhielt. Viel stärker als der ungleiche Partenanteil am Schiffsbesitz schied von nun an der höhere nautisch-kommerzielle Bildungsgrad den Befehlshaber an Bord von den Befehlsausführenden. Navigatorische Bildung erlangte man anfangs durch den Besuch von örtlichen Winterabendkursen, später dann durch Absolvierung einer der Navigationsschulen außerhalb der Landesgrenzen: in Lübeck oder Hamburg, in Kopenhagen oder in Stettin bzw. Danzig.

1764 wurde von den Hollandfahrten der mecklenburgischen Fischlandbewohner berichtet. Etwa gleichzeitig wurde auch England zum Fahrtziel der Dorfschiffahrt des Herzogtums. In der Phase der Hochkonjunktur während der letzten beiden Jahrzehnte des 18. Jahrhunderts weiteten viele Schiffskapitäne ihre Reisereviere auf die volle Breite der nordeuropäischen Fahrt zwischen Großbritannien und den russischen Häfen am Finnischen Meerbusen bzw. am Weißen Meer aus. In den dreißiger, vierziger Jahren des 19. Jahrhunderts waren dann Levantereisen ins östliche Mittelmeer und Kreuzfahrten im Schwarzen Meer auch für die mecklenburgischen Dorfschiffer nichts Außergewöhnliches mehr. Die Ausweitung der Reviere hatte schon zu Ausgang des 18. Jahrhunderts das Leben aller Fahrensleute in den Stranddörfern verändert: „Einige unserer Eingeborenen gebrauchen ihre Freiheit, reisen weit herum in der Welt, sehen manche Länder, kommen wohl auch nach Ost- und Westindien, kehren aber wieder zurück und werden dann Hausleute“ hieß es 1790 von den Bewohnern der damals noch schwedischen, daher im Gegensatz zum mecklenburgischen Umland relativ freien Insel Poel.[3] Als ein absolutes Novum ist in diesen Zusammenhängen schließlich die Teilnahme von Schifferfrauen aus Stranddörfern an den Seereisen jener Jahre zu vermerken – eine für den Bildungsstand und für die Kulturvermittlung ungemein wichtige Erscheinung dieser Periode.

Die Emanzipation der Seefahrerdörfer aus dem kulturellen Standard der ländlichen Bevölkerung Mecklenburgs kann gegen Mitte des 18. Jahrhunderts als abgeschlossen angesehen werden. In der schmalen Strandzone der Hafenstädte und „maritimen“ Dörfer wurde die materielle Kultur während jener Blüteperiode zwischen 1750 und 1840 durch eine imponierende Häufung von Novationen gekennzeichnet, vornehmlich in den Bereichen Wohnweise,

Englische Figurenkeramik: Seeoffizier und Wellington. Rostock, Anfang des 19. Jahrhunderts

Bekleidung, Ernährung und volkskünstlerisches Freizeitschaffen. In der Sozialschicht der Schiffskapitäne dominieren dabei diejenigen Objekte, die als Prestigegüter der Privatsphäre einen hohen kulturellen Zeichenwert besitzen: die „Guten Stuben" und „Prunkküchen" in den im Gros meist nach 1760 neuerbauten Häusern (Dändorf, Dierhagen, Wustrow), im Innern dieser Bauten die Schiffsbilder (vom frühen Typus der „Prospecte") und die Kapitänsporträts als augenfälligster Stubenschmuck, daneben die individuell zugewidmeten Kapitänspräsente (Bowlen, Pokale, Zierteller) sowie die großen Service aus der „Queensware" des modischen cremefarbenen englischen Steinguts, aber auch englische Möbel (Schreibsekretäre, Spiegelkommoden, Tee- und Spieltischchen, Polsterstühle), englische oder aus der Levante importierte Bekleidung („Longshawls") einschließlich der dazu gehörenden modischen Accessoires: englische Taschenuhren, Petschafte, Rockknöpfe aus Silbermünzen, ferner die aus England übernommenen Genußmittel (Punsch, Grog), importierte „Kolonialwaren" wie westindischer Zucker, spanischer Wein, schließlich – Privatsphäre außerhalb des häuslichen Bereiches! – die nach holländischem Muster mit Schiffsreliefs geschmückten Grabstelen der Schiffskapitäne. Sehr viele Gegenstände aus diesem Bündel von Mitbringsel-Novationen (Schiffsbilder, Präsentbowlen, Queensware-Service) wurden von den Angehörigen der dorfbürgerlichen Schicht als Zeichen exklusiver Abgrenzung gegenüber den anderen, „kleineren" Fahrensleuten (Fischern, Matrosen, Prahm- und Schutenschiffern) bewertet; sie signalisierten höheres Bildungsniveau und Teilhabe am Besitz bedeutsamerer Produktionsmittel.

Die Matrosen entwickelten offenbar einen anderen, eigenwilligen Stil für zeitgemäßen neuen Wohnungszierat, z. B. den Schmuck ihrer jetzt als „Schenk" (ursprünglich eine Benennung für kaufmannsbürgerliche Anrichten!) bezeichneten Stubenregale und ihrer Küchenherdglocken mit importierten britischen Reliefbildkrügen, anstelle der Steinzeug- oder Fayence-Deckelhumpen („Krooße") der älteren Hochzeitsgaben. Bei den Matrosen spielten wohl auch die damals sicher autonom entwickelten Neuerungen im Motivvorrat des volkskünstlerischen Schaffens (hauptsächlich bildliche Wiedergaben aus der Arbeitswelt: Segler aller Typen, Kompaßrosen, Anker, Flaggen) eine größere Rolle – so als Dekor auf traditionellen „Minnegaben" (Mangelbrettern, Webekämmen, Flachsschwingen, Wäscheklopfern) oder als Innenbemalung von Seekistendeckeln. Möglicherweise bedienten sich auch Mecklenburgs „Männer vor dem Mast" bereits damals der aus den britischen Häfen bekannt gewordenen Tätowierung als eines zeichenhaft-berufstypischen Körperschmucks. Die volkskundliche Forschung steht hier noch immer erheblichen Desideraten gegenüber.

Innenseite des Deckels der Seekiste eines Matrosen. Warnemünde

Kulminationszeit der maritimen Aktivitäten (1840–1870)

Auch in diesem Zeitabschnitt beruhte die konjunkturelle Entwicklung der Schiffahrt in Mecklenburg auf Faktoren, die von außerhalb der Region wirksam wurden: in erster Linie auf günstigen Konstellationen internationaler politischer und wirtschaftlicher Geschehnisse. Noch immer haben wir es mit einer Entwicklung ohne grundlegende Veränderungen der Produktionsverhältnisse und Produktivkräfte innerhalb des Territoriums zu tun. Der bereits seit den dreißiger Jahren wahrnehmbar gewordene allmähliche Aufschwung der Seewirtschaft setzte sich stetig fort. Die Aufhebung der britischen Navigationsakte (1849) eröffnete den Schiffern aller Länder endlich die Möglichkeit, Waren aus jedem europäischen und überseeischen Hafen ungehindert nach Großbritannien und in dessen riesiges Kolonialreich versegeln zu können. Durch den Wandel in England beeinflußt, kehrten sich nun auch die Niederlande und Belgien sowie Spanien von der prohibitiven Schiffahrtspolitik ab und gingen zum Freihandel über. Im Ostseeraum wurde mit der Aufhebung des dänischen Sundzolls das letzte Hindernis für eine freie Kauffahrteiseglation aus dem Weg geräumt. Der Entwicklungsprozeß kulminierte im weltweit wirksamen Schiffahrtsboom der Krimkriegsjahre (1853–1856) und nach Beendigung dieses Krieges in der Konjunktur der Küstenfahrt im Fernen Osten. Sie basierte auf der von den europäischen Großmächten und den USA interventionistisch erzwungenen „Öffnung" der chinesischen und japanischen Häfen (zuletzt 1858/60). Stimulierend auf die Schiffahrt der südlichen Ostseeküstengebiete wirkten außerdem die Goldfunde in Australien und der Aufbau der russischen Hafenstädte an der sibirischen Ostküste.

Ablesbar wurde das Maximum an maritimen Aktivitäten an den damals erreichten Höchstzahlen des Segelschiffsbestandes sowie an den Mannschaftsstärken. An der mecklenburgischen Seefahrt beteiligten sich nun sogar reedende Kaufleute, Schiffer und Matrosen aus zwei Binnenhäfen des Großherzogtums: aus Dömitz an der Elbe und aus Malchin an der Peene. Neben den alten Seefahrerdörfern der „ersten Generation“ wurden in dieser Periode auch ein paar Strandplätze einer „zweiten Generation“ in den Entwicklungsprozeß einbezogen – zum Beispiel Alt Gaarz/Rerik, Brunshaupten und Arendsee (Kühlungsborn) sowie Graal und Klockenhagen. Die Seefahrergemeinden unterschieden sich unter anderem von den benachbarten Bauerndörfern ganz markant dadurch, daß ihre schulentlassene männliche Jugend alljährlich fast ausnahmslos zur See ging. Nicht vom äußeren Erscheinungsbild her, wohl aber hinsichtlich seiner sozialökonomisch-kulturellen Bedeutung konnte es das eine oder andere dieser Seefahrerdörfer um 1860 recht gut mit einer kleinen Landstadt des mecklenburgischen Binnenraumes aufnehmen. Dafür war u. a. kennzeichnend, daß es in den bedeutenderen Seefahrergemeinden einen normalerweise dem städtischen Milieu vorbehaltenen Fachschulunterricht in Gestalt von Navigationsschulen gab. Man konnte sie in Dändorf, Dierhagen und in Wustrow finden (letztere seit 1846 als einzige staatlich betrieben).

Die seinerzeit übliche Navigationsperiode dauerte von März/April bis November oder Dezember – in den Relationen der europäischen Fahrt. Die Erscheinung des zur Sommerszeit so gut wie männerleeren Dorfes war damals ein immer wieder mit Erstaunen registriertes Hauptkennzeichen der ländlichen Seefahrtsplätze. Als eine Folge der ausgedehnteren Fernfahrten ist seither die allmähliche Herausbildung von Reviergruppierungen wahrzunehmen; sie umfaßten in lockerem Zusammenhalt Angehörige aller nautischen Ränge und Sozialschichten. Als erste artikulierten die mecklenburgischen Schwarzmeerfahrer der Krimkriegszeit ein derart exklusives Rollenverhalten. Sie beherrschten in Warnemünde, Rostock und Ribnitz ihre speziellen, „Zur Krim“ genannten Hafenkneipen,

Seemannsgasthaus „Zur Krim“ in der Rostocker Steinstraße. Um 1900

aus denen sie die nicht so weit herumgekommenen Berufskollegen hinauswarfen, wenn diese es gewagt hatten, dort vor Anker zu gehen. Es gab auch Klagen über die Mentalität der Fischländer: „Freilich tritt auch hier und da ein starker Zug verderblicher Selbstgerechtigkeit und eine gewisse Breitspurigkeit beim ehrenwerten Stand der Seeleute hervor; die Schiffer kehren gern den gebietenden Herrn Kapitän heraus, und die Matrosen sind vielfach der Meinung, daß ohne sie die Welt zugrunde gehen müsse.“[4]

In Mecklenburgs Reederei gab es in diesem Zeitraum schon Veränderungen, die das maritime Kleingewerbe erheblich benachteiligten. Bei noch anhaltendem Trend zur Betriebsausweitung waren innerhalb der Partengenossenschaften auf Dauer nur die Korrespondenzreeder in der Lage, das für Anlagevergrößerungen notwendige Barkapital zu beschaffen. Aus Buchhaltern, die eigentlich Treuhänder der Gesamtheit aller Partner sein sollten, wurden die Korrespondenten damals allmählich zu Verbündeten allein der Dividendenreeder und nicht selten zu spekulierenden Unternehmern.[5] „Die ersten Klagen über Unregelmäßigkeiten lassen sich in der Rostocker und Wismarer Presse von 1845 feststellen." 1860 gelangten dann in der mecklenburgischen Denkschrift Ernst August von Lafferts regelrechte Wirtschaftsskandale aus der Segelschiffahrt zur Kenntnis der Öffentlichkeit. Sowohl in den Hafenvierteln der Städte wie in den Seefahrerdörfern dürften auch vorher schon keine idyllisch-„patriarchalischen" Verhältnisse zwischen den Angehörigen der verschiedenen Sozialschichten der Fahrensleute geherrscht haben. 1845 sah man sich in Rostock genötigt mitzuteilen: „Daß der Korrespondent und der Schiffer ihr ansehnliches Part im Schiff haben, gibt ihnen kein Anrecht auf Herrschaft über das Schiff und auf Ausbeutung der Mitreeder." Das unsoziale Verhalten mancher Kapitäne beklagten auch die Heuerempfänger und die Seefahrerwitwen.

Weniger kraß waren die Gegensätze sicher im Kleinstbetrieb der Schutenfahrt sowie in der Fischerei, zumal dort, wo der für diesen Betrieb notwendige zweite Mann an Bord die Ehefrau war bzw. der Sohn, der Bruder oder der Schwager des Schiffseigners. Die Lebensbedingungen der Fahrensleute divergierten besonders augenfällig in Hinsicht auf die Versorgung im Alter: Die Mehrzahl der Schiffskapitäne vermochte wohl von Kapitalrenten zu leben – nach einer Seehavarie sicher mehr schlecht als recht. Es war aber schon üblich, daß Dorfschiffer nach ihrer Seefahrtszeit eine Wohnung in der nächsten Hafenstadt suchten, um dort nach Möglichkeit noch Dienst als Hafenmeister, als Revierlotse oder Fischereiaufseher zu tun. Bei den Matrosen gelang es manchem, von der Fernfahrt als Heuerempfänger zum selbständig betriebenen Kleinstgewerbe der Prahmfahrt, der Tourenfahrt mit Marktbooten oder zum Fischhandel überzuwechseln. Diese Gewerbe wurden dann meist unter großer Mühsal bis ins hohe Alter betrieben. Ebenso üblich war es, daß alt gewordene Fahrensleute schließlich die Strand- oder Boddenfischerei ausübten.

Auf kulturellem Gebiet lassen sich für die Jahrzehnte zwischen 1840 und 1870 im Milieu der Schifferbourgeoisie kaum noch gewichtige Novationen erkennen. Der viktorianische Stil ihrer „Gute Stuben"-Ensembles aus britischen Mahagonimöbeln und großen Servicen englischen Bilderware-Steinguts, aus Schiffsbildern – im jetzt zeitgenössischen romantischen Spätstil (Abb. S. 199) – und aus Kapitänsporträts erfuhr eine nur geringe Erweiterung durch Wandschmuck mit gemalten Hafenansichten von italienischen (Neapel, Palermo) und/oder fernöstlichen Plätzen (Hongkong, Kanton). Auf dem Gebiet der Bekleidung und der Accessoires der Schifferfrauen fällt die Anhäufung von Gold- und Silberschmuck auf; sehr beliebt waren dabei offenbar die aus dem Mittelmeer mitgebrachten „Maltakreuze" als Broschen und Anhänger.

Ganz anders verlief die Weiterentwicklung der Wohnweise im Matrosenhaus. Die Angehörigen dieser Schicht waren offensichtlich erst jetzt in der Lage, mit „money in pocket" die seinerzeit imponierenden Angebote der britischen Leichtindustrie für Einkäufe von Keramik, Glas, Textilien und Handwerkszeug voll zu nutzen. Seit den vierziger, fünfziger Jahren erkennt man die breite Entfaltung eines spezifischen Kulturstils der Matrosen. Die „Männer vor dem Mast" und deren Frauen gestalteten seinerzeit aus neuem Mobiliar (Kommoden und Vertikos werden nachweisbar), aus bestimmten Sorten englischer Keramik (z. B. Lüsterware der „Goldpötte" sowie Figurenkeramik und reliefierte Dekorkrüge des Typs „scenic pattern jug"), aus Einzelstücken von modischem englischem Silberglas, schließlich auch aus ganz neuartigem Wandbildschmuck in Gestalt maritimer Ereignis-Lithographien (von Berliner wie von New Yorker Verlagen) ein zeittypisches und gruppenspezifisches zentrales Stubenschmuckensemble eigenwilliger Prägung, in das außerdem auch die Neuerungen in Form, Technik und Motivik des Volkskunstschaffens einbezogen wurden: die „Halbmodell“-Dioramen ebenso wie die in „Buddeln“ eingerichteten Schiffs- und Hafenminiaturen. Da jedoch beide Sozialschichten (Schiffer wie Matrosen) ihre Prestigegüter demselben Provenienzfundus der Mitbringsel aus England entnahmen, entstand bei den zeitgenössischen Beschreibern der Eindruck jener einheitlichen Kulturspezifik, die um 1850/1860 die Hafenviertel und die Seefahrerdörfer optisch so wirkungsvoll von den benachbarten städtischen bzw. agrarischen Identitätsräumen abhob.[6]

Strukturwandel zwischen 1870 und erstem Weltkrieg

Die hier erst spät wirksam gewordene volle Entfaltung des Kapitalismus der freien Konkurrenz kennzeichnete seit den sechziger Jahren in zunehmendem Maße die Seewirtschaft Mecklenburgs. In dieser Periode waren es aber nicht die Konstellationen weltpolitischer Ereignisse, die gravierend auf die Situation an der Waterkant einwirkten, sondern der Fortschritt in der Entwicklung der Produktivkräfte und der Produktionsverhältnisse auf dem Territorium des Deutschen Reiches. Schon Ende der fünfziger Jahre hatte es im Rostocker Reedereiwesen als Novum die Gründung erster Aktiengesellschaften gegeben. Zugleich zeigten sich in der traditionellen Partenreederei weitere Verfallserscheinungen: Als „normal“ galten damals noch Anteile von 1/64. Später erreichte die Stückelung der Parten „Größen“ordnungen bis zu 1/500 der Baukosten. Die Kaufleute, die als Korrespondenten fungierten, rissen die Interessenvertretung solcher Miniaturreeder an sich und beherrschten damit die Abrechnungsversammlungen. Von echten Partnerschaftsverhältnissen konnte nun kaum noch die Rede sein. Der Rostocker Großhändler Brockelmann war zeitweilig Korrespondent von nicht weniger als 54 Fahrzeugen, die er dirigierte, als wären sie sein Eigentum.

Ein entscheidender schwerer Schlag gegen die kleingewerblich betriebene Seeschiffahrt an der südlichen Ostseeküste wurde jedoch nicht von der Handelsbourgeoisie der alten Hansestädte geführt, sondern von der Regierung des Reiches: Eine Reihe handelspolitischer Prohibitivmaßnahmen, insbesondere die Einführung der junkerfreundlichen Getreideschutzzölle im Jahre 1879, wirkte sich verhängnisvoll auf die Existenz der bereits strukturgeschwächten Partenreedereien aus. Fast schlagartig brach danach diese Form des Schiffahrtsbetriebes zusammen – in Mecklenburg ebenso wie in Schleswig-Holstein und in Pommern: Von 1879 bis 1888 kamen allein in Rostock 88 Seesegler unter den Hammer. Seit den neunziger Jahren gab es daher hierzulande als hauptsächliche Betriebsform der Seeschiffahrt nur die in Rostock und Wismar konzentrierten wenigen Kapitalreedereien, neben denen sich ein letzter Rest des maritimen Kleingewerbes kümmerlich am Leben hielt: die Einzelbesitzer von Frachtseglern der Küstenfahrt, von Schuten (meist in der Relation Rerik/Poel – Wismar) und von Sandbooten sowie von kleinen Passagierdampfern für den allmählich aufblühenden Seebäderbetrieb: Rostock – Heiligendamm bzw. Graal-Müritz, Ribnitz – Wustrow – Ahrenshoop, Wismar – Poel.

Zur selben Zeit etwa, da die Partenreederei ihrem Ende entgegenging, wuchsen im seewirtschaftlichen Umfeld strukturelle Veränderungen heran. Eine für diese Küste durchaus beachtenswerte partielle Industrialisierung erfaßte in Rostock (Neptunwerft) und in Wismar (Podeus'sche Eisengießerei) zunächst den Schiffbau und die Fertigung von Schiffszubehörteilen. 1886 erhielt Rostock endlich direkten Gleisanschluß zur Reichshauptstadt Berlin. Die Seefahrerdörfer wurden durch den Übergang von der traditionellen strand-

Wismarer Hafen zur Segelschiffszeit. Um 1880

nahen Fischerei zum Fischfang auf offener See berührt, außerdem durch die Entwicklung des Seebadebetriebes. Beide Erscheinungen nahmen in den achtziger, neunziger Jahren größeren Umfang an, beide erschlossen viele Nebenerwerbsquellen, die die Frauen, die Kinder und die Altenteiler aller maritimen Schichten eifrig wahrnahmen. Vornehmlich für die Matrosen- und Mitfischerfamilien, aber gar nicht selten auch für manchen alten Schiffskapitän, der in Seehavarie oder im Konkursverfahren gescheitert war, wurde eine auf diese Weise zustandegekommene Ausbalancierung des Familienetats geradezu lebenswichtig.

Charakteristisch für die Entwicklung der sozialen Situation in dieser Periode ist das rasche Fortschreiten des Differenzierungsprozesses der maritimen Sozialgruppen. Die Schiffskapitäne, deren Anzahl allerdings rapide abnahm, repräsentierten noch die alte Dorfbourgeoisie. Zunehmend einflußreicher wurde jedoch eine neue kleinbürgerliche Mittelschicht. Zu ihr gehörte die maritime Beamtenschaft der staatlichen Wasserstraßenverwaltung, der Fischereiaufsicht, des Zollgrenzdienstes und des Eisenbahnfährwesens: die Lotsen und Leuchtfeuerwärter, die Hafenkapitäne und Fischkieper sowie die Schiffsführer und Maschinisten der Staatsfahrzeuge. Das Hauptkontingent in dieser neuen Gruppierung stellten jedoch die im Dienst von Kapitalreedereien fahrenden Kapitäne, Steuerleute, Maschinisten, Zahlmeister und Funker. Neben den Beamten und Firmenangestellten muß schließlich auch die Schar der selbständigen Kleingewerbetreibenden dieser Mittelschicht zugerechnet werden. Sie setzte sich aus den letzten Schonerschiffern der Ostseefahrt, aus den Schiffseignern der Schuten, Prähme und Bäderdampfer sowie aus den Kutterfischern und Fischhändlern zusammen. Unter den seefahrenden Lohnempfängern fühlte eine besondere Gruppierung von Männern in „gehobenen“ Vertrauenspositionen der Handelsfahrt und der Seefischerei sich dieser neuen Mittelschicht weit stärker verbunden als dem Seemannsproletariat. Zu ihr gehörten die Schiffszimmerleute und die Bootsmänner mit langjähriger Berufserfahrung sowie die Netzmacher auf den Fischtrawlern. Die Abgrenzung zur Gruppe der häufig völlig besitzlosen Matrosen, Heizer, Trimmer und Schmierer sowie zu den im allgemeinen recht kümmerlich lebenden Mitfischern auf den Kuttern blieb oft fließend.

Für eine Betrachtung der Lebensbedingungen der Seefahrer aller Gruppen und Schichten ist die zeitgenössische Veränderung der Abläufe des Schiffahrtsbetriebes von Wichtigkeit: Das kapitalistische Reedereigeschäft kannte ebenso wie der Staatsdienst nur den kontinuierlichen Betrieb über das ganze Jahr hinweg. Seit den achtziger Jahren bedeutete das sogar den Verzicht auf die seit Urzeiten übliche Ruhepause während der Hafenvereisung. Rostock und Wismar schafften sich die ersten Eisbrecher an, um den Betrieb auch zwischen Dezember und März aufrechterhalten zu können. Ein anderes Novum dieser Periode wird in der jetzt allgemein üblichen Routenspezialisierung erkennbar. Im Extremfall fuhr ein Seemann seither ausschließlich in den nordeuropäischen Gewässern oder in Richtung Levante oder auf Postdampfern nach Fernost beziehungsweise in den Liniendiensten der Transatlantik-, La Plata- und „Rund Afrika“-Routen, und nicht zu vergessen: in der Salpeterfahrt „rund Kap Hoorn“. Demzufolge bildeten sich jetzt innerhalb der Berufsgruppe der Fahrensleute, quer durch alle Sozialschichten, besondere Fahrtbereichsgruppierungen. Am ausgeprägtesten war diese Gruppenbildung bei den „Kap Hoorniers“ sowie bei den Fernostfahrern. Als letztes Novum ist schließlich der Dienst bei der Kriegsmarine des Deutschen Reiches zu nennen, der in die Lebensbedingungen der Seeleute auf zunächst sehr ungewohnte Weise eingriff. Seine Ableistung war 1867 schon im Norddeutschen Bund gesetzliche Pflicht geworden.

Die Bedeutung mehrerer Seefahrerdörfer der ersten Generation (z. B. von Dändorf und Dierhagen) verminderte sich bereits in den siebziger Jahren ziemlich drastisch. In ihren Rang rückten einige der sich in dieser Periode rasch entfaltenden Plätze der zweiten Generation, die zu Standorten umfangreicherer Flotten mittelgroßer Fischereifahrzeuge wurden. In Mecklenburg sind Kirchdorf/Poel und Alt Gaarz (Rerik) dazu zu rechnen, in geringerem Ausmaß auch Brunshaupten (Kühlungsborn) und Graal-Müritz. In Warnemünde verstärkte der dort seit 1903 etablierte Eisenbahntrajektbetrieb nach Dänemark den örtlichen Aufwärtstrend und führte zu deutlich wahrnehmbaren Urbanisierungserscheinungen noch vor Weltkriegsbeginn. Die skizzierten Strukturveränderungen der Periode nach 1870 machten sich auch in der maritimen Kulturentwicklung bemerkbar, und zwar wiederum ganz markant im Bestand an zeichenhaften Objekten der Wohnkultur und der Bekleidung, aber auch in den volkskünstlerischen Leistungen der Fahrensleute und nicht zuletzt bei deren Aneignung beruflicher Kenntnisse. Beginnen wir damit: Die in Mecklenburg kurz nach 1900 einsetzende Motorisierung der Fischkutter und einiger kleiner Frachtsegler wurde nicht wie seinerzeit (um 1860) bei der Einführung des Dampfmaschinenbetriebes von einer Arbeitsteilung bei der Schiffsbesatzung (nämlich zwischen dem Deckspersonal und der „Maschinengang“ als neuer Spezialistengruppe) getragen, sondern basierte auf derselben Arbeitsgesellung wie in der Segelepoche. Die Betroffenen mußten sich allerdings – damals noch in außerschulischer Bildung – völlig neue Kenntnisse aneignen, die sowohl den Motorenbetrieb wie die Handhabung von Eisenbearbeitungs- und Meßwerkzeugen umfaßten, die bislang bei der seefahrenden Bevölkerung unbekannt waren: vom Schraubenschlüs-

„Buddelschipp", Warnemünde, erste Hälfte des 20. Jahrhunderts

sel und Gewindeschneider angefangen bis zur Schublehre und zum Ventilspion.

Bei der Wohnweise blieb im Milieu der Schiffer und der Reedereikapitäne – unter Anpassung an den in Norddeutschland allgemein üblichen modernen Möblierungsstandard des Mittelbürgertums – das gemalte Schiffsbild der am höchsten bewertete Gegenstand des Zimmerdekors, jetzt meist in der (seit etwa 1880) aktuellen Version des Dampferbildes. Augenfällige Veränderungen gab es bei der maritimen Prestigekeramik, und zwar in allen Sozialschichten der seefahrenden Bevölkerung. Bei den „Europafahrern" trat Trinkgeschirr im Stil von schwarzbraun glasiertem „Rockingham" an die Stelle der als altmodisch empfundenen Lüster- und Bilderware, und Mintons historistische Fabrikmajolika verdrängte die Reliefkrüge. Bei den „Fernostfahrern" dominierten Teeservice aus Porzellan und hohe Satsuma-Vasen aus hellglasiertem Steinzeug. Daneben präsentierten diese Fahrensleute – Matrosen wie Kapitäne – ihre mitgebrachten Lackarbeiten, z. B. perlmuttintarsierte Teetischchen, Schmuckschatullen, Fotoalben. Auch an dieser Küste gibt es jetzt neue Formen des Wandschmucks im Seefahrerhaus. Die modernen Techniken der Fotografie (mit Trockenplatten) und der Öldruck-Chromolithographie bringen oft sehr breite Hafenpanoramen, „Crewfotos" (Gruppenbilder der ganzen Besatzung) und kleine, rettungsringförmig gerahmte Schiffsfotos in die Stuben. Neu sind ferner die gerahmt aufgehängten Diplome (von Preisen auf Fischerei- oder Gewerbeausstellungen sowie für Seenotrettungstaten), ebenfalls aktuell die Souvenirs vom Marinedienst: mützenbandgeschmückte Reservistenstöcke und hohe, mit Bildern und Sprüchen verzierte Deckelhumpen aus rheinischem Steinzeug.

Im Volkskunstschaffen traten neben neuen Materialien (exotische Conchylien ebenso wie Drahttauwerk und Metallabfälle aus den „Stores" der Dampfer) auch neuartige Motivgruppen auf, so die häufige Verwendung der Reichsflagge von 1871 und der Flaggenzeichen der Marine, aber auch die Darstellung überseeischer Hafenkennungen. In der Seemannsbekleidung wurden einige charakteristische Teile der deutschen Marineuniform sehr rasch in den Alltag und Festtag des Zivillebens adaptiert; in Kieler Latzhose, in blauem Pullover und sogar mit dem Strohhut der Tropenuniform stieg man ins Boot, in blauem Tuchrock und mit blauer bzw. weißer Schirmmütze ging man zur Kirche, zum Frühschoppen oder „aufs Amt".

Schließlich hat jene Periode auch den Beginn der Erforschung der maritimen Kultur Mecklenburgs gebracht: 1885 publizierte Dolberg seine volkskundlich interessanten „Küstenwanderungen", Koppmann das Archivmaterial über die Klipphäfen zwischen Boltenhagen und dem Fischland. 1894 erschien Stiedas Studie über die Rostocker Schiffergesellschaft. 1903 legte Kaegbein der Universität Rostock eine Dissertation über die Geschichte der mecklenburgischen Segelschiffsreederei vor. Sköllins Aufsatz über die maritimen Berufstätigkeiten der mecklenburgischen Küstenbevölkerung erschien 1905. Der volkskundlichen Materialsammlung zu den Traditionen der Seeleute widmete sich Richard Wossidlo bereits vor dem ersten Weltkrieg. Zumindest mittelbar war auf sein Wirken die Gründung des ersten Heimatmuseums in einem Küstendorf des Großherzogtums – in Warnemünde (1914) – zurückzuführen. Vielleicht hat er auch Barnewitz zum Schreiben der Warnemünder Ortsmonographie (erschienen 1919) angeregt.[7]

Von Krieg zu Krieg (1914–1945)

In diesem Zeitraum gab es in den mecklenburgischen Schiffahrtsverhältnissen keine wesentlichen Veränderungen gegenüber der vorhergegangenen Periode. Die für die zwanziger und dreißiger Jahre festzustellende faktische Bedeutungslosigkeit der Seeschiffahrt Mecklenburgs wird – im Vergleich zu den westlich und östlich angrenzenden Nachbarlandschaften – durch die Statistik erhellt. Zu Beginn des Jahres 1939 zählte man in den vier Seehäfen Wismar, Kirchdorf, Rostock und Ribnitz 45 Schiffe (soweit über 50 BRT Größe) mit 51277 BRT. In den 37 pommerschen Seehäfen – 14 Hafenstädten, 23 Seedörfern – waren zur selben Zeit 209 Seeschiffe mit 125358 BRT registriert. Von den mecklenburgischen Reedereien besaßen lediglich die Rostocker Firmen Ahrens, Cords, Schröder und die „Orion"-Schiffahrtsgesellschaft überlokale Bedeutung, jedoch erreichte keine davon beim Flottenbestand etwa die Größenordnungen der Stettiner Reedereien Braeunlich, Gribel, Ippen, Kunstmann und Nimtz. Regionale Unterschiede traten besonders kraß in der kleingewerblich betriebenen Seeschiffahrt zutage. 1939 waren in Mecklenburg 9 Einzeleigner von Seeschiffen erfaßt, in Pommern dagegen 75. Ebenfalls sehr groß war die Differenz beim Bestand an Staatsfahrzeugen, von denen es 1933 in Pommern 115 gab, in Mecklenburg dagegen nur sechs, darin eingeschlossen die beiden Warnemünder Eisenbahnfähren.

Größere Bedeutung als die Seefahrt gewann für einige Küstenplätze Mecklenburgs seit Mitte der zwanziger Jahre die ganzjährig-hauptberuflich betriebene Seefischerei mit Motorkuttern auf Hering, Dorsch und Plattfisch, besonders seit die Kutterfischerei ab 1935 durch sogenannte Reichsdarlehen, aber auch durch die Gründung von Verwertungsgenossenschaften, durch den Bau von Fischhallen und die Einrichtung von Räuchereien gefördert wurde. Das war vornehmlich in Warnemünde, Brunshaupten-Arendsee, Alt Gaarz und Dassow der Fall. Durch moderne Bebauung in städtischem Stil (teils durch klinkerverblendete Mehrgeschoßbauten, teils in Form von Einfamilien-Reihensiedlungen) nahmen einige dieser Fischerdörfer damals rasch einen kleinstädtischen Charakter an, was 1938 von Seiten des Staates durch Verleihung der Stadtrechte, teilweise unter gleichzeitiger Umbenennung (in Kühlungsborn bzw. Rerik) administrativ bekräftigt wurde. In der Nachbarschaft von mehreren dieser Orte (Pötenitz bei Dassow, Tarnewitz-Boltenhagen, Rerik, Kühlungsborn und Neuhaus) wurden zur selben Zeit größere Militärobjekte samt Wohnsiedlungen angelegt, die Struktur von Warnemünde durch den Bau eines Großbetriebes der Heinkel-Flugzeugwerke sowie durch Erweiterung der Marineanlagen in Hohe Düne und Markgrafenheide erheblich verändert.

In diesen dergestalt verwandelten Küstenplätzen wurde nach 1935 auch das kulturelle Leben von der zentral dirigierten Ideologisierung durch faschistisches Gedankengut sowie von der Militarisierung Deutschlands geprägt, die immer größere Teile der seefahrenden Bevölkerung erfaßte – z. B. durch Marineveranstaltungen am „Tag der Wehrmacht“ im März, oder am 24. Mai, den die NSDAP zum „Tag des deutschen Seemanns“ proklamiert hatte, und selbst bei sommerlichen „Fischerfesten“, die nach Richtlinien der Propagandaleitung des „Reichsnährstandes“ (dem die Seefischerei organisatorisch zugeordnet war) heimattümelnd-folklorisierend gestaltet wurden, indem man „Fischertrachten“-tänze, Heimatdichterlesungen, Gastspiele der Plattdeutschen Bühnen und Hafenkonzerte des Reichssenders Hamburg in den Festablauf ebenso einbaute wie Kutterregatten, Schulschiffsbesuche, Schaufliegen und abendliches Feuerwerk.

Erfreulicheres kann lediglich aus dem Bereich der wissenschaftlichen Forschung berichtet werden. Von Wossidlo angeregt, wurden schon in den zwanziger Jahren erste Arbeitsergebnisse auf Teilgebieten der maritimen Volkskunde vorgelegt: 1928 von Pries über das Seefahrerhaus, 1931 von Gosselck über das Seemannslied. Mecklenburgisches Material verarbeiteten auch Spamer in seiner Abhandlung über das Tätowieren (1933) und Szymanski (Deutsche Segelschiffe, 1934). 1940 konnte der Rostocker Hinstorff Verlag dank der Mitarbeit von Paul Beckmann schließlich mit der Edition von Wossidlos (verstorben 1939) Aufzeichnungen zum „Seemannsleben auf alten Segelschiffen“ beginnen. Die 1943 abgeschlossene zweibändige Ausgabe wurde ein klassisches Standardwerk der maritimen Volkskundeforschung. Ebenfalls bei Hinstorff erschien 1941 auch „der Rahden“: das Verzeichnis der Rostocker Handelsschiffe in den Jahren von 1800 bis 1917.[8]

In der Zeit des zweiten Weltkrieges fielen der kleingewordene Restbestand an mecklenburgischen Fracht- und Passagierschiffen sowie eine beträchtliche Anzahl von Fischkuttern durch Kriegseinwirkungen verschiedenster Art der Vernichtung anheim. Als sowjetische bzw. britische Truppeneinheiten in den ersten Maitagen 1945 die Hafenstädte Rostock und Wismar erreichten, waren dort nach dem Chaos am Ende des Hitlerkrieges nur vier größere Seefahrzeuge übriggeblieben: der Frachtdampfer „Johann Ahrens“, die Fahrgastschiffe „Undine“ und „Insel Poel“ sowie der Dreimastschoner „Brigitte Raabe“, dazu ein paar Bugsierschlepper der Rostocker Reederei Ludewig.

Wichtige Daten der seewirtschaftlichen Entwicklung zum Sozialismus (1945–1960)

Als Überleitung zum nächstfolgenden Abschnitt soll hier eine sehr knapp gehaltene Chronologie der Fakten vorangestellt werden.[9] Das Küstengebiet Mecklenburg-Vorpommerns zwischen Altwarp bei Ueckermünde und Boltenhagen bzw. Dassow wurde in den Tagen vom 25. April bis zum Ende der ersten Maiwoche 1945 befreit, mit Saßnitz als letztem Hafen am 6. Mai. Und so sah die Schadensbilanz aus, auf kürzesten Nenner gebracht: Unzerstört bzw. lediglich geringfügig beschädigt waren die Häfen Ueckermünde, Wolgast, Greifswald, Barth, Warnemünde und Wismar. Schwere Zerstörungen wiesen Saßnitz, Stralsund und Rostock auf. Alle Seewasserstraßen waren durch Hunderte von Wracks und mehrere gesprengte Brücken sowie durch Streuwurf-Verminung erheblich beeinträchtigt, auf Teilstücken sogar total blockiert. Dennoch erfolgte in allen Häfen – mit deutschen Hafenmeistern unter dem Befehl sowjetischer Transportoffiziere – sofort wieder die Aufnahme des Betriebes zur Sicherung des Nachschubs der

Rotbannerflotte, später zur Abwicklung von Reparationsleistungen. Unter Leitung der Abteilung Verkehr in der Landesverwaltung Mecklenburg-Vorpommern sowie der (im Juli 1945 gegründeten) Generaldirektion Schiffahrt wurden bis zum Spätherbst 1946 – oft in härtester manueller Arbeit – alle Häfen wieder betriebsfähig und alle Wasserstraßen befahrbar gemacht.

Vom Juni 1945 an standen die beiden ersten Jahre des Wiederaufbaues im Zeichen hervorragender privatwirtschaftlicher Initiativen beim Ingangsetzen von Passagier- und Frachtgüterfahrt in den Nahverkehrsbereichen, auch auf der Peene (bis Malchin) und Oberwarnow (bis Bützow). Dabei ist besonders auf die Leistungen der Fahrensleute bei der Genossenschaftsreederei Hiddensee, bei der Saßnitzer Dampfschiffsgesellschaft, bei der Fährgesellschaft Altefähr, bei den Reedereien Steinhagen, Krusemark und Alwert sowie auf den Einsatz von etwa 50 privaten Küstenschiffseignern zu verweisen. Dank ihrer Aktivitäten konnte z. B. im Frühjahr 1947 ein regelmäßiger Interzonen-Frachtschiffsliniendienst zwischen Ueckermünde und Lübeck (mit Fahrzeugen der Saßnitzer Dampfschiffsgesellschaft) aufgenommen werden.

Im Oktober 1947 wurde die Reparatur der gesprengten Rügendammbrücken abgeschlossen: Die Insel war wieder ins Eisenbahnnetz integriert, so daß im März 1948 auch der Trajektverkehr zwischen Saßnitz und Trelleborg erneut eröffnet werden konnte. Das Jahr 1948 brachte die Gründung der beiden neuen, volkseigenen Werftbetriebe, der Stralsunder „Volkswerft" und der „Warnowwerft" in Warnemünde. 1949 kam es im Februar zur Gründung des volkseigenen Fischkombinates in Saßnitz, im Mai zur Wiederaufnahme des Unterrichts an der Seefahrtsschule in Wustrow und schließlich im Oktober zur Gründung des „Deutschen Schiffahrts- und Umschlagbetriebes" (Stralsund) als erster volkseigener Reederei. Diese konnte im Oktober 1950 ihr erstes Seeschiff in Dienst stellen: den in Wismar als Wrack geborgenen und dann reparierten Dampfer „Vorwärts" (ex „Johann Ahrens", Baujahr 1903). Im Juli 1952 erfolgte die Gründung der „Deutschen Seereederei" zu Rostock, die im Oktober 1954 ihren ersten in der DDR neu erbauten Seefrachter „Rostock" (3000 BRT) in Dienst stellte. Im Sommer 1957 wurde dann das MS „Frieden" als erster 10000-t-Frachter-Neubau übernommen. 1958 konnte der regelmäßige Fernliniendienst zwischen Rostock und den Häfen am östlichen Mittelmeer eröffnet werden, wenig später auch die Linienfahrt nach Fernost. Als letzte Daten seien hier schließlich die Inbetriebnahme des (seit Oktober 1957) neu erbauten Rostocker Überseehafens im April 1960 sowie die gleichzeitige Indienststellung des ersten Transport- und Verarbeitungsschiffes „Martin Andersen Nexö" der volkseigenen Rostocker Hochseefischereiflotte vermerkt.

Indienststellungsfeier an Bord des Dampfers „Wismar". Rostock 1954

Maritime Kultur der Zeit von 1945 bis 1960

Die maritime Kultur Mecklenburg-Vorpommerns war nach 1945 zunächst noch von den regionalen Traditionen geprägt und von den allgemeinen Zeitumständen dieser schweren Nachkriegsjahre bestimmt.[10] Vorerst hatten sich im Küstengebiet der damaligen Sowjetischen Besatzungszone weder die Produktionsverhältnisse noch die Produktivkräfte der Fischerei und Schiffahrt grundlegend verändert. Demzufolge blieben die konstitutiven Kulturelemente und die wesentlichen kulturellen Verhaltensmuster im großen und ganzen die gleichen bzw. waren weitgehend denen ähnlich, die Wossidlo und andere Volkskundler zu Beginn des 20. Jahrhunderts festgestellt hatten.

Die Schiffsbesatzungen der nach Kriegsende im Lande Mecklenburg-Vorpommern verbliebenen kleinen Fahrzeuge rekrutierten sich aus der hier ansässigen Küstenbevölkerung der Hafenstädte von Ueckermünde bis Wismar sowie der Seefahrer- und Fischerdörfer, hauptsächlich auf den Inseln Usedom, Rügen, Hiddensee und Poel, den Halbinseln Darß-Zingst sowie auf dem Fischland. Das Plattdeutsche war die ausschließliche und selbstverständliche Sprache des Bordbetriebs, zumal auch die hierher umgesiedelten Seefischer aus dem ehemaligen Ostpreußen und aus Hinterpommern dem niederdeutschen Sprachgebiet entstammten. An Bord gab es hinsichtlich der brauchtümlichen Arbeitsgesellung sowohl Genossenschaftsstrukturen gleichgestellter Partner (bei der Küstenfischerei) als auch Kommandostrukturen auf den wenigen größeren Schiffseinheiten der Fahrgast-Nahverkehrslinien, der Frachtfahrt auf Haff und Bodden sowie der technischen Flotte der Tonnenleger, Lotsenversetz- und Fischereiaufsichtsboote, der Hebeschiffe, Bagger, Spüler und Bereisungsfahrzeuge. Fischerei und Seefahrt des Landes boten sich als fast ausschließliche Männerwelt dar: Frauen arbeiteten an Bord lediglich in der Haff- und Bodden-Frachtschiffahrt (als Decksleute) sowie in der Nahverkehrs-Fahrgastflotte (im Ökonomiebereich).[11] Wie vor dem Krieg gab es in den maritimen Berufen keinerlei gesetzlich geregelte Lehrausbildung.

Von Belang für die Bewahrung bestimmter kultureller Traditionen war es, daß die Besatzungsmacht die alte maritime Behördenstruktur – samt deren überlieferten Bezeichnungen – weitgehend unverändert ließ. Es gab also an der Küste Mecklenburg-Vorpommerns nach wie vor die Wasserstraßen- und Hafenämter, die Lotsen- und Leuchtfeuerstationen; es gab den Oberfischmeister (volkstümlich „Oberkieper“ genannt) mit seinen Fischereiaufsichtsstellen, es gab Hafenkapitäne und Hafenärzte. Auch die Seefahrtsschule in Wustrow auf dem Fischland existierte formell weiter, wenn auch einige Zeit ohne eigentlichen Schulbetrieb.

Einen Eingriff hatte es lediglich im Bereich des volkskundlich relevanten Zeichenbrauchtums der Flaggenführung gegeben: Auf Befehl der Siegermächte mußte ab Juli 1945 der Doppelstander „Caesar“ geführt werden, mit dem jedoch die Ausübung der überlieferten Flaggenzeremonielle (z. B. Dippen, Halbstocksetzen) verboten war. „Caesar“ stand für „Control Council“. Da es keine deutsche Zentralregierung gab, konnten seinerzeit auch keine Seefahrtsbücher ausgefertigt werden. Auf Befehl des Alliierten Kontrollrates galten die Arbeitsbücher bzw. die Fischereischeine der Landesbehörden (bis 1950) als seemännische Personaldokumente.

Auf Anordnung der Sowjetischen Militäradministration kam es 1946 in der Küstenfischerei zu einer Umstrukturierung des Genossenschaftswesens. Aus den wenigen, hier seit dem ersten Weltkrieg bestehenden Fischverwertungsgenossenschaften wurde eine Vielzahl von Fischwirtschaftsgenossenschaften gebildet, die im Laufe der Zeit über wesentlich größere Grundmittelfonds (Boote, Werften, Fischhallen, Verarbei-

Die Kutter WA – 37 und WA – 35 passieren die Westmole.
Bastelarbeit des Fischers Rudolf Harresen, Warnemünde, um 1950

tungsbetriebe, Transportmittelparks und Einzelhandelsläden) verfügten.

Auf der „Landseite" der maritimen Kultur und Lebensweise blieb die augenfällige Besonderheit von Ortsbild und Siedlungsstruktur ein charakteristisches Kennzeichen der Seefahrer- und Fischerdörfer, die sich noch recht deutlich vom agrarisch strukturierten Umland abhoben. In jenen Orten wurde das Wohnmilieu der Fischer und der Fahrensleute sehr stark von berufsspezifischen Attributen geprägt: von Elementen des traditionellen Wohnungsschmucks in Form von Souvenirs der „Großen Fahrt" ebenso wie von Spezifika der maritimen Volkskunst – bei der alteingesessenen Bevölkerung verständlicherweise in stärkerem Maße als bei den Umsiedlern aus den ehemaligen Ostprovinzen.

Die Bekleidung der Fischer und der wenigen Fahrensleute auf den Frachtern, Fahrgastschiffen und Einheiten der Technischen Flotte entsprach dem zeitgemäßen allgemeinen Standard jener Jahre: man trug im Bordalltag wie an Feiertagen, was den Krieg überdauert hatte. Bei Neuanschaffungen, und dabei ganz besonders „för't Gaude" in der Öffentlichkeit, orientierten sich die Seefahrer und Fischer weiterhin an bestimmten traditionellen Bekleidungselementen mit zeichenhaftem Charakter: Man ging weite und häufig auch krumme Wege, um zu blauen Schirmmützen des Hamburger Typs zu gelangen sowie zu blauen „Zweireiher"-Röcken samt den dazugehörigen Knöpfen mit Ankerprägung.

Hinsichtlich ihrer Ernährungssituation, die generell günstiger war als bei großen Teilen der übrigen Bevölkerung des Küstenlandes, betrachteten es alle Angehörigen der seefahrenden Bevölkerung – im alten gesetzlichen Sinne – als bedeutsam, daß sowohl die Besatzungsmacht als auch die mecklenburgisch-vorpommerschen Landesbehörden das alte Privileg der Schiffsversorgung mit zollfrei-kostengünstigem „Transit"-Proviant unangetastet fortbestehen ließen (in der Küstenfischerei während der ersten Nachkriegsjahre zunächst nur bei Fangsoll-Erfüllung in Form von Alkohol, Zucker und Tabakwaren, allerdings ohne die sonst dafür erforderlichen Bezugsmarken), genau wie es für den Betrieb der Fischerei und Schiffahrt auch nach 1945 den Bezug von zollfreiem Motorenkraftstoff gab.

Einen durch Zeitläufe und Lebensumstände bedingten Rückgang erlebte das berufstypisch-traditionelle Freizeitschaffen in den volkskünstlerischen Bereichen der Bastelarbeiten, z. B. beim Fertigen von Flaschenschiffsminiaturen, Halbmodell-Dioramen und Tauwerkarbeiten. Kaum eine Beeinträchtigung erfuhr das herkömmliche saisonale Festbrauchtum, zumindest in den ländlichen Schwerpunkten des maritimen Kulturlebens. Unter zeitgemäßen Umständen und Bedingungen feierten die Reusenkompagnien der Strandfischer ihre Fischerbälle, und in den Schifferdörfern am Oderhaff veranstaltete man in der Fastnachtszeit die traditionellen Schifferfeste. Bei den saisonunabhängigen Arbeitsfesten gab es Kontinuität in der Tradition der zeremoniellen Stapellauffeiern. In Stralsund bestand die 1489 gegründete Schifferkompagnie – als Vereinigung der „Kapitäne auf Großer Fahrt" – unbehindert fort.

Einen tiefen Einschnitt in traditionelle Lebensgewohnheiten der Küstenbewohner Mecklenburg-Vorpommerns bedeutete ein Befehl der sowjetischen Militäradministration, der die Seehäfen zu Sperrgebieten erklärte. Damit endete der durch Jahrhunderte praktizierte freie Zutritt der Städter zu ihren Hafenbollwerken. Zugänglich blieben kleine Abschnitte der Kais zur Abwicklung des Fahrgastschiffahrtsbetriebes.

Außerhalb des Betriebsgeländes pulsierte in den angrenzenden Straßen und Gassen der Hafenviertel bis Mitte der fünfziger Jahre ein lebhaftes Treiben alten Stils. Es gab dort noch Hafenbäcker, die imstande waren, Schiffszwieback auf herkömmliche Art zu backen. Es gab Chronometer- und Uhrmacher, die nach 1945 darangingen, Einspritzdüsen für Dieselmotoren zu bohren, als dieses lebenswichtige Zubehör im freien Handel nicht mehr verfügbar war. Das hafenspezifische Handwerk (Bootsbauer, Segelmacher, Ankerschmiede, Bootsmotorenschlosser, Schiffspropellergießereien) erwies sich als meisterlich im Improvisieren und Organisieren und trug auf seine Weise in hohem Maße dazu bei, daß Fischerei und Schiffahrt des Landes nach 1945 wieder in Gang kamen und blieben.

Viele Episoden aus diesem Geschehen des seewirtschaftlichen Wiederaufbaus erschienen bereits der nach 1960 wirkenden jungen Generation so phantastisch, daß sie – ständig weitergegeben – heute zum Repertoire von regionalen See- und Hafengeschichten geworden sind, in denen sich historische Wahrheit und sagenhaftes Ausschmücken verweben, wie – um nur zwei Beispiele aufzugreifen – in der Story vom Schmiedemeister im rügischen Mönchgut, der aus selbstgefertigten Gußteilen und Schmiedestücken sowie mit „organisiertem" Zubehör aus Lagerbeständen einer Luftwaffen-Seefliegerschule ab 1946 kleine Benzin-Bootsmotoren baute, denen er nach dem Vornamen seiner Tochter die Typbezeichnung „Alice" gab. Dann war da der weißhaarige, weltbefahrene Kapitän, der als Reedereiinspektor der „Saßnitzer Dampfschiffs-Gesellschaft" per Fahrrad alle Häfen, Buchten und Strände des Landes nach reparaturfähigen Wracks absuchte und dabei auch die Güterschuppen der Bahnhöfe sowie die Garagen der ehemaligen Großgüter – im Hinblick auf Reste von Motoren – nicht außer acht ließ. Auf diese Weise gelang es ihm, die Logger „Krimhild" und „Reiher" sowie die Frachtdampfer „Kolberg" und „Mars" wieder seefähig zu machen. Eine seiner Sternstunden war, als er zwei gestrandete Betonschalenschiffe entdeckte – herrenlos, aber ausbaufähig, und in deren Nachbarschaft zwei dazu passende Fiat-Panzermotoren.

Neben den Werkstätten, neben den letzten Shipchandler-Läden alter Art und den wenigen hier verbliebenen Hafenspediteuren und Schiffsmaklern zählten in Wismar, Rostock (nebst Warnemünde), Stralsund, Greifswald und Wolgast noch einige „echte" Seemannskneipen mit bekannten Namen (Goldener Anker, Fähre, Stadt Amsterdam, Stadt Kalmar, Silo, Deutsche Flotte) und mit hinweisenden alten Aushangzeichen zu den charakteristischen Kulturkontaktplätzen der mecklenburg-vorpommerschen Hafenviertel jener Jahre.[12] Einige davon waren den Fahrensleuten und Fischern als Arbeitsstätten der letzten nebenberuflich tätigen Tätowierer bekannt.[13] Andere, mit dem Tingeltangelcharakter des kapitalistischen Amüsierbetriebs, wurden durch deftige Ökelnamen („Gono-Kogge“) als Milieu der illegal betriebenen Gelegenheitsprostitution gekennzeichnet. Die drückende Notsituation der ersten Nachkriegsjahre begünstigte jene Rudimentärerscheinungen und gestaltete auch die erfolgreiche Bekämpfung der typischen Hafenkriminalität (Warenschmuggel, Paßfälschung, Hehlerei, Verbreitung von Geschlechtskrankheiten) anfangs recht schwierig.

Die Jahre um 1950 brachten dann die entscheidende qualitative Veränderung der Produktionsverhältnisse in der Seewirtschaft der DDR. Bereits 1949 war in Saßnitz der VEB Fischfang als Reederei für Hochseefischkutter und Logger gegründet worden. 1952, im selben Jahr wie die „Deutsche Seereederei“ zu Rostock, entstanden volkseigene Reedereibetriebe für die Fahrgastschiffahrt an der Küste sowie für die Technische Flotte, und die Deutsche Reichsbahn setzte wieder eigene Eisenbahntrajekte im Seefährdienst ein. 1954 kam es mit der Gründung der ersten Produktionsgenossenschaften für die Küstenfischerei auch zur qualitativen Veränderung im genossenschaftlichen Sektor. Die sozialökonomische Bedeutung der privat betriebenen Fischerei und Frachtschiffahrt ging infolgedessen stetig zurück.

Die maritime Kultur und Lebensweise in den beiden Küstenbezirken Rostock und Neubrandenburg veränderte sich danach jedoch durchaus nicht zeitgleich und auch nicht in raschem Entwicklungstempo. Ihr langsames Voranschreiten muß im Zusammenhang mit der nur schrittweisen Entwicklung im Basisbereich der Schiffs- und Fischereitechnik gesehen werden. Die Produktionsmittel der eben etablierten volkseigenen Seewirtschaft, selbst deren erste Schiffsneubauten, enthielten noch einen erheblichen Anteil herkömmlicher Technik des Vorkriegsstandards: die ersten Neubau-Fischkutter der 17 m- und der 24 m-Klassen

Heizer am Räumerrost.
Dampfer „Rostock“, 1954

waren noch durchweg mit Hilfssegeln ausgerüstete Holzfahrzeuge. Sie und auch die größeren, in der Nordsee operierenden Fischereilogger arbeiteten ausschließlich mit Baumwollnetzen und Naturfaser-Tauwerk. Funkgeräte, Echoschreiber oder gar Elektronik wie Radargeräte oder Decca-Empfänger fehlten anfangs völlig und kamen im Laufe der folgenden Jahre zunächst nur sporadisch zum Einsatz.

Es hat etwa ein Jahrzehnt – und teilweise auch noch länger – gedauert, bevor sich an unserer Küste im technischen Fortschritt entscheidende Neuerungen durchsetzten: große Stückzahlen von schnellfahrenden, weltweit operierenden Frachtmotorschiffen, leistungsfähige Fischfang- und Verarbeitungsschiffe ebenso wie serienmäßig produzierte Kleinfahrzeuge aus neuen Baustoffen (wie Eisen, Stahl oder glasfiberverstärkten Plasten); es dauerte weit über den Beginn der sechziger Jahre hinaus, bis sich die Trends der modernen Technikentwicklung zur Ausrüstung mit Schiffselektronik sowie zum automatisierten Betrieb deutlich erkennbar abzeichneten. Dementsprechend waren die Jahre zwischen 1950 und 1960 für die Entwicklung der maritimen Kultur Mecklenburgs eine Periode des schrittweisen Übergangs von traditionellen zu neuartigen Formen und veränderten Verhaltensweisen in allen Bereichen.

Bereits 1949 hatte der volkseigene Fischfang und bald danach auch die „DSU“ (Deutsche Schiffahrts- und Umschlagbetriebszentrale) mit Werbungen für die Arbeit auf ihren Fahrzeugen begonnen. Seither setzen sich die Offiziere und Mannschaften dieser Reedereien aus Angehörigen aller Regionen der Republik zusammen, während die Besatzungen der Küstenfischerei, der Technischen Flotte und auch der Fahrgastschiffahrt weitgehend aus der alteingesessenen Küstenbevölkerung kamen. Im Unterschied zu den Verhältnissen an der Nordseeküste gab es in der Handelsschiffahrt und Hochseefischerei der DDR keine „mixed crews“ mehr, worunter Schiffsbesatzungen von Angehörigen unterschiedlicher Nationalitäten zu verstehen sind.

Aus der nach der Herkunft neu strukturierten Zusammensetzung der Besatzungen erwuchs eine entsprechend veränderte Sprachsituation: Während auf den kleinen Fahrzeugen nach wie vor das Niederdeutsche überwog und überwiegt, dominierte im Bordbetrieb der Frachtfahrt und Hochseefischerei zunehmend das Hochdeutsche. Unverändert besteht in der nun hochdeutschen Bordsprache jedoch die Besonderheit des ausgeprägten berufsspezifischen Wortschatzes, der allerdings sowohl alte als auch neue Elemente zum Inhalt hat. So sind traditionelle niederdeutsche Begriffe teilweise wörtlich in das Hochdeutsche übertragen (z. B. ausscheiden, Kleidkeule, labsalben), aber teilweise auch unverändert integriert worden (z. B. Hahnepot, Pinsch, Steert oder die „Gode Wach'“- und „Gode Ruh'“-Wünsche zum Wachwechsel). Hinzu kommt die nicht unerhebliche Anwendung englischer Ausdrücke in der hochdeutschen Bordsprache (z. B. stand by, blackout, smoketime). Außerdem bestehen manche Begriffe einer vergangenen Seefahrtsepoche unverändert, aber in übertragenem Sinn fort (z. B. Backskiste, Dampfer, Segelliste, Ölzeug, versegeln). Auch zahlreiche Novationen sind für die heutige Sprache der Fahrensleute charakteristisch. Sie insbesondere reflektieren das Bordleben und damit sowohl technische und soziokulturelle Veränderungen als auch seemännische Betrachtungsweisen, die nicht selten in drastischer, spöttischer oder humorvoller Form zum Ausdruck kommen. Einige Beispiele mögen das verdeutlichen: „Thomas Rock“ (MS „Thomas Müntzer“ seit einer felsigen Grundberührung), „Rostschuten“ (Rostocker Hochsee-Fischereifahrzeuge aufgrund der ROS-Kennung und ihres Äußeren), „Höhle“ (Haus der Hochseefischer in Rostock), „Silo“ (Verwaltungsgebäude der DSR), „Heuerbüro“ (Rostocker Gaststätte „National“ in der Nähe des ehemaligen DSR-Verwaltungsgebäudes; weil hier stets Seeleute anzutreffen waren, wurden im Fall dringender Schiffsbesetzungen auch fehlende Musterungen im Gaststättenraum ausgerufen), „Flüstertüte“ (Megaphon), „neben den Dampfer stellen“ (außenbords werfen), „Schweinemesse“, „Monkeymesse“, „Schwarzmesse“ (Raum, der zum Essen in Arbeitssachen zugelassen ist), „Zeche Elend“ (Maschinenraum).

Neben der sprachlichen Kommunikation spielt an Bord die nichtverbale Verständigung durch Gestik eine nicht unwesentliche Rolle. Sie wird allerdings nicht durch Lehrbücher, sondern situationsbedingt in der Arbeitswelt „vor Ort“ vermittelt. Lärmüberbrückende Handzeichen im Maschinenraum drücken beispielsweise aus, daß eine Pumpe abzustellen, ein Kompressor in Betrieb zu nehmen ist oder Wasser an Deck benötigt wird. An Deck hingegen überbrücken Handzeichen (zumeist in Verbindung mit verbalen Äußerungen) Entfernungen oder fremdsprachliche Barrieren, wie zum Beispiel bei An- und Ablegemanövern, oder sie unterstreichen Kommandos wie „Hieven“, „Fieren“, „Fest“, „Schneller“, „Langsam“, „Stop“, um nur einige davon zu nennen.

Eine der wesentlichsten kulturellen Neuerungen in der Seefischerei und Handelsschiffahrt der fünfziger Jahre war die staatliche Anerkennung der Mannschafts-

Lehrlinge in der Mannschaftsmesse des Dampfers „Rostock“, 1954

tätigkeiten als Lehrberufe. Um 1954 wurden vier Lehrlingslogger und 1958 die Lehr- und Frachtschiffe „Heinrich Heine“ und „Theodor Körner“ in Dienst gestellt; landseitig wurden Berufsschulen und Lehrlingswohnheime eingerichtet. Die Ausbildung der Schiffsoffiziere oblag damals noch den speziellen Fachschulen in Wustrow und Warnemünde.

Das Leben an Bord der volkseigenen Schiffe wurde durch eine Reihe neugeschaffener Ordnungen umfassend geregelt, insbesondere durch die Seemannsordnung von 1953 und ergänzende innerbetriebliche Dienstordnungen. Letztere sind nicht nur auf den allgemeinen Dienstablauf oder die einzelnen Aufgabenbereiche und Befugnisse beschränkt, sondern vermitteln der Schiffsführung darüber hinaus vielerlei Hinweise, zum Beispiel für korrekte Verhaltensweisen auf Empfängen (richtiges Eindecken von Festtafeln, dem Teilnehmerkreis entsprechende Sitzordnungen, Handhabung des Eßbestecks, Zusammenstellung, Reihenfolge und Verzehr von Speisen ...) oder auch bei Todesfällen an Bord. Den beruflichen Einsatz von Frauen in der Hochseefischerei und der Handelsschiffahrt gab es – von einer Ausnahme abgesehen – bis 1960 noch nicht; auch die später teilweise erkennbare Tendenz, den Seemannsberuf als „Job auf Zeit“ zu betrachten, zeichnete sich während dieser Jahre noch nicht ab.

Für die Unterbringung der Schiffsmannschaften waren inzwischen 2-Mann-Kammern typisch, die sich entweder mittschiffs oder achtern unter dem Poopdeck oder im Deckshaus befanden. Ein gemeinsames „Volkslogis“ wie in der Segelschiff-Ära gab es längst nicht mehr, und damit waren auch die traditionellen Bezeichnungen der „Jungens vor dem Mast“ bzw. der „Achtergäste“ hinfällig geworden.

Mit der ersten Uniformordnung von 1956 wurde das Tragen von blauem Tuch und Khaki für die Mannschaften und Offiziere der Handelsflotte und für die Lotsen während des Dienstes und auch beim Auslands-Landgang zumindest formell verpflichtend. Als Khaki-Kleidungsstücke bevorzugten viele Seeleute der Mittelmeerfahrt jedoch maßgeschneiderte Anfertigungen aus Alexandria. Von dort wurden auch Reisetaschen und Luftkoffer mitgebracht und benutzt. Allgemein war derzeit bereits eine abnehmende Bedeutung des Seesacks als traditionelles seemännisches Gepäck erkennbar.

Die Verpflegung an Bord entsprach den neueren ernährungsphysiologischen Erkenntnissen und den allgemeinen Bedingungen jener Jahre. Mancher Seemann erinnert sich noch daran, daß zwangsläufig im Ausland beschaffte Seenotproviant-Konserven (Corned beef, Dosenmilch) vor Ablauf ihrer Haltbarkeitsfrist zu einer willkommenen Bereicherung des Speiseplanes führten. Eine weitere wichtige soziale Neuerung war der Aufbau des Medizinischen Dienstes des Verkehrswesens (Direktion Schiffahrt) seit 1958, durch den die gesundheitliche Betreuung und medizinische Versorgung aller Fahrensleute wesentlich verbessert wurde, u. a. durch die normierte Ausstattung der Bordapotheken.

Unverändert geblieben ist die seefahrtstypische Situation, daß das Schiff zugleich Arbeitsplatz, Wohnstätte und Freizeitraum ist. Die sozialistischen Reedereien betrachten die Förderung der Freizeitgestaltung ihrer Seeleute als kulturelle Verpflichtung – die Fahrzeuge wurden mit

Bordbibliotheken, Filmvorführeinrichtungen, Filmen, Tonband- und Sportgeräten ausgestattet, Foto-Zirkel wurden gegründet und Fotolabors eingerichtet. Auf diese Weise kam es zur Reaktivierung einiger traditioneller Bastelarbeiten, z. B. bei der Herstellung von Miniaturen (Schiffsmodelle selbst in Glühbirnen). Beim Modellbau machte sich jedoch ein Schwinden der eigenschöpferischen Phantasie bemerkbar. Es wurden zunehmend Fahrzeugmodelle gebastelt, für die man gedruckte Baupläne und formulierte Anleitungen benutzte. Von großer Bedeutung war daneben das gesellige Beisammensein der Besatzungsmitglieder nach Feierabend, in der Mittelmeer- und Tropenfahrt mangels klimatisierter Räumlichkeiten an Deck. Daß dabei ebenso wie bei Bordfeiern das Spiel auf traditionellen Instrumenten (Schifferklavier, Mundharmonika) und der Gesang eine große Rolle spielten, dürfte im Zusammenhang mit dem bis um 1960 noch verhältnismäßig niedrigen Stand der elektronischen Unterhaltungstechnik zu sehen sein. Als volkskünstlerische Betätigung gab es gelegentlich die Schiffsmodellbastelei oder die Laienmalerei, in der Hochseefischerei hingegen überwiegend das Knüpfen von Teppichen. Nach Ausweitung der Fahrtbereiche auf Fernost (durch die Sunda-Straße) und Südamerika (1958, 1960) wurde der alte Brauch zeremonieller Linientaufen wieder aufgenommen. Es wurden aber auch beachtenswerte Eigeninitiativen im Hinblick auf die Gestaltung von Festen und Feierlichkeiten an Bord entwickelt, die mit dem Kalenderablauf, mit persönlichen Ereignissen, Initiationsbräuchen oder der Arbeit in Verbindung standen: Am Heiligabend erschien der Weihnachtsmann und verteilte Tage zuvor eingesammelte Geschenke; zu Geburtstagen wurde um 00.00 Uhr gratuliert und ein Ständchen gebracht.[14] Zu den Initiationsbräuchen gehören nicht nur Linientaufe und abendliche Feier, sondern beispielsweise auch die „Gibraltar-“ oder „Suezkiste“ – ein Kasten Bier auf Rechnung des erstmals diese Gebiete Passierenden, der im Kameradenkreis getrunken wird.[15]

Maritimkulturelle Veränderungen gab es auch auf der Landseite, die jetzt aber, als Heimat der Seeleute, weit über die Nordbezirke hinausreicht. Die alten Seefahrer- und Fischerdörfer der Küste wandelten in den Jahren um 1960 ihr Gesicht im Zusammenhang mit den allgemeinen demographisch-strukturellen Integrationsprozessen jener Zeit. Mit wachsendem Wohlstand tauschten die Fischer und Fahrensleute ihr überkommenes Mobiliar sehr vehement gegen neue Möbel und zeitgemäßen Stubenschmuck aus. Die ersten Fernsehempfänger waren damals fast ausnahmslos in der Gruppe der Fischer zu finden. Gleichzeitig ging man intensiv an die Verbesserung der häuslichen Sanitär- und Heizungsverhältnisse. In Stadt und Land wurde die Wohnkultur der auf den Handelsschiffen fahrenden Offiziere und Mannschaften zunehmend durch Reisesouvenirs aus den Mittelmeerländern und von Übersee (Fernost, Lateinamerika) geprägt. Zu den Mitbringseln gehörten ebenfalls Kleidungsstücke und modische Accessoires wie „Alex(andria)taschen“ und Schals aus Italien, die auch zeichenhaften Charakter hatten. Zum Bereich der zwischen 1950 und 1960 entwickelten sozialkulturellen Neuerungen gehören beispielsweise die Seemannsfrauen-Betreuung und seit 1959 die Mitreisemöglichkeit für Ehefrauen auf Handelsschiffen.

Das Bild der Hafenstädte Wismar, Rostock, Stralsund, Saßnitz und Greifswald wurde in den Jahren um 1960 zum Teil stark verändert: In Rostock entstand mit dem Bau des weit außerhalb der Stadt liegenden Überseehafens eine gänzlich neue Hafentopographie nach Art einer Industrieanlage, und in den Hafenstädten selbst erfolgte dieser Wandel im Rahmen der mitunter sehr rigoros durchgeführten Altstadtsanierung, bei der man Parkplätze an Stelle von Wohnhausbauten, Speichern, hafentypischen Werkstätten und traditionellen Gaststätten anlegte und mitunter leider

Einweihung des Rostocker Überseehafens am 30. April 1960.
Am Kai das Motorschiff „Schwerin", von Ostasien zurückgekehrt

auch manch althergebrachten Straßennamen veränderte. Neben die noch funktionierenden Kulturkontaktplätze alter Art traten Novationen wie Seemannsheime, „Interclubs" und „Duty-Free-Shops".

Wenn auch nur im weitesten Sinne als neugeschaffene Kulturkontaktbereiche, so doch als charakteristische maritimkulturelle Neuerungen sind die noch in den sechziger Jahren gegründeten beiden Spezialmuseen zu betrachten: das für die Küsten- und Hochseefischerei zuständige Meeresmuseum in Stralsund (1966) und das Rostocker Schiffahrtsmuseum (1968). Vorausgegangen war die Gründung zahlreicher Heimatmuseen in früheren Seefahrerdörfern der Küstenlandschaften, von Kirchdorf auf Poel und von Rerik bis nach Prerow, Zingst, Hiddensee und Göhren auf der rügischen Halbinsel Mönchgut, die in ihren Ausstellungen stets auch die kulturellen Äußerungen und Leistungen der seefahrenden Bevölkerung zur Geltung bringen. Ebenfalls vorausgegangen war 1956 der Neubeginn der maritim-volkskundlichen Forschung an der Akademie der Wissenschaften der DDR durch Reinhard Peesch und Wolfgang Rudolph.[16] Von anderen Aktivitäten im Zusammenhang mit der Pflege von Tradition und maritimem Kulturerbe ist schließlich die Herausgabe spezieller Periodika (Zeitschrift „Die Schiffahrt" ab 1954, „Jahrbuch der Schiffahrt" seit 1961) sowie die entsprechende Publikationstätigkeit des Rostocker Hinstorff Verlages erwähnenswert.

Anmerkungen

1 Wolfgang Rudolph, Maritime Kultur der südlichen Ostseeküste. Schiffsbilder und Prestigekeramik, Rostock 1983.

2 Paul Kühl, Geschichte der Stadt und des Klosters Ribnitz, Neubrandenburg 1933, S. 496.

3 Zastrow in: Mecklenburgische Gemeinnützige Blätter (1790), S. 152.

4 Das Fischland und seine Bewohner. Der Nachbar 37 (Hamburg 1885), Nr. 12, S. 96.

5 Zum folgenden vgl. Walther Müller, Rostocks Seeschiffahrt und Seehandel, Rostock 1930, S. 72; Ernst August von Laffert, Die heillosen Mißbräuche im mecklenburgischen Rhedereiwesen, Schwerin 1861.

6 „Ein Mecklenburger“: Ein deutsches Schiffervolk, Globus 9 (1866), S. 55 ff.; Albert von Seld, Wenig gekannte Länder, Potsdam 1864; C. W. Stuhlmann, Schildereien über das Volksleben Mecklenburgs, Der Omnibus 9 (Hamburg 1870).

7 In zeitlicher Folge: C. J. F. Peters, Das Land Swante Wustrow oder das Fischland, Wustrow 1862; Ludwig Dolberg, Eine Küstenwanderung von der Warnow bis Wustrow, Ribnitz 1885; Karl Koppmann, Zur Geschichte der mecklenburgischen Klipphäfen, Hansische Geschichtsblätter 14 (1885), S. 103–160; W. Stieda, Die Schiffergesellschaft in Rostock. Jahrbücher des Vereins für mekl. Geschichte und Alterthumskunde 59 (1894) S. 86–111; August Kaegbein, Zur Geschichte und Organisation der mecklenburgischen Segelschiffsreederei, Diss., Rostock 1903; Helmut Sköllin, Aktive maritime Berufstätigkeiten der meckl. Küstenbevölkerung, Jena 1905 (= Thünen-Archiv, 1); Friedrich Barnewitz, Geschichte des Hafenortes Warnemünde, Rostock 1919.

8 Johann Friedrich Pries, Die Entwicklung des mecklenburgischen Niedersachsenhauses zum Querhaus und das mecklenburgische Seemannshaus, Stuttgart 1928; Walther Müller, Rostocks Seeschiffahrt und Seehandel im Wandel der Zeiten, Rostock 1930; Johannes Gosselck, Seemannslieder von der mecklenburgischen Küste. Niederdeutsche Zeitschrift für Volkskunde 9 (1931), S. 231–240; Adolf Spamer, Die Tätowierung in den deutschen Hafenstädten, Niederdeutsche Zeitschrift für Volkskunde 11 (1933) S. 129–182; Hans Szymanski, Deutsche Segelschiffe, Berlin 1934; Richard Wossidlo, Reise, Quartier, in Gottesnaam. Das Seemannsleben auf den alten Segelschiffen im Munde alter Fahrensleute, Rostock 1940, 1942/43; Heinrich Rahden, Die Schiffe der Rostocker Handelsflotte, Rostock 1941.

9 Vgl. auch die jeweils von Autorenkollektiven herausgegebenen Betriebsgeschichten: Über die Meere, durch die Jahre. Geschichte des VEB Deutfracht/Seereederei Rostock, Berlin 1982; Die Entwicklung zum sozialistischen Großbetrieb. Betriebsgeschichte des VEB Fischkombinat Rostock, Rostock 1975; 30 Jahre Technische Flotte, Rostock 1982.

10 Dieses Teilkapitel beruht vor allem auf mündlichen maritim-ethnographischen Erhebungen von Wolfgang Steusloff.

11 Helga Rudolph, Weibersleut an Bord, Rostock 1990.

12 Wolfgang Rudolph, Die Hafenstadt. Eine maritime Kulturgeschichte, Leipzig 1979; derselbe, Am Wallfischspeicher, unterm Tabaksmohren und im Goldenen Anker. Maritime Embleme in den Hafenstädten der Ostseeküste, Rostock 1983. Das Rostocker Adreßbuch von 1949 führt allein für die Strandstraße noch 10 solcher Gaststätten auf.

13 Wolfgang Steusloff, Tätowierungen von Seeleuten. Ein Beitrag zum maritimen Hautstichbild in der Gegenwart. Jahrbuch für Volkskunde und Kulturgeschichte 28 (1985) S. 181–202.

14 Wolfgang Steusloff, Weihnachtsfest und Neujahrsfeier auf Handelsschiffen und Fischereifahrzeugen der DDR, in: Seehundslied, Linien-Aquavit, Schifferfayencen, hrsg. von Wolfgang Rudolph, Rostock 1984, S. 66–70.

15 Wolfgang Steusloff, Von den Feiern der Seeleute, Rostock 1988.

16 Wolfgang Rudolph, Ein Jahrhundert maritime Volkskunde im Ostsee- und Nordseeraum. Von der Bootskunde zur Erforschung der maritimen Kultur. Jahrbuch für Volkskunde und Kulturgeschichte 24 (1981) S. 168–182.

KULTURELLES ERBE IN SACHBEREICHEN

VON
Karl Baumgarten
Ralf Wendt
Ingeborg Müller
Ulrich Bentzien
Heike Müns
Siegfried Neumann
Jürgen Gundlach

Dritter Teil

Bauen und Wohnen

VON KARL BAUMGARTEN

Das mecklenburgische Bauernhaus – Eigenart und frühe Entwicklung

Bis ins 18. Jahrhundert hinein hatte sich das äußere Bild der mecklenburgischen Städte und Dörfer gegenüber dem der vorhergehenden Jahrhunderte kaum verändert. Das galt ganz besonders für die ländlichen Siedlungen. Noch immer wurden diese nahezu ausschließlich von den Bauten einer einzigen Leitform geprägt, noch immer bestimmte das „niederdeutsche Hallenhaus“ das Gesicht der Dörfer. Seiner charakteristischen äußeren wie inneren Gestaltung wegen zählt dieser früher meist als „Niedersachsenhaus“ bezeichnete Typ mit zu den schönsten und eindrucksvollsten deutschen Bauernhäusern (vgl. auch Abb. S. 21, 53, 95, 256ff.). Bereits in seinen äußeren Merkmalen ist er anderen Leitformen gegenüber unverkennbar.[1] Dazu rechnet vor allem das mächtige, hohe Stroh- oder Rohrdach, unter dem der breitgelagerte Hauskörper mit seinen niedrigen Fachwerkwänden nahezu verschwindet. Ein weiteres Merkmal ist das große Tor im vorderen, der Hofauffahrt zugewandten Giebel, das so hoch und breit gehalten ist, daß ein beladener Erntewagen es ohne Schwierigkeit durchfahren kann. Fremde halten daher nicht selten solche Häuser für Scheunen. Nicht weniger bezeichnend für diese Hausform sind deren innere Merkmale. So tragen bei ihr nicht – wie sonst meist üblich – die äußeren Wände, sondern zwei innere, über Kreuz verklammerte Ständerreihen das mächtige Dach. Diese unterteilen zugleich den Raum in drei längsgerichtete, unterschiedlich große Schiffe, in die mittig gelegene hohe und breite „Diele“ sowie in zwei seitlich davon befindliche niedrige und schmale „Kübbungen“.

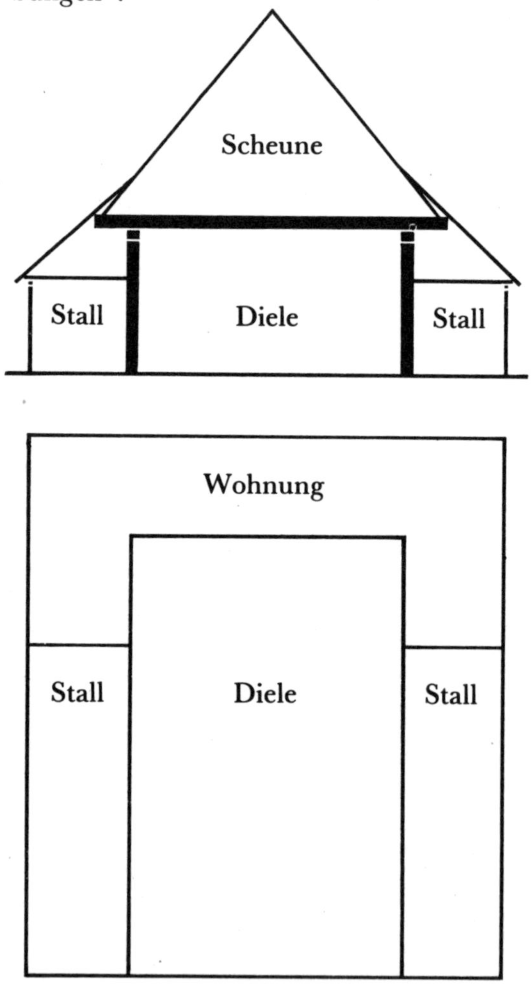

Niederdeutsches Hallenhaus im Querschnitt (oben) und im Grundriß. Nach Karl Baumgarten

Niederdeutsches Hallenhaus aus der Zeit um 1700:
Flettarm-Haus, Zweiständer mit beidseitigen Kübbungen, Halbwalm, Eulenloch und Giebelbrett.
Bahlen bei Boizenburg

Doch nicht nur in ihren äußeren wie inneren Merkmalen, sondern auch in ihrer Funktion unterschieden sich früher die Hallenhäuser wesentlich von den sonst im Raum der heutigen DDR verbreiteten Typen, umfaßten sie doch durchweg bis in den Beginn unseres Jahrhunderts noch immer gleichzeitig Räume für alle Bedürfnisse bäuerlichen Wohnens und Wirtschaftens. So war allgemein im vorderen Teil der Kübbungen das Vieh untergebracht, insbesondere das Großvieh, wobei die Stallungen für die Kühe noch im 18. Jahrhundert schwach in den Erdboden eingetieft waren. In solchen „Tiefställen" gewann man den für die Düngung der Felder notwendigen Mist. Im weiten, von der Diele durch kräftige Stangen oder breite Bohlen abgetrennten Dachraum lagerten die Erträge der Ernte, vornehmlich das Getreide. Dieser war so vor allem Scheunenraum für den Bauern. Das rückwärtige Ende des Hauses blieb durchweg der bäuerlichen Wohnung vorbehalten. Noch zu Beginn des 18. Jahrhunderts enthielt diese neben wenigen Kammern nicht mehr als nur eine Stube. Besondere Bedeutung unter den Räumen des Hallenhauses kam auch der Diele zu (Abb. S. 270, 350). Obwohl jetzt nicht mehr wie ursprünglich Wohnraum, blieben ihr doch bis ins 19. Jahrhundert hinein ihre sonstigen Funktionen voll erhalten. So gelangte von hier aus die Ernte in die Scheune des Dachraumes, und während der Wintermonate wurde auf ihr das Getreide mit dem Flegel gedroschen.[2] Noch nicht – wie später – durch Wände von den Ställen getrennt, war die Diele überdies Futtergang, von ihr aus wurde durch senkrechte Stallhölzer hindurch das Vieh gefüttert. Nicht zuletzt aber war die Diele der Raum für die gemeinschaftlich im Dorf begangenen Feiern, für die Feste des Jahres wie Erntefest oder Fastnacht, aber auch für besondere Ereignisse im bäuerlichen Leben wie Hochzeit und Trauerfeier.[3] Als „Wohn-

Hallenhaus in Kleinausgabe: Altenteilerkaten. Bartenshagen, Kreis Bad Doberan

Stall-Scheune-Haus" war so das niederdeutsche Hallenhaus einstmals seiner Funktion nach „Einheitshaus" wie die großen Bauernhäuser der ostfriesischen Marschen, des Schwarzwaldes oder weiter Teile Badens, Württembergs und Bayerns.

In solcher Form und Nutzung ist das niederdeutsche Hallenhaus schon seit Jahrhunderten in Mecklenburg verbreitet. Entstanden aber ist es hier nicht. Erst vor 800 Jahren wurde es – im Verlaufe der hochmittelalterlichen feudalen Ostexpansion – von niederdeutschen Siedlern aus dem west- und nordelbischen Raum nach hierhin übertragen. Wie Ausgrabungen belegen, stand es zu dieser Zeit noch am Anfang seiner Entwicklung.[4] Erst durch eine Reihe späterer Veränderungen gewann es, wie im Altland so auch in Mecklenburg, seine endgültige, charakteristische Form. Von besonderer Bedeutung in dieser Hinsicht wurde vor allem das 16. Jahrhundert. So wurden damals, um die auf Grund der agrarischen Konjunktur gesteigerten Erntemengen auch weiterhin im Hause unterbringen zu können, die Dachräume um ein Beträchtliches geweitet. Bei der zu dieser Zeit noch nicht voll ausgereiften Konstruktion der inneren Gerüste aber war dies nur möglich durch ein Auseinanderrücken der Ständerreihen, durch eine Weitung der Diele bis zu acht Metern und mehr. So begegnen uns seitdem in den niederdeutschen Dörfern jene breitgelagerten Hallenhäuser, die sich in ihrer Größe beachtlich von denen des Mittelalters abheben. Zugleich verlor damals, in dieser Phase gewisser bäuerlicher Wohlhabenheit, die Diele ihre ursprüngliche Bedeutung für das Wohnen. Jetzt fand über das Bürger- und Herrenhaus die heizbare Stube, wie sie bereits seit dem Mittelalter im ober- und mitteldeutschen Dorf bekannt war, Eingang auch in das niederdeutsche Bauernhaus. Dabei führte die unterschiedliche An- bzw. Einfügung dieses neuen, kulturell gehobenen Wohnraumes sehr bald zu den beiden Grundformen, die die spätere Entwicklung des Hallenhauses in Mecklenburg bestimmten: zum „Durchgangshaus" mit der von Giebel zu Giebel frei durchlaufenden Diele und der in einer der rückwärtigen Kübbungen längsgelegenen Stube, und zum „Fletthaus" mit der im beidseitig bis an die Außenwände reichenden Herdraum, im Flett, endenden Diele und der im anschließenden „Kammerfach" quergelegenen Stube. Durchweg deutet noch heute die Lage der Außentüren am Haus auf dessen ehemalige Zugehörigkeit zu einer dieser beiden Grundformen: die Tür im rückwärtigen Giebel auf das Durchgangshaus, Türen in beiden Traufseiten auf das Fletthaus (vgl. Abb. S. 261). Überdies führten Wünsche nach erleichtertem und beschleunigtem Einbringen der Ernten zur Öffnung des hinteren Giebels durch ein zusätzliches Tor, doch fanden die so entstandenen „Durchfahrtshäuser" nur in den Dörfern des westlichen Mecklenburgs größere Verbreitung. Schließlich aber zeitigten die relativ günstigen wirtschaftlichen Verhältnisse gegen Ende dieser „Blütezeit" des Hallenhauses, in der zweiten Hälfte des 17. Jahrhunderts, auch noch in Mecklenburg die Ausbildung repräsentativer Schaugiebel (Abb. S. 265, 294), wie sie ähnlich bereits ein Jahrhundert zuvor im west- und nordelbischen Raum anzutreffen waren.[5] Doch blieben dabei die mecklenburgischen Formen trotz ihrer fünf- oder siebengliedrigen Fußbandreihen in den leicht überhängenden und zunächst auf Knaggen vorkragenden Giebeltrapezen wesentlich bescheidener als die an westfälischen, niedersächsischen oder holsteinischen Giebeln.

Bauernhaus und bäuerliches Wohnen im 18. Jahrhundert

Mit dem beginnenden 18. Jahrhundert brach für den mecklenburgischen Bauern diese relativ günstige wirtschaftliche Situation ab. Das belegt nicht zuletzt auch die Gestaltung der jetzt neu errichteten Bauernhäuser. So ist vor allem eine auffällige Stagnation in der Entwicklung des Außenbildes zu bemerken, die insbesondere in einer landschaftlichen Staffelung unterschiedlicher Giebelformen zu beobachten ist. In dieser Staffelung sind selbst heute noch immer einzelne in ihrem westöstlichen Vordringen gleichsam erstarrte Wellen zeitlich einander aus dem linkselbischen Raum folgender Neuerungen zu erkennen. So gelangte der im späten 17. Jahrhundert vornehmlich im Süd- und Nordwesten Mecklenburgs übernommene Schaugiebel mit „Kröpelwalm" (Abb. S. 265 unten) über diese Landschaften nicht mehr hinaus. Vielmehr schloß sich hier im 18. Jahrhundert eine breite, insbesondere das mittlere Mecklenburg umfassende Zone des „Halbwalms" an (einer älteren Giebelform aus der Mitte des 16. Jahrhunderts, die jedoch Mecklenburg nicht vor dem Ende dieses Jahrhunderts erreichte), bei dem die Dachschräge den Giebel bis zur Balkenhöhe hinab verdeckt (Abb. S. 255, 265 oben). Eine dekorative Gestaltung der Schauseite war daher kaum noch möglich. In den Osten Mecklenburgs aber gelangte selbst diese Form nicht mehr. Insbesondere der Nordosten kennt bis heute nur die älteste Ausbildung des Giebels, den „tiefen Walm", bei dem die Dachschräge bis auf die niedrigen Wände herabreicht (Abb. S.256). Er erscheint bereits in mittelalterlicher Zeit, zusammen mit dem Hallenhaus, in Mecklenburg. Dies belegen Ausgrabungen, bei denen Kübbungen vor dem vorderen Giebel festgestellt wurden: sie sind Hinweise auf einen Einschnitt in die Dachschräge, ohne den bei tiefen Walmen eine Einfahrt auf die Diele nicht möglich ist.[6] Ein solcher Einschnitt ist ein charakteristisches Merkmal ostmecklenburgischer Hallenhäuser.

Mit dem ausgehenden 18. Jahrhundert endete diese auffallende Stagnation in der Geschichte des mecklenburgischen Bauernhauses. Neue Entwicklungen werden seitdem erkennbar, doch wurden sie jetzt nicht mehr wie in den Jahrhunderten zuvor in erster Linie vom Bauern bestimmt, sondern waren vor allem Ausdruck feudalabsolutistischer Bauvorstellungen. Wesentlich gefördert wurde dieser Prozeß durch das Aufkommen neuer, bis dahin in Mecklenburg nicht bekannter Beamten, der Landbaumeister, die hier seit der zweiten Hälfte des 18. Jahrhunderts erscheinen. Ihre Aufgaben waren vielfältig, sollten sie doch nicht nur Vorschläge für das Bauen in Stadt und Land erarbeiten sowie die Einhaltung diesbezüglicher Verfügungen überwachen, sondern schließlich auch mehr und mehr die Projektierung neuer Bauten selbst übernehmen. Dabei galt ihr besonderes Interesse von Anbeginn an baulichen Veränderungen zur Verhütung der häufigen Brände in den Dörfern. So richteten sich ihre Bemühungen ganz besonders gegen den in den Bauernhäusern frei auf der Diele befindlichen offenen Herd (Abb. S.350). Ohne Frage war dieser eine ständige Gefahr, die zu mindern, nunmehr eine Abtrennung des Herdraumes von der Diele durch eine etwa einen Meter hohe Wand gefordert wurde. Diese Anordnung führte in der Folgezeit zu fast völliger Abscheidung und damit zur Ausbildung eines bislang im mecklenburgischen Bauernhaus kaum bekannten Raumes, der Küche. Doch blieb in ihr weiterhin der mit einem gemauerten Bogen überwölbte Rauchherd, der „Schwibbogen", erhalten, vermochte doch der Bauer zu dieser Zeit noch nicht auf ein Dörren seines häufig auf Grund des Flurzwanges unreif eingebrachten Getreides zu verzichten. So leiteten nun besondere Schlitze in der Küchentrennwand den Herdrauch in das zur „Sackdiele" gewordene Mittelschiff, von dem aus er wie bislang in den mit Erntegut gefüllten Dachraum gelangte.

War in den vorhergehenden Jahrhunderten der zur Diele hin offene Herdraum mit seiner Feuerstelle Mittelpunkt bäuerlichen Lebens und Stätte vor allem feierabendlicher Kommunikation gewesen, so war die von der Diele abgeschlossene Küche fast nur noch Arbeitsraum der Frau. Schon ihre mobiliare Ausstattung, ein Tisch, wenige Hocker, ein Schrank mit Kannenbort sowie eine Wasserbank mit Eimern, macht das deutlich. Zugleich ging der bis zu dieser Zeit bewahrte Rest ursprünglichen Dielenwohnens verloren. Bislang hatten zur Diele hin offene, breite Nischen in den rückwärtigen Kübbungen, die „Luchten", zumindest zur Sommerzeit, der bäuerlichen Familie als Sitzraum gedient. Bezeichnungen für diese Nischen in den Archivalien wie etwa „Sommergesäß" oder auch „Sommerlucht" beweisen das. Nur während des Winters, in den kalten Monaten des Jahres, in denen die Temperatur selbst in der Nähe des Herdes nur wenige Grade über der von draußen lag,[7] hielt man sich in der heizbaren Stube auf. Bis in die erste Hälfte des 18. Jahrhunderts dürfte ein derartig jahreszeitlich pendelndes Wohnen zwischen Lucht und Stube im mecklenburgischen Bauernhaus noch allgemein üblich gewesen sein. Erst dann zog die Stube zunehmend alle jene Wohnfunktionen, die einmal der Diele eigen gewesen waren – von den gemeinschaftlich begangenen bäuerlichen Feiern abgesehen – an sich. Sie wurde jetzt ganzjährig genutzter Wohnraum.

Trotz solcher Aufwertung der Stube änderte sich deren mobiliare Ausstattung zunächst wenig. Bäuerliche Stuben blieben wie bisher auffallend möbelarm. Außer dem von Bänken umstellten Tisch sowie einem doppelschläfigen Bett für das bäuerliche Ehepaar (meist ein Himmelbett oder Schrankbett) war in ihnen kaum mehr vorhanden als ein Wandbort, ein Milchschrank zum Abrahmen der Sahne, ein Eckhängeschränkchen, das im evangelischen Mecklenburg die Stelle des für katholische Dörfer bezeichnenden Kruzifixes oder eines Marienbildes einnahm, sowie eine Truhe (Abb. S. 41, 268, 297 u. a.).

Mit der Einfügung der Stube in das mecklenburgische Bauernhaus, was trotz fürstlicher Anordnungen (seit 1562) letztlich auf bäuerliche Wünsche zurückzuführen ist (anders wäre deren schnelle Übernahme nicht verständlich), war zugleich auch die offensichtlich bereits während der Renaissancezeit ausgebildete „Diagonalordnung" dieses Raumes mitübernommen worden. Durch das meist schräge Gegenüber von Ofen und Tisch wurde seitdem auch die bäuerliche Stube Mecklenburgs in vier dem Herkommen entsprechend unterschiedlich bewertete Abschnitte unterteilt. So galt allgemein die Sitzecke mit dem Tisch als der bevorzugte Teil der Stube, wenn er auch im evangelischen Mecklenburg nicht jene kultische Bedeutung bewahrte, die sie in katholischen Landschaften als „Heilige Hinterecke" besaß. Abschnitte geringerer Wertschätzung waren demgegenüber der Platz des ehelichen Bettes sowie die Stubenecke um den Ofen als Stätte vor allem abendlicher Tätigkeiten wie Spinnen, Besenbinden, Korbflechten oder Löffelschnitzen. Es blieb schließlich der nach bäuerlicher Ansicht am geringsten bewertete Platz an der Tür, bis wohin ungebetenen Gästen wie Bettlern oder Landstreichern noch ein Betreten der Stube zugestanden wurde.

Gleicher durch Überlieferung gefestigter Ordnung unterlag das Sitzen bei Tisch während der gemeinsam mit dem Gesinde eingenommenen Mahlzeiten. War doch damals, im 18. Jahrhundert, das Gesinde noch immer voll der bäuerlichen Familie integriert, was nicht zuletzt auch in der Anrede des Bauern als „Vater", der Bäuerin

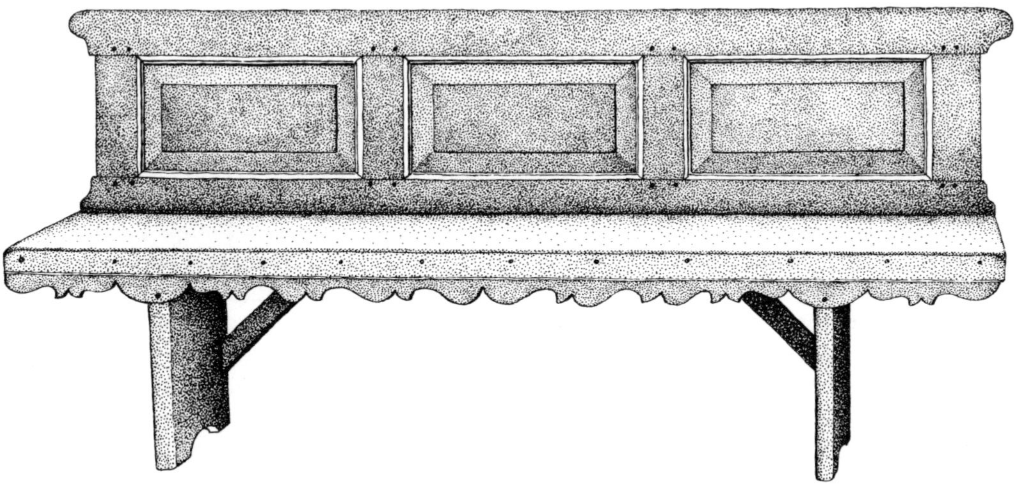

Sitzbank aus einem Bauernhaushalt. Neuenkirchen, Kreis Hagenow

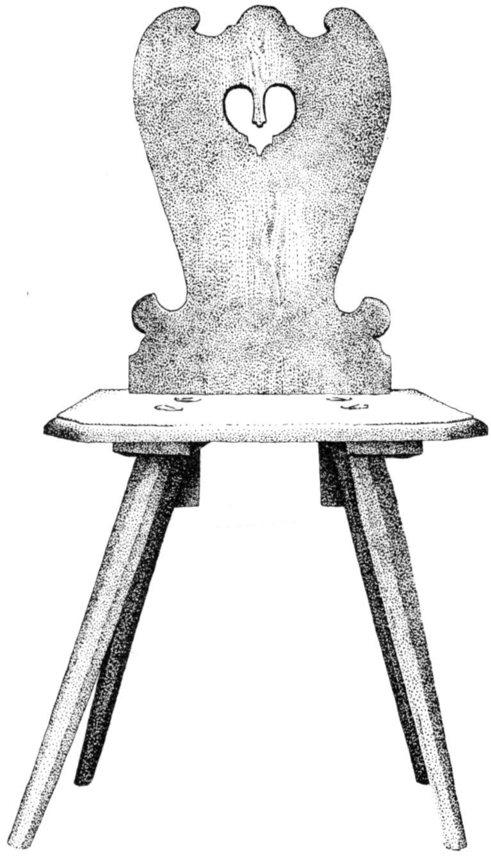

Schemelstuhl aus einer Büdnerei. Strohkirchen, Kreis Hagenow

als „Mutter" durch Knechte und Mägde zum Ausdruck kam. Allgemein bezeichnend für die Ordnung bei Tisch war dabei die strenge Trennung nach Geschlechtern. So saßen die männlichen Mitglieder der Familie, der Bauer ausgenommen, hinter dem Tisch an der Fensterwand der Stube auf einer wandfesten Bank, die weiblichen, die Bäuerin eingeschlossen, vor dem Tisch auf einer beweglichen, lehnelosen Bank, wobei die Reihenfolge auf den Bänken jeweils bestimmt wurde durch die Bedeutung der Arbeit des einzelnen für den Hof. Dementsprechend saß zuoberst auf der Männerbank der Großknecht, dem die Arbeit mit den Pferden oblag, ihm folgten der Mittelknecht, der die damals noch vielerorts auf den Bauernhöfen vorhandenen Ochsen betreute, sowie der Kleinknecht, der Nebentätigkeiten auf dem Hof verrichtete. Anschließend an die Bäuerin hatten auf der Frauenbank die Großmagd, die bei Innen- und Außenarbeiten eingesetzt wurde, sowie die Kleinmagd, die der Bäuerin im Haus zur Hand ging, ihren Platz. Der Bauer als „pater familias", als Vater der Familie, nahm stets einen bevorzugten Platz ein. Er saß, den gesamten Tisch überschauend und allen das Brot zuschneidend, auf einer eigenen Bank an der äußeren Stirnseite des Tisches. Kinder, von jenen abgesehen, die bereits mit festumrissenen Aufgaben auf dem Hof betraut waren und damit ihrer Arbeit entsprechend in diese Sitzordnung mit eingereiht wurden, standen in der Regel bei Tisch, was überdies in einzelnen Gegenden Mecklenburgs, so im Bereich um Doberan, auch für die Mägde üblich war, oder hockten auf irgendwelchen Sitzgelegenheiten abseits vom Tisch, auf Fensterbänken oder auch auf Schemeln in der Nähe des Ofens.[8]

Außer der Stube enthielt das Bauernhaus Mecklenburgs im 18. Jahrhundert stets noch eine Reihe unheizbarer Kammern. Die Kammer dürfte hier, wie Archivalien belegen, meist der erste abgeschlossene Raum im Bauernhaus gewesen sein. Allerdings ist nicht sicher bekannt, wie sie zunächst, im 15. Jahrhundert, genutzt wurde. Vermutlich wird sie dem Bauern abgesonderte Unterkunft für die Nacht gewesen sein. Im 18. Jahrhundert dienten Kammern, abgesehen von der Vorratshaltung, allgemein als Schlafräume, sowohl für die größeren Kinder des Bauern als auch für das Gesinde. Dabei befanden sich die Gesindekammern in der Regel außerhalb des bäuerlichen Wohnbereichs entlang der Diele, und zwar unmittelbar nebeneinander oder auch einander gegenüber, die Knechtskammer dann auf der Pferdestallseite, die Mägdekammer auf der Kuhstallseite. Knechtskammern innerhalb der Stallungen, wie sie später häufiger auftreten, waren noch selten. Unterkünfte für das Gesinde oberhalb der Ställe unter der Dachschräge, in der „Hill", wie sie auch in Mecklenburg noch für das 16. Jahrhundert belegt sind, gab es im 18. Jahrhundert nicht mehr. Allgemein war die Ausstattung der schmalen Gesindekammern, deren Fenster zu dieser Zeit noch „geklaibt" und nicht zu öffnen waren, denkbar einfach. Ein durchweg zweischläfiges, primitiv gezimmertes Bett, ein bis zwei Schemel, allenfalls noch ein Bort sowie die dem Gesinde gehörenden schmucklosen Truhen, die „Laden", bildeten meist deren ganzes, ungemein dürftiges Mobiliar.

Eine dieser Kammern des Bauernhauses erfuhr später, meist gegen Ende des 18. Jahrhunderts, häufig eine besondere Aufwertung. Sie diente, einem Wunsch des Bauern entsprechend, dazu, die Generationen, alt und jung, im Wohnen stärker als bisher voneinander zu trennen. Befanden sich nämlich noch im 17. Jahrhundert, wie Archivalien ausweisen, auf vielen Bauernhöfen für die Eltern eigene Kleingebäude, die „Altenteilerkaten", so wurde deren Neubau vom Beginn des 18. Jahrhunderts ab durch Verbote von seiten der Behörden zunehmend eingeschränkt. Bauer und Altenteiler waren daher fortan immer häufiger genötigt, sich gemeinsam in der damals noch einzigen Stube des Bauernhauses aufzuhalten. In manchen Gegenden, so vor allem im Südwesten des Landes, wurde sogar im gleichen Raum geschlafen. Wie Beschwerden dieser Zeit zeigen, hatte das wiederholt zu recht unerfreulichen familiären Auseinandersetzungen geführt. Auch behördliche Festlegungen, nach denen auch den Alten in der Stube „ein warmer Platz am Ofen" zuzubilligen sei, hatten nicht viel daran geändert. So war man schließlich bemüht, den Eltern in der ihnen bislang meist nur als Schlafraum dienenden Kammer durch Einbau eines Ofens eine eigene, wenn auch bescheidene Stube zu schaffen. Allerdings erforderte das, da zu dieser Zeit der Stubenofen noch immer vom Küchenherd aus beheizt wurde, nunmehr das Aufstellen eines zweiten Herdes im Küchenraum. Dieser Raum mit seinen beiden Feuerstätten bildete seitdem oft das einzig Verbindende zwischen Jung und Alt im Bauernhaus.

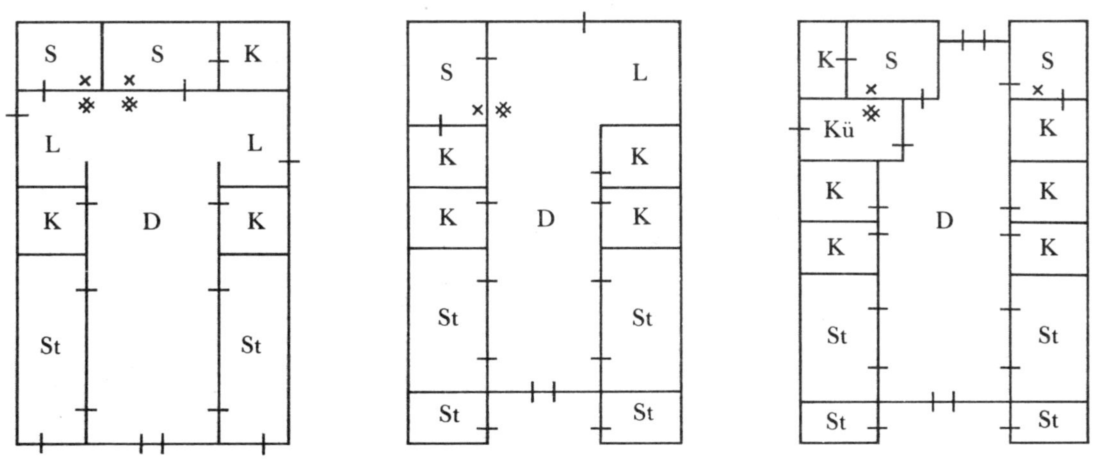

S–Stube, K–Kammer, Kü–Küche, L–Lucht, D–Diele, St–Stall, ⁎ –Herd, × –Ofen

Grundformen des Hallenhauses in Mecklenburg: Fletthaus des 18. Jahrhunderts (links), Durchgangshaus des 18. Jahrhunderts (Mitte), Durchfahrtshaus des 19. Jahrhunderts (rechts). Nach Karl Baumgarten.

Im ausgehenden 18. Jahrhundert hatte sich auch die ökonomische Lage des mecklenburgischen Bauern gebessert. Erste Anfänge einer Agrarreform hatten vielerorts eine gewisse Konsolidierung der bäuerlichen Wirtschaft gezeitigt. Das wurde für den Bauern Veranlassung, nunmehr auch eine Verbesserung seiner Wohnsituation anzustreben. Und wie die Neubauten dieser Zeit erkennen lassen, fand er dafür durchaus Verständnis bei den Landbaumeistern. Dabei richteten sich die bäuerlichen Wünsche nun insbesondere auf eine Vergrößerung der Stube, aber auch auf eine veränderte Ausrichtung dieses Wohnraums. Bei älteren Bauten wurde dies vielfach durch Anfügen eines neuen Wohnendes mit verbreiterter Stube erreicht. Neubauten hingegen zeigen nicht selten charakteristische Abwandlungen des traditionellen Hallenhauses. So wurden die Jahrzehnte um 1800 zu einer Zeit ausgesprochener Variierung der überkommenen Formen. Um eine bessere Belichtung und eine größere Tiefe der Stube zu gewinnen, wurde beispielsweise bei Durchgangshäusern in einzelnen Gebieten, vor allem zwischen Rostock und Bad Doberan oder um Schönberg, eine der Traufseiten bis zur Balkenhöhe angehoben. Dadurch entstanden hier (wie bereits zwei Jahrhunderte zuvor in einzelnen westelbischen Landschaften, dort allerdings aus anderen Gründen) die im Außenbild schiefhüftigen „Dreiständer“. Andere Neubauten wiederum fallen durch ihre veränderte Lage zur Straße hin auf. Zu ihnen zählt vornehmlich das im Norden Mecklenburgs anzutreffende „niederdeutsche Querdielenhaus“. Nach dem Vorbild des Herrenhauses auf adeligen Gutshöfen wendet es seine Traufseite der Hofauffahrt zu, was Veranlassung wurde, die Toreinfahrt vom Giebel in die Langseite zu verlegen.[9] Im Westen des Landes hingegen wurde in dieser Hinsicht das Ackerbürgerhaus der dortigen Kleinstädte prägend. Wie dieses schaute auch das Bauernhaus fortab zunehmend mit seinem Wohnende zur Straße, so daß es jetzt in der Regel nur von der Rückseite her mit dem Erntewagen befahren werden konnte. Ähnlich wie das Ackerbürgerhaus wurde dieses „Werderhaus“ (Abb. S. 265) hier nunmehr Tradition. Trotz unterschiedlicher Ausrichtung und damit oft unterschiedlicher Raumgliederung aber ist diesen letzten beiden Varianten des Hallenhauses, dem Querdielenhaus wie dem Werderhaus, eines gemeinsam, nämlich die spürbare Aufwertung des Wohnteiles gegenüber dem Wirtschaftsende: Bei beiden Haustypen wurde der Wohnraum nicht mehr wie früher über die Wirtschaftsdiele, sondern über einen von dieser getrennten, besonderen Hausflur betreten. Aus gleichem Grund wurde später in vielen Altbauten zwischen Wohn- und Wirtschaftsteil ein mittig gelegener, durchweg dunkler Flur eingeschaltet, der stärker als früher die Wohnung und den Stall voneinander schied.

Trotz aller Neuerungen aber hatte sich an dem Einheitshauscharakter nichts geändert. Wie die älteren Bauernhäuser umfaßten auch die neuen Wohnung, Stall und Scheune unter ihren hohen Dächern. Das hatte die Forschung früher veranlaßt, das Auftreten von besonderen Wirtschaftsgebäuden, vor allem von Scheunen, auf Höfen mit Hallenhäusern allgemein nicht vor der Intensivierung der Landwirtschaft im 19. Jahrhundert anzusetzen. Der noch vorhandene Bestand, vor allem aber Urkunden und Archivalien, erweisen eine solche Annahme als Irrtum. Schon für das hohe Mittelalter sind vornehmlich Scheunen, insbesondere für größere Bauernhöfe, eindeutig belegbar, wenn auch diese offensichtlich damals noch nicht der Getreidebergung, sondern in erster Linie der Unterbringung von Viehfutter dienten. Sie besaßen dementsprechend zu jener Zeit auch noch keine Dielen, sondern allenfalls einfache, unbefestigte Unterfahrten.[10] Neben diesen Scheunen sind mehrere Jahrhunderte lang als weitere Nebengebäude auf bäuerlichen Höfen Mecklenburgs Speicherbauten, Backhäuser, Wagenschauer

Haustor einer Büdnerei in Woosmer, Kreis Ludwigslust. Datiert 1775

und andere kleine Gelasse nachweisbar. Allerdings begann offenbar bereits im 17. Jahrhundert der selbständige Speicherbau abzusterben. Da jedoch der Bauer auf einen Speicherraum sowohl für sein Saat- als auch für sein Brotkorn nicht verzichten konnte, wurde fortab das gedroschene Getreide in anderen Gebäuden des Hofes untergebracht. Speicherräume befinden sich seitdem unter anderem im Bauernhaus oberhalb der Wohnung, in einem besonderen, der Scheune vorgestellten Vorbau und selbst im Backhaus über dem Backraum.

Immerhin umfaßten Bauernhöfe des 18. Jahrhunderts in Mecklenburg nicht selten bis zu acht Nebenbauten und mehr, wobei eine straffere Zuordnung der einzelnen Bauten untereinander durchweg fehlte. Der mecklenburgische Bauernhof war damals im allgemeinen noch „Haufenhof". Doch drängten die Behörden wegen des von ihnen für Neubauten zu liefernden Materials, insbesondere des Holzes, zunehmend darauf, die Zahl der Nebengebäude möglichst zu beschränken. So entstanden nun die für mecklenburgische Bauernhöfe charakteristischen Komplexbauten, in denen stets mehrere Funktionen zusammengefaßt sind. Zu ihnen zählte neben dem Bauernhaus selbst, das – wie gesagt – häufig Wohnung, Stall, Scheunen- und Speicherraum enthielt, vor allem die Scheune, die jetzt, seit dem 17. bzw. 18. Jahrhundert, vielfach neben dem eigentlichen Scheunenraum noch zusätzlich Stallungen und Speichergelaß besaß.

Nahezu immer ohne Nebengebäude erscheint dagegen zu dieser Zeit im mecklenburgischen Bauerndorf das Anwesen der „Büdner". Entstanden waren diese Kleinbauernhöfe aus dem Bemühen der Landesherrschaft, die Flucht der keine eigene Wohnung besitzenden (und daher auch nicht heiratsberechtigten) nachgeborenen Bauernkinder in die benachbarten Länder, insbesondere nach Brandenburg-Preußen, einzudämmen. Als alle Strafandrohungen nichts gefruchtet hatten, ging man seit der Mitte des 18. Jahrhunderts dazu über, diesen „Landeskindern" etwas Gartenland und ein Haus zu verschaffen, um ihnen die Möglichkeit zu geben, eine Familie zu gründen. Die dafür bestimmten Bauten wurden zunächst noch ausschließlich in der überlieferten Form des Hallenhauses errichtet. Ihres kleineren Wirtschaftsteils wegen oft von nahezu quadratischem Grundriß, zeigen diese Gebäude häufig noch ältere Merkmale, so insbesondere an ihrem vorderen Giebel den tief herabgezogenen „Vollwalm" mit dem charakteristischen Toreinschnitt. Obwohl den Büdnern in diesen Häusern kaum mehr als eine Stube und ein oder zwei Kammern als Wohnraum zur Verfügung standen, unterschied sich ihre Wohnweise meist kaum von der der größeren Bauern. Entstammten doch die Büdner fast ausschließlich dem bäuerlichen Milieu und waren als Kinder und Jugendliche in der dort üblichen Ordnung aufgewachsen, an der sie sich weiter orientierten.

Die Bauentwicklung im Herzogtum Strelitz

War im größten Teil Mecklenburgs – trotz der verstärkten behördlichen Eingriffe in das ländliche Bauen – die überkommene Leitform, das Hallenhaus, zwar vielfach variiert worden, aber weiterhin erhalten geblieben,[11] so führten im Südosten des Landes, im Bereich des Herzogtums Mecklenburg-Strelitz, ähnliche Bestrebungen der fürstlichen Verwaltung bereits um die Mitte des 18. Jahrhunderts zur Ablösung der Hallenhaustradition. Von landfremden Landbaumeistern unterstützt, wurde hier fortab nach brandenburg-preußischem Vorbild der Neubau von Hallenhäusern durch Ablehnung von Bauzuschüssen erschwert und an deren Stelle auf die Errichtung von Gebäude- und Gehöftsformen gedrungen, wie sie bereits seit Jahrhunderten in mitteldeutschen Landschaften, so vor allem in Thüringen[12] und Sachsen,[13] aber auch in Brandenburg,[14] üblich waren und das Gesicht der Dörfer prägten. So erscheint seitdem ebenfalls im mecklenburgischen Südosten anstelle des auch dort ursprünglich einmal weit verbreiteten Hallenhauses zunehmend das „mitteldeutsche Ernhaus".

Schon in seinem Außenbild ist das Ernhaus unverkennbar vom Hallenhaus unterschieden. Weitaus schmaler und damit in seinem Erscheinungsbild weit weniger als das Hallenhaus durch das Dach bestimmt, besitzt es an seinen Firstenden keine Dachschrägen (Walme), sondern Steilgiebel, die in Mecklenburg meist durch Bretter verkleidet sind. Es hat keine Tore, lediglich in den Traufseiten gelegene Türen führen in das Gebäude, das auch in seinem Inneren eine dem Hallenhaus gegenüber völlig andersgeartete Raumgliederung aufweist: Sein Dach ist nicht einem durch innere Ständerreihen gebildeten Gerüst, sondern unmittelbar den bei mecklenburgischen Ernhäusern überwiegend einstöckigen Fachwerkwänden aufgestellt. Dadurch wird

Niederdeutsche Hofanlage: Hallenhaus mit vorderem Wohnteil (Werderhaus) und Scheune, 19. Jahrhundert. Bantin, Kreis Hagenow

Niederdeutsches Hallenhaus mit vorderem Wirtschaftsteil, Kröpelwalm und Fußbandreihe im Giebeltrapez, inschriftlich datiert 1703, Anbau am Wohnteil um 1900. Banzkow, Kreis Schwerin

Häuslerzeile im Bauerndorf, Ende des 19. Jahrhunderts.
Alt Meteln, Kreis Schwerin

Häuslerei, Ende des 19. Jahrhunderts.
Rugensee, Kreis Schwerin

Büdnerei, um 1900. Klein Lichtenhagen, Kreis Rostock

„Gute Stube" im Büdnerwohnhaus, Anfang des 20. Jahrhunderts, rekonstruiert. Freilichtmuseum Schwerin-Mueß

Lade aus bäuerlichem Besitz, datiert 1794.
Die Familie Storm war u. a. in Lindow bei Schönberg, ehemals Fürstentum Ratzeburg, ansässig.

Detail der Frontseite einer Lade aus bürgerlichem Besitz,
datiert 1773

Koffer mit Beschlag und Rädern,
wahrscheinlich aus Dömitz an der Elbe, datiert 1723/1810

Detail der Bemalung des Innendeckels eines Koffers,
wohl aus bürgerlichem Besitz, 18. Jahrhundert

„Bauerndiele in Wittenförden", Kreis Schwerin.
Ölbild von Carl Malchin, 1872

„Laternegehende Kinder" in Schwaan, Kreis Bützow.
Ölbild von Rudolf Bartels, 1906

„Der Hochzeitsbitter" im ehemals ratzeburgischen Schaddingsdorf, Kreis Gadebusch. Kreidezeichnung mit Spruch, zweite Hälfte des 19. Jahrhunderts

An der „Half-" oder „Kloehndör". Perniek, Kreis Wismar, 1985

sein Innenraum nicht in drei längsgerichtete Schiffe, sondern in drei querorientierte Zellen unterteilt. Es sind dies die eigentliche Wohnzelle, meist in Stube und Kammer geschieden, die Eingangszelle, bestehend aus einem schmalem Flur und, davon abgetrennt, einer breiteren, rückwärtig gelegenen Küche, sowie eine Stallzelle, in der in Mecklenburg überwiegend die Kühe untergebracht waren, in der sich teilweise aber auch noch eine vor allem für Mägde gedachte Gesindekammer befand. Eine Nutzung des Dachraums als Scheune ist bei Ernhäusern unbekannt, schon das Fehlen der Tore deutet darauf hin. Und da in Ernhäusern niemals Getreide zu dörren war, konnte in ihnen auch bereits früh auf offene Rauchherde, auf Schwibbögen, verzichtet werden. Schon im 18. Jahrhundert sind hier derartige Feuerstätten kaum noch vorhanden. An ihre Stelle trat, bei zunächst noch weiterhin offenen Herden, überwiegend die Ableitung des Rauches durch Schornsteine mit weiten Rauchfängen, den „Glocken". Durch das Vorhandensein einer geschlossenen Küche bzw. in älterer Zeit eines abgesonderten Herdflures hatte die offene Feuerstätte in Ernhäusern jedoch bereits früh jene zentrale Bedeutung für das Wohnen verloren, die sie bis ins 18. Jahrhundert hinein noch immer im Hallenhaus besaß. Schon seit Jahrhunderten war im Ernhaus die Stube der zentrale Lebensraum, schon ihre besondere dekorative Ausgestaltung deutet oft darauf hin. So wird auch vermutlich gerade den mitteldeutschen Landschaften mit ihren Ernhäusern die Ausbildung der älteren diagonalen Ordnung der Stube zuzuschreiben sein.

Seiner Funktion nach ist das Ernhaus nicht wie das Hallenhaus und seine jüngeren Varianten Einheitshaus, sondern mit Wohnung und Stall unter seinem Dach „Wohnstallhaus". Seit Übernahme dieser Bauform bedurfte daher der Bauer im Südosten Mecklenburgs für den Betrieb seiner Wirtschaft unbedingt zusätzlicher Hofgebäude, vor allem einer Scheune. Diese ist hier – wie das Haus – allgemein dreizellig

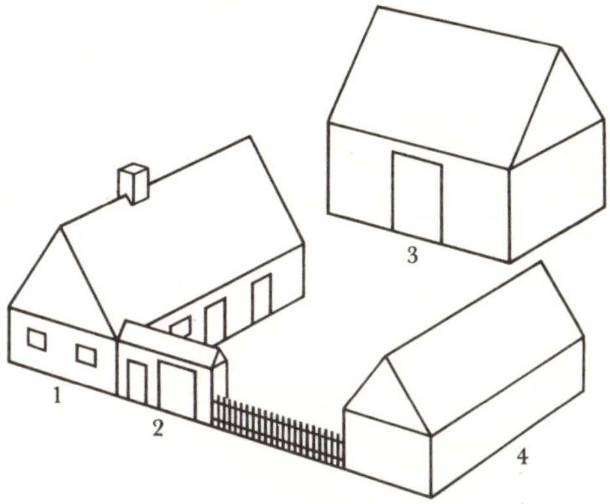

1 – Ernhaus (Wohnstallhaus), 2 – Torbau, 3 – Scheune, 4 – Stall

Südostmecklenburgisches Ernhausgehöft. Nach Karl Baumgarten.

unterteilt in eine mittlere, stets durch ein Tor in der Traufseite aufgeschlossene Diele sowie in zwei beidseitig daran anschließende Bansenräume. Im Gegensatz zur Scheune im Hallenhausbereich dient sie von Beginn an der Getreidebergung – ihre Diele ist daher stets Dreschdiele. Hinzu tritt in der Regel als weiterer Bau ein Stall, in dem das restliche Vieh, vor allem die Pferde, untergebracht und in dessen Dachraum das Futter gelagert ist – auch dieses Gebäude ist stets traufseitig aufgeschlossen. Häufig befindet sich in ihm zusätzlich die Unterkunft für die Knechte, doch ist für Mecklenburg nicht (wie etwa für Brandenburg) bekannt, daß die Knechte unmittelbar im Stall bei den Tieren schliefen.

Allgemein bezeichnend für größere Hofanlagen im Ernhausbereich ist das Nebeneinander von zumindest drei Gebäuden, die jedoch, anders als im Haufenhof des Hallenhausbereichs, im 18. Jahrhundert bereits um einen möglichst viereckigen Hofraum zum „Dreiseitgehöft" geordnet sind. Fast immer schaut das Bauernhaus, obwohl traufseitig aufgeschlossen, mit dem Wohngiebel zur Straße, während die übrigen Hofseiten von den beiden Wirtschaftsgebäuden eingenommen werden:

der Stall steht dem Wohnhaus gegenüber, die Scheune in der Regel auf der Rückseite des Hofes. So wird seit dem 18. Jahrhundert das Gesicht der Dörfer im mecklenburgischen Südosten, obwohl zunächst wie im übrigen Mecklenburg vom „offenen" Hallenhaushof geprägt, zunehmend (wie im benachbarten Brandenburg) von der „geschlossenen" Anlage des Ernhausgehöfts bestimmt.

Lediglich im Nordwesten Mecklenburgs, der seit dem Jahre 1701 ebenfalls Teil des Herzogtums Mecklenburg-Strelitz war, gelang es den Strelitzer Behörden nicht, ihre von Brandenburg-Preußen geprägten Bauvorstellungen zu realisieren: Der auf Grund seiner günstigen sozialökonomischen Lage wohlhabende und selbstbewußte Bauer des „Ratzeburger Landes" widersetzte sich mit Erfolg allen staatlichen Bestrebungen, auch hier Neubauten nur noch als Ernhäuser errichten zu lassen. Dabei verharrte der Bauer nicht nur schlechterdings wie bisher bei dem überkommenen Hallenhaus, sondern ließ dies, seit er wie der mecklenburgische Adel an der agrarischen Konjunktur des ausgehenden 18. Jahrhunderts partizipierte, nunmehr in seinem Außenbild ausgesprochen repräsentativ gestalten. So entstanden hier, meist durch Umbau älterer Gebäude, bei dem die oft noch aus dem 16. Jahrhundert stammenden, ausnehmend kräftigen Gerüste weitgehend erhalten blieben, imposante Häuser mit eindrucksvollen, für diese Zeit charakteristischen Schaugiebeln, die in ihren Schmuckelementen enge kulturelle Beziehungen zum benachbarten Holstein dokumentieren. Dazu zählen unter anderem kunstvoll verschränkte Balkensetzungen in dem oberhalb des Tores auf profilierten Kopfbändern weit vorragenden Giebeltrapez wie der „Bauerntanz", eine durchkreuzte Raute, oder doppelte Schrägkreuze sowie Steinsetzungen in den jetzt ausgemauerten Giebelgefachen wie der „Gewitterquast" (ein in Stein umgesetzter Pfingstbusch), die Raute, der Lebensbaum oder die Mühle, deren ursprünglich magische Bedeutung zu dieser Zeit sicherlich kaum noch bekannt gewesen sein dürfte (vgl. Abb. S. 294f.).

Mit dem 18. Jahrhundert endete somit die ursprünglich weitgehende Einheitlichkeit der mecklenburgischen Bauernhauslandschaft. An ihre Stelle trat eine sich immer stärker ausprägende Zweiteilung. Während auch weiterhin noch im größten Teil Mecklenburgs das Hallenhaus mit seinen Varianten das Gesicht der Dörfer bestimmte, wurde fortab der kleinere Südosten in zunehmendem Maße von den verschiedenen Ausbildungen des Ernhauses beherrscht.

Dorfformen im 18. Jahrhundert

Mit dem 18. Jahrhundert endete auch das überkommene Bild der mecklenburgischen „Dorf"-Landschaft. Über die Jahrhunderte hinweg, seit der feudalen Ostexpansion im hohen Mittelalter, war das mecklenburgische Dorf immer Bauerndorf gewesen.[15] Seiner äußeren Form nach kann es, wie vor allem Karten des ausgehenden 18. Jahrhunderts ausweisen, insbesondere vier mehr oder minder stark ausgeprägten Typen zugeordnet werden. Am urtümlichsten wirkt der offenbar früher in Mecklenburg recht häufige „Rundling", eine meist aus nur sechs bis acht Gehöften bestehende, hufeisenförmige Anlage, in die ursprünglich nur eine einzige Zufahrt hineinführte. Dörfer dieser Form wurden von der Forschung lange Zeit sowohl als slawische wie als germanische Gründungen reklamiert. Heute ist man von solchen Versuchen einer ethnischen Zuweisung abgerückt. Denn der Rundling mit seinem von Höfen eng umstellten Dorfplatz dürfte eher als eine kraalähnliche, leicht zu verschließende Schutzanlage entstanden sein, in der das darin zur Nachtzeit zusammengetriebene Vieh besser als im freien Feld vor vier- und zweibeinigen Räubern gesichert

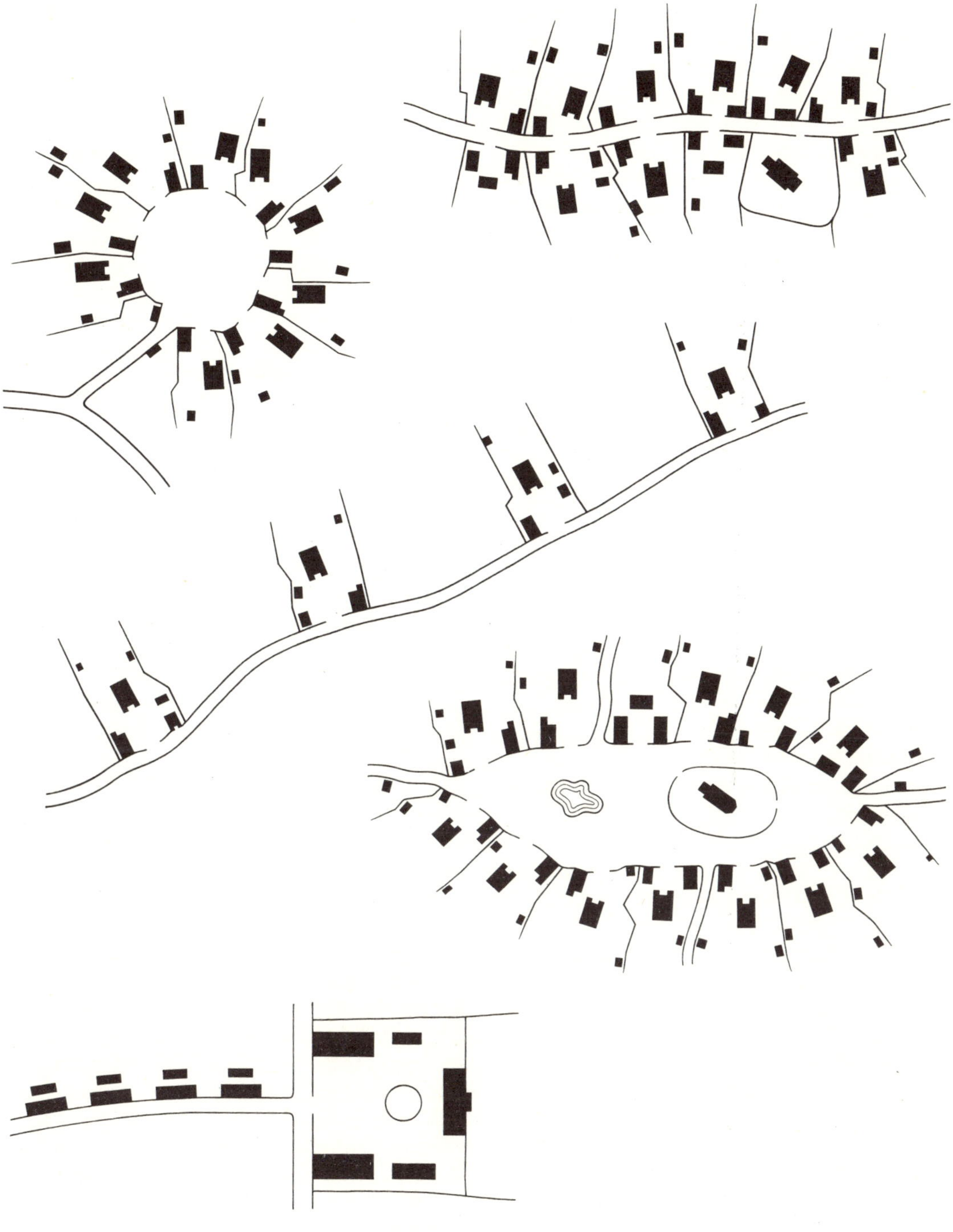

Dorfformen in Mecklenburg:
Rundling (links oben), Straßendorf (rechts oben), Reihendorf (Mitte), Gutsdorf (links unten), Angerdorf (rechts unten).
Nach Karl Baumgarten

war. „Straßendörfer" mit ihren beiderseits eines meist nicht sehr breiten Weges errichteten Gehöften waren in der Regel größer. Wie die Rundlinge waren sie in Mecklenburg vor allem im Westen und besonders im Südwesten des Landes verbreitet, doch scheinen manche von ihnen auch erst aus späterer Veränderung älterer „Angerdörfer" hervorgegangen zu sein. Angerdörfer mit ihrem durch mehrere Zugänge aufgeschlossenen, oft ovalen Dorfplatz, auf dem sich neben einem Dorfteich vielfach auch eine Kirche befindet, weisen eine auffällige Verbreitung auf: Sie sind im Westen Mecklenburgs wesentlich seltener als die übrigen beiden Formen, nehmen jedoch in östlicher Richtung ständig zu, so daß in der Nachbarschaft zum ehemaligen Vorpommern Angerdörfer die dortige Siedlungslandschaft nahezu beherrschen.[16] Das ist vermutlich historisch zu deuten. Während es Rundlinge und Straßendörfer mit Sicherheit schon vor der Ostexpansion gab, scheint das Angerdorf erst während dieser Zeit zur Ausbildung gekommen zu sein, sich dann aber bald als so vorteilhafte Anlage erwiesen zu haben, daß es gleichsam zu „der" charakteristischen Form mittelalterlicher deutscher Siedlung in Mecklenburg wurde.

Rundlinge, Straßen- und Angerdörfer sind in der Regel „geschlossene" Siedlungsanlagen. Zunächst eng aneinandergefügte Gehöfte bilden deren Platz- und Straßenräume. „Reihendörfer" zählen demgegenüber zu den „offenen" Formen. Mit ihren einzeln in großen Abständen häufig auf nur einer Straßenseite errichteten Höfen sind sie oft von beträchtlicher Länge. Ihre ehemalige Weiträumigkeit ist allerdings infolge des späteren Einfügens kleinerer Anwesen nicht mehr so auffällig. Als ursprüngliche Rodungsdörfer „van wilder wortelen" befinden sie sich in Mecklenburg vornehmlich in dem früher mit ausgedehnten Laubwäldern bestandenen Küstenbereich nördlich der jüngeren Endmoräne. Für sie war in älterer Zeit eine besondere Feldstruktur bezeichnend, die „Hagenflur" („Hagendörfer"), bei der jeder Bauer seinen abgesonderten Besitz hatte, der sich von seinem Hof aus in einem einzigen breiten Streifen über die gesamte Dorfflur erstreckte. Geschlossene Dorfanlagen kannten dergleichen Feldeinteilungen in der Regel nicht. Ihnen waren fast ausschließlich „Gewannfluren" zugeordnet, in denen der Besitz des einzelnen Bauern in bis zu 30 und mehr kleinsten Streifen im Gemenge mit denen der übrigen Hufner über die gesamte Feldmark hin verteilt war, so daß deren Bewirtschaftung nur auf Grund vorheriger Absprache innerhalb der Gemeinde bzw. nach Festlegung durch das domaniale Amt über eine zeitlich genau fixierte Abfolge sowohl der Bestellung wie auch der Erntearbeiten („Flurzwang") möglich wurde.

Im ausgehenden 18. Jahrhundert entstand neben diesen bäuerlichen Dorfanlagen eine weitere, bis dahin in Mecklenburg nicht bekannte Form ländlicher Siedlungen: das durch seine auffällige Zweiteilung in Herrenhof und Katenzeile gekennzeichnete Gutsdorf. Mit der steigenden Zahl der „gelegten" Bauern war für die an ihre Stelle tretenden landlosen Tagelöhner der Bau besonderer Unterkünfte erforderlich geworden. Vorbild für diese oft einseitig an der Zufahrtsstraße zum Herrenhof gelegenen Bauten wurden vornehmlich die bereits seit dem Mittelalter für die ärmeren Schichten der Städte errichteten „Buden". Wie sie sind auch die jetzt entstehenden „Katen" der Gutsdörfer Reihenhäuser.[17] Unter ihren zunächst noch allgemein mit Rohr gedeckten Dächern umfassen sie stets mehrere, bisweilen bis zu acht Wohnungen und überdies in älterer Zeit meist auch Stallungen für das wenige Vieh der Tagelöhner. Allgemein bestand jede dieser Wohnungen aus nur drei Räumen. Hauptraum war die durch einen Ziegel- oder auch Lehmsteinofen heizbare Stube, die nicht nur Sitz-, sondern zugleich auch Schlafraum für das Tagelöhnerehepaar war. Die Ausstattung dieses Raumes war ausgesprochen primitiv. Ein von Bänken bzw. von

Schemeln umstellter Tisch, eine einfache Kleiderablage, eine schmucklose Truhe für die Wäsche, ein bis zwei Milchbretter zum Aufstellen von „Satten“ (irdenen Schüsseln) für das Abrahmen der Sahne sowie schließlich noch ein zweischläfiges Bett bildeten meist das wesentliche Mobiliar. Als weiterer Raum kam eine unheizbare Kammer hinzu, in der sich durchweg nur Schlafmöglichkeiten für die meist zahlreichen Kinder des Tagelöhners befanden. Beide, Stube wie Kammer, waren ungedielt, ihre Fußböden überwiegend lehmgeschlagen, während der dritte Raum, ein breiterer Eingangsflur, durchweg mit Ziegeln ausgelegt war, diente er doch zugleich auch als Küche. Dabei wurde diese „Flurküche“ in älterer Zeit allgemein von zwei Familien genutzt. Entsprechend standen in ihr stets zwei Kochstellen einander gegenüber, beide noch bis etwa 1800 von Schwibbögen überwölbte, offene Rauchherde. Seit der zweiten Hälfte des 18. Jahrhunderts prägen diese niedrigen, zunächst noch allgemein in Fachwerk errichteten Katen zunehmend große Teile der mecklenburgischen Siedlungslandschaft. Sie sind heute noch, wenn auch meist modernen Wohnwünschen entsprechend verändert, in manchen ehemaligen Gutsdörfern anzutreffen.

Bauernhof, Kleinbauernhaus und Katen im 19. Jahrhundert

Hatte bereits das 18. Jahrhundert im südöstlichen Mecklenburg eine erste Ablösung des überlieferten Hallenhauses gezeitigt, so setzte sich dieser Prozeß seit etwa der Mitte des 19. Jahrhunderts in weiteren Teilen des Landes fort. Ausgelöst wurde dieser Vorgang durch die Weiterführung der bereits im 18. Jahrhundert begonnenen Agrarreformen,[18] die eine Zusammenlegung des bislang meist zersplitterten bäuerlichen Besitzes zu möglichst zusammenhängenden Flächen bewirkte. Das ermöglichte die Aufhebung des Flurzwanges und den Übergang von der gemeinschaftsgebunde-

Tagelöhnerkaten, 19. Jahrhundert. Groß Kussewitz, Kreis Rostock. Zustand um 1930

Großbauernhof der zweiten Hälfte des 19. Jahrhunderts, sog. Gutshoftyp. Lichtenhagen bei Rostock. Zustand um 1935

nen zur individuellen Wirtschaftsweise. Um die so entstandenen „verkoppelten" Felder effektiver nutzen zu können, wurden nun vielerorts einzelne Bauernhöfe aus dem Dorf herausgelöst und auf dem jetzt arrondierten Landbesitz neu errichtet. Durch diese „Abbauten" erscheint nun erstmalig im mecklenburgischen Siedlungsbild der bäuerliche Einzelhof, für den von der Regierung eine neue Gehöftform entwickelt wurde. Vorbild dafür war die seit dem 17. Jahrhundert auf adeligen Gutshöfen allgemein anzutreffende Anlage. So umstellen auch beim bäuerlichen „Gutshoftyp" des 19. Jahrhunderts in der Regel drei Gebäude einen viereckigen Hofraum (Abb.). Wie seit der Mitte des 18. Jahrhunderts das Gehöft im mecklenburgischen Südosten ist auch diese neue Anlage ein Dreiseitgehöft. Diese Ähnlichkeit war früher oft Anlaß, beide Anlagen miteinander zu verwechseln. Ihre Merkmale sind jedoch wesentlich andere.[19] So befindet sich beim „Gutshoftyp" das stets traufseitig zur Straße gelegene Bauernhaus immer an der Rückseite des Hofraumes. Früh bereits massiv und meist einstöckig errichtet sowie an den Giebeln mit Kröpelwalmen versehen, enthielt dieses Gebäude keinen Wirtschaftsraum mehr, dafür jedoch mehrere Stuben. Sie sind Ausdruck weiterer Veränderungen im bäuerlichen Wohnen. War schon im 18. Jahrhundert neben der Bauernstube dem Hause eine Altenteilerstube eingefügt und damit die Aufspaltung der ursprünglich alle Hofangehörigen umfassenden Bauernfamilie, und zwar nach Generationen, eingeleitet worden, so setzte sich diese nunmehr in einer zunehmenden sozialen Differenzierung von Bauer und Gesinde fort. Seit der zweiten Hälfte des 19. Jahrhunderts war für das Gesinde in der mehr und mehr nach städtischem Vorbild möblierten und geordneten Bauernstube meist kein Platz mehr. Für Knechte und Mägde erscheint fortab im Hause ein Sonderraum, die „Leutestube", in der sie getrennt von der bäuerlichen Familie ihre Mahlzeiten einnahmen und in der sie sich auch außerhalb ihrer Arbeitszeit aufhielten. Mit dem von Bänken umstellten Ecktisch blieb in ihr zunächst noch die ältere tradierte Raumordnung resthaft bewahrt. Als jedoch um 1900 aus der Stadt noch die „Gute Stube“, ein nur zu Festzeiten genutzter, repräsentativ möblierter Raum, ins Bauernhaus übernommen wurde, war mit solchem „Doppelstubenwohnen“ die bäuerliche Wohnweise weitgehend der bürgerlichen angeglichen – eine Entwicklung, die in den noch vorhandenen und bewohnten Hallenhäusern durch Umordnung der überkommenen Raumgliederung und durch Einfügung von Schornsteinen ebenfalls soweit wie möglich angestrebt wurde.

Anders als beim Bauernhaus des Gutshoftyps blieb in dessen Wirtschaftsgebäuden, die stets die beiden Seiten des Hofraumes einnehmen, die traditionelle Hallenbauweise zunächst noch weitgehend bewahrt. Das galt insbesondere für die noch in Fachwerk errichtete Scheune. Wie das Hallenhaus ist auch sie durchweg durch zwei innere Ständerreihen längsdreischiffig unterteilt, und zwar in einen hohen und breiten Bansenraum zur „erdlastigen“ Bergung der Erntevorräte, in eine schmale, ein wenig zur Seite hin verschobene Durchfahrtsdiele sowie in eine niedrige, überwiegend als Stallung genutzte Kübbung. Mit ihren Giebeltoren, ihrer hohen „Feldseite“ und ihrer niedrigen „Hofseite“ ähnelt sie so in ihrem Außenbild auffallend dem dreiständrigen Hallenhaus. Da das Bauernhaus des Gutshoftyps Scheunenraum nicht mehr enthielt, mußte nunmehr alles geerntete Getreide in das Scheunengebäude eingebracht und auch dort gedroschen werden. Selbst auf Höfen, auf denen sich noch bewohnte Hallenhäuser befanden, wurde jetzt in den ursprünglich zur Unterbringung von Futtervorräten gedachten Scheunen zunehmend das Getreide geborgen, vor allem seit gegen Ende des 19. Jahrhunderts die mit einem Göpel angetriebene Dreschmaschine auch im bäuerlichen Betrieb Eingang gefunden hatte. Selbst das Stallgebäude dieser Hofanlage wurde zunächst noch vielfach mit Giebeltoren und seitlicher Längsdurchfahrt errichtet, doch setzte sich hier, weil zweckmäßiger, schon bald der traufseitige Aufschluß durch Türen durch, wobei dann Luken in den Giebeln oder in Dachgaupen das Einbringen von Futtervorräten in den Raum über den Stallungen ermöglichten.

Die Anlage des bäuerlichen Gutshoftyps, wie sie zunächst für die auf der Dorfflur verstreut entstehenden Abbauten entwickelt worden war, blieb in der Folgezeit nicht allein auf diese beschränkt. Sehr bald schon drang sie, vor allem im östlichen, mittleren und nördlichen Mecklenburg, auch in die Dörfer hinein vor und verdrängte hier zunehmend das traditionelle Hallenhaus. Gleichzeitig wurde, vornehmlich seit dem Ende des 19. Jahrhunderts, vielfach das flachgeneigte Teerpappdach aus der Stadt auf das bislang vom Steildach beherrschte Bauerndorf übernommen. Lediglich in den Dörfern des westlichen Mecklenburg vermochte der Gutshoftyp kaum Fuß zu fassen. Hier verharrte der Bauer überwiegend weiterhin beim Bau von Hallenhäusern, allerdings zumeist in der Form des Werderhauses mit dem zur Straße hin ausgerichteten Wohnteil (Abb. S. 365). Für ein derartiges Festhalten an der Überlieferung dürften hier vor allem zwei Gründe entscheidend gewesen sein. So blieben, insbesondere im Nordwesten und Südwesten, Abbauten, auf denen Gutshoftypen hätten errichtet werden können, so gut wie unbekannt. Daneben wirkte sich ohne Zweifel die Nähe des niedersächsisch-holsteinischen Hallenhauskernraumes traditionserhaltend aus, so daß uns in den Dörfern Westmecklenburgs bis ins 20. Jahrhundert hinein selbst unter den Neubauten immer wieder Hallenhäuser begegnen. Damit trat in Mecklenburg an die Stelle der zweigeteilten Bauernhauslandschaft des 18. Jahrhunderts im 19. Jahrhundert eine dreigeteilte: im Südosten dominierte weiterhin das Ernhausgehöft, die Mitte, der Norden und der Osten wurden zunehmend vom bäuerlichen Gutshoftyp eingenommen, während der Westen wie bisher beim Bau von Hallenhäusern verharrte.

Büdnerei aus „Klump“ (Raseneisenerz), erbaut um 1900.
Kraak, Kreis Schwerin

Bei den für die zweite Büdneransetzung im 19. Jahrhundert errichteten Bauten ist Ähnliches nicht zu beobachten. Zwar erscheinen unter ihnen auch hin und wieder noch Hallenhäuser, im allgemeinen aber entstehen die neuen Gebäude für diese Kleinbauern, die sich im weiteren Verlauf über Zupachtung oder Zukauf von Land häufig zu Mittelbauern entwickelten, jetzt über das ganze Land hin nach einem behördlicherseits entworfenen Bauplan. Wohl sind auch diese jüngeren Büdnereien weiterhin Einheitshäuser, hatte sich doch das Zusammenfassen von Wohnung, Stall und Scheune unter einem Dach gerade für Kleinbetriebe als vorteilhaft erwiesen. In ihrer Raumgliederung aber erscheinen die Büdnereien nunmehr grundlegend verändert; an die Stelle der bisher wie im Bauernhaus überlieferten Längsorientierung tritt die Querunterteilung. Traufseitig an der Straße errichtet, besitzen sie ein inneres Gerüst nicht mehr. Vielmehr ist das zunächst noch rohrgedeckte Dachwerk unmittelbar den Fachwerkwänden aufgestellt. So fehlt auch die Dreischiffigkeit der älteren Bauten. Statt dessen erscheint – ähnlich wie beim Ernhaus – eine räumliche Unterteilung in aneinandergereihte Zellen. Im einzelnen sind dies eine Wohnzelle aus Stube und Kammer, die später häufig um Räume für den Altenteiler erweitert ist, eine Flurzelle, von der in der Regel rückwärtig eine jetzt allgemein mit Schornstein versehene Küche abgetrennt ist, eine Scheunenzelle mit der nunmehr quer durch das Haus verlaufenden Diele, die, um einen Drusch mit dem Flegel zu ermöglichen, erhöht ist, sowie als letztes eine mehr oder minder große Stallzelle. Derartige „Querbüdnereien“ prägen seitdem entscheidend das Bild des mecklenburgischen Dorfes mit (Abb.). Sie füllten die durch bäuerliche Abbauten entstandenen Lücken auf oder wurden an einer der Zufahrtsstraßen zum alten Dorfkern errichtet. In Südwestmecklenburg bildete auch bei den Büdnereien oft „Klump“ (Raseneisenerz) das Baumaterial.

Scheunenwand aus Fachwerk, Füllung aus „Klump" und Ziegeln.
Lübtheen, Kreis Hagenow

Als jüngste bäuerliche Schicht im mecklenburgischen Dorf erscheinen seit der Mitte des 19. Jahrhunderts schließlich noch die „Häusler". Diesmal aus dem Bemühen der domanialen Behörden, eine verstärkte Auswanderung vor allem von Tagelöhnern nach Nordamerika einzudämmen, wurde an Siedlungswillige unter der Landbevölkerung ein Haus sowie ein wenig Gartenland als Eigentum ausgegeben. Auch die Häusler waren daher – ähnlich wie die Büdner des 18. Jahrhunderts – darauf angewiesen, sich nach weiterem Erwerb umzutun, um ihre Familie ernähren zu können. Sie fanden Arbeit zum Teil auf den Bauernhöfen, zunehmend jedoch im Chausseebau oder in der sich nun entwikkelnden Industrie. Die für sie errichteten Gebäude sind unterschiedlicher Art. Oft enthalten sie Wirtschaftsraum nicht mehr, sondern sind reine Wohnhäuser (Abb. S. 266). Dort jedoch, wo es den Häuslern gelang, Land hinzuzugewinnen, entstanden hinter diesen Wohngebäuden durch Zubau kleiner Wirtschaftsgebäude bescheidene Hofanlagen. Andere Häuslereien wiederum ähneln, da sie von vornherein Traufseittor und Stallräume besitzen, den jüngeren Querbüdnereien. Alle Häuslereien wurden – als erste Gebäude im Dorf – durchweg massiv und mit Hartdächern errichtet. Sie fanden meist im Ort selbst keinen Platz mehr und wurden dann, oft in großer Zahl, in ausgesprochenen „Häuslerreihen" im Anschluß daran errichtet.

Im ritterschaftlichen Bereich Mecklenburgs zeitigte das 19. Jahrhundert die volle Ausbildung der Gutswirtschaften. Bis auf zwei oder drei Bauernhöfe, die, durch Gesetz vor dem „Legen" geschützt, in kleine Weiler an den Rand der Gutsflur verlegt wurden (vgl. Abb. S. 53), waren jetzt alle übrigen Bauern des Dorfes enteignet und landlose Tagelöhner geworden. Die für sie errichteten Katen wurden nun als Massivbauten ausgeführt und mit Ziegeln gedeckt. Als neue Bauform erscheinen unter ihnen die „Kreuzkaten“. In Längsrichtung zweifluchtig unterteilt, enthalten sie jeweils zwei Wohnungen auf der Vorderseite sowie zwei auf der Rückseite. Bei manchen Gutsherrschaften offenbar besonders beliebt – sie sparten bei ihnen an Material – sind solche Katen als Wohnunterkünfte jedoch denkbar ungeeignet. Keine der in ihnen befindlichen Wohnungen war ausreichend zu lüften, und zwei Familien hatten immer nur einen Ausblick nach hinten auf die Stallgebäude. Allgemein besaß in den neu errichteten Katen jedoch jede Familie ihre eigene Küche, entsprechend war in dieser fortab nur ein Herd mit Rauchfang und Schornstein vorhanden. Überdies fand sich nun häufig der Küche ein besonderer Eingangsflur vorgeschaltet. Bei alledem aber erhöhte sich die Zahl der dem Landarbeiter insgesamt zur Verfügung stehenden Wohnräume zunächst nicht. Erst mit dem Aufkommen des „Hofgängers“, einer von ihm zusätzlich auf dem Gutshof zu stellenden Arbeitskraft, wurde bei Neubauten eine weitere Kammer üblich, die der Tagelöhner seit dem Ende des 19. Jahrhunderts (nach Fortfall des „Hofgängers“) als eigenen Wohnraum nutzen konnte. Diese Kammer war für ihn fortab Schlafraum, so daß er die jetzt durchweg bereits gedielte Stube durch Ausstattung mit weiterem Mobiliar, vor allem mit Schränken und Stühlen, ein wenig wohnlicher zu gestalten versuchte (Abb. S. 90). – Ein Kuriosum im Gutsdorf dieser Zeit ist der Rundbau. Noch zu Beginn des 20. Jahrhunderts war seine Herkunft heftig umstritten. Er galt als slawisches, aber auch als germanisches Relikt, bis erkannt wurde, daß er, wie die Rundkirchen oder runden Pavillons, spätbarocken Vorstellungen sein Entstehen verdankte.[20] In Gutsdörfern erscheint er, durchweg die Auffahrt flankierend, sowohl als Scheune wie als Landarbeiterkaten. Dieser Katen enthält entweder zwei oder auch vier Wohnungen, bei denen die stets in der Mitte des Rundbaus gelegenen Küchen fensterlos und daher völlig dunkel sind.

Ländliches Bauen im 20. Jahrhundert

Während das frühe 20. Jahrhundert für das Bauerndorf Mecklenburgs, sieht man von dem ständigen Vordringen des Teerpappeflachdachs und von dem damit jetzt an den Gebäuden häufiger auftretenden Kniestock ab, baulich kaum Veränderungen brachte, erfolgten seit den zwanziger Jahren mancherorts grundlegende Wandlungen im Baubild der Gutsdörfer. Hinter ihnen standen Bemühungen, verschuldete Gutsbesitzungen oder unrentable größere Domanialbetriebe durch Parzellierung aufzusiedeln. Die dafür erforderlichen neuen Wohngebäude wurden auf unterschiedliche Weise gewonnen. Teils wurden die auf den Gutshöfen befindlichen Wirtschaftsbauten, vor allem die Scheunen, zu Wohnungen ausgebaut, wobei sie ihrer Größe wegen durchweg an zwei Siedlerfamilien ausgegeben wurden. Teils fanden die noch vorhandenen Landarbeiterkaten weiterhin Verwendung. Nur mußten in solchen Fällen die von den Siedlern benötigten Wirtschaftsbauten in den anschließenden Gärten errichtet werden. Schließlich aber erscheinen auch neuentwickelte Formen. Zu ihnen zählt vor allem der bislang im mecklenburgischen Dorf unbekannte „Winkelhof“, eine Anlage aus einem traufseitig zur Straße gelegenen Nur-Wohnhaus sowie einer im rechten Winkel daran angefügten, querdieligen Stallscheune, denen als Verbindung meist eine niedrigere Wirtschaftsküche zwischengeschaltet wurde. Außer dieser Form begegnet, insbesondere seit den dreißiger Jahren, auch der im mitteldeutschen Raum entwickelte „Streckhof“, der im Zusammenfassen von Wohnung, Stall und Scheune unter einem Dach eine gewisse Ähnlichkeit mit der jüngeren Querbüdnerei besitzt. Doch ist in dem durch Addition entstandenen Streckhof allgemein die Querdiele mit dem Scheunenraum ganz an das Ende des Gebäudes gerückt. Aufgrund dieser unterschiedlichen

Bodenreformhaus mit Wohn-, Stall- und Scheunenteil; Klinkerbauweise und Rohrdach. Roez, Kreis Röbel. 1948

Bodenreformhäuser gemäß Befehl 209 (ohne Scheunenteil). Roggentin, Kreis Rostock. 1950

Reihenfolge ihrer Wirtschaftsteile rechnen die jüngeren Büdnereien des 19. Jahrhunderts zu den „Mittertennbauten", die Streckhöfe des 20. Jahrhunderts jedoch zu den „Mitterstallbauten".

Mit dem Beginn der Bodenreform nach dem zweiten Weltkrieg erwuchsen in Mecklenburg umfangreiche neue Bauaufgaben. Tausende Neubauernhäuser mußten in den ehemaligen, jetzt aufgesiedelten Gutsdörfern errichtet werden (vgl. auch Abb. S. 283). Soweit nicht vorhandene Gutsgebäude umgebaut wurden, griff man zunächst auf jene Formen zurück, die sich bereits in der jüngsten Vergangenheit bewährt hatten, vor allem auf den Streckhof (Abb.). Da infolge der Zerstörungen durch den Krieg Ziegel nicht in ausreichendem Maße zur Verfügung standen, wurden diese Neubauten mancherorts im Pisébau mit gestampften Lehmwänden errichtet[21] und die Dächer teilweise wieder mit Rohr gedeckt. Bisweilen wich in den Neubauten die Raumgliederung von der früher in Mecklenburg üblichen erheblich ab, indem an die Stelle der Stube eine im mecklenburgischen Dorf bislang unbekannte „Wohnküche" mit Koch- und Sitzecke trat, außer der sich dann im Hause nur Schlafräume, im Erdgeschoß wie im Dachraum, befanden. Da sich die Mecklenburger jedoch im allgemeinen mit der Wohnküche nicht anzufreunden vermochten, wurde später, soweit möglich, meist eine Veränderung der Raumnutzung vorgenommen.

Auch die damals entwickelte neue Siedlungsform vermochte sich in der Folgezeit nicht durchzusetzen. Um die Zufahrt zu den kleinen Feldern der einzelnen Neubauern zu verkürzen und damit eine effektivere Bewirtschaftung zu ermöglichen, hatte man, wie im 19. Jahrhundert, zum Teil erneut Abbauten errichtet, jetzt aber nicht mehr als Einzelhöfe, sondern als kleine, vom alten Kerndorf entfernte Nebendörfer (Abb.). Das Entstehen und die Erstarkung der landwirtschaftlichen Kollektive, vor allem seit den sechziger Jahren, zeitigte jedoch zwangsläufig eine Abkehr von den Bau- und Siedlungsformen der Jahre um 1950. Nach gewissen Zwischenlösungen, bei denen zunächst noch Wohnung und Stall unter einem Dach zusammengefaßt blieben, was der vielerorts ersten Entwicklungsphase Landwirtschaftlicher Produktionsgenossenschaften entsprach, erfolgte schließlich der Übergang zu reinen Wohnbauten. Bei ihnen befinden sich vielfach gleichzeitig zwei Wohnungen unter einem Dach. Trotz mancher städtischer Strukturelemente ordnen sich jedoch auch diese Neubauten, die in ihrer Raumgliederung und Ausstattung der heute allgemein üblichen Wohnweise und Wohnkultur entsprechen, dem überlieferten und in Jahrhunderten gewachsenen Bild des mecklenburgischen Dorfes gut ein.

Das Kleinbürgerhaus des 18. und 19. Jahrhunderts

Die über ein Jahrhundert in Mecklenburg durchgeführten haus- und volkskundlichen Untersuchungen waren (entsprechend der allgemeinen Ausrichtung dieser Forschung) so gut wie ausschließlich auf das Dorf, insbesondere auf das Bauerndorf, hin orientiert. So ist die Eigenart und die historische Entwicklung des dörflichen Bauens und der dörflichen Wohnweise, vornehmlich für die spätfeudale Zeit, relativ gut bekannt. Studien gleicher Intensität hinsichtlich des städtischen Bauens liegen demgegenüber, von einzelnen Arbeiten über das Haus des Großbürgers[22] sowie das des Ackerbürgers[23] abgesehen, bis heute nicht vor. Es ist daher zur Zeit noch nicht möglich, mehr als einen ersten allgemein informierenden Überblick über städtische Volksarchitektur und das Wohnen der werktätigen Stadtbevölkerung in Mecklenburg zu geben.

Wie auf dem Dorf ist auch in der mecklenburgischen Stadt seit dem 18. Jahrhundert ein verstärktes Auftreten von Traufenhäusern zu beobachten. Von den bereits

Straße in Schönberg mit Bebauung aus dem 18. bis 20. Jahrhundert

seit dem Mittelalter für die ärmere Bevölkerung in Reihen traufseitig zur Straße errichteten Buden der größeren Städte abgesehen, war das Bild vor allem der Kleinstädte noch bis zum Beginn des 18. Jahrhunderts durch das Giebelhaus geprägt. Dabei überwog zunächst bei Kleinbürgern vielfach die Einstöckigkeit der Bauten. Die Raumgliederung dieser Bauten wurde im allgemeinen von einem von Giebel zu Giebel durchlaufenden Flur bestimmt, über den die auf dem rückwärtigen Hof gelegenen Wirtschafts- und Werkräume zu erreichen waren. Bei Bauten mit nur einer Wohnung war dieser Flur zumeist seitlich („Seitenflurhäuser"), bei solchen mit zwei Wohnungen mittig („Mittelflurhäuser") angeordnet. Der dem Flur zur Seite gelegene Wohntrakt bestand in der Regel aus drei hintereinander aufgereihten Räumen. Es waren dies eine zur Straße hin schauende heizbare und oft in den Flur hinein vergrößerte Stube, eine zum Hof hin befindliche Kammer – beide vom Flur her zu erreichen – sowie eine zwischen beiden gelegene Küche, die von der „Tüsche" her, dem Traufengang zwischen den Häusern, nur spärlich belichtet wurde. Diese Gebäude waren meist von Handwerkern oder anderen Kleinbürgern bewohnt.

Hinzu kamen in den kleineren Städten Mecklenburgs die Häuser der Stadtbauern, der „Ackerbürger".[24] Mit ihren mittig gelegenen, hohen Dielen und den zunächst noch seitlich davon im Haus mit untergebrachten Stallungen ähnelten deren Gebäude auffallend den Bauernhäusern auf dem Dorf – sie waren ebenfalls Hallenhäuser –, unterschieden sich von diesen lediglich durch die Vorderlage ihres Wohnteils. Jüngere wohnkulturelle Wünsche führten meist schon im 18. Jahrhundert dazu, das Vieh aus dem Haus zu entfernen und es hinter ihm in besonderen Stallgebäuden unterzubringen. So entstanden auch innerhalb der Städte bäuerliche Hofanlagen. Doch wichen diese von denen auf dem Dorf vor allem in einer Hinsicht ab: Es fehlten ihnen die Scheunen. Bereits seit dem 16. Jahrhundert war deren Bau innerhalb der Stadt wegen der von ihnen ausgehenden Brandgefahr untersagt und ihre Errichtung nur vor den Toren gestattet worden. Allgemeinen Erfolg scheint diese Anordnung jedoch erst seit dem 18. Jahrhundert gehabt zu haben – hier dürfte ebenfalls der Einfluß der Landbaumeister entscheidend gewesen sein. Seit dieser Zeit entstanden an den Eingangsstraßen zu den Städten ausgesprochene „Scheunenviertel" aus aneinandergereihten Scheunen, von denen heute freilich, nachdem der größte Teil von ihnen als nicht mehr benötigt abgerissen wurde, meist nur noch Reste anzutreffen sind.

Auch sonst ist im 18. Jahrhundert in der Stadt (wie auf dem Dorf) ein verstärktes Eingreifen der Behörden in das Baugeschehen unverkennbar. Besondere Bedeutung für das Gesicht der Städte erhielt das Verbot, weiterhin Giebelhäuser zu errichten. Entscheidend für diese Anordnung war zum einen der Wunsch, Baumaterial zu sparen. Erforderte doch das Fachwerk der oft aufwendigen Giebel viel Holz. Zum andern aber hoffte man auch, die in Traufenlage aneinandergefügten Gebäude durch massive Brandmauern besser als durch die Traufengänge bei Giebelhäusern voneinander trennen und so bei Stadtbränden die Gefahr des von Haus zu Haus überspringenden Feuers verringern zu können. Mit der Durchsetzung dieser Verfügung schwand zunehmend das für die Straßen der älteren Stadt bezeichnende abwechslungsreiche Bild des Auf und Ab der Giebel und machte einer mehr oder minder gleichförmigen Aneinanderreihung waagerechter Traufen Platz.

Nicht weniger einschneidend war diese Wendung der Häuser für deren Raumgliederung. Vor allem ergab sich die Notwendigkeit, die Küche zu verlegen. In ihrer ursprünglichen Mittellage wäre sie jetzt, nach dem Übergang zum Traufenhaus, zu einem fensterlosen Dunkelraum geworden. Um dies zu vermeiden, wurden verschiedene Varianten entwickelt. So erscheint die Küche fortab teils an die Seite der Kammer gerückt, teils aber auch in einem schmalen Flügel der hinteren Traufseite angefügt. Im allgemeinen wurde dabei die frühere Dreiräumigkeit der Kleinbürgerwohnung beibehalten. Lediglich bei Handwerkern waren – wie bisher – zusätzliche Kammern für Gesellen und Lehrlinge im Dachraum anzutreffen.

Weitere Wünsche der Behörden betrafen die Aufstockung der Häuser, um auf diese Weise der durch die wachsende Bevölkerung bedingten Wohnungsnot in den Städten zu begegnen. Vornehmlich drängte man darauf, zumindest in den Hauptstraßen die Häuser zweistöckig zu errichten bzw. auszubauen, um so den dringend benötigten Mietwohnraum zu gewinnen. Dabei suchte man zunächst durch besondere Bauzuschüsse eine entsprechende Baufreudigkeit bei den Hauseigentümern zu erreichen. Lediglich in den Nebenstraßen vieler Kleinstädte beließ man es bei der bisherigen Einstöckigkeit, so daß hier spätere Wohnraumerweiterungen nur über einen Ausbau des Dachraums mittels Gaupen möglich wurde (vgl. Abb. S. 78).

Vor allem aber waren die Weichdächer in den Städten für die Behörden Anlaß zum Eingreifen. Wiederholte, oft verheerende Stadtbrände hatten immer wieder die Gefährlichkeit solcher Dächer bei dem engen Aneinander der Gebäude unterstrichen. So waren bereits seit dem 16. Jahrhundert für die Städte Dachdeckungen mit Rohr oder Stroh untersagt worden. Wie wenig Erfolg man jedoch mit derartigen Verboten hatte, selbst in früheren Residenzstädten wie Güstrow, dokumentieren noch heute ältere Dachkonstruktionen, die belegen, daß die Häuser bis ins 17. Jahrhundert zu einem erheblichen Teil noch immer rohrgedeckt waren. Dabei wurde die von diesen Dächern ausgehende Gefahr oft noch dadurch

Sternberg

Boizenburg

erhöht, daß die Rauchabzüge über den damals auch in der Stadt noch offenen Herden nur bis in den Dachraum führten. Geschwärzte Sparren zeigen, daß dergleichen „Wölfe“ in Kleinstädten, wie beispielsweise in Tessin, noch im 18. Jahrhundert anzutreffen waren. Und es bedurfte erst energischer Androhungen von seiten der Behörden, um die Hauseigentümer endlich zu veranlassen, ihre Gebäude mit über die Dächer hinausreichenden Schornsteinen zu versehen.

Von Wismar und Rostock abgesehen, in denen schon seit dem Mittelalter ein Großteil der Häuser in Stein errichtet worden war, was die Räte der Städte zunächst durch Zuschüsse bzw. unentgeltliche Abgabe von Ziegeln gefördert hatten, verblieben die meisten der mecklenburgischen Städte bis ins 18. Jahrhundert hinein nahezu ausschließlich beim Fachwerkbau (vgl. Abb. S. 193). Zwar war bekannt, daß nicht zuletzt dies – neben den Weichdächern – oft die Ursache für die umfangreichen Stadtbrände gewesen war. Doch hinderte das nicht, daß eine Stadt wie Grabow, die 1725 durch ein Feuer fast vollständig zerstört worden war, wenig später noch erneut in Fachwerk errichtet wurde. Erst seit dem frühen 19. Jahrhundert, als vor allem Eichenholz als Baumaterial knapp wurde und ausreichend Ziegeleien entstanden waren, begannen auch die mecklenburgischen Kleinstädte zu „versteinen“. Mit entscheidend dafür war, daß jetzt das Bauen in Fachwerk weithin als ärmlich angesehen wurde. Eigentümer in Fachwerk errichteter älterer Häuser suchten daher,

Rostock, Kasernenstraße (heute Budapester Straße), vor 1914

zumindest an den Straßenseiten, durch Vorblenden von Mauerwerk oder durch Verputzen des Holzwerks Massivbauten vorzutäuschen. Erst heute, nachdem der Reiz und die Schönheit des Fachwerks im Stadtbild wieder erkannt wurde, ist man bemüht, nicht nur die noch vorhandenen Fachwerkbauten in ihrem Außenbild zu erhalten und zu pflegen (vgl. Abb. S. 193), sondern auch, soweit möglich, verputztes Fachwerk wieder freizulegen.

Mit dem Aufkommen der Industrie in Mecklenburg, vor allem der Werftindustrie, entstanden seit dem Ende des 19. Jahrhunderts insbesondere in Städten wie Rostock ausgesprochene Arbeitervorstädte (Abb.). Die in ihnen errichteten Reihenhäuser, deren Uniformität im Außenbild man durch gewisse Fassadengestaltung, vornehmlich der Fernsterpartien, zu mildern suchte, sind durchweg drei Stockwerke hoch und ausschließlich mit flachen Teerpappedächern versehen. Infolge der engen Bebauung von Straße zu Straße waren Gärten hinter diesen „Mietskasernen" meist nicht mehr möglich. Lediglich enge Hofschächte trennen in der Regel die einzelnen Häuserreihen voneinander. Allen Häusern ist ein durch sämtliche Stockwerke verlaufender, in der Hausmitte befindlicher Flur gemeinsam. Von ihm aus sind jeweils mehrere Räume einer jeden Wohnung unmittelbar betretbar. Für diese „offenen" Wohnungen bildete sich insbesondere in Rostock eine bezeichnende Raumgliederung heraus. Sie umfaßten hintereinander aufgereiht eine größere, meist mit zwei Fenstern zur Straße schauende Wohnstube, daran anschließend eine fensterlose, völlig dunkle „Alkovenstube", die nur als elterlicher Schlafraum zu verwenden war, sowie eine schmale, einfenstrige, den meist zahlreichen Kindern der Arbeiterfamilien vorbehaltene Hinterstube, der zur Seite sich eine enge Küche befand. Die für die Bewohner des gesamten Hauses vorgesehenen Toiletten waren im Hochkeller eingebaut, der vielfach auch noch Wohnräume enthielt.

Städtisches Bauen im 20. Jahrhundert

Diesen Mietwohnungen des 19. Jahrhunderts gegenüber weisen die des 20. Jahrhunderts wesentliche Verbesserungen auf. Das betrifft als erstes den Abschluß der Wohnungen zum Treppenflur. Erreicht wird er durch einen zusätzlichen, jeder Wohnung eigenen Korridor, von dem aus die einzelnen Räume zu erreichen sind. Eine dunkle Alkovenstube ist in diesen „abgeschlossenen" Wohnungen nicht mehr vorhanden. Auch die hygienischen Einrichtungen sind erheblich verbessert. So besitzt jede Wohnung auf ihrer Etage eine eigene Toilette, die seit den dreißiger Jahren auch mit einer Badegelegenheit ausgestattet ist. Damit wurde im städtischen Wohnungsbau ein Standard erreicht, wie er seither für Mietwohnungen als Norm gilt. Weitläufigere Bebauungen erlaubten vielfach auch in den größeren Städten wieder das Anlegen kleiner Gärten hinter den Häusern.

Nach 1945 waren die ersten neu errichteten Wohngebäude in den mecklenburgischen Städten meist recht einfache Ziegelbauten. Das verwundert nicht, wenn man sich der Situation unmittelbar nach Beendigung des Krieges erinnert. Angriffe anglo-amerikanischer Bomber sowie sinnloser Widerstand gegen die vorrückende Rote Armee hatten in Städten wie Rostock, Neubrandenburg, Friedland usw. in großem Umfang Wohnraum zerstört, und die Bevölkerung war durch zahlreiche Umsiedler angewachsen, für die ebenfalls Unterkunft gebraucht wurde. So war eines der vordringlichsten Erfordernisse dieser Zeit, Wohnraum zu schaffen, und das so rationell und schnell wie möglich. Dennoch wurde schon bald an einzelnen Baukomplexen versucht, durch künstlerische Attribute das meist einförmige Äußere der Neubauten zu beleben, wobei man selbst auf in Mecklenburg ungebräuchliche Techniken zurückgriff. Ein Beispiel dafür sind die Häuser der Rostocker Krämerstraße, über

Fassadenschmuck der frühen fünfziger Jahre. Rostock, Krämerstraße

deren Eingangstüren Szenen aus der Arbeit an der Küste in Sgrafitto abgebildet wurden. Die gleiche Technik erscheint wenig später auch an den Bauten des neuen Rostocker Stadtteils Reutershagen I, für die jedoch bereits Anleihen aus dem klassizistischen Formenschatz kennzeichnend sind. Dem folgten andere Städte. Im neu aufgebauten Neubrandenburg z.B. beleben hohe und breite Erker sowie klassizistisch geformte Zwerchgiebel die Fassaden entlang der Hauptstraße.

Noch weiter ging die Rückbesinnung auf heimische Bautraditionen beim Wiederaufbau der Langen Straße in Rostock. Hier gelangten Ende der fünfziger Jahre bei den in typisch niederdeutschem Ziegelrohbau errichteten Gebäuden sowohl gotische als auch romanische Stilelemente zur Anwendung.

Mit dem um 1960 einsetzenden Montagebau vollzog sich ein grundlegender Wandel im städtischen Bauen. Nur die industrielle Bauweise bot die Möglichkeit, dem steigenden Bedarf an Wohnraum nachzukommen. Die Gleichförmigkeit der ersten auf diese Weise errichteten Baublöcke zeigt freilich, daß die Gestaltung der Hausfronten in der neuen Technik nur schrittweise gemeistert wurde. Erst die Entwicklung differenzierter Grundelemente für Wohneinheiten schuf neue Möglichkeiten. Gegliederte Fassaden und variierte Höhe der Bauten ließen seitdem eindrucksvolle Straßen- und Platzräume in den neuen Stadtteilen entstehen.[25] Und daß selbst ein Weiterführen alter hansischer Bauvorstellungen möglich ist, beweisen jüngste Neubauten in der nördlichen Altstadt Rostocks, wo wieder hohe, wenn auch dem neuen Material entsprechend veränderte Giebelhäuser entstanden sind.

Anmerkungen

1 Johann Ulrich Folkers, Die Schichtenfolge im alten Bestande niedersächsischer Bauernhäuser Mecklenburgs, in: Volkskundliche Beiträge. Wossidlo-Festschrift, Neumünster 1939, S. 112–128; derselbe, Mecklenburg. Haus und Hof deutscher Bauern, Bd. 4, Münster 1961; Karl Baumgarten, Das Bauernhaus in Mecklenburg, Berlin 1965; derselbe, Hallenhäuser in Mecklenburg, Berlin 1970.

2 Karl Baumgarten, Diele und Dreschen im mecklenburgischen Hallenhaus, Zeitschrift für Agrargeschichte und Agrarsoziologie 13 (1965), S. 28–34.

3 Karl Baumgarten, Erntefest und Hallenhaus in Mecklenburg. Zeitschrift für Volkskunde 61 (1965), S. 74–85.

4 Das beweist vor allem das in Westerscheps Kr. Ammerland (BRD) ergrabene Bauernhaus des 11.–12. Jahrhunderts, in einem Gebiet, aus dem nachweislich niederdeutsche Siedler im hohen Mittelalter nach Mecklenburg kamen. Zu diesem Ausgrabungsbefund vgl. man Dieter Zoller, Untersuchung von Dorfkern und Wirtschaftsflur mit archäologischer Methode, Neue Ausgrabungen und Funde in Niedersachsen 4 (1969), S. 321 f.

5 Vgl. u. a. Josef Schepers, Westfalen-Lippe. Haus und Hof deutscher Bauern, Bd. 3, Münster 1960.

6 Franz Engel, Die Urformen des Niedersachsenhauses in Mecklenburg, Meckl. Jahrbücher 104 (1940) S. 115–119.

7 Diesbezügliche Untersuchungen wurden im Freilichtmuseum Cloppenburg/Oldenburg (BRD) durchgeführt. Vgl. Hermann Kaiser u. Helmut Ottenjann, Museumsdorf Cloppenburg, Cloppenburg 1980, S. 121 f.

8 Karl Baumgarten, Die Tischordnung im alten mecklenburgischen Bauernhaus, Deutsches Jahrbuch für Volkskunde 11 (1965), S. 5–15.

9 Johann Friedrich Pries, Die Entwicklung des mecklenburgischen Niedersachsenhauses zum Querhause und das mecklenburgische Seemannshaus, Stuttgart 1928.

10 Karl Baumgarten, Zimmermannswerk in Mecklenburg – die Scheune, Berlin 1961.

11 Willi Peßler, Das altsächsische Bauernhaus in seiner geographischen Verbreitung, Braunschweig 1906.

12 Oskar Schmolitzky, Das Bauernhaus in Thüringen, Berlin 1968.

13 Alfred Fiedler u. Jochen Helbig, Das Bauernhaus in Sachsen, Berlin 1967.

14 Werner Radig, Das Bauernhaus in Brandenburg und im Mittelelbegebiet, Berlin 1966.

15 Carl August Endler u. Johann Ulrich Folkers, Das Mecklenburgische Bauerndorf, Rostock 1930.

16 Vgl. Franz Engel, Zur Siedlungsgeschichte Mecklenburgs, in: Mecklenburg, hrsg. von R. Crull, Bielefeld/Leipzig 1938, S. 267 und Karte 25.

17 Karl Baumgarten, Die älteren Landarbeiterkaten in Mecklenburg, in: Arbeit und Volksleben, Göttingen 1967, S. 44–57.

18 Karl Baumgarten, Die Auswirkungen der Agrarreformen des 19. Jahrhunderts auf das domaniale Bauernhaus Mecklenburgs, in: Vom Bauen und Wohnen, Berlin 1982, S. 172–180.

19 Als erster erkannte Johann Ulrich Folkers die Besonderheit dieser Gehöftform (Johann Ulrich Folkers, Das mecklenburgische Bauerndorf, in: Mecklenburg. Ein Heimatbuch, hrsg. von Otto Schmidt, Wismar 1925, S. 118).

20 Johann Ulrich Folkers, Beiträge zur Bauernhausforschung in Mecklenburg, Mecklenburg 4 (1925), S. 124.

21 Zu Beginn des 19. Jahrhunderts war diese Bauweise von den Behörden schon einmal empfohlen worden, um an Bauholz zu sparen, allerdings kaum verwendet worden.

22 Karl Hauke, Das Bürgerhaus in Mecklenburg und Pommern, Tübingen 1975.

23 Johann Friedrich Pries, Die Entwicklung des Hagenower Bürgerhauses aus dem sächsischen Bauernhaus, Jahrbücher des Vereins für meckl. Geschichte und Altertumskunde 93 (1929), S. 115–152.

24 Karl Baumgarten, Einige Bemerkungen zur Entwicklung des Ackerbürgerhauses in Mecklenburg, in: Vom Bauen und Wohnen, Berlin 1982, S. 151–158.

25 Walter Ohle, Rostock, Leipzig 1970; Autorenkollektiv, Architekturführer DDR. Bezirk Rostock, Berlin 1978.

Volkskunst

VON RALF WENDT

Volkskunst wurde jahrzehntelang fast ausschließlich auf „Bauernkunst" beschränkt und unter ästhetischen Gesichtspunkten betrachtet. Auf Grund der sozialökonomischen Verhältnisse in Mecklenburg waren die volkskünstlerischen Leistungen hier jedoch – im Unterschied zu anderen deutschen Landschaften – wenig attraktiv. Daher boten sie den vorwiegend kunst- und kulturgeschichtlich orientierten Museen wenig Anreiz zu einer systematischen Sammlung und Darstellung. Nur vereinzelt, z. B. in Schwerin, wurden „Bauernstuben" nachgestaltet oder Trachten ausgestellt. Kein Wunder also, daß sich auch in der volkskundlichen Literatur Aspekte der mecklenburgischen Volkskunst nur sehr sporadisch behandelt finden.[1] Erst nach 1955, mit der volkskundlichen Orientierung auf die Untersuchung von Kultur und Lebensweise der werktätigen Klassen und Schichten, entstanden spezielle Arbeiten zur mecklenburgischen Volkskunst.[2] In ihnen wurde nachgewiesen, daß Mecklenburg zwar nicht zu den reichen deutschen Volkskunstlandschaften zählt (in seiner Volkskultur tritt stärker die sprachliche Volksüberlieferung in den Vordergrund), daß aber auch unter den geschilderten sozialen Verhältnissen durchaus eigenschöpferische Leistungen auf dem Gebiet der Handwerkskunst und des bildnerischen Volksschaffens zu verzeichnen sind. Die folgenden Abschnitte behandeln einige typische Bereiche der mecklenburgischen Volkskunst, wobei die ausgewählten Bilder im Text und im Tafelteil eine plastische Vorstellung von dem kulturellen Erbe auf diesem Gebiet vermitteln sollen (siehe S. 54, 133, 234, 240, 259f., 293ff., speziell S. 305ff.).

Bäuerlicher Kulturstandard und Volkskunst

Die wirtschaftlichen und sozialen Verhältnisse in Mecklenburg waren für die Ausbildung einer reichen Volkskunst alles andere als günstig. Selbst der bäuerliche Kulturstandard, der im späten 19. Jahrhundert das Interesse an bäuerlicher Volkskunst (oder genauer: an Volkskunst im bäuerlichen Lebensbereich) weckte, war bis ins 18. Jahrhundert denkbar bescheiden, wie u.a. eine Nachricht von 1766 bezeugt: „Unter dem Hausgeräthe war wenig, das man ums Geld ankaufen dürfte. Das mehreste war das Werck der eigenen Hände. Einen Topf und Kessel kaufte man noch wol, das übrige ward in den Winterabenden verfertiget. Ein Brett mit 4 Füßen war ein Tisch und Banck, und ein am Boden in der Stube bevestigtes Brett vertrat die Stelle eines Schranckes. Anstatt einer Bettstelle diente ein Schragen, Stühle wurden aus Spänen geflochten; ein vierecktes Brett war ein Teller; Löffel zu schneiden war das Werck des Hausvaters; der auch alles Akkergeräthe und Wagenzeug machte; und die Jugend unterwies Geräthe zu machen, und Stricke zu spinnen. Alles war in voller Arbeit, und eben dies war das Mittel, daß alle ernähret wurden ..."[3]

Unter solchen äußeren Bedingungen, die für einen Großteil der ländlichen Bevölkerung typisch waren, richteten sich alle Anstrengungen auf die Befriedigung elementarer Lebensbedürfnisse. Man stellte von den Dingen, die man unbedingt zum Leben brauchte, so viel selbst her, wie man vermochte, und gelangte dabei zu möglichst praktischen, einfachen Formen.

Soweit handwerkliches Können erforderlich war, etwa bei eisernen Gerätschaften das des Schmieds, bedingte die Kostenfrage ihrerseits die Einfachheit der Ausführung. Der offene Herd im mecklenburgischen Hallenhaus, dessen Rauch das ganze Haus erfüllte, ließ eine künstlerische Gestaltung, besonders des Mobiliars, wenig sinnvoll erscheinen.

Um die Mitte des 19. Jahrhunderts, als die Bauernhäuser in Mecklenburg fast alle einen Schornstein und damit rauchfreie Räume besaßen, hatte sich die Ausstattung wesentlich verändert, wie wir wiederum zeitgenössischen Berichten entnehmen können: „Hinter der Küche, so daß man gewöhnlich durch diese erst hineintreten kann, ist die Wohnstube des Bauern. Ein großer, braun angestrichener Schrank mit blauen Kanten und einem flammenden Herzen in der Mitte zieht zuerst den Blick auf sich. In den oberen Fächern desselben steht die Milch, welche zum Abrahmen bestimmt ist, in den unteren Abteilungen Brot, Käse und Tabak. Neben diesem Schrank schnurrt im grünen Brettergehäuse die Schwarzwälder Uhr. Der große Ofen, aus Backsteinen aufgemauert und so eingerichtet, daß er vom Küchenherd mitgeheizt wird, nimmt den letzten Platz an dieser Seite des Zimmers ein und läßt kaum noch für einen aus Weiden geflochtenen Lehnstuhl Raum. Dieser ist der Ehrenplatz des Hausvaters. Der Thür gegenüber, an der anderen langen Seite der Stube sind zwei größere Glasfenster mit vielen kleinen Scheiben, die in den Grasgarten gehen. Unter den Fenstern läuft eine lange Holzbank entlang, vor welcher ein großer Tisch aus braungemaltem Tannenholze mit vielen Schubladen steht. Einen Fuß von der Decke, so daß man bequem mit der Hand hinaufreichen kann, läuft eine hölzerne Borde durch den größten Teil des Zimmers, die verschiedensten Gegenstände liegen darauf: eine Butterdose, ein zerlesenes Gesangbuch, ein Strickstrumpf, ein halb fertig geschnitzter Peitschenstiel und dergleichen. Sonst sind im Zimmer noch einige

„Brotbrett" mit Kerbschnitzereien. Schönberger Gegend

kleine Hängeschränke, einige hölzerne oder aus Weiden geflochtene Stühle ... Die Wände sind hier und da mit einem Bilderbogen, gewöhnlich den alten Fritz, oder Blücher zu Pferde, oder den Großherzog darstellend, beklebt; an der Tür ist ein Wandkalender angenagelt. Über dem Tisch hängen, in kleinen Lederösen befestigt, so viel hölzerne Löffel, als täglich Gäste am Tische sind. Jedes, Knecht oder Magd, hat seinen bestimmten Löffel, den es gewöhnlich selbst ausschnitzt. Neben dieser Wohnstube befindet sich ein ähnliches, aber etwas kleineres Zimmer, mit grün angestrichenen Betten und einigen großen Koffern, die Leinenzeug und Kleider enthalten."[4]

In dieser Beschreibung bäuerlichen Wohnens um 1850 wird eine ganze Anzahl von Gegenständen benannt, wie sie – aufgrund ihres urtümlichen Duktus oder ihrer dekorativen Elemente als Objekte bäuerlicher Volkskunst verstanden – auch in unsere Museen gelangt sind. Insgesamt aber wirkt die genannte Ausstattung, die nach Maßgabe von Nachlaßverzeichnissen weithin typisch für das Bauernhaus dieser Zeit war,[5] immer noch recht bescheiden.

Darin drückt sich die Tatsache aus, daß Relikte feudaler Abhängigkeit bis weit ins 19. Jahrhundert ganz wesentlich die bäuerliche Wohnkultur mitbestimmten. Auch nach Aufhebung der Leibeigenschaft 1820 behielten die Grundherren (im Domanium

Zierformen an Bauernhäusern des Landes Ratzeburg, idealtypisch zusammengefaßt. Nach Erich Brückner. – Details von links nach rechts: Mühle, Raute, Bauerntanz, Lebensbaum, Donnerbesen. Weiter im Bild: Lüftungskreuze, Schulzenhörner, liegende Kreuze, Fischgräten, Fliesen.

der Landesherr) zunächst das Eigentumsrecht am Grund und Boden und an der „Hofwehr“, d. h. an den Gebäuden und der für die Wirtschaft notwendigen Grundausstattung mit Vieh, Gerät, Mobiliar usw. Die Bauern sahen also in diesem Bereich wenig Grund, Dinge zu verbessern oder zu verschönen, die ihnen nicht gehörten, auch wenn sie die Mittel dazu hatten, was bei vielfach schlechter Wirtschaftslage nicht allgemein der Fall war. Erst die allmähliche Übertragung des Eigentumsrechts an die Bauern im Zuge der sogenannten Vererbpachtung (bis zum Anfang der 1870er Jahre) führte dazu, daß sich nicht nur im ehemaligen Fürstentum Ratzeburg, wo die Bauern seit Jahrhunderten in gesicherteren Besitzverhältnissen lebten, sondern im ganzen Lande ein verstärktes bäuerliches Selbstbewußtsein entwickelte, das nach Selbstdarstellung strebte, zunächst im Rahmen der traditionellen, sich noch einmal entwickelnden Volkskunst, dann aber zunehmend durch Anlehnung an die bürgerliche Kultur.

Volkskunst am Haus

Dieser Zusammenhang zwischen wirtschaftlicher und sozialer Lage einerseits und der Ausbildung von Elementen einer über sachliche Notwendigkeiten hinausgehenden Volkskunst andererseits zeigt sich deutlich am Beispiel des Bauernhauses.[6] Die vor allem in den Dörfern West- und Nordmecklenburgs noch heute im Dorfbild auffallenden großen rohrgedeckten Hallenhäuser sind in der Regel einfache, zweckge-

Giebelschmuck von Bauernhäusern des Landes Ratzeburg

staltete Fachwerkbauten ohne besonderen Dekor (vgl. das Kapitel „Bauen und Wohnen"). Nur das Fachwerk der Gebäude wurde allgemein von den weißgetünchten Feldern der Gefache abgesetzt, im Binnenland rotbraun, seltener grün, und an der Küste schwarz. Im ehemaligen Fürstentum Ratzeburg und vereinzelt im Südwesten finden sich jedoch darüber hinaus verschiedenartige Schmuckelemente im Holz und im Mauerwerk (Abb.). Hierzu gehören beispielsweise der sogenannte „Bauerntanz" – miteinander verschränkte Hölzer im Giebel, die eine durchkreuzte Raute bilden –, profilierte Hölzer (Kopfbänder) unter dem vorkragenden Giebeltrapez (dem Teil oberhalb des Giebelbalkens beim Kröpelwalm) und besondere Strebeverbindungen beiderseits des Einfahrtstores, sogenannte „ganze" und „halbe Männer", ferner dekorative Ziegelsetzungen in den gemauerten Gefachen wie der „Donnerbesen" – eine fächerförmige Backsteinanordnung (volkstümlich „Gewitterquast" genannt, ein in Stein umgesetzter Maibusch) –, der Lebensbaum, die Raute, die Mühle und das Horn. Dieser Schmuck ist sicherlich vielfach Ausdruck bäuerlichen Wohlstands und Standesbewußtseins. Im Südwesten wurden zum Teil sogar die Namen des Bauern und der Bäuerin, die sich das Haus bauten, und das Jahr des Richtfestes in den Torbalken geschnitzt. Gelegentlich ebenfalls eingeritzte (meist der Bibel entnommene) Sprüche erbitten zudem Gottes Segen.

Auffallend an den Giebeln vieler rohrgedeckter Dächer sind die verzierten Windfedern oder Windbretter (Abb.). An der Ostseeküste vielfach am First als profilierte Bretter ausgebildet, erscheinen diese im übrigen Mecklenburg auf den am First überstehenden Ortbrettern als nach außen schauende Pferdekopfdarstellungen; im nordwestlichen Mecklenburg und in der Gegend von Boizenburg blicken die Pferdeköpfe nach innen. Über den Sinn dieser Giebelzier, mundartlich *Mulapen* (d.h. Maul offen) genannt, ist viel geschrieben und gerätselt worden. Sie mag ursprünglich magische Bedeutung gehabt haben, an die dann jedoch im Laufe der Zeit jegliche Erinnerung schwand. Wir finden solche Pferdeköpfe auf bildlichen Darstellungen

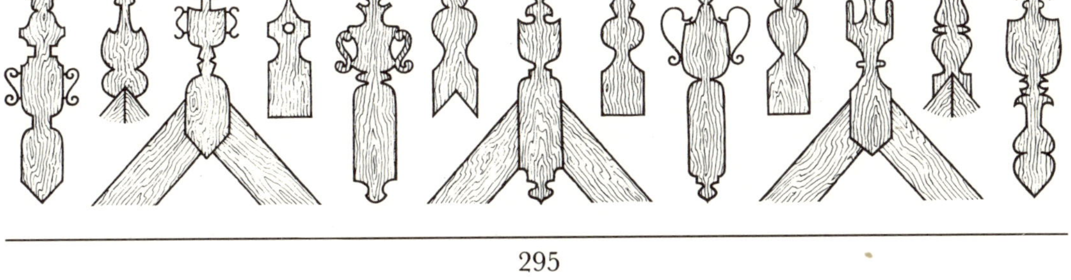

in Mecklenburg seit dem 16. Jahrhundert; im ausgehenden 19. Jahrhundert wurden sie zunehmend durch schlichte Giebelbretter ersetzt. In jüngerer Zeit sind die Pferdeköpfe zweifellos überwiegend unter volkskünstlerischen Aspekten zu sehen; zum Teil mögen sie auch die besondere Wertschätzung unterstreichen, die der Bauer dem Pferd als Zugtier entgegenbrachte.

Handwerksarbeit und Volkskunst

Möbel

Während die farbigen Anstriche des Fachwerks und das Ausweißen der Gefache in der Regel von den Bewohnern der Häuser vorgenommen wurden, waren Verzimmerung und Aufstellen des Fachwerks Sache des Zimmermanns, so wie die ornamentale Ausmauerung der Gefache entsprechende Kenntnisse des Maurers verlangte. Ebenso konnte der Bauer nicht alles, was er im Haus benötigte, selbst herstellen. Schon einzelne datierte Möbel und Gerätschaften aus dem 18. Jahrhundert, die wohl meist wegen ihres besonderen Dekors aufgehoben und von den Sammlern erfaßt wurden, weisen auf handwerkliche Fertigung (einfaches Gebrauchsgut hat sich nicht erhalten). Das Mobiliar und anderes Gerät bäuerlichen Wohnens aus den letzten beiden Jahrhunderten, das in den Museen zu sehen ist, wie Keramik, Glas usw., zeigt hingegen auch dann, wenn es von bemerkenswerter Schlichtheit ist, in der Regel eine so gediegene Ausführung, daß nur ausgebildete Handwerker als Produzenten in Frage kommen.

Gleichzeitig hat sich mancher geschickte Bauer bis ins 20. Jahrhundert hinein einfache Möbel (wie Wiege, Borte, Schemel usw.) selbst gefertigt. Aber wichtigste Produzenten bäuerlichen Mobiliars waren schon im 19. Jahrhundert die durch Zunftschranken noch gebundenen kleinstädtischen und vereinzelt auch dörflichen Tischler, die ihrerseits in den wenig bemittelten ländlichen und kleinstädtischen Bevölkerungsschichten ihre wichtigsten Abnehmer fanden.[7] Daher durften Ausführung und Auszier des Mobiliars die finanziellen Möglichkeiten der Verbraucher nicht übersteigen, die das Möbel zuerst von der praktisch-nützlichen Seite bewerteten. Es mußte strapazierfähig sein, auch negativen Umwelteinflüssen (dem Lehmfußboden, der Feuchtigkeit ungeheizter Kammern usw.) standhalten und möglichst mehrere Generationen überdauern. Die steigende Zahl der Tischler seit der Mitte des 18. Jahrhunderts läßt sich sicher zum Teil mit Überbesetzung des Handwerks erklären, findet seine Begründung aber zweifellos auch in steigenden bäuerlichen Wohnansprüchen.

Das ist vor allem an den neuen Möbeln ablesbar, die die jungen Bäuerinnen mit in die Ehe brachten. Hier wurde z. B. um 1800 die bisher übliche Lade durch den aufwendigeren Koffer abgelöst (Abb.). In den nächsten Jahrzehnten traten neben den traditionellen Speise- und Milchschrank als neues Behältnismöbel zur Aufbewahrung von Textilien der Kleiderschrank und im letzten Drittel des 19. Jahrhunderts die Kommode, die nach und nach die Truhe (Lade und Koffer) ersetzte. Um die Wende zum 20. Jahrhundert schließlich fanden vom Tischler angefertigte oder serienmäßig in der Fabrik hergestellte furnierte Möbel, so neben der Kommode das Vertiko, das plüschbezogene Sofa als Repräsentationsmöbel, Polsterstühle, große Wandspiegel mit Konsolen und andere „moderne“ Einrichtungsgegenstände Eingang ins Haus größerer Bauern, die sich zunehmend an städtischen Wohnansprüchen orientierten (vgl. Abb. S. 267). Dieser städtisch-bürgerliche Einfluß, der sich besonders im Aufkommen der sogenannten „Guten Stube“ im Bauernhaus zeigte, löste die überlieferte bäuerliche Wohnkultur auf. Dadurch ebneten sich die regionalen Besonderheiten ein, die sich volkskulturell im

Koffer mit Beschlag. Bürgerhaushalt Dömitz
Koffer ohne Beschlag. Büdnerei in Niendorf, Kreis Ludwigslust

bäuerlichen Wohn- und Lebensbereich ausgeprägt hatten.

Der Schmuck des traditionellen mecklenburgischen Bauernmöbels bestand vor allem in dessen Farbigkeit, die sich jedoch (auch als die Häuser auf dem Dorf keine Rauchhäuser mehr waren) in relativ engen Grenzen hielt. Noch um die Mitte des 19. Jahrhunderts galt: „Fenster, Tische, Bänke, Schränke usw. sind gewöhnlich dunkelbraun gestrichen. Braun ist die Alltagsfarbe, ein helles Grün oder Blau, seltener Roth wählt man zur Prunkfarbe. Die letztere zeigen deshalb die wertvolleren Mobilien, z.B. die Lade, welche die Aussteuer, das Leinzeug und das Geld enthält."[8] Bedeutender als die Farbgebung sind Schnitzereien oder gehobelte und gesägte Dekore, die seit dem 18. Jahrhundert, besonders an den Schauseiten von Laden und Schränken, zur Gliederung und Auszier des Möbelkörpers angebracht wurden.[9] Dazu gehören fensterartige, von Profilleisten eingerahmte Felder, die senkrecht mit Kerbschnitt in Fischschuppen verziert sind, oder hochgestellte rechteckige Felder mit geschnitztem Blüten- und Blattwerk. Vielfach angewandt wurde die Auflockerung der Schauseite durch senkrechte große und kleine Felder mit gebrochenen profilierten Seiten. Wellenartige, zumeist symmetrisch angelegte Sägearbeiten finden sich an Sockelzonen, Winkelfüßen von Truhen und Giebelbrettern von Schränken. Sie wurden im Verlauf des 19. Jahrhunderts zugunsten großzügig angelegter, sachlich wirkender Aussägungen aufgegeben oder fielen ganz weg.

Besonders reich verzierte Laden und Koffer im bäuerlichen Mobiliar waren zumeist Brauttruhen (Abb. S. 268f.). Durch Datierung, Beschriftung, Bemalung und reich verzierten Eisenbeschlag, dessen ornamentale Wirkung bei einigen Stücken noch durch farbig unterlegtes Wachs (z.B. rot, was als Farbe der Liebe galt) betont ist, heben sie sich deutlich von reinen Zwecktruhen ab. Auf der Vorderseite trug die Truhe den Namen der Braut bzw. die Anfangsbuchstaben der Namen des Brautpaares und das Hochzeitsjahr. Auch im Innern gab man den Brauttruhen durch Ausschlagen mit Leinen und bunten, gitterartig angeordneten Bändern sowie durch Malerei etwas Festliches, ein Zeichen besonderer Wertschätzung. Überhaupt bilden an mecklenburgischen Truhen die recht kunstvoll aus Eisen oder Messingblech geschnittenen und zuweilen getriebenen oder aus Messingguß bestehenden Schlüsselschilder und Eisenbänder einen besonderen Schmuck. An ihnen sind zeittypische, modische Einflüsse aus dem Bereich des Kunsthandwerks besonders deutlich abzulesen. Die vielfache Verwendung des Akanthusblattmotivs weist auf Einflüsse des Barock und Rokoko hin. Gegossene oder geprägte Schlüsselschilder in ornamentalen Empire- und Klassizismusformen (Urne, Vase, Laubgirlanden) oder Rhomben halten sich im 19. Jahrhundert über mehrere Jahrzehnte. Produzenten dieser Beschläge dürften entsprechend der strengen Arbeitsteilung städtische Kleinschmiede (Schlosser) und Gelbgießer gewesen sein. Dörfliche und städtische Grobschmiede waren davon aufgrund der bestehenden Zunftordnungen ausgeschlossen; sie wirkten schöpferisch gestaltend in anderen Bereichen, von denen hier nur die schmiedeeisernen Grabdenkmäler genannt seien (Abb. S. 328).

Besondere Auszier am mecklenburgischen Bauernmobiliar – wie bei anderem Gebrauchsgut – finden wir vor allem an Gegenständen aus dem persönlichen Bereich und an Minnegaben. Jahreszahlen, Namen oder Initialen verstehen sich nicht in jedem Fall nur als Zierat, sie sind auch Anzeige des persönlichen Eigentums, das sich neben der herrschaftlichen Hofwehr auf dem Bauernhof befand, die bei Gehöftsinventuren u.a. vorzuweisen war. So ist auch die in bescheidenen Grenzen gehaltene Farbigkeit des Mobiliars stärker zu differenzieren. Viele Möbel – besonders Erbstücke – haben im Verlauf der Zeit entsprechend der neuen Umgebung, aufgrund modischer Einflüsse oder Werterhaltungsbedürfnisse einen neuen Anstrich erhalten. Unter zum Teil mehreren Farbschichten verbergen sich bei manchen Truhen, aber auch Kleider-, Milch- und kleinen Wandschränken, Anstriche in verschiedenen Brauntönen. Ein hellblau gestrichener Kleiderschrank im Schweriner Museum mit in roter Farbe aufgemalter Jahreszahl und ebenfalls roten Initialen dürfte zum Heiratsgut einer jungen Bäuerin gehört haben.

Im späten 19. Jahrhundert vollzog sich im ländlichen Mobiliar, vermutlich unter dem Einfluß bürgerlicher Wohnvorstellungen (Klassizismus und folgende Stilepochen) ein Wandel in der Oberflächengestaltung. So finden sich an einigen Schränken für Wohnzimmer ältere Farbanstriche, die Holzmaserung nachahmen. Zumeist handelt es sich um dunkelbraune, schwarze (Nußbaum, Mahagoni, Eiche) oder gelbliche (Eiche hell, Birke) Anstriche, um wertvollere Holzarten bzw. Furniere vorzutäuschen. Aus dem Anfang des 20. Jahrhunderts stehen noch heute in manchen ländlichen Wohnhäusern in der Guten Stube dunkel gebeizte Büfetts mit Glasaufsätzen und Kommoden, deren Oberfläche bei näherer Betrachtung aus vorgetäuschter Eichenfurnier-Malerei besteht, hinter der sich billiges Nadelholz verbirgt. Eine ausgesprochen seltene Ziertechnik am ländlichen Mobiliar ist die Intarsie, die als Kernintarsie ausgeführt wurde. Dabei wurden Furniere oder Massivholzstücke in die Oberfläche des Möbelstückes eingebracht oder verleimt. So finden sich im Südwesten Mecklenburgs bis ins 19. Jahrhundert hinein sechs- oder achtzackige Intarsiensterne und -vögel auf Türfüllungen bzw. in bogigen Giebelfeldern von Kleiderschränken, die zum Teil auch eine flammende Empire-Urne aufweisen. Kleider- und Wäscheschränke sind zumeist aus besserem Material und sorgfältiger hergestellt sowie mehr ausgeziert als die rein hauswirtschaftlichen Zwecken dienenden Speise- und Milchschränke.

Detail eines „Brautstuhls" aus Spornitz, Kreis Parchim. Datiert 1804

„Brautstuhl“
aus der Rehnaer Gegend

Unter dem kleineren ländlichen Mobiliar boten die im Haushalt üblichen Stühle mit freistehender Rückenlehne manche Möglichkeit zur Auszier. Sie war besonders bei Schemelstühlen mit bogig ausgeschnittener Rückenlehne und Herzausschnitt in der Mitte des oberen Teils sowie beim anspruchsvolleren Lehnstuhl üblich, der sich als Braut- oder Hausvaterstuhl im bäuerlichen Haushalt auffallender Wertschätzung erfreute. Die Rückenlehne ist vielfach durch Säge- oder Schnitzarbeit, durch eingeritzte Ornamente oder filigranartige Durchbrucharbeiten verziert (Abb.). Das gilt vor allem für Brautstühle, deren Charakter als Minnegabe durch eingeschnittene Sprüche, Jahreszahlen und den Namen des Spenders deutlich sichtbar wird. Die Verbreitung des reichverzierten Armlehnstuhls erstreckt sich hauptsächlich auf das westliche Mecklenburg, auf das Gebiet um Schönberg und Rehna und den Südwesten (Griese Gegend). Tisch und Bett dagegen zeigen auch hier nur selten wirkliche Auszier.

Die meisten mit reichem Dekor versehenen mecklenburgischen Bauernmöbel entstammen der Zeit vom späten 18. Jahrhundert bis zur Mitte des 19. Jahrhunderts. Dabei vollzog sich eine Entwicklung, die sich am deutlichsten an den überlieferten Truhen ablesen läßt, die in dieser Zeit das Kernstück der Aussteuer junger Bäuerinnen bildeten. Solange die Lade diese Funktion hatte, d.h. bis ins frühe 19. Jahrhundert, war sie bevorzugter Gegenstand volkskünstlerischer Auszier, wie eine Reihe datierter Stücke zeigt. Je mehr der als modischer empfundene Koffer an ihre Stelle trat, desto mehr wurde die Lade zum schlichten Behältnismöbel. Dafür wurde der Beschlag des Koffers, den die Braut in die Ehe mitbrachte, von einfacher Zweckform zu üppiger Schmuckform entwickelt, die eine Fülle verwirrender Variationen aufweist. Bis zur Mitte des 19. Jahrhunderts wurden solche Koffer mit Beschlag wohl ebenso häufig in Auftrag gegeben wie beschlaglose. Erst allmählich, mit dem Aufkommen der Kommode als bäuerliches Brautgut, setzte sich ein ähnlich der dekorlosen Lade schlicht gehaltener Typus des Koffers als Norm durch und blieb es, solange dieses Möbel gefertigt wurde, d.h. – ebenso wie die Lade – etwa bis zum ersten Weltkrieg. Er ordnete sich damit in das Ensemble zunehmend städtisch geprägter Möbel ein, die ins Bauernhaus gelangten, bzw. wurde in Duktus und Farbe diesem Möbel direkt angepaßt.

Flache Schale, weiß, mit sparsamem erhabenem Dekor. Mecklenburgisch

Keramik

Eine ähnliche Entwicklung läßt sich bei der mecklenburgischen Töpferware beobachten, die als Gebrauchsgeschirr im Bauernhaushalt durch die Jahrhunderte eine große Rolle spielte.[10] Diese Töpferware war (ähnlich dem Möbel) das Werk ausgebildeter Handwerker, die für den Verkauf produzierten. Herstellung und volkskünstlerische Gestaltung der Keramik sind daher sowohl eng mit der Entwicklung des Töpferhandwerks wie mit der wirtschaftlichen und sozialen Lage der Bauern verbunden, die in Mecklenburg zu dessen wichtigsten Abnehmern gehörten. Die Erzeugnisse des mecklenburgischen Töpferwerks waren bis in die erste Hälfte des 18. Jahrhunderts relativ vielgestaltig, variantenreich und farbenfreudig, wie bei Erdarbeiten oder Altstadtsanierungen der letzten Jahre zutage geförderte Keramikscherben, insbesondere von Schüsseln und Tellern, bezeugen (Goldberg, Schwerin, Parchim). Sie ergeben das Bild einer recht gut entwickelten Töpferkunst, deren Erzeugnisse in der Folgezeit – nach Ausweis der musealen Bestände – zunehmend schlichter wurden und sich schließlich zum Teil an den Standard fabrikmäßig hergestellter Keramik anlehnten (vgl. auch Abb. S. 305 bis 309).

Schon im späten 18. Jahrhundert wurden die Töpfer in Mecklenburg – wohl aufgrund schlechter Erfahrungen – in den Amtsrollen wiederholt angewiesen, „bey härtester obrigkeitlicher Ahndung gute, dauerhafte, tüchtige, wohl ausgebrannte und gut glasurte Arbeit zu verfertigen, niemanden im Preise zu übersetzen, auch zu keiner Zeit an einem Vorrath von Töpferwaren ermangeln zu lassen“ (Grabower Amtsrolle von 1799). Immerhin galt die Keramik, die fremde Hausierer ins Land brachten, als besser: „Siehet aber der landtmann, daß es fremde (Tonwaren) da giebt, so läßt Er uns Stehen und geht zu den Fremden (auf dem Jahrmarkt), wodurch wir doch sehr leiden müßen“, beklagten sich 1775 in einem Schreiben an den Herzog zwei Warener Töpfer. Andererseits verkaufte ein Töpfer aus Burg 1781 unmittelbar vor Waren Kaffeekannen, die nach Meinung der Warener Töpfer „der bonité und Ausarbeitung und Gattung der Unsrigen so wir hier verfertigen, bei weitem nicht gleichen“. Wegen der allgemeinen Pauperität des mecklenburgischen Töpferhandwerks und der oft unzureichenden und damit konkurrenzschwachen Qualität der Erzeugnisse konnte jedoch auch der „ohnehin von Dorfschaften weit entlegene nahrlose Ort“ Waren (1781) die Konkurrenz fremder Töpfer nicht verkraften.[11]

Die direkte Erwähnung des „Landmannes“ bzw. die häufige Bezugnahme auf „Dorfschaften“ unterstreichen die Feststellung, daß die Bauern die wichtigsten Konsumenten der im 18. und 19. Jahrhundert fast ausschließlich in den Städten hergestellten Gebrauchskeramik waren. Ihre Kaufkraft war jedoch begrenzt, so daß hohe künstlerische Leistungen des Töpfers nur gefragt waren, wenn es sich um Auftragswerke zu besonderen Anlässen, also

Ofenkachel, Mitte des 19. Jahrhunderts.
Wahrscheinlich Töpferei Drefahl, Crivitz

um Minnegaben, Hochzeitsgeschenke u. ä., handelte. Solche Stücke aber reizten die späteren Sammler, so daß man von der überlieferten volkstümlichen Tonware nur bedingt auf die bäuerliche Alltagskeramik des 18. und 19. Jahrhunderts schließen kann. Abgesehen von teilweise hohen handwerklichen und volkskünstlerischen Leistungen, fügt sich auch die Töpferei insgesamt gesehen in das Bild einer eher bescheidenen Volkskultur ein, die von den realen gesellschaftlichen Gegebenheiten bestimmt wurde.

Bei aller Schlichtheit in der Linienführung und sparsamen Ornamentik zeichnet sich die mecklenburgische Keramik durch Sicherheit der Formgebung aus. Das gilt nicht nur für die Geschirr-, sondern auch für die Kacheltöpferei. Schon 1774, als die Öfen in den Bauernhäusern noch größtenteils in Ziegeln aufgemauert waren, wiesen zwei Warener Töpfer darauf hin, sie könnten „grüne, blaue und gemarmorte Oefen, auch weiße mit und ohne Kanten verfertigen, der übrigen Töpfer-Arbeit an Schwartzen Oefen, Töpfen und Schüsseln nicht zu gedenken". Der Ludwigsluster Hoftöpfer vermochte 1775 für gehobene Ansprüche „gantz weiße, oder auch braune und weiße, blaue und weiße, grüne und weiße, oder auch gemarmelte (marmorierte) Ofens" zu liefern, natürlich auch den in jener Zeit verbreiteten sogenannten „gemeinen schwarzen Ofen". Große Kachelöfen mit weißen oder andersfarbigen Kacheln kosteten 1800 14–20 Reichstaler, Öfen von braun und weiß marmorierten Kacheln oder glatten Kacheln und runden Ecken 10 bis 12, der sogenannte schwarze Ofen 6–8 Reichstaler. Generell hat sich in Mecklenburg der braun glasierte Kachelofen, der Ende des 19. Jahrhunderts im Gesims mit historisierenden Ornamenten verziert wurde, in bäuerlichen und kleinbäuerlichen Schichten (Büdnereien) über Jahrzehnte behaupten können. Seine braune Farbe – als „Farbe des Alltags" von Fromm bezeichnet – harmonierte mit der des ländlichen Mobiliars. Eine größere Fabrik zur Herstellung von Ofenkacheln entstand erst Ende des 19. Jahrhunderts für kurze Zeit in Haffburg bei Wismar.

Die Töpfer hatten zu berücksichtigen, daß bestimmte Tonvorkommen sich gut für die Geschirrtöpferei, andere hingegen für die Kachelproduktion eigneten und entsprechend ihrer Färbung auch unterschiedlich im Scherben ausbrannten. So war beispielsweise der Malchower blaue Ton fett und eignete sich besonders zur Geschirrtöpferei. Aus dem roten Malchower Ton dagegen wurden vorwiegend braune Kacheln hergestellt. Ein Güstrower Töpfer setzte dem Ton Braunstein zu (auch Kupferasche), der dem Ton eine graue, bei stärkerem Zusatz braune bzw. schwarze Farbe gab (bei Kupferasche grün) usw.

Hergestellt wurden neben Ofenkacheln Geschirre aller Art, wobei auch Sonderaufträge zu bestimmten Anlässen vom Töpfer gern erfüllt wurden. Größere Auftraggeber waren in erster Linie Kaufleute, die, als es noch keine Zentrifugen gab, Milchsatten bestellten, und Gärtner, die Blumentöpfe fertigen ließen. Von Plauer Töpfern wurden spezielle Töpfe ohne und mit anliegenden Henkeln in verschiedenen Größen produziert. Sie waren innen weiß und außen gelblich oder braun glasiert. Puddingformen hatten die Gestalt von Fischen, Schlangen oder Früchten. Hinzu kam Kinderspielzeug verschiedener Art, das insbesondere vor Weihnachten großen Absatz fand. Bei der Formung all dieser Keramik wurde generell ohne Vorlage frei nach dem Gedächtnis gearbeitet. Das gilt auch für die Auszier, die sich, soweit sie überhaupt vorgenommen wurde, nach der Zweckbestimmung der Tonwaren richtete. Meistens trifft man die gleiche Grundfarbe an: ein schönes helles oder sattes Braun, dem eine sparsam aufgetragene und auch farbig zurückhaltende Ornamentik – vor allem in den Farben weiß, grün und rotbraun – Leben verleiht. Die Töpfer bemalten mit sicherer Hand und ohne künstlerische Ausbildung die derben Irdenwaren mit geometrischen oder aus der Pflanzenwelt entlehnten Mustern bei guter Einteilung der Flächen und der Schmuckelemente (Striche, Kreise, Wellen- und Schlangenlinien, Rad- und Sternornamente). Die kraftvollen Zeichnungen und Farben auf den großen Tellern, Schüsseln und Henkeltöpfen mit ihren ruhigen Grundtönungen wirken noch heute lebendig und frisch. Sprüche, Namen und Jahreszahlen wurden auf den Flächen weitgehend ornamental verarbeitet. Die reichste Auszier fanden naturgemäß die seltenen Minnegaben, die vor allem durch die Initialen des Braut- oder Liebespaares, durch Liebessymbole oder eine Jahreszahl als solche erkennbar sind. Vielfach blieb allerdings die farbige Glasur der einzige Schmuck der formschönen Gefäße. Andererseits war die Glasur das Teuerste bei der Töpferei und wurde deshalb sparsam angewandt. Jeder Töpfer hatte dafür bestimmte Rezepte und Kniffe, die er sorgfältig hütete und nur innerhalb der Familie weitergab.

Bügeleisenuntersatz

Insgesamt zeigt auch die mecklenburgische Töpferei, wie stark dieses Handwerk Träger der Volkskunst oder doch zumindest mit ihr verbunden war. Es produzierte für breite Volksschichten, insbesondere für die Landbevölkerung, trug deren Anforderungen an einfache und praktische Keramikerzeugnisse für den täglichen Gebrauch Rechnung und versuchte, in Form und Dekor auch dem ästhetischen Empfinden der Konsumenten zu entsprechen. Dabei wurden die individuellen schöpferischen Gestaltungsmöglichkeiten der Töpfer zwar weitgehend durch die Tradition bestimmt, aber nicht eingeengt.

Der Rückgang der handwerklichen Geschirrtöpferei in Mecklenburg war weniger eine Folge des Imports anderer Keramik (z. B. Stettiner und Bunzlauer Ware) als der Tatsache, daß die entstehenden Fabriken gleichmäßigere, gefälligere und vor allem weit billigere Tonwaren herzustellen imstande waren. Zudem traten im bürgerlichen und bäuerlichen Haushalt an die Stelle der Keramik zunehmend Steingut und Porzellan, während die Arbeiter in der Stadt und auf dem Lande das neu aufkommende Emaillegeschirr zu bevorzugen begannen. Beides, Steingut wie Emaille, erschien nicht nur ansprechender, sondern war auch haltbarer als die im wenig rentablen Handbetrieb hergestellte Töpferware. Da diese infolge der Konkurrenz der Fabriken auch billiger angeboten werden mußte, wurde die Bezahlung der Töpfer so schlecht, daß es dem Handwerk schließlich an Arbeitskräften fehlte. In den neunziger Jahren des 19. Jahrhunderts ging die handwerkliche Geschirrtöpferei und während des ersten Weltkrieges auch die Kachelproduktion in Mecklenburg bis auf Reste zurück. Das Töpferhandwerk begann sich fast ausschließlich auf das Setzen von Öfen aus fabrikmäßig hergestellten Kacheln zu spezialisieren. Während der dreißiger Jahre des 20. Jahrhunderts wurde vereinzelt die handwerkliche Herstellung von Tongeschirr wieder aufgenommen (Töpferei Fentens, Brüel), aber das entsprang keinem wirklichen Bedürfnis, sondern geschah im Zeichen nationalistisch begründeter „Wiedererweckung“ alter Volkskunst.

In der ersten Zeit nach dem zweiten Weltkrieg unternahmen es einige Ziegeleien, auch Gebrauchskeramik zu formen und zu brennen, solange ein durch die Notzeit bedingter Bedarf danach bestand. In den fünfziger Jahren wurden einige Töpfereien neu begründet, z. B. von Brigitte Ringeling in Bad Doberan und von Irmfried Liebscher in Kröpelin. Bei ihrer Produktion überwogen von Anfang an kunsthandwerkliche Aspekte: die Arbeit war (und ist) weitgehend auf dekorative künstlerische Gebrauchskeramik spezialisiert. Dabei wurden die Erzeugnisse der traditionellen bäuerlichen Tonware in Mecklenburg vielfach als Grundlage für eigenschöpferische Arbeiten genommen, um der Bevölkerung geschmackvolle, auf guten handwerklichen Traditionen beruhende Ware anzubieten. Daneben entstanden Keramikzirkel, z. B. in Waren, Schwerin und Plau, in denen unter fachlicher Anleitung Laien töpferten.

Glas

Ebenfalls wieder reaktiviert wurde die Herstellung von Glas. Es ist kaum bekannt, daß Mecklenburg vom 17. bis 19. Jahrhundert aufgrund seiner umfangreichen Glasproduktion (allein in Mecklenburg-Schwerin lassen sich archivalisch 155 Glashütten nachweisen) zu den bedeutenden deutschen Glashüttenzentren gehörte.[12] Die geringschätzige Einordnung des hier produzierten Glases, das dem alten Waldglas entsprach, als gemeines oder schlechtes Glas hat dazu geführt, daß es kaum gesammelt wurde und daher selbst in den Museen wenig anzutreffen ist. Dabei verdient es sowohl als Gebrauchsware wie auch unter dem Gesichtspunkt volkskünstlerischer Leistung unsere Aufmerksamkeit, obwohl es in manufakturähnlichen Betrieben erzeugt wurde.

Mecklenburg besaß insofern günstige Voraussetzungen für die Anlage von Glashütten, als es in einem Großteil des Landes über ausreichend feinen Sand und ausgedehnte Waldungen verfügte und aus dem benachbarten Lüneburg problemlos gute Pottasche in ausreichender Menge beziehen konnte. So entwickelte sich im 17. Jahrhundert ein Glasmachergewerbe, als die herrschende Feudalklasse erkannte, daß

Deckeltopf mit Jagdszene in erhabener Aufglasur.
Töpferei Bech, Plau, datiert 1853

Großer Henkeltopf mit floralem Dekor.
Neustrelitzer Gegend, 19. Jahrhundert

Topf mit zwei Henkeln und floralem Dekor, aus bäuerlichem Besitz. Utecht, Kreis Gadebusch, 1. Hälfte des 19. Jahrhunderts

Henkeltopf mit Glasur und Dekor im oberen Teil,
Deckel von einem anderen Stück.
Aus der Malchower Gegend (Klostertöpferei Laschendorf?), um 1800

Doppeltopf, „duwwelt Atenspott", mit Deckeln und Mittelhenkel.
Aus dem Haushalt eines Goldberger Arbeiters, 19. Jahrhundert

Letzte handwerklich-traditionell hergestellte Töpferware aus Mecklenburg: Vorratstönnchen mit Deckel, Schale mit zwei unterschiedlichen Griffen. Töpferwerkstatt Gräber in Plau, fünfziger Jahre des 20. Jahrhunderts

Bauer und Bäuerin aus Demmern (oben),
Bauer und Bauernmädchen aus der Gegend von Schwerin.
Kolorierte Lithographien, 1842–1844

Bauer und Bauernmädchen aus Zepelin (oben),
Bauer und Bäuerin aus Biestow bei Rostock.
Kolorierte Lithographien, 1842–1844

Kurze Männerweste der Schönberger Tracht mit gesticktem Dekor.
Mitte des 19. Jahrhunderts.
Silberne Schuhschnallen, um 1800

Frauentasche der Schönberger Tracht, reich bestickt,
obgleich unter der Schürze getragen.
Mitte des 19. Jahrhunderts

Details von zwei Brusttüchern der Rehnaer Tracht.
Mitte des 19. Jahrhunderts

Detail eines Brusttuches der Schönberger Tracht.
Mitte des 19. Jahrhunderts

Zwei Trachtenhauben des Typs „Blank Mütz"
aus Wustrow/Fischland (oben) und ohne Ortsangabe.
Erste Hälfte des 19. Jahrhunderts

Detail einer Haube aus Samt mit Goldapplikation.
Mecklenburgisch, 19. Jahrhundert

Mecklenburgisches Trachtenpotpourri.
Farblithographie von Albert Kretschmer, um 1900

Pfarrhof von Pritzier, Kreis Hagenow, mit Kirchgängern in „Schwerinscher“ Tracht.
Aus einer Tuschzeichnung von Bernhard Thede, um 1824

Namensticktuch eines Schulmädchens, datiert 1841

Grundformen des Waldglases: Satte, Hafen, Bouteille, Topf (von links nach rechts)

die Anlage von Glashütten auf ihren Gütern ihre ökonomische Stellung zu stärken vermochte. Allerdings beschränkte sich die mecklenburgische Glasmacherei von Anfang an auf die Erzeugung des einfachen Glases, d. h. auf grünes oder dunkelbraunes bis schwarzes Hohl- oder Bouteillenglas und auf Fensterglas. Die Herstellung feinerer Glaswaren (Kreideglas) ist für die Rempliner Glashütte (1781–1787) belegt, die ihre Produktion wegen mangelnden Absatzes jedoch bald wieder einstellen mußte. Der inländische Markt vermochte nur allmählich Glaswaren aufzunehmen. Hohlglas als Gebrauchsglas bürgerte sich in den großen Seestädten Rostock und Wismar zwar bereits um 1700 ein, in den Landstädten jedoch erst im Laufe des 18. Jahrhunderts und auf dem Lande sogar erst im frühen 19. Jahrhundert. So wurde das meiste Glas über die Seehäfen exportiert. Erst im 19. Jahrhundert, als für das hier produzierte Glas die Exportchancen schwanden, wurden die Erzeugnisse der Glashütten, deren Zahl ständig abnahm, vornehmlich im Lande verkauft, wobei der Hausierhandel eine große Rolle spielte. 1901 ging die letzte mecklenburgische Glashütte in Alt Schwerin am Plauer See ein.

Nach den Beständen des Historischen Museums Schwerin, die gegenwärtig mit 500 Stücken die weitaus größte Sammlung an mecklenburgischem Glas darstellen, läßt sich das Hohlglas vor allem auf vier charakteristische Grundformen zurückführen (Abb.). Die am meisten hergestellte Form war die Bouteille (siehe auch Abb. S. 54), eine stark bauchige oder an zwei Seiten abgeplattete Flasche mit kreis- oder ellipsenförmiger Grundfläche, die seit dem 18. Jahrhundert vor allem als Bier- und Schnapsbehälter verwendet und von der Flasche abgelöst wurde. Der mit überkragendem Rand zum Zubinden versehene zylindrische Glastopf diente als Vorratsgefäß für Früchte und Medizin und fand seine Fortsetzung im Konservenglas. In der flachen, schüsselartigen Satte wurde im 19. Jahrhundert die Milch zum Säuern aufgestellt, und der napfförmige Hafen in verschiedenen Größen war als eine Art Schüssel in Gebrauch. – Hinzu kommen Trinkgläser in becher- oder walzenförmiger Gestalt (die zum Teil auf dem Siegel der Grambower Glashütte von 1811 abgebildet sind), Gläser für Wirtshäuser und Gefäße verschiedenster Art für Apotheken sowie Taschenflaschen, Tintenfässer, Gläser für Barometer usw. Und zweifellos ist der Formenreichtum der Glaserzeugnisse aus den Hütten, die nach Möglichkeit jedes von den Kunden gewünschte Glasgefäß herstellten und auf Wunsch auch glaskünstlerisch zu verzieren wußten (z. B. Blumentöpfe und Tintenfässer mit plastischen Glasauflagen, Jagdtrinkflaschen mit Glasschliff usw.), wesentlich größer gewesen, als ihn die musealen Sammlungen ausweisen. Der Absatz

Siegel der Glashütte von Grambow, Kreis Schwerin

über Kaufleute machte ein breites Warensortiment unumgänglich, und fast jede Glashütte erzeugte neben Hohl- auch Flachglas (Fensterglas).

Insgesamt sind die schlichten mecklenburgischen Waldgläser ebenso wie die wertvollen geschliffenen Kunstgläser Erzeugnisse einer Glaskunst, die uns durch handwerkliches Können und sicheres Formgefühl überrascht. So einfach diese Waldgläser auch anmuten, sie berichten von der Geschicklichkeit früherer Glashüttenarbeiter, denen nach dem Volksglauben magische Kräfte zugeschrieben wurden: Wie könne man sonst aus Sand durchsichtiges Glas herstellen! Es ist unbillig, dieses Glas, dessen Herstellung noch die Nähe zum Handwerklichen zeigt, an Produkten industrieller Fertigung zu messen und als minderwertiges oder schlechtes Glas abzuqualifizieren, wie es lange getan wurde.

Mit dem ökonomisch bedingten Zerfall der einheimischen Glasproduktion wurde Mecklenburg im Verlauf des 19. Jahrhunderts aus einem vordem glasexportierenden Land zu einem glasimportierenden Land. Das aus Sachsen und dem Rheinland importierte klare Gebrauchsglas verdrängte schnell das einheimische Waldglas, das aufgebraucht oder, dem Zeitgeschmack nicht mehr entsprechend, vielfach vernichtet wurde, so daß heute alte mecklenburgische Schwarzhüttengläser ein seltener Artikel sind.

Seit einer Reihe von Jahren versuchen jedoch moderne Glaskünstler in den Bezirken Rostock und Schwerin an Techniken anzuknüpfen, wie sie in diesen Waldgläsern sichtbar werden. Sie verbinden in ihrer Arbeit traditionelle Herstellungsweisen mit zeitgemäßer Formauffassung und führen auf diese Weise die volkskünstlerische Tradition des Waldglases fort.

Textile Volkskunst

Wenn heute in Mecklenburg Volkstrachten zu sehen sind, handelt es sich bei den Trägern für gewöhnlich um Mitglieder von Trachten- oder Volkstanzgruppen, die zu besonderen Anlässen – Umzügen oder Auftritten bei Folklore-Festivals, Pressefesten, regionalen Heimatfesten usw. – nach alten Vorlagen von Schneiderwerkstätten gefertigte, mehr oder minder einheitlich stilisierte Trachtenstücke anlegen. Sie knüpfen an eine Tradition der Volkstracht an, die in Mecklenburg vom späten 18. bis ins 19. Jahrhundert das Bild der ländlichen Kleidung weithin prägte, aber relativ jung ist.[13]

Für das 17. und frühe 18. Jahrhundert ist eine ländliche Volkstracht mit spezifischen regionalen Merkmalen in Mecklenburg noch weitgehend auszuschließen. Verschiedene Kleiderordnungen und andere diesbezügliche Bestimmungen (Rostock 1587, 1591, Schwerin 1671 usw.) betreffen ausschließlich die unteren sozialen Schichten in den Städten. Im Interesse der herrschenden Klasse legten sie fest, was jene tragen durften und was nicht. Erst die im 18. Jahrhundert in adligen und bürgerlichen Kreisen aufkommende Vorliebe für ausländische Kleidung hatte zur Folge, daß die Verwendung der heimischen Woll- und Leinenstoffe den arbeitenden Klassen und Schichten überlassen blieb und der Herausbildung dekorativ gestalteter Kleidung in Form der „Volkstrachten" nichts mehr im Wege stand.

In der ersten Hälfte des 19. Jahrhunderts bildeten die regional unterschiedlichen Trachten die gewöhnliche Kleidung der Bauern und großenteils auch die der Knechte, Mägde, Tagelöhner, Fischer usw. Diese Trachten wurden alltags wie sonntags getragen, wenn sich auch Alltags- und Festtagstracht im verwendeten Material, in Zuschnitt, Farbe und Dekor erheblich voneinander unterschieden und bei der Alltagskleidung deren Zweckmäßigkeit für bestimmte Arbeiten im Vordergrund stand. Besonders differenziert war die Tracht der Mädchen bzw. Frauen, an der man erkennen konnte, ob die Trägerinnen ledig, verlobt, verheiratet oder verwitwet waren, ob sie zur Arbeit, zur Kirche oder zur Beerdigung gingen – und ob sie Aufwand mit ihrer Kleidung treiben konnten oder nicht. Die Männertrachten dagegen waren überwiegend schmucklos und wiesen handgearbeitete Verzierungen nur an Bräutigamswesten und -hemden auf.

Das gilt mehr oder minder für alle regionalen Sonderformen der Volkstracht in Mecklenburg, die sich nicht so sehr in ihrem Bestand an einzelnen Trachtenteilen als vielmehr in deren Zusammenstellung, Farbgebung, Dekor usw. unterschieden. Diese Mannigfaltigkeit der Formen, Farben und Auszier ist nicht nur Folge unausbleiblicher Variation, sondern Ausdruck erstaunlich vielseitiger künstlerischer Fähigkeiten mecklenburgischer Frauen und Mädchen, ja, deren bedeutendste Leistung im Bereich der Volkskunst.

Die verschiedenen regionalen Volkstrachten, über deren Aussehen wir bereits ziemlich früh – durch 6 kolorierte Trachtenblätter in Georg Christian Friedrich Lischs Werk „Mecklenburg in Bildern" (Rostock 1842–1845, I, S. 15, 66; II, S. 16, 64; III, S. 8, 62) – unterrichtet sind, ordnen sich in das Bild der allgemeinen mecklenburgischen Volkskultur ein, so daß auch

Bauern- und Schulzenfrau aus Raddingsdorf bei Schönberg, Fürstentum Ratzeburg. 1903

die Frauentrachten weniger üppig wirken als die in anderen deutschen Landschaften. Das hat zu manchem Negativ-Urteil über die Volkstracht in Mecklenburg geführt, z. B.: „Schon aus der großen Zahl der auf verhältnismäßig kleinem Gebiet erscheinenden Trachten möchte man auf eine Volksgebundenheit nicht schließen. Prüft man die Trachten an Hand des im Schweriner Volksmuseum vortrefflich aufgestellten Materials, so ist das Fehlen einer auf eigenem Boden gewachsenen Volkskunst auffällig. Alle Trachtenstücke, Mützen, Bänder, selbst die Schürzen sind fast ausschließlich gekaufte Modeerzeugnisse, die freilich in bestimmter Art zusammengefügt wurden, aber doch mehr in zeitlicher Mode als in schlichtem Volkssinn verankert erscheinen."[14] Man kann jedoch nicht Trachtenstücke aus der Spätzeit des Trachttragens (Abb.) zum Maßstab nehmen, wie es hier geschieht. Es ist nur natürlich, daß die Trachtträgerinnen im späten 19. Jahrhundert nicht mehr alle Bestandteile ihrer Tracht selbst herstellten, wenn sie die Möglichkeit hatten, auf das Angebot von Stoffen und benötigtem Zubehör in den Läden zurückzugreifen, zumal sich dann manches gerade Modische mit übernehmen ließ. Schon die Volkstrachten auf den ersten erhaltenen Abbildungen zeigen Einflüsse der zurückliegenden Mode, die von dörflichen Flickschneidern, Frauen und Mädchen schöpferisch in die Gestaltung „ihrer" Tracht einbezogen wurden. Deutlich werden allerdings auch bereits sozial bedingte Unterschiede in der Tracht, die offenbar mit der Aufhebung der Leibeigenschaft und der zunehmenden Differenzierung der Dorfbevölkerung in Bauern auf der einen und Büdner, Gesinde, Tagelöhner, Häusler usw. auf der anderen Seite in Zusammenhang standen. Die Bauern fühlten sich als etwas Besseres im Verhältnis zu den ärmeren sozialen Schichten auf dem Lande und hoben sich von ihnen auch dadurch ab, daß sie sowie ihre Frauen und Kinder eine aufwendigere, besser gearbeitete oder reicher geschmückte Tracht trugen und daß die Bäuerin Silberschmuck anlegte, mochte dieser Schmuck auch relativ schlicht sein (silberne Knöpfe, mit Glasflüssen versehene Hemdspangen usw.).

Die am stärksten verbreitete ländliche Tracht in Mecklenburg war im 19. Jahrhundert die sogenannte „Schweriner Tracht" (Abb. S. 310, 319 und Schutzumschlag). Sie war gekennzeichnet durch eine durchweg schlichte Gestaltung in vorwiegend dunklen Farben und verhältnismäßig bescheidenen Schmuck. Betrachten wir z. B. ein Mädchen in der Schweriner Tracht um die Mitte des 19. Jahrhunderts, „den Hinterkopf bedeckt mit einer kleinen Pappmütze (‚Köppel'), die mit reicher Goldstickerei und mit vielen in den Nacken hängenden seidenen Bändern (‚Start' = Schwanz genannt) geschmückt ist. Die Stirn umfaßt ein schmaler, fein gekräuselter ‚Strich', der sich von der Schläfe abwärts etwas weitet und den Ausdruck des Gesichts ganz besonders erhöhet. Die Brust wird von einem niedrigen, mit breitem schwarzem (auch rothem und blauem) Bande umfaßten Mieder (‚Jope') bedeckt, unter welches die Zipfel des um den Hals geschlungenen, oft sehr reich mit Gold und Silber oder mit Seidenstickerei verzierten Halstuches gesteckt werden. Auf der Vorbrust wird das letztere durch eine große herzförmige Schnalle (‚Spange'), mit Steinen besetzt, zusammengehalten, und die langen bauschigen Ärmel des Mieders sind unten oft mit silbernen Knöpfen besetzt und lassen eine feine gekräuselte Spitzenmanschette sehen. Die kurzen Röcke (sonntags oft von schwarzem Tuche) sind unten mit handbreitem Bande umsäumt, dessen Farbe nach den Verhältnissen wechselt. Letzteres ist auch mit der Schürze der Fall, die zum Beispiel bei einem Leichengefolge weiß ist (wie auch das Halstuch), zur Kirche schwarz, sonst oft auch bunt. Gleichfalls die um die Taille geschlungenen breiten seidenen Bänder, die gewöhnlich schwarz sind. Die Strümpfe sind rein weiß von Wolle, die Schuhe sehr stark ausgeschnitten, mit einer viereckigen oder rundlichen Schnalle auf dem Oberfuße verziert und mit kleinen, hohen und spitzen Hacken. Zu dieser (Kirchgangs-) Tracht gehört dann noch ein weißes, wenn möglich gesticktes Schnupftuch, ein kleiner Pelzmuff, der früher auch im Sommer getragen wurde, und das stark mit Silber beschlagene Gesangbuch. Die Farbe des Oberrockes ist immer eine dunkle, diejenige des Besatzbandes ist aber verschieden fast für jede einzelne Dorfschaft. Das Band gehört schon demjenigen Theile des Schmuckes an, welcher in dem Belieben einzelner Personen steht. Dazu rechnen wir auch die Stickerei überhaupt, deren Reichhaltigkeit von den Mitteln der Leute abhängt. ... Die Kirchgangstracht unterscheidet sich insofern von der häuslichen Sonntagstracht, als man es sich während der Sommerzeit auf dem eigenen Dorfe bequem macht und das Mieder, auch wohl einen oder mehrere Röcke ablegt. Dann bedeckt den Oberkörper ein ärmelloses Mieder (‚Bostliev, Bindliev'), unter welchem man ein rein weißes, feines Hemd (Oberhemd) mit langen Ärmeln trägt, deren Queder roth gestickt ist. Diese Tracht ist sehr freundlich und frisch und steht den jüngeren Leuten außerordentlich gut."[15] Die Frauentracht war in der Art ähnlich; die Männertracht bestand aus Hose, Weste, Jacke und Kittel, für die helles Leinen bevorzugt wurde.

Auffallend dunkle, fast schwarze Töne wies die Biestower Tracht auf, die in der Gegend westlich von Rostock üblich war (Abb. S. 311). Auf Schmuck wurde hier weitgehend verzichtet. – Die Warnemünder und die Poeler Tracht (Abb. S. 198) waren demgegenüber deutlich maritim geprägt. Die Poeler trieben Ackerbau und Fischerei, die Warnemünder fuhren zur See, fischten oder arbeiteten im Hafen. All das erforderte eine praktische Kleidung. Die Poeler Tracht – der Mönchguter Fischertracht auf Rügen nicht unähnlich – verrät ihren halb seemännischen Charakter schon in der „Brook", der äußeren der dreifachen Hosen. Bei den Frauen waren buntgestreifte Beiderwand- oder Warpröcke beliebt. Letztere bestanden aus einem kräftigen, einfarbigen, gestreiften oder karierten Stoff in Leinwandbindung, dessen Kette aus gedoppeltem Baumwollgarn gewebt war. Als Saum wurde Samt oder Seidenband genommen. Nach den eigengemachten Röcken wurde die Tracht auch als Warprocktracht bezeichnet. Die Mieder („Bindlief") bestanden gewöhnlich aus Flanell oder Bomsiede, und die vorn zu schließende Jacke (Kamisol oder Joppe) war aus Bomsiede oder Rasch. Alles wirkte relativ einfach.

Die Schönberger und Rehnaer Tracht in dem von der Leibeigenschaft verschonten Gebiet um Schönberg war weit prunkvoller und farbenfreudiger (Abb. S. 310). Besonders als Feiertagskleidung war eine reiche, aus teuren Stoffen hergestellte und mit Schmuckelementen und kostbaren Stickereien versehene Tracht charakteristisch. Vor allem die prachtvollen, oft überreich mit Perlen und Chenille ausgestickten Brusttücher der Frauen legen Zeugnis ab von dem Kunstsinn und der schöpferischen Gestaltungskraft ihrer Herstellerinnen; sie wurden zum Teil von berufsmäßigen Stikkerinnen ohne Vorlage von Musterbüchern hergestellt. Diese bunten Brusttücher (Abb. S. 314f.) waren vielfach „Freud- und-Leidtücher", von denen zwei Kanten mit roten, von Flittern, Pailletten und Chenille umgebenen Blumen sowie Blattwerk bestickt sind, während die anderen beiden Kanten für Trauertage, ebenfalls in Seidenstickerei, aber mit weißen Blüten bestickt sind. Die Buntstickereien wurden zumeist in den vielfältigen Techniken des Platt-, Flach-, Stiel-, Knötchen-, Kettenstichs usw. ausgeführt. Die Farben Rot und Grün überwiegen, während Blau kaum in Erscheinung tritt. Keine Stickerei gleicht einer anderen. Zudem weisen die Brusttücher beider Trachten generelle Unterschiede auf. Während bei den Rehnaer Tüchern viel mit Chenille und später auch mit Perlen gearbeitet wurde, die diese Tücher schwer machten und bei stärkerer Benutzung die Seide reißen ließen, verwandte man beim Besticken der Schönberger Tracht Pailletten. Hier fehlt die Chenille ganz, Perlen wurden nur sparsam verwendet. Dafür wirken diese Tücher in der Buntstickerei etwas überladen, während die Rehnaer im allgemeinen ruhig und harmonisch in der Farb- und Ornamentzusammensetzung sind. Geübte Stickerinnen stickten die großen Rosetten, während das übrige Tuch von den Frauen und Mädchen selbst fertiggestellt wurde. Der Preis für solche Tücher betrug Mitte des 19. Jahrhunderts bis zu 12 Reichstalern.

Bemerkenswerte Leistungen volkskünstlerischer Stickerei finden wir auch an den Trachtenhauben der Rehnaer und Schönberger Tracht (vgl. Abb. S. 316f.). Die Rehnaer „Blanke Mütze“ z. B. wurde mit farbigem Glasfluß, Pailletten, Goldborte, Stanniolformen und Stickereien in Sprengtechnik verziert. Bei Hauben aus dunklem Stoff ist die künstlerische Gestaltung (naturalistische Blumenstickerei mit rotem, grünem und blauem Seidengarn) so reichlich, daß der schwarze Samt als Untergrund fast verdeckt wird. Auch ein grüner Untergrund kam vor, oder auf weißem Atlas wurden stilisierte Blumenmotive in Plattstichstickerei ausgeführt.

Mit Lochstickerei, Platt-, Flach-, Ketten- oder Kreuzstich verziert finden wir auch Abendmahlstücher, Oberhemden, Blusen und Leibwäsche.[16] Während die Abendmahlstücher vielfach aus Batist, mit Lochstickerei und Kettenstich, gearbeitet wurden und die Muster stilisierte Rauten, Blumen und Ranken zeigen, wurden bei den reinen, vorwiegend auf Leinen gearbeiteten Wäschestücken durchgehende Ornamentreihen in Lochstickerei gefertigt. An den Randabschlüssen entstanden durch den sogenannten Langettenstich (hierbei werden einzelne Schlingen eng aneinander gelegt) feste gerade oder in Bogen aufgegliederte Linien. Viele Ornamente der Weiß- und Wäschestickerei waren direkt funktionsgebunden.

Für diese textile Volkskunst wichtig wurden die Stickmuster- oder Namentücher (Abb. S. 320), die sich die jungen Mädchen in Mecklenburg während des 18. und vor allem des 19. Jahrhunderts anfertigten, wobei sie sich auf überlieferte oder gedruckte Vorlagen stützten. Als Stickgrund wurde generell Leinen, später aber auch Stramin verwandt. Charakteristisch für diese Tücher sind Darstellungen in Front- und Profilansicht, die sich streng der Technik des Kreuzstichs unterordnen und in naiver Art gestickt wurden. Im oberen Teil der Tücher finden sich durchlaufende geometrische Borten und Blumenranken mit Buchstaben, darunter Zahlenreihen, Alphabete und figürliche Muster in unterschiedlicher Größe und Schriftart. Im Mittelteil erscheint wiederholt eine Kartusche mit Initialen und Jahreszahl oder einem christlichen Motiv. Die unterschiedlichsten Motive und Ornamente weltlichen wie religiösen Inhalts treten auf. Erstere umfaßten Dinge des täglichen Lebens wie Tisch, Stuhl, Werkzeuge, Häusergruppen, Windmühlen, Tiere u. a., letztere Adam und Eva unter dem Paradiesbaum, die Kundschafter Josua und Kaleb mit der Traube, die Ölbergszene u. a. Beliebt waren auch Personifizierungen, Tier- und Dorfdarstellungen, zusammengesetzte Ornamente wie Kronen, Rosetten, Sterne usw. Dabei beeinflußten stilistische Motive des Barock, Rokoko, Empire und Biedermeier die Gestaltung. Zum Ende des 19. Jahrhunderts finden wir, oftmals in Wolle und in grellen Farben gestickt (bedingt durch die neuen Anilinfarben), bewegte Figuren in bildmäßigen Darstellungen, die auf grobem Untergrund ausgeführt wurden und nicht mehr der Technik des Kreuzstichs gerecht werden. Damit begann das Ausklingen des Kreuzstichs mit

Ratzeburger Bauernfrauen auf dem Trachtenfest in Schwerin-Görries, 1933

seinen eigenständigen volkskünstlerischen Leistungen, das im Zusammenhang mit der Verbreitung fabrikmäßig erzeugter Textilien stand.

Die mecklenburgischen Volkstrachten sowie die überlieferte textile Volkskunst erfuhren in den zwanziger und dreißiger Jahren des 20. Jahrhunderts im Rahmen der Heimatbewegung und ihrer heimattümelnden Erbepflege eine Neubelebung (Abb.). Trachtenumzüge, Heimat- und Volkstanzfeste kamen in Mode und gewannen eine große Massenwirksamkeit. Vielfach ging wertvolles Kulturgut verloren, weil man originale Trachtenbestandteile umänderte. Die zu Versammlungen und Festen getragenen Trachten wurden zu reinen Bühnenkostümen, die zur Zeit des Faschismus gezielt der Propagierung des Blut-und-Boden-Mythos dienen sollten.

Im volkskünstlerischen Schaffen unserer Zeit ist eine Neubesinnung auf das kulturelle Erbe der Tracht festzustellen, die bereits Anfang der fünfziger Jahre einsetzte (Deutsche Volkskunst-Ausstellung 1952 in Berlin). Anlaß waren die Freude an den Ornamenten und Farben der Stickereien und die Bewunderung für die Handfertigkeiten der Vorfahren.[17] Beides führte zu Bemühungen, die volkskünstlerische Tradition für das künstlerische Wirken von Volkskunstgruppen, Textilzirkeln, Handwebereien und Einzelschaffenden nutzbar zu machen. Leistungen in diesem Rahmen wurden und werden auf den alljährlich stattfindenden Bezirks-Ausstellungen des künstlerischen Volksschaffens vorgestellt. So nutzte z.B. die Lehrerin Elisabeth Hohensee aus Warin Ornamente mecklenburgischer Volkskunst für ihre Batik-Arbeiten.[18] Die Handweberin Christiane Dreyer aus Schwerin setzte Motive und Ornamente von Stickmustertüchern in gewebte Textilien um, usw. Sie alle waren oder sind – vielfach unter fachkundiger Anleitung und Betreuung – bemüht, das reiche volkskulturelle Erbe auf textilem Gebiet für die Gegenwart nutzbar zu machen, soweit es sich dafür eignet.

Volkskunst als Laienkunst

Neben den bisher beschriebenen Erzeugnissen traditioneller Volkskunst, die zum großen Teil handwerklichen Produzenten zuzuweisen sind und meist aus bäuerlichem Besitz in die Museen gelangten, entstanden viele weniger aufwendige Objekte mecklenburgischer Volkskunst, für die sich kaum ein Sammler interessierte. Tagelöhner, Knechte, Kuhhirten, Schäfer, Fischer und Seefahrer schufen in knapp bemessenen Mußestunden mit primitiven technischen Mitteln bemerkenswerte Dinge, denen sie mit feinem Empfinden für Aussehen und Werkgerechtigkeit Leben verliehen. Im Gegensatz zu den Erzeugnissen, die kleinstädtische Handwerker für den Markt produzierten, waren es Geräte und Gegenstände für den persönlichen Lebensbereich: aus hartem und weichem Holz geschnitzte oder gesägte, mit Kerbschnitt verzierte oder bemalte Gegenstände für den Haushalt (vgl. Abb. S. 339) oder Minnegaben für die zukünftige Braut. Dazu gehören Wäscheklopfhölzer, Flachsschwingen, Mangel- und Webebretter, Ellen, Löffelbretter, Brautharken, Schäferstöcke, Hirtenflöten, Seemannskisten (Abb. S. 293, 329, 234) usw.[19] In Form und Auszier knüpfen sie an überlieferte volkstümliche Motive und Symbole aus der Natur und dem Volksleben an.

Besonders beliebt war in Mecklenburg das Schnitzen von Gegenständen des täglichen Bedarfs aus Holz. So fertigten nach Feierabend Knechte und Tagelöhner ihrer Auserwählten mit Kerbschnitt verzierte, mit rotem und grünem Wachs ausgelegte und mit Messingnägeln beschlagene Harken, die sie ihnen zur Erntezeit schenkten. Wenn die Knechte mit kräftigen Zügen das Korn niedermähten, folgten ihnen ihre Mädchen als Binderinnen und stellten das Korn zu Hocken zusammen. Die Mädchen überreichten als Gegengabe für die als Brautharke bezeichnete Minnegabe einen Strauß mit Knistergold oder eine Schleife

Schmiedeeiserne Grabdenkmäler aus Mecklenburg. Arbeiten aus Dorf- und Kleinstadtschmieden. Frühes bis mittleres 19. Jahrhundert

mit Bändern („Schann'"), die am Sensengriff befestigt wurde. In manchen Gegenden Mecklenburgs waren diese Brautharken mit farbigen Schleifen am Stiel geschmückt und wiesen an Harkenkamm und -stiel Zackenbänder, Fischgrätenmuster, rechteckige Spiegeleinlagen, Liebesmotive, die Namensinitialen der Liebenden und andere Verzierungen auf.[20] Manche eingeschnittenen Sprüche deuten auch auf den Charakter der Harke hin. In ihrer ungelenken Schreibweise lassen sie interessante Schlüsse auf den sozialen Stand ihrer Schreiber zu: „Wann ich dich nicht seh dan tut mir mein hertz weh", „Liebes Kind verzage nicht, Frisch gewagt ist halb gewon-

Schäferstöcke aus der Rehnaer Gegend.
Frühes 20. Jahrhundert

nen“, und „Wilst du mich den nicht mehr lieben ei so must du lassen sein“.

Interessante Schnitzleistungen mit einem einfachen Taschenmesser sind die Schäferstöcke (Abb.). Die Schnitzerei beschränkt sich auf das Ende des Griffes, der aus einem winklig gewachsenen Aststück besteht und so auf den Stock gesetzt ist, daß ein Fanghaken entsteht. Dargestellt werden Hund und/oder Schafbock in einer solchen Plastizität, daß man spürt, wie bis ins letzte jede Einzelheit an den Tieren beobachtet wurde. Mitunter wird aber auch der Widderkopf auf die ornamentale Form des gewundenen Gehörns reduziert bzw. abstrahiert. Weitere Beispiele für plastisches und figürliches Arbeiten in Holz finden wir an Stockkrücken, Nußknackern und Stuhlrückenlehnen. Insgesamt war diese Schnitzkunst – im Vergleich etwa zu Thüringen oder Sachsen – jedoch nur schwach ausgebildet. Das unterstreicht die eingangs getroffene Feststellung, daß jede Landschaft ihre Besonderheiten in der Volkskunst aufweist.[21]

Die mecklenburgische Volkskunst ist ein Gebiet, das vor allem historisch noch einer gründlichen Untersuchung bedarf, um zu einem geschlossenen Gesamtbild zu gelangen. Die Wurzeln dieser Volkskunst lassen sich bei gründlichem Studium der Überlieferung weit zurückverfolgen. Ihre Erscheinungsformen zeugen vom Leben einer Volkskultur, die mit der Sozialgeschichte ihres Landes eng verbunden ist. Die Pflege dieses kulturellen Erbes kann der Weiterentwicklung künstlerischer Betätigung unter neuen gesellschaftlichen Verhältnissen vielfältige Anregungen und weiterführende Impulse geben.

Anmerkungen

1 Vgl. etwa O. Schwindrazheim, Deutsche Bauernkunst, Wien 1903, S. 56, 129, 140; Richard Wossidlo, Die mecklenburgischen Volkstrachten, Mecklenburg 20 (1925) S. 70–78; Carl August Endler, Zunftschilder und Zunftgebräuche, Meckl. Monatshefte 6 (1930), S. 525–528; derselbe, Der Blaudruck in Mecklenburg, ebenda 13 (1937), S. 106 bis 108; Otto Lehmann, Deutsches Volkstum in Volkskunst und Volkstracht, Berlin 1938, S. 45–47.

2 Vgl. Georg Reichardt, Gousogen, Gastenkuurn un Plummsteen. Volkstümliche Leinen-Webmuster in Mecklenburg. Neue Meckl. Monatshefte 2 (1957), S. 203–208; Rudolf Stundl, Fischerteppiche, ebenda, S. 104–109; Hermann Glander, Buddelschiffe. Kunstwerke aus Matrosenhand, Volkskunst 6 (1957), Heft 11, S. 72–74; Rudolf Weinhold, Bäuerliches Arbeitsgerät in den Museen Mecklenburgs, Deutsches Jahrbuch für Volkskunde 5 (1959), S. 87–108; Walter Borchers, Das Bauern- und Fischermöbel auf Hiddensee, Ummanz, dem Darß und Mönchgut, Greifswald-Stralsunder Jahrbuch 1 (1961), S. 184–201; siehe auch Anm. 5–7, 9f., 12f., 16ff.

3 Von der Hauswirtschaft in Mecklenburgs vorigen Zeiten. Nützliche Beiträge zu den Strelitzischen Anzeigen (1766), S. 294f.

4 August Berthelt, Die Geographie in Bildern oder charakteristische Darstellungen und Schilderungen aus der Länder- und Völkerkunde, 2. verm. Aufl. Leipzig 1856, S. 371ff. zitiert nach Carl August Endler/Johann Ulrich Folkers, Das mecklenburgische Bauerndorf, Rostock 1930, S. 104.

5 Siegfried Neumann, Lade und Koffer im bäuerlichen Mobiliar Westmecklenburgs, Deutsches Jahrbuch für Volkskunde 11 (1965), S. 123–136.

6 Karl Baumgarten, Hallenhäuser in Mecklenburg, Berlin 1970; derselbe, Kleine Mecklenburgische Bauernhaus-Fibel, 2. Aufl., Rostock 1983; Erich Brückner, Bauernhäuser und Volkskunst im Lande Ratzeburg, in: Georg Krüger, Kunst- und Geschichts-Denkmäler des Freistaates Mecklenburg-Strelitz, Bd. 2, Neubrandenburg 1934, S. 395–418.

7 Vgl. zum folgenden Ralf Wendt u. Marianne Voß, Bauernkultur in Mecklenburg II: Das Mobiliar, Schwerin 1967.

8 Ludwig Fromm, Mecklenburg. Ein niederdeutsches Landes- und Volksbild, Schwerin 1860, S. 64.

9 Henry Gawlick, Die Entwicklung des ländlichen Mobiliars unter besonderer Berücksichtigung der Wohnkultur des Domanialbauern Südwestmecklenburgs in der Epoche des Übergangs zum Kapitalismus, Dipl.-Arbeit, Leipzig 1983.

10 Vgl. zum folgenden Ralf Wendt, Bauernkultur in Mecklenburg III: Die Keramik, Schwerin 1974.

11 Stadtakten Töpfer Waren (Staatsarchiv Schwerin)

12 Vgl. zum folgenden Ralf Wendt, Bauernkultur in Mecklenburg IV: Das Waldglas, Schwerin 1977.

13 Vgl. zum folgenden Hans H. Leopoldi, Mecklenburgische Volkstrachten, 1. Teil: Bauerntrachten, Leipzig 1957; Ralf Wendt (Hrsg.), Mecklenburgische Volkstrachten, Rostock 1983; Karla-Kristine Lübeck, Untersuchungen zur Alltagskleidung der mecklenburgischen Landbevölkerung im 19. und frühen 20. Jahrhundert unter Berücksichtigung der sozialökonom. Verhältnisse im domanialen und gutsherrschaftlichen Gebiet, Dipl.-Arbeit, Berlin 1983; Thea Reichardt, Das Werk der Leineweber in Mecklenburg und Vorpommern im 18. und 19. Jahrhundert, Diss., Berlin 1966; siehe auch Anm. 1.

14 Lehmann (wie Anm. 1), S. 47.

15 Fromm (wie Anm. 8), S. 82f.

16 Mecklenburgische Stickereien und Stickmustervorlagen, Rostock 1982.

17 Vgl. Deutsche Volkskunst, Berlin 1952.

18 Vgl. Ute Mohrmann, Autobiographisches von Freizeitkünstlern der DDR, Jahrbuch für Volkskunde und Kulturgeschichte 28 (1985), S. 143–180, S. 169ff.

19 Vgl. Reinhard Peesch, Holzgerät in seinen Urformen, Berlin 1966.

20 Richard Wossidlo, Erntebräuche in Mecklenburg, Hamburg 1927.

21 Vgl. Reinhard Peesch, Volkskunst. Umwelt im Spiegel populärer Bildnerei des 19. Jahrhunderts, Berlin 1978; Ralf Wendt, Besonderheiten der mecklenburgischen Volkskunst, Schweriner Blätter 1 (1981), S. 25 bis 33.

Volksnahrung

von Ingeborg Müller und Ulrich Bentzien

Bis zum 18. Jahrhundert

Die frühesten schriftlichen Quellen für die Geschichte der Volksnahrung in Mecklenburg reichen bis in die Zeit um 1600 zurück; sie enthalten vor allem Angaben über die Kost von Arbeitskräften auf herzoglichen Guts- und Amtshöfen.[1] Damals war der Fleischverzehr noch verhältnismäßig hoch – eine spätmittelalterliche Nahrungstradition, die in Mecklenburg offensichtlich später ausklang als in anderen deutschen Landschaften. Nach den überlieferten Quellen waren „Fleischtage" die Sonn- und Feiertage, aber auch zwei weitere Wochentage (Dienstag, Donnerstag). Geräuchertes Schweinefleisch, einschließlich Speck und Wurst, spielte die Hauptrolle, dazu frisches Schaffleisch und an hohen Festtagen Rindfleisch. An fleischlosen und selbst an Fleischtagen wurde reichlich Fisch verzehrt, vor allem Rotscher (Stockfisch), Hering und Dorsch. Die Quellen führen auch Butter, Käse und Quark auf, während die übrigen Nahrungsmittel größtenteils aus den späteren Verhältnissen erschlossen werden müssen. Da war zum einen das Brot, ein aus dem vollen Korn gebackenes dunkles, hartes Roggenschrotbrot als ein Grundbestandteil jeder Mahlzeit, und zum anderen die Grütze aus Gerste, teilweise auch aus Hafer oder Buchweizen. Als Gemüse aß man Kohl, und zwar in erster Linie Grünkohl, daneben Weißkohl (auch als Sauerkohl), ferner Rüben und gelbe Erbsen.

Die Frühkost bestand aus einer Suppe und aus Brot nebst Salzhering oder – jahreszeitlich verschieden – Schmalz, Butter oder Quark. Zu Mittag gab es Fleisch- oder Fischgerichte, erstere meist als Eintopf, zu Abend dasselbe, jedoch mit geringerem Quantum. Hauptgetränk war der Kofent, ein Schwachbier.

Im 17. und 18. Jahrhundert veränderte sich das Mahlzeitengefüge, indem Zwischenmahlzeiten (Imt, Vesper) hinzukamen, und zwar zunächst in der sommerlichen Arbeitsperiode mit ihren erhöhten Belastungen für die landwirtschaftlichen Arbeitskräfte, bevor sich diese neue Erscheinung ganzjährig und wahrscheinlich auch in der Stadt durchsetzte. Damit verbunden war ein Rückgang des Fleischanteils und überhaupt der tierischen Nahrungsmittel bei den Hauptmahlzeiten. So veranschlagte eine „Ritter- und Landschaftserklärung" von 1689 den Jahresverpflegungssatz an tierischen Nahrungsmitteln für das ländliche und städtische Gesinde pro Kopf noch auf 1 Fettschwein, 1 Märzschaf, 1/4 Kuh, 1/8 Tonne Hering, 1 Liespfund (14 Pfund) Stockfisch und etwa 28 Pfund Butter, während „Tax-Prinzipien" von 1825 für ritterschaftliche Güter folgende „Speisung der Leute auf die Person" vorsahen: 1/2 Schwein, 1/2 Schaf, 1/6 Kuh, 1/6 Tonne Hering.[2] Die Zuteilung an Roggen als Brotkorn blieb mit 12 Scheffeln konstant, dagegen verminderte sich die Veranschlagung von Gerste als „Trink- und Grützkorn" von 12 Scheffeln auf 5 Scheffel. Die Erklärung für diesen auffälligen Unterschied finden wir in der wohl einschneidendsten Veränderung, die sich in dieser Zeitspanne im Nahrungswesen vollzogen hat, der Aufnahme der Kartoffel in das Nahrungsgefüge. Sie brachte nicht nur ein neues Element in die alltägliche Kost, sondern wurde zum wichtigsten Grundnahrungsmittel überhaupt.

Ländliche Nahrung im 19. Jahrhundert

Der Kartoffelanbau auf großen Ackerschlägen setzte sich in Mecklenburg verhältnismäßig langsam und spät durch – erst nach 1800 –, nachdem er seit etwa 1700 zunächst in Gärten, auf Nebenflächen und schließlich auf Teilen des Brachfeldes erfolgt war. Bauern und Tagelöhner sind als erste Anbauer erwähnt,[3] Ackerbürger und andere Stadtbewohner folgten. Die Eingliederung der Kartoffel in die Volksnahrung machte die raschesten Fortschritte bei den „geringen Leuten" in Stadt und Land. Die Kartoffel sei „des armen Mannes tägliche Kost und schätzbarster Lebensunterhalt", wird 1792 aus der Stadt Waren und sinngemäß schon 1788 aus dem Amt Neukloster berichtet.[4] Im Verlauf der ersten Hälfte des 19. Jahrhunderts setzte sich die Kartoffelnahrung in allen Gesellschaftsschichten durch, allerdings sozial differenziert. Bei den Ärmeren trat sie in allen Hauptmahlzeiten an die Stelle der Gerstengrütze und bildete die neue Brei- und Suppengrundlage. Auch in bürgerlichen Familien wurden, wie ein Parchimer Lehrer 1811 berichtet, „Kartoffeln gekocht, zu einem Mus gemacht und mit kalter Buttermilch gegessen", ferner Pellkartoffeln mit ausgelassenem Speck, dazu Bratkartoffeln und auch schon geschälte, „trockene" Kartoffeln als Beilage zu Fleisch[5] – Gerichte, die bereits die Ablösung des bisher üblichen Brei- und Musstandards der Nahrung ankündigen und den Grund für die bei uns noch heute übliche Art der Kartoffelnahrung gelegt haben.

In der ländlichen Küche behielt der Fleisch-Gemüse-Eintopf, das „mangkakt Äten", seine Vorrangstellung in der Mahlzeitenhierarchie. Gemüseeinlagen waren Rüben, „Wörteln" (Mohrrüben), Weißkohl und Hülsenfrüchte, zusammengekocht mit Kartoffeln, während bei der Grünkohlzubereitung weiterhin Grütze verwendet wurde. Grünkohl war im Winter

Traditionelle Herdanlage auf der Diele. Zustand um 1935

ein Hauptbestandteil der Ernährung, der den Getreidevorrat strecken half: „De gröne Kohl iß de drüdde Garve in der Schüne", lautet eine schon 1765 aufgezeichnete Redensart,[6] die bis über die Mitte des 19. Jahrhunderts hinweg ihre Gültigkeit behielt. In großen Kesseln auf Vorrat gekocht, kam Grünkohl mehrmals in der Woche, mitunter dreimal täglich, auf den Tisch. Er bildete für die Drescher auf den Bauernhöfen die erste Morgenmahlzeit, nachdem sie die erste Lage Getreide ausgedroschen hatten.[7] Mit Lungwurst oder Schweinebacke gekocht, ist Grünkohl bis heute ein Lieblingsessen der Mecklenburger geblieben.

Große Bedeutung für die ländliche Ernährung hatten die Hülsenfrüchte Erbsen und Bohnen, wobei darunter gelbe Erbsen und Feld- oder „große" Bohnen zu verstehen sind. Letztere nannte man wegen ihrer

Backhaus eines Bauernhofes, 19. Jahrhundert. Elmenhorst, Kreis Rostock.
Zustand um 1935

dicken Schale auch „leddern Jungs"; sie wurden als Eintopf zubereitet oder auch dick zu Brei verkocht und dann gemust zu verschiedenen Tagesmahlzeiten genossen. Noch häufiger gab es Erbsen, die man zu einem steifen, breiartigen Eintopf (mit oder ohne Fleisch) verkochte. Als leicht aufzubewahrende Trockenfrüchte bildeten Erbsen im Sommer, wenn Kartoffeln und Getreide knapp zu werden begannen, besonders in ärmeren Haushaltungen oft wochenlang das Hauptnahrungsmittel. Dicke Scheiben des steifen Erbsenbreis wurden statt des Brotes mit aufs Feld und von den Kindern mit in die Dorfschule genommen.[8]

Obst, vor allem Backobst, war offenbar seit alters ein wichtiges Nahrungsmittel in Mecklenburg, schon bevor amtliche Verordnungen den Bauern das Pflanzen von Obstbäumen zur Pflicht machten, ja, Anzahl und Sorten der zu pflanzenden Bäume genau vorschrieben.[9] Im 19. Jahrhundert erwähnen alle Beschreibungen der ländlichen Nahrung für Mecklenburg stets das Backobst, das eine wichtige Zukost und eine willkommene Bereicherung des ziemlich eintönigen Speisezettels bildete, zumal „Eingemachtes", d.h. konserviertes Obst und Gemüse, noch nicht zur Verfügung stand. Getrocknet wurden alle heimischen Obstarten, selbst Kirschen, die man zur Suppe und statt Rosinen verwendete. Bei Äpfeln und Birnen bevorzugte man herbe, nicht zu fleischige Sorten. Backobst war eine unerläßliche Beigabe zu vielen traditionellen Festspeisen – Fleischgerichten wie Breispeisen –, es ergab im Fleischeintopf aber auch ein häufig zubereitetes selbständiges und sättigendes Gericht.[10]

Wie der oben zitierte Taxanschlag von 1825 zeigte, hielt sich der Brotverzehr der landwirtschaftlichen Arbeitskräfte auf beträchtlicher Höhe. Man aß Brot zu den Zwischenmahlzeiten, aber auch als Zukost zur Morgensuppe und als „drög Kost" zur abendlichen Milchsuppe, während es aus der mittäglichen Hauptmahlzeit mit dem Erscheinen der Kartoffel wahrscheinlich verschwand. Wichtigstes Nahrungsmittel war es bei den Arbeiten im Freien – auf dem Felde, beim Fischen, bei Waldarbeiten oder beim Torfstechen – den ganzen Tag oder auch die ganze Woche hindurch, was eine erhebliche wirtschaftliche Belastung namentlich für die Tagelöhnerhaushalte darstellte.

Brotkorn war in Mecklenburg nach wie vor ausschließlich der Roggen, aus dessen ungesichtetem Mehl, „wie es die Mühle giebt", mit Sauerteig ein hartes, dunkles, oft saures Vollkornbrot gebacken wurde. Es war meist ungewürzt, da die schon traditionelle Speisegewohnheit, es mit Schmalz oder Butter zu bestreichen und mit Wurst (usw.) zu belegen, eine geschmacksneutrale Brotsorte voraussetzte. Aus Roggensichtmehl gebackenes Feinbrot, das „Schönroggenbrot", oder gar Backwaren aus Weizenmehl – vor allem „Stuten" (noch nicht Kuchen) – waren ausschließlich den seltenen Festzeiten vorbehalten.

Erwähnenswert unter den Nahrungsmitteln auf Getreidebasis sind schließlich die Klöße. 1796 veranschlagte ein landwirtschaftlicher Publizist für das Gesinde auf einem mecklenburgischen Gutshof pro Kopf jährlich 4 Scheffel Roggen bzw. 3 Scheffel Roggen und 1 Scheffel Gerste gemischt „zu Sichtmehl, wovon gute feste Klümpe, die im Magen dauern, gemacht werden".[11] Das waren große, harte Klöße, „Fuustenklümp" genannt, später aber auch mit Weizenmehl bzw. Semmeln vermischte und mit Eiern und Fett verfeinerte „Klümp" verschiedenster Zubereitungs- und Benennungsart. Sie bildeten als Einlage in Suppen oder auch als selbständiges Gericht mit Backobst oder Fleisch ein Lieblingsgericht des Landes in Alltags- und Festmahlzeiten.

Wir sind bei den zuletzt behandelten traditionellen ländlichen Nahrungsverhältnissen im wesentlichen von einer Strukturgleichheit des Essens auf den Bauernhöfen und auf den Gütern ausgegangen. Wie die frühen Belege aus dem Wossidlo-Archiv zeigen, entspricht dies bis etwa 1850/1870

Beim Brotbacken.
Schutow bei Rostock, um 1935

auch weitgehend der Realität. Einen wichtigen Unterschied gab es allerdings: Während Bauer und Gesinde bis zu dieser Zeit gemeinsam dasselbe Essen verzehrten, nahm das Gesinde auf den Gutshöfen schon seit langem in der „Leutestube" sein Essen ein, das sich von der feudalen Nahrung in der Qualität stark unterschied. So stark ausgeprägte Unterschiede entwickelten sich auf den Bauernhöfen nicht, als die „Erbpächter" während der zweiten Hälfte des 19. Jahrhunderts dazu übergingen, im Hause getrennt vom Gesinde ihre Mahlzeiten einzunehmen. Die Bestandteile des Essens blieben im bisherigen Kostrahmen, die Tischsitten wandelten sich beiderseits allmählich (vor allem durch das Aufkommen individuell benutzten Geschirrs und Bestecks), wenn auch in der „Leutestube" sicherlich langsamer.

In den Tagelöhnerfamilien[12] war die Situation zunächst dadurch gekennzeichnet, daß die Ehefrau „to Haw" (zu Hofe) gehen mußte und die Zubereitung der Mahlzeiten daher unter großem Zeitmangel erfolgte.

Das werktägliche Mittagessen bestand deshalb in noch höherem Maße als auf den Guts- und Bauernhöfen aus „mangkakt Äten", d.h. Eintöpfen aus Kohl, Hülsenfrüchten oder Backobst, worin im Winter ein Stück Pökelfleisch, im Sommer Speck oder auch ein Schinkenknochen mitgekocht wurden. Es wurde jeweils für die halbe Woche im voraus gekocht, am Sonntag und am Mittwoch, so daß an den übrigen Tagen nur gewärmt zu werden brauchte.

Als nach 1850 ein „Hofgänger" als zweite Arbeitskraft der Tagelöhnerfamilie „to Haw" geschickt wurde und die Tagelöhnerfrau sich stärker um Haushalt und Küche kümmern konnte, wurden auch die Mahlzeiten etwas abwechslungsreicher. Standardessen waren „Drög Katüffel, Soß un Speck" oder ein Stück Schinken dazu und Kohl in jeder Form: „Fautlappens" oder „Kluftkohl", d.h. Weißkohl, mit Speck bzw. Pökelfleisch, „Taterkohl", d.h. Grünkohl, mit Grütze und einem Viertel des geräucherten Schweinekopfes u.a.; Graupen und Kartoffeln mit Pökelfleisch, Wruken mit Pökelfleisch, „Himmel und Erde", d.h. Äpfel und Kartoffeln mit ausgebratenem Speck dazu, Klopfschinken oder auch roher Schinken mit Petersiliensoße vervollständigten den Küchenzettel. Selbständige Gemüsegerichte gab es offenbar noch nicht, alles kam in den Eintopf. Sonntagsessen waren Hühnersuppe mit Reis oder Hühnerfrikassee, im Herbst, wenn die Zuteilung des entsprechenden Deputats erfolgte, sehr oft Rindfleisch mit Zwiebelsoße. Braten wurde nur an hohen Festtagen gegessen; man buk ihn in einer zugedeckten Schüssel gleichzeitig mit dem Brot im Backofen. Enten- und Gänsebraten kamen bis 1914 nicht auf den Festtagstisch der Tagelöhnerfamilien.

Als erste Mahlzeit des Tages gab es Milch- oder Kohlsuppe und Butterbrot dazu, später Milchkaffee mit Butterbrot; zum Frühstück nahmen die Männer Speck und Brot mit aufs Feld, dazu immer ein „Lechel" Branntwein. Abends war es üblich, warme Kost zu essen, d.h. Bratkartoffeln mit Speck oder Sauerfleisch, dazu Milchsuppe oder dicke Milch; kalte Küche blieb vor allem den Sonntagabenden vorbehalten.

Das Essen war also derb, kräftig und kalorienreich. Den Vorrang hatten voluminöse, kohlehydratreiche Speisen, die im Normalfall offensichtlich ausreichend mit Fleisch und Fett aus der eigenen Versorgung angereichert waren. Das entsprach der Schwere und der langen Dauer des Arbeitstages. Der Nationalökonom Wilhelm Roscher bemerkte um 1890 zu dieser Relation: „Ein mecklenburgischer Tagelöhner ißt beinahe doppelt so viel, als ein thüringischer; aber er leistet materiell auch beinahe doppelt so viel."[13]

Das Überwiegen gekochter Speisen beruhte auch auf der Art des Herdes, der das Braten von Fleischgerichten erschwerte, eines offenen Herdes, auf dem auf mehreren Dreibeinen die Grapen und Töpfe über dem offenen Feuer standen. Der Sparherd, „de Kakmaschin", verbreitete sich erst im 20. Jahrhundert stärker. Gegessen wurde meist in der Speisekammer an einem gescheuerten Tisch. Wenn es Pellkartoffeln gab, schüttete man diese auf den Tisch, auf den auch die Bratpfanne mit dem ausgelassenen Speck gestellt wurde. Jeder pellte Kartoffeln, bis die Pfanne voll war, dann aßen alle daraus; dazu gab es Salzhering. Erst ab etwa 1900 erhielt jeder seinen eigenen (tiefen) Teller. Die Löffel waren aus Holz, das zum Essen benutzte Taschenmesser konnte zuvor durchaus dazu benutzt worden sein, „den hartgewordenen Kuhdünger von der Forke ab(zu)kratzen", wie es ein Hofgänger um 1895 in einem mecklenburgischen Tagelöhnerhaushalt erlebte.[14]

Aus einer Pfanne, einem Topf, einer Schüssel gemeinsam zu essen blieb in der Tagelöhnerfamilie also länger üblich. Auch die Tischgemeinschaft mit dem Hofgänger wurde aufrechterhalten – insofern wurde hier eine quasi-bäuerliche Tradition noch fortgesetzt bzw. neu aufgenommen, als diese sich auf den Bauernhöfen selbst schon aufgelöst hatte. Zum älteren bäuerlichen Standard gehört ferner die Selbstversorgung mit Nahrungsmitteln aus der eigenen Wirtschaft der Tagelöhner.

Die Annahme liegt nahe, daß weitere Archaismen im Nahrungswesen gerade bei der Landarmut bzw. beim Agrarproletariat erhalten blieben. Das trifft für den Fleischverzehr insofern zu, als die Innereien der Tiere in sehr hohem Maße verwertet wurden; aus ihnen kochten die Tagelöhnerfrauen süßsaure hascheeartige Gerichte. Dagegen hört man von der Verwendung wildwachsender Pflanzen sehr wenig, am wenigsten vom Pilzessen („Poggenstäuhl äten wi nich"). Es waren offenbar keine alten Traditionen der Sammelwirtschaft, sondern aktuelle Anreize zum Geldverdienen auf dem Markt, die z. B. in der Rostocker Heide und in den Kiefernwäldern Südmecklenburgs das Sammeln von Blaubeeren („Beikbeeren") und Pfifferlingen beförderten.

Die Trinkgewohnheiten änderten sich mehrfach. Der Verbrauch an Bier, d. h. Schwachbier (Kofent), ging mit dem Aufkommen des Kaffees und seiner Surrogate sehr zurück. Milch wurde wenig getrunken (eher zum Suppenkochen verwendet), Vollmilch sehr wenig. Eine zunehmende Rolle spielte der Branntwein, besonders seit er als Kartoffelschnaps billig zu haben war. Branntwein wurde in einem Lechel, einem allgemein gebräuchlichen hölzernen Tönnchen, oder in einer Blechflasche mit zur Arbeit aufs Feld genommen, und in so manchem Tagelöhnerhaushalt stand die Branntweinflasche griffbereit im Küchenfenster. Einen abermaligen Anstieg des Bierverbrauchs – d. h. von Stark- oder Lagerbier – gab es erst im 20. Jahrhundert, als sich die Bierherstellung endgültig in die städtischen Großbrauereien verlagert hatte. Dieser Anstieg war auf dem Lande allerdings weniger stark, was sicherlich zum Teil damit zusammenhing, daß es in den oft abgelegenen Dörfern meist keine Gastwirtschaft und keinen Laden gab, in dem man dieses Bier kaufen konnte.

Bürgerliche Nahrungskultur

Der bisher für das 19. Jahrhundert erwähnte Wandel der Volksnahrung vollzog sich langsam, aber stetig. Er umfaßte so wesentliche Dinge wie neue Grundbestandteile des Essens (die Kartoffel) und des Trinkens (den Kaffee), die Eßsitten und die Tischgemeinschaft. In Gang gebracht wurde er vor allem durch die bürgerliche Nahrungskultur, die – anders als zuvor die feudale – in hohem Maße gesamtgesellschaftliche Vorbildwirkung erreichte und jedenfalls den Maßstab setzte, ohne etwa in allen Bestandteilen bis in die Nahrungsgewohnheiten des arbeitenden Volkes durchzudringen. Dabei meint „bürgerlich" in Mecklenburg nicht nur städtisch. Ausstrahlungskraft besaß auch und gerade die ländliche Bourgeoisie (bürgerliche Gutsbesitzer und -pächter), besonders auf die sich herausbildende Großbauernschaft, diese wiederum auf die Kleinbauern usw. Die Aufhebung der Tischgemeinschaft mit dem Gesinde machte der Bauer dem Gutspächter oder auch dem Pfarrer nach, nicht dem städtischen Handwerker, der noch länger mit seinen Gesellen und Lehrlingen Tischgemeinschaft hielt. Dennoch war die Stadt auch in Mecklenburg letztlich das Novationszentrum, von dem die entscheidenden Neuerungen ausgingen, nachdem sie sich hier auf dem Wege nationaler und internationaler Kontakte herausgebildet hatten. Jetzt dominierten eindeutig Stadt-Land-Beziehungen, nachdem es zuvor, besonders auch im Agrarland Mecklenburg mit seinen Ackerbürgerstädten, der Richtung nach eher Land-Stadt-Beziehungen in der Nahrungskultur gegeben hatte.

Es soll hier nicht wiederholt werden, was schon in den bisherigen Kapiteln z. B. über das Eindringen des Kaffees als Volksgetränk und über weitere Novationen aus dem bürgerlichen Kulturbereich ausgeführt worden ist. Statt dessen machen wir den Versuch, den Charakter der bürgerlichen Küche in Mecklenburg zu umreißen

Hausschlachterei in einer Hagenower Handwerkerfamilie, 1925

und in seinen Traditionslinien näher zu bestimmen. Als Hauptquelle dient uns dabei das „Mecklenburgische Kochbuch" der Frieda Ritzerow, geb. Burmeister, erschienen in der Hinstorffschen Verlagsbuchhandlung in vielen Auflagen seit 1868. Die Verfasserin, Ehefrau eines Rostocker Sprachlehrers und Übersetzers, gibt im Vorwort an, „daß sie fast zwölf Jahre lang in den fünf ersten Hotels Mecklenburgs in der Küchenwirthschaft engagirt war",[15] woraus erhellt, daß ihr „Ratgeber" sich natürlich an höchsten Ansprüchen orientiert, ohne freilich die Normalität aus dem Auge zu verlieren.

Der ehemals feudale hochherrschaftliche Standard erscheint in die bürgerliche Küche vollständig integriert; er war dies vermutlich in höheren bürgerlichen Kreisen schon länger, zumal bestimmte feudale Privilegien wie die Jagd auch Privilegien der städtischen Ratsoligarchie darstellten. Jetzt waren Wild, Edelfische, Krebse usw. jedenfalls frei verfügbare Handelsware, so wie von Anfang an jene Produkte des Auslandes, an deren Einfuhr die Handelsbourgeoisie selbst den größten Anteil und Profit hatte: Kaffee und Tee, Reis und Rohrzukker, Weine und Südfrüchte, dazu Tafelgeschirr für den gehobenen Bedarf. Darüber hinaus war das Bürgertum führend bei der Einbürgerung neuer inländischer Kulturen und ihrer Aufnahme in die Speisegewohnheiten, so von Feingemüse wie Blumenkohl, Kohlrabi, Gurken, Spargel u.a.m., von Beerenobst wie Gartenhimbeeren, Erdbeeren usw., von Weizenmehlprodukten wie Feinbrot, Serviettenkloß, Kuchen und Torten. Ein Abstand zur bäuerlichen Küche hatte sich spätestens seit dem 18. Jahrhundert ausgeprägt, wie ihn z.B. die folgende Redensart glossierte: „Wat weet de Buer von Gurken-Salat, he mackt 'n mit Trahn thorecht un ett 'n mit der Meßfork."[16] Dabei bestand die bürgerliche Küche auch im 19. Jahrhundert keineswegs nur aus Neuerungen, wie denn Fritz Reuter in seiner „Franzosentid" (1860) dem Stavenhäger Ratsherrn Herse als Losungswort nicht etwa „Gurkensalat", sondern „Suer Swinfleisch" in den Mund legt.

Traditionen der Volksnahrung prägten in Mecklenburg auf mannigfache Weise die bürgerlichen Nahrungsgewohnheiten. Dazu gehörte insgesamt „das Tüchtige, Kräftige, Derbe", das auch Frieda Ritzerow als allgemeines Merkmal hervorhebt und das sich in weniger kulturvollen bürgerlichen Kreisen, etwa bei den Gutspächtern, bis zur Völlerei steigern konnte: „De Gos (Gans) is 'n snurrigen Vagel, ett man een to'n Frühstück, ward man nich satt, un ett man twee, verdarwt 'n sick 'n Appetit to 'n Middag."[17] Die Eßlust war und blieb überhaupt stark auf Fleisch gerichtet, dabei weniger auf die Gans und anderes Geflügel als vielmehr auf Schweinefleisch und nach der Zubereitungsart vornehmlich auf Braten. „Bradenfräterviertel" nannten die weniger bemittelten Volksschichten eine Rostocker Villenvorstadt, die am Ausgang des 19. Jahrhunderts entstand. Als alltägliche Kost kamen aber, wie sich aus den

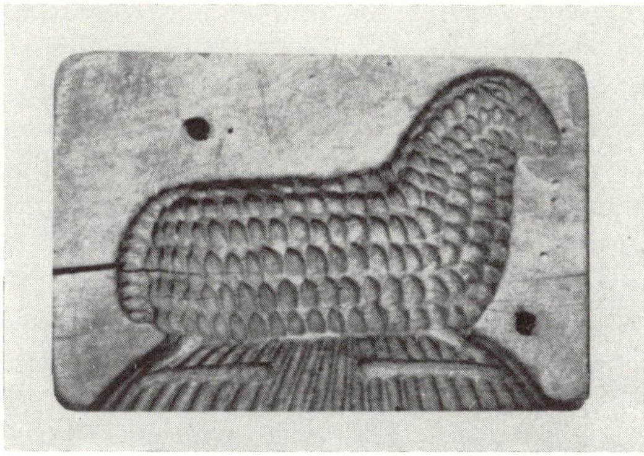

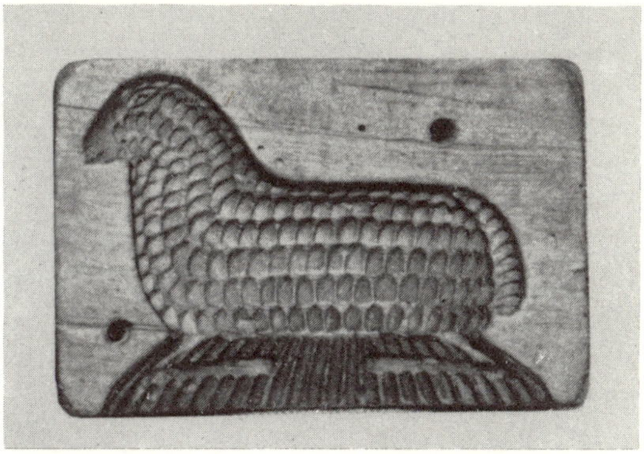

Hölzerne Butterformen

verschiedenen Auflagen des Ritzerowschen Kochbuchs bis 1930 erschließen läßt, auch traditionelle Speisen auf den Tisch wie dicke Erbsen- und Bohnensuppe, Sauerfleisch und Schwarzsauer, Grünkohl, Milchsuppe mit „Klütern" und Kaltschale.

Gesamtgesellschaftliche Verbindlichkeit erlangten die bürgerlichen Tischsitten, wenn sie sich teilweise auch nur der Tendenz nach durchsetzten (Essen von individuellen Tellern, mit Besteck). Die Güte der Nahrungsbestandteile war auch innerhalb des Bürgertums unterschiedlich, am geringsten gewiß in bestimmten Handwerkerfamilien, besonders bei Webern, Schneidern und Schustern. Von den Schustern in Wittenburg erzählte man sich um 1900: „Wenn dei Bräktüften un Boddermelk äten hebben, stellen s' sik grotmächtig vör dei Dören un purren sik de Tähnen, dat de Lüd' glöben, sei hadden Fleisch äten."[18] Zugleich dürfte es dieses Kleinbürgertum gewesen sein, das seine bescheidene Nahrungskultur dem städtischen Proletariat vermittelte, das seinerseits durch einen weiteren Überlieferungsstrang mit der ländlichen Volksnahrung (d.h. der der Landarmut bzw. des Agrarproletariats) verbunden war und schließlich eigene Traditionen entwickelte.

Nahrung städtischer Arbeiterfamilien

Über das Kochen und Essen in städtischen Arbeiterhaushalten sind wir für die Zeit vor 1914 nur dürftig unterrichtet. Mündliche Familienüberlieferungen aus Rostock[19] besagen, daß in der ersten und zweiten Generation vom Dorf zugezogener Männer und Frauen die Kontakte zur Landverwandtschaft noch eine bedeutende, wenn auch nicht lebenswichtige Rolle für die Ernährung in der Stadt spielten. Die Traditionen der Eigenversorgung erloschen, das „Einkaufen" von Lebensmitteln wurde zur Normalität. Dem dörflichen Standard entsprach noch der offene Herd mit Glocke in den meisten Wohnungen; zusätzlich wurde ein stark dunstender einflammiger Petroleumkocher benutzt. Die Pellkartoffeln auf den Tisch zu schütten und das Essen ohne Gabel, also nur mit dem Messer (die Männer: mit dem Taschenmesser) und dem Löffel zu verzehren, war offenbar noch allgemein üblich, während man vom Essen aus einer gemeinsamen Schüssel nichts mehr hört.

Im folgenden soll versucht werden, die Ernährungsweise in Rostocker Arbeiterfamilien während der zwanziger und dreißiger Jahre in seinen wesentlichen Bestandteilen darzustellen.[20] Als Typ gilt dabei die Zweigenerationenfamilie mit dem Vater als vollbeschäftigtem Industriearbeiter, der Mutter als Hausfrau mit Teilbeschäftigung (auf einer „Morgenstelle“) und zwei bis drei Kindern. Die typische Wohnung in der Kröpeliner-Tor-Vorstadt findet sich im Kapitel „Werftarbeiter“ beschrieben.

Der Zwang zu äußerster Sparsamkeit in der Haushaltsführung wirkte sich bereits bei der Wahl der Einkaufsmöglichkeiten aus. Der in jeder Straße vorhandene Kaufmannsladen wurde einmal wöchentlich – nach der Lohnzahlung – aufgesucht, hauptsächlich zum Einkaufen von Waren, die man auf andere Weise nicht billiger beschaffen konnte (Mehl, Salz, Zucker, Margarine, Petroleum usw.). Butter kaufte man auf dem Wochenmarkt, Fisch von der Straßenhändlerin, Landbrot vom „Pungenfahrer“. Das 1909 an der Ecke Kabutzenhof/Borwinstraße eröffnete Lebensmittelgeschäft der Konsumgenossenschaft wurde von der Arbeiterkundschaft bis 1933 zunehmend bevorzugt.

Nachdem die Kultivierung von Gartenland am Stadtrand während des ersten Weltkrieges und der Nachkriegskrise stärker in Gang gekommen war, entwickelte sich der Kleingarten in der Folgezeit zu einem festen Bestandteil der Lebensweise des Arbeiters und wurde speziell zur Verbesserung des Nahrungsmittelaufkommens genutzt. Manche Familien hatten mehrere Gärten bzw. zusätzlich ein Stück Kartoffelacker. Gemüse, darunter vorher kaum angebaute Kohlsorten (Rot-, Blumen-, Rosenkohl, Kohlrabi), wurde erzeugt (auch Gurken, aber noch kaum Tomaten), sowie Beerenobst (darunter kaum Erdbeeren) und Baumobst.

Die Vorratswirtschaft war dadurch erschwert, daß in vielen Arbeiterwohnungen Speisekammern fehlten. Statt dessen dienten das „Kœkenschapp“ in der Küche und manchmal ein „Fleigenschapp“ mit Gazefenstern auf dem Flur zur Aufbewahrung, ferner der Keller, wo Kartoffeln, Äpfel und eingelegte Eier aufbewahrt wurden. Das Einwecken von Lebensmitteln und das Einkochen von Marmelade spielten – anders als vor 1914 – eine bedeutende Rolle.

Die offenen Herde verschwanden gänzlich. An ihre Stelle traten Kohleherde mit Platte und Feuerlöchern, auch Gasherde mit kombinierter „Kochmaschine“ für Kohlen. Aus Sparsamkeitsgründen wurde jedoch der einflammige Petroleumkocher vielfach noch weiter benutzt.

Grundbestandteil der Nahrung war und blieb die Kartoffel. Auf eine Person rechnete man drei Zentner, die im Herbst eingekellert wurden. Man aß sie von Einkellerung zu Einkellerung, ohne Frühkartoffeln frisch zu kaufen. Allerdings ging der Kartoffelverzehr nicht so weit, daß er auch zu den Morgenmahlzeiten üblich gewesen wäre.

Früh wurde Schwarzbrot, mit Butter (in manchen Familien auch mit Margarine) oder mit Marmelade, Kunsthonig, Sirup beschmiert, gegessen und Milchkaffee getrunken, zum zweiten Frühstück gab es zu Hause oft dasselbe bzw., zur Arbeit oder zur Schule mitgenommen, Butter- und Schmalzschnitten. Je nach Dienststellung, Schichtbetrieb, Entfernung usw. erschien der Ehemann entweder zum Mittagessen, oder er verzehrte auf der Arbeitsstelle das mitgebrachte Butterbrot mit etwas Wurst (z. B. Leberwurst) und den Milchkaffee aus der Flasche. Manchen Arbeitern wurde auch ein warmes Essen zum Betrieb ge-

Städtische Küche, um 1900, rekonstruiert.
Kulturhistorisches Museum Rostock

Gußeisernes Geschirr vor und um 1900:
Kaffeebrenner, Kaffeekanne, Milchkännchen

bracht. Else Köster z. B. erinnert sich, daß sie als Kind mit einem Emailletöpfchen (eingewickelt in Zeitungspapier und ein wollenes Tuch) zur Ludewigschen Werft am Strande geschickt wurde; dort kam der Großvater ans Tor, setzte sich auf einen Holzstapel und verzehrte sein Mittagessen. Dies war jedoch nicht die Regel, ebensowenig wie die Inanspruchnahme der Betriebsküche, die es wohl nur in der Neptunwerft und später dann in den Heinkel-Werken gab.

Das werktägliche Mittagessen in der Arbeiterfamilie bestand am häufigsten aus Eintopf, dessen wichtigste Bestandteile Kartoffeln, Gemüse und Fleisch waren. Hier begegnen wir den traditionellen ländlichen Gerichten wieder: vor allem Erbsen und Bohnen, Grün- und Weißkohl. Dabei handelte es sich nicht immer um „Zusammengekochtes“ im eigentlichen Sinne, denn die Kartoffeln kochte man oft gesondert und verrührte sie dann unabgegossen z. B. mit dem Kohl. Als wesentlich galt der Fleischanteil, und zwar mehr die Quantität als die Qualität (Rippe, Bauchfleisch, Spitzbein, Schweinskopf usw.). Daneben gab es „Bottermelkstüffel“ und „Zuppgetüffel“ mit Fleisch oder Kochwurst, aber ohne Gemüse, ferner Äpfel und Kartoffeln mit ausgelassenem Speck oder einer Scheibe Leberwurst, gelegentlich Milchreis mit Zimt und Zucker, Äpfel oder Birnen mit Klößen *(Klümp)* und bei akuter Geldknappheit auch einmal nur Kartoffeln mit Pflaumenmus. Wenn jemand gänzlich ungesättigt war, wurde für ihn ein Brötchen in Milch aufgeweicht. Der „Wochenfahrplan“ war in den Familien offenbar unterschiedlich fest; fleischloses oder fleisch-

Zur Brotaufbewahrung benutzter Hängeschrank, 19. Jahrhundert. Hagenow

armes Mittagessen gab es am ehesten mittwochs und sonnabends.

Freitags war traditionell Fischtag, auch in nicht mehr kirchlich gebundenen Familien. An manchen anderen Wochentagen gab es ebenfalls Fisch, z. B. Dorsch und Hornfisch, am häufigsten aber Hering: als Brathering mit süßsaurer Soße und Salzkartoffeln, als Salzhering mit Pellkartoffeln und Speckstippe oder grünen Bohnen sowie als sauren Hering mit Muskartoffeln *(Maustüffel)*. In der Heringsfangzeit wurde ein voller Eimer gekauft, ein Teil der Fische gebraten und der Rest sauer eingelegt.

Die Eintönigkeit der Speisen aufzulokkern, waren die Arbeiterfrauen durchaus bemüht, indem sie die saisonalen Möglichkeiten nutzten. So gab es an besonderen Gerichten im späten Frühjahr gebratene Maischollen mit Rhabarberkompott, im Hochsommer Rote Grütze mit Milch, im Frühherbst Kartoffelpfannkuchen mit Mus von frischen Falläpfeln und im Winter – dies allerdings oft tagelang – Grünkohl mit Schweinekopf oder Lungwurst.

Abends wurde aus Sparsamkeitsgründen ebenfalls warm gegessen. Das Standardgericht waren Bratkartoffeln und süße Milchsuppe mit „Klütern"; als beliebte Zugabe zu den Bratkartoffeln galten auch Wassersuppe mit Rosinen, ferner Zuckergurken und vor allem Zuckerkürbis.

Das sonntägliche Mittagessen bestand aus Salzkartoffeln und möglichst einem etwas höherwertigen Fleischgericht (sehr selten Rind oder Kurzgebratenes vom Schwein), in der Regel Schweinebraten mit „langer" Soße, aber zumeist ohne Gemüsebeilage (manchmal mit Zuckergurken oder Essigbohnen), dafür aber mit Nachtisch in

Ferienkinder aus der Stadt bringen Essen auf das Feld. Um 1935

Form von süßem Griesbrei und / oder Obstkompott. Ausnahmsweise kaufte die Hausfrau auf dem Markt auch einmal ein halbes Pfund frische Erdbeeren, die unter alle Esser der Familie abgezählt aufgeteilt und mit Milch verzehrt wurden. Zum sonntäglichen Kaffeetrinken gönnten sich die Erwachsenen reinen Bohnen- oder besseren Mischkaffee, während in der Woche nur Kaffee-Ersatz aus „Ziguren" (Zichorien) aufgebrüht wurde, dazu am Montag der sonntägliche Kaffeesatz zum zweiten Mal. Als Kuchen kamen u. a. Platenkuchen, „Pottkauken" und auch der bei Frieda Ritzerow (Nr. 711) beschriebene „Schwaansche Kuchen" auf den Tisch. Das Kuchenbacken nahm stark zu, seitdem es Gasherde mit einer Backröhre gab. Am Sonntagabend herrschte kalte Küche vor: Schwarzbrot mit Butter und Wurst, selten Schinken und Käse, eher Quark, den es auch wochentags gab, teilweise als „Pimpkees" (mit Salz, Pfeffer und Kümmel) zubereitet. Auch eine vom Grünkohlessen abgezweigte Schweinebacke wurde hin und wieder mit Brot gegessen (bestreut mit Zucker!). Als besondere Delikatesse galt Zuckerkürbis mit Reis.

Getränke waren außer „Kaffee" für die Erwachsenen und Milch für die Kinder in bescheidenem Ausmaß verdünnter Saft, aus der Gastwirtschaft oder vom Bierwagen geholtes Bier und – extrem verschieden in den Familien – Branntwein. Im Durchschnitt war der häusliche Alkoholkonsum in den Rostocker Arbeiterfamilien offenbar geringer als bei den Landarbeitern, ebenso am Arbeitsplatz. Dagegen besuchten die Männer – ohne daß man hier verallgemeinern könnte – den „Krug", von denen es auch in den Rostocker Arbeiterquartieren eine stattliche Anzahl gab; nach den Adreßbüchern waren es 22 im Jahre 1928 und 28 im Jahre 1938 allein in der Kröpeliner-Tor-Vorstadt. Zum Essen wurden Gastwirtschaften nicht aufgesucht.

Die häuslichen Mahlzeiten nahm man häufig in der Küche ein, besonders das Frühstück, aber auch weitere Mahlzeiten. Der eigentliche Eßtisch stand in der kleinen Hinterstube neben der Küche, mit Wachstuch und sonntäglich mit einem Leinentischtuch bedeckt. Das Essen mit Messer und Gabel setzte sich immer mehr durch. Holz- und Zinnlöffel kamen außer Gebrauch. Messer und Gabeln bestanden meist aus Stahl mit Holzgriff, Löffel aus Aluminium. Ein Besteck mit Silberauflage konnte z. B. ein langgehegter Wunsch sein, der zur Silberhochzeit in Erfüllung ging, ähnlich wie ein Porzellangeschirr mit Goldrand. Im übrigen wurde Geschirr aus einfachem Porzellan und häufiger aus Steingut, dazu solches aus Blech und Emaille verwendet.

Wirtschaftsgeschichtliche Forschungen zum Budget in Rostocker Arbeiterfamilien, die den finanziellen Spielraum der Realisierung dieses Nahrungsstandards belegen würden, liegen nicht vor. Nach der Erinnerung unserer Gewährsleute stellte die vorstehend beschriebene Ernährung den bei äußerster Sparsamkeit erreichbaren Regelfall außerhalb von Krieg, Inflation, Arbeitslosigkeit und anderweitigem persönlichen Unglück dar. Diese Fälle trafen aber bekanntlich ein, und sie trafen massenhaft. Dann mußte an allem gespart werden, zuerst am Fleisch, zuletzt an den Kartoffeln. Auch Notlösungen wurden von den Frauen gefunden. Das ändert nichts an der Tatsache, daß die Arbeiterfamilien auf den oben beschriebenen Standard fixiert waren, ihn zu erreichen und – in Einzelfällen mit Erfolg – zu übertreffen trachteten. Dieser kalorienreiche, vitaminarme Standard wies allgemein-norddeutsche Züge der Volksnahrung auf, bei wenigen mecklenburgischen Besonderheiten, und er wies auch schichten-übergreifende Züge auf, die z. B. in Teilen des Kleinbürgertums und der Mittelschichten nachweisbar sind.

Nahrungswesen 1945–1960/61

Die Ernährungsverhältnisse in Mecklenburg-Vorpommern nach 1945 sind bisher weder wirtschaftsgeschichtlich noch volkskundlich näher untersucht worden. Neben der wiederholt getroffenen Feststellung, daß sich die Ernährungslage schon ausgangs der vierziger / eingangs der fünfziger Jahre weitgehend normalisiert hatte, wären wichtige Themen der Untersuchung wert, z. B. die Unterschiede zwischen Stadt und Land, die Rolle der Umsiedler, Fortbestand, Abbau oder Neuausbildung klassen- und schichtenspezifischer Merkmale der Ernährung und der Nahrungskultur. Wir können die einzelnen Etappen der Entwicklung hier nicht darstellen und begnügen uns mit dem Versuch, ein Bild der Volksnahrung in den Nordbezirken der DDR zu entwerfen, wie es uns für das Ende unserer Untersuchungszeit (1960/61) als gültig erscheint.

Nach den Auskünften von Gewährsleuten und nach der eigenen Erinnerung war ein Wandel in der Nahrungskultur um 1960/61 zweifellos angebahnt, aber noch keineswegs durchgängig vollzogen. Die geringsten Änderungen gab es im Altbauerndorf, wo kein Mangel an Lebensmitteln zu überwinden war, gewisse Wandlungen dagegen im Neubauerndorf, wo ehemalige Landarbeiter nunmehr den etwas günstigeren Nahrungsspielraum nutzten, den die kleinbäuerliche Wirtschaft gewährte (die Umsiedlerproblematik bleibt hier ausgeklammert). Aber das war eher ein Wandel zum Traditionellen hin, zu einem bisher nicht voll verwirklichten Standard. Eine Novation hielt Einzug in das genossenschaftliche bzw. seit 1960 in das vollgenossenschaftliche Dorf, wo vor allem die LPG des Typs III das Werkküchenessen einführten, und zwar nach dem Vorbild städtischer Industriebetriebe.

Konstanz in der Nahrungskultur herrschte auch in den städtischen Arbeiterhaushalten vor. Die Überwindung des Mangels – des traditionellen wie des kriegs- und nachkriegsbedingten – verwirklichte sich in dem Bestreben, nach den Möglichkeiten der neuen Zeit auf die verbesserte alte Art und Weise satt zu werden. Das heißt: Es wurden die bekannten Gerichte zubereitet, nur etwas weniger sparsam, zunehmend mit mehr Fett und Zucker, einem größeren Stück Fleisch, Fisch usw. Die Einführung des Werkküchenessens und der Schulspeisung (schrittweise seit 1945/49) sowie die Aufhebung der Lebensmittelrationierung (endgültig 1958) begünstigten die wachsende häusliche Verfügbarkeit der entsprechenden Nahrungsmittel. Für die Versorgung mit Obst und Gemüse behielt der Kleingarten seine Bedeutung, während die Nutzung zusätzlichen Grabelandes allmählich aufgegeben wurde und auch die Kleintierhaltung (Kaninchen, Hühner) gegen Ende der fünfziger Jahre nicht mehr so stark verbreitet war. – Ein typisches Werktagsessen in einer Rostocker Arbeiterfamilie sah nach den eingeholten Auskünften um 1960 etwa folgendermaßen aus:

Erstes Frühstück: Roggenbrot mit Butter und Marmelade, Margarine und Wurst, auch Schmalz und Käse, Hauskaffee („Muckefuck").

Zweites Frühstück: Butter-/Schmalzbrot mit Wurst/Käse zur Arbeit bzw. mit zur Schule genommen.

Mittagessen: Werkküche/Schulspeisung oder zu Hause, wenn Mutter oder Großmutter nicht berufstätig: zum Beispiel Grüne Erbsen und Mohrrüben mit Salzkartoffeln und einer Scheibe rohem Schinkenspeck; oder Grüne Bohnen mit Salzhering, Pellkartoffeln und ausgelassenem Speck; oder Milchkartoffeln mit einer Scheibe Leberwurst; oder Grünkohl mit Schweinebacke und Salzkartoffeln; oder Eintopf (für zwei Tage gekocht).

Vesper: im Betrieb wie zweites Frühstück, zu Hause (nicht als gemeinsame Mahlzeit eingenommen) Butterbrot mit Marmelade, eventuell eine Tasse Bohnenkaffee.

Abendbrot: Reste vom Mittag, Bratkartoffeln, süße Milchsuppe, eventuell Brot mit Wurst, Käse usw., Hauskaffee, Milch.

Ein fester „Wochenfahrplan" existierte nur bedingt. Der Montag war „Restetag", d.h. unter Verwertung des vom Sonntag Übriggebliebenen, der Freitag kein fester Fischtag mehr, der Sonnabend Eintopftag. Am Sonntag gab es Schmorbraten vom Schwein oder Rind, auch Gulasch, Rindfleisch mit Zwiebelsoße oder andere Fleischgerichte, am Nachmittag selbstgebackenen Topf- oder Platenkuchen mit Bohnenkaffee, am Abend kalte Küche. Sonntags wurde in der Wohnstube gegessen, werktags in der Küche.

Lag das Schwergewicht somit noch auf den traditionellen Speisen, so waren um 1960/61 doch auch schon gewisse Neuerungen namentlich bei der jüngeren Generation verbreitet. Dazu gehörte vor allem kurzgebratenes Fleisch, das bisher im Arbeiterhaushalt kaum jemals auf den Tisch gekommen war, etwa Kotelett, Schnitzel und Beefsteak aus Hackfleisch. Besonders Kotelett („Karbonad'") wurde zum sonntäglichen Standardgericht. Um 1960 konnte man z.B. in den neubezogenen Häusern der Arbeiterwohnungsbaugenossenschaft in Rostock-Reutershagen jeden Sonntag mittags zwölf Uhr das „Bumsbums-bums" aus den Küchen hören, das respektheischend von der Zubereitung der Kotelett-Mahlzeit kündete. Auch der Verzehr von Weizen- und Mischbrot, Brötchen, Torte und Bohnenkaffee nahm zu – sämtlich Gerichte und Nahrungsgewohnheiten, die bisher im wesentlichen nur im Bürgertum und teilweise in den städtischen Mittelschichten verbreitet waren.

Soziale Unterschiede in der Nahrungskultur bestanden gleichwohl fort. Die Küche blieb noch in vielen Altbauwohnungen der werktägliche Eßraum der Arbeiterfamilie, und sie wurde teilweise auch in den frühen Neubauwohnungen entsprechend genutzt. Die vorgefertigten Einbauküchen in den späteren Neubauten verhinderten dies dann zumeist (bevor sich der Trend in den siebziger Jahren wieder in Richtung auf die Küche mit Eßecke umkehrte). Um 1960 hielt der Kühlschrank vereinzelt Einzug in die Küche. Service und Bestecke wurden mit Blick auf Quantität und Qualität ergänzt und seither auch wirklich benutzt. Die alte zeitsparende Sitte, aus demselben Teller z. B. erst Bratkartoffeln und dann Milchsuppe zu essen, ging allmählich zurück, ohne schon ganz zu verschwinden. Die abendliche warme Mahlzeit wurde nicht durchgängig aufgegeben, so daß vielfach zweimal – im Betrieb und zu Hause – warm gegessen wurde. „Kalte Küche“ mit „Aufschnitt“, Käse usw. setzte sich als Abendmahlzeit aber immer mehr durch. Hauptgetränk war weiterhin der „Muckefuck“, sehr selten Flaschenbier oder Limonade, die eigentlich nur außer Haus getrunken wurden.

Traditionen und Wandlungen der Volksnahrung waren um 1960/61 nicht mehr völlig klassen- und schichtenspezifisch gelagert. Mancher Wandel vollzog sich schon annähernd gesamtgesellschaftlich oder wurde es in seinem Ergebnis, besonders bei der jüngeren Generation. Dazu gehörten u. a. die allmähliche Abkehr vom Fettfleisch, die Zunahme des Biertrinkens gegenüber dem Branntweintrinken, die am Stand gekaufte Zwischenmahlzeit (Streuselschnecke, Bockwurst), die größere Küchenhygiene, die neue Sitte, Geburtstagsgäste zum Abendbrot einzuladen.

„Echt Mecklenburgisches“ lebte bei alledem fort, darunter die Vorliebe für Süßes in salzigen Speisen, z. B. Rippen-, Gänse- und Entenbraten mit süßer Backobstfüllung, Schweinebacke mit Zucker, Meerrettichsoße mit Rosinen zum Kochrindfleisch, Blutwurst mit Rosinen ... Diese regionalen Traditionen wurden überwiegend spontan bewahrt und nicht etwa bewußt gepflegt. Mündlich und durch Anschauung weitergegeben, oft auch festgeschrieben in kleinen handschriftlichen Rezeptheftchen, lebten sie – von Familie zu Familie unterschiedlich – bei insgesamt schwindendem Stellenwert fort, eingeengt durch immer stärkere überregionale Auswirkungen der Bevölkerungsbewegung in der DDR, des Handels, des Gaststättenwesens usw., aber immer wieder auch belebt durch die innermecklenburgische Land-Stadt-Wanderung.

Der im Gang befindliche Wandel der Volksnahrung wurde um 1960/61 durchaus als Fortschritt empfunden, und er war es auch. Erstmals in der Geschichte bildete Nahrungsmangel kein soziales Problem mehr – und Überernährung im wesentlichen noch nicht.

Anmerkungen

1 Ingeborg Müller, Das Küchenregister eines mecklenburgischen Gutshofes (Gützkow bei Stavenhagen, 1577/78). Jahrbuch für Volkskunde und Kulturgeschichte 32 (1989).

2 Neue Sammlung Mecklenburgischer Landesgesetze, 4. Theil, Schwerin 1779, S. 159; Entwurf zu den Tax-Prinzipien ..., o. O. o. J. (1825).

3 Alexander von Lengerke, Darstellung der Landwirthschaft in den Großherzogthümern Mecklenburg, Bd. 2, Königsberg 1831, S. 318.

4 Monatsschrift von und für Mecklenburg 1792, Sp. 387; 1788, Sp. 7.

5 Mitteilungen des Heimatbundes für das Fürstentum Ratzeburg 4 (1922) Heft 4, S. 15.

6 Bützowsche Ruhestunden, Theil 18, Bützow 1765, S. 22.

7 Wossidlo-Archiv, Abt. ch, Nahrung II, Kohl

8 Ebenda, Nahrung II, Erbsen.

9 Vgl. z. B. Dienstordnung für Rövershagen (1767), Mecklenburg 12 (1917), S. 88f.

10 Mussäus, Ueber die niedern Stände auf dem flachen Lande von Meklenburg-Schwerin, Jahrbücher des Vereins für mekl. Geschichte und Alterthumskunde 2 (1837), S. 119.

11 Carl Chr. Fr. von Ferber, Grundzüge zur Werthschätzung der Landgüther in Mecklenburg, Berlin 1796, S. 110.

12 Zum folgenden: Ingeborg Müller, Damshagen. Aus dem Alltagsleben der Tagelöhnerfrauen, Jahrbuch für Volkskunde und Kulturgeschichte 20 (1977), S. 99f.

13 Zitiert bei Ulrich Hintze, Die Lage der ländlichen Arbeiter in Mecklenburg, Diss., Rostock 1894, S. 40.

14 Hofgängerleben in Mecklenburg. Mit einer Vorrede von August Bebel, Berlin 1896, S. 22.

15 Frieda Ritzerow, Mecklenburgisches Kochbuch, Rostock 1868, Reprint Rostock 1981, S. 4.

16 Bützowsche Ruhestunden, Theil 24, Bützow 1766, S. 57.

17 Richard Wossidlo u. Hermann Teuchert, Mecklenburgisches Wörterbuch, Bd. 3, Berlin 1961, Sp. 64.

18 Wossidlo-Archiv, BV 10 Kasten Wittenburg.

19 Wichtigste Gewährsleute waren: Else Köster geb. Büttner (Jg. 1910), Paul Köster (Jg. 1909), Elsa Streu geb. Scherpeltz (Jg. 1903), alle aus Rostock.

20 Gewährsleute wie Anm. 19.

Volksbrauch

VON HEIKE MÜNS

Dörfliches Brauchtum im Spätfeudalismus

Dielengebundene Kalenderfeste

Im Zusammenleben von Menschen spielen Bräuche seit jeher eine mehr oder weniger gewichtige Rolle. Einem modernen Städter unseres Computerzeitalters mag nicht immer bewußt sein, daß er als Glied einer langen Traditionskette handelt, wenn er Weihnachten Fichte oder Kiefer schmückt, Ostern für die Kinder gefärbte Eier versteckt oder anläßlich einer Beerdigung dunkle Kleidung trägt. Die Bräuche erfüllen nach wie vor unabhängig von ihrem Alter und ihrer Herkunft allgemeingültige Funktionen: An hohen Kalenderfesttagen, bei bestimmten Lebensabschnitten oder bei längeren und aufwendigen Arbeiten gewährleisten die über Generationen eingeübten und für solche Höhepunkte geplanten Brauchhandlungen ein Hervorheben des Besonderen, eine Betonung des Festlichen, die Markierung eines Zeitabschnittes, sie dienen aber auch dem Vergnügen und der Abwechslung. Dabei sind Anlaß und Ausführung von Brauchhandlungen natürlich immer Wandlungen unterworfen gewesen; jedes Zeitalter und jede Gesellschaftsordnung pflegte, bewahrte oder entwickelte die Bräuche weiter, die ihren Wertvorstellungen entsprachen, und gab andere Bräuche auf.

Angesichts beschränkter Bildungsmöglichkeiten, wie sie in den mecklenburgischen Dörfern des 18. und 19. Jahrhunderts bestanden, sorgten bestimmte Bräuche zugleich für die Weitergabe von Erfahrungen, für das Einüben von Verhaltensnormen oder für die gegenseitige Bestätigung in der jeweiligen Alters-, Geschlechts- oder Besitzgruppe. Gerade im Dorf, wo man sich gegenseitig kannte, wo Lebens- und Arbeitsweise des Einzelnen der Allgemeinheit vertraut waren und wo der Fleiß, das Verhalten, der Besitz eines Dorfmitgliedes das Wohlergehen der Gemeinschaft mitbeeinflußten, zwangen die Brauchnormen ihre Träger in ein viel stärkeres Verhaltens- und Erwartungsmuster als vergleichsweise den Städter.

Die spezifische Brauchsprache des eigenen Dorfes, die zwar allgemein mecklenburgisch war, aber doch regionalspezifische Besonderheiten aufwies, mußte jeder Brauchträger beherrschen.[1] In Mecklenburg galt im 19. Jahrhundert beispielsweise das Überreichen eines Gebäckkringels an den Hochzeitsbitter als Zusage zur Einladung; eine offene oder geschlossene Totenkrone auf einem Sarg wies auf ein Mädchen bzw. einen Jungen hin. Ein aufgestellter Maibaum vor der Tür einer Unverheirateten zeigte dem Mädchen die Sympathie ihres Freundes an, ein Faulbaum verriet ihre Säumigkeit; der pompöse Blumenkopfschmuck eines jungen Hirten am Pfingstsonntag kennzeichnete den Langschläfer usw.

Alles brauchtümliche Handeln hatte seinen sozialen Hintergrund. In der Sitzordnung bei Tisch im Bauernhaus und in der Kirche z. B. drückte sich die ungeschriebene Hierarchie im Dorf aus.[2] Das scheint zunächst ein Widerspruch: Dörfliches Gemeinschaftsbrauchtum und Hierarchie? Feierte nicht das „ganze Dorf" seine Feste gemeinsam? Gewiß, Hochzeit und Begräbnis, Fastnacht und Pfingsten, Erntefest und „Brakelköst" (beim Flachsbrechen) zähl-

Mecklenburgisches Erntefest auf der Diele.
Holzschnitt, 1882 (nach älterer Vorlage)

ten auch in Mecklenburg zu den großen Gemeinschaftsfesten des Dorfes, doch sind die einzelnen Aktivitäten der Trägerschichten sozial weit differenzierter zu sehen, als es bisher geschehen ist. So standen zum einen die Interessen- und Verantwortungsbereiche der einzelnen sozialen Gruppen traditionsgemäß über längere Zeiträume fest, zum anderen hatten nicht grundsätzlich alle Gruppen das gleiche Recht auf einen Brauch. Einige Beispiele aus der mecklenburgischen Brauchüberlieferung des 19. Jahrhunderts mögen das belegen: Fastnacht z. B., eines der beliebtesten Feste, wurde in Mecklenburg bis weit ins 19. Jahrhundert nicht unbedingt am kalendarischen Februartermin gefeiert, sondern in Abhängigkeit von Arbeitsanfall und Wetterlage. Am Sonntag vor dem festgesetzten Fastnachtstermin versammelte im Bauerndorf der Dorfschulze alle Bauern auf seinem Hof. Dort entschied er, wer diesmal seine Diele für den Fastelabend zur Verfügung zu stellen hatte. Waren Ort und Termin bestimmt, so sagten Großknecht oder Großmagd des Bauern, der das Fest auszurichten hatte, den Fastelabend bei den anderen Bauern des Dorfes etwa mit folgenden Worten an: „Ick sall grüßen von Vader un Maurer, un wat ji nich taum Fastelabend 'n bäten rümkamen un uns Koem un Beir vertehren helpen wullt."[3] Diese Ansage konnte stehend, aber auch – ebenso wie bei der Einladung zu Hochzeit oder Erntefest – von einem fein aufgeputzten Pferd aus geschehen. Gab das Bauernpaar dem Sprecher ein Seidentuch oder ein Gebäckstück mit, so galt die Einladung als angenommen. Natürlich konnte eine Bauernfamilie nicht das gesamte Dorf beköstigen, deshalb verteilte man die Ausgaben. Im Festhaus buken die Frauen Brot, und die Männer schlachteten ein Schwein, die Nachbarn steuerten Korn oder Mehl zum

Backen und Gerste oder Malz zum Bierbrauen bei.

Das Einsammeln der Naturalien galt als Privileg der Knechte. In langem Zug folgten sie in Sonntagskleidung, den Hut mit Immergrün verziert, in den Händen lange Holzgabeln (Gaffeln) und weitbauchige Körbe, den voranmarschierenden Musikanten. Der rhythmische Peitschenknall der den Zug beschließenden beiden Knechte verriet schon von weitem, vor welchem Bauernhaus die Boten des Festhauses zum Stehen gekommen waren, um mit einem musikalischen Tusch und einem Heischespruch um Wurst, Butter, Eier und Schinken zu bitten.

Zu den bekanntesten Sprüchen zählt der folgende:

Fastelabend up den Busch,
hebben S' keen Eier,
denn gäben S' mi 'ne Wust,
laten S' mi nich to lange stahn,
ik mööt vör Dag' noch wider gahn.

Am Abend traf sich alles zur gemeinsamen Feier auf der weiträumigen Bauernhausdiele. Hier wies die Plazierung beim Festmahl und auch die Folge der Gerichte auf deutliche soziale Differenzierung: Auf der Diele verspeisten Knechte und Mägde, oft auch Söhne und Töchter des Hauses „Stuten" (ein besonderes Feinbrot) und gekochte Würste, während sich das Bauernpaar mit bevorzugten Gästen im kleinen Zimmer neben der „Döns" an gestopftem Schweinemagen oder auch Schweinekopf mit „Langkohl" delektierte. Nach diesen Gerichten aßen alle das typische Fastnachtsgebäck: Heetwecken – als alte christliche Fastenspeise früher in Kreuzform gebacken. Als Getränk stand für alle Festteilnehmer das mit viel Zucker angesetzte Eierbier bereit.

Im Wechsel von reichlichem Essen und Trinken, munteren Reden, Musik und Tanz verlief der Abend, bis als Hauptattraktion des abendlichen Vergnügens der „Schimmel" auf der Diele seinen Umritt hielt. An hübsche Mädchen teilte er Äpfel und Nüsse, sonst aber Peitschenschläge aus. Im Ärmel seines Gewandes ließ sich noch eine Flasche verbergen, aus der er zum Schluß seines Auftritts die Versammelten besprengte. Sein Aussehen erhielt er durch ein Gestell von Stäben, das mit einem Laken umhüllt war. Zwei Knechte bildeten den Körper, ein dritter Knecht saß als Reiter oben. Zuweilen hatte er sich Gesicht und Haar mit weißem Mehl ausgepudert. Den Reiter konnten noch weitere Maskierte wie „Dr. Eisenbart", ein Bär oder auch ein Storch begleiten.

Den hier beschriebenen Festablauf mit seiner genau festgelegten Aufgabenverteilung für die einzelnen Brauchträgergruppen: feierliches Festsetzen von Ort und Termin, Herstellen der Requisiten, Bestellen der Musik, Schmücken des Festhauses, Backen und Brauen, Heischegang mit kurzem „Programm", mehrtägiges Speisen und Tanzen auf der Diele – ihn kann man als Grundstruktur der mecklenburgischen dielengebundenen Feste im 19. Jahrhundert bezeichnen. Ähnlich bereiteten die Brauchträger auch das Erntefest, das Weihnachtsfest oder die Hochzeit vor. Selbstverständlich besaß dann jedes Fest seine spezifischen Brauchhandlungen.[4] Zur Fastnacht gehörte beispielsweise unbedingt das „Heetwecken-Abschlagen", wobei die jungen Burschen die Mädchen mit knospenden, bebänderten Ruten aus den Betten schlugen und dafür mit dem Fastnachtsgebäck entschädigt wurden, zu Ostern das „Stüpen" und „Paascheieressen", zu Pfingsten die Reiterspiele der Hirten, zu Weihnachten das Spiel der Rug'Klaasgruppe.

Bis weit ins 19. Jahrhundert hinein feierten die Dorfbewohner in Mecklenburg also noch gemeinsam an einem Feierort, wenn auch mit unterschiedlichen Verantwortungsbereichen. Als brauchaktivste, agilste Gruppe traten im Vergleich zu anderen potentiellen Trägerschichten die unverheirateten Knechte und Mägde in Erscheinung. Während das Bauernpaar zum jeweiligen Fest nur die Diele, Geschirr und einen Teil der Naturalien zur Verfügung stellte, lagen Vorbereitung, Organisation und Ablauf nahezu völlig in den Händen dieser sozialen Gruppe. Die regelmäßig wiederkehrenden Kalender- und Arbeitsfeste gaben nicht nur dem Jahr einen bestimmten Rhythmus von Anspannung und Festzeit, sondern verschafften auch gleichzeitig immer wieder einer sozialen Gruppe eine besondere „Gerechtigkeit". Auf solche Feste freute sich die jeweilige Gruppe lange vorher. Rechtzeitig wurde mit den Festvorbereitungen begonnen, zu denen oftmals das Anfertigen aufwendiger Requisiten oder das Erlernen längerer Texte und Lieder gehörte.

Hochzeit und Begräbnis

Ebenso wie das ländliche Kalenderjahr im Mecklenburg des 19. Jahrhunderts einer bewußten Planung durch die Brauchträger unterlag, so suchten die Dorffamilien auch die zu erwartenden Höhepunkte des Lebens langfristig vorzubereiten. Der Taufe, dem ersten größeren Fest am Beginn des Lebenskreises, kam dabei die geringste Bedeutung zu, denn: „Wat hett de Lütt dorvon?" So lautete die allgemeine Ansicht. Auf die Heirat jedoch lebte jedes Mädchen hin und war bestrebt, rechtzeitig die zur Aussteuer gehörenden Bettbezüge, Kopfkissen und Handtücher fertig zu weben und diese schließlich mit einem gestickten Monogramm zu versehen. „Eingeplant" schien auch der Tod: „Twei grote Dodenlaken kreg' jede Brut mit tau de Hochtiet." Dieses weiße Tuch aus feinem Linnen, oft mit einem Hohlsaum versehen, sollte seinem Besitzer später über den Sarg gebreitet werden (Kränze als Sargschmuck kannte man noch nicht).

Hochzeit und Tod galten nahezu als öffentliche Angelegenheit, die die Angehörigen der Dorfgemeinschaft, wenn auch in differenzierter Weise, zu gemeinschaftlichem Brauchtum auf der Diele vereinte. Äußerlich wurde dieses bindende Gemeinschaftsbrauchtum bereits dadurch sichtbar, daß Hochzeits- bzw. Totenbitter jedes Haus betraten – wenn mit ihrer Einladung auch nicht jeder Bewohner des Hauses gemeint war und auch die Häuser selbst – je nach sozialem Status – unterschiedliche Behandlung erfuhren. Bei „lütt Lüd" ging der Einladende zu Fuß, für große Bauernhochzeiten erschien er zu Pferd (Abb. S. 271).

Eine große mehrtägige Bauernhochzeit galt als ein Ereignis, das alle Häuser des Dorfes intensiv in das Festgeschehen mit einbezog: „To 'ne grote Hochtiet würd' all Wochen vörher torüst't. Een Oß un een Koh un'n halw Dutzend Swin un hunnert Höhner un tweehunnert Botterkoken: dat will all irst trechtmakt sin."

Wie zu den auf der Diele gefeierten Kalenderfesten schickte auch hier jedes Haus seinen Anteil je nach sozialem Status: die Bäuerinnen ließen blumengeschmückte Butter, Milch, Eier und Hühner im Hochzeitshaus abgeben; jede Häuslerin brachte ein Huhn. An einem Dienstag begannen die Vorbereitungen mit dem Schlachten, Mittwoch wurde gebacken, Donnerstag fuhren die Kammerwagen mit der Aussteuer in das neue Heim, wobei jedes einzelne Stück (Schrank, Bett, Leinenzeug, Butterfaß) mit Musik abgeladen wurde. Einen Polterabend kannte man noch nicht, aber auch der Tag vor der Hochzeit klang mit einer kleinen Feier aus, an der jedermann teilhaben konnte: „De Brutwag' würd in dat nie Hus up de grot Däl rupführt. Wenn denn dat Brutbedd upmakt wir, würd de Braden un de Win, dee dor inpackt wiren, vertehrt; toletzt würd de Wag' bedanzt."

Der öffentliche Charakter auch dieses Dorffestes, das Bewußtsein eines gemeinsam mitverantworteten Festes, war auch dadurch gegeben, daß in einigen Dörfern die Braut zusammen mit den Brautjungfern jedes Haus betrat und sich den Wokken mit Flachs beschenken ließ. Ärmere Mädchen sammelten außerdem Federn in

Großbäuerliche Hochzeitsgesellschaft. Kreis Wismar, um 1920

einem Sieb für das neue Bett. Die Gemeinschaft der ledigen jungen Männer des Dorfes war ebenfalls nicht untätig geblieben: sie hatten Geld zusammengelegt, um beim Drechsler ein fein verziertes Spinnrad zu kaufen, das sie am Tag vor der Hochzeit der Braut mit einem Übergabespruch schenkten.

Die genannte Gruppe der Unverheirateten, die sich auch als Spinnstubengemeinschaft zu gemeinsamer Arbeit traf und dabei eigene Bräuche übte, zeigte sich am Hochzeitstag verantwortlich für einen Teil der Bräuche.

Der eigentliche Hochzeitstag begann mit dem Ankleiden der Braut, das schon Sachkenntnis erforderte. Als Hauptputz galt die Brautkrone, die auf den Gütern „de gnädig Fru" in Verwahrung hatte. In den Bauerndörfern konnte sie beim Schulzen oder bei der Frau des Pastors in mehreren Ausführungen zu unterschiedlichen Gebühren entliehen werden. Zu den Grundbestandteilen der Krone zählten Silberfiligran, „Bäwernadeln" und Glasperlen. Ein Wossidloscher Gewährsmann berichtet: „Irst kreg de Brut dat leddig Gestell mit Reifen up 'n Kopp, dat würd denn upputzt. Een Federbusch kem an jede Siet. Baben wiren öfter lütt hölten Vœgel anbröcht; vörn stek 'n lütten Spegel. An dat Gestell wiren lütt Hœkels an. Dor würden Parlen uphackt, weck as 'n Dubenei grot, dee wiren up 'ne Snur treckt, dat glimmert un glummert all. Ünner dat Hoor wir Flaß leggt, dat de Kron sik hollen ded'. Dat Band an de Kron müßt so lang sin as dat Kleed wir. Vier Bänner gew de Preesterfru to; för de annern müßt de Brut sülben sorgen. Oft wiren dor achtteihn, twintig Bänn' an ... Wenn de Brut arm wir, leihnt se sik de Bänn' von ehr Fründinnen; dee sneden sik denn weck af von ehr Strichmützen ..."[5] Brautkränze wurden erst im letzten Drittel des 19. Jahrhunderts üblich, dabei gebührte der Braut ein grüner, den Brautjungfern ein roter Kranz. Die Braut trug ein schwarzes Brautkleid über mehreren unterschiedlich langen Unterröcken, deren buntfarbige Säume sichtbar sein mußten, um die Taille ein breites Seidenband, das zu einer Schleife gebunden in langen Bändern auslief. Das seidene Brusttuch und das Gesangbuch – Verlobungsgeschenke des Bräutigams – durften ebensowenig fehlen wie der Rosmarinstrauß.

Es war ein erregender Moment für die Dorfbevölkerung, wenn die aufgeputzte Braut endlich aus der mit Girlanden geschmückten Tür trat und sich der Hochzeitszug zur Kirche formierte. Befand sich die Kirche im eigenen Dorf, so begleiteten Brautjungfern mit brennenden Kerzen die Braut. Auf die vorgeschriebene Reihenfolge der Verwandten und Gäste im Zug achteten die Gäste und Zuschauer streng. Diese galt auch, wenn sich die Kirche in einem anderen Dorf befand und die Hochzeitsgesellschaft mit mehreren Pferdewagen kam. Unterwegs mußte der Brautwagen unbedingt von jungen Leuten oder auch von Kindern „gesnert“ werden, sonst hatte das Paar kein Glück. Nach der Trauung, die anstatt in der Kirche auch als Haustrauung auf der Diele stattfinden konnte, hatten die Frischvermählten beim Eintritt ins neue Heim je nach Dorfsitte verschiedene Brauchhandlungen auszuführen, ehe sie die Schwelle des neuen Heimes übertreten durften. Danach erwartete die Hochzeitsgäste auf der Diele ein Festmahl mit charakteristischen Hochzeitsgerichten: Hühnersuppe, gekochtes Rindfleisch und dicker Reis. (Einen Braten, wie wir ihn heute an Festtagen bevorzugen, kannten die bäuerlichen Familien im 19. Jahrhundert noch nicht.) Für die Armen stand ein besonderer Tisch bereit.

War der erste Hunger gestillt, ging unter den Gästen ein blumengeschmückter Teller mit kleinen Stückchen von Hühner- oder Fischleber herum. Jeder Gast bediente sich davon und sagte danach einen sogenannten Leberreim auf. So konnte die Braut „beten“:

Die Leber ist braun und auserkoren,
ich habe mein Feinsliebchen
im Schnee verloren,
ich hab ihn gesucht,
hab ihn wiedergefunden,
hab ihn mit einem rotseiden Band
gebunden.
ich will ihn in meinen Armen fassen
und nimmer aus meinem Herzen lassen.

Oder ein Junggeselle:

De Läwer is von'n Häkt
un nich von'n Spinnwocken,
Junggesellen behangen sik
mit Bummeln un Docken.
Se gahn uppe Straten
pronkieren un prahlen.
Un wenn s' ehr eegen Herr sünd,
kœnen s' ehr Fru
nich 'n Poor Schoh betahlen.

Zur Mahlzeit auf der Diele prangte vor dem Hochzeitspaar ein bunt aufgeputzter Brautleuchter auf dem Tisch, den die zu Seiten des Paares sitzenden Brautjungfern hergerichtet hatten. Nach einem Bericht aus Spornitz von 1754 kann man ihn sich gut vorstellen: „Ein plattes Kreuz, sechs Zoll lang und einen Zoll breyt, ... eines Daumes dick, darin oben ein Loch etwa zwey Zoll tief gebohret, das Licht darein zu setzen. Dieses Gestelle bewinden sie ... mit Buchsbaum, Wachholder, den rothen Birn vom Spillbaum und Hülsebusche, vergülden es hie und da mit unechtem Golde und Silber, daß es einem faustdicken grünen Busche gleich siehet ...“[6]

Eine Vielzahl symbolischer Brauchhandlungen während und nach der Mahlzeit sollten das zukünftige Glück des jungen Paares garantieren, andere Bräuche dagegen mit Spielcharakter einen günstigen materiellen Start ermöglichen. Beim „Brauthaferspringen“ (auch „Brauthahnspringen“ genannt) beispielsweise traten die Brautjungfern mit einem Gefäß voll Kugeln oder Steinchen vor den Bräutigam und sprachen:

„Schönster Herr N.,
tut auf euren Schatz
und gebet unserem Brauthafen was,
hüt wat, morgen wat,
denn hett de Bruut all Dag' wat.“

Der Bräutigam steckte darauf ein Geldstück in einen Apfel oder aber in einen „Brauthahn“ aus Butter oder Lehm, der

Lichtertanz auf der Bauernhochzeit.
Szenenbild aus Richard Wossidlos Volksstück „Buernhochtiet" (1926)

ortsweise sogar mit natürlichen Hahnenfedern drapiert sein konnte. Anschließend wiederholten die jungen Leute das Brauthaferspringen bei allen Gästen, bis ein stattliches Nadelgeld für die Braut erspielt worden war.

Wenngleich das Familienfest Hochzeit auch zugleich eine öffentliche Angelegenheit des Dorfes war, die eine Vielzahl von Gemeinschaftsbrauchtum ermöglichte, so waren die Brauchteilnehmer doch nicht gleich in ihren Anschauungen, blieben ungeschriebene Gesetze im Dorf stets gewahrt. Bei den Bauern genügten Liebe und Zuneigung beispielsweise nicht als Grundlage für ein Verlöbnis. Bei den Bauerntöchtern ging es vielmehr nach dem Wunsch der Eltern, um Vermehrung des Besitzes. „De Buerdierns würden bi'n Bullen bröcht, so würd seggt", d.h. für sie kam nur ein Bauernsohn als Ehemann in Betracht. Gerade auf dem Lande achtete man darauf, daß das Ererbte zusammengehalten wurde. „Ierst de Hoff un denn de Bur" war ein geflügeltes Wort. An einigen Brauchausführungen war der soziale Status der Brauchträger deutlich ablesbar. Bei der Hochzeit gehörten dazu beispielsweise die Anzahl der Aussteuerwagen, die öffentlich durch das Dorf gefahren wurden, die Beschaffenheit der Krone, die Wahl des Brautkleides, der Ort der Feier, die Art und Weise der Brauchhandlungen. Während in den Bauernhäusern die Braut beim Einzug ins neue Heim das Hoftor mit Balken verriegelt vorfand und überhaupt erst einige Hindernisse nach altem Brauch überwunden werden mußten, konnte vor der Tür einer ärmeren Braut eine Frau stehen, „dee hett 'n Stück drög Brot un 'n Glas Water, dat is ringsüm mit Netteln bedeckt. Denn warden se fragt: ‚Willn ji tofräden sin, wenn ji nicks wider hefft as Water un Brot?' Wenn se denn ‚ja' seggt hebben, möt de Brut dat Brot upäten, un de Brüjam möt dat Water ut de Netteln rut utdrinken un denn dat Glas œwerkopp smiten, so dat dat intwei geiht."

Eine entsprechende Differenzierung beobachten wir beim Totenbrauchtum. Wenn ein Bauer oder Büdner starb, so folgten für gewöhnlich alle Dorfbewohner dem Sarg. Doch starb ein Bauer, wurde sein Sarg von Bauern auf den Schultern getragen, und das Begräbnis war mit einem mitunter recht üppigen Totenmahl für die Verwandtschaft und für bäuerliche Gäste verbunden. Starb ein Büdner, so erwiesen ihm Büdner die Ehre des Tragens: „En jeder blifft in sien Stand.“ Bei den Armen wurde „um Gottes Willen“ zur Leichenfolge gebeten, ein gemeinsames Mahl erfolgte nicht.

Enger auf die Familie begrenzt blieben die Bräuche beim Herannahen des Todes, zur Erleichterung des Sterbens und unmittelbar nach Eintritt des Todes. Sie waren u. a. darauf gerichtet, den Schutz der Lebenden zu garantieren, aber auch das Seelenheil des Verstorbenen zu sichern. Die Bekleidung des Toten und die Grabbeigaben sprechen hier eine beredte Sprache: Auf das Totenhemd sollte keine Träne fallen, an keinem seiner Bekleidungsstücke durfte ein Monogramm der Familie zu sehen sein, sonst starb diese aus. Eine ebensolche Begründung erfuhr folgender Brauch: „Dat Gesangbook ward unner dat Kinn lecht, dat de Mund nich apen geit, dat de Dod' nich sehn kann“ (damit der Tote keinen Lebenden nachholt). Lieblingsgegenstände aber gaben die Angehörigen mit ins Grab und dazu noch häufig Kamm und Seife, damit der Tote sich vor der Auferstehung säubern könne. Ledigen steckten die Verwandten Rosmarin oder Lorbeer in die Hand und legten ihnen eine Totenkrone aus Silberdraht, Silberblättchen, Glasperlen und Flitter oder aus Blumen und Immergrün auf den Sarg. (Beide Brauchgegenstände, Krone und Rosmarin, begegneten uns schon im Hochzeitsbrauchtum.) Bei Kindern durften die Patenbriefe nicht fehlen. Im protestantischen Norden waren außer dem Gesangbuch keine weiteren religiösen Beigaben üblich.

Der Charakter der Trauer erscheint uns heute ungewohnt. Es ging bei Beerdigungen im Dorf des 19. Jahrhunderts nahezu ebenso lebhaft zu wie bei erfreulichen Ereignissen. Zunächst wurden die Toten „besehen“, und Angehörige wie Gäste verabschiedeten sich von dem Toten. Dieser war

Totenkrone auf Konsole
Aus der Kirche des Bauerndorfes Kratzeburg, Kreis Neustrelitz

so aufgebahrt, daß man ihn von der gemeinsamen Tafel auf der Diele sehen konnte. Das Totenmahl fand also noch vor der Beerdigung statt. Der Tod eines Mitgliedes der Dorfgemeinschaft bot Anlaß, außerplanmäßig zu einem festlichen Beisammensein auf der Diele zusammenzukommen, wobei Trauer, Pietät und Furcht (vor allem vor der Wiederkehr des Toten) zwar auch zu bemerken waren, ansonsten aber eine Angleichung an andere Festformen zu beobachten ist. „Wenn een dod wier, freuten sik de Gören to. Denn gewt dick (söt) Bokweitengrütt. De Dodig würd toletzt hochleben laten.“ Dicke Erbsen, Hering und Buchweizengrütze zählten zu den charakteristischen Gerichten beim „Fell versaufen“. „In Sievershagen wier dat 'n richtig Fest. Binah de ganze Nacht up de Däl, wo de Liek stahn hadd, würd drunken un dahn." Die Bemerkung, daß auch Karten im Beisein des Toten gespielt worden seien, findet sich mehrfach. Wo eine Beköstigung nicht möglich war, erhielt jeder Teilnehmer nach der Beerdigung eine Semmel. In den Gutsdörfern standen neben dem Grab Körbe mit Semmeln, aus denen sich die Gäste bedienten.

Ausklang des spätfeudalen Brauchtums

Das hier beschriebene spätfeudale Brauchtum konnte in den Bauerndörfern nur so lange in traditioneller Weise gepflegt werden, wie die Einwohner in der überlieferten Sozialstruktur verharrten. Einen einschneidenden Wandel brachten bereits die bürgerlichen Agrarreformen, besonders die ab 1822 erfolgte Separation der Dorffeldmarken. Die Veränderung bzw. die Auflösung einiger durch die Agrarreformen funktionslos gewordener Brauchstrukturen wird besonders augenfällig zu Pfingsten: Vor der Separation besaßen die Bauerndörfer gemeinsame Herden und Weiden. Den Hirten standen zu Pfingsten, zum Beginn eines neuen Arbeitsabschnittes, der Eröffnung der Weide, besondere Gerechtigkeiten zu. Höchste Achtung genossen an diesem Tag die Pferdehirten, die ja das kostbarste Gut der Bauern, die Pferde, zu hüten hatten. Die Pferdehirten wirkten denn auch zu Pfingsten als brauchaktivste Gruppe. In ihrer „Pfingsthege", einem seit Ostern abgesteckten Weidestück in der Nähe des Dorfes, verzehrten sie am Pfingstmorgen die am Vortag erheischten Gaben. Wettkampfspiele zu Pferde wie das „Kranzreiten" lockten danach auch andere Dorfbewohner zum Festplatz, den sie aber nur betreten durften, wenn sie sich beim „Sneren" (einer Wegsperre, beispielsweise durch gekreuzte Pferdeleinen) loskaufen konnten. Kinder hatten keinen Zutritt bzw. noch kein Anrecht auf solches Vergnügen.

Nach der Separation entfielen mit der Vereinzelung der Weiden und schließlich der Abschaffung des Pferdehirtenwesens auch das Abstecken der Pfingsthege und die charakteristischen Pfingstbräuche der Pferdehirten. Dafür vergrößerte sich mit dem Anstieg der Milchviehherden die Anzahl der Kuhhirten, und diese sowie die Knechte und Mägde begegnen uns zu Pfingsten jetzt als sehr aktive Brauchträger. Das Pfingstbrauchtum verlagert sich nun von der Weide mehr und mehr in das Dorf hinein.

Weithin sichtbar ragte der zu Pfingsten von Knechten und Mägden errichtete Pfingstbaum, mit Girlanden von halbierten Eiern geschmückt, empor. Auf dem Dorfplatz lud eine „Pfingstlaube", mit Blumen und Eiern verziert, zum Essen, Trinken und Spielen ein. Sie war als Feierort für die Unverheirateten gedacht, mancherorts zeigt sich aber auch eine scharfe soziale oder altersmäßige Trennung: „Knechts un Dierns bauten sich eine Hütte, un Hirerjungens ok, denn geef't Släg, wenn wi in de Knechts ehr Hütt güngen." In Groß Laasch saßen Bauern und Büdner getrennt in den Lauben. Gewöhnlich aber vergnügten sich Knechte und Mägde gemeinsam innerhalb und außerhalb der Laube. Kinder hatten wiederum mit Ausnahme der Hütejungen, die ja bereits eine anerkannte Arbeit verrichteten, kein Recht auf dieses Vergnügen. Die Hütejungen waren in der Regel Kinder der Dorfarmut, denen nach Auflösung des Pferdehirtenstandes die Betreuung der kleineren einzelnen Herden, die nun nicht mehr der Dorfgemeinschaft, sondern einem Großbauern gehörten, überlassen worden war. Diese Kinder bildeten eine neue, eigene Brauchträgergruppe, die ältere Brauchelemente aufnahm und umformte. Sie bevorzugten Bräuche mit Spiel- und Wettkampfcharakter. So vergaben sie während des morgendlichen Viehaustriebs am Pfingstsonntag folgende Ämter: 1. Dausläper, 2. König, 3. Adjudant, 4. Müggenstöwer, 5. Poggengrieper. Der letzte Hirtenjunge mußte den

Schimpf des „Pingstekarr" bzw. „Pingstkalwes", den Blumenhut, tragen. Ihre Bräuche dienten – ebenso wie die Bräuche der Erwachsenen – neben dem Vergnügen auch der gegenseitigen Erziehung.

Auf das Gemeinschaftsbrauchtum im spätfeudalen Dorf, das doch nahezu alle Bewohner in irgendeiner Weise beteiligt hatte, wirkte die durch die Separation begonnene und durch die anschließende Vererbpachtung fortgesetzte weitere soziale Differenzierung im Sinne einer Auflösung. Neben der allmählichen Technisierung der Landwirtschaft, die vor allem im traditionellen Erntebrauchtum Veränderungen hervorrief, kam ein weiteres, den Wandel beschleunigendes Moment hinzu: Der neue Haustyp, den sich die neuen „Erbpächter" im Dorf oder als Ausbauten außerhalb des Dorfes nach und nach bauen ließen, besaß keine Diele mehr.[7] Damit ging ein sehr wichtiges Strukturelement mecklenburgischer Gemeinschaftsbräuche, der Feierort, verloren. Bauern, Büdner, Knechte und Mägde feierten ihre Feste zunehmend unter sich im Krug. Die Gutsbesitzer und auch die Großbauern begannen, sich an städtischen Vorbildern zu orientieren.

Traditionen und Neuerungen im städtischen Brauchtum

Auch in der Stadt trugen noch bis ins 18. Jahrhundert hinein viele Feste öffentlichen Charakter, wenn sie auch nicht wie auf dem Lande jedes einzelne Haus mit einbezogen. Das Brauchtum städtischer Feste wurde besonders durch die Festlichkeiten der Gilden getragen, die feste Termine im Kalenderjahr für ihre Zusammenkünfte wählten. So traf sich im spätmittelalterlichen Schwaan die „Wantschnidergilde" jährlich „to Pingsten, winachten vnnd vastelavennt", das „Knackenhowerampt"

„Mecklenburger Landleute auf dem Jahrmarkt" (wohl Rostocker Pfingstmarkt). Holzschnitt, 1868

hielt seine Gilde „im pingesten ... wynachtenn vnnd vastelavenndt“[8], und die Bäcker und Wollenweber versammelten sich ebenfalls zu Pfingsten und zu Fastelabend. Einzelne Berufsgruppen besaßen an festgelegten Kalendertagen das Recht, nach einem Umzug mit Requisiten durch die Stadt bei ihren Kunden mit einem Spruch oder einer kleinen Spielhandlung Gaben zu erheischen. Zu Fastnacht beispielsweise schlugen in der Schweriner und Neubrandenburger Gegend die Müllergesellen ihre Mahlkunden mit einer bebänderten Haselrute. Im Spätfeudalismus mit seinem einengenden Zunftwesen ging die Basis solcher Bräuche verloren.

Als letzte Feste öffentlichen Charakters konnten sich die Märkte halten, von denen der seit 1390 veranstaltete Rostocker Pfingstmarkt zu den bedeutendsten zu rechnen ist. An seinem Wandel von einer Handelsmesse zu einem Volksfest ist der Einfluß ökonomischer Veränderungen und politischer Ereignisse deutlich ablesbar. Einstmals durch die Festlichkeiten der Gilden und mittelbar durch die Aktivitäten der Kaufmannschaft (als Organisator des Marktes) geprägt, ging der Pfingstmarkt seiner Hauptfunktion als Warenmesse allmählich verlustig. Die Einführung der Gewerbefreiheit 1867 vollendete diesen Prozeß. Schon 1851 beantragten nach Hamburg, Lübeck und Leipzig auch in Rostock Kaufleute eine Verkürzung der Marktzeit auf nur acht Tage, da von einem Messeverkehr nicht mehr gesprochen werden könne. Ausländische Kaufleute erschienen nicht mehr, stattdessen werde der Markt mit schlechten und billigen Waren überschwemmt.[9] Für die Kaufleute war der Markt als Kommunikationszentrum für Warenangebot und -nachfrage nicht mehr attraktiv, seitdem Neuerungen wie Eisenbahn, Chaussee oder Telegraph bequemere Geschäftsverbindungen versprachen, wohl aber für die vergnügungsuchenden Städter und Landleute.

Eine eindrucksvolle Beschreibung der Vergnügen, die den Besucher erwarteten, gab 1782 ein dänischer Reisender: „Wir fanden ... an den Ufern längst dem Warnow-Flusse große Bewegung, den großen Markt und verschiedene Straßen mit Krambuden besetzt, auf allen Plätzen große Frachtwägen ... Marktschreier, Schauspieler, Riesen und Zwerge, Schattenspiele ... In der nemlichen Woche ist auch die Zeit des Umschlags in diesem Lande. Die meisten Edelleute und Gutsbesitzer des Landes finden sich nemlich hier ein, um ihre Geldumsätze zu machen, ihre Frauen zu vergnügen, ihre Töchter zu zeigen.“[10]

Während der Übergangsperiode zum Kapitalismus, d. h. bis etwa 1850/70, zogen Bauern und Gesinde zum Einkaufen und Schauen noch gemeinsam zum Markt, während nach der Herausbildung einer kapitalistischen Großbauernschaft ein Marktbesuch getrennt erfolgte. „Nu sünt dat all Herren, de schenieren sik, mit ehr Lüd' to Markt to gahn.“ Ebenso „standesbewußt“ verhielten sich die Städter, sie unterschieden u. a. zwischen einem „Herrentag“ und einem „Kleine-Leute-Tag“, und auf diese Käuferschichten stellten sich dann auch die Marktleute ein. Seit der Mitte des 19. Jahrhunderts, als der Markt längst seinen Messecharakter verloren hatte, zählten technische Einrichtungen zum charakteristischen Vergnügungsangebot. Neben Rundkarussells und Wiener Rad begeisterten sich die Besucher an den „Bahnen“ – der Berg- und Talbahn, der Geisterbahn, Achterbahn und Avusbahn. Ihre Kindheitseindrücke vom Pfingstmarkt mit Volksfestcharakter (zwanziger Jahre) schildert eine Rostockerin: „Der Pfingstmarkt war das Ereignis des Jahres für alle Rostocker, er war wie ein Rausch, dem alt und jung verfallen war. Für jeden war etwas dabei. Auf dem Neuen Markt und der Großen Mönchenstraße wurden Stoffe, Hüte, Seidenstrümpfe, Handarbeiten, zwischen Burgwall und Koßfelderstraße Bunzlauer Geschirr und Töpferwaren angeboten. Am Mönchentor kam niemand am ‚Spitzen-Jakob‘ vorbei. Viele

Der Rug' Klaas
in einem südwestmecklenburgischen Dorf,
fotografiert um 1930

Juden handelten vor dem Krieg auf dem Markt. Wir Mädchen wurden von den Jungen in Lamberts Berg- und Talbahn, im Schwanenkarussell oder in der Krinoline mit Konfetti beworfen. Stolz war, wer das meiste Konfetti im Haar hatte (also eine städtische Pfingstkönigin! H. M.). Der Rostocker Pfingstmarkt war der Rostocker Karneval!"[11]

Unter den Bedingungen des Kapitalismus wurde somit der Markt zunehmend als Mittel genutzt, Käufer für das Angebot des Privateinzelhandels und Kundschaft für die verschiedenen Vergnügungseinrichtungen anzulocken.

Die auch in den Städten einstmals begangenen öffentlichen Kalenderfeste hatten sich auch in Mecklenburg längst von der Straße in die Häuser, aus der Öffentlichkeit in die Familie zurückgezogen. Das einst ausgelassene städtische Fastnachtstreiben beispielsweise blieb seit etwa 1850 auf die Tanzsäle beschränkt, und nur noch das in den Familien eingenommene Fastnachtsgericht Heißwecken und Milch erinnerte an ältere Gebräuche.

Dieser Trend der Reduzierung der Brauchträger auf einen kleineren Teilnehmerkreis, das Zurückziehen aus der Öffentlichkeit in den mehr privaten Bereich der Familie, eine Individualisierung der Feste allgemein, wird besonders augenfällig im Brauchwandel des Weihnachtsfestes. Bereits seit der Reformation war von seiten der Obrigkeit und der Kirche versucht worden, die vermummten Umzugsgestalten, die in der Advents- und Weihnachtszeit auf den Straßen die Leute erschreckten oder unter dem Namen des Christkinds oder des Heiligen Nikolaus in die Häuser eindrangen, sich anbeten ließen und dafür Geld forderten, durch eine gabenbringende kinderfreundliche Gestalt zu ersetzen. Solange das Kind noch nicht im Mittelpunkt des Familieninteresses stand, solange ihm noch kein „Persönlichkeitswert" zugemessen wurde,[12] da es ja noch nicht durch eigene Arbeit zum Verdienst beitrug, richteten sich die Brauchaktivitäten der in der Stadt agierenden Spielergruppe (wie auf dem Lande) immer noch verstärkt auf die Erwachsenen. Nicht die Kinder, sondern die Verkleideten – der in rauhe Felle gehüllte „Rug'Klaas" und das weißgekleidete „Kind Jes", der „Zägenbuck", der „Schimmel" und der die Mädchen kneifende „Knapperdachs", Bärenführer und Bär – erhielten in der Weihnachtszeit für ihre Sprüche, Tänze und Lieder eine Belohnung. Das Interesse der Spielergruppe, die sich wiederum aus den unverheirateten Knechten des Dorfes rekrutierte, galt während der Vorführung vor allem den unverheirateten Mädchen, so daß die Funktion des Brauches für die Jugendlichen mehr in einer Werbung der Unverheirateten untereinander als in der Vermittlung einer christlichen Pädagogik bestand. Mit der weiteren Entwicklung bürgerlicher Lebensweise in den Städten und der innerfamiliären Umorientierung auf das Kind entstanden die Voraussetzungen für die Entwicklung eines Geschenküberbringers, der väterlich autoritäre Züge trägt, lohnt und straft. In den protestantischen Ländern, so auch in Mecklenburg, gehörte nun zum Weihnachtsfest der Weihnachtsmann. Seine Verkleidung – der rote Mantel, die Rute und der Sack – verrät noch die Herkunft aus einer Mischung älterer Vorstellungen. Diesem Weihnachtsmann hatten die städtischen Kinder nun vor der „Bescherung" ein Gebet aufzusagen und wurden dafür belohnt.[13]

Mit dem Wegfall der Spielergruppe und dem Zurückziehen der Feste in die „Gute Stube" wurde auch Platz für ein neues Brauchelement, das bis heute zum Symbol für das Weihnachtsfest geworden ist, den Weihnachtsbaum. Er zierte auch in Mecklenburg zunächst nur die Tische der Begüterten, die ihn als Geschenkbaum mit Eßwaren wie Rosinenketten, Feigen und Würsten behängten. An der Baumspitze thronten vielfach Teigpuppen in Form von „Adam und Eva", manchmal eine Fahne oder ein Schiff. Klemmlichter kamen erst um 1870 auf, so daß die selbstgedrehten Kerzen (aus Schlachtefett oder Bienenwachs, über Flachs gegossen und zu Rollen gedreht) nicht aufrecht standen, sondern herunterhingen. Vielfach werden es also materielle Gründe gewesen sein, die weniger Bemittelte am Aufstellen eines Baumes hinderten. Auch Weihnachtsgeschenke, welche die Kinder der Reicheren seit der Mitte des 19. Jahrhunderts zunehmend auf den Tischen vorfanden – streng nach Geschenken für Jungen oder Mädchen getrennt –, konnten sich nicht alle leisten. So wurden der Weihnachtsbaum und die Art und Weise, wie man das Weihnachtsfest beging, zum sozialen Statussymbol in der Stadt. Auf dem Lande, wo Belege über die Einführung des Weihnachtsbaumes ebenfalls bis in die Zeit vor 1850 zurückreichen,[14] setzte die Rezeption zunächst bei Gutsbesitzern und reichen Bauern, die sich zu kapitalistisch wirtschaftenden Großbauern entwickelt hatten, und bei den Pastoren ein.

Herrschaftliches Weihnachtsfest: bei Hofe in Schwerin, 1909

Seit dem späten 19. Jahrhundert bemächtigte sich die kapitalistische Industrie zunehmend auch der traditionellen Kalenderfeste. Wer über das nötige Geld und genügend Raum verfügte, der konnte sich sogar vom Schreibtisch aus nach Katalog den gesamten – nun industriell gefertigten – Weihnachtszauber ins Haus holen. Als Weihnachtsbaumschmuck wurde anstelle der sonst heimischen „Haspoppen", eines Mehlgebäcks in Formen wie Hase, Adam und Eva, Kuh, Storch, Teufel (!), „Turkus" jetzt Konfektbehang bevorzugt. Für die Spitze des Baumes boten Fabriken laut Katalog Schmuckgegenstände an, wie sie inzwischen auch an jedem anderen Weihnachtsbaum Deutschlands hängen konnten: Engel aus Papier, Goldblech oder Nikkel, Sterne aus Lametta oder Messingblech, Glasbaumspitzen; als Baumbehang wachsierte Engel mit beweglichen Flügeln, Vögel, Fische und Schmetterlinge aus Glas oder Papiermaché, Kugeln, Blumen, Glokken, Eiszapfen, Zinn- und Blechschmuck und natürlich Lichthalter für nun aufrecht stehende Lichter in allen Formen.

Eigenschöpferisch Hergestelltes verschwand zunehmend an den Kalenderfesten, alles war käuflich zu erwerben. Über eine Großmutter in Hagenow, die etwa 1880 zu Ostern in ihrer Küchenschürze die ausgeblasenen Eier, in deren Öffnung sie eine Rosine gesteckt hatte, für ihre Enkel in den Garten zum Verstecken trug[15] oder über eine Mutter, die im Dorf die Eier traditionsgemäß noch mit Heu, Zwiebelschalen oder Zichorie färbte, hätten Bürgerkinder in den größeren Städten um 1900 schon gelächelt. Die Geschäfte boten Eier und Osterhasen aus Marzipan und Schokolade an; Zeitungen und Kataloge warben auch in mecklenburgischen Städten für „Dresdner Oster-Füllsachen aus Holz – verzierte Spanschachteln als Bonbonnieren".[16] Zu den einzelnen Kalenderfesten erschienen längst nicht mehr bestimmte Berufsgruppen zum Gabensammeln, sondern die städtischen Familien gratulierten sich mit Bildpostkarten zu Ostern, Pfingsten, Weihnachten und Neujahr. Zwar besaß dieser neue Brauch des Kartenversendens wiederum auch überregionalen Charakter, doch wurden immerhin auf diesen Karten auch mecklenburgische Stadtansichten und -motive verwendet, der Brauch mithin regionalisiert.

In der Stadt zogen sich also die Feste mehr und mehr aus der Öffentlichkeit in die Familie und teilweise auch in die Vereine zurück. Durch die verstärkte Orientierung des Familienlebens auf das Kind entwickelte sich im 20. Jahrhundert nahezu folgerichtig als städtisches Familienfest die Kindergeburtstagsfeier mit dem morgendlichen Gabentisch und der nachmittäglichen Kindergesellschaft, zu der die Kinder in „feinem Zeug" mit einem Blumenstrauß und einem Geschenk erschienen. Interessanterweise bevorzugten die Kinder am Nachmittag solche Spiele, die einige Jahrzehnte zuvor zu den mecklenburgischen Pfingstvergnügen der Unverheirateten auf dem Dorf gehört hatten, wie Pfänderspiele und Topfschlagen. Während die Erwachsenen noch nach einem lebendigen Tier unter dem Topf geschlagen hatten, wurden für die Kinder Süßigkeiten unter dem Topf versteckt, den sie mit einem Kochlöffel mit verbundenen Augen erklopfen mußten. Bei den Kinderspielen im Zimmer dienten oft Stühle als Spielmittel. Beliebt waren Bewegungsspiele um die in langer Reihe aufgestellten Stühle, wie beispielsweise „Wir fahren nach Jerusalem". Beim letzten Wort des Liedes sollten sich alle Kinder rasch hinsetzen. Da ein Stuhl zuwenig aufgestellt worden war, blieb ein Kind stehen und mußte ein Pfand geben, das zum Ende des Spiels – wie die übrigen Pfänder – gegen lustige „Strafen" auszulösen war.

Verständlicherweise konnten solche Feste mit Geschenkzwang, feiner Kleidung, Festessen – Festelementen, die auch bei Konfirmation, Silberner oder Goldener Hochzeit erwartet wurden – in bürgerlichen Haushalten aufwendiger begangen werden als in den weit bescheideneren Arbeiterwohnungen.

Wandel des Brauchverhaltens und administrierte Feste

Stärker als auf dem Lande hatte im 19. Jahrhundert in der Stadt die Trennung von Arbeits- und Wohnbereich den Tag in Arbeitszeit und Freizeit geteilt. Die „Erholung" war für den Sonntag eingeplant und wurde je nach materiellem Vermögen realisiert. Wer nur irgend konnte, zog am Sonntag „ins Grüne" – für einen Landbewohner eine fast unzumutbare Freizeitbeschäftigung! Einen städtischen Sonntagmorgen beschreibt 1893 ein der „Unterhaltung und Belehrung" gewidmetes Wochenblatt:

„... schon um vier Uhr morgens beginnt das Rasseln der Wagen in den Straßen ... Aus allen Schuppen der Mietfuhrleute (Rostock besaß bis zur Zeit der Pferde- und Straßenbahnen 45 Droschkenbesitzer) eilten die langen Familienwagen mit vier Bänken an den Ort ihrer Bestellung. Familien mit 12–15 Köpfen sollen darauf Platz finden ... Schon steht die Schar der jubelnden Kinder gekämmt und gewaschen vor der Tür ... Auch der Familienvater steht schon da, angetan mit dem breitschößigen Frack und dem flaggenden Jabot, die silberbeschlagene Meerschaumpfeife in der Hand ... Stets dichter und dichter folgen nun in den nächsten zwei Stunden die aus dem Kröpeliner Tor nach Doberan und Warnemünde eilenden Wagen, zuletzt kommen die schmucken Privatequipagen ... Wer kein Geld hatte, blieb in der Stadt und begnügte sich mit einem Spaziergang zu den Pfeifenteichen vor dem Steintor oder einem Besuch von Haedges Garten am diesseitigen oder der Fähre am jenseitigen Flußufer. Auch Brandeshof, der Vorläufer der Tonhalle, war ein beliebtes Familienlokal. Die dienstbaren Schichten der Bevölkerung entschädigten sich für die harte Wochenfron durch den Besuch der Tanzböden und fanden oft erst in später Stunde tobend und lärmend den Weg ins Haus ...“[17]

In dieser Darstellung eines städtischen Sonntags kurz vor 1900 wird den Rostocker Arbeitern kurzerhand ein Platz im Wirtshaus für den Feierabend zugewiesen. Für den unorganisierten Arbeiter mochte damals in der Tat noch zutreffen, was Friedrich Engels über die Lage der arbeitenden Klasse in England schreibt: „Der Arbeiter kommt müde ... von seiner Arbeit heim, er findet eine Wohnung ohne alle Wohnlichkeit, feucht, unfreundlich und schmutzig; er bedarf dringend einer Aufheiterung, er muß etwas haben, das ihm die Arbeit der Mühe wert, die Aussicht auf den nächsten, sauren Tag erträglich macht ... (er) verlangt mit Gewalt einen Stimulus von außen her, sein geselliges Bedürfnis kann nur in einem Wirtshaus befriedigt werden ...“[18]

Zu einem nicht geringen Teil aber war die städtische Arbeiterklasse, besonders in Schwerin, Güstrow, Wismar und Rostock, sich seit den siebziger Jahren des 19. Jahrhunderts zunehmend ihrer politischen Kraft bewußt geworden. In den Radfahrer-, Turn- und Wandervereinen, Theater- und Musikvereinen wurden zwar zunächst Formen des Vereinslebens der Bourgeoisie übernommen (vgl. auch Abb. S. 93), doch bildeten sich mit wachsender Stärke der Arbeiterbewegung auch eigenständige proletarische Formen heraus. Hier fanden die Arbeiter Möglichkeiten der Bildung und des politischen Engagements, aber es gab auch Raum für Geselligkeit und Erholung. Diese Vielseitigkeit blieb bis ins 20. Jahrhundert bestimmend für das Leben in den Arbeitervereinen. Hans Wagenknecht, Buchdrucker, Jahrgang 1917, erinnert sich: „Ich spielte im Rostocker Ballspielverein (RBV) in einer Jugendmannschaft Fußball. Dieser Arbeitersportverein gehörte dem „Kartell für Arbeiterbildung, Sport und Körperpflege, e. V. Rostock“ an. Das Arbeiterstadion, an dessen Bau die Arbeiter aktiv mitgearbeitet hatten, wurde 1928 eingeweiht (Abb. S. 217). Sogenannte Mannschaftssitzungen fanden im Sporthaus des Arbeiterstadions statt. Es war gleichzeitig Lokal für die Familien der Arbeitersportler mit Gartenbetrieb.“[19]

Zu einem frühen politischen Höhepunkt für die Arbeiterklasse Mecklenburgs gestaltete sich die Feier des 1. Mai 1890 in Rostock, zu der sich etwa 650 Werktätige auf Einladung der Sozialdemokratischen Partei im Vereinssaal des Tivoli versammelten.[20] In den folgenden Jahren bildeten sich – trotz polizeilicher Repressalien und der Androhung von Entlassung – die charakteristischen Brauchelemente der proletarischen Maifeier heraus: Mit roten Bändern, roten Nelken und roten Schlipsen geschmückte Arbeiter zogen am Morgen mit den buntbestickten Fahnen ihrer Verbände zum jeweiligen Versammlungshaus, wo ein Festredner eine Ansprache hielt, die insbesondere die Forderung nach dem Achtstunden-Arbeitstag, die Losungen der Arbeiter-Internationale und Lohnforderungen beinhaltete. Während des Zuges sowie vor und nach der Versammlung unterstrichen Arbeiterlieder, die begeistert von allen mitgesungen wurden, die inhaltlichen Forderungen des Kampftages. Eine wichtige Rolle, auch bei kulturellen Umrahmungen, spielten dabei die Arbeitervereine. In Rostock wirkten besonders der Arbeitersängerbund, der Buchdruckergesangverein „Typographia“ und die „rote Kavallerie“, der Arbeiter-Radverein, mit. Nachmittags hatten die Arbeiter ein Volksfest für die Kinder in den Grünanlagen vorbereitet, und abends beschlossen Tanzvergnügen für die Erwachsenen den Feiertag. In späteren Jahren zählten auch Laienspiele und kleine Konzerte zum Programm.

Daß die städtische proletarische Festgestaltung auch dörfliche Feiern beeinflußte, mag der Erinnerungsbericht einer Stubbendorferin dokumentieren: „In unserem Dorf gab es eine Reihe von Bewohnern, meistens Arbeiter, Büdner, Handwerker, die den 1. Mai als Kampftag begingen. Für meinen Vater, einen Maurer, war es der höchste Feiertag. An diesem Tag durfte nicht gearbeitet werden. Pferd und Wagen wurden mit Birkengrün aufgeputzt, die Mädchen flochten sich Kränze aus Gänseblümchen. Zusammen mit den Eltern fuhren wir in die etwa 5 km weit entfernte Kleinstadt Dargun zum ‚Umzug‘, wie wir damals statt Demonstration sagten. Nach der Rückkehr hatten die Arbeiter auf dem Dorfplatz Belustigungen für uns Kinder wie ‚Dubenscheiten‘ (Taubenschießen), Sackhüpfen und Eierlaufen organisiert. Abends war Tanz. Früher hatten alle zusammen getanzt. Der Dorfwirt war aber Kommunist, deshalb feierten die Bauern allein auf ihren Kornböden, die Arbeiterfamilien tanzten im Krug.“[21]

Aus der richtigen Beobachtung heraus, daß ein erheblicher Teil der mecklenburgischen Volksüberlieferungen durch den Industriekapitalismus zum Schwinden gebracht würde, unternahmen die bürgerlichen Heimatverbände Versuche zur „Rettung“ dieser Volkstraditionen. Auf diese Problematik wird im historischen Abriß (S. 83f.) ausführlich eingegangen. Neueres, bewahrenswertes Brauchtum erhielt die Heimatbewegung jedoch nicht, und bereits Verschwundenes konnte sie nicht retten, da sie im Grunde nur diejenigen Brauchelemente traditioneller Brauchabläufe pflegte, die den Mitgliedern der städtischen Vereine Vergnügen bereiten mochten. Wenn der „Plattdütsch Heimatverein Unkel Broesig“ auch 1931 stolz in seiner Festschrift zum 25-jährigen Bestehen bilanzierte: „Grad’ so as uns’ Ollen den’n Dag fiert hewwen mit Schimmelrider, Snutenlad, Pantüffelhaugen, Bullenvadderwahl, Stüpern, Hedwäkenäten ..., so maken wi dat ok“,[22] so ging es doch weniger um eine Wiederbelebung älteren Brauchtums als um eine allgemeine Stärkung bürgerlichen Heimatgefühls. Der Vorsitzende des Plattdeutschen Landesverbandes Mecklenburg bemerkte zu diesem Jubiläum in der Mecklenburgischen Zeitung: „Hat er (der Verein) bisher für die Erforschung von Land und Volk viel geleistet, so werden Gegenwart und Zukunft ihm neue Aufgaben zu den alten gesellen. Wird es doch gelten, bei einer Reichsreform Mecklenburg als kulturelle Einheit zu erhalten ...“[23]

Diese „kulturelle Einheit“ wurde in der Zeit des Faschismus in der Weise praktiziert, daß auch das Brauchtum der werktätigen Klassen und Schichten größtenteils der Administration unterlag, so daß eine befohlene Festgestaltung dominierte. Die von der SS unterhaltene Organisation „Ahnenerbe“ wachte streng darüber, daß alle Feiern den Prinzipien „nordischer“ Festgestaltung entsprachen. Im „Völkischen Beobachter“ vom 4. 3. 1937 wird dieses Prinzip ganz unverhüllt formuliert: Man müsse „bei der Feier zuerst immer an die große politische Feier denken, an Weihestunden des NS ...“ In allen Medien war von der „Heiligkeit des Brauchtums“ die Rede, das Förderung durch „planmäßige, großangelegte Aufbauarbeit der national-

„Landvolk" in erneuerter Tracht. Festzug zum Dorfjubiläum in Schwinkendorf, Kreis Malchin. 1933

sozialistischen Führung" erfahren sollte.[24] Diese „Planung" erfaßte selbst die kleinsten Dörfer und brachte die noch vorhandenen Reste regionalspezifischen Brauchtums zum Erliegen. Erwünscht waren einheitlich gestaltete Feiern in einheitlichen Trachten, etwa zum Erntefest. Doch auch andere Feste nutzten die braunen Machthaber für ihre Zwecke aus. In den Städten Rostock und Wismar beispielsweise setzten sie zu Ostern Kundgebungen für die Jugend auf den Marktplätzen an. Gestaltungsmittel wie Licht, Feuer, pathetische Worte, die Suche nach Urgermanischem, Mythischem in den Bräuchen, das gezielte Ansprechen von Emotionen bestimmten die neue Festgestaltung, die eine „Volksgemeinschaft" nach dem Willen der Faschisten schaffen sollte. Die Beschreibung einer Adventsfeier 1934 in Doberan zeigt dieses Bestreben deutlich: „Vor dem großen Holzkreuz auf dem Friedhof standen ein Jüngling und ein Mädchen mit brennenden Fackeln. Nach einem Vorspruch über die Lichtsehnsucht der Germanen wurden unter betenden Worten zu Sprüchen der Evangelisten vier Fackeln entzündet, die wiederum ein holzgefülltes Becken zum Aufflammen brachten. Dann trugen die Festteilnehmer unter den Klängen des Posaunenchores die brennenden Fackeln durch die Stadt zur Blutskapelle bei der Kirche ..."[25]

Zu einem der faschistischen Hauptfeste wurde die bisher nicht übliche Sonnenwendfeier, bei der schon existierende Heimatgruppen als „Brauchtumsgruppen" auf den „Thingplätzen" mitzuwirken hatten (vgl. dazu S. 86).

Das alles blieb nicht ohne Wirkung und Eindruck. Noch ein halbes Jahrhundert danach sind unter Mecklenburgern, die sich durch die geschickte Propaganda hatten einfangen lassen, die Erinnerungen an dorfeigene Erntefeste dieser Zeit gemischt. Neben angenehmen Gedanken an den Umzug der geschmückten Wagen durch das Dorf, an das farbenfrohe Bild der nachgearbeiteten Einheitstrachten, an den ausgelassenen Tanzabend im Dorfkrug usw. äußerte man die Scham über das Mitmachen bei dieser befohlenen Festgestaltung, deren vorgeschriebene Ausführung vom jeweiligen Ortsgruppenleiter der Partei beflissen überprüft wurde.

Ein schweres Erbe also hatte nach der geschichtlich kurzen, für das Bewußtsein der Brauchträger aber folgenschweren Jahre der faschistischen Herrschaft die einer neuen Ordnung zustrebende Gesellschaft auch in Mecklenburg anzutreten.

Gemeinschaftsleben im Übergang zum Sozialismus

Die tiefgreifenden Veränderungen auf nahezu allen Gebieten des gesellschaftlichen Lebens nach der Zerschlagung des Faschismus widerspiegeln sich im Brauchtum auf vielfältigste Weise. Sie werden bereits sichtbar im veränderten Aufbau des Festkalendariums in dem Mecklenburgischen Volkskalender „Uns Kalenner", der den alten „Voß-un-Haas-Kalenner" ablöste. Traditionelle Kalenderfeiertage und kirchliche Festzeiten wie Ostern, Pfingsten und Weihnachten sind zwar noch benannt, aber zugleich weisen erstmals internationale Feiertage wie der 8. März als Internationaler Frauentag, der 1. Mai als Internationaler Feiertag der Werktätigen, der 1. Juni als Internationaler Kindertag, der 1. September als Weltfriedenstag, der 13. September als Internationaler Gedenktag für die Opfer des Faschismus usw. auf den Charakter des 1949 gegründeten Staates hin, der sich zu Frieden, Demokratie und Völkerfreundschaft bekennt.

Der 8. März beispielsweise (dem Gedenken an die Frauen in der amerikanischen Textilindustrie gewidmet, die 1908 mit Kundgebungen für den Achtstundentag, für angemessene Arbeitsbedingungen und das Wahlrecht demonstriert hatten) wurde 1911 zunächst nur in Deutschland, Österreich, Dänemark und der Schweiz als Frauentag gefeiert. 1946 begingen die Frauen erstmals nach dem Krieg öffentlich auch in mecklenburgischen Betrieben den Frauentag, ohne daß schon der größere Teil der Frauen den 8. März als Datum, das durch bestimmte brauchtümliche Handlungen hervorzuheben wäre, akzeptiert hätte. In den folgenden Jahren wandelte sich jedoch der Charakter des Frauentages von einem Kampftag zu einem Festtag. Es wurde üblich, am 8. März diejenigen Frauen besonders zu ehren, die sich durch hohe Leistungen in Wirtschaft, Politik und Kultur um den jungen Staat verdient gemacht hatten. In einigen Familien entwickelte sich der Frauentag zu einem kleinen Familienfest. Die Kinder überreichten Blumen und Geschenke, die Ehemänner übernahmen einen Teil der Hausarbeit. Diese „moderne" Einstellung des Mannes zum Haushalt begann sich allerdings erst zögernd durchzusetzen, als der Anteil der mitarbeitenden Frauen rapide angestiegen war. In den volkseigenen Betrieben, Kindergärten und Schulen feierten die Frauen nachmittags mit einer großen Kaffeetafel oder organisierten einen Ausflug.

Als „mecklenburgisch" sind die in der ganzen DDR ähnlich begangenen internationalen Gedenktage selbstverständlich nicht zu werten. Regional spezifischen Charakter aber konnten einige Festelemente tragen, etwa die Spiele, mit denen sich die Kinder in Stadt und Land am Internationalen Kindertag belustigten. Da wartete in der Mitte der Festwiese eine hohe Stange, an deren Spitze ein mit kleinen Geschenken behangener Kranz schaukelte, auf geschickte Kletterer; Kartoffel- oder Kohlensäcke luden zum Sackhüpfen, Eier zum Eierlaufen ein, oder man spielte „Topfschlagen". „Mecklenburgisch" waren sicherlich einige Kuchenrezepte, und beim abendlichen Tanz (Frauentag,

1. Mai) gab es noch genügend Begeisterte, die auf einen Kegel oder eine Kreuzpolka nicht verzichten wollten.

Im traditionellen Kalenderbrauchtum wandelte sich nach den bedrückenden Kriegsjahren besonders der Inhalt des Weihnachtsfestes, nachdem der Friedensgedanke aus der Weihnachtsbotschaft den Charakter des Festes mitbestimmte. Um dieses Anliegen machte sich bereits ein halbes Jahr nach ihrer Gründung die FDJ in Mecklenburg verdient. Sie gab 1946 ein Weihnachtsheft heraus, das neben Hinweisen für Weihnachtsfeiern und Berichten über die Ergebnisse von Kinderlandgruppen beim Anfertigen von Geschenken für Waisenkinder zwei Artikel enthält, die den Friedensgedanken als Hauptinhalt des Festes betonen: „Das Weihnachtsfest ist ein Sinnbild des Friedens, der Nächstenliebe und der Hilfsbereitschaft" beginnt der Artikel „Weihnachten, Fest des Friedens".[26] Die im Heft abgedruckten neuen Lieder und Gedichte, die wiederum den Friedensgedanken betonen, sind inzwischen in Vergessenheit geraten. Geblieben aber ist die inhaltliche Verbindung von Weihnachtsfest und Friedenssehnsucht, die Erika Engel (Text) und Hans Sandig (Melodie) zu einem Weihnachtslied inspirierten, das seit den sechziger Jahren auch in Mecklenburg volkstümlich geworden ist: „Sind die Lichter angezündet". Es endet mit dem Wunsch: „Leuchte, Licht, mit hellem Schein, überall soll Friede sein."

Bei der Suche nach Höhepunkten im Familienbrauchtum, die die neue sozialistische Weltanschauung versinnbildlichen sollten, zeigten sich erhebliche Schwierigkeiten. Jahrhundertelang waren auch in Mecklenburg die Feste des Lebenskreises – Taufe, Konfirmation, Trauung und Beerdigung – durch religiöse Zeremonien geprägt worden. Dieser Ordnung hatten sich auch solche Familien gefügt, für die die Religion längst ihre Bedeutung verloren hatte. Blättert man in mecklenburgischen Kirchenbüchern der frühen fünfziger Jahre, so findet man unter den Anmeldungen für kirchliche Amtshandlungen noch Angehörige aller Berufsgruppen, aller Klassen und Schichten. Die Väter der 1952 an einer der größten Rostocker Kirchen angemeldeten 336 Konfirmanden sind Tischler, Musiker, Arbeiter, „Schuhgehilfe", Oberwachtmeister, Kaufmann, Friseurmeister, Polizeiwachtmeister, Drogist, Elektromonteur, Maschinenschlosser, Nieter, Bäcker, Gärtner, Schmied, Maurer, Schlachter, Postbeamter, Lehrer usw.

Die trockenen Zahlen über die Beteiligung an Jugendweihe oder Konfirmation aus den fünfziger Jahren (vgl. Tabelle) belegen jedoch einen enorm raschen Wandel:

Jugendweihe in Rostock-Stadt[27]

Jahr	Anzahl der Schüler	Anzahl der Jugendweiheteilnehmer	Prozent
1955	3200	736	23,0
1958	1551	932	60,1
1960	1326	1266	95,5

Konfirmationen an St. Nicolai und Heilig Geist

Jahr	Anzahl der Konfirmanden
1955	203 bzw. 314
1958	119 bzw. 232
1960	32 bzw. 41

In verhältnismäßig kurzer Zeit hatten die Familien die Jugendweihe als neue feierliche Form des Abschlusses der Kindheit und als Zeichen für die Aufnahme der Kinder in die sozialistische Gemeinschaft der Erwachsenen akzeptiert. Dennoch hatte auch dieses Fest der „Einübung" bedurft. Durch den Kreisvorstand Rostock der SED war bereits 1949, auf proletarischen Traditionen aufbauend, die erste Jugendweihe in Rostock organisiert worden. Sie fand am 10. April 1949 im Stadttheater statt. Das Programm sah folgendes vor:

VORTRAGSFOLGE

1.
Ricercare aus „Musikalisches Opfer" · J. S. Bach
Städtisches Streichorchester

2.
Rezitation:
Wir ziehn in den dämmernden Morgen ·
M. Lange
Hans-Theo Timmermann, Stadttheater

3.
Kein Hälmlein wächst auf Erden · J. S. Bach
Gerda Lüders, Mezzosopran, Stadttheater

4.
Ansprache:
Adolf Lau, Kultursekretär der SED

5.
Sehnsucht · Franz Schubert
Gerda Lüders

6.
Rezitation:
Lied der neuen Jugend · Walter Dehmel
Hans-Theo Timmermann

7.
Largo in Fis-Dur · Joseph Haydn
Städtisches Streichorchester

8.
Überreichung der Gedenkblätter
durch Funktionäre der SED

9.
Die Jungen Pioniere grüßen:
Sprechchor:
Hebt das Haupt, grüßt das Licht!
Chor:
Über uns die Fahne weht!
Rezitation:
Ihr seid jung und habt ein Recht auf's Leben!
Chor:
Weltjugendlied

Dr. Dieter Schwarz, heute Direktor des Rostocker Zoos, erinnert sich: „Ich nahm nicht auf Beschluß meiner Eltern an der Jugendweihe teil. Sie hatten mich kirchlich erzogen, aber ich hatte durch die Religion keine Hilfe in komplizierten Situationen des Krieges erfahren. Was mich noch zu dem Entschluß gebracht hat? Der Einfluß der Pionierorganisation und die gedankliche Auseinandersetzung mit dem Gedicht „Prometheus" von Johann Wolfgang von Goethe. So trat ich als Vierzehnjähriger aus der Kirche aus und meldete mich zur Jugendweihe an. Wir waren etwa 40 Teilnehmer, und ich meine, etwa zwei Drittel hatten ähnliche Erfahrungen wie ich, die übrigen waren durch klassenbewußte Eltern erzogen worden."[28]

Später, nach dem Aufruf zur Jugendweihe vom 14. November 1954, übernahmen Jugendweiheausschüsse die Vorbereitung. Mit Hilfe erfahrener Genossen wurde die Jugendweihe zunächst in Großbetrieben publik gemacht. In Gesprächen am Arbeitsplatz wurden Inhalt und Anliegen der Feier besprochen. Willi Kühn[29], Mitbegründer des Betriebsaktivs des Fischkombinates, erinnert sich noch genau an die Verständnislosigkeit, mit der seine acht Kollegen, deren Kinder 1955 im Konfirmationsalter waren, zunächst auf das Angebot einer Jugendweihe reagierten. Nur drei dieser Kinder wurden schließlich im Fischkombinat zur Jugendweihe angemeldet. Am Festtag gratulierten der BGL-Vorsitzende und der Parteisekretär den Familien mit einem vom Kombinatsdirektor unterschriebenen Brief und einem Blumentopf – eine Geste, die für die Betriebsangehörigen sehr beeindruckend gewesen sein soll. Andere staatliche Einrichtungen schenkten einen Regenschirm (HO) oder 50 Mark (Bauwirtschaft).

Was die Vorbereitung der Familienfeier anbelangte, so stellten Konfirmation wie Jugendweihe die Eltern vor Probleme. Für die Konfirmanden mußte die traditionelle dunkle „Pflichtkleidung" beschafft werden: für die Mädchen ein schwarzes Kleid, schwarze Strümpfe und Schuhe und ein neues Gesangbuch, auf das ein Spitzentaschentuch mit einem Blumensträußchen gelegt wurde, für die Jungen ein dunkler Anzug mit den ersten langen Hosen. Die Jugendweiheteilnehmer versuchten ihre progressive Einstellung auch äußerlich zu demonstrieren, indem sie sich bewußt hell kleideten. Die Mädchen z. B. waren stolz

Mecklenburgische Konfirmandenbilder
des frühen 20. Jahrhunderts (oben), von 1950 und von 1960

Sozialistische Jugendweihe, 1960. Rakow, Kreis Grimmen

auf ihre ersten Seidenstrümpfe und „Stökkelschuhe“.

Der äußere Ablauf von Jugendweihe und Konfirmation glich sich formal in manchem: dem vormittäglichen feierlichen Zeremoniell der Aufnahme in die Gemeinschaft der Erwachsenen folgten eine festliche Mittagsmahlzeit und eine Kaffeetafel, die ausschließlich auf die engste Familie beschränkt blieben. Ute Sarrazin, Jugendweiheteilnehmerin von 1959, berichtet: „Zu Hause hatten schon meine Omas eine festliche Mittagstafel hergerichtet. Ich erhielt kein Geld wie heute die Kinder, sondern meine Eltern schenkten mir einen Ring ... Noch ganz genau erinnere ich mich an zwei Flatterhemden, die aus Kunstseide waren und rosa und blau aussahen ... damals waren sie eine Seltenheit und hochmodisch. Meine Eltern erzählten mir oft, daß ich an diesem Tag sehr glücklich war und ihnen versprach, stets nach dem Gelöbnis zu handeln.“[30]

Die Beschränkung der Feier auf die Familie kann nicht nur als Ausdruck mangelnder finanzieller Möglichkeiten in den Nachkriegsjahren gewertet werden. Einem Kind wurden noch keine so hohen Ansprüche an das Feiern zugesprochen wie einem Erwachsenen. Vermählungen, Silberne und Goldene Hochzeiten wurden, wenn es finanziell möglich war, in Stadt und Land mit wesentlich mehr materiellem Aufwand begangen.

Die Jugendweihe wurde als sozialistisches Fest bis 1960/61 mit wenigen Ausnahmen von den Familien angenommen. Die Großbetriebe wiederum waren es, die als erste auch für weitere Höhepunkte im Lebenslauf Feiermöglichkeiten auf sozialistischer Basis anboten. Sie gestalteten Feiern zur Sozialistischen Namensgebung, Sozialistischen Eheschließung und Sozialistischen Bestattung. In der Regel begingen drei bis vier Familien pro Jahr im Betrieb diese Feste.

Während sich die letztgenannten Festlichkeiten nicht als allgemeingültiges Vorbild für sozialistische Familienfeste durchsetzen konnten, zeigte sich auf anderen Ge-

Sozialistische Namensgebung in einem Rostocker Betrieb, 1962

bieten ein Umdenkungsprozeß, ein neues Denken vom Ich zum Wir, Ansätze eines neuen sozialistischen Gemeinschaftsbrauchtums: Der VEB Ostsee-Druck Rostock beispielsweise verfügte schon 1952 neben einer Mandolinengruppe über einen leistungsfähigen Chor, der aus dem ehemaligen Chor des Verbandes der Buchdrucker „Typographia" hervorgegangen war. Ab 1948/49 nannte er sich „Betriebschor der Landeszeitung". Traditionsgemäß trafen sich nur die Männer, dann aber entbrannte – aus der Sicht der Männer – der Kampf um die Gleichberechtigung! Auch die Frauen wollten gern mitsingen. Nun mußte selbstverständlich das Repertoire geändert werden, nicht Männerchorliteratur, sondern Lieder für gemischten Chor waren gefragt. Hilfe bei der Repertoirefindung gaben vom FDGB herausgegebene Liedblätter, die an die „Kommission für kulturelle Massenarbeit" gerichtet waren. So wie der „Betriebschor der Landeszeitung" unter Karl Heinz Hahn verschönten in vielen städtischen Betrieben Chöre, Tanz- und Laienspielgruppen die in den Betrieben, der Großfamilie neuen Charakters, gefeierten Feste: 1. Mai, 7. Oktober, Frauentag, Weihnachtsfeier. Betriebsjubiläum.

Betriebseigene Kulturgruppen halfen auch mit, die Großraumwirtschaft auf dem Lande zu propagieren. So spielte die Blaskapelle des VE Fleischwarenbetriebes Ludwigslust an sogenannten „Landsonntagen" in Alt- und Neu-Krenzlin auf: „Gemeinsam mit den Agitatoren unserer Partei wurden rege Diskussionen über die vor uns liegenden Aufgaben zur Verbesserung der Lebenslage auf dem Lande und des Übergangs zur Großraumwirtschaft geführt", erinnern sich Angehörige des seit 1952 bestehenden Volkseigenen Fleischwarenbetriebes Ludwigslust. Eine engere kulturelle Verbindung zwischen Stadt und Land zu schaffen, war überhaupt ein Anliegen politisch-ideologischer Arbeit des Ludwigsluster Betriebes: „Es hatte sich bald zu einer guten Tradition herausgebildet, daß auch am 1. Mai, dem Kampf- und Feiertag der Werktätigen, die Delegation der Genos-

Überlieferter Brauch im Wandel:
An den Langschläfer „Pingstekarr" wird das Geld für die eingesammelten Eier ausgezahlt.
1980 in Loosen, Kreis Ludwigslust

senschaftsbauern aus Alt- und Neu-Krenzlin gemeinsam mit den Werktätigen des VE Fleischwarenbetriebes Ludwigslust für Frieden und Sozialismus in der Kreisstadt demonstrierten. Stolz begleitete sie die Blaskapelle des Betriebes in Berufskleidung und erfreute alle Teilnehmer und Gäste mit Kampf- und Arbeiterliedern ..."[31]

Während sozialistisches Brauchtum in der Stadt auf den kulturellen Traditionen der Arbeiterklasse aufbauen konnte und sich allmählich neues städtisches Brauchtum in den Großbetrieben entwickelte, verlor das traditionelle dörfliche Brauchtum durch die revolutionär veränderten Eigentumsverhältnisse auf dem Lande weithin seine Grundlage. Gewiß, die internationalen Feiertage wurden auch in den Dörfern würdig und festlich begangen, und das Familienbrauchtum näherte sich städtischen Verhältnissen an. Für das solange geübte Gemeinschaftsbrauchtum aber mußten zum Teil erst neue Formen und Brauchelemente gefunden bzw. traditionelle Elemente umgeformt werden. In einigen Fällen gelang dies ohne viel Aufhebens. In Loosen beispielsweise, einem kleinen Dorf „fernab aller großen Verkehrsstraßen in der ‚Griesen Gegend'"[32] erhielten sich einige der eingangs beschriebenen Pfingstbräuche wie das Errichten von Pfingstlauben oder das Eiersammeln mit einem Spruch. Nun allerdings wurden die Bräuche von Schuljungen geübt, die natürlich nicht mehr als Hütejungen bei einem Bauern dienten. Sie verzehrten auch nicht mehr alle eingesammelten Eier in ihrer Pfingstlaube, sondern brachten sie zur Ankaufstelle. Von dem eingesammelten Geld kauften die Jungen meistens einen Fußball für die Jungengemeinschaft des Dorfes. Dieser Pfingstbrauch, für den nach traditioneller Weise noch ein „Pfingstochse" ermittelt wurde (und wird), beschäftigte wie in alten Zeiten das ganze Dorf. Der in Loosen seit Generationen bekannte, inzwischen jedoch etwas abgewandelte Spruch ertönt vor jeder Haustür:

Gauden Dag, gauden Dag,
Fruu Hüüslerin!
Hätt juuch oll Kauh noch Faurer in?
Wat möckt denn juuch oll griese Hund?
Is juuch oll Kater noch gesund?
Juuch oll Däl is holl un boll,
söss poor Eer hämm'n ji woll?
Drei in'n Grapen, drei in'n Schapen,
söss in unse Pingstekiep –
ji warr'n seelig – wi warr'n riek!

Dieser Brauch konnte und kann noch funktionieren, obwohl die im Spruch angeführten Fakten (Kuh/Diele) für die meisten Häuser nicht mehr zutreffen. Aber interessierte Brauchträger und Brauchadressaten sind noch vorhanden, und der Brauch erfüllt noch Erwartungshaltungen beider Gruppen.

Bei anderen traditionellen Kalenderfesten waren diese Voraussetzungen nicht

Neue Empfänger der traditionell gestalteten Erntekrone. 1961 in Gegensee, Kreis Ückermünde

immer gegeben. So feierten z. B. in manchen traditionellen Bauerndörfern die verbliebenen alteingesessenen Bauern bis in die fünfziger Jahre ihr Erntefest für sich allein, während die Neusiedler ebenfalls unter sich blieben. In ehemaligen Gutsdörfern hingegen fanden die einheimischen Tagelöhner, die durch die Bodenreform Land erhalten hatten, und die Umsiedler, die als Neubauern eine neue Existenz begannen, rasch zu gemeinsamem Feiern zusammen, mochte es sich meist auch in einem kurzen Umzug durch das Dorf und abendlichem Tanzvergnügen erschöpfen. Für Erntefeste in traditionellem Stil fehlte es nach der revolutionären Veränderung der Eigentumsverhältnisse an einem Brauchadressaten, der „höher" gestanden hätte, und damit war der Brauchzwang, als Knecht oder Magd einem Gutsherrn oder Bauern eine Erntekrone überreichen zu müssen, aufgehoben. Ein „Trinkgeld", wie es früher von Knechten und Mägden durch den Brauch des Bindens und Lösens „eingespielt" wurde, benötigte jetzt niemand mehr, denn die Festteilnehmer konnten den feierlichen Abschluß der Ernte selbst finanzieren.

Die Spannung zwischen Herr und Knecht, Besitzenden und Besitzlosen, aus der ein wesentlicher Teil der Erntebräuche Inhalt und Funktion bezogen hatte, war nivelliert worden, seitdem jeder gleiches Recht auf Arbeit und Feier besaß. Erst allmählich entwickelten sich aus dem Streben nach Leistung neue Brauchmöglichkeiten. Auch eine mögliche Brauchträgergruppe mußte sich erst formieren, war doch durch die zahlreichen Umsiedler die Bevölkerungsstruktur gründlich verändert worden,[33] und eine gemeinsame Brauchsprache mußte erst wieder erlernt werden. Das Bemühen staatlicher Stellen und der Jugendorganisation, in den Dörfern Gestaltungselemente des traditionellen Erntebrauchtums aufzuspüren und mit neuen Brauchelementen zu verbinden, die der politischen und ökonomischen Entwicklung entsprachen, war mancherorts erfolgreich, und vieles wurde ausprobiert. 1958 beispielsweise rief das Dorfjugendkomitee Mestlin zu einem Maisfest auf. Vorausgegangen war ein Wettbewerb der FDJ um das schönste Dorf, das beste Mais-, das beste Zuckerrübenfeld. Zum vielseitigen Angebot des zweitägigen Festes gehörten danach u. a. eine Kreistierschau, ein Schriftstellerbasar, ein Kulturwettstreit mit Ausscheiden von Chören und Instrumentalgruppen, ein Freitanzdielenwettbewerb, ein Frühkonzert des Staatlichen Sinfonieorchesters Schwerin, eine Ausstellung der NVA, Sportveranstaltungen, ein „Mais"ball der Besten usw. Wenn solche Feste auch als beispielgebend gelobt wurden, so konnten sie sich selbstverständlich als Norm für ein „Alltagsdorf" nicht durchsetzen. Sie konnten jedoch Anregungen für neue Gestaltungselemente geben. Bis zur Entwicklung eigener sozialistischer Bräuche auf der Grundlage bewahrenswerten Erbes, wie sie in der Gegenwart gepflegt werden, blieb noch ein weiter Weg.

Anmerkungen

1 Zu Fragen und Funktionen der Bräuche vgl. u. a. Friedrich Sieber, Aspekte der Brauchforschung, Wissenschaftliche Annalen 5 (1956), S. 497 ff.; Siegfried Wollgast, Bemerkungen zu Sitten und Bräuchen, Dt. Zeitschrift f. Philosophie 5 (1978), S. 616 ff.; J. W. Suchanow, Sitten, Bräuche, Traditionen, Berlin 1980; Heike Müns, Jahresbrauchtum im mecklenburgischen Dorf der Übergangsperiode vom Feudalismus zum Kapitalismus. Eine volkskundliche Untersuchung, Diss. (Ms.), Berlin 1983; Ingeborg Weber-Kellermann, Die Sprache der Bräuche, Zeitschrift für Volkskunde 80 (1984), S. 23 ff.

2 Vgl. dazu: Karl Baumgarten, Die Tischordnung im alten mecklenburgischen Bauernhaus, Deutsches Jahrbuch für Volkskunde 11 (1965), S. 5–15; Jan Peters, Der Platz in der Kirche. Über soziales Rangdenken im Spätfeudalismus, Jahrbuch für Volkskunde und Kulturgeschichte 28 (1985), S. 77–106.

3 Dieses Zitat und alle weiteren ohne Anmerkung sind Belege aus dem Wossidlo-Archiv.

4 Zu den einzelnen Brauchelementen meckl. Feste vgl. u. a. Karl Bartsch, Sagen, Märchen und Gebräuche aus Meklenburg, Bd. 1–2, Wien 1879/80; Carl Beyer, Kulturgeschichtliche Bilder aus Mecklenburg, Teil 1–2, Berlin 1903; Walter Ihrke, Mecklenburgische Fastnachtsbräuche. Nach älteren Schilderungen zusammengestellt, Deutsches Jahrbuch für Volkskunde 6 (1960), S. 453 ff.; Heike Müns, Jahresbrauchtum im mecklenburgischen Dorf (wie Anm. 1); Ingeborg Weber-Kellermann, Erntebrauch in der ländlichen Arbeitswelt des 19. Jahrhunderts, Marburg 1965; Richard Wossidlo, Altmecklenburgische Sitten und Bräuche, in: Mecklenburg. Ein Heimatbuch, hrsg. v. Otto Schmidt, Wismar 1925, S. 197 ff.; Richard Wossidlo u. Hermann Teuchert, Mecklenburgisches Wörterbuch, Bd. 1 ff.

5 Richard Wossidlo, Von Hochtiden, Rostock 1919, S. 16.

6 Carl Beyer, Kulturgeschichtliche Bilder aus Mecklenburg, Berlin 1903, Bd. 2, S. 73.

7 Karl Baumgarten, Erntefest und Hallenhaus, Zf. für Volkskunde 61 (1965), S. 74 ff.

8 P. Groth, Die Entstehung der mecklenburgischen Polizeiordnung vom Jahre 1516, in: Jahrbücher des Vereins für mekl. Geschichte und Alterthumskunde 57 (1892), S. 190 ff.

9 Nach einem Archivbericht des Rostocker Stadtarchivs 1977.

10 Friedrich von Buchwald, Oeconomische und Statistische Reise durch Mecklenburg, Kopenhagen 1786, S. 2.

11 Gerda Horn, Jg. 1915, Rostock, mdl.

12 Vgl. Ingeborg Weber-Kellermann, Die Kindheit. Kleidung und Wohnen, Arbeit und Spiel. Eine Kulturgeschichte, Frankfurt a. M. 1979.

13 Vgl. Ingeborg Weber-Kellermann. Das Weihnachtsfest, Frankfurt a. M. 1978, S. 99.

14 Müns, Jahresbrauchtum (wie Anm. 1), S. 195.

15 Gerda Horn, mdl.

16 Weihnachts-Preis-Verzeichnis 1914/1915, Züllchower Anstalten.

17 Nach: Rostocker Anzeiger vom 2. 8. 1924 und Rostocker Abendzeitung 1893, Nr. 37.

18 Karl Marx u. Friedrich Engels, Werke, Berlin 1968, Bd. 2, S. 258.

19 Hans Wagenknecht, Jg. 1917, mdl.

20 Martin Polzin, Rostock – das Zentrum der mecklenburgischen Arbeiterbewegung in der Periode von 1871–1918, Wiss. Zeitschrift der Universität Rostock, Gesellschafts- und sprachwiss. Reihe 8 (1958/59), S. 60.

21 Ilse Bernau, Jg. 1930, Rostock, mdl.

22 25 Johr plattdütsch Heimatarbeit 1911 bis 1936, Plattdütsch Heimatverein „Unkel Broesig“, Rostock 1936, S. 38.

23 Meckl. Zeitung Nr. 207, Beiblatt S. 1 vom 5. 9. 1931.

24 Meckl. Schulzeitung, 15. 3. 1934.

25 Mecklenbg. Monatshefte 10 (1934), S. 100.

26 Weihnachten 1946, hrsg. von der Freien Deutschen Jugend, Landesleitung Mecklenburg-Vorpommern, Schwerin 1946, S. 10.

27 Zahlenmaterial durch den Kreisausschuß für Jugendweihe Rostock-Stadt.

28 Dieter Schwarz, Jg. 1925, Rostock, mdl.

29 Mdl. durch Willi Kühn, Jg. 1916, Rostock.

30 Chronik der 30. Oberschule.

31 Aus einem Brief des VEB Fleischwarenwerkes Ludwigslust an H. M.

32 Kuno Karls, Von einem Pfingstbrauch in Loosen, Schweriner Blätter 4 (1984), S. 72–74.

33 Vgl. Heike Müns, Brauchtum zur Erntezeit in Mecklenburg im 19. Jahrhundert, in: Brauchtum einst und jetzt, Rostock 1984, S. 3.

Volksmusik

von Heike Müns

Historische Voraussetzungen

Die landläufige Meinung bescheinigt dem Mecklenburger nicht eben hohe Musikalität. Äußerungen etwa über den Gesang der Mecklenburger klingen bis ins 19. Jahrhundert spöttisch, auch ein wenig verächtlich, wie z. B. die folgende: „In den mehrsten Fällen ist, was man Gesang nennt, füglich nichts weiter als Geschrei ..., näselndes Dröhnen ist den Leuten eigenthümlich und charakterisiert sogar ihren natürlichen Gesang ... Soll der Ton beim Gesange recht ‚fein' herauskommen, so muß er halb durch den Mund und halb durch die Nase gehen. Dies namentlich in der Kirche, wo eine niederdeutsche Gemeinde in beständigem Räuspern und Schneuzen begriffen ist, um nebst der Kehle auch die Nase offen zu halten. Von einem Küster dagegen, welcher richtig singt, sagt der Bauer: ‚Nee, dat's keen Singen, dat's Schrien!' "[1]

Dem unsauber und grob singenden Mecklenburger wird gern der kultiviertere Gesang der Sachsen oder Thüringer gegenübergestellt. Anton Saal, ein mecklenburgischer Reformpädagoge, konstatierte 1808 bekümmert: „Ein jeder, der in den Gegenden Obersachsens war ..., wird eingestehen, wie so sehr das Gegentheil hier in Mecklenburg zu bemerken ist. Da höret man vierstimmig, und ohne Gebrülle, ganz dem Zweck entsprechend, in der Kirche singen. Wie erbaermlich aber gehet man hier zu Lande mit den schönen Choralmelodien um ..."[2]

Beide Belege gehen bei der Beurteilung des musikalischen Niveaus vom Gemeindegesang im Kirchenraum aus, der sicherlich die günstige Gelegenheit bot, nichtprofessionellen Gesang einer buntgemischten Menge zu hören. Was das professionelle Musizieren anbetrifft, so hört man keine Klagen über einen Rückstand Mecklenburgs. Es gab nämlich bedeutende, bis ins Mittelalter zurückreichende und stetig weiterentwickelte Traditionen kirchlicher, höfischer und städtischer Musikkultur in Mecklenburg.[3]

Daran hatte der „einfache Mann" freilich nur indirekt Anteil nehmen können, wenn öffentlich Musik gemacht wurde wie etwa zur Ratsherrenwahl, bei Schützenfesten, bei studentischen Aufzügen, wenn vornehme Personen unter dem Gesang der Kurrendeknaben zu Grabe getragen wurden oder wenn hohe Gäste die Stadt besuchten. In solchen Fällen hatten beispielsweise in Rostock die Ratsmusikanten vom Marienkirchturm „schöne Musicalische Muteten und andere guete Stücke mit lieblichen Harmonien" zu blasen.[4] Nach dem Dreißigjährigen Krieg ruhte das musikalische Leben zunächst, die Kurrenden waren aufgelöst und an ihre Stelle war nichts Ebenbürtiges getreten, dazu die Arbeit vieler tüchtiger Kantoreien unterbrochen worden. Musikalische Bedeutung erlangten erst wieder die Kapellen der herzoglichen Höfe, die jetzt nach französischem Vorbild Musik pflegten. Die 1767 von Schwerin nach Ludwigslust verlegte Hofkapelle genoß internationalen Ruf und zog berühmte Dirigenten an.[5] In den Städten sorgte das wohlhabendere Bürgertum für öffentliche Liebhaberkonzerte und Hausmusikveranstaltungen. Rostock führte als eine der ersten deutschen Städte 1756 öffentliche Konzertreihen ein.[6] Musik, speziell das Klavierspiel, gehörte zur guten Erziehung der Bürgerkinder.

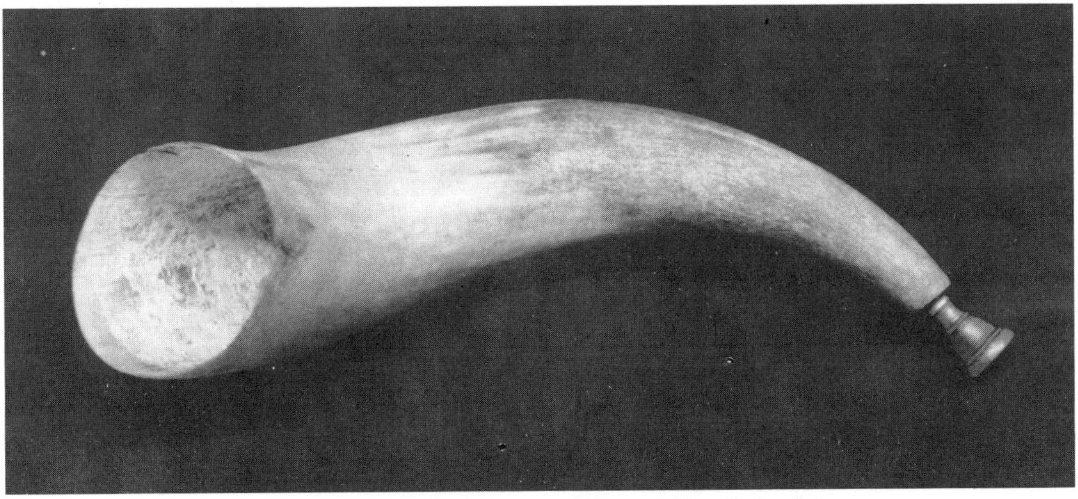

Das Kuhhorn – Arbeitsinstrument des Hirten und des Nachtwächters. Mecklenburgisch, 19. Jahrhundert

Der „gemeine Mann" jedoch blieb von der bürgerlichen Musikpflege des 18. Jahrhunderts ausgeschlossen, so daß von hierher kaum Einfluß auf die Volksmusik bzw. auf eine Hebung des allgemeinen musikalischen Niveaus zu erwarten war.

Den Landesherren schienen Musik und Tanz geradezu schädlich für das Volk und dessen Müßiggang zu befördern, wie aus vielen Verordnungen ersichtlich wird. So verbot Herzog Friedrich seit seinem Amtsantritt 1756 den Leibeigenen wiederholt alles laute Lärmen bei Hochzeiten, Kindtaufen und Festen. Während er selbst seiner seriösen Musikleidenschaft frönte, erließ er 1769 schließlich die Patentverordnung, die allen „Domanial-Unterthanen und Hauswirthen" verbot, „Spielleute, sei es unter welchem Vorwande immer, herbeizulokken".[7]

Was die Musikpädagogik der Zeit anbelangt, so gewann Mecklenburg im Gegensatz zu Süd- und Mitteldeutschland, wo Pestalozzis und Nägelis Ideen schrittweise aufgenommen wurden, erst spät Anschluß.[8] Im mecklenburgischen Musikunterricht – sofern er gegeben wurde – herrschte nach wie vor das kirchenmusikalische Prinzip, bildete also der Choral den Hauptgegenstand der musikalischen Übung. Als ab 1785 die Lehrer im Domanium seminaristisch vorgebildet werden konnten, stand dort der Unterricht auf etwas höherer Stufe als in den ritterschaftlichen Schulen, wo noch nach 1800 Jäger, Gärtner, Hirten und Handwerker im Nebenberuf winters die Kinder notdürftig unterrichteten.

Das geringe musikalische Niveau des mecklenburgischen Volkes besonders im 18./19. Jahrhundert hat also nachweisbare Ursachen, die aber die Musizierfreude und den Willen zur Musikausübung wenig beeinträchtigten. Manche der zitierten Verbote wurden auch umgangen, wenngleich sie besonders für die Landbevölkerung die Möglichkeiten einschränkten, sich rasch und problemlos Instrumentalmusik zu bestellen. Andererseits erwies sich diese Erschwernis als begünstigend für das Weiterleben bestimmter Traditionen der Volksmusik.

Volksmusikalische Traditionen

Bis ins 19. Jahrhundert sah sich die Dorfbevölkerung gezwungen, ihre Feste musikalisch im wesentlichen aus eigenen Kräften zu gestalten. Wurde also instrumentale Begleitung benötigt, mußten selbstgebaute Instrumente herhalten, die es in jedem Dorf auch in nötiger Anzahl gab.

Bereits die Kinder versuchten sich im Anfertigen verschiedener Flöten, die sie dann nach der Bauweise, der Klangfarbe oder der Art der Tonerzeugung benannten: Blarrpiep, Piepgoos, Wippwupp, Hupp-up, Spitzfläut, Scheperfläut, Trumpet. Diese Flöten ließen sich am besten im Frühjahr, wenn der Saft in die Weiden gestiegen war, herstellen. Die Kinder schnitten sich einen zwei- oder dreijährigen daumendicken Zweig vom Baum, kerbten die Rinde ein und lösten durch anschließendes vorsichtiges Klopfen den Bast vom Zweig. Die Rinde durfte nicht verletzt werden, da sie, nachdem eine schräge Kerbe, die eigentliche Flöte, eingeschnitten worden war, wieder auf die Flöte gezogen werden mußte. Eine solche Arbeit erforderte schon Fingerspitzengefühl, und sie ging sicherlich leichter voran, wenn dabei die sogenannten „Bastlösereime“ gesungen wurden wie

Piepen, Piepen, Basterjan,
lat de Fiedeln un Fläuten gahn!
Lat s' ok nich verdarben,
lat s' noch bäter warden!

Aber auch die Erwachsenen, vor allem die Hirten, fertigten sich ihre Flöten an. Ihre Bastlösereime sind länger, oft Kettenreime, wurden aber zur selben Melodieformel gesungen, die als Melodiegrundlage einer Vielzahl niederdeutscher Reimliedchen gilt.

Die Hirten gehören zu den ältesten Dorfmusikanten: Bis zur ersten Hälfte des 19. Jahrhunderts, solange die Bauern noch gemeinsame Herden hielten, besaßen die Dörfer mit ihren Kuh-, Schweine-, Schaf- und Gänsehirten zumindest einmal im Jahr, zu Weihnachten, eine „Blaskapelle“. Alle Hirten sammelten sich dann mit ihren selbstgebauten Hörnern, Schalmeien, Flöten und auch Knarren, Instrumenten also, die ihnen sonst als Hilfsmittel beim Viehhüten dienten, am Ende des Dorfes. Gemeinsam zogen sie dann von einem Bauernhaus zum anderen, bliesen ein Signal und einen Choral, gratulierten zum Weihnachtsfest und erhielten dafür die ihnen für dieses Fest zustehenden Naturalien. Ihre Blasmusik wurde durchaus bewundert, wie folgende Beschreibung, die übrigens wiederum musikalische Unbildung verrät, erkennen läßt: „Een (Schweinehirt) blaas fien, een (Nachtwächter) blaas groff. De lang' Scheper, dee haalt 'n Ton lang, de kort Scheper fläut'te körter, dat wier so feierlich.“[9]

Gänse- und Schafhirt, Kuh- und Schweinehirt, Pferdehirt und Nachtwächter bastelten in jedem Jahr neue Blas- und Geräuschinstrumente, wobei durchaus eine Verbindung zwischen sozialem Stand und Instrument zu beobachten ist: Ein Horn stand nur dem Kuhhirten zu, ein Gänsehirt hatte Flöte zu blasen, der Schweinehirt Schalmei. Die Bauart wechselte von Dorf zu Dorf.

Mangelndes Wissen etwa um die Gesetze des Instrumentenbaues oder der Intonation ließen eine gewisse Unbekümmertheit beim Anfertigen und in der Spielweise von Instrumenten erkennen. Vielleicht überwog in der Tat auch beim Mecklenburger mehr das mechanische Geschick gegenüber der Musikalität, wie Mussäus meint: „Der Mecklenburger ist zu mechanischen Arbeiten sehr aufgelegt ... Der Statthalter Buller ... hatte ohne alle Anleitung sich eine Drehorgel gemacht und ein Fortepiano fast vollendet, als er starb ... Dass besonders Musiksinn reichlich vorhanden sei, sieht man an den gewöhnlichen Spielleuten, die gemeinhin ohne Beihülfe die Violine erlernen, selbst zuweilen das Klarinett und jede vorgesungene Melodie

Heischegang zu Fastnacht mit dorfeigenem „Instrumentarium".
Mecklenburg, frühes 20. Jahrhundert

ungesäumt nachspielen. Bei den Hirten ... um Dargun findet sich eine Art Schalmei, etwa 4 Fuß lang, unten sehr weit, und stets feucht gehalten. Der Ton gleicht dem eines Serpent."[10]

Neben diesen „Melodieinstrumenten" bastelten Knechte und Kinder für die Festtage, an denen sie mit Heischeliedern und gesprochenen Reimen bei den Begüterteren ihr Anrecht auf Naturalien geltend zu machen hofften, verschiedene Geräuschinstrumente zur rhythmischen Untermalung. Die „Düwelsgeig", die Teufelsgeige, galt in einigen Dörfern als unentbehrliches Requisit bei den Rug'Klaasumzügen": Das mit einem Holzstab anzustreichende bzw. anzureißende Saiteninstrument bestand aus einer langen Latte, deren beide Enden mit Drähten oder Bindfäden, die über einen Steg liefen, verbunden waren. Zum „Fastelabendlopen" wiederum gehörte unbedingt ein Rummelpott, liebevoll lautmalerisch von seinen Herstellern auch als Brummtopf, Hulepott oder Bulepott bezeichnet. Seine Herstellung erforderte nicht viel Aufwand. Ein Tontopf oder ein Kuhhorn wurde zur Hälfte mit Wasser gefüllt und darüber eine angefeuchtete Schweineblase gespannt. Rieb man nun mit der rechten Hand den mit Wachs, Speichel oder Seife bestrichenen Stock, der vorher in der Haut festgebunden war, so geriet die Blasenhaut in Schwingungen. Das eintönig gurgelnde Geräusch, das dabei entstand, gab dem Instrument seinen Namen. Die Lieder, die zur Begleitung des Rummelpotts gesungen wurden, hatten einen ganz bestimmten Rhythmus und werden direkt als Rummelpottlieder bezeichnet.

In der Rostocker Gegend heischten die Kinder mit folgendem Lied zur Fastnacht:

Wi kamen man eens in't Johr,
am End' sünd de Pummel all goor,
Mudder, laat dien Wiken,
Bootsmann, laat dien Striken
un sett de Sägel up 'n Topp
un giff uns wat in 'n Rummelpott ...

In den mecklenburgischen Dörfern stellte man keine übermäßig hohen Ansprüche an eine instrumentale Begleitung. Die einfachste rhythmische Stütze genügte. Noch um 1850 sangen die Knechte auf Poel ihre Lieder im Krug nur zur Begleitung eines Rummelpotts.

Obwohl die Bewohner auf dem Lande bis etwa 1860 über keine nennenswerte musikalische Bildung verfügten, muß man ihnen eine enge Beziehung zur Musik bescheinigen. Sie äußert sich u.a. in der Existenz des beschriebenen dörflichen Instrumentariums und in der Fähigkeit, unabhängig von ausgebildeten Musikern mit Instrumentalmusik präsent zu sein, aber auch in dem verhältnismäßig großen Liedschatz, den es in mecklenburgischen Dörfern gab.

Lieder und Tänze im 19. Jahrhundert

Mecklenburgs Liedschatz nachzuweisen, bereitet mehr Schwierigkeiten als den anderer Landschaften, da hier dem Aufruf Herders zum Sammeln von Volksliedern später als anderswo gefolgt worden ist. Richard Wossidlo gebührt das Verdienst, sich als erster auch für das Volkslied als Teil der mündlichen Volksüberlieferung interessiert zu haben. Er versuchte vor allem, ältestes noch in Erinnerung gebliebenes Liedgut aufzuspüren, so daß wir Anhaltspunkte für eine Rekonstruktion der Liedsituation etwa um 1820–1850 besitzen. 1928 kam es zur Gründung einer Volksliedkommission, die mit Hilfe von Lehrervereinen die Liedsituation etwa von der Mitte des 19. Jahrhunderts an ermitteln konnte.

Für die ersten Jahrzehnte des 19. Jahrhunderts sind auf dem Lande besonders Kinderlieder, Anrufereime, Wiegenlieder, Reiterlieder, Spiellieder, Tanzlieder und erzählende Lieder balladenartigen Charakters reich belegt – letztere zum überwiegenden Teil bereits hochdeutsch. Eines der archaischsten in Europa bekannten Lieder, das sogenannte Verwunderungslied, in dem Tiere als handelnde Personen auftreten, konnte Wossidlo noch mit 238 mecklenburgischen Fassungen belegen. Diese Fassungen sind häufig, wie auch in Pommern und Schleswig-Holstein, mit Teilen der „Vogelhochzeit“ verbunden:

Ik weet dat Leed, dat niemand weet,
dat weet mien Broder Ott,
as ik dat Pierd den Toom ümded’,
donn slööch he mi vör’n Kopp.
Ik œwer ded’ nich wanken
un red’ doch hen na Ranken
[auch: Franken].
Un as ik hen na Ranken kamm,
dor seech ik ’n grotes Wunner an.
Dor weeg’t de Koh de Kinner,
de Katt dee knäd’ de Bodder,
de Hund dee wascht de Schöttel ut,
de Fleddermus dee fegt dat Huus ...[11]

Noch verbreitet war auch die Kenntnis älterer Lieder erzählenden Inhalts. An Balladen traf Wossidlo besonders bei älteren Frauen in den Dörfern (aber kaum mehr in den Städten) um 1920 noch etwa 29 geschlossene Liedfassungen an. Von den im deutschen Sprachraum ehemals bekannten etwa 300 Balladentypen waren diese 29 vor allem solche, mit deren Inhalt sich die Sänger aufgrund ihrer Lebenserfahrung noch identifizieren konnten. Die in den Liedern reflektierten sozialen Gegensätze und dramatischen Konfliktsituationen waren für die Sänger auf mecklenburgische Verhältnisse mit ihren länger als anderswo bestehenden Feudalrelikten übertragbar. Als charakteristisches Beispiel sei die Ballade vom Grafen und seiner Magd genannt, in der die Magd nach einer Liebesnacht vom Grafen verlassen wird. Als sie während der Geburt ihres Kindes stirbt, erscheint sie dem Grafen im Traum. Daraufhin reitet der Graf zurück und sieht schon die Totengräber bei der Arbeit. Schuldbewußt tötet er sich. Wie stark sich einzelne Sänger mit dem Geschehen identifizieren konnten,

Der Tanz „Kegel", ausgeführt von der Volkstanzgruppe der Marie Peters. Schwerin, frühes 20. Jahrhundert

zeigt eine Fassung aus Bresewitz, in der es in einer der letzten Strophen halbmundartlich-mecklenburgisch heißt:

Und als sie an das Stadttor kamen,
sahn sie die Trägers tragen.
„Setzt dal, setzt dal,
liebe Trägers mein,
ich will mein Kind beschauen."

Wie in den Märchen spricht auch in den Balladen der Schluß oft das Sehnen nach gerechter Strafe für den Schuldigen aus, die manchmal sehr hart ausfällt: So liegt am Schluß einer anderen Ballade das Mädchen in einem Sarg von Gold, und der Schuldige wird aufs Rad geflochten; die Glieder einer Kindsmörderin werden in Öl gekocht, usw.

Die Vielstrophigkeit und der lebendige, erzählende Inhalt der Balladen (die vielfach eigenen Verhältnissen angepaßt oder aus unterschiedlichen Liedern neu zusammengestellt wurden) machten sie in den Dorfgemeinschaften u. a. zu beliebten Spinnstubenliedern. Noch um die Jahrhundertwende beispielsweise begann jeder Spinnstubenabend in Bresewitz mit der Ballade vom Grafen und der Magd.

Länger vital blieben andere überlieferte Liedgattungen wie Kinderlieder, Liebeslieder, Scherz-, Trink- und Tanzlieder. In Mecklenburg aufgezeichnete Texte und Melodien sind mehrfach veröffentlicht worden.[12] Der Anteil hochdeutscher Texte war offenbar schon ausgangs des 19. Jahrhunderts recht hoch, etwa bei den Liebesliedern. Andererseits wurden z. B. unter den Scherzliedern auch neue niederdeutsche im lebendigen Gesang rezipiert, umgeformt und teilweise vielstrophig weiterentwickelt, allen voran das Lied „Von Herrn Pasturn sien Kauh".[13] Immer wieder neue niederdeutsche Texte entstanden zu den Tanzmelodien.

Anlässe zum Tanzen boten sich bei Zusammenkünften, die mit festlich markierten Teilabschnitten im landwirtschaftlichen Arbeitsjahr, mit Kalender- und Familienfesten in Verbindung standen. Mit

Tanz und Musik konnten beispielsweise Saatbier, Strikelbier, Brakelköst, Tobacksklaatz, Austköst, Fastelabend, Pingstbier sowie Kindtaufe und Hochzeit begangen werden. Während die größeren Feste wie Fastelabend, Pingstbier und Austköst im domanialen Bauerndorf regelmäßig und aufwendig gefeiert wurden, blieb das Feiern mit bestellten Musikanten in den ritterschaftlichen Gutsdörfern wegen des Desinteresses der Gutsherrschaft oft auf das Erntefest beschränkt.

Wo die Feste auf der geräumigen Bauernhausdiele ausgerichtet wurden, überwogen in der zweiten Hälfte des 19. Jahrhunderts noch die traditionellen Bunten Tänze und Liedtänze. Besonders die Bunten Tänze, die sich ausgangs des 18. Jahrhunderts aus den älteren Ketten- und Kreisreigen und jüngeren englischen Gruppentänzen entwickelt hatten, förderten die Geselligkeit. Ihr Ausführungsprinzip bestand in einem vielfältigen Partnerwechsel, so daß jeder mit jedem während des Tanzes zusammengeführt werden konnte. Zu allen Tänzen gab es einen Text, der stets lautstark mitgesungen wurde.

Den Tanzenden war dabei in der Regel der Rhythmus wichtiger als die Melodie, was die Tatsache beweist, daß in handgeschriebenen Tanzmusikheften zu den pantomimischen Gruppentänzen wie Windmöller, Schustertanz, Katt un Mus völlig unterschiedliche Melodien notiert waren und nur der Rhythmus einheitlich blieb. Wahrscheinlich handelt es sich um ältere Tanzspiele, die auch ohne Begleitung auskommen konnten. Spielten Musikanten dazu, dann mußten sie sich nur dem Rhythmus der Tanzaufführung anpassen. „Bie'n Barbiertanz spälen de Muskanten 'ne Klaus' dortau“ (also eine „Clause“, die achttaktige Grundeinheit der mecklenburgischen Tänze). Die Instrumentalbegleitung zu diesen Tänzen ist also möglicherweise jünger.

Diese Tänze waren vom Dorf her auf jeden Fall „eingeplant“, d.h., daß die Verantwortlichen für den Tanzteil, die Knechte, rechtzeitig Requisiten anfertigen und die Rollen verteilen mußten. Der Inhalt der pantomimischen Tänze konnte Handwerker dem Spott aussetzen (Barbiertanz), ländliche Tätigkeiten vorführen (Hœkerdanz), soziale Gegensätze zum Ausdruck bringen (Scheperdanz). Den Scheperdanz hat Wossidlo übrigens für 24 Dörfer belegt. Bei diesem Tanzspiel verteilen sich die Hauptrollen an den Edelmann, Schäfer und Hund, Vater, Mutter, Schwester, Liebchen. Diese gehen mit gemessenen Schritten herum und führen die betreffenden Gebärden aus, der Hund, mit Strohohren und Strohschwanz oder auch nur einfach mit einem Sack umhüllt, läuft dazwischen auf allen vieren, treibt allerlei Unfug und wird deshalb vom Schäfer mit dessen Schäferstock traktiert.[14] Solo und Chor wechseln ab:

1. Es trieb ein Schäfer
seine Lämmelein hinaus,
er trieb wohl für den Edelmann
sein Haus.

4. Bist du ein armer Schäfersohn
und trägst doch Edelmanns Kleider
schon?

11. Ach, Herr Edelmann,
verschon'n Sie mir mein Leben,
ich will Sie auch 50 Lämmer dafür
geb'n.

Der Edelmann schlägt dieses und auch die folgenden Angebote der Familie aus, schließlich gelüstet es ihn nach der angebotenen goldenen Krone:

30. Und als der Edelmann
die Krone recht besah,
da war es nichts anders
als Heu und Haferstroh.

Die in dem Mecklenburgischen Volksliedarchiv befindlichen Tanzmusikhefte, die alle aus dem 19. Jahrhundert stammen, zeigen einen doppelten Einbruch städtischer Tanzmusik in die ländliche Tanzpraxis.[15] Die Hefte enthalten zunächst pantomimische und Bunte Tänze wie Windmüller, Plumplücker, Schustertanz, Webertanz u. a., aber auch schon die jüngeren „Tourigen“ – Kontertänze in Quadrilleform, die einfach nach der Anzahl der Kehren bezeichnet sind, vereinzelt noch einen Singetanz, der auch ohne instrumentale Begleitung auskam wie „Katt un Mus“. Im letzten Drittel der Hefte dominieren dann die „neuesten“ Tänze der Zeit, die auch Einflüsse des Drehorgelliedes erkennen lassen wie „Von Hamburg geht's nach Ritzebüttel“.

Tanzvergnügungen in der Stadt und auf dem Lande unterschieden sich bis etwa 1900 erheblich. So war es für einen jungen „Kavalier“ in Rostock oder Wismar seit dem Ende des 17. Jahrhunderts durchaus üblich, sich von einem Tanzlehrer in der Kunst des Gesellschaftstanzes unterweisen zu lassen.[16] Ob und seit wann städtische Tanzlehrer Einfluß auf das Tanzverhalten der Landbewohner genommen haben, läßt sich nicht mit Bestimmtheit sagen. Daß eine Stadt-Land-Verbindung nicht auszuschließen ist, belegen Gesuche von Tanzmeistern, den Unterricht im Winter auch auswärts geben zu dürfen, ferner französische Tanzanweisungen auf Wossidlo-Belegen sowie die Aufnahme städtischer Gesellschaftstänze in handgeschriebene Musikerhefte ab etwa 1830. Möglicherweise sind nur die Söhne und Töchter von Rittergutsbesitzern oder reicheren Bauernfamilien von städtischen Tanzmeistern unterrichtet worden, wie es auch bei den begüterten Bauern des Artlandes der Fall war.[17] Die allgemeine ländliche Bevölkerung bevorzugte auf ihren Tanzvergnügen nach wie vor die sogenannten Kleinen und Großen Bunten sowie verschiedene Tanzspiele.

Ebenfalls bisher kaum bekannt sind neben den durch eingeladene Musikanten herausgehobenen größeren Festen kleinere Tanzanlässe, die besonders in den Gutsdörfern von den Tagelöhnern mit einfachsten Mitteln organisiert wurden, sogenannte „Socken- und Slarpenbälle“. Dabei wurde, um die Schuhe zu schonen, auf Socken getanzt. Bauer bzw. Gutsherr beteiligten sich an diesen Festlichkeiten nicht. Diese „Bälle“ konnten an den Abenden während der Ernte oder an den Wochenenden nach kurzfristiger Absprache in dem Hause desjenigen Tagelöhners, der die größte Stube hatte, aber auch im Backhaus oder im Freien auf größeren Plätzen stattfinden. Für die musikalische Begleitung sorgten Knechte, die ein Instrument spielten, oder durchziehende Musikanten. „Denn güng't up Söcken los, de Slarpen würden vör de Dör smäten.“ Die schlichteste Musik konnte zum Tanz animieren. „Bi't Garbenbinnen hebben wi in de Aust – blos Frugenslüd – in'n Backhus danzt. Ick hadd witte Strümp von minen Mann œwertreckt œwer mien Strümp. De een Fruu seet mit 'n Kamm uppe Hill un blös.“

Die dazu gesungenen Tanzreime waren überwiegend lustig und fröhlich, vielfach derb und obszön. Sie besaßen oft den Charakter von Neckreimen, die gegebenenfalls direkt während des Tanzes entstehen konnten. Bezeichnend ist, daß zu dem Tanz „Freut euch des Lebens“ dem Sammler Wossidlo in keinem Fall der in den gedruckten Ausgaben vorliegende Text mitgeteilt worden ist, sondern eine Fülle von 26 Varianten, z. B. „Freut euch des Lebens – den Buren kiekt dat Hemd ut de Büx“ oder „Freut euch des Lebens – Fru x ehr Kater is dot“.

Das Mitsingen bzw. Textieren von Instrumentaltiteln entsprach einer recht alten Tanzpraxis in Mecklenburg. Berichtet wird von älteren Kettentanzformen, bei denen sich die Tänzer über die Schultern faßten und rhythmisch hin und her traten, „as wenn de Gös bottern“. „Se hadden hen un her perrt, nich rundrüm danzt“, bestätigten Wossidlos ältere Gewährsleute. Dabei sangen sie vielstrophige Lieder. Als die städtischen Musiker die neueren gesanglosen Paartänze wie Quadrille, Ecossaise oder Manchester mitbrachten, wußten die Dorfbewohner sich zu helfen, indem sie zur eigenen Orientierung und aus Gewohnheit den Melodien Texte unterlegten. Diese waren dem Rhythmus der Musik entsprechend kurz, mehr Reime als Lieder, in vielen Fällen übrigens niederdeutsch.

Insgesamt zeigt das dörfliche Liedgut eine ausgesprochen starke Bindung an die Arbeits- und Lebensverhältnisse der mecklenburgischen Landbevölkerung. Lieder begleiteten einzelne Lebensabschnitte, Arbeitsvorgänge, mit Brauchtum verbundene Feste. Gegen Ende des 19. Jahrhunderts ändert sich das Bild. Eine Analyse der Liedersammlung des Lehrers Wolf, der für Wossidlo im Dorf Helpt 1898 und 1899 verschiedene Generationen befragte, macht Entwicklungsprozesse sichtbar: Von den 160 aufgeschriebenen Liedern war etwa noch ein Drittel ländlich-bäuerlicher Lebensweise und Tradition verhaftet. Diese Lieder waren zumeist von den Älteren mitgeteilt worden. Die Kinderreime und -spiele der Alten schienen auch noch den Jüngeren bekannt. Von den 19 im Dorf gesammelten Balladen kannte die junge Generation lediglich noch einzelne Strophen. Einen relativ geringen Anteil machte das städtisch-bürgerliche Liedgut aus bereits gedruckten Sammlungen aus, während sentimentale Romanzen aus dem 19. Jahrhundert zunehmend an Beliebtheit zu gewinnen schienen.

Besonders augenscheinlich wird diese Tendenz in handgeschriebenen Liederbüchern um die Mitte des 19. Jahrhunderts. Ein 1862 wohl von einer Gutsangestellten angelegtes Liederheft aus Briest, das sich im Wossidlo-Archiv befindet, enthält z. B. fast ausschließlich Lieder solchen sentimentalen Charakters. Der Inhalt dieser nicht nur in Mecklenburg zahlreich verbreiteten Lieder manipulierte „zumeist Gefühlserlebnisse der Selbstgenügsamkeit und der Hoffnung auf soziale Scheinlösungen durch unerwartete, schicksalhafte Glückserfüllung und ähnliche Klischees“.[18]

Weniger anfällig für diese seichteren Dichtungen zeigten sich, geht man von handgeschriebenen Liederbüchern aus, Handwerker und Seeleute. Wir können hier nur in einem kurzen Exkurs auf die Lieder der mecklenburgischen Seeleute eingehen. Vor allem zur Zeit der Segelschiffahrt verfügten sie über ein auffallend reiches Liedrepertoire. Lag beispielsweise bei flauem Wind das Fahrzeug still, so wurden nach dem Anstimmen altbekannter Volkslieder auch einige auf die besonderen Lebensverhältnisse des Seemanns zurechtgesungen, oder es entstanden sogar neue Lieder wie „Reise des Seemanns“, aufgeschrieben von Segelschiffskapitän Knüppel (geb. 1846 in Rostock). Man kann sich nach diesem Liedgut vorstellen, wie die Seeleute, während sie auf Wind warteten, die Zeit mit Mattenflechten, Tauedrehen usw. zu füllen suchten:

Können wir weiter nichts befinden
oder ist es still und guter Wind,
dann wir Schimannsgaren spinnen,
dass wir doch beschäftigt sind.
Matten flechten, Platting legen,
oben nach Schamfiling sehn
und um der Gesundheit wegen
essen und spazieren gehn!

Einen besonderen Komplex bildeten die Arbeitslieder, deren Inhalt nicht unbedingt seemännisch sein mußte, deren Rhythmus sich aber der körperlichen Bewegung anpaßte, dadurch ein gleichmäßigeres Arbeitstempo der Gruppe gewährleistete und die Schwere der Arbeit erleichtern half. Dabei gibt die Schiffersprache den Liedern ein eigenes Gepräge. Gern wurden holländische oder englische Wendungen eingefügt. Beim Ankerhieven konnte man hören:

Es wollt' ein Mädchen Wasser holen
Aus einem kühlen Brunnen.
Hurra me, off she goes!

Beim Ballastwerfen oder Rammen sangen die Seeleute die Balladen „Es wollt ein Jäger früh aufstehn“, „Es steht ein Lind in jenem Tal“ oder „Ich stand auf hohem Berge“. Auch recht derbe Lieder, für die das folgende Beispiel steht, konnten die Arbeit beflügeln:

Heute, heute, heute
gehn wir noch nicht weg.
Unser(m) Herrn und Staatsminister
scheißen wir in sein Register
einen, einen, einen großen Haufen Dreck.
Heute gehn wir noch nicht weg.

Der Rhythmus dieses Liedes wurde beim Ankerhieven ausgenutzt.

Fahrende Sänger und Musikanten

Während in den Dörfern bis etwa 1870 spontanes Singen von Volksliedern belegbar ist und das Volkslied sich eng mit den Lebensverhältnissen der Bewohner verbunden zeigt, löste sich mit fortschreitender Entwicklung des Kapitalismus und mit dem damit verbundenen raschen Eindringen neuer Elemente in die dörfliche Wirtschaft, Lebensweise und Kultur diese enge Beziehung immer mehr. In der Stadt ist die entsprechende Entwicklung bereits in der ersten Hälfte des 19. Jahrhunderts spürbar. Der technische Fortschritt begünstigte einen sprunghaften Anstieg der Produktion musikalischer Unterhaltungsware, die ihren Herstellern und Verbreitern guten Gewinn eintrug.

Für die Darbietung der neuesten Lieder, von denen meist vier oder fünf auf sogenannten „Fliegenden Blättern" abgedruckt waren, sorgten auf Märkten und in den Häfen Drehorgelspieler, Bänkelsänger, Liederweiber, Harfenisten, Biersinger, Bierfiedler. Der „Mecklenburgische Prophet auf das Jahr 1848" glossiert ihre Geschäftspraktiken so: „Ein alter geriebener Orgeldreher lässt sich vorher in seinem Quartier die frommen Häuser angeben und spielt bei solchen dann statt ‚Heinrich schlief bei seiner Neuvermählten' und ‚Wenn der Mut in der Brust seine Spannkraft übt' flugs ‚Nun danket alle Gott' und ‚In allen meinen Taten'!"

Ihre „Ware" – Drehorgellieder, Bänkelgesänge, Gassenhauer, Couplets – besorgten sich die Drehorgelspieler vor allem in Hamburg, Lübeck, Stralsund oder Greifswald. Von dort aus führte der Weg meist über den Rostocker Pfingstmarkt, auf den einige Lieder sogar zugeschnitten wurden, z. B. „Rostock, wie et weent und lacht".

Bevor der Orgeldreher aber seine Lieder an den Mann bringen durfte, hatte er sie zwecks Genehmigung dem Gutachter der Regierung vorzulegen, der wiederum (seit 1864) ein Exemplar der eingereichten Lieder zu den Akten legte, so daß wir heute auch durch die Bestände in den Archiven gut über die Lieblingsthemen der zeitgenössischen Textdichter und Sänger informiert sind.

Den Verlegern war es dabei nicht um die Hebung des Geschmacks zu tun, sondern um den Profit. So fiel es geschickten Textdichtern wie Christian Hansen und M. Schilling nicht schwer, den herrschenden Zeitgeschmack mit einfachsten Reimkünsten zu treffen. Bevorzugt wurden Moritaten und sensationelle Ereignisse; andere Lieder gaben Lebensweisheit vor oder glossierten technische Neuerungen und Zeitereignisse. Eine Flut von coupletartigen Liedern riefen die Ereignisse von 1870/71 hervor. Napoleon III. wurde verhöhnt, so in einem nach der Melodie „O Tannenbaum" gesungenen Lied von Hans Swach:

Napoleon! na sühst du woll,
so sull un muss dat kamen,
du hest ja beide Backen vull
Grootprahlereien nahmen ...

Lieder sozialkritischen Inhalts wie das über den hartherzigen und grausamen mecklenburgischen Gutsherrn Georg Haberland, der auch Gegenstand der Sagenüberlieferung war, gehörten zu den Ausnahmen:

Blick hin nach Schwerin-Mecklenburg,
nach'm Rittergut Tarnow,
da hauste jüngst ein Bösewicht
in vollem Grade ja,
er quälte Frau und Kinder sehr,
die Unterthanen noch viel mehr,
daß jeder weinend klagt ...[19]

Wurde Zeitkritik angebracht, so geschah es so versteckt, daß die brisanteren Wendungen dem Gutachter unter dem Wust der zahlreichen übrigen Strophen harmloseren Inhalts manchmal verborgen blieben. Nur so ist es erklärbar, daß das Lied „Seh untern Linden ich bekannte Damen" beim Gutachter in Schwerin keinen Anstoß erregte, obwohl eine Strophe lautete:

Den Junkern liegt am Herzen
nur die Krone,
sie wollen für sich selber
nichts zum Lohne.
Sie opfern sich auf für das Vaterland
und streuen ringsum mit gefüllter Hand
Sand in die Augen.[20]

Solche kritischen Lieder, in denen man mehr „zwischen den Zeilen" lesen mußte, waren in der Stadt beliebt und mögen vielleicht sogar die Ausformung des frühen Arbeiterliedes, das in den Arbeitervereinen gepflegt wurde, mit beeinflußt haben. Allgemein aber versprach sich der Sänger von Liedern, die „ans Herz" gingen, mehr Erfolg. Wenn sich diese Massenproduktion auf den Geschmack der Rezipienten auch nicht günstig auswirkte, so sollte man doch gewisse positive Aspekte nicht verkennen. Auf dem Lande gewannen diese Lieder in einer Zeit, da der Eisenbahnbau noch in den Anfängen steckte, es kaum gepflasterte Straßen gab und ein Stadtbesuch überhaupt für die Bewohner selten möglich war, besondere Bedeutung. Der Drehorgelspieler wurde als Überbringer von Nachrichten und Neuigkeiten ebenso gern gesehen wie der Wetterglasverkäufer, der Sensenhändler oder der Kalendermann. Die Musikanten brachten ja neben mündlichen Nachrichten Gedrucktes mit, vor dem die Landbevölkerung ohnehin größten Respekt zeigte. Die Blätter wurden gern gekauft, und sie beförderten die Lesefertigkeit, die auf dem Lande noch ein ziemlich niedriges Niveau aufwies. Zum anderen unterstützten die fahrenden Sänger das gemeinsame Singen, indem sie ein Lied, das Gefallen gefunden hatte, so oft wiederholten, bis die Zuhörer zumindest die Kehrreime mitsingen konnten, die sich dann später teilweise in den Tanzreimen der Mecklenburger wiederentdecken lassen.

Wer waren nun diese mit Drehorgeln, Harfen, Geigen durch Mecklenburg reisenden Musikanten? Bei den Einheimischen, die sich um eine Konzession bewarben, handelte es sich vorwiegend um körperlich Behinderte, Erblindete, Verkrüppelte sowie entlassene Militärmusiker, deren Anzahl besonders nach 1870/71 sprunghaft stieg. Auch Tagelöhner waren dabei, die im Winter auf diese Weise ihre Existenz zu sichern suchten, oder Witwen mit unmündigen Kindern wie die Harfenistin Böhme aus Wismar, die 1829 wie ähnlich Betroffene darum bat, auf Märkten und während der Doberaner Badesaison in den Städten musizieren zu dürfen.[21]

Nicht das außergewöhnliche musikalische Talent also, sondern die persönliche Notlage hatte diese Mecklenburger zu Musikanten werden lassen. Sie spielten auf geschenkten Instrumenten; ihre Grundausbildung erhielten sie beim Stadtmusikanten. Ihre instrumentalen Fähigkeiten werden kaum jemals glänzend gewesen sein, dennoch haben es einige dieser Straßenmusikanten zu gewisser Berühmtheit gebracht, wie z. B. der Nadler Hahlki. Ein Gemälde, das diesen Geiger mit dem Statussymbol des nichtprofessionellen Musikers, dem mit Bändern und blanken Streifen geschmückten Zylinder, zeigt, soll bis zum ersten Weltkrieg noch beim Gastwirt Bernhard in Rostock am Neuen Markt zu bewundern gewesen sein. Der Musikant wird mehrfach auch in Wossidlos Belegen erwähnt; dabei kommt in den Äußerungen der Gewährsleute immer wieder die althergebrachte Mißachtung des körperlich schwer arbeitenden Landbewohners gegenüber dem Musiker zum Ausdruck, der nach getaner Arbeit eben nichts aufzuweisen hat. Obwohl Hahlkis Lieder und seine Tanzmusik zu Marktzeiten in den Städten und zu Winter- und Austbier in den Dörfern dringend erwartet wurden, behandelte man ihn ausgesprochen unwürdig: Als Schlaflager wies man ihm z. B. eine Gänsebucht an; spielte er nicht die gewünschten Lieder, konnte es vorkommen, „dat se em in 'n Mählsack steken ... un em na'n Brunnen rinleeten".

Neben den mecklenburgischen fahrenden Musikern bewarben sich Sachsen und Thüringer, Böhmen, Italiener, Ungarn, Franzosen, Spanier, Engländer und Russen um die Konzession, im Großherzogtum Mecklenburg Konzerte geben zu dürfen. Gern betonten sie ihre gediegeneren musikalischen Fähigkeiten gegenüber den mecklenburgischen „Bierfiedlern", wie es auch in einer Beschwerde des Pragers Jacob Schwoboda zu lesen ist, die sich übrigens gegen den Vater Fritz Reuters richtete, den „Bürgermeister Reuter zu Stavenhagen, der einen Künstler und einen Bierfiedler gleichsetzt und der unseren Pässen das Siegel und Stempel verwehrte ..."[22]

Geschätzt waren in vielen Gegenden Deutschlands die erzgebirgischen Bergkapellen, die eine bis ins 16. Jahrhundert zurückreichende Tradition besaßen. Sie kleideten sich wie böhmische Bergleute, deren Kapellen im Lande bereits Aufsehen erregt hatten, und zogen nun wie diese als musizierende Bergmannskapellen auf Messen und Märkte, spielten an Fürstenhöfen, traten in Gasthäusern auf oder machten Straßenmusik. Recht bekannt wurde die Rittersgrüner Bergkapelle, die von 1849–1912 bestand.[23] In Mecklenburg konnte sie weniger Fuß fassen, da hier bereits seit etwa 1825 die böhmischen Bergleute, allen voran die Gruppen um Joseph Günther und Anton Reinwarth, ihre festen Auftrittsorte und -zeiten hatten. Die böhmischen Gruppen besaßen einen so ausgezeichneten Ruf, daß ihre Spielerlaubnis jeweils ganzjährig verlängert wurde. Sie trieb die gleiche Existenzangst wie ihre erzgebirgischen „Kollegen" auf die oft mühselige Wanderschaft; ihre Gesuche um eine Musizierkonzession ähneln sich: „Durch den Verfall der Silberminen auf einige Zeit des Erwerbs beraubt, ... sehe ich mich genöthigt, mit einer kleinen Gesellschaft ... in fremden Ländern ... Unterhalt" zu suchen, begründet 1835 der „Bergmusiker" Florian Korb seine Bitte.[24] Das Wohlwollen, das den böhmischen Musikanten von Seiten des Hofes entgegenkam, darf nicht darüber hinwegtäuschen, daß diese Musikanten wirklich die äußerste Not zwang. Aus dem Archivmaterial wird ersichtlich, daß erkrankte oder alt gewordene Musiker vielfach nicht mehr das nötige Geld aufzubringen vermochten, um ihre Familien in der Heimat wiederzusehen. Auch der einst so angesehene Joseph Günther mußte im Alter versuchen, eine leichtere Erwerbsmöglichkeit zu finden: Er zog mit einer „Kunst-Bergwerks-Maschine" durch Mecklenburg, andere zeigten Mineralsammlungen oder hausierten mit Zwirn und Spitzen.

Die böhmischen Bergmannskapellen haben vor allem für die mecklenburgische Tanzmusikentwicklung außerordentliche Bedeutung erlangt. Im Gegensatz zu einheimischen Fahrenden, welche die mindere Beherrschung ihres Instrumentes gern durch billige Effekthascherei wettzumachen versuchten wie Mine Doll aus Neukirchen, die anpries: „daß ich durch ein freies Spiel auf einem Fortepiano meinem Bruder diejenigen Aufgaben ... in die Feder diktiere, welche mir vom Publico zur Auflösung vorgelegt wurden ..."[25], beherrschten die Böhmen ihre Blas- und Streichinstrumente vorzüglich.

Vom Stadtmusikanten zur Stadtpfeife

Die professionellen städtischen Musiker Mecklenburgs, die Stadtmusikanten, hatten diese gefährliche Konkurrenz rasch erkannt. Eigentlich besaßen sie allein seit alters das Privileg, zu „Erndtebieren, Hochzeiten, Bierauflagen, Tanzgesellschaften, oder zu sonstigen Festlichkeiten“ die Musik zu machen bzw. durch ihre Gehilfen ausführen zu lassen.[26] Die Bestellung der Musik hatte deshalb beim Stadtmusikanten zu erfolgen. In der Regel begnügte man sich mit zwei bis drei Instrumentalisten. Während das ganze 18. Jahrhundert hindurch noch „Fiedel und Fläut“ auf den Tanzfesten den Ton angaben, dominierten zu Ende des Jahrhunderts zunehmend Klarinette und Trompete als Melodieinstrumente, dazu kam noch ein Baß. Der Preis für die Musikanten richtete sich nach den amtlich festgelegten Musik-Taxen der Städte. Nach der Rostocker Musiktaxe vom 3. Juli 1835 z. B. zahlte ein Paar für einen Walzer einen Schilling, für eine Ecossaise zwei Schilling, für eine Quadrille, die sechzehnmal durchgetanzt wird, zwei Schilling, für einen Kotillon vier Schilling.[27] Einen eigenen Lohn erhielten die vom Stadtmusikanten entsandten Instrumentalisten nicht – sie spielten nur für Essen und Trinken.

Nach den Musiktaxen und den Tanztiteln in den handgeschriebenen Heften, die sich die Musiker während ihrer Lehrzeit anlegten, könnte man annehmen, daß sich bereits um die Mitte des 19. Jahrhunderts die gesanglosen, rein instrumentalen Paartänze in Stadt und Land gleichermaßen durchgesetzt hätten. Die von Wossidlo eingeholten Auskünfte der Landbevölkerung ergeben jedoch ein anderes Bild: Kamen Musiker etwa um 1850 mit einem vor allem auf städtisches Publikum ausgerichteten Repertoire aufs Land, so konnte es zu handgreiflichen Auseinandersetzungen zwischen Musikern und Tänzern kommen. Diese äußere Kontroverse entsprang dem Aufeinandertreffen zweier gegensätzlicher Tanzauffassungen in Stadt und Land. Das ländliche Publikum beharrte auf Tänzen zum Mitsingen, auf Tänzen also, unter deren Inhalt sich die Feiernden etwas vorstellen konnten.

In den Städten hatte sich inzwischen auch in Mecklenburg ein solides bürgerliches Musikleben auf breiterer Basis entwickelt. Die sogenannte Liedertafelbewegung, 1808 durch Zelter in Berlin begründet, war auch nach Norden vorgedrungen. Seit 1842 vereinigten sich in mehreren Städten, so in Kröpelin, Gadebusch, Rostock, Schwerin, Männergesangvereine, deren Mitglieder sich vornehmlich aus „gebildeten“ Ständen, dazu Handwerkern und Kaufleuten, zusammensetzten. 1848 kam es zur Gründung des Mecklenburgischen Sängerbundes nach dem Vorbild des Norddeutschen Sängerbundes. Höhepunkt bürgerlicher Sangesfreude waren die etwa 30 mecklenburgischen Sängerbundfeste u. a. in Rostock, Güstrow, Bützow, Sternberg, Dargun, die seit 1850 stattfanden (vgl. auch Abb. S. 196).

Die kulturellen und politischen Zeichen der Zeit prägten auch den Chorgesang in Mecklenburg. War es etwa zu Bachs Zeiten noch undenkbar, daß eine Frau im Chor mitsang, so wagten sich mit dem Aufblühen des weltlichen Chorwesens auch Frauen in die Proben der Singakademie. In Schwerin, Ludwigslust und Rostock wurden seit 1811 regelmäßig Haydns und Händels Oratorien aufgeführt. 1840 leitete Felix Mendelssohn-Bartholdy die Aufführung seines Oratoriums „Paulus“ im Schweriner Dom; 1843 dirigierte der Komponist Heinrich Marschner auf dem Rostocker Musikfest Händels „Judas Makkabäus“. Städtische Männerchöre pflegten vor allem das „patriotische“ Lied, das nach dem deutsch-französischen Krieg 1870/71 mit besonderem Pathos erklang. Der mecklenburgische „Beitrag“ dieser Zeit liegt in einer schier unübersehbaren Fülle von Kompositionen, meist Liedern und Märschen, für den als Sieger gefeierten Friedrich Franz II.

Nachdem in den mecklenburgischen Städten um 1870 das Amt des Stadtmusikanten erloschen war, verstärkten bürgerliche Instrumentalvereinigungen ihre öffentliche Wirksamkeit. Aus ihnen gingen gegen Ende des 19. Jahrhunderts die städtischen Orchester hervor. Sie konnten während ihrer Aufbauphase noch keine sinfonischen Besetzungen stellen, so daß sie für die Bläserpartien vieler Opern – etwa für Carl Maria von Webers „Freischütz" – Militärmusiker zu Hilfe nehmen mußten.

Diese Militärmusiker wurden auf einfachen privaten Musikschulen ausgebildet, den sogenannten „Stadtpfeifen", die in der Mehrzahl nach 1870 entstanden und von ehemaligen Militärmusikern oder deren Gehilfen geleitet wurden. Infolge der preußisch-deutschen Militarisierungspolitik bestand ein wachsender Bedarf auch an Militärmusikern. Bei der Infanterie als Hoboistenkorps, bei der Artillerie und Kavallerie als Trompeterkorps und bei den Jägern als Hornistenkorps spielten sie im Musikleben mecklenburgischer Garnisonsstädte allgemein eine wichtige Rolle, denn neben Konzerten für die Soldaten veranstalteten sie auch öffentliche Promenaden- und Abonnementskonzerte.

Die Stadtpfeifen, die bisher von der Forschung kaum beachtet wurden, bildeten in der Regel solche Lehrlinge aus, deren Eltern ihren musikalisch begabten Kindern keinen Konservatoriumsbesuch ermöglichen konnten. Das Schulgeld für die dreijährige Ausbildung war hoch, es belief sich auf etwa 300 Mark pro Jahr. Von Bauernsöhnen erwartete der „Meister" Naturalien, zu den Festtagen eine Gans oder ein Schwein. Jeder Lehrling hatte für Bekleidung, eine Uniform, ein Fahrrad und das Instrument selber aufzukommen. Für die instrumentale Ausbildung der Lehrlinge sorgten der „Meister" und seine Gehilfen. Praxisnähe und Auftrittserfahrung wurden garantiert durch regelmäßige Einsätze in städtischen Konzerten und auf ländlichen Tanzvergnügen. Vielfach wurde von den Eltern die anscheinend günstige Möglichkeit genutzt, ihren Jungen ein Jahr länger auf der Schule zu lassen. Der „Meister" gewährte diesen Wunsch gern, spielten ihm doch die Lehrlinge, da sie keinerlei Bezahlung erhielten, allerhand Geld ein. In Barth ging das Gerücht um, daß Meister Wilhelm Scharp nach Karl Buckmann, einem Viehgroßhändler, der zweitreichste Mann der Kleinstadt gewesen sein soll.

Versuchen wir, nach den Befragungsprotokollen einiger ehemaliger Stadtpfeifer[28] das Wesen dieser Schulen in den zwanziger und dreißiger Jahren zu skizzieren: Ihre Aussagen machen deutlich, daß die 14- bis 22jährigen Lehrlinge in einem strengen militärischen Drill und geradezu mittelalterlich anmutenden Abhängigkeitsverhältnis zum „Meisterehepaar" gehalten wurden. Der Tag verlief eintönig: Neben Tonleiterübungen, Choralblasen, Gesamt- und Einzelproben, womit der Unterricht um 7.00 Uhr morgens begann, regelmäßigen Konzert- und Tanzeinsätzen in Stadt und Land wurden noch diverse häusliche Hilfeleistungen erwartet. Fritz Roloff, in den dreißiger Jahren Lehrling der Stadtpfeife Neustrelitz, berichtete: „Außer unserer musikalischen Ausbildung wurden wir zu vielen anderen Arbeiten herangezogen, zum Beispiel Schweinestall saubermachen, Mist fahren, Gartenarbeiten, Malerarbeiten ..." Die eigentlichen Einsatzbereiche bis 1943 schilderte der ehemalige „Stadtpfeifer" Paetow so: „Auf dem Lande, in den Dörfern mit vier bis sechs Mann Tanzmusik, in einigen Lokalen der Stadt in kleinerer Besetzung Kaffeehausmusik, Unterhaltungskonzerte in Salonbesetzung mit anschließendem Tanz. Dazu kamen die großen Bälle der verschiedenen Vereine, Beerdigungen, Marschmusiken, Platzkonzerte, Schützenfeste, ... die wöchentlichen Kurkonzerte ... bis hin zu den Abonnementskonzerten im Winterhalbjahr, die unsere musikalischen Höhepunkte darstellten und immer restlos ausverkauft waren ... Geprobt wurde alles, was gerade

Musikschüler der „Stadtpfeife" in Malchow, Kreis Waren. Um 1938

auf dem nächsten Programm stand. Im Winterhalbjahr, d. h. von Ende September bis Ende April, machten wir durchweg Streichmusik ... Das Repertoire reichte von leichter Unterhaltungsmusik über Walzer, Potpourris und Fantasien, Opern- und Operettenmusik bis hin zur Sinfonik Haydns, Mozarts und Beethovens ... Im Sommerhalbjahr, von Mai bis September, wurde nur Blasmusik gemacht. Fast das gesamte Repertoire bestand aus Transkriptionen, die für Blasmusik zurechtgemacht waren."

In ihrem Repertoire bemühten sich die Stadtpfeifen um Zeitgemäßheit, d. h. monatlich erschienen die gedruckten sogenannten Bismarcker, Silvedler und Brussiger Lieferungen, nach denen nicht nur in Mecklenburg musiziert wurde. Mit den neuesten, überall zu hörenden Tänzen der Jahrhundertwende, Polonaisen, Walzern, Mazurken, dazu den neuesten Schlagern aus diesen Heften, zogen die Stadtpfeifer auch auf die dörflichen Tanzvergnügen und trugen mit dazu bei, daß die charakteristischen mecklenburgischen Gruppentänze nach und nach den moderneren Paartänzen Platz machten. Das bedeutete, daß sich der Charakter der Tanzabende wandelte, bisherige Spielelemente zugunsten normierter Bewegung schwanden.

Wenn auch Mecklenburgs Tanzmusikentwicklung, vielleicht mehr verzögert als in südlicheren Landschaften, sich zunehmend der anderer deutscher Länder anglich, so blieben doch bis in die dreißiger Jahre immer noch deutliche Unterschiede zwischen den Tanzvergnügen in Stadt und Land bestehen: Während als charakteristische Besetzungen in der Stadt entweder Akkordeon, Geige, Schlagzeug, Saxophon oder Trompete, Klarinette, Posaune, Akkordeon und Schlagzeug eingesetzt wurden, zu denen auch schon ein Klavier kommen konnte, wurden von den Dörfern als „Blasmusik" Trompete, erstes und zweites

Tenorhorn und Tuba oder als „Streichmusik“ erste und zweite Geige, Baß, Flöte und Klarinette bestellt.

Bei Tanzvergnügen in der Stadt konnten die städtischen Musiker ihr Repertoire nach eigenem Gutdünken zusammenstellen, es wurde von den Paaren während der zwei- bis sechsstündigen Veranstaltung kritiklos entgegengenommen. Nach Aussagen der damaligen Stadtpfeifer tanzten die Paare kleinräumig, ein Mitsingen der Tänze war nicht mehr üblich. Tanzvergnügen, an denen sich alle Generationen beteiligten, gehörten in der Stadt bereits zu den Ausnahmen. Die Landbevölkerung dagegen ließ noch eigenen Gestaltungswillen ihrer Tanzfeste erkennen: Einige Tänze wurden mit anderer Besetzung, meist Blasmusik, verlangt. Nach mehreren „städtischen“ Tänzen forderten die Älteren, die gemeinsam mit den Jungen die Tanzvergnügen bestritten, traditionelle Gruppentänze wie Kegel, Besentanz, Kreuzpolka. Dabei nutzten sie nach wie vor die gesamte Tanzfläche für die tänzerische Bewegung.

Während sich Musik und Tanz unter teilweiser Bewahrung bestimmter Traditionen weiterentwickelten, kam es in der bürgerlichen Heimatbewegung zu deutlichen Konservierungsbestrebungen. Um das ältere mecklenburgische Tanzgut bemühten sich seit Beginn des 20. Jahrhunderts einige Sammler, allen voran Marie Peters (Abb.). Ihnen ging es dabei weniger um eine Dokumentation noch vitaler Tänze in Mecklenburg (die faktisch zustande kam und ohne die noch heute keine Pflege dieses Tanzgutes möglich wäre), als vielmehr um eine gezielte Auswahl solcher Tänze, die der Volkskunstauffassung ihrer Zeit entsprachen: künstlerische Ausdrucksformen eines heilen Bauerntums vorzuführen, dessen „sinnige ältere Tänze“ die Jugendbewegung beleben und den Städtern überhaupt einen biederen Bauerntyp präsentieren sollten, der sich nach getaner Arbeit in bunten Trachten im Tanze schwang. Die These von R. Ehm-Schulz, daß in die Sammlungen bevorzugt

Musikschüler in Malchow, 1938

Tänze Aufnahme fanden, die den Schrittcharakter hervorhoben und formal faßbar waren, ist zu bestätigen.[29] Die Selektierung ging so weit, daß einzelne Tänze, die den Sammlern nicht „wertvoll“ erschienen, gar nicht erst aufgenommen bzw. Texte und Tanzfiguren, die zu „verderbt“ erschienen, getilgt wurden.

Als „verderbt“ galten Tänze, die von den Feiernden mit erotischen Texten versehen wurden, von denen es eine stattliche Menge gab und gibt. Derartige Tänze bzw. Tanz-

Marie Peters,
die Begründerin der „Volkstanzbewegung"
in Mecklenburg.
Dorftag Dobbertin, 1935

reime hat auch Wossidlo nicht veröffentlicht, jedoch bei vielen Tänzen auf die Existenz zahlreicher landläufiger Varianten hingewiesen. Innerhalb seiner etwa 2000 Tanzreimbelege finden sie sich in einem gesonderten Konvolut „obscoena". Die Texte sind teilweise wirklich nicht publizierbar, sollen hier aber wenigstens mit zwei Beispielen dokumentiert werden, um zu zeigen, wie diese stets unberücksichtigte Seite des Volksliedes beschaffen war. So konnte beim „Großvatertanz" gesungen werden:

Purtenhahn un Parlhohn,
de danzten beid' up Rosen,
de ein, de hett den Deuwel in'n Nors,
de anner de Franzosen.

Ein ehemaliger Stadtpfeifer aus Neubrandenburg gestand – allerdings erst nach wiederholter Befragung – , daß es in seiner aktiven Musikerzeit bis 1945 eigentlich zu allen Instrumentaltiteln „schweinische" Texte gegeben habe. Zum „Deutschmeistermarsch" beispielsweise hätten die Tanzenden gesungen:

„O Mädel, deine Jungfernschaft,
die haste ja nich mehr.
Und wer sie dir genommen hat,
der ist beim Militär.
Und hast du auch mal A gesagt,
dann sagst du auch mal B.
Und hast'n einmal dringehabt,
dann tut es nicht mehr weh."

Solche Tanzreime machten offenbar einen beträchtlichen Teil des beim Tanz gesungenen Liedguts aus, waren aber wohl kaum dominierend. Bestimmend für den Inhalt der Tanzreime war ihre Funktion, Fröhlichkeit und Ausgelassenheit zu verbreiten. Die Beliebtheit der Tanzreime und ihr zahlenmäßiges Anwachsen zu Ende des 19. Jahrhunderts geht einher mit der Abnahme komplizierterer Tanzformen, zu denen längere Tanzlieder gehörten. Diese Tanzformen sind heute aufgrund der einseitigen Aufzeichnungsweise der Sammler und der kargen Hinweise zur Ausführung kaum noch zu rekonstruieren.[30]

Proletarische Musikkultur – Aufschwung und Unterdrückung

Mecklenburgische Arbeiter prägten seit dem Ausgang des 19. Jahrhunderts proletarische Musikkultur mit. In Rostock schlossen sich schon 1876 Arbeiter zu einem Sängerbund zusammen. Die Anzahl der Arbeiterchöre stieg trotz behördlicher Repressalien allmählich an, so daß der daraufhin gegründete „Mecklenburgische Arbeiter-Sängerbund" 1894 sechs Vereine aufwies. Im Vergleich zu anderen „Gauen" allerdings lag Mecklenburg mit seinen Mit-

Schalmeienkapelle des SPD-„Reichsbanners" in Hagenow. Um 1927/28

gliederzahlen (zusammen mit Pommern) bezeichnenderweise am Ende der Statistik.[31] Dennoch läßt sich ein quantitatives Wachstum erkennen – wenn es auch nicht an die Zahlen in Ländern und Städten mit einem hohen Industrieproletariatanteil heranreichte.

Die Liedtexte, die mecklenburgische Arbeitersänger etwa auf Bundesfesten (1902 Boizenburg, 1904 Wismar, 1906 Schwerin) darboten, trugen in der Regel überregionalen Charakter.[32] Als Ausnahme ist der mutige Liedtext zu werten, mit dem der Wismeraner Arbeiterverein am 23. Oktober 1910 den Parteitag der Sozialdemokraten im Vereinslokal „Hansa" eröffnete:

„In diesem Mecklenburger Lande
sieht's noch gar öd und traurig aus:
Denn aller Welt zur Schmach
und Schande,
sind hier die Junker
Herr'n im Haus ..."[33]

Eine bedeutende Rolle spielten auch in mecklenburgischen Städten die Schalmeienkapellen des Reichsbanners (SPD) und des Roten Frontkämpferbundes (KPD), die gänzlich abseits der bürgerlichen Musikpflege standen (vgl. auch Abb. S. 80). Sie führten bei mangelhafter musikalischer Ausbildung, unter Verwendung eines sehr einfachen Instrumentariums und durch unbekümmerte Einsatzbereitschaft in gewisser Weise volksmusikalische Traditionen fort.

Seit 1933 bestimmten auf den Straßen Mecklenburgs Marschmusik und Soldatenlieder, in den Liederbüchern nationalistisches und faschistisches Gedankengut, aber nach wie vor auch reaktivierte Volkslieder aus der bürgerlichen Jugendbewegung die musikalische Szene. Wie geschickt es die faschistischen Machthaber verstanden, Volksmusiktraditionen ihren Zwekken nutzbar zu machen, ist literarisch treffend verarbeitet in Ruth Krafts Roman „Insel ohne Leuchtfeuer", dessen Handlung im benachbarten Pommern spielt:

„Marlies war im Bund deutscher Mädel schnell zur Jungmädelführerin aufgerückt. Sie organisierte eine Blockflötengruppe

Mecklenburgisches Sängerfest in Ludwigslust 1937

und übte Stegreifspiele ein nach alten Märchenvorlagen ... Sie durfte zur Sonnenwende den Gruppenwimpel tragen. Mit ‚Aus grauer Städte Mauern' zogen sie durch die Stadt. Hand in Hand mit dem schneidigen Fähnleinführer sprang sie durchs Sonnenwendfeuer. Der feste Händedruck des Jungen mit den knappen Lederhosen und strammsitzenden Kniestrümpfen, beim ‚Tampet' und beim ‚Schüddel de Büx', das war für sie der BDM."

Möglichkeiten der Einflußnahme sahen die Faschisten selbst bei musikalischen Traditionen der Jüngsten. Seit Jahrhunderten war es in mecklenburgischen Städten und Dörfern üblich, daß Kinder an dunklen Spätsommerabenden mit selbstgebastelten Laternen singend umherzogen (Abb. S. 270). Zu den beliebtesten Liedern gehörten:

Laterne, Laterne,
Sonne, Mond und Sterne!
Brenne auf mein Licht,
aber ja meine liebe Laterne nicht!

Dei Ollsch mit dei Lücht,
dei dei Lüüd' bedrüggt,
dei dei Eier haalt
un sei nich betahlt.

Aal, Aal, Aal,
Madam, kam'n Sei mal dal,
Marieken sitt in'n Kellerlock,
un all dei Kaffee is œwerkakt!
Hurrah!

Nach 1933 wurden in Zeitschriften und auf Ansichtskarten neue Texte zu den überlieferten Melodien propagiert und anstelle der ausgehöhlten Kürbisse und Gurken bzw. der städtischen Papierlaternen Beleuchtungskörper vorgeschlagen, die faschistische Schmuckelemente trugen.

Auch die Tradition der bürgerlichen Gesangvereine wurde, soweit das möglich war, für die Ziele des Systems genutzt. Dem dienten vor allem die mecklenburgischen Sängerfeste dieser Zeit (Abb.).

Wenig änderte sich die Musik auf den Tanzböden, bevor sie im zweiten Weltkrieg auf Befehl zu verstummen hatte.

Volksmusik nach 1945

Der Neuaufbau des Musiklebens nach der Zerschlagung des Faschismus war durch verschiedene Aspekte bestimmt, von denen wir hier folgende in den Mittelpunkt stellen möchten: 1. die Auseinandersetzung mit dem überkommenen Erbe, 2. die Entwicklung einer Volkskunstbewegung auf breiter sozialer Ebene, 3. die musikalische Erziehung der Jugend.

Als nach Kriegsende die Dörfer zaghaft wieder begannen, eigene Feste zu organisieren, zeigte es sich, daß zunächst vor allem auf den Tanzböden die Voraussetzungen für das Fortführen volksmusikalischer Traditionen bestanden: Auf Erntefesten oder Hochzeiten wurden wieder Schäfertanz und Kegel verlangt, auf Familienfesten bekannte Volkslieder gesungen. Die Militärkapellen und Stadtpfeifen waren aufgelöst worden und viele Musiker ohne feste Anstellung. Diese arbeitslosen Musiker nutzten nun die Chance, durch Aufspielen zum Tanz Lebensmittel und ein kleines Taschengeld zu verdienen. Sie schlossen sich auf eigene Faust zusammen und organisierten ihre Einsätze selbst, teilten Ausgaben und Einnahmen. Ihre Auftraggeber waren zunächst Gastwirte, später betriebliche und gesellschaftliche Einrichtungen.

In das Repertoire nahmen die Musiker neben den bekannten Tänzen auch solche Titel auf, die sie in amerikanischer Kriegsgefangenschaft oder über westliche Sender kennengelernt hatten, wie Boogie Woogie, Samba, Swing. Die Instrumentalbesetzung versuchten sie dem neuesten Trend anzupassen. Eine Besetzung mit Saxophonen schien das erstrebte Ziel vieler dieser „wilden Kapellen". Zu einer der beliebtesten profilierten sich die „Melodias" aus Ludwigslust, die seit dem Frühjahr 1946 Konzert- und Tanzabende veranstalteten. Ihr erster Auftritt am 17.4.1946 im Hotel „Mecklenburger Hof" bei einer Dekoration aus Bettlaken und Futterstoff unter dem programmatischen Thema „Frühlingserwachen" war der Anfang einer „Karriere", die das Tanzorchester (Piano, Baß, drei Saxophone, drei Trompeten, drei Posaunen und Schlagzeug) sogar in das Offizierskasino der Roten Armee führte.[34]

Zeichnung eines aus amerikanischer Kriegsgefangenschaft entlassenen mecklenburgischen Musikanten

Wenn in diesen Kapellen auch noch volksmusikantische Traditionen fortgesetzt wurden, so erwiesen sich doch das Musikrepertoire wie der Qualifikationsgrad der Musiker als nicht ausreichend für die weitere Entwicklung. Seit Beginn der fünfziger Jahre wurde deshalb von den Musikern eine Qualifizierung verlangt, wenn sie in die neu begründeten städtischen Orchester aufgenommen werden wollten. Das erwies sich als günstig für den beruflichen Status und die materielle Sicherung der Musiker, wurde jedoch zunächst vielfach als Zwang empfunden, denn laut Vertrag war es untersagt, ohne Genehmigung des Dirigenten auf den Dörfern Tanzmusik zu machen. „Nicht genehmigte Mitwirkung bei Tanzmusik zieht fristlose Entlassung nach sich", hieß es im § 4 des Arbeitsvertrages für Mitglieder der Kulturorchester in der Deutschen Demokratischen Republik. Dieses Verbot wurde jedoch immer wieder zu umgehen versucht, zumal der Verdienst der Musiker in den neugegründeten Orchestern schmal bemessen war. Da bedurfte es schon des Geschicks der Orchesterleiter, um sowohl den materiellen Ansprüchen der Musiker als auch den Forderungen

Bläser des Kreisorchesters Ludwigslust. Um 1950/51

nach einer fortschrittlichen Musikkultur zu genügen.

Zu diesen Orchesterleitern ist Karl Müller zu rechnen, der seit 1950 das Kreisorchester Ludwigslust leitete, das aus drei „wilden Kapellen“ (den „Melodias“, der Kapelle Karl Müller und der Kapelle B. Möller) hervorgegangen war. Von seiner Ausbildung in der Stadtpfeife Grabow und den Musikereinsätzen auf dem Lande her kannte Müller die ländlichen Erwartungshaltungen, und als Kommunist wußte er um seine kulturpolitische Aufgabe. Auf verschiedenste, oft originelle Weise versuchte er, Interesse für Konzertmusik zu wecken. So ließ er bei den Einsätzen zunächst bekannte Volkstänze aus Mecklenburg spielen und diese mit plattdeutschen Geschichten von Fritz Reuter verbinden. Diese Abende waren bald sehr beliebt. Mit einer kleinen Bläsergruppe spielte er bei Festen zum Tanz auf. „Zum Fastlabend trafen wir Musiker uns mit den Mädeln und Jungen aus dem Dorf, die Körbe und saubere Mistgabeln mitgebracht hatten, im Gasthof. Jedem im Dorf wurde ein Ständchen gebracht, wir bekamen Eier und Speck in die Körbe. Alles wurde später gemeinsam beim Gastwirt verzehrt. Dazu erhielten wir selbstgebrannten Schnaps. Bei diesen Gelegenheiten machte ich dann später auch gleich die kommenden Konzerte aus und bei Konzerten wiederum die Tanzveranstaltungen“, berichtete er.

Nachdem seine Musiker im Orchesterwettstreit des Bezirkes Schwerin 1952 und 1953 erste Preise erringen konnten, wurden seit 1955 feste Verträge mit Betrieben, MTS und LPG abgeschlossen, die auf einem festen Spielplan basierten: In den Kulturhäusern auf dem Lande, in Altersheimen, Sanatorien und Fabriken erklangen Werke von Haydn, Mozart, Verdi, Liszt, Glinka, Rachmaninow.

Um bei möglichst breiten Kreisen der Bevölkerung Interesse für die Beschäftigung mit Volkslied und Volkstanz zu wekken, wurde die Bildung von Ensembles in den Betrieben der Städte, aber auch auf dem Lande gefördert. Die städtischen Ensembles bestanden in der Regel aus einem gemischten Chor, einer Instrumentalgruppe und einer Tanzgruppe; auf dem Lande dominierten sogenannte Volkschöre. Ihr Repertoire bildeten deutsche und ausländische Volkslieder und Volkstänze, Arbeiter- und Kampflieder, aber auch schon Titel der jungen DDR-Komponistengeneration.[35] Charakteristisch für die Arbeit dieser Ensembles war, daß sich ihre Mitglieder nicht nur als gleichgesinnte Liebhaber zu Proben, Auftritten und Ausscheiden trafen, sondern daß sie mit ihren Volksmusikprogrammen Veränderungen bewirken wollten, viele ihrer Programme also Agitpropcharakter trugen. Beispielgebend wirkte dabei das 1956 gegründete Staatliche Dorfensemble Neetzow, in dem Berufskünstler wirkten. Es hatte sich folgende Aufgabe gestellt: „Unser Ensemble soll das Gesicht des Dorfes verändern helfen, soll sich für das Neue einsetzen, soll mithelfen im Kampf um neue Arbeitsmethoden in der Landwirtschaft und um eine neue Arbeitsmoral auf dem Lande." Dabei beschritt das Ensemble neue Wege: Neben der Darbietung traditioneller Volkstänze in einem durch sowjetische Vorbilder bestimmten Estradenstil versuchten die Mitglieder, negative Handlungsweisen der Bewohner in ihren Auftrittsorten zu karikieren. So dichteten sie auf den Text des alten Tanzliedes „Ich hab' ein Ros' auf meinem Fuß" einen Spottvers auf einen faulkranken, dem Alkohol über Gebühr zusprechenden Traktoristen:

Kein andrer trinkt soviel wie ich,
ich scheu den Weg zum Gasthaus nicht.
Ich kann 15 Buddeln saufen
und noch grad zum Gasthaus laufen.
O weh, mein Fuß,
wenn ich arbeiten muß!
Wenn ich zum Gasthaus geh,
tut mir mein Fuß nicht weh.[36]

Um die Propagierung des Maisanbaus und der Kollektivierung der Landwirtschaft dagegen ging es in einer Kantate von Horst Stein (Text) und Siegfried Stolte (Musik), die am 21. 1. 1958 auf der zweiten zentralen MTS-Konferenz in Güstrow und später in einigen mecklenburgischen Dörfern durch den Chor der Rostocker Goethe-Oberschule aufgeführt wurde und überall Heiterkeit und Nachdenklichkeit auslöste.[37]

An „Landsonntagen" spielte die Blaskapelle des Fleischwarenbetriebes Ludwigslust zum Platzkonzert in Alt- und Neu-Krenzlin auf. Gemeinsam mit den Agitatoren der Partei wurden rege Diskussionen über die Aufgaben zur Verbesserung der Lebenslage auf dem Lande und des Überganges zur Großraumwirtschaft geführt.[38] Diese propagandistischen Aktivitäten der Ensembles erzielten oft stärkere Wirkung als belehrende Artikel in der Presse.

Die Erinnerungen von Mitgliedern der ersten Volkskunstgruppen in den frühen fünfziger Jahren widerspiegeln den Willen zu kulturellem Aufschwung und eine starke Begeisterung für gemeinsames Singen und Tanzen. Das Dorfensemble Kaliß, das bereits am 6. 3. 1949 entstand, wurde 1950 als erste Dorf-Kulturgruppe mit dem Ehrenpreis des ZK der SED ausgezeichnet. Die Arbeit des Ensembles, das sich (wie andere auch) auf Erfahrungen sowjetischer Ensembles stützte, strahlte durch seine Begeisterung auch auf die Nachbarorte Dömitz, Conow, Tewswoos, Göhren, Polz u. a. aus.[39] Mit Hilfe solcher Ensembles wurde nicht nur die Laienkunst angeregt, sondern auch Interesse für gesellschaftliche Arbeit im neugegründeten Staat geweckt.

Besondere Aufmerksamkeit galt nach dem Krieg der Erziehung der Jugend. Eine wichtige Rolle in der musikalischen Bildung spielten die Volksmusikschulen, in denen Kinder unabhängig vom Verdienst der Eltern, allein aufgrund musikalischer Begabung, ein Instrument erlernen konnten. Diese Begabten zu finden, erwies sich aber gerade unter den Arbeiterkindern, die endlich gleiche Bildungschancen haben

Chor mit Mandolinengruppe der Lehrwerkstätten für Wirtschaftspflege. Ribnitz-Damgarten, um 1953

sollten, als schwierig. Die Eltern hielten eine Instrumentalausbildung nicht für unbedingt erforderlich und konnten auch kaum häusliche Unterstützung beim Üben geben. Es kostete geduldige Überzeugungsarbeit, bis hier erste Erfolge zu verzeichnen waren.[40]

Problemloser gestaltete sich die Jugendarbeit mit Volkslied und Volkstanz. Dr. Heinz Gundlach (geb. 1936), Ratsmitglied für Kultur im Rat des Bezirkes Rostock, berichtet aus seiner Kinderzeit: „Unmittelbar nach dem Krieg wurde viel gesungen. Besonders erinnere ich mich an die beiden Jugendtreffpunkte, die Baracken in der Niklotstraße und am damaligen Park-Bahnhof. In diesen Baracken trafen sich regelmäßig Jugendliche zum Singen. Besondere Freude löste es bei den Anwohnern aus, wenn die Jugendlichen abends auf der Terrasse für die ganze Straße sangen. Das waren Aufbaulieder der FDJ wie ‚Auf den Straßen, auf den Bahnen', ‚Munter schafft die Industrie', ‚Bau auf, bau auf, Freie Deutsche Jugend, bau auf'. Aber es wurden auch Volkslieder gesungen, bevorzugt solche, die Gefühle, Nachdenklichkeit und doch auch schon Aufbaustimmung der Anfangszeit widerspiegelten. Es war noch nicht das Wissen um die große sozialistische Bewegung, sondern nur das Empfinden: es muß alles anders werden."

Wie kamen nun solche Singegemeinschaften – Vorläufer der späteren FDJ-Singebewegung – zustande, was war ihr Anliegen, und woher bezogen sie die neuen Lieder, die ja in keinem Fall von mecklenburgischen Komponisten stammten? Bis 1947 entstanden in allen mecklenburgischen Städten sogenannte „Kinderlandgruppen", aus denen sich 1949 die Pionierfreundschaften rekrutierten. In den Kinderlandgruppen bemühten sich verantwortungsbewußte FDJler, die gleichzeitig die Jugendlichen in den Wohngebieten um sich zu scharen suchten, faschistisches Gedankengut in den Köpfen der Jugend mit Hilfe von Liedern, Tänzen, Laienspiel, Gesprächen zu überwinden. Eine dieser Gruppenleiterinnen in Rostock war Käthe Lindow, die dann auch die erste hauptamtliche Pionierleiterin der Stadt an der damaligen St.-Georg-Knabenschule wurde. Volksmusik, Volkslied und Volkstanz dienten ihr als Mittel, Kinder zur Völkerfreundschaft zu erziehen. In ihrem Erinnerungsbericht beschreibt sie eine Großveranstaltung 1948 im DEFA-Palast, an der ihre Kinderlandgruppe mitwirkte: „Es kamen nacheinander Paare in den Trachten verschiedener Völker, die nach Musik des jeweiligen Landes tanzten und wo das deutsche Paar nur eines unter mehreren war, die sich zum Abschluß zu einem internationalen Tanzbild vereinigten. Auch in unseren Liedern versuchten wir, den Gedanken der Völkerfreundschaft zu pflegen."

Fachliche Anleitung, Notenmaterial und Texte erhielten die Leiter von Kinderlandgruppen während der regelmäßigen Weiterbildungen auf Kreis- und Landesebene in Rostock und Schwerin. Sie benutzten u.a. das 1945 in Schwerin erschienene „Volksliederbuch zur demokratischen Erneuerung Deutschlands", Bücher mit internationalen Kampfliedern und Pionierliedern, aber auch kleine Liedblattheftchen, die die neuen Lieder für gemeinsame Treffen, z.B. Parlamente der FDJ, enthielten.

Das 1949 herausgegebene „Schulmusikwerk" und die folgenden Lehrbücher brachten Liedgut aus allen wesentlichen Musikepochen. Anleitung und Hilfe bot auch die seit 1952 monatlich erscheinende Zeitschrift „Volkskunst", die in jedem Heft neue Lieder und Tänze abdruckte, auf wertvolles Liederbe verwies und mit Musik- und Tanzgeschichte, Noten, Tanzschritten, leichten Mandolinengriffen usw. bekannt machte. Auch Lehrgänge für Chorleiter und Instrumentalisten wurden dort angeboten.

Von der Anzahl der Volkskunstgruppen und von ihren Anstrengungen her reihte sich Mecklenburg würdig in das Bemühen ein, eine neue sozialistische Musikkultur zu schaffen. Zugleich war jedoch ein Rückstand an musikalischer Vorbildung und eine oft noch ungenügende Qualifizierung der Chor- und Orchesterleiter zu erkennen. Auch die Komponisten Mecklenburgs taten sich schwer. In dem 1952 speziell für Mecklenburg herausgegebenen Liederheft „Sang und Klang aus dem Land der Werften und Bauern" wirken viele der neuen Kompositionen so unmelodisch und vordergründig „fortschrittlich", daß sie nicht volkstümlich werden konnten. So heißt z.B. eine der Strophen im Kapitel „Neue Weisen aus Mecklenburg":

Wir wollen im Planen uns finden,
im Schaffen – doch nicht nur die Saat,
auch die Ernte soll uns verbinden,
das Glück der vollendeten Tat.

Doch obwohl nicht alles, was in den Bereichen Volkslied, Volkstanz und Volksmusik in den Jahren des Aufbaus geplant, komponiert oder aufgeführt worden ist, heute unserem künstlerischen Urteil standhalten kann, darf behauptet werden, daß die Volksmusik erstmals ihren angemessenen Stellenwert erhielt. Wenngleich infolge sich verändernder Lebensweise der Menschen einerseits das spontane Musizieren und Tanzen bzw. auch das regional Typische in Lied und Tanz zurückgingen, wurde andererseits der Pflege von Volkslied und Volkstanz nie zuvor soviel Aufmerksamkeit geschenkt wie in den fünfziger Jahren.

In dem Jahrzehnt von 1950 bis 1960 wirkten auch erste „Singeklubs" belebend auf das gesellige Musizieren in Mecklenburg. Hier schrieben Jugendliche ihre Texte und Lieder selbst. Angeregt wurden sie zunächst von sowjetischen Pionier- und Massenliedern, von den Liedern der internationalen Arbeiterbewegung, wie „Brüder, zur Sonne, zur Freiheit" (1897), sowie von den in Spanien (1936/37) und in den KZ (1933–1945) entstandenen Liedern, wie dem Thälmannlied oder dem Lied der Moorsoldaten.[41] Die in Berlin seit 1960 organisierten „Hootenannys", in denen bekannte Künstler (u.a. Lin Jaldati, Perry Friedman, Gerry Wolff) internationale Arbeiterlieder vorstellten,[42] beeinflußten auch die musikalische Sprache des neuen Jugendliedes in Mecklenburg.

Anmerkungen

1 Ludwig Fromm, Mecklenburg. Ein niederdeutsches Landes- und Volksbild, Schwerin 1860, S. 42 und 130.
2 Anton W. Saal, Ueber den Werth des Gesanges so wie ueber die Vernachlaessigung desselben in Mecklenburg-Schwerin, Rostock 1808, S. 10.
3 Zur älteren mecklenburgischen Musikgeschichte vgl. etwa: Burkhard Busse, Beiträge zur Musikgeschichte der Stadt Wismar von der Stadtgründung bis 1700, Diss., Berlin 1970; Hans Jürgen Daebeler, Musiker und Musikpflege in Rostock von der Stadtgründung bis 1700, Diss., Rostock 1966; Rüdiger Laue, Die Musik Rostocks im 17. Jahrhundert, Diss., Rostock 1982; Hermann Milenz, Mecklenburgische Musikgeschichte bis zum Jahre 1933, Schwerin 1940.
4 Daebeler (wie Anm. 3), S. 212.
5 Clemens Meyer, Geschichte der Mecklenburg-Schweriner Hofkapelle, Schwerin 1913; Hans Erdmann, Schwerin als Stadt der Musik, Lübeck 1967.
6 Rudolf Bauer, Rostocker Musikleben im 18. Jahrhundert, Diss., Rostock 1938, S. 85.
7 Neue vollständige Gesetz-Sammlung für die Mecklenburg-Schwerinschen Lande, Bd. 4, Parchim 1840, S. 29, 35.
8 Hans Erdmann, Schulmusik in Mecklenburg-Schwerin von Pestalozzi bis zum Ende des 19. Jahrhunderts, Diss., Rostock 1940; Erich Schenk, Anton Saal, ein mecklenburgischer Schulmusiker des Vormärz, Meckl. Monatshefte 11 (1935) S. 2ff.
9 Alle Zitate ohne Anmerkungen sind Belege aus dem Wossidlo-Archiv, Kästen B I 05ff., C VII–VIII, C IX 14ff. und gbff.
10 Mussäus, Ueber die niedern Stände auf dem flachen Lande von Meklenburg-Schwerin, Jahrbücher des Vereins für mekl. Geschichte und Alterthumskunde 2 (1837), S. 129ff.
11 Alle ohne Anmerkungen angeführten Lieder sind Belege aus dem mecklenburgischen Volksliedarchiv.
12 Johannes Gosselck u. Friedrich Siems, Volkslieder aus den beiden Mecklenburg, Rostock 1933; Hans Erdmann, Volkslieder aus Mecklenburg, Schwerin 1960; Heike Müns, Niederdeutsches Liederbuch. Volkstümliche Lieder aus fünf Jahrhunderten, Rostock 1981.
13 Heike Müns, Ein paar hundert alte und neue Strophen von Herrn Pasturn sien Kauh, Rostock 1984.
14 Marie Peters, Mecklenburgische Bauerntänze, Schwerin 1909, S. 13.
15 Analyse mecklenburgischer Tanzmusikhefte in: Heike Müns, Jahresbrauchtum im mecklenburgischen Dorf der Übergangsperiode vom Feudalismus zum Kapitalismus. Eine volkskundliche Untersuchung, Diss., Berlin 1983, S. 158–179; vgl. auch Hans Erdmann, Zur musikalischen Praxis des mecklenburgischen Volkstanzes, Deutsches Jahrbuch für Volkskunde 2 (1956), S. 221 ff.
16 Universitätsarchiv Rostock, Akten CR VIII A 15.
17 Heike Müns, Tanzmusikanten in Mecklenburg, Rostock 1987, S.12–17; Hartmut Braun, Tänze und Gebrauchsmusik in Musizierhandschriften des 18. und frühen 19. Jahrhunderts aus dem Artland, Cloppenburg 1984, S. 5.
18 Hermann Strobach, Deutsches Volkslied in Geschichte und Gegenwart, Berlin 1980, S. 86.
19 Gisela Schneidewind, Der Sagenkreis um den mecklenburgischen Gutsherrn Georg Haberland, Deutsches Jahrbuch für Volkskunde 5 (1959), S. 22.
20 Staatsarchiv (= STA) Schwerin, Kabinettsakten vol. 845.
21 STA Schwerin, Akte 1300, Bl. 138.
22 Ebenda, Kabinettsakten vol. 845.
23 Manfred Blechschmidt, Rittersgrüner Bergmannskapellen, Sächsische Heimatblätter 21 (1975), S. 258–262; derselbe, Fahrende Musikanten aus dem Erzgebirge, ebenda 22 (1976), S. 254–256; Hans Erdmann, Erzgebirgische Musikanten in Mecklenburg; in: Studien zur Musikwissenschaft, Beihefte der Denkmäler der Tonkunst in Österreich 25 (1962), S. 123–134; Heike Müns, Ausländische Musikanten in Mecklenburg, Jahrbuch für Volkskunde und Kulturgeschichte 32 (1989).
24 STA Schwerin, vol. 845, Akte Bergmusikant Florian Korb.
25 STA Schwerin, vol. 845, Brief vom 18. 5. 1835.
26 Musik-Taxe für die Amts-Musikanten in den Domanien, Großherzoglich Mecklenburg-Schwerinsches officielles Wochenblatt 1848, Nr. 14, vom 1. April.

27 Karl Koppmann, Die Rostocker Stadtmusikanten, Beiträge zur Geschichte der Stadt Rostock 2 (1899), Heft 3, S. 25.

28 Die folgenden Aussagen beruhen vor allem auf Befragungen, speziell von Kurt Kowalski, Jg. 1913, ehemals Stadtpfeife Hagenow; Heinz Paetow, Jg. 1921, ehemals Stadtpfeife Barth; Karl Müller, Jg. 1921, ehemals Stadtpfeife Grabow; Gerhard Wittenburg, Jg. 1923, ehemals Stadtpfeife Malchow; Fritz Roloff, Jg. 1923, ehemals Stadtpfeife Neustrelitz; Horst Conrad, Jg. 1926, ehemals Stadtpfeife Neustrelitz. Vgl. auch Müns (wie Anm. 17), S. 17–25.

29 Rosemarie Ehm-Schulz, Strukturen und Gestaltungsprinzipien der Mecklenburgischen Paartänze, in: II. Kolloquium des Staatlichen Folkloreensembles der DDR, Neubrandenburg 1976, S. 40ff.

30 Vgl. auch Rosemarie Ehm-Schulz, Der Tanz in den Forschungen Richard Wossidlos, Wissenschaftliche Beiträge, hrsg. vom Zentralhaus für Kulturarbeit der DDR, 4 (1975), S. 20–62.

31 Walter Fillies, Die Arbeitersängerbewegung. Ein Beitrag zur Klassengeschichte der Arbeiterschaft, Diss., Rostock 1922, S. 44.

32 Vgl. Wolfgang Steinitz, Deutsche Volkslieder demokratischen Charakters aus sechs Jahrhunderten, Bd. 2, Berlin 1962.

33 Zitiert nach Burkhard Busse, Arbeitergesang in Wismar. Die Entwicklung des Wismeraner Arbeitergesanges von seiner Gründung bis 1914, Wismarer Beiträge 3 (1986), S. 83.

34 Chronik Karl Müller, ehem. Leiter des Kreisorchesters Ludwigslust.

35 Vgl. Sammelbände zur Musikgeschichte der Deutschen Demokratischen Republik, Berlin 1969ff., bes. Bd. 3, 1973.

36 Volkskunst 1956, Heft 2, S. 3.

37 Mdl. durch Karl Heinz Hahn, Musiklehrer in Rostock, und eigene Erinnerung.

38 Brief des VEB Fleischwarenkombinat Schwerin vom 20. 3. 1985.

39 Brief des Ensembleleiters Georg Mroß vom 23. 9. 1984.

40 Mündl. durch ehemalige Lehrer der Volksmusikschule Rostock Inge Fenner und Ewald Micheel.

41 Lieder und Leute. Die Singebewegung der FDJ, hrsg. von Lutz Kirchenwitz, Berlin 1982.

42 Winfried Hoffmann, Untersuchungen zur Singebewegung, in: Sammelbände zur Musikgeschichte der Deutschen Demokratischen Republik, Bd. 1, Berlin 1969, S. 295 bis 324.

Volksdichtung

VON SIEGFRIED NEUMANN

Frühe Zeugnisse

Als Richard Wossidlo in den achtziger Jahren des 19. Jahrhunderts begann, in Mecklenburg sprachliche Volksüberlieferungen zu sammeln, stieß er auf eine nicht erwartete Fülle von Sprichwörtern, Rätseln, Reimen, Sagen, Schwänken, Märchen usw., die seine Gewährsleute aus mündlicher Tradition kannten: „Dat is vertellt worden, solang' as ick denken kann"; „So is von früher her seggt" usw. Und diese Tradition reichte nach ihrer Vorstellung weit zurück: „Dat hebben se von de Uröllern her vertellt, een an 'n annern" oder „Solang' as 't Minschenläbent uppe Welt is, ward dorvon räd't."[1] Das deckte sich mit den Ansichten Wossidlos, der – entsprechend dem Wissenschaftsverständnis seiner Zeit – ebenfalls glaubte, es hier mit Zeugnissen ehrwürdigen Alters zu tun zu haben, „überliefert aus grauer Vorzeit und resthaft lebendig geblieben im Singen und Sagen des Volkes."[2] Dieses alte Volksgut wollte er erfassen, um es so vor dem Vergessenwerden zu bewahren. Und je mehr er an solchen Zeugnissen im „Volksmund" seiner Zeit antraf und aufschrieb, desto reicher erschien ihm auch die mecklenburgische Volksüberlieferung der Vergangenheit.

Unmittelbare Belege für diese geschichtliche Tiefe der Überlieferung gibt es freilich kaum. Wir kennen zwar aus der Exempelliteratur des 17. Jahrhunderts einige Sagen, die in Mecklenburg lokalisiert sind, aber wir wissen nicht, ob und inwieweit sie auch mündliches Erzählgut waren.[3] Andererseits gab es zweifellos eine Reihe gängiger Erzählstoffe, die von Mund zu Mund gingen. In einer Schrift aus dem Jahre 1726 wird beispielsweise berichtet, die Frauen erzählten sich Geschichten „vom Blocksberg, von der schwartzen Hexe, von dem Kerl, der die Kinder im Sack stecket, vom Dühmling, vom König Blau-Bart, von der Kuckucks-Suppe, vom Druten-Fuß, von der alten Eten-Inne, von der Königs Tochter im blauen Thurm usw."[4] Dabei handelte es sich offenbar zum Teil um Sagen, zum Teil um Märchen, aber wir können kaum vermuten, um welche Stoffe, obwohl diese damals anscheinend so bekannt waren, daß ein Stichwort zu ihrer Kennzeichnung genügte.

Einen Großteil der Volkserzählungen im 18. Jahrhundert bildeten vermutlich Sagen über bestimmte Orte oder besondere Geschehnisse. In Jördenstorf (bei Teterow) z. B. gab es, wie Professor Mantzel 1764 in den „Bützowschen Ruhestunden" vermeldet, ein Papenholt und eine Papenwische, um die „der Sage nach" einst Junker und Pastor so erbittert prozessiert hätten, daß die „alten Leute" noch davon zu berichten wüßten. Dort, in der Jördenstorfer Rethwische, läge auch „ein abscheulich grosser Stein", „davon viele Mährlein" erzählt würden. Vor allem aber die häufigen Kriege hatten sich offenbar tief ins Bewußtsein der Dorfbewohner gegraben: „Von dergleichen Kriegen waren die Erzählungen voll; drey derselben kennet man leyder genug." Und „die Aeltesten hatten dorten vieles in ihren Gesprächen von der olden Pohlen-Tiet, aus dem XVten Jahrhundert".[5] Gemeint sind hier wahrscheinlich in dem überlieferten Erzählgut fixierte Erinnerungen an die „Wendenzeit", wie sie noch Wossidlo antraf – wenn man die von ihm aufgezeichneten Sagen von der untergegangenen Stadt in der Lieps und vom

Das Petermännchen, der Schweriner Schloßgeist. Titelvignette, 1859 (nach älterer Vorlage)

goldenen Gott tatsächlich auf das alte Kultzentrum Rethra beziehen kann.[6] Allerdings reichen auch andere Sagen seiner Sammlung – wie die von dem Treiben der Fru Gaur/Waur (zu germanisch Wodan) – in die vorchristliche Zeit und Glaubenswelt zurück. Spätmittelalterliche Zustände werden reflektiert in den Erzählungen über die Raubrittersippe Flotow, die im 14./15. Jahrhundert in Südwestmecklenburg ihr Unwesen trieb. Sowohl in Sage wie Kinderreim finden sich Bezüge auf die Zeit des Dreißigjährigen Krieges. Und selbst ein einmaliges Ereignis wie die (aktenkundige) Rache der Bauern an dem grausamen Johann Georg von Plessen auf Damshagen (1699) hat noch am Ende des 19. Jahrhunderts die Gemüter bewegt, wie zahlreich überlieferte Sagen zeigen.[7] Da diese Überlieferung in Mecklenburg (von Ausnahmen abgesehen) nur mündlich, von Generation zu Generation, erfolgt sein kann, müssen solche Sagen in der Regel schon bald nach dem zugrunde liegenden Geschehen entstanden sein und zur Volkserzählung gehört haben. Ein anschauliches Beispiel dafür liefern die Erzählungen um den Schweriner Schloßgeist Petermännchen, die im 18. Jahrhundert zunächst nur unter der Dienerschaft und Wachmannschaft des Schlosses kursierten und sich von hier aus landesweit verbreiteten.[8] – Auch viele Schwänke, die wir einerseits aus der deutschen Schwankliteratur des 16./17. Jahrhunderts und zum andern aus der mecklenburgischen Schwanküberlieferung des 19. Jahrhunderts kennen,[9] werden hier mindestens schon im 18. Jahrhundert im „Volksmund“ gelebt haben. Sie wurden nur kaum jemals aufgezeichnet. Das durch Johann Gottfried Herder bei bürgerlichen Intellektuellen des späten 18. Jahrhunderts geweckte Interesse für Volksdichtung, wie es etwa die Adaption einer Sage aus Ankershagen (Kr. Waren) bei Johann Heinrich Voß erkennen läßt, strahlte nur bedingt bis Mecklenburg aus (vgl. S. 35f.).

Doch die Beschäftigung mit der mecklenburgischen Mundart führte zu einer Sammlung von über 300 Sprichwörtern und Redensarten, die in den „Bützowschen Ruhestunden“ (1762ff.) veröffentlicht wurde.[10] Hier finden sich, neben manchen sprachlichen Wendungen, die in der Folge anscheinend außer Gebrauch kamen, auch zahlreiche Sprichwörter, die in der Volksüberlieferung des 19. Jahrhunderts wiederkehren und bis heute geläufig sind: *De licht danzt, dem iß licht fiedelt; Twee harde Steene mahlen nich goot thosamen; De up de Erd blifft, föllt nich vom Bähn* usw. Dabei fällt eine ganze Anzahl von Sprichwörtern auf, in denen die bitteren sozialen Erfahrungen der werktätigen Klassen und Schichten ihren Niederschlag gefunden haben: *Dat Peerd, dat den Hafern verdeent, krigt em nich; Wenn de arme Mann nicks hebben schal, verlüßt he dat Brot uht de Kiep; Een Rave hackt den annern keen Oge uht* usw. Diese Sprichwörter belegen zum einen, daß wir auch in der mecklenburgischen Sprichwortüberlieferung mit einer über mehrere Generationen reichenden Kontinuität zu rechnen haben. Und namentlich die letzten Beispiele lassen erkennen, daß sie in hohem Maße Medium sozialer Aussage waren. Diese konnte mitunter sehr zielgerichtet sein: *De Buer iß een Schelm, wann he ock bet Middag schlöpt* z.B. ist sicherlich eine Charakterisierung des

Bauern aus nichtbäuerlicher Sicht, die ihn negativ wertete. Dagegen konnte in einem Sprichwort wie *De den Buren brüden will, moet eenen Buren mitbringen* durchaus Anerkennung mitschwingen, und es ist auch als selbstbewußte Aussage im Munde eines Bauern denkbar. Aber über diese funktionale Seite der mecklenburgischen Volksdichtung im 18. Jahrhundert liegen keinerlei Nachrichten vor, so daß wir auf Vermutungen angewiesen sind.

Volksdichtung im 19. Jahrhundert – Überlieferung und Funktion

Erst im 19. Jahrhundert beginnen die Quellen reichlicher zu fließen. So enthält z.B. der 1815 erschienene 2. Band der Grimmschen „Kinder- und Hausmärchen" unter seinen Texten die wohl ersten Volksmärchen aus Mecklenburg, die aufgeschrieben und gedruckt wurden. Es handelt sich um die Märchen „Die Krähen", „Das blaue Licht", „Die weiße und die schwarze Braut" sowie „Die himmlische Hochzeit", die alle auch in die erste Gesamtausgabe der Grimmschen Märchen 1819 übernommen wurden (KHM Nr. 107, 116, 135, Anhang Nr. 9). Außerdem fügten die Brüder in diese Ausgabe zwei weitere Märchen aus Mecklenburg ein: „Von einem, der auszog, das Fürchten zu lernen" und „Häsichenbraut" (KHM Nr. 4, 66). Diese Märchentexte sind wertvolle Erstbelege aus einer offenbar überlieferungsreichen Landschaft. So notierte etwa der Pastor Johann Jacob Nathanael Mussäus in Hanstorf 1837 über das Erzählgut der „niedern Stände auf dem flachen Lande": „Zahlreich ist die Menge von Mährchen, Sagen (Läuschen)" – wobei unter „Läuschen" sicherlich Schwänke zu verstehen sind.[11] Er war anscheinend einer der ersten in Mecklenburg, die auf solches Erzählgut bewußt achtgaben, und zeichnete auch eine Reihe von „Volksmährchen" auf, die er „selbst aus dem Munde des Volkes gehört hatte".[12] Daneben entstanden in den vierziger Jahren mehrere kleine Kollektionen von „landüblichen Sprichwörtern" und Schwänken, die während der Revolutionszeit um 1848 zum Teil publizistisch als Waffe gegen die Reaktion genutzt wurden.[13] Die Sprichwörter fanden auch Aufnahme in das „Allgemeine plattdeutsche Volksbuch" des Advokaten Heinrich Friedrich Wilhelm Raabe (1854), einer „Sammlung von Dichtungen, Sagen, Märchen, Schwänken, Volks- und Kinderreimen, Sprichwörtern, Räthseln usw.", wie es im Untertitel heißt. Hier ist zwar jede Gattung nur mit einer begrenzten Anzahl von Textbeispielen vertreten. Es handelt sich jedoch um die erste Quelle, in der die sprachliche Volksüberlieferung Mecklenburgs in ihrer Vielfalt begegnet. In der Folge konzentrierte sich das Interesse vor allem auf die Sammlung der heimischen Sagen. Als Ergebnis legte Dr. Albert Niederhöffer aus Röbel von 1857–1864 eine vierbändige Kollektion von „Mecklenburg's Volkssagen" vor; und 1879/80 folgte eine für die damalige Zeit vorbildliche Ausgabe „Sagen, Märchen und Gebräuche aus Meklenburg", die der Rostocker Germanistikprofessor Karl Bartsch besorgte. Besonders die letztere mit über 700 Sagentexten vermittelte einen weitreichenden Überblick über das mecklenburgische Sagengut. Dagegen finden sich bei Bartsch, obwohl er frühere Sammlungen weitgehend nachdruckte, nur relativ wenige Märchen und kaum Schwänke, auch wenn man die als Lokalsagen aufgefaßten Schildbürgergeschichten über die Bewohner Teterows hinzunimmt. Dagegen vermittelte Fritz Reuter, der die Stoffe für seine „Läuschen un Rimels" (1853/59) zum Teil aus mündlicher Überlieferung schöpfte, immerhin einen Eindruck von der Vielfalt des mecklenburgischen Volksschwanks, obwohl er das Gehörte in Verse faßte.[14] Eine wirkliche Vorstellung von dem, was tatsächlich an Erzählgut in der Volksüberlieferung lebendig war, vermochten all diese Veröffentlichungen allerdings nicht zu geben.

Das bewiesen gleich die ersten Sammeljahre Wossidlos. Sein Interesse galt zwar zunächst vor allem dem Ausdrucksreichtum der mecklenburgischen Mundart. Doch diese Freude am Wort führte ihn zwangsläufig zur Aufzeichnung auch der gebundenen sprachlichen Kurzformen, der Sprichwörter, Rätsel, Reime, Tiergeschichten usw., die allgemein geläufig waren. Und da er gleich unter seinen ersten Gewährsleuten eine Reihe guter Sagen-, Märchen- und Schwankerzähler kennenlernte, hielt er verständlicherweise auch deren Erzählgut fest, soweit das nicht – etwa bei langausgesponnenen Zaubermärchen – seine Geduld überforderte. Außerdem konnte er Hunderte von Helfern dafür gewinnen, gleich ihm Volksdichtung aller Art zu sammeln und ihm zuzuschicken. Dadurch zeigte sich bald, daß bislang nur ein Bruchteil des mündlich überlieferten Rätsel-, Reim- und Erzählguts außerhalb des Kreises derer, die es tradierten, bekannt geworden war.[15]

Tatsächlich traf Wossidlo im letzten Drittel des 19. und zu Beginn des 20. Jahrhunderts in Mecklenburg auf dem Lande, unter den Tagelöhnern, Knechten, Kleinbauern, Handwerkern, die sich als ergiebige Gewährsleute erwiesen, im wesentlichen wohl noch die gleichen Genres und Sujets der Volkspoesie und ähnliche Bedingungen ihrer Weitergabe an, wie sie für die zurückliegenden Jahrzehnte charakteristisch gewesen waren. Diese Bevölkerungsschichten, deren Leben meist von harter Arbeit und bescheidensten materiellen Verhältnissen geprägt war und deren Schulbildung sich in Elementarkenntnissen erschöpfte, hatten keine Möglichkeit, an den kulturellen Leistungen des aufstrebenden Bürgertums teilzuhaben. So blieb ihre geistige Kultur im wesentlichen auf die Möglichkeiten der mündlich-gedächtnismäßigen Tradierung des erworbenen Wissens, der gängigen Glaubensinhalte und der überlieferten Volkspoesie beschränkt.

Kuhfütterer Anders in Körkwitz bei Ribnitz, einer der ersten Gewährsleute Wossidlos. Ölbild von Egon Tschirch nach Foto von etwa 1890

Besonders Lied und Sage, stellte Wossidlo in der Einführung zu seiner Sammlung „Mecklenburgische Sagen“ fest, „waren ja damals neben der Predigt die geistige Nahrung des Landvolkes“, und ein alter Gewährsmann meinte im 20. Jahrhundert rückschauend: „Wat hadden de Lüd' früher anners, as so 'n Geschichten! Zeitungen gew dat jo nich up 'n Dörpen, un läsen deden de Ollen höchstens 'n bäten in 'n Klenner oder in 't Gesangbok.“[16]

Man kann sich heute wahrscheinlich kaum noch eine Vorstellung davon machen, welches Ausmaß und welche Bedeutung das Erzählen, der mündliche Austausch bis zum ausgehenden 19. Jahrhundert und darüber hinaus im Alltag der mecklenburgischen Landbevölkerung hatten. Das Erzählen war Ausgleich und Entspannung der Tagelöhner nach der anstrengenden Arbeit des Tages: „Abends nah dei Aust, wenn Fierabend wier, denn hebben wi uns Läuschen vertellt." Die Knechte trafen sich im Sommer beim Dorfanger, im Winter abwechselnd in den Knechtskammern und erzählten oft bis in die Nacht. Auch Bauern berichteten: „In 'n Winter in de Stuw – stundenlang würd vertellt. Dor wiren ok de Nahwers mit bie." Ähnlich wurden arbeitsfreie Stunden an Sonn- und vor allem Feiertagen zusammen verbracht: „Wenn Festtiden wiren, seten se tosaam, mien Vadder un Krischan Lehmann un de oll Wilck, un vertellten von Schöne Reda. Wi Kinner reten jo Näs' un Muul up." Auch bei der Brakelköst und am Rande des Erntefestes, beim Taufschmaus oder Totenmahl wurde erzählt, was jeder wußte. Eine der wichtigsten Erzählgelegenheiten waren die abendlichen „Spinnstuben" auf dem Dorfe, in denen sich nicht nur die Mädchen zum gemeinsamen Spinnen, sondern auch die Burschen zum Basteln, Schnitzen usw. zusammenfanden. Auch bei anderen gemeinschaftlich verrichteten Arbeiten wurde erzählt, beim Hüten des Viehs, auf dem Felde beim Hakken, Rübenverziehen, Kartoffelaufnehmen usw., wenn in einer Reihe gearbeitet wurde, „beim gemeinsamen ‚Bandelieren' der Tabakblätter, beim Flachs-Schwingen ..., beim Runkel-Schniwweln", ferner beim Gänserupfen und Federnschleißen, wozu man sich in zahlreichen Dörfern reihum zusammenfand, auf dem Weg zur und von der Arbeit, in Arbeitspausen usw. Weitere wichtige Orte des Erzählens und des Austauschs von Erzähl- und Rätselgut waren die Herbergen, in denen sich die wandernden Handwerksburschen trafen, die Mannschaftslogis auf den mecklenburgischen Segelschiffen, auf denen nicht nur Mecklenburger, sondern oft auch Skandinavier anheuerten, und die Kasernen, in denen die jungen Burschen, die sich nicht „freilosen" konnten, drei Jahre verbringen mußten. Hier war das Erzählen oft die einzige Möglichkeit der Unterhaltung überhaupt, die sich bot.[17]

Genres der Volksdichtung um 1900

Volkssagen

Was im 19. und frühen 20. Jahrhundert erzählt wurde, waren vor allem Sagen. Sie machen mit über 30000 Aufzeichnungen den mit Abstand größten Teil des von Wossidlo gesammelten Erzählguts aus. Darunter finden sich fast 6000 Spukgeschichten, was ihn zu der Feststellung veranlaßte: „Der Spuk- und Gespensterglaube wird niemals aus der Welt verschwinden, solange es Menschen gibt." Solchen Überlieferungen aus der Welt der Mythen und Glaubensvorstellungen galt zwar das spezielle Interesse des Sammlers. Aber das Übermaß an dämonologischen Sagen, auf das er stieß, beruhte doch weniger auf seinem Interesse dafür als auf der natürlichen Erzählbereitschaft seiner Gewährsleute, besonders in jenen Gebieten Mecklenburgs, wo die Weltabgeschiedenheit der Dörfer und das Fehlen jeglicher Aufklärung einen Wucherboden für solche Geschichten boten. So bildeten, wie Wossidlo feststellte, „Spukgeschichten und Hexensagen ... früher [d.h. im 19. Jahrhundert] vielfach den Kern der dörflichen Unterhaltung: ‚In Zehna würd wider nicks vertellt as von Spöken un Hexen – dat würd eenen toletzt œwer'", wie ein alter Arbeiter 1919 sagte. Oder eine andere Stimme: „In dat sülwig Huus wahnte mien Großmudder un vier anner oll Frugens: ik wier oft so grugelig von all de Spöökgeschichten, ik hadd in 'n Mus'lock krupen mücht."[18]

In diesen *Sagen* fand der herrschende *Volksglauben* seinen sprachlichen Ausdruck, wie viele Gewährsleute bestätigten: „Dor laat ik mi nich bekämpfen: dor passiert wat in de Welt, wat nich kloor is" oder „Wer an sowat nich glöwt, dee glöwt ok nich an Gott un sien Wuurt". Hier folgte man zum Teil einfach der Überlieferung: „Dat is vertellt worden, denn mööt 't doch wohr sien" oder „Man möt jo doran glöben, wat de Ollen eenen vörprädigen don". Oft aber schien sich das Überlieferte in geheimnisvoller Weise immer wieder zu bestätigen: „In Ankershagen wier dat een Tiet dull, dor hööl keen Mäten un keen Knecht ut von wägen Spöken" oder „De Zachowsch Jäger müßt früher ümmer tidig starben wägen den Spöök bi dat Funkenbrook". So wird die verbreitete Furcht vor Spuk und Hexenwesen verständlich: „Wi hadden enen ollen Mann in 'n Dörp, dee würd dull schugt; mit den'n dörft man sik nich vertüren, säden de Ollen, dee künn enen wat andon." Und es konnte sich geradezu ein Haß gegen vermeintliche Hexen herausbilden: „Is dat nich Swienkraam? Ik meen ümmer: so 'n Wief müßt samt ehr Book na 'n gläunigen Aben rin – dat hüürt dor nich mit to", wie sich eine Gewährsfrau Wossidlos erregte.[19] Dieser Haß gründete sich weniger auf das, was von dem merkwürdigen Treiben der Hexen (Verwandlung in Tiergestalt, Ritt auf den Blocksberg usw.) erzählt wurde, sondern auf die kursierenden Sagen über angeblichen Schadenzauber, z. B.:

Dat gifft Lüd', dee kœnen eenen verquinen laten. In Hagenow hett en Fru to enen Schoostergesellen (dat wier 'n düchtigen Kierl) seggt: „Wenn du mien Dochter nich frigst, warst du nich olt." He is so henstorben.[20]

Neben *Spuk- und Hexensagen*, die offenbar im Vordergrund der Überlieferung standen, konnte Wossidlo im späten 19. und frühen 20. Jahrhundert eine Vielzahl anderer *dämonologischer Sagen* ermitteln, von denen wenigstens die wichtigsten genannt seien: *Sagen von Lindwürmern und Schlangen* z. B. waren damals in Mecklenburg so zahlreich und so lebendig wie in keiner anderen deutschen Landschaft. Eine ähnlich große Rolle spielten die *Teufelssagen und Sagen von Teufelsbündnern*, in denen der Teufel in der Regel als lebensbedrohend, oft aber auch als „dummer Teufel" geschildert wurde. Der Glaube, daß Tote wiederkehrten, wenn sie eine schwere Schuld nicht gesühnt hätten oder ihnen nach dem Tode Unrecht widerfahre, fand in einer Fülle von *Totensagen* Ausdruck. Von dem im Sturmgebraus einherziehenden Totenheer berichteten die vielerzählten *Sagen von der wilden Jagd*. Weit verbreitete Furcht hielt die überlieferten *Sagen von Werwölfen und vom Moorrieden* (Alpdrücken) lebendig, von denen die Menschen gepeinigt würden. Und *Sagen von verborgenen Schätzen* und mißglückter Schatzhebung gaben immer wieder neu der Phantasie von Erzählern und Hörern Nahrung, die selbst in Armut lebten. In den Sammlungen von Bartsch und Wossidlo finden sich Hunderte solcher und anderer Sagen (über Drachen, Riesen, Zwerge, Unholde, Kobolde usw.). Alle Sagen dieser Art basieren auf mythischen oder magischen Vorstellungen, von denen die Denkwelt der mecklenburgischen Landbevölkerung im letzten Drittel des 19. Jahrhunderts noch weithin geprägt war. In ihnen werden Handlungen dämonischer Gestalten und die Begegnung mit ihnen geschildert, übernatürliche Geschehnisse, die nicht nur im Mittelpunkt des Erzählens standen, sondern auch die Trägerschichten dieses Sagenguts gedanklich stark beschäftigten.

Eine zweite große Gruppe unter den Sagen, die Wossidlo im späten 19. und frühen 20. Jahrhundert zusammentrug, bilden die sogenannten aitiologischen oder *Erklärungssagen*. Die meisten von ihnen, die Naturerscheinungen wie Berge, Felsen, Seen, Donner und Blitz, seltene Pflanzen usw. zu erklären versuchen, entspringen einem naiven, vorwissenschaftlichen Deutungsbedürfnis und sind offenbar sehr alt. Sie spielten trotz ihrer Phantastik in der mecklenburgischen Volksüberlieferung eine relativ große Rolle, wurden aber im späten 19. Jahrhundert nur noch teilweise ernst genommen. Andere Erklärungssagen, die sich an Burg- oder Kirchenruinen usw. geheftet hatten und vom Schicksal solcher Bauten berichteten, konnten dagegen bis zum 20. Jahrhundert immer wieder neu aktualisiert werden. Hier galt das Interesse dem geschichtlichen Vorgang, mochten diese Sagen auch starke mythische Züge enthalten.

Noch deutlicher ging es in den eigentlichen *historischen Sagen* um die Auseinandersetzung der Menschen mit ihrer gesellschaftlichen Umwelt. Hierher gehören nicht nur Sagen über herausragende historische Ereignisse (Kriege, Katastrophen) und Personen (Könige, Feldherren) oder über bedeutsame Schauplätze (Städte, Burgen), sondern auch Erzählungen über lokale Konflikte zwischen Bauern und Fronherren, Plebejern und Patriziern, Tagelöhnern und Gutsbesitzern. Solche Erzählungen, in denen die Willkür der Gutsherren gegenüber ihren Bauern und Tagelöhnern oder die feudale Rechtspraxis geschildert und angeprangert werden, standen sogar im Vordergrund der Überlieferung. Es gehört zu den besonderen Verdiensten Wossidlos, daß er auch diese Äußerungen seiner Gewährsleute aufschrieb und ihnen besondere Bedeutung zusprach, „weil in ihnen der Gerechtigkeitssinn unseres Volkes und sein soziales Empfinden ihr Genüge finden: es sind die Sagen, die von der Strafe zu melden wissen, die allerlei frevelhaftes Beginnen trifft (Spott über kirchliche Dinge oder Naturerscheinungen, Hartherzigkeit von Gutsherren, Meineid u. a. m.).“[21] Diese Strafe für die Frevler in den Sagen blieb zwar meist illusionär: sie können nach ihrem Tode nicht verwesen, müssen als Gespenster umgehen, ihre Hand wächst verdorrt aus dem Grabe usw. Aber „der Glaube an eine gerechte Welt nach dem Tode bildete oftmals den einzigen Hoffnungsschimmer für die in religiösen und abergläubischen Vorstellungen befangenen Erzähler in einem irdischen Leben voller Rechtlosigkeit“.[22]

Das Wissen um diese Rechtlosigkeit macht es verständlich, daß ein Geschehnis wie der erwähnte Totschlag des grausamen Damshäger Junkers Johann Georg von Plessen durch seine Leibeigenen (1699) im Gewand der Sage, als gerechter Akt der Selbsthilfe empfunden, jahrhundertelang unter den Bauern und Tagelöhnern der Gegend weiterberichtet wurde. Noch im 19. Jahrhundert gingen solche spontanen Aktionen wie die Erschlagung der als unmenschlich verrufenen Gutsherren v. Plessen zu Nepersdorf (1818) und Haberland zu Matzdorf (1839) oder die Zerstörung des Schlosses zu Torgelow (1848) durch die gepeinigten „Gutsuntertanen“ nicht nur rasch in die Sagentradition ein, sondern bewegten die Gemüter noch jahrzehntelang. Eine der Sagenfassungen, die Wossidlo aufschrieb, sei als Beispiel angeführt:

Haberland in Matzdörp is so häßlich wäst gegen sien Lüüd. Wenn de Frugens Brot backen wullt hebben, un he het wüßt, dat se insuurt hadden, het he dat ümstött. So het he se up allerhand Oort piesackt. Dor hebben se sik all beraden, de Inspekter is de Anführer wäst. Se sünd rupgahn na ’n Hoff un hebben sik Wien ut ’n Keller haalt. De Fru is weglopen oder wegführt wäst. De Sœhn het hinnern Aben säten. Se hebben de Wienflaschen intwei smäten, un he het so lang’ up de Schörven danzen müßt, bet he doot wäst is. Mit de Pietsch hebben se em dräben. Een oll Mann het mit Krücken gahn, de het em mit sien Krück denn’ Rest gäben. De Blootplacken het in de Dääl säten un is nich wegtokriegen wäst.[23]

In dieser Erzählung wird (wie in anderen überlieferten Sagen) zunächst das tatsächlich Geschehene berichtet, wenn auch in stark komprimierter Form. Erst die Schilderung des Racheakts, auf dem der Akzent liegt, greift weiter aus und bezieht mit dem Tottanzen auf Scherben und den bleibenden Blutflecken formelhafte Motive der Volkserzählung mit ein, die das Geschehen in einprägsamer Weise bildhaft verdichten. In den Sagen mit antifeudaler Tendenz, die die Sammlung Wossidlos enthält, werden 75 Namen von hartherzigen, brutalen und grausamen Gutsherren genannt, die zeigen, daß es sich hier um ein verbreitetes Phänomen gehandelt haben muß. Zugleich wird die in die Sagen eingegangene Genugtuung über solche (realen oder fiktiven) Fälle vollzogener Vergeltung verständlich.

Tatsächlich offenbaren fast alle historischen Sagen ein Geschichtsbewußtsein, das in enger Beziehung zur unmittelbaren

Heimat und zur eigenen sozialen Existenz der Überlieferungsträger stand. So schreibt Wossidlo beispielsweise, ihm sei bei der Sagensammlung in der Neubrandenburger Gegend „aus den Erzählungen der Alten immer wieder vor Augen getreten, wie früher das ganze Innenleben der dort seit Jahrhunderten ansässigen Bevölkerung angefüllt war mit den Vorstellungen von dem Glanz der im Volksmunde Schön-Rethra genannten Tempelstätte, von den vergrabenen Schätzen, dem Untergang der übermütigen Bewohner, der Flucht mit dem goldenen Götzen usw." Davon wußten viele zu berichten: „Wenn ihrst een anfüng un dat keem von de Lieps uppe Räd', denn würd ümmerto vertellt von Schöne Reda" usw. Dabei verschoben sich im Rückblick freilich oft die historischen Dimensionen: „Mien Großvadder hett vertellt: Up 'n Brod'schen Amt sall 'ne Fru wäst sien, dee oll Fru süll seggt hebben, dat se de Stadt (Rethra) noch kennt hett, as se 'ne lütt Diern wäst is." Hier suchte man, wie bei vielen historischen Sagen, zum einen Zeugen und Zeugnisse, die das Berichtete beglaubigen konnten, und berief sich darauf, z. B.: „Henning Bradenkierl (in Ankershagen) is mit den Kopp an de Eck fohrt (als der Teufel ihn holte). So wohr as ik hier stahn do – dat Bloot wier noch to sehn." Zum andern zeigt sich das Bestreben, die in den Sagen berichteten Ereignisse in einer der eigenen Vorstellungskraft zugänglichen Zeit anzusiedeln: „700 Johr (seit dem Untergang Rethras)! Wer sall denn noch wat weiten?"[24]

Es ist daher kein Zufall, daß Wossidlo in der mecklenburgischen Sagenüberlieferung des späten 19. Jahrhunderts Erinnerungen an die „Wendenzeit" fast nur noch in den Rethra-Sagen begegneten, und auch das im wesentlichen nur in der Neubrandenburger Gegend. Als wichtigste historische Fixpunkte erscheinen in den überlieferten Sagen die „Schwedenzeit" (die Zeit des Dreißigjährigen Krieges), die „Preußenzeit" (die Zeit des Siebenjährigen Krieges) und die „Franzosenzeit" (die Zeit der napoleonischen Fremdherrschaft), deren Schrecken sich tief ins Bewußtsein der mecklenburgischen Bevölkerung gegraben und Erzählstoff für Generationen gegeben hatten. Auch hier wurden freilich die Erinnerungserzählungen zunehmend mit traditionellen Sagenmotiven angereichert (Vergraben von Geld, Tanz auf der Stadtmauer, unvergängliche Blutspuren, Wiederkehr Erschlagener usw.) und diese Sagenmotive unterschiedlich zeitlich angesiedelt. Überlieferungen darüber, wie die Schweden und die Truppen Wallensteins gehaust hätten, wurden in späteren Kriegs- und Notzeiten aktualisiert und auf das jüngere Erleben übertragen: man erzählte die gleichen Sagensujets weiter, aber verlegte das Geschehen in die „Preußen"- oder „Franzosenzeit". Sagen können deshalb nur sehr bedingt historische Quellen sein. „Der konkrete Zeitbezug tritt hier in seiner Bedeutung zurück hinter die typische, durch die Erzählung verdichtete Aussage über eine ganz bestimmte Notsituation, in welche die Sagenerzähler während mehrerer Geschichtsperioden immer aufs neue geraten konnten."[25]

Volksmärchen

Neben diesen verschiedenartigen Sagen nahmen *Märchen* – zumindest seit dem 18. Jahrhundert – breiten Raum in der mecklenburgischen Volkserzähltradition ein. Eine ganze Reihe der in dem Band „Mecklenburgische Volksmärchen" (1971) veröffentlichten Märchensujets, die nach Ausweis der Belege im späten 19. und frühen 20. Jahrhundert unter der Land- und Kleinstadtbevölkerung in Mecklenburg weithin bekannt waren, können diese Verbreitung nur in einem längeren Überlieferungszeitraum erfahren haben. Namentlich die Märchenaufzeichnungen aus den neunziger Jahren sind so zahlreich, daß sich ein Bild der tatsächlichen Überlieferung zu dieser Zeit abzeichnet, die das ganze Spektrum möglicher Märchenformen umfaßt.[26]

An erster Stelle standen die *Zaubermärchen* – Erzählungen, in denen menschliche Schicksale in einer Welt des Wunderbaren geschildert werden. Erzählt wird von Riesen, Drachen, Teufeln und anderen fiktiven Wesen, von übernatürlichen Helfern und Zaubergegenständen verschiedenster Art. Doch auch die Märchenhandlung selbst wird von Zauber und Wunder bestimmt, denn anders wären Not und Ungerechtigkeit, von denen die Rede ist, oder die in der Wunderwelt drohenden Gefahren nicht zu bewältigen. So ziehen Held oder Heldin in den Märchen mutig ins Ungewisse hinaus, bestehen dank glücklicher Umstände jedes Abenteuer, besiegen die lebensbedrohenden Mächte und finden zum Schluß, wenn die gestörte Ordnung in einer besseren Welt wiederhergestellt ist, in der Regel den idealen Partner fürs Leben. In den kunstvoll gefügten Handlungsabläufen solcher Zaubermärchen, wie sie im Laufe von Generationen verdichtet worden waren, fanden die Erzähler dankbare erzählerische Vorwürfe; hier konnte sich ihr individuelles Erzähltalent wirkungsvoll entfalten, und in dem schließlichen „happy-end" dieser Erzählungen mündete der geschilderte Ausflug in die Wunderwelt für Erzähler und Hörer in einen befriedigenden Abschluß, der das Gefallen an solchen Erzählungen wesentlich mitbestimmte.

Ebenfalls einen wichtigen Platz in der Überlieferung nahmen die *Novellenmärchen* ein, die im Handlungsschema den Zaubermärchen ähnlich sind, im Unterschied zu ihnen allerdings kaum übernatürliche Züge aufweisen. Hier geht es meist um eine mit Schwierigkeiten verbundene Brautgewinnung oder um Prüfungen in der Ehe, die schließlich zu dauerhaftem Glück führen. Neben solchen langausgesponnenen Erzählungen finden sich jedoch auch kurze einmotivische Geschichten, in deren Mittelpunkt eine Ratesituation zwischen zwei Partnern steht, von denen einer auffällig oft die widerspruchsvolle, auch in Sage und Schwank vielgenannte Figur „König Fritz" war.

Zu dem am stärksten verbreiteten Märchengut gehörten jedoch wohl die zahlreich überlieferten *Tiermärchen.* Dabei machten die überethnischen Wanderstoffe, über die der Band „Mecklenburgische Volksmärchen" eine Übersicht gibt, nur den inhaltlich gewichtigsten Teil der damals kursierenden Tiergeschichten aus. Der andere, zahlenmäßig größere Teil setzte sich aus Tierdialogen und Tierstimmendeutungen, phantastischen Erklärungen des Ursprungs der verschiedenen Tiere, Tierschwänken usw. zusammen, wie sie Wossidlo in seinem Werk „Die Tiere im Munde des Volkes" veröffentlicht hat.[27] Die Tiermärchen waren überwiegend einfache, kurze Geschichten, die überall erzählt wurden, wo man ins Märchenerzählen kam, und die zum Teil auch in den Schullesebüchern standen. Das machte sie allgemein bekannt; und da ihre erzählerische Wiedergabe keine großen Anforderungen stellte, waren sie in vieler Munde.

Als charakteristische Märchenerzähler des späten 19. und frühen 20. Jahrhunderts lernten Wossidlo und seine Helfer jedoch vor allem Männer in vorgerückten Jahren, Landarbeiter, Kleinbauern und dörfliche Handwerker, kennen. Und es waren in der Regel einzelne, die die Überlieferung prägten: Besonders die wirkungsvolle Wiedergabe handlungsreicher Märchenstoffe verlangt eine sichere Stoffkenntnis, schöpferische Phantasie, ein natürliches Erzähltalent und ständige Übung. So ist es durchaus verständlich, wenn auch rührige Sammler in einem Ort selten mehr als zwei bis drei Gewährsleute für Märchen fanden oder sich sogar an einen einzigen Erzähler halten mußten. Der Lehrer Schriever in Kisserow z. B., der die Geschichten des Tagelöhners Schröder in Lexow aufzeichnete, entschuldigte sich mehrfach bei Wossidlo, daß er nichts an Volksüberlieferungen schicken könne, da sein Informant krank sei: „Schröder ist doch immer meine Hauptquelle ... Er meint, noch vieles erzählen zu können" (Brief vom 28. 2. 1896). Hier zeigt sich ein deutlicher Abstand zwischen dem einzelnen Überlieferungsträger, der das volkstümliche Erzählgut seiner Gegend kannte, und den übrigen Bewohnern zweier Dörfer, die anscheinend so gut wie kein mündliches Traditionsgut mitzuteilen wußten. Andere Erfahrungen machte offenbar der Lehrer Hill in Passin, denn er schrieb an Wossidlo: „Ich kann nur bestätigen ..., daß noch sehr Vieles und Schönes kann mit wenig Mühe aus der Verborgenheit ans Tageslicht gefördert werden." Auch unter seinen Gewährsleuten ragte jedoch nur einer aus dem Durchschnitt heraus, der alte Tagelöhner Hecht: „Sein Talent zum Märchenerzählen ist geradezu verblüffend. Er ist bis oben geladen mit fossilen Stoffen, und ein Projektil folgt dem andern, wenn er erst in Hitze kommt", bemerkte der Sammler (Brief vom 17.5.1892). Hecht wußte wohl vor allem durch seine lebendige und humorvolle Darstellungsweise zu bestechen. Dagegen sind die Märchen des ähnlich erzählfreudigen Häuslers Teßmann in Wittenburg, die der Lehrer Sager anfangs des 20. Jahrhunderts sammelte, eher vom düsteren Ernst der Sage bestimmt.[28] Sujetwahl und Erzählhaltung hingen also sehr stark vom jeweiligen Erzähler ab.

Eine Übersicht über das im späten 19. und frühen 20. Jahrhundert aufgezeichnete Märchengut und seine Erzähler zeigt, daß die wenigen Märchentexte, die von Frauen stammen, vorwiegend Frauenschicksale behandeln, so daß man regelrecht von *Frauenmärchen* sprechen könnte. Ebenso gab es offensichtlich ausgesprochene *Männermärchen*, z. B. mit kriegerischem Geschehen oder handfester Erotik. Innerhalb solcher allgemeinen Tendenzen in Stoffwahl und Darstellung zeichnen sich jedoch tiefgreifende individuelle Unterschiede ab, die besonders in der verschiedenartigen Wiedergabe gleicher Märchensujets zutage treten. So haben z. B. die beiden in den „Mecklenburgischen Volksmärchen" abgedruckten Fassungen des Märchens von den Früchten des Lebens (Nr. 101 f.) alle entscheidenden Motive dieses Märchentyps gemeinsam, aber die Erzähler haben zwei Geschichten daraus geformt, die in ihrem Handlungsverlauf und in ihrer Akzentuierung nur noch wenig Ähnlichkeit miteinander haben: Während der Häusler Weber das Geschehen ganz in die Wunderwelt verlagert hat und in seiner Darstellung vor allem zeigt, wie der Held trotz aller Anschläge seiner Brüder den kranken Vater rettet, stehen bei dem Tagelöhner Hecht das amouröse Abenteuer des Königssohns und dessen Folgen im Mittelpunkt der Schilderung, und sie enthält kaum übernatürliche Züge.

Stärker als bei anderen Genres spricht nahezu aus jedem Märchen, das uns aus dieser Zeit überliefert ist, das Ich des Erzählers. Wenn beispielsweise manche Erzähler ihre Märchen gern damit ausklingen ließen, daß die Märchenhelden, zur Königswürde gelangt, ihre alten Eltern zu sich holen, so ist das sicher aus der eigenen Altersschau zu erklären, aus dem eigenen Wunsch nach sozialer Geborgenheit.[29] Man kann beim Lesen solcher Texte nachempfinden, wie die damaligen Erzähler und Hörer die poetische Welt des Märchens gedanklich in Besitz nahmen. Das landschaftlich Besondere des mecklenburgischen Volksmärchens dieser Zeit liegt ja nicht im Stofflichen, obwohl die Wiedergabe der Märchen im vertrauten Dialekt und deren Beleghäufigkeit keinen Zweifel daran lassen, daß die Stoffe in Mecklenburg tatsächlich heimisch waren. Als wesentlicher erscheint die bewußte oder unbewußte Einbettung des Erzählten in die eigene Umwelt. Das begann bei der Heldenwahl und setzte sich fort in einer an der Wirklichkeit orientierten „Entzauberung" oder Lokalisierung des Märchengeschehens. So beginnt die Handlung in den überlieferten Texten in der Hütte armer Leute, auf einem Bauernhof, auf einem Gut usw., in Verhältnissen also, die den Erzählern vertraut waren. Wenn nicht stilisierte Könige und Prinzen, so sind Söhne von Bauern und Hirten, Tagelöhnern, Schmieden, Besenbindern usw. die Helden, die vielfach in der Auseinandersetzung mit sozial Bevorrechteten dargestellt werden. Angesichts dessen ist es nur zu verständlich, wenn überall, wo es im Märchen nur möglich ist, soziale Töne anklingen. Die schärfsten Angriffe richten sich gegen Adlige und Gutsbesitzer, diejenige Gesellschaftsklasse also, die in Mecklenburg die ökonomische und politische Macht besaß. Im Märchen von den Teufelspferden z. B., wie es der Häusler Teßmann erzählte, ist sowohl die grausame Drangsalierung eines Tagelöhners wie die Bestrafung des hartherzigen Gutsherrn mit aller Drastik ausgemalt, und zugleich wird sehr deutlich, wo – mit Blick auf die zeitgenössischen Verhältnisse – die Sympathien des Erzählers lagen. Vom selben Gewährsmann stammt auch das Märchen vom starken Knecht, der nach Ablauf seines Dienstjahres den Gutsherrn mit drei Schlägen, die er sich als Jahreslohn ausbedungen hat, aus der Welt schafft – ein Zeichen, daß diese antifeudale Tendenz nicht isoliert im Erzählrepertoire erscheint, sondern daß offenbar ein echtes Anliegen dahinterstand.[30]

Auch der Wahrheitsgehalt dieser Märchengestaltungen liegt weniger in dem dargestellten Geschehen als in der Märchenidee; aber die Darstellung zeigt so viel Lokalkolorit, daß sie sich zur direkten sozialen Aussage verdichtet. Hier spiegeln sich sicher ganz spezielle Träume der mecklenburgischen Landbevölkerung wider. Denn in diesen Kreisen behielten die Inhalte der Zauber- und Novellenmärchen mit ihrer Widerspiegelung sozialer Spannungen in der Feudalgesellschaft und mit ihren Lösungen im Sinne der Unterdrückten bis über die Jahrhundertwende hinaus Wirklichkeitsbezug und Aktualität; und es ist erstaunlich, wie weit dabei selbst das phantastische Geschehen der Zaubermärchen mit dem eigenen Wirklichkeitserleben in Einklang gebracht wurde.

Volksschwänke

Dagegen wirken die von Wossidlo und seinen Helfern im späten 19. und frühen 20. Jahrhundert gesammelten Schwänke wie Erzählungen aus dem Alltag der Erzähler. Diese Schwänke nahmen in der Erzählüberlieferung hinsichtlich Stoffreichtum und Lebendigkeit den zweiten Platz ein und zeigen innerhalb ihres agrarisch-handwerklich bestimmten Darstellungsbereichs eine große thematische Vielfalt. In den Sammlungen „Volksschwänke aus Mecklenburg“ und „Plattdeutsche Schwänke“, die eine Übersicht über dieses Erzählgut bieten,[31] zeichnen sich schon anhand der Inhaltsverzeichnisse die wichtigsten Komplexe ab: „Herren, Bauern, Knechte“ (Auf dem Gut – Beim Bauern – Beim Pastor); „Handwerker“ (In der Lehre – Auf der Wanderschaft – „In Lohn und Brot“ – Handwerker und Kunden); „Seemannsleben“; „In der Stadt“ (Auf dem Markt und auf der Straße – Beim Kaufmann und Apotheker – Im Gasthaus – Beim Arzt – Studenten); „Geistliche“ (Pastor und Gemeinde – In der Kirche – Buhlerische Pfaffen – Pastor und Küster – Schule und Konfirmandenunterricht); „Auf der Eisenbahn“; „Bei den Soldaten“; „Schwankzyklen um Personen“ (Eulenspiegel – König Fritz – Teterower); „Liebe und Heirat“ (Heiratslustige Mädchen – Schwierige Brautwahl – Brautzeit – Hochzeit); „In der Ehe“ („Der Widerspenstigen Zähmung“ – Mann und Frau wirtschaften – „Freud und Leid“ – Verwitwet); „Der Junge“; „Tanz und Trunk“. Hier erscheint ein weitgreifender Ausschnitt aus den sozialen Verhältnissen Mecklenburgs erzählerisch reflektiert.[32]

Tatsächlich ist in diesen diesseitsverhafteten Schwänken mit ihrer kritischen Gesellschaftsdarstellung die Alltagsbezogenheit stärker als in den anderen „klassischen“ Gattungen der Volksprosa. Es waren zumindest immer reale Ansatzpunkte, um die sich die schwankhafte Handlung rankte; es waren Erscheinungen und Begebenheiten, die sich zu einfacher komischer Darstellung anboten, z. B.:

Een Herr kümmt eens bie sienen Scheper antorieden un süht, dat dee wat in sienen Sack het. Den Herrn is dat verdächtig, un he fröggt den Scheper, wat de dorin hadd'. – Sienen dodigen Hund, seggt de Scheper. – De dodig Hund künn em doch nicks mihr nützen. – „Oh, Herr, wenn he nich bitt, so schugt he doch", antwuurt't de Scheper. – Denn süll he em mal utschürren, he wull em sehn. – Ja, dat künn he jo don. De Scheper schürrt den Hund rut ut 'n Sack. Dat Pierd verfiert sick, springt bie Siet un smitt den Herrn af. – „Sehn Se woll", het de Scheper wedder seggt, „wenn he nich bitt, so schugt he doch."[33]

Hier wie in anderen Schwänken dieser Art schloß jedoch der Wirklichkeitsbezug nicht die Wirklichkeitstreue des schwankhaften Geschehens ein. Im Gegenteil: Meist verursachte erst ein durch Übertreibung der Realität bewirktes Verzerren der Proportionen jenes Lachen, das bei den Hörern erreicht werden sollte. Und es handelte sich (wie bei der Sage) um ganz bestimmte, gattungsspezifische Ausschnitte aus dem von den einzelnen Klassen und Schichten sehr unterschiedlich erlebten Alltag. Doch es ist in den überlieferten Schwänken fast immer der sozial Bevorrechtete, der als Träger passiver Komik der Lächerlichkeit verfällt: Hier übertrumpft der Bauer den Gutsherrn, der Knecht den Bauern, der Geselle den Meister, der Küster den Pastor usw.

Dahinter werden soziale Haltungen der Erzähler greifbar, deren Verhältnis zu ihren Geschichten sich in der Regel nicht auf die Freude an schwankhafter Komik beschränkte. Je stärker sich Tagelöhner, Bauern, Handwerker usw. in den überlieferten Geschichten spiegeln konnten, desto eher nutzten sie sie zu einer Selbstaussage: „Irgendwo Partei nimmt jo jeder bie de Geschichten. Meist jo ümmer för den, dee de Babenhand behöllt. Un dat sünd jo ümmer de Lütten", wie mir noch in den fünfziger Jahren ein alter Erzähler versicherte. Diese Haltung führte zu einer erstaunlich „ge-

Der Teterower Hecht,
nach einem mecklenburgischen Lokalschwank.
Brunnen von Wilhelm Wandschneider, 1913

treuen" Bewahrung der zum Teil seit dem 16. Jahrhundert und länger überlieferten Schwankstoffe. In das, was bereits geformt war, ging für gewöhnlich das eigene soziale Aussagebedürfnis ein.

Eine Sichtung der aufgezeichneten Schwänke ergab, daß der sozial akzentuierte Schwank nicht nur unter Landarbeitern, Bauern oder Handwerkern, sondern auch unter kleinen Beamten in erster Linie auf Kosten des Geistlichen lebte. Aber auch gegen Gutsbesitzer, Bauern, Handwerksmeister, überhebliche Städter und Staatsdiener haben alle sozialen Erzählergruppen Schwänke beigesteuert. Zum einen stand die gesamte werktätige Bevölkerung, bedingt durch den Kontakt zwischen Angehörigen verschiedener gesellschaftlicher Gruppen, weit stärker unter dem Einfluß der gleichen Überlieferung, als das bei Sage oder Märchen der Fall war. Und zweitens befand sich ein großer Teil der Erzähler nicht zeitlebens in der gleichen sozialen Lage. Wurde z. B. ein Geselle Meister und beschäftigte wieder Gesellen, vollzog sich in der Regel ein Wandel in seinen sozialen Anschauungen, aber er erzählte zum Teil die gleichen Schwänke weiter.

Wo Schwänke erzählt wurden, da sollten sie unterhalten, Heiterkeit erregen, eine behagliche Stimmung verbreiten, erholsames, befreiendes Gelächter auslösen. Aber in das Vergnügen des Lachens, sich „über die Defekte des Daseins zu erheben", mischte sich die Absicht zu treffen. Man erzählte und hörte besonders gern Geschichten, in denen andere „eins ausgewischt" bekamen. Dieser angreifenden Haltung verdankten zahlreiche Schwänke in erster Linie ihre Lebendigkeit. Besonders beim Anknüpfen der Schwankinhalte an die Sorgen des Alltags, um das tägliche Brot oder um die Selbstbehauptung im Dienstverhältnis, wird die soziale Gebundenheit des Verlachens deutlich greifbar. Im Gelächter über die Obrigkeit und die Advokaten entlud sich die Ablehnung von Staat und Justiz. In den Pastorenschwänken wollte man den Geistlichen treffen, der als „schwarzer Gendarm" von der Kanzel herab oft genug über das unchristliche Leben der Gemeindeangehörigen donnerte usw.

Da die Landarbeiter, Bauern, Handwerker, wenn sie sich Schwänke gegen Pastoren, Gutsherren, aufgeblasene Städter usw. erzählten, in der Regel unter sich waren, charakterisiert die soziale Thematik und Kritik dieses Schwankguts nicht nur die Erzähler, sondern die Hörer in gleichem Maße. Obwohl nicht automatisch von der Aussage überlieferter Stoffe auf die Trägerschichten geschlossen werden kann, spiegelt sie in hohem Maße deren Anschauungen wider. Schwänke wurden vor allem in gehobener Stimmung erzählt, und man fürchtete den sozial Bevorrechteten nicht mehr, wenn man in solcher Stimmung über ihn lachte. Hier wurde die Schwankwirklichkeit zur geglaubten Realität, waren die geschilderten Möglichkeiten einer schwankhaften Konfliktlösung so real, daß sie nachvollziehbar erschienen. Die Autorität der sozial Bevorrechteten ging in befreiendem Gelächter unter, ohne daß die Erzähler und Hörer als angreifender Teil sich eine Blöße gaben: So sehr sich jedoch mitunter der Erzählkreis auch von den vorgetragenen Schwänken mitreißen ließ – hinter allem Überlegenheitsgefühl in der Erzählstimmung blieb das Bewußtsein der eigenen gesellschaftlichen Gedrücktheit in der Realität. Lachen und Erzählen bildeten keinen Ersatz sozialen Widerstandes durch vergnügte Plauderei. Aber wenn Tagelöhner, Arbeiter oder kleine Bauern und Handwerker beim Erzählen ihren Spott an den Schwächen von Gutsherren, Pastoren, Beamten oder Städtern ausließen, so lag in dieser Unterhaltung eine bewußte, sozial zielgerichtete Aktivität.

In dieser sozialen Funktion erschöpfte sich das Leben von Schwank, Sage und Märchen in der mündlichen Volksüberlieferung des späten 19. und frühen 20. Jahrhunderts natürlich nicht, aber diese Seite der Volkserzählung gab ihr ein entscheidendes Gewicht.

Volkslegenden

Erstaunlich gering ist dagegen die Zahl der von Wossidlo und seinen Helfern gesammelten Legenden (nur ca. 2 % der Sagen), wenn man bedenkt, daß sich der Volksschulunterricht in Mecklenburg extrem einseitig auf Religion und biblische Geschichte konzentrierte.[34] Doch um die Jahrhundertwende, als der größte Teil dieser Legenden aufgeschrieben wurde, gehörten die befragten Erzähler – Tagelöhner, Handwerker, Arbeiter – sozialen Schichten an, die kirchlichem Leben bereits ziemlich fern standen. Was damals aus geistlicher Sicht als „Unglaube" erschien, war in Wirklichkeit zwar oft noch jene recht undogmatische Einstellung, wie sie der „Volksmund“ im Sagwort charakterisierte: „Wenn 't de Paster man nich süht, mit unsen Herrgott will 'ck woll farig warden, säd' de Buer, dor makt he sien Heu an 'n Sünndag.“ Aber auch Erzähler mit dieser Einstellung machten bereits vor religiösen Tabus nicht mehr halt. So handelt es sich nur bei einem geringen Prozentsatz der überlieferten Geschichten, die in der christlichen Vorstellungswelt angesiedelt wurden, um wirkliche Heiligenlegenden. Selbst in den Erzählungen über das irdische Wirken Gottes und Christi, die dem Prototyp der Legende noch am nächsten stehen, wurden beide Gestalten – nach einer treffenden Bemerkung Gorkis – vom Himmel auf die Erde herabgeholt und mit profanen Zügen ausgestattet. Die meisten vorliegenden Ursprungslegenden, in denen von der Erschaffung der Welt, des ersten Menschenpaares usw. „berichtet“ wird, wenden sich ihrem Gegenstand bereits mit humorvoller Distanz zu. Und bei den Apostelgeschichten, die sich vor allem um die Gestalt des Petrus gerankt haben, sowie bei den Teufelsgeschichten, in denen der Böse um eine Seele geprellt wird, überwiegen die komischen Züge so stark, daß wir es bereits mit Legendenschwänken zu tun haben. Hier wird deutlich, auf welche Weise die Phantasie des Volkes über den Darstellungsumkreis der Bibel hinaus – und oft unabhängig von ihr – die christliche Vorstellungswelt im Erzählgut illustriert oder in Frage gestellt hat. Es ging – im Unterschied zur literarischen Legende – kaum je um eine Propagierung der christlichen Glaubenslehre, sondern um eine wie auch immer geartete Anpassung der vermittelten Glaubensinhalte an die eigene Vorstellungswelt. Mitunter wurde das Geschehen ausdrücklich in Mecklenburg lokalisiert, wobei man sogar Ortsnamen nannte, und auch viele Details zeigen, daß hier heimische Verhältnisse unbewußt, aber aus der Sicht der Erzähler folgerichtig in Beziehung zur biblischen Welt gebracht wurden. Dabei glaubte man sich zum Teil wohl in Übereinstimmung mit der Bibel („In de Schrift steiht dat jo“), ging aber andererseits sehr frei mit deren Gestalten und Motiven um. So gaben die Legenden im Selbstverständnis ihrer Erzähler wenn auch nicht wirklich Geschehenes, so doch den Wesensgehalt des Überlieferten wieder, und wo der Inhalt nicht mehr als religiöse Glaubenswirklichkeit aufgefaßt oder hingenommen wurde, bewahrte man ihn um seines poetischen Reizes oder aus Spaß an seiner komischen Wiedergabemöglichkeit.

Poetische Kleinformen

Auch bei den poetischen Kleinformen, die Wossidlo und seine Helfer im späten 19. und frühen 20. Jahrhundert in einer Vielzahl von Belegen erfaßten, zeigen sich auffallend stark komische Züge. Unter den *Rätseln*, die einen beachtlichen Platz im Ensemble der Folkloregattungen einnahmen, wie Wossidlos Rätsel-Edition (1887) ausweist, dominierten zwar die alten bildhaften Vollrätsel in der Art *Lütt as 'ne Muus, hoch as 'n Huus, bitter as 'ne Gall, Herren mægen 't all* (Nuß), *Binnen blank un buten blank, löppt de ganze Welt lang* (Sonne) usw. Aber daneben war eine Vielzahl von Scherzrätseln im Umlauf: *Wecker Fisch is de höflichst? (de Bückling); Wat is dat best an de swart Koh? (Dat se witt Melk gifft)* usw., an denen sich bei familiären und außerfamiliären Unterhaltungen der Scharfsinn üben konnte.[35] Unter den Lebensverhältnissen der Landarbeiter, Kleinbauern und dörflichen Handwerker, wo andere schulmäßige Formen der Geistesbeschäftigung fehlten, bildete das Rätselaufgeben und -raten daher eine beliebte geistig aktivierende Beschäftigung.

Kaum überschaubar war die Fülle der kursierenden *Sprichwörter*, die mehr oder minder ernst oder humorig eine Lebensweisheit oder -regel wiedergaben, auf die sich der jeweilige Sprecher berief: *Wat den einen sien Ul is, is den annern sien Nachtigall; Wer sick för 'n Ossen utgifft, dee möt ok dorför trecken* usw.[36] Geradezu kennzeichnend für die mecklenburgische Sprichwortüberlieferung aber waren die Beispielsprichwörter oder Sagwörter, in denen oft sprichwörtliche Weisheit komisch relativiert wurde: *Aller Anfang ist schwer, säd de Deiw un stöhl toierst eenen Amboß; Kopparbeit grippt an, säd de Oss, as he den Plog trecken müßt,* usw. Wer solche Sagwörter im Munde führte – und sie waren um die Jahrhundertwende offenbar gängiger Bestandteil der Volkssprache in Mecklenburg –, der wollte sich in der Regel nicht rechtfertigen oder andere belehren, sondern witzig erscheinen und erheiternd wirken, wobei die Beispiele gar nicht drastisch genug sein konnten, z. B.: *Man möt allens bruuken, woto 't got is, säd de Buer, tröck sick 'n Bandworm ut 'n Noors un bünd' dormit de Schoh to.* Häufig ist fiktiver Kindermund mit im Spiel: de Jung' ist geradezu eine der wichtigsten Gestalten in diesem Sprichwortgenre.[37]

In der Kinderstube war überhaupt eine spezifische, reiche Folklore lebendig, die vom Wiegenlied über Finger-, Abzähl- und sonstige *Kinderreime* bis hin zu sprachlich verfestigten Scherzreden reichte, wie Wossidlo in seinen Werken „Kinderwartung und Kinderzucht" (1906) und „Kinderreime" (1931) in beeindruckender Weise demonstriert hat. Auch hier scheint der Spaß eine wichtige Rolle gespielt zu haben, wie etwa die Antworten auf die Frage „Mudder, wat sall ick nu don?" zeigen: „Legg di up 'n Buuk un deck di mit 'n Noors to!", „Lat di de Sünn in 'n Hals schienen!", „Kannst de Höhner melken!" usw.[38] An die Bekanntschaft mit solchem Sprachgut und mit Kinderreimen, Rätseln usw. in der Familie und im Kreis anderer Kinder schloß sich dann das Kennenlernen der lokalen Erzählüberlieferung an, die Wossidlos Gewährsleuten um die Jahrhundertwende, aber auch in den folgenden Jahrzehnten, vielfach schon großenteils aus der Kinderzeit bekannt war. Was sie damals im Familien- und Bekanntenkreis des öfteren erzählen gehört hatten, saß so fest, daß sie es bis ins Alter spontan oder auf Befragen zum besten geben konnten.

Volkserzählung in den zwanziger und dreißiger Jahren

Die zweite besonders fruchtbare Sammelperiode Wossidlos und seiner Helfer waren die Jahre zwischen den beiden Weltkriegen. Ihre Ergebnisse zeigen bereits ein gegenüber der Jahrhundertwende verändertes Bild. Die soziale Zusammensetzung der Trägerschichten war sich zwar im wesentlichen gleichgeblieben, aber die Proportionen hatten sich noch mehr zugunsten des Dorfes verschoben. In der Stadt, auch in der Kleinstadt, hatten sich offensichtlich durch ansteigende Vereinstätigkeit, durch Zeitung, Kino usw. verstärkt neue Möglichkeiten der Unterhaltung und Kommunikation erschlossen, die auch von Arbeitern, Handwerksgesellen usw. genutzt werden konnten, so daß das Erzählen zur Unterhaltung in den Hintergrund trat. Zugleich ließen gewachsene Bildung und Information vieles von dem Erzählgut der Väter als nicht mehr zeitgemäß oder gar als suspekt erscheinen. So galten auch auf dem Lande die Märchen inzwischen vor allem als Erzählgut für Kinder; und ganze Sagengruppen wie die Sagen von der wilden Jagd, von Drachen, Kobolden usw. waren weithin aus der Überlieferung verschwunden oder hatten doch zumindest ihren Glaubensgehalt für Erzähler und Hörer eingebüßt: „Dat sünd so olle Vertellnisse, denn ward noch 'n bäten tolagen, un denn is 't farig"; „Dat is grad' so as mit Rädensoorten. Dat grippt de Minsch sik ut 'n Wind rut, un denn geiht dat von Mund to Mund"; „Wenn man dat nu vertellen deit, seggen de Lüd': ‚Oh, wat sünd de Lüd' früher dumm wäst'."[39] Infolgedessen hatte die Sage ihr dominierendes Gewicht in der Überlieferung eingebüßt, und der Schwank war an die erste Stelle getreten. Das betraf nicht nur seinen proportionalen Anteil an den kursierenden Erzählstoffen, sondern auch und vor allem seine Lebendigkeit im mündlichen Erzählen. Darin drückte sich eine gewandelte Stellung der Trägerschichten zur Erzählüberlieferung aus, die auch am Beispiel anderer Genres der Volksprosa greifbar wird. So blieben z. B. vor allem jene Märchen lebendig, die komische Züge enthielten bzw. sich zu humoriger Wiedergabe eigneten. Spuk- und Gespenstersagen wurden zunehmend relativiert, indem man für ihr Geschehen rationale Erklärungen suchte oder es abschließend als Tun von Leuten enthüllte, die andere „gruugen maken“ wollten. Die christliche Glaubenswelt wurde fast nur noch in Legendenschwänken reflektiert, die ihr eine heitere Seite abgewannen; und von der einstigen reichen Rätselüberlieferung tradierte man vor allem die Scherzrätsel weiter.

So waren es – im Unterschied zum späten 19. Jahrhundert – auch nicht mehr die Märchen- und Sagenerzähler, sondern die Erzähler von Schwänken und anderem komischem Erzähl-, Rätsel- und Spruchgut, die der sprachlichen Volksüberlieferung das Gepräge gaben. Als Beispiel eines solchen Erzählers sei der Tischlermeister Stürzenbecher in Conow, Kr. Ludwigslust, angeführt, dessen Name unter zahlreichen Schwankbelegen im Wossidlo-Archiv steht. Stürzenbecher, 1854 in Quast geboren, lernte bei seinem Vater den traditionellen Familienberuf und richtete sich 1880, nach der Rückkehr von der Wanderschaft, in einer Conower Häuslerei eine einfache Werkstatt ein. Da er „flietig un sporsam“ war, konnte er trotz fünf Kindern die Werkstatt vergrößern und einen Gesellen einstellen, aber bis 1929, als er den Betrieb seinem jüngsten Sohn übergab, keine einzige Maschine anschaffen. Als Wossidlo ihn kurze Zeit später besuchte, erzählte er ihm tagelang seine Geschichten. – Stürzenbecher war bis zu seinem Tode (1934) geistig sehr rege. Er las täglich seine Zeitung und vertiefte sich oft in die Werke Reuters, den er sehr schätzte. Obwohl ein grüblerischer Mensch, der über alles Gehörte und Gelesene lange nachdachte und sich eine eigene Meinung zu bilden versuchte, besaß er doch einen gesunden Humor und einen ausgebildeten Sinn für Komik. So ergänzte sich seine Kenntnis der lokalen Sagenwelt durch eine Vorliebe für schwankhafte Erzählstoffe, die er – oft umgeformt – gerne und unerschöpflich zum besten gab, wie seine Enkel bezeugten: „Dee künn 'ne Gesellschaft unnerhollen.“ – „Up de Frugenslüd' wüßt he ümmer wat.“ – „Vom Pastor und vom Küster, und Bauer und Knecht, wie die sich immer gezankt haben, so was hat der immer erzählt.“ – Kennzeichnend für seine Erzählweise ist die häufige Ich-Form, die er bewußt gebrauchte: „Ick vertell dat so, as wenn ick dat sülben beläwt heff.“ Und er wußte genau, mit welchen Schwänken er bei seinen Zuhörern den meisten Anklang fand: „Man seggt jo ümmer: ‚Wat 'ne god' Geschicht is, dor is 'n Preester mit mang.‘“ Stürzenbecher ging zwar zur Kirche, stand aber kirchlicher Orthodoxie skeptisch und religiösen Dingen überhaupt offenbar ziemlich gleichgültig gegenüber. Dagegen interessierten ihn politische Tagesfragen brennend: „För Politik wir he dull instellt.“ Die Gesellschaftsschilderung in seinen Schwänken greift in fast alle Lebensbereiche. Er kannte also – wie zahlreiche andere dörfliche Erzähler in Mecklenburg – ein Großteil des kursierenden Schwankguts seiner Zeit und bewahrte bzw. betonte auch dessen traditionelle soziale Akzente.

Diese Akzente – in der historischen Sage wie im Schwank – hatten offenbar wenig von ihrer Aktualität eingebüßt und konnten (speziell in den Erzählungen über Gutsherren, Bauern, Advokaten) noch unmittelbar einem sozialen Aussagewillen über die Zeit dienstbar gemacht werden. Leider besitzen wir wenig genaue Anhaltspunkte darüber, welchen Stellenwert diese „klassischen“ Gattungen der Volksprosa neben den unmittelbar aus dem Alltag gegriffenen Erzählungen im mündlichen Erzählen zu dieser Zeit besaßen. Allerdings scheinen sich hier bereits Tendenzen abzuzeichnen, wie sie dann in der Erzählüberlieferung der fünfziger Jahre greifbar werden.

Volksdichtung als Erbe und das Erzählen im Alltag

In den ersten Jahren nach 1945 kam es in Mecklenburg zunächst zu einer Reaktivierung des Erzählens, da Einheimische und Umsiedler im Erzählen ihr Erlebnis der Kriegs- und Nachkriegszeit abreagierten und vielfach ihr regionales Erzählgut austauschten. Aber bald hatte jede Familie wieder ihr Radio bzw. hielt eine Zeitung, die beide mehr Neuigkeiten boten. Zudem brachte der „Landfilm“ das Kino auch aufs Dorf. Das Fernsehen führte in den fünfziger Jahren, als es noch etwas Sensationelles hatte, die Nachbarn erneut in der Freizeit zusammen. Doch dabei entstanden in der Regel nur passive Gemeinschaften von interessiert Schauenden, die sich mit der Zunahme der Fernsehgeräte bald wieder auf die Familie beschränkten. Auch die Zunahme des Lesens, die mit der verlegerischen Erschließung der Schätze der Weltliteratur und der Ansammlung privater Bibliotheken bei allen Schichten der Bevölkerung einherging, vollzog sich für gewöhnlich individuell. So traten das Lesen und Rundfunkhören, der Kinobesuch und mehr als alles zusammen das Fernsehen vielfach an die Stelle des früheren Erzählens oder schränkten es zumindest ein. Im Vergleich zum Volkslied, das man immer seltener im spontanen Singen hörte, während es durch Schul- und Betriebschöre bewußt gepflegt wurde, wurden Geschichten aller Art jedoch weiterhin recht viel erzählt: im Gasthaus, daheim bei Familienfeiern, in Arbeitspausen, auf der Eisenbahn usw. Hier begegneten immer wieder auch die „klassischen“ Gattungen der Volksprosa, so daß es möglich war, unmittelbar an die Sammelarbeit Wossidlos anzuknüpfen. Dabei ergab sich ein zunächst überraschender Befund: Wo in Mecklenburg nach dem zweiten Weltkrieg, auf dem Lande und in der Kleinstadt, Stoffe und Inhalte der alten Erzählgenres mündlich weiterüberliefert wurden, hatte das vielfach noch lange Jahre hindurch einen durchaus traditionellen Zuschnitt.[40] Dennoch bot sich schon in den *frühen sechziger Jahren* ein gegenüber der späten Sammelzeit Wossidlos stark verändertes Bild, das am besten anhand der „klassischen“ Genres erkennbar war.

Von ihnen besaß der Schwank noch die größte Vitalität. So waren die meisten meiner Gewährsleute Schwankerzähler, die – zumindest auf dem Lande – das traditionelle Erzählen bestimmten. Sie standen oft noch verhältnismäßig sicher in der Überlieferung und erzählten daraus weiter, was den meisten Anklang fand: Bauern-, Handwerker-, Pastoren-, Eheschwänke usw. Gewiß – die einzelnen Schwänke waren weniger Menschen bekannt, und sie wurden seltener erzählt als in den dreißiger Jahren. Aber sie wurden erzählt, wenn auch vor allem unter der älteren Generation. Unter ihr gab es noch bemerkenswerte Erzählerpersönlichkeiten, die hundert und mehr Schwänke im Kopf und auch ständig wiedergabebereit hatten wie August Rust in Cammin.[41] Welche Schwankgruppen bei den verschiedenen Gelegenheiten zur Sprache kamen, hing davon ab, wie sich der Erzählkreis zusammensetzte und worum das Gespräch kreiste. Für gewöhnlich stand die erheiternde Unterhaltung im Vordergrund. Nicht minder erfreute man sich jedoch an den „Spitzen“, die hier verteilt wurden, und vielfach wurde im Rückblick auch der sozialkritische Gehalt des Schwanks wieder lebendig. Mochte das Dargestellte meist auch schon durch die Realität überholt sein – vieles ließ sich aus dem historischen Abstand umso leichter verlachen.

Die mecklenburgische Sagenüberlieferung war Ende der fünfziger/Anfang der sechziger Jahre – auch auf dem Lande – stark zurückgegangen. Eigentlich konnten nur noch manche Alten über die heimische Sagenwelt Auskunft geben. Dabei handelte es sich meist um verbreitete Wanderstoffe, die an Hügel, Schluchten, Seen usw. der näheren Umgebung geknüpft wurden.

Der Erzähler August Rust (1890–1981), 1967

Doch der Inhalt dieser ätiologischen oder mythischen Sagen wurde nicht mehr geglaubt, sondern sie waren – von Ausnahmen abgesehen – zu „Geschichten" geworden, die mehr illustrativen als informativen Charakter hatten. Dagegen kamen in den sagenhaften oder anekdotischen Berichten über die Vergangenheit des jeweiligen Ortes zum Teil immer noch das Geschichtsbewußtsein und eigene historische Erinnerungen der älteren Generation zum Ausdruck. Einige alte Sagenkenner waren hier in die Rolle lebender Chroniken hineingewachsen. Aber es war kennzeichnend für den Stand der Überlieferung, daß sich kein überragender Sagenerzähler mehr fand, sondern daß die meisten nur einige der Sagen, um die sie wußten, auch wirklich zu erzählen vermochten. Zudem waren viele Sagen, die ich zu hören bekam, ausgesprochene Schwanksagen, in denen nach der Schilderung eines scheinbar übernatürlichen Erlebnisses eine komische Auflösung folgte. Auch diese Dinge wurden aber nur noch selten erzählt.

Nahezu erloschen war schon in den fünfziger Jahren die frühere mündliche Märchenüberlieferung. Auch die Sechzigjährigen kannten ihre Märchenstoffe schon zumeist aus dem Schullesebuch oder durch spätere Lektüre, und sie erzählten ausschließlich für Kinder. Während die Gewährsleute, die Schwänke oder Sagen erzählten, zumeist noch Gehörtes wiedergaben, d.h. aus dem Gedächtnis schöpften, war bei den Märchen das Buch, vor allem die Grimmsche Sammlung, allgemein sowohl zur Quelle wie zur ständigen Gedächtnisstütze geworden. Das schloß nicht aus, daß es bemerkenswerte Märchenerzählerinnen gab, die Grimmsche und andere Märchen, zum Teil sogar in Mundart, für ihre Kinder und Enkel nachzuerzählen pflegten. Aber solche Erzählerinnen bildeten eben doch die Ausnahme, und ihre erzählerische Nachgestaltung von „Buchmärchen" geschah in der Regel nicht mehr spontan, sondern stellte bereits eine Art bewußter individueller Erbepflege dar.[42]

Die Legende hingegen war völlig aus dem Erzählgut verschwunden. Selbst Legenden mit schwankhaftem Einschlag, wie sie Wossidlo noch wiederholt erzählt wurden, waren nur noch wenigen alten Leuten erinnerlich, und dann war vor oft sechzig und mehr Jahren bereits ein Schulbuch die Quelle gewesen. Was man noch gelegentlich hören konnte, waren mit der Personnage der Legende jonglierende Schwänke oder Witze, in denen der christlichen Vorstellungswelt komische Seiten abgewonnen oder in gezielter Verfremdung Probleme des Alltags dargestellt wurden.

Als wichtigstes neues Genre im mündlichen Erzählen nahezu aller Bevölkerungskreise, vor allem in der Stadt, fiel der Witz auf. Das Bedürfnis, den „neuesten Witz" zu hören, war bereits verbreitet, und bei der Knappheit der meisten Witze fanden sich auch Gelegenheiten, sie zu erzählen. Neben alten und neuen Witzthemen und -gruppen verschiedenster Art waren es vor allem zwei Witzsorten, die in den Erzählrunden das Bild bestimmten: der sexuelle und der politische Witz.

Wenn man den Leuten zuhörte, die im Gesprächsverlauf ins Erzählen kamen, handelte es sich freilich nur zum Teil um Witze – von den anderen tradierten Gattungen künstlerischer Volksprosa einmal ganz abgesehen. Was da vor allem erzählt wurde, das waren wie eh und je Geschehnisse des Alltags, die die Erzählenden gerade besonders bewegten oder durch den Gesprächszusammenhang berührt wurden.[43] Das gilt bis heute. Diese Geschehnisberichte basieren zum Teil auf eigenem Erleben der Erzähler oder dem ihrer Verwandten und Bekannten bzw. sind durch diese übermittelt. Zum Teil aber werden die Stoffe auch aus der großen Zahl von Berichten, die durch Fernsehen, Rundfunk, Zeitung, Illustrierte täglich neu geboten werden, als besonders bemerkenswert behalten und weitererzählt. Was da erzählt wird, ist so vielfältig wie die Vielfalt des menschlichen Lebens. So lassen sich von den wichtigsten dargestellten Inhalten her etwa Kinder- und Kindheitsgeschichten, Schul- und Studienanekdoten, Familienhistorien, Arbeitsgeschichten aus den verschiedensten Berufen, Krankengeschichten, Reisebegebenheiten, Lokalanekdoten über besondere Vorkommnisse, Nachbarschaftsklatsch verschiedenster Art usw. unterscheiden, wobei das Erzählte fast immer als wahr verbürgt wird. Ein reiches Illustrationsmaterial dazu haben Kuno Karls und Ernst Schneider mit den von ihnen gesammelten Erinnerungserzählungen aus Hagenow vorgelegt.[44] In diesen Erzählungen aus dem Alltag tritt bei näherem Zusehen mehr geformtes Erzählen zutage, als es bei sporadischer Beobachtung den Anschein hat. Zwar soll in der Regel nicht mehr als der Bericht von etwas tatsächlich Geschehenem gegeben werden. Aber ein Teil dieser Geschehnisberichte wird von den Erzählern als Teil ihres Erzählrepertoires immer wieder erzählt, ohne daß sie sich bewußt sind, daß es sich hier bereits um Geschichten handelt. Daneben spielen Nacherzählungen von Büchern oder Filmen, die besonderen Anklang gefunden haben, in der Unterhaltung eine nicht unwesentliche Rolle. Aber das größte Gewicht kommt der Alltagserzählung zu. Denn hier wird nicht nur geklœhnt, sondern hier kommen die aktuellen Probleme des täglichen Lebens zur Sprache, hier tauscht man sich im Erzählen unmittelbar über das aus, was einen bewegt.

In der Gegenwart führt die überlieferte niederdeutsche Volkserzählung im Buch, in der Zeitung, im Rundfunk usw. allerdings bereits eine „zweite Existenz", die fast wichtiger geworden ist als die Existenz in mündlicher Überlieferung. Viele lernen heute auch im erzählfreudigen Mecklenburg die landschaftliche Überlieferung an Sagen, Märchen, Schwänken usw. nicht mehr in erster Linie im lebendigen Erzählen, als Hörer, sondern veröffentlicht in Büchern, durch Lektüre kennen. Eine Reihe von Editionen, die das gesammelte Erzählgut publizistisch ausweisen, haben das Interesse breiter Bevölkerungskreise gefunden, so daß die Folklore zur Literatur, zum „Volkslesestoff" geworden ist. Bei dieser Wiederentdeckung der Volksdichtung unter den neuen sozialen und kulturellen Bedingungen der Gegenwart fließt vieles zusammen: das Interesse an der Kultur und am Erzählgut der Väter und Vorväter und der Wunsch, deren Dichten und Denken kennenzulernen, die Freude am poetischen Reichtum dieses Erbes, an seinem humanistischen Gehalt, an der Fülle farbiger Erzählstoffe, an der Schönheit der Form, an der Bildhaftigkeit und Ausdruckskraft der Erzählsprache usw. Und sicherlich spielt auch ein Schuß Nostalgie mit hinein.

Die Menschen, die dieses Erzählgut aufnehmen und zum Teil auch weitererzählen, selbst wenn sie noch in der mündlichen Tradition stehen, sind natürlich andere als früher. Für viele Erzähler, bei denen Sammler des späten 19. und frühen 20. Jahrhunderts aufzeichneten, machte der Inhalt ihrer Erzählungen einen wesentlichen Teil ihrer geistigen Welt aus. Heute ist das nur noch bedingt oder gar nicht der Fall. Die Menschen haben einen anderen Bildungs- und Erfahrungshorizont gewonnen, und sie sind um vieles geistig beweglicher geworden. Zwar habe ich noch zahlreiche, vor allem ältere Erzähler kennengelernt, die ein durchaus spontanes Verhältnis zu ihrem Erzählgut hatten. Aber wer heute Schwänke oder Märchen liest, hört oder erzählt, bei dem ordnet sich für gewöhnlich das Gefallen an dieser Volksprosa in eine Vielzahl anderer Interessen ein. Der heutige Mensch befriedigt seine vielseitigen geistig-kulturellen Bedürfnisse sowohl durch leichte wie anspruchsvolle Kost im Fernsehen, im Kino, im Theater, durch verschiedenartige Lektüre, durch das Hören von Musik unterschiedlichster Art usw. In dieses Spektrum paßt sich, mit individuell unterschiedlichem Stellenwert, irgendwo die Kenntnis der Volksdichtung bzw. das Verhältnis zu ihr ein.

Zugleich zeigt jedoch der reißende Absatz, den jede neue Sammlung von Volkserzählungen findet, daß dieses volkskünstlerische Erbe sich einen festen Platz im kulturellen Leben und Erleben im Mecklenburg unserer Tage erobert hat.

Anmerkungen

1 Richard Wossidlo, Mecklenburgische Sagen, Bd. 1–2, Rostock 1939, Bd. 2, S. XV f.
2 Richard Wossidlo, Geschichten, Riemels un Lüüd'snack. Mecklenburgische Volksüberlieferungen, neu hrsg. von Ulrich Bentzien, Rostock 1973, S. 273.
3 Ernst Heinrich Rehermann, Das Predigtexempel bei protestantischen Theologen des 16. und 17. Jahrhunderts, Göttingen 1977, S. 461 (Text aus dem Jahre 1602); Daniel Schneider, Titius continuatus et illustratus ..., Wittenberg 1669, S. 430.
4 E. J. Westphalen, De consuetudine ex sacco et libro in Germania sigillatim in Megapolia. Tractatio historica, etymologica et civilis, Rostock/Leipzig 1726, S. 224.
5 Bützowsche Ruhestunden, Theil 12, Bützow 1764, S. 49f.
6 Vgl. Paul Beckmann, Die Rethra-Sagen in Mecklenburg, Deutsches Jahrbuch für Volkskunde 5 (1959), S. 44–73.
7 Richard Wossidlo u. Gisela Schneidewind, Herr und Knecht. Antifeudale Sagen aus Mecklenburg, Berlin 1960; Gisela Schneidewind, Ein historisches Ereignis des 17. Jahrhunderts in Mecklenburg und seine Überlieferung in der Volkssage, in: Internationaler Kongreß der Volkserzählungsforscher in Kiel und Kopenhagen. Vorträge und Referate, hrsg. von Kurt Ranke, Berlin 1961, S. 378–384.
8 Ralf Wendt, Das Schweriner Petermännchen. Sage und Wirklichkeit einer Volksüberlieferung, Schwerin 1981.
9 Richard Wossidlo u. Siegfried Neumann, Volksschwänke aus Mecklenburg, 3. Aufl., Berlin 1965.
10 Bützowsche Ruhestunden 5 (1762) S. 30–40; 6 (1762) S. 69–77; 13 (1764) S. 49–56; 14 (1764) S. 68–78; 18 (1765) S. 14–22; 20 (1765) S. 26–33.
11 Mussäus, Ueber die niedern Stände auf dem flachen Lande von Meklenburg-Schwerin, Jahrbücher des Vereins für mekl. Geschichte und Alterthumskunde 2 (1837), S. 107–140, S. 130.
12 Veröff. in Jahrbücher (wie Anm. 11) 5 (1840), S. 74–100.
13 Vgl. Jenny Lind und die grüne Flanelljacke. Mecklenburgische Satiren und Anekdoten aus den Jahren 1844 bis 1849, hrsg. von Egon Schmidt, Rostock 1970, S. 147ff.; Der wahrhaftige Meklenburgische Prophet, Lübeck 1847, 1848.
14 Kurt Batt, Fritz Reuter. Leben und Werk, Rostock 1967, S. 151ff.; Siegfried Neumann, Fritz Reuter – vom Strom zum Läuschendichter. Kikut 10 (1985) S. 27–32.
15 Allgemein dazu: Siegfried Neumann, Richard Wossidlo und die mecklenburgische Volksdichtung, Kikut 5 (1980), S. 3–17.

16 Wossidlo, Sagen (wie Anm. 1), Bd. 1, S. XIV.
17 Zitate ebenda, Bd. 1, S. XII; Bd. 2, S. XVII.
18 Zitate ebenda, Bd. 2, S. 300, XLVII.
19 Zitate ebenda, Bd. 2, S. XXXIIf., XXIX, XVI, LV, LVII, 301.
20 Ebenda, Bd. 2, S. 311.
21 Ebenda, Bd. 2, S. XLV.
22 Gisela Burde-Schneidewind, Das steinerne Weib. Volkssagen aus fünf Jahrhunderten, Rostock 1979, S. 419.
23 Wossidlo u. Schneidewind (wie Anm. 7), Nr. 172b, vgl. auch ebenda Nr. 182f., 174, 177, 180f.; Gisela Schneidewind, Der Sagenkreis um den mecklenburgischen Gutsherrn Georg Haberland, Deutsches Jahrbuch für Volkskunde 5 (1959), S. 8–43.
24 Zitate Wossidlo, Sagen (wie Anm. 1), Bd. 2, S. XXV, XVII, XXXVII, XXXIII.
25 Burde-Schneidewind, Weib (wie Anm. 22), S. 419.
26 Siegfried Neumann, Mecklenburgische Volksmärchen, Berlin 1971, vgl. auch: Richard Wossidlo u. Gottfried Henßen, Mecklenburger erzählen, Berlin 1957; Siegfried Armin Neumann, Plattdeutsche Märchen. Volkserzählungen aus Mecklenburg, Rostock 1978. Auf diese kommentierten Editionen stützen sich vor allem die folgenden Ausführungen.
27 Richard Wossidlo, Die Tiere im Munde des Volkes, Wismar 1899.
28 Vgl. Neumann, Volksmärchen (wie Anm. 26), Nr. 58, 101, 107, 109, 113, 127 von Hecht und Nr. 66, 75, 105, 117, 122, 133 von Teßmann.
29 Ebenda, Nr. 60f., 78, 116.
30 Ebenda, Nr. 133, 117.
31 Wossidlo u. Neumann (wie Anm. 9); Siegfried Neumann, Plattdeutsche Schwänke, Rostock 1968.
32 Vgl. Siegfried Neumann, Der mecklenburgische Volksschwank. Sein sozialer Gehalt und seine soziale Funktion, Berlin 1964. Dieser Arbeit folgen z. T. die folgenden Ausführungen.
33 Wossidlo u. Neumann (wie Anm. 9), Nr. 8, aufgez. 1890.
34 Vgl. zum folgenden: Siegfried Armin Neumann, Plattdeutsche Legenden und Legendenschwänke. Volkserzählungen aus Mecklenburg, Berlin 1973.
35 Richard Wossidlo, Rätsel, Wismar 1897; die Textbeispiele S. 99, 105, 156, 150.
36 Vgl. Richard Wossidlo, Rimels, Wolgast 1924, S. 25ff.; Gisela und Siegfried Neumann, Geduld, Vernunft un Hawergrütt. Volksweisheit im Sprichwort, Rostock 1971.
37 Vgl. Siegfried Neumann, Das Sagwort in Mecklenburg um die Mitte des 19. Jahrhunderts im Spiegel der Mundartdichtungen Reuters und Brinckmans, Deutsches Jahrbuch für Volkskunde 12 (1966), S. 49–66; Richard Wossidlo u. Hermann Teuchert, Mecklenburgisches Wörterbuch, Bd. 1ff., Berlin/Neumünster 1942ff., passim.
38 Richard Wossidlo, Kinderwartung und Kinderzucht, Wismar 1906; derselbe, Kinderreime, Wismar 1931.
39 Wossidlo, Sagen (wie Anm. 1), Bd. 2, S. XXII, XVII.
40 Siegfried Neumann, Volkserzähler unserer Tage in Mecklenburg, Deutsches Jahrbuch für Volkskunde 15 (1969), S. 31–49.
41 Vgl. Siegfried Neumann, Ein mecklenburgischer Volkserzähler. Die Geschichten des August Rust, Berlin 1968, 2. erw. Aufl., Berlin 1970.
42 Vgl. Siegfried Neumann, Eine mecklenburgische Märchenfrau. Bertha Peters erzählt Märchen, Schwänke und Geschichten, Berlin 1974.
43 Vgl. Siegfried Neumann, Lebendiges Erzählen in der Gegenwart. Befunde und Probleme, in: Probleme und Methoden volkskundlicher Gegenwartsforschung, Berlin 1969, S. 157–167; derselbe, Volkserzählung heute. Bemerkungen zu Existenzbedingungen und Daseinsformen der Volksdichtung in der Gegenwart, Jahrbuch für Volkskunde und Kulturgeschichte 23 (1980), S. 92–102.
44 Kuno Karls u. Ernst Schneider, Fiek'n hätt schräb'n ut Hagenow, Heft 1, Erinnerungen an 17 stadtbekannte Originale; Heft 2, Erinnerungen an Ackerbürger, Bauern, Handwerker und Gewerbetreibende, Hagenow 1982, 1985.

Volkssprache

von Jürgen Gundlach

Bis ins 20. Jahrhundert hinein war die niederdeutsche Mundart in Mecklenburg Volkssprache. Inzwischen ist ein deutlicher Rückgang im allgemeinen Sprachgebrauch zu beobachten, und das Hochdeutsche ist weit vor das Plattdeutsche gerückt, obwohl man allerorts noch Plattdeutsch hören kann und es für manchen „Muttersprache" geblieben ist. Ferner scheint die Mundart mannigfach als Substrat hervor, nämlich als mundartliche Färbung der Umgangssprache in Lautung, Lexik und Syntax,[1] und zwar bis in Kreise der Intelligenz hinein (selbst wenn auf höchster Stilebene gesprochen wird). Bei diesem Sachverhalt könnte es verwundern, daß gerade in Kreisen, die den aktiven Mundartgebrauch schon aufgegeben haben, bei besonderen Gelegenheiten, wie Festen und Feiern, das plattdeutsche Wort sehr gefragt ist, das dann vor allem in gereimter Form vorgetragen wird. Hier wirkt die Tatsache nach, daß sich alle sprachliche Volkskultur, besonders die Volksdichtung, lange geschichtliche Zeiträume hindurch in der plattdeutschen Mundart verwirklicht hat. Wie es im Lauf der Zeit zu der gegenwärtigen Situation in Mecklenburg kam, soll im folgenden dargestellt werden.

Geschichtlicher Rückblick

Zu Beginn unseres Untersuchungszeitraums, um die Mitte des 18. Jahrhunderts, war das Niederdeutsche im wesentlichen auf den mündlichen Gebrauch beschränkt, während aller Schriftverkehr hochdeutsch erfolgte. Das Hochdeutsche hatte seit Beginn des 16. Jahrhunderts nach und nach immer weitere Bereiche für sich gewonnen und war zur verbindlichen Schriftsprache geworden. Der sprachlichen Entwicklung folgte ein Wechsel in der Bezeichnung des Niederdeutschen: Seit etwa 1700 begegnet für die Sprache der neue Ausdruck *plattdüütsch*, der *sassisch* und *nedderdüütsch* verdrängt.[2] Der mittelniederdeutschen Schriftsprache, der Handels- und Verkehrssprache der Hanse, geformt und geglättet in den Kontoren Lübecks und der Hansestädte des „Wendischen Kreises" (Wismar, Rostock, Stralsund, Greifswald), war nur eine verhältnismäßig kurze Blüteperiode von knapp zweieinhalb Jahrhunderten beschieden gewesen. Diese mittelniederdeutsche Hansesprache war in einem sprachlichen Ausgleichsprozeß entstanden aus den verschiedenen Mundarten, die jene Deutschen, die im 12. und 13. Jahrhundert erobernd und siedelnd in das von Slawen bewohnte Land eingedrungen waren, als ihre Sprache mitbrachten. Die Hansesprache war also eine Schreibsprache, während die Bewohner des Landes ihr mundartlich differenziertes Sprechen beibehielten, so daß deren verschiedene Herkunftslandschaften in der mecklenburgischen Mundart bis in unsere Tage an bestimmten Eigenheiten in Lautung und Lexik ablesbar sind.

Jedoch bereits um 1500 haben die maßgeblichen Männer der Kanzlei der mecklenburgischen Landesfürsten hochdeutsch gesprochen und geschrieben, wie sich überhaupt die herrschende Gesellschaftsschicht, der Adel, zuerst vom Niederdeutschen abkehrte.[3] Um 1550 ist der Übergang vom Niederdeutschen zum Hochdeutschen für die Universität Rostock und während der zweiten Hälfte des 16. Jahrhunderts auch für die Ratskanzlei der Stadt anzusetzen. Die Handwerkerrollen in Rostock wurden jedoch teilweise noch bis ins 17. Jahrhundert hinein niederdeutsch abgefaßt, und bis ins dritte Jahrzehnt des 17. Jahrhunderts blieb Niederdeutsch Unterrichtssprache in den Schulen, wenn auch sicherlich nicht durchgängig.

Für die Kirche gewann mit der Reformation die Volkssprache sogar neu an Bedeutung: „Es entstanden plattdeutsche Kirchenordnungen und mit ihnen plattdeutsche Liturgien aller gottesdienstlichen Feiern."[4] 1525 kam das erste, 1531 das zweite Slütersche Gesangbuch heraus. Nach einem hochdeutschen Zwischenspiel mußte 1557 sogar die mecklenburgische Kirchenordnung wieder niederdeutsch herausgegeben werden, und 1577 erschien in Rostock ein neues, viel benutztes plattdeutsches Gesangbuch.[5] In diesen Daten spiegelt sich die Sprachsituation der einfachen Bevölkerungsschichten wider, die das Hochdeutsche zunächst einfach nicht verstanden und bis ins zweite Viertel des 17. Jahrhunderts die Bibel lieber niederdeutsch als hochdeutsch lasen. Das Kirchenrechnungsbuch von Lichtenhagen bei Rostock vermerkt sogar noch 1732 zum „Klocken- und Leichlaken-Geld den 11 Maij: Hans Hagemeister ein sehr alter Mann aus Admannshagen, welcher nach Art der alten Teutschen einen langen breiten Zippel-Bart trug und platteutsch redete und in gleicher Sprache die Bibel in seinem Hause hatte."[6] Im Laufe des 17. Jahrhunderts setzte sich das Hochdeutsche als Predigtsprache in Mecklenburg durch, was noch um 1770 zu der Klage führte: „In 'r Kark hören wy nicks anners as disse verkranktsche (verteufelte) Sprak" (nämlich die hochdeutsche). Und eine Schelte wie „olle hochdüütsche Hund" zeigt eine noch deutlichere Ablehnung des Hochdeutschen.[7] Im täglichen Leben blieb Niederdeutsch für die ländliche Bevölkerung und auch für die meisten Städter Umgangssprache in der Familie, bei der Arbeit und auch in der Öffentlichkeit.

Es ist nun darzustellen, bei welchen sozialen Schichten, Kreisen und Berufsgruppen man sich weiter der Mundart bediente und welches die Gelegenheiten waren, bei denen sie gesprochen wurde. Und es bleibt aufzuzeigen, in welchem Umfang und warum auch im Gespräch die Mundart der hochdeutschen Umgangssprache oder der Schriftsprache gewichen ist.

Zuvor jedoch soll das „Gebilde" unserer Mundart in seinen charakteristischen Merkmalen und in seiner Entwicklung dargestellt werden. Diese Mundart wird gemeinhin die mecklenburgisch-vorpommersche genannt, weil der nördliche Teil des früheren Vorpommern mit der Insel Rügen im großen und ganzen mit dem Mecklenburgischen eine sprachliche Einheit bildet. Von der Darstellung ausgeschlossen bleiben die Mundart des Ostteils des Bezirkes Neubrandenburg, die dem Mittelpommerschen angehört, und die des uckermärkischen Kreises Templin mit den Städten Templin und Lychen und die des Südzipfels des Bezirkes Schwerin mit den prignitzschen Städten Perleberg, Wittenberge und Bad Wilsnack, beide sprachlich dem Nordmärkischen zugehörend.

Das Mecklenburgisch-Vorpommersche (im folgenden kurz „das Mecklenburgische" genannt) zählt zu den ostniederdeutschen Mundarten, die den Norden des von der mittelalterlichen deutschen Ostexpansion erfaßten Gebiets innehaben. Es hat vollen Anteil an allen charakteristischen Merkmalen des Niederdeutschen gegenüber dem Hochdeutschen mit den unverschobenen Tenues in *Päper, Appel, Dörp, Schipp* (‚Pfeffer', ‚Apfel', ‚Dorf', ‚Schiff'); *Tang', Kätel, dat* (‚Zange', ‚Kessel', ‚das'); *maken, ick* (‚machen', ‚ich'); den Mediä in *Disch, Dör* (‚Tisch', ‚Tür') und den alten Monophthongen in *min, Lüd', Hus* gegenüber den neuhochdeutschen Zwielauten in ‚mein', ‚Leute', ‚Haus', womit es auch hierin wie bei der nicht vollzogenen hochdeutschen Lautverschiebung auf der germanischen Lautform stehenblieb. Andererseits hebt es sich durch eigene Züge, die sich meist erst im Verlauf der jüngeren Vergangenheit herausgebildet haben, mehr oder minder scharf von seinen Nachbarmundarten ab. Die wichtigsten Sprachgrenzen lehnen sich dabei vielfach an die Landesgrenze an. Die politischen Grenzen vermochten auch der Ausbreitung und dem Vordringen sprachlicher Erscheinungen Grenzen zu setzen. Die sprachliche Einheit des nördlichen Hauptteils Mecklenburgs und Vorpommerns, die auf einen gemeinsamen Siedlerstrom, besonders westfälischer und ostfälischer Einwanderer, im 12. und 13. Jahrhundert zurückgeht, wurde durch die alte feste Grenze zwischen Mecklenburg und Pommern allerdings kaum beeinträchtigt.

So bietet denn die mecklenburgische Sprachlandschaft ein im großen und ganzen ruhiges und im wesentlichen einheitliches Bild. Das liegt zum guten Teil darin begründet, daß die Außengrenzen Mecklenburgs, wie schon ein Blick in einen Geschichtsatlas lehrt, durch die Jahrhunderte hindurch fast gleichblieben. Doch sind politische Grenzlinien einerseits, so die seit 1701 bestehende Grenze zwischen Mecklenburg-Schwerin und Mecklenburg-Strelitz, und andererseits eine geologische Scheide, der quer durch das Land gehende Endmoränenzug, der den besseren Boden des Nordens vom sandigen Süden scheidet, für die geographische Verbreitung von Wörtern und Lauterscheinungen nicht ohne Bedeutung.

Die Mundart – Lautstand und Wortgeographie

Die Hauptkennzeichen der mecklenburgischen Mundart gegenüber ihren Nachbarmundarten sind, ganz entsprechend der Empfindlichkeit des Vokalismus, der für das gesamte Niederdeutsche bestimmend ist, Erscheinungen des Lautstandes der Vokale: die Vokalerhöhung der langen Vokale mittlerer Zungenstellung e, o und ö vor r und der gedehnten kurzen Vokale (Frühdehnung) vor r und folgendem stimmhaftem Dental in Fällen wie *Ihr, Ierd', Uhr, Uurt, hüren* (‚Ehre', ‚Erde', ‚Ohr', ‚Ort', ‚hören') und die Diphthongierung von Vokalen mittlerer Zungenstellung in Fällen wie *Kauken, häuden, hei* (‚Kuchen', ‚hüten', ‚er').

Die Vokalerhöhung ist eine junge Lauterscheinung, die am Ende des 18. Jahrhunderts noch nicht allgemein durchgeführt war; frühe Belege finden sich jedoch schon um 1740. Ihr Geltungsbereich schließt Vorpommern mit ein und lehnt sich sonst weitgehend an die Landesgrenze an, nur im Südwesten wird diese nicht ganz erreicht; auf dem Fischland, am Ribnitzer Bodden, hielten sich die alten Lautwerte lange, heute aber hat sich auch dort die i- und u-Aussprache durchgesetzt.[8] Über die Seenplatte um Fürstenberg ist das mecklenburgische Gebiet der Vokalerhöhung mit dem der Uckermark verbunden, über Travemünde mit dem ostholsteinischen. Formen wie *Ihr, Uhr, hüren* sind der Gipfelpunkt einer umfassenden Vokalerhöhung vor r, die auch *âr* und *ar* vor stimmhaften Dentalen und im Auslaut ergreift; sie bewirkt die Aussprache *Johr, Hoor, sporen, Boort* (‚Jahr', ‚Haar', ‚sparen', ‚Bart'). Wie *Ihr* verhalten sich *mihr, Schir, Pierd* (‚mehr', ‚Schere', ‚Pferd'); wie *Uhr: Ruhr, Kuurn, Dur* (‚Rohr', ‚Korn', ‚Tor'); wie *hüren: stüren, Rühr, Hüürn* (‚stören', ‚Röhre', ‚Hörner'). Diese Tonerhöhung kann als das Hauptkennzeichen der mecklenburgischen Mundart im Verhältnis zu ihren Nachbarmundarten angesehen werden.

An zweiter Stelle steht die Diphthongierung der langen Vokale mittlerer Zungenstellung o, ö und e, wenn auf sie kein r folgt. Sie wird auf der Karte durch die Sprachgrenze *Koken/Kauken* (‚Kuchen') verdeutlicht. Doch bleibt von dieser Diphthongierung Mecklenburg-Strelitz, in Anlehnung an den Monophthongstreifen der Mark Brandenburg, ausgeschlossen; mit erfaßt wurden der nördliche Zipfel der Prignitz, Lauenburg und für *au* und *äu* auch Ostholstein. Aber selbst im Diphthongierungsgebiet behalten die größeren Städte Rostock, Wismar, Schwerin und Güstrow, doch auch Parchim, Grabow u. a., sowie einzelne kleinere, durch die Seemannssprache bestimmte Küstenorte die monophthongische Aussprache bei.[9] Monophthongisch blieben entsprechend im Vorpommerschen Greifswald, Stralsund und auch die Insel Rügen. – Die Diphthongierung ist älter als die Vokalerhöhung, sie ist schon vor 1700 reichlich belegt. Wie *Kauken* verhalten sich *Kauh, Haut, Bauk* (‚Kuh', ‚Hut', ‚Buch'); als Beispiele für das ö seien *bäuten* und *säut* (‚büßen', ‚süß'), als Beispiele für das e *Bein, breit, Seip* (‚Bein', ‚breit', ‚Seife') angeführt.

Ein drittes Kennzeichen ist möglicher Wandel des zwischenvokalischen -d- in -r-. Es wird auf der Karte durch die *mäur/mäud* (‚müde')-Linie wiedergegeben. Der Wandel tritt nach Apokope (Schwund im Auslaut) des folgenden tonlosen Vokals ein, z. B. in *tau Beer, Lür, Baur* (‚zu Bett', ‚Leute', ‚Bude'). Das Schleswig-Holsteinische hat das d bewahrt. Zwischen westlichen Bildungen mit d und mecklenburgischen mit r verläuft ein Streifen, der in breiterem Umfange, als es das Kartenbild vorführt, auch Westmecklenburg mit erfaßt, in welchem das d ganz verschwunden ist; es heißt dort *Lü* (‚Leute'), *mäu* (‚müde') usw.

Ein viertes Charakteristikum, das auch Mecklenburg-Strelitz umfaßt und über die alte Landesgrenze sonst nicht hinausgreift, ist das Kosesuffix -ing in Fällen wie *Mudding, Lütting, säuting* usw. Die Möglichkeiten, das Kosesuffix -ing an Wörter anzuhängen, sind fast unbegrenzt. Die Bildung, die nach Teuchert[10] ihren Entstehungsgrund im Mangel an Verkleinerungsformen hatte, tritt etwa seit 1800 auf. Die Beliebtheit von Reuters „Stromtid" und seiner Geschöpfe Mining und Lining leistete, wenigstens unter den lesenden Bevölkerungsschichten, der Verbreitung dieser Diminutivendung zusätzlichen Vorschub.

Alle erwähnten Beispiele, die leicht vermehrt werden können, zeigen, wie sich das Mecklenburgische als eigene niederdeutsche Mundart aus den Mundarten seiner Umgebung heraushebt, ein Eindruck, der durch viele Karten des Deutschen Sprachatlas bestätigt wird.

Am schärfsten ist die Grenze zum Brandenburgischen und Mittelpommerschen hin ausgeprägt. Sie deckt sich zunächst im wesentlichen mit der historischen Süd- und Südostgrenze Mecklenburgs und verläuft dann in östlicher Richtung von Friedland entlang Landgraben und Zarow zum Haff bei Ückermünde. Im Westen zeichnete sich dagegen bisher eine mehr oder minder breite Übergangslandschaft ab. So ist die zuerst genannte Tonerhöhung von o und e vor r von Mecklenburg aus ins Holsteinische und Lauenburgische vorgedrungen. Den auffälligsten Unterschied zwischen dem Plattdeutsch des alten niederdeutschen Sprachgebiets und dem Ostniederdeutschen sieht die niederdeutsche Philologie in der Bildungsweise des Präsens Plural. Dem westlichen Einheitsplural auf -t steht heute im Mecklenburgischen -en für die 1. und 3. Person gegenüber, also westlichem *wi, ji, se loopt* mecklenburgisches *wi lopen, ji loopt* (gelegentlich auch *ji lopen*), *sei lopen* (‚wir laufen' usw.). Diese -t/-en-Grenze deckt sich nahezu mit der alten Landesgrenze. Nur im Nord- und Südwesten greift die Bildungsweise des Altlandes etwas auf den mecklenburgischen Sprachraum über, sie ist aber gegenüber der mecklenburgischen *-en*-Bildung rückläufig.

Es gilt allerdings auf zwei Merkmale hinzuweisen, die einen Unterschied zwischen Mecklenburg und Vorpommern erkennen lassen, ohne daß das bisherige Bild von der mecklenburgisch-vorpommerschen Einheit korrigiert werden müßte. Die Karte 91 „Schwester" des Deutschen Sprachatlas zeigt eine *Swester/Schwester*-Grenze, die sich, ganz grob gesehen, an die Grenze zwischen Mecklenburg-Schwerin auf der einen und Vorpommern/Mecklenburg-Strelitz auf der anderen Seite hält. Heute, achtzig Jahre später, besteht diese Grenze nicht mehr. Vielmehr dringt die von Vorpommern aus durch hochdeutsches Schriftbild

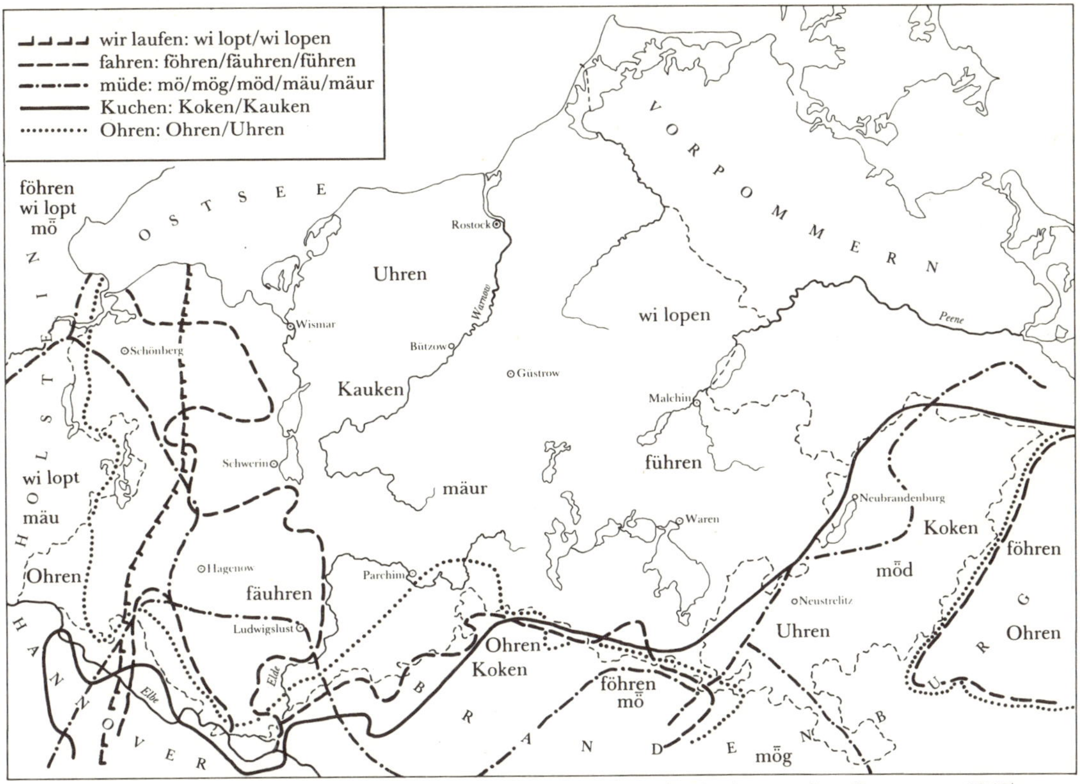

Formen- und lautgeographische Besonderheiten in Mecklenburg (in den historischen Grenzen vor 1945). Entwurf: Jürgen Gundlach

geförderte Neuerung nach Mecklenburg und darüber hinaus nach Westen vor. Dieser Wandel von *sl-, sm-, sn-* und *sw-* zu *schl-, schm-, schn-* und *schw-* erfaßte zuerst die Städte (Rostock bis 1925); inzwischen überwiegen auch auf dem Lande Formen mit *sch-*: *schlapen, schmeren, schniden, Schwin* (‚schlafen', ‚schmieren', ‚schneiden', ‚Schwein'). Endlich werden von diesem Wandel auch *sp-* und *st-* ergriffen in Fällen wie *Schtauhl* (‚Stuhl') und *schpälen* (‚spielen').

Zum andern steht mecklenburgisches *sniden* (‚schneien') vorpommerschem *schnigen* gegenüber, wobei die vorpommersche Form auch noch im Osten und Südosten Mecklenburgs einschließlich Stavenhagen gilt. Reuter und Brinckman schreiben beide den g-Einschub im Hiat. Wie *sniden/schnigen* stehen sich gegenüber *meiden* und *meigen* (‚mähen'), *dreiden* und *dreigen* (‚drehen'), *kreiden* und *kreigen* (‚krähen'), *Kreid'n* und *Kreig'n* (‚die Krähen'), *niden* und *nigen* (‚den neuen'); von *niden* leitet sich dann *nit* (‚neu') her. Der äußerste Südwesten des Landes hat keinen Hiateinschub. Es staffeln sich also von Südwesten nach Osten *meien/meiden/meigen*. Doch setzt sich, wie es scheint, der d-Einschub neuerdings immer mehr nach Osten hin durch.[11]

Innerhalb der bisher umrissenen mecklenburgisch-vorpommerschen Spracheinheit hebt sich nun aber eine westmecklenburgische Untermundart ab: Westliches *fäuhren* (‚fahren') steht östlichem *führen* gegenüber, westliches *veier* (‚vier') östlichem *vier*. (Für die Karte ist die Sprachgrenze *fäuhren/führen* ausgewählt worden.)[12] Diese diphthongische Aussprache endet im Westen an der Linie Lübeck–Hamburg, *fäuhren* setzt sich ins Hannoversche hinein fort. Die Ostgrenze von *fäuhren* (auf dem Kartenbild sehr vereinfacht) verlief buchtenreich von der Ostsee nordwestlich Grevesmühlen in südlicher Richtung bis Dömitz an der Elbe. Weiter nach Osten vorgeschoben war die Grenze von *veier/vier*, die von Rostock in südlicher Richtung verlief. Die diphthongische Aussprache ist stark im Rückgang begriffen. Heute weist nur noch das westliche Grenzgebiet gelegentlich diese Eigenarten auf, die einst als herrschende ländlich-bäuerliche Lautung bis zur Landesmitte und an der Küste sogar noch darüber hinaus verbreitet waren, während die bürgerlichen Kreise in den Städten sie nicht mitmachten. Wie *fäuhren* gingen *räuhren* (,rühren'), *Maur* (,Moor') und *Snaur* (,Schnur'), wie *veier*: *Beier* (,Bier') und *Deiert* (,Tier'), dazu gesellten sich dann Wörter wie *Heir* (,Hirte'), *weiren* (,sie waren'), *eierst* (,erst').

Was den Südosten des mecklenburgischen Sprachraums, das frühere Mecklenburg-Strelitz, das alte Land Stargard, betrifft, so wurde schon erwähnt, daß in ihm zwar die Vokalerhöhung von e, o, ö vor r, nicht aber die Diphthongierung von o, ö und e durchgeführt wurde. Daß dies bis heute unterblieb, erscheint angesichts der Reuterschen diphthongischen Schreibung verwunderlich. Aber einen so starken Einfluß übt die Mundartliteratur eben doch nicht in jedem Falle aus. Mit dem Übergang zur *schl-, schm-, schn-* und *schw*-Aussprache im ganzen mecklenburgischen Sprachgebiet ist dagegen heute ein Aussprachecharakteristikum der Mecklenburg-Strelitzer unauffällig geworden, das dort einst den Spottsatz für die ungewöhnlich erscheinende Aussprache der Mecklenburg-Schweriner hervorbrachte: *Min Swager ut Swerin hett 'n swart Swin.* Gegensätzlich bleiben mecklenburg-schwerinisches *Kor* (,Karre'), *Mäten* (,Mädchen') oder *fifundörtig* (,fünfunddreißig') gegenüber strelitzschem *Karr, Mäken* oder *fifundreißig*. Als besonders auffällig vom gemeinmecklenburgischen Standpunkt aus erscheint im Strelitzschen aber die *-a*-Aussprache von auslautendem *-er* (*werra* ,wieder', *bäta* ,besser', *Schlachta* ,Schlachter'), die für *-ern* zu *-an* führen kann (*gistan* ,gestern', *annan* ,andern'); so spricht der Märker auch in der hochdeutschen Umgangssprache und vor allem der Berliner![13]

Der folgende kleine Merksatz weist die meisten das Mecklenburgische von seinen Nachbarmundarten abhebenden Realisierungen des niederdeutschen Vokalismus auf und bietet auch je ein Beispiel für die Deminutivbildung, für die Pluralendung der Konjugation sowie für den intervokalischen Lautwandel des *d/t* zu *r*: *„Min Varring sin Käuh un Pir hebben vier Bein un twei Uhren"* (,Meines Väterchens Kühe und Pferde haben vier Beine und zwei Ohren').

Die Eigenständigkeit des Mecklenburgischen, welche die Entwicklung der Laute aufweist, zeigt sich auch vielfach bei den Bezeichnungen für Begriffe, Dinge und Tätigkeiten, also in der Wortgeographie. Besonders tritt hier der Unterschied zwischen dem Mecklenburgischen und dem Nordmärkischen hervor. Die alte Landesgrenze zwischen Mecklenburg-Strelitz und der Uckermark sowie zwischen Mecklenburg-Schwerin und der Prignitz ist in zahlreichen Fällen auch Wortgrenze, die sich mehr oder minder scharf abzeichnet. So stehen sich gegenüber mecklenburgisch *Quäk* (,Quecke'), *Eller* (,Erle'), *Pogg'* (,Frosch'), *Likduurn* (,Hühnerauge'), *Enkel* (,Fußknöchel'), *Flaumen/Flomen* (,Nierenfett'), *Rohm* (,Sahne'), *äg'* (,stumpf an den Zähnen nach saurem Obst'), *krüüdsch* (,wählerisch im Essen') und nordmärkisches entsprechendes *Päde, Else, Padde, Hästeroge, Knöäksel, Liesen, Sahne, bömig, kisätsch.* Die märkischen Wörter sind niederländischer Herkunft und gehen in der Mark bis auf das 12. Jahrhundert zurück, als die niederländischen Siedler ins Land kamen. Andere Wörter niederländischer Herkunft erfassen aber den Südosten Mecklenburgs, das alte Land Stargard, ganz oder teilweise mit als eine Folge der Besiedlung von der Mark aus. Dazu gehören *wätern* (,das Vieh tränken'), *Pütten* (,Ziehbrunnen'), *Tass* (,Scheunenfach'), *Risch* (,die zusammengeharkten losen Getreidehalme'), *Benn*

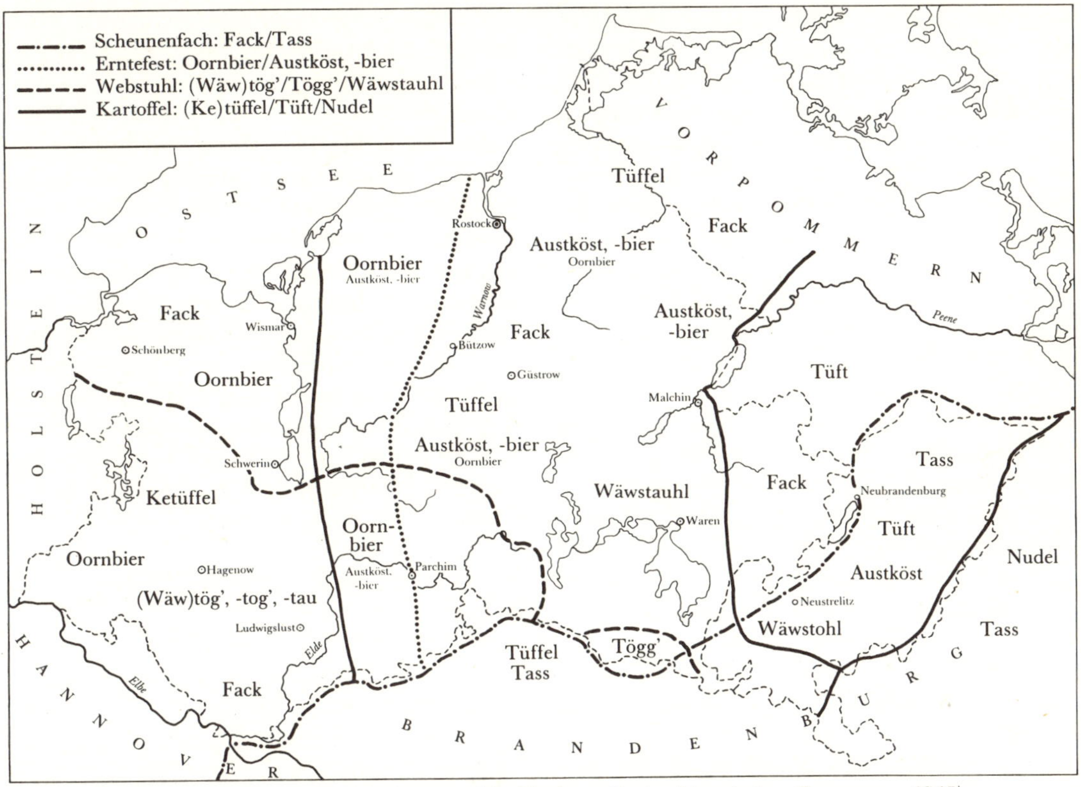

Wortgeographische Besonderheiten in Mecklenburg (in den historischen Grenzen vor 1945).
Entwurf: Jürgen Gundlach

(‚Schafraufe'). Das Mecklenburg-Schwerinsche hat dafür *börmen, Sod, Fack, Los'* (im Nordosten *Schüdd'*), *Röp*. Ein Wort niederländischer Herkunft hebt sich aus den anderen heraus: *Aust* (‚Ernte'). Es ist weit nach Westen vorgedrungen und hat das dort einst herrschende *Oorn* abgelöst. Es sind aber nicht nur Wörter ursprünglich niederländischer Herkunft, die das Mecklenburgische vom Märkischen abheben, und nicht alle gehen auf früheste Zeit zurück, wie z. B. *Wöddel* (‚Mohrrübe'), *Suerkrut* (‚Sauerkohl'), *Knirk* (‚Wacholder'), *Poggenstauhl* (‚Pilz'), *rohren* (‚weinen'), denen mit *Röw, Suerkohl, Wacholder, Pilz, weenen* märkische Wörter gegenüberstehen;[14] für ‚Veredeln von Bäumen' und ‚Stellmacher' geht mit *echt maken* und *Stellmaker* auch ganz Vorpommern mit dem Märkischen konform, während Mecklenburg mit *riesen* und *Rad'maker* mit dem alten niederdeutschen Sprachraum des Westens verbunden ist. Westmecklenburgische Wörter, die mit (Ost)holstein oder Lauenburg zusammengehen, sind u. a. *Hamm* (‚Haken des Sensenblattes'), *Tœt* (‚Stute'), *Falg'* (‚brachliegender Acker'), das übrige Mecklenburg weist dafür *Angel, Staut* und *Braak* auf.

Von untergeordneter Bedeutung sind – mit Ausnahme der aufgezeigten Besonderheiten des alten Stargarder Landes – Wortgrenzen innerhalb des mecklenburgischen Sprachraums. Der Südwesten, der auch in der Lautung bis heute mehrere Besonderheiten bewahrt hat, hebt sich in einigen Fällen ab; so ist dort, wo die Hausweberei lange betrieben wurde, das ursprüngliche *Wäwtög'* für ‚Webstuhl' erhalten geblieben gegenüber sonst im Lande schon als plattdeutsche Lehnübersetzung herrschendem *Wäwstauhl*;[15] und das plattdeutsche Wort für ‚Sense' ist dort bis heute überwiegend

Seißel gegenüber sonst im Lande gültigem synonymem *Seiß.*[16] Der für den Wortbestand des Mecklenburgischen bestimmende Landesteil ist der Norden zwischen der Ostsee und dem Endmoränenrücken; in ihm gilt *(Ledder)tram* (‚Leitersprosse') und *(Wagen)trad'* (‚Wagenspur') gegenüber *(Ledder)sprat* und *(Wagen)läus'* südlich des Endmoränenrückens. Auch für ‚Erntefest' steht sich ein Wortpaar gegenüber mit *Oornbier* im Nordwesten und *Austköst* im Hauptteil des Landes. Daß es auch in jüngerer Zeit noch gelegentlich zu einer räumlichen Differenzierung bei Benennungen ein und derselben Sache kommen kann, dafür stehen die unterschiedlichen Wortformen *(Ke)tüffel* und *Tüfften* (‚Kartoffeln'), die im größeren Teil des Landes bzw. im Südosten vorherrschen.

Der historisch arbeitende Sprachwissenschaftler schenkt den Erscheinungen der Wortgeographie selbstverständlich besondere Beachtung; die räumliche Verteilung alten Wortgutes bietet ihm u.a. Hinweise auf die Herkunftslandschaft der deutschen Siedler. Für das heutige Bild der Mundart, für den Eindruck, den sie beim Hören hervorruft, spielt aber die Realisierung der Laute eine weit größere Rolle. Denn jene unterschiedlichen Wortpaare machen nur einen kleinen Teil des Gesamtwortschatzes aus und sind heute zudem nicht mehr allgemein gebräuchlich, sei es, daß die benannte Sache aus dem früheren Landleben kaum noch bekannt ist, sei es, daß nur das plattdeutsche Wort sich behauptet hat, das durch das entsprechende hochdeutsche gestützt wird.[17] Zu letzteren zählt z.B. *Arpel* (‚Enterich'), welches gegenüber *Wädick*, dem im Mecklenburg-Schwerinschen einst herrschenden Wort, die größere Überlebenschance hat. Als noch weit lebenskräftiger erweist sich das schon erwähnte plattdeutsche Wort für ‚Ernte': *Aust*; das rückläufige, ursprünglich im größten Teil des Landes gebräuchliche *Oorn* hat in der norddeutschen Lautung keine spürbare Stütze, so daß es nur im Schutz der konservierenden Wortzusammensetzung *Oornbier* (‚Erntefest') größere Resistenz aufweist. Auch Wörter, die zum Allgemein- bzw. Mindestwortschatz einer im Rückgang befindlichen Mundart gehören, widerstehen der Tendenz, ein eigenständiges Mundartwort durch eine plattdeutsche Lehnübersetzung zu ersetzen oder aber das hochdeutsche unverändert zu übernehmen, eher als wenig gebrauchte Wörter. So bleiben *Aust* für ‚Ernte', *trecken* für ‚ziehen', *bäuten* für ‚heizen', *bannig* für ‚sehr', *kieken* für ‚sehen', *lütt* für ‚klein', *pedden* für ‚treten', *Schapp* für ‚Schrank', *täuben* für ‚warten', *böhren* für ‚tragen', *dal* für ‚herunter', *Klock* für ‚Uhr', *Büx* für ‚Hose', um nur diese unter vielen anderen zu nennen, auch weiterhin ungefährdet.

Der Gebrauch der Mundart auf dem Lande und in der Stadt

Diese hier verhältnismäßig ausführlich beschriebene Mundart hatte der größere Teil der Bevölkerung Mecklenburgs auf längere Zeit als einziges Mittel für die mündliche Verständigung zur Verfügung. Indem aber Staat, Schule und Kirche zum Hochdeutschen übergingen, war dessen Gebrauch nicht nur für Kanzleien und die Universität, also für die über den niederdeutschen Sprachraum hinaus Korrespondierenden, aus praktischen Gründen angeraten, sondern das Hochdeutsche war für die gesamte Bevölkerung gewissermaßen zum normativen Ziel erhoben worden. So wurde die Kenntnis des Hochdeutschen in der Schule erlernbar angeboten, wobei von dem Angebot hier mehr, dort weniger Gebrauch gemacht wurde. Allerdings sind der heutige Bildungsstand breiter Kreise der Bevölkerung und das heutige Leseverhalten, z.B. die tägliche Lektüre einer Zeitung, erst eine Erscheinung dieses Jahrhunderts. Im 18. und auch im 19. Jahrhundert lagen die Dinge ganz anders. Aus Fritz Reuters

„Stromtid“ (Kapitel 35) z. B. wissen wir, daß noch um die Mitte des 19. Jahrhunderts der zeitunglesende Bürger in der Minderheit war, wenn sich auch im städtischen Schulwesen schon eine Verbesserung ergeben hatte: der Schulzwang hatte sich durchgesetzt, und die Volksschulen waren Gemeindeanstalten geworden. Auf dem Lande aber beschränkte sich der Unterricht noch bis um 1900 auf Religion, Singen, Lesen, Schreiben und Rechnen. Die hauptsächlich auf religiöse Stoffe zielende Schullektüre bot wenig Anreiz für später: „Mit Lesen beschäftigt sich der Bauer ... wenig; die Bibel, das Gesangbuch und vor allem der Kalender ist die Lektüre, auf die er sich beschränkt.“[18] So ist es leicht erklärlich, daß die Mundart das sprachliche Verständigungsmittel der einfachen Landbevölkerung blieb. Das auf der Dorfschule gelernte Hochdeutsch diente dem seltenen Verkehr mit Behörden, mit Gutsbesitzer, Arzt und Pastor sowie im Gottesdienst – dort als gelerntes Gebet und Gesang. Es blieb im Grunde eine oft mühsam erlernte Fremdsprache, so daß es selbst bei der Erziehung der eigenen Kinder nicht angewandt wurde. Die plattdeutsche Erziehung der Kinder sahen die mecklenburgischen Landschullehrer übrigens nicht ungern, hatten sie doch andernfalls gegen früh angelernte Fehler zu kämpfen. War schon das hochdeutsche Sprechen ungewohnt, so war es das Schreiben vollends. Der viel gebrauchte Topos *schräben Schrift*, der das Handgeschriebene im Gegensatz zum Gedruckten bezeichnet, hat auch den Nebensinn des Beachtlichen.[19] Galt es schon als bemerkenswert, daß jemand *schräben Schrift* lesen konnte, so war das Schreiben selbst auf dem Lande noch im 19. Jahrhundert eine nur von wenigen beherrschte Kunst. Allerdings war das Sprachverhalten der Ackerbürger, Tagelöhner, Arbeiter, Handwerker und Gewerbetreibenden in den kleinen Landstädten kaum anders.

Das Verhältnis von Mundart und Hochdeutsch um die Mitte des 19. Jahrhunderts in Gutsdorf und Kleinstadt wird nirgends anschaulicher als in Reuters Stromtid-Roman.[20] Fritz Reuter lebte zu jener Zeit zunächst als „Strom“ auf ritterschaftlichen Gütern, war vorübergehend tätiges Mitglied des Reformvereins in seiner Vaterstadt Stavenhagen, dem Rahnstädt der „Stromtid“, und zog nach dem Sieg der Reaktion in das vorpommersche Treptow, wo er sich als Privatlehrer niederließ. Was er in diesen Jahren zwischen der Entlassung aus der Festungshaft und dem Erscheinen seiner „Läuschen un Rimels“ erlebte, ging ein in seinen großen Roman „Ut mine Stromtid“, wobei sich Reuter als scharfer Beobachter der sozialen Verhältnisse wie der Sprachsituation zeigt.

Wir begegnen in der „Stromtid“ vom adligen Rittergutsbesitzer bis zu Tagelöhner, Knecht und Magd, vom Bürgermeister, Advokaten und Arzt bis zum mittellosen Handwerksgesellen allen Schichten der Bevölkerung in ihrer Sprache bei den verschiedensten Gelegenheiten. Dabei ergibt sich folgendes Bild: Der Adel, repräsentiert durch die Familie des Rittergutsbesitzers von Rambow, spricht nur hochdeutsch, auch mit den Bediensteten und den Tagelöhnern. Tagelöhner und Bedienstete ihrerseits sprechen ausschließlich plattdeutsch, ebenso deren Kinder, selbst den Pastorsleuten gegenüber, so wenn sie sich für die Weihnachtsgaben mit „Ick bedank mi ok“ oder „Ick bedank mi ok velmal, Herr Paster“ bedanken (Kapitel 7). Hochdeutsch sprechen in der Kleinstadt Rahnstädt die akademisch Gebildeten: Bürgermeister, Advokat, Pastor, Arzt und Schulrektor, während die Handwerksgesellen selbst in öffentlichen Versammlungen des Rahnstädter Reformvereins plattdeutsch das Wort ergreifen (Kapitel 38).

Zwischen den beiden sprachlichen Polen, dem Nur-Hochdeutschen der zahlenmäßig kleinen ersten und dem Nur-Plattdeutschen der großen zweiten Gruppe liegt ein Mittelfeld mehr oder minder differenzierten sprachlichen Verhaltens. Ihm gehören fast alle handlungstragenden Personen der „Stromtid“ an: Bräsig, Hawermann, Familie Nüßler, Frau Pastor, Familie Pomuchelskopp, Fritz Triddelfitz, Kaufmann Kurz, Zimmermann Schulz. Der bürgerliche Rittergutsbesitzer Pomuchelskopp verkörpert den Typ des nur auf Gewinn und Ansehen bedachten prahlerischen, gewissenlosen Emporkömmlings. Seiner Herkunft gemäß ist ihm das Plattdeutsch die natürliche Umgangssprache. So spricht er meistens plattdeutsch mit seiner Frau, gelegentlich aber auch missingsch bis hochdeutsch, so, wenn er ihr seine Zukunftsträume ausmalt: „Häuhning", säd hei tau sine Fru, „hier in Pommern schuhriegelt uns ein jeder, und der Landrat sagt hier: so soll's sein; aber in Meckelnburg sind wir die Gesetzgeber, ich immer mitten mang. Und wie ich man gehört habe, so soll es da gebräuchlich sein, daß die reichen Bürgerlichen, wenn sie sich man immer zu dem Adel halten, mit der Zeit selbst adlig werden. – Küking, denk dir, daß sie dich mal gnädige Frau von Pomuchelskoppen titulieren müssen ..." (Kapitel 6). Ein gestelztes Missingsch spricht er auf dem Landtag zu Malchin und im Rahnstädter Reformverein: „Ich bün kein Redner, ich bün ein einfacher Landmann ... Ich bün ganz for Freiheit, ganz for Gleichheit, ganz for Brüderlichkeit" (Kapitel 38). Seine Kinder versucht er hochdeutsch zu erziehen: „Philipping, laß nu das Hauen sein; Mama mag das nich" (Kapitel 5). Im Gegensatz zur meist plattdeutsch sprechenden Frau Pomuchelskopp sprechen die großen Töchter Salchen und Malchen nur hochdeutsch (Kapitel 20).

Jochen Nüßler, Pächter von Rexow, einem Gut unter Mittelgröße, spricht ausschließlich plattdeutsch. Das Plattdeutsche ist auch Frau Nüßlers Sprache. Aber die Töchter Mining und Lining sollen Bildung und Wissen von einer Erzieherin empfangen, ehe Pastor Behrens sich der Zwillinge annimmt. Als kleine Mädchen sprachen sie nur plattdeutsch, die Verbindung zum Pastorhause bringt ihnen auch ein einwandfreies Hochdeutsch ein, so daß sie sich dann je nach Gelegenheit hochdeutsch oder plattdeutsch äußern: untereinander und mit den Eltern bleiben sie beim Plattdeutschen, im Pfarrhause, in das nach Pastor Behrens' Tod Gottlieb und Mining als neue Pastorsleute ziehen, spricht man hochdeutsch, wie Pastor Behrens es getan hatte. Die Frau von Pastor Behrens ist zweisprachig und wechselt, je nachdem, welchen Gesprächspartner sie hat: hochdeutsch unterhält sie sich mit den heranwachsenden jungen Mädchen Louise, Mining und Lining, plattdeutsch mit Bräsig. Sie wechselt von einem Satz zum andern:

Bräsig stellte nu Hawermannen vör as en Brauder von de Madam Nüßlern. „Sei sünd ehr Brauder? Ehr Korl-Brauder? – Nun, setzen Sie sich, setzen Sie sich! Was wird mein Pastor sich freuen! Immer, wenn Madam Nüßler bei uns ist, wird von Ihnen gesprochen – immer Gutes – der Herr Inspektor weiß es. – Mein Gott, Bräsig, wat hewwen Sei mit min Gesangbauk tau dauhn! – Laten S' mi dat Bauk liggen! Sie lesen doch nicht darin. Sie sind ein alter Heide." (Kapitel 3). Plattdeutsch spricht sie auch zum Dienstmädchen (Kapitel 3).

Von den beiden Gutsinspektoren spricht Hawermann in der Regel plattdeutsch, Bräsig sein Missingsch. Beide aber machen Ausnahmen. Bräsig, der Fortgeschrittene, Aufgeklärte, stets auf die Mode Sehende, hat sich zum Hochdeutschen entschlossen, dabei aber nur sein Missingsch zustandegebracht. Das spricht er beharrlich, aber bei großer Erregung oder innerem Bewegtsein fällt er gelegentlich in sein ursprüngliches Plattdeutsch zurück:

De Dör gung up, un Hawermann kamm mit sin lütt Döchting up den Arm herinne. – Entspekter Bräsig fohrt in de Höcht! „Daß du! ... – die Nase in's Gesicht behältst", wull hei seggen; äwer wenn em wat Irnstliches bedrapen ded, denn föll hei leider ümmer in de plattdütsche Red – „Korl Hawermann, ... wo kümmst du her?" (Kapitel 2). Als es ihm darum geht, für seinen Freund Hawermann eine neue Arbeitsstelle zu finden, scheidet er die bei seinem Grafen von vornherein aus, auch um Hawermanns

Sprache willen, dem er das Hochdeutsche offenbar nicht zutraut: „Mein gnedigster Herr Graf sucht freilich für dem Hauptgute einen düchtigen Entspekter, aber, Korl, nimm's mich nich übel, du paßt dich nich dahin. – Sühst du, da mußt du alle Morgen mit blankgewichste Stiewel un in en Kledrock zum Apport un mußt mit ihm hochdeutsch reden, denn Plattdeutsch hält er for Ungebildetheit ...“ (Kapitel 2). In der Tat beherrscht Hawermann aber das Hochdeutsche, wie Bräsig es verlangt, und er gebraucht es – ein Akt der Höflichkeit – stets im Umgang mit der Familie von Rambow und auch, wenn er mit dem Pastor spricht. Seine Tochter Louise wird im Pfarrhaus hochdeutsch erzogen.

Fritz Triddelfitz, der auf Pümpelhagen in der Lehre befindliche Landwirtschaftseleve, ist der Sohn des Rahnstädter Apothekers und als solcher wohl hochdeutsch erzogen. So spricht er im Umgang mit Respektspersonen, aber auch sonst hochdeutsch, doch bringt er es dabei zu manchen Stilblüten. Denn er ist, unter den plattdeutsch sprechenden Kindern und Jugendlichen einer Kleinstadt aufgewachsen, eigentlich ein Plattdeutscher geblieben, davon zeugt sein plattdeutsches Denken und sein Überwechseln zur Mundart bei unkontrolliertem, spontanem Sprechen:

„Ja“, säd hei, as hei in de Pirdstalldör stunn un de Abend lis' un düster dalsackte, „wat is Lowise Hawermann gegen desen Engel von gnedige Fru? ... Ja, un wenn ick nu irst de Voßstaut heww, denn – ‚gnädige Frau, befehlen Sie? – Vielleicht ein Brief zur Post zu besorgen?‘, oder wenn sei so des Abends denn mal von'n Ball ut Rahnstädt taurügg kümmt un oll Daniel Sadenwater is nich glik bi de Hand – den Wagenslag upgereten! ruteböhrt! – ‚Ach Gott, ich habe mein Taschentuch in Rahnstädt vergessen‘, oder ‚meine Kaloschen.‘ – ‚Soll gleich besorgt werden‘, un denn sett ick mi up de Voßstaut – ks ... hsch ... – vörwarts geiht sei – in 'ne halwe Stun'n bün ick wedder dor – twei Mil in 'ne halw Stun'n – ‚gnädige Frau, hier sind die Kaloschen‘, un denn seggt sei: ‚Danke, lieber Triddelfitz, diese Aufmerksamkeit ...‘ Dat di dat Dunnerwetter, de verfluchte Distel!“, denn as hei nu in'n sticken Düstern nah Hus gahn wull, was hei in sine Leiwsgedanken äwer'n Wagendistel schaten (Kapitel 15).

Im 22. Kapitel der „Stromtid“ läßt Reuter uns teilnehmen an einer Partie Boston, einem Kartenspiel, zu welchem die Städter, der Rektor Baldrian und sein Schwager Kaufmann Kurz, nach Pümpelhagen zum Inspektor Hawermann hinausgekommen sind, bei dem sich auch Bräsig eingefunden hat. Das dem Spiel vorausgehende und es begleitende Gespräch ist in seinem Inhalt typisch für einen solchen Anlaß und in der gewählten Sprachform charakteristisch für das Sprechverhalten der Teilnehmer: Die das Ausspielen begleitenden launigen Topoi wie „Herzog Michel fiel ins Land“, „Coeur, Herr Oberförster“, „Herze mich un küsse mich un krünkle meine Krause nich“ bei ‚Herz‘ steuern alle hochdeutsch bei, sonst aber spricht Inspektor Hawermann nur plattdeutsch, Bräsig nur sein Missingsch, der Rektor nur hochdeutsch und Kaufmann Kurz plattdeutsch und gelegentlich missingsches Hochdeutsch. Im großen und ganzen also dominieren Mundart und mundartnahe hochdeutsche Umgangssprache. Nur der Rektor bedient sich durchgehend der hochdeutschen Sprache auf hoher Stilebene, was die Spiel- und Gesprächsatmosphäre nicht stört.

Dem Rahnstädter Rektor und dem Kaufmann Kurz begegnen wir wieder auf der Versammlung des Reformvereins, wo sie wie viele andere Mitglieder das Wort ergreifen (Kapitel 38). Auch bei der Schilderung dieser Begebenheit zeichnet Reuter ein treffendes Bild von der Sprachsituation einer typischen mecklenburgischen Kleinstadt und vom Sprechverhalten der Einwohner, die zum größten Teil Mundart sprechen. Selbst bei einer politischen Versammlung, die unter einem nur hochdeutsch sprechenden Akademiker tagt, werden die meisten Einwürfe plattdeutsch getätigt, so die der Tagelöhner, der Handwerksgesellen, der Handwerker, des Gastwirts, des Fuhrmanns. Nur wenige versuchen sich gelegentlich, um der Bedeutung der Versammlung gerecht zu werden oder ihrer Meinungsäußerung Gewicht zu verleihen, auf Hochdeutsch, so der Kaufmann Kurz, der Färber Meinetwegen und der Zimmermann (Meister) Schulz: „Das wäre nicht meine Meinung ... Was stände er hier in dem Saal, wenn über ihn abgestimmt wird? Könnte er nich in Bescheidenheit rausgehn? – Aber nein – Denn worum? – Weil er (nämlich Pomuchelskopp) ein Großmogul is – Ich sage: rut! rut!"

Überblickt man die von Fritz Reuter in seiner „Stromtid" nachgezeichnete Sprachsituation, so findet man die dominierende Rolle der Mundart noch bestätigt, die Entwicklungsrichtung zum Hochdeutschen hin ist aber schon unübersehbar. Was das Plattdeutsch selbst betrifft, so wurde dieses nicht im ganzen mecklenburgischen Sprachraum so gesprochen, wie Reuter es nach dem Platt seiner ostmecklenburgischen Heimat schrieb. Schon 1825 beanstandete der Rostocker Professor H.E. Floerke vom Standpunkt der „gebildet seyn wollenden Menschen" Aussprachegewohnheiten „im Munde der Bauern": „Hund lautet *Hujnd*, ... zu Holze gehen: *to Holj gahn*; wofür die Städter noch *Holt* sagen".[21] Damit wies er auf die soziale Komponente als bestimmend für das Sprechverhalten hin, auch in der Mundart. Für die Mitte des 19. Jh. lassen sich in dem westmecklenburgischen Dorf Büschow bei Warin geradezu zwei „Arten der Volkssprache" unterscheiden, das „bäuerische Niederdeutsch", welches die Bauern und Tagelöhner und der eine oder andere Handwerker mit ihren Familien sprachen, und ein „für feiner geltendes, der städtischen Sprache gleiches" Niederdeutsch, in dem man sich „etwas höflicher und verbindlicher" ausdrückte als in dem bäuerischen und das die „Dorfvornehmen" sprachen, zu denen „die Familien des Lehrers, der Erbpächter und halbwegs noch einiger wohlhabender Handwerker" gehörten.[22] Dort standen sich in der Aussprache u.a. *Vader* und *Vadder, veier* und *vier, Ejer* und *Eier, Fisk* und *Fisch, Süster* und *Swester* gegenüber in Gegensätzen, wie sie heute äußerst selten geworden sind.

Das Bild der sprachlichen Situation um 1850, das sich nach Reuters „Stromtid" entwerfen läßt, behielt bis in die ersten Jahrzehnte des 20. Jahrhunderts für das mecklenburgische Dorf und die Kleinstadt seine Gültigkeit. Es bedarf einer Ergänzung durch eine entsprechende Darstellung für die größeren Städte.

Diese, so Rostock, Schwerin, Wismar, Güstrow, Parchim, Neubrandenburg, boten schon früh ein anderes, differenzierteres Bild. In ihnen ist der Entwicklungsgang deutlich ablesbar, der besonders durch die soziale Komponente bestimmt wurde und wird. Sie gingen bei der Ablösung der Mundart durch das Hochdeutsche voran, das dann in verschiedenen stilistischen und phonetischen Abstufungen von der reinen bühnengerechten Schriftsprache bis hin zur mundartnahen Umgangssprache je nach Bildungsstand, sozialem Anspruch und teilweise auch je nach Gelegenheit von den verschiedenen Bevölkerungsschichten und -gruppen gesprochen wurde. Der schon erwähnte Vortrag des Rostocker Professors Floerke aus dem Jahre 1825 enthält den interessanten Hinweis, daß die an mitteldeutschen Universitäten studierenden Söhne Mecklenburgs selbst fern der Heimat bei ihrer plattdeutschen Mundart verharrten und sich dadurch bewußt abkapselten von ihren Mitstudenten mit dem Ergebnis, daß sie im Provinzialismus gefangen blieben.[23] Demnach ist Vorsicht geboten, den Wechsel von der Mundart zum Hochdeutschen für die akademisch gebildete Bevölkerungsschicht allzu früh zu vermuten. Gern oder vornehmlich plattdeutsch sprechende Akademiker gab es noch 100 Jahre später: Ärzte, Zahnärzte, Anwälte (da bildeten sie aber schon eine Ausnahme), was Patienten und Klienten, wenn sie selbst Mundart sprachen, anerkennend registrierten als „gar nicht einge-

Richard Wossidlo unter Gewährsleuten.
Marktplatz in Wismar, um 1934

bildet" u. ä. Noch um 1940 wurden die Unterhaltungen der Oberschüler in Wismar auf dem Schulhof mit Vorliebe plattdeutsch geführt (dagegen unterhielten sich die derselben Anstalt angehörenden Gymnasiasten, unter deren Eltern mehr Akademiker, Lehrer und andere Beamte waren, nur hochdeutsch). Insgesamt gesehen erschien aber schon ausgangs des 19. Jahrhunderts den bewußten Vertretern der Mundart die Lage bedrohlich. In dem Gedichtband „Tremsen" (1875) der Rostokker Kunstforscher Friedrich und Karl Eggers findet sich einleitend die folgende Einschätzung: „Ob 't woll tau Enn geiht mit de plattdüt'sch Sprak? Up 'n platten Lann, dor läwt se frilich noch ganz frisch un munter; äwer in de Städ, dor quin't se ümmer mir von Jor to Jor."

Hier sind die Folgen eines Vorgangs angesprochen, der in geraffter Form wie folgt zu beschreiben ist: „Seit der Mitte des 19. Jahrhunderts wirkt die Gesamtheit der sozialökonomischen und politisch-ideologischen Veränderungen auf die niederdeutsche Mundart von Grund auf verändernd ein. In der Technik, der Industrie, der Wirtschaft und der Politik entsteht mit großer Schnelligkeit ein umfangreicher neuer Wortschatz, der mit den jeweils bezeichneten Neuerungen bis ins letzte Dorf vordringt."[24] Dennoch wurde die Masse der arbeitenden Bevölkerung, auch die heranwachsende Arbeiterklasse, von diesem Veränderungsprozeß zunächst kaum berührt, jedenfalls nicht grundlegend, obwohl die Arbeiterklasse in großem Umfange in der Sozialdemokratie ihre politische Heimat fand, wo Agitation und Bildung auf hochdeutsch an die Arbeiter herangetragen wurden. Zuvor erfaßte die Verhochdeutschung nach und nach die mittleren Schichten: Handel- und Gewerbetreibende, mittlere und untere Beamte, die

Lehrerschaft und die zunehmende Schicht der Angestellten.

Ein Hort des Plattdeutschen blieben lange die Kleinstädte. Einer der Gründe dafür ist deren geringes Bevölkerungswachstum bei nur unerheblichem Zuzug. Von der Mitte des 19. Jahrhunderts bis 1945 nahm die Einwohnerzahl der Kleinstädte kaum mehr als um ein Drittel zu.[25] Erst durch die Umsiedler im Gefolge des zweiten Weltkrieges, die die Einwohnerzahl verdoppelten, kam Bewegung in das hergebrachte Gefüge. Dieser Bevölkerungszustrom erscheint als einer der beiden Hauptgründe für die entscheidenden Veränderungen im Gesamtsprachverhalten zugunsten des Hochdeutschen in Stadt und Land. Die Umsiedler und die in der Wiederaufbauzeit für Verwaltung und Wirtschaft nach Mecklenburg gekommenen Arbeitskräfte brachten ihr Hochdeutsch mit, sei es in Form ostniederdeutsch gefärbter hochdeutscher Umgangssprache oder mitteldeutscher, also sächsischer oder thüringischer Umgangssprache, um nur diese zu nennen. Der zweite Hauptgrund soll nur mit den Begriffen Bildungsevolution, industriell-technische Revolution und intensive Medienwirksamkeit (Presse, Funk, Fernsehen) schlagwortartig umrissen sein. Während dieses sprachlichen Umbruchprozesses hat nun aber der bisherige Mundartsprecher im mündlichen Sprachgebrauch in der Regel nicht einfach die alte (plattdeutsche) durch die neue (hochdeutsche) Sprache ersetzt, er hat vielmehr die neue dazugenommen und ist, nunmehr beider mächtig, „zweisprachig" geworden. Je nach Notwendigkeit, Zweckmäßigkeit oder Empfinden spricht er mal hochdeutsch, mal plattdeutsch.

Das eben Dargestellte gilt für Stadt und Land, doch hat sich die Kleinstadt stärker mundartkonservierend verhalten als das Dorf, wo durch Umsiedler und Bodenreform der die Mundart sprechende alte Bevölkerungsteil vielfach zahlenmäßig in die Minderheit geriet und sich dann auch auf der Leitungsebene absolut und relativ geringer vertreten sah. In der Kleinstadt hingegen wirkte schon die absolut größere Anzahl von Mundartsprechern mundartschützend, wobei hinzukam, daß sich stadtbekannte Personen wie die Handwerker gern weiter der Mundart bedienten.

Ausblick

Über Wert und Unwert der Mundart ist bis heute viel gestritten worden. Einerseits lobt man ihre Ausdruckskraft, andererseits spricht man ihr das Vermögen zur abstrakten, streng fachbezogenen Mitteilung ab. Nicht zu Unrecht wird dem Niederdeutschen immer wieder seine Bildhaftigkeit zugute gehalten. Es hat in der Tat eine Fülle von Bildern, Vergleichen, Redensarten und Sprichwörtern geprägt, die für den Sprecher zur Hand sind, etwa das als typisch niederdeutsch geltende Sagwort oder Beispielsprichwort. Zugleich ermöglicht die Mundart ihren Sprechern immer wieder Wortneuschöpfungen besonders im Bereich des Gefühlsmäßigen, wie die zahlreichen Schelten auf *Does'-, Düs'-, -büdel, -kopp* oder die lautmalenden Bildungen verschiedener Art. So ist eine überaus farbige Synonymik entstanden. Daraus folgt ein reiches Ausdrucksvermögen bei humorvollem Reden, das zu der mehr oder weniger richtigen Ansicht führte, der Niederdeutsche „habe Humor". Daß die plattdeutsche Volkssprache aber an sich schon heiter, harmlos und gemütvoll sei, sollte weniger sicher behauptet werden.

Was die Fülle an neuen Gegebenheiten in Wirtschaft, Gesellschaft, Politik und Wissenschaft betrifft, die sprachlich bewältigt werden muß, so vermag die Mundart aus sich heraus nur noch wenig mitzuhalten. Konnten einst volkssprachliche Neuschöpfungen wie *Rummel* für ‚Kornreinigungsmaschine' und *Döschkasten* für ‚Dreschmaschine' auf lange Zeit Allgemeinverbindlichkeit erlangen, so bleiben heute Wörter wie *Kikschapp* für ‚Fernsehapparat' und *Hulbessen* für ‚Staubsauger' nur noch zu gelegentlichem Reden oder für plattdeutsches Schrifttum geringeren Ranges geeignet.[26] Sehr viel häufiger assimiliert sich die Mundart neues hochdeutsches Wortgut in Lehnübersetzungen wie *Fohrkoort* oder *Fautgängerœwerwech*. In den meisten Fällen jedoch wird das benötigte Wort für eine Sache oder einen Begriff unverändert aus dem jeweiligen Fachwortschatz übernommen. So sind denn heute Sätze gänzlich unauffällig wie: *Bi 'n Konsum is tau, dei hebben Warenannahme;* oder: *Hei hett nu all sinen tweiten Herzinfarkt hatt.* Auch solche Sätze sind mundartsprachlich, und sie verdienen weit weniger Tadel als krampfhaft gewolltes Plattdeutsch.

Die heutige sprachliche Situation in unserem Untersuchungsgebiet sieht den gewöhnlich „zweisprachigen" Mundartsprecher, der meistens oder auch nur gelegentlich plattdeutsch spricht, in den überwiegenden Fällen in einem hochdeutsch sprechenden Umfeld. Er paßt sich, wenn er es will oder muß, der Sprache seiner Gesprächspartner an, oder er wechselt bewußt oder unbewußt im Gespräch seine Sprache. In Arbeitskollektiven und auch sonst ist jene schon von Fritz Reuter (Bostonpartie in der „Stromtid") gezeichnete Gesprächssituation durchaus normal, daß jeder seine Sprache spricht, sie sei hochdeutsch, umgangssprachlich, plattdeutsch oder einer anderen Mundart zugehörend, ohne daß die Verständigung darunter leidet oder daß auch nur einem der Beteiligten diese Art von Unterhaltung als auffällig erscheint. Aber wie jeder Besitz einer Sprache ist und bleibt auch die aktive Beherrschung oder auch nur die passive Kenntnis der Mundart für den, der mit ihr lebt, ein wertvolles Gut. Dem Mundartwandel mit seiner besonders den Wortschatz betreffenden allmählichen Annäherung an das Hochdeutsche wird die mecklenburgische Mundart sicherlich auch in Zukunft ausgesetzt sein. Volkssprache ist sie schon heute nur noch für einen kleineren Teil der Bevölkerung.

Anmerkungen

1 Vgl. dazu Hans Joachim Gernentz, Niederdeutsch gestern und heute. Beiträge zur Sprachsituation in den Nordbezirken der Deutschen Demokratischen Republik, Rostock 1980, S. 147ff.; Eva-Sophie Dahl, Interferenz und Alternanz. Zwei Typen der Sprachschichtenmischung im Norden der Deutschen Demokratischen Republik, in: Aktuelle Probleme der sprachlichen Kommunikation, Berlin 1974, S. 348, 351, 355ff.; weitgehend entsprechend: Renate Herrmann-Winter, Studien zur gesprochenen Sprache im Norden der DDR. Soziolinguistische Untersuchungen im Kreis Greifswald, Berlin 1979, bes. S. 145ff.

2 Richard Wossidlo u. Hermann Teuchert, Mecklenburgisches Wörterbuch, Bd. 5, Berlin 1970, S. 462f.

3 Die Chronologie nach den grundlegenden Untersuchungen von Eva-Sophie Dahl, Das Eindringen des Neuhochdeutschen in die Rostocker Ratskanzlei, Berlin 1960; Paul Steinmann, Volksdialekt und Schriftsprache in Mecklenburg. Aufnahme der hochdeutschen Schriftsprache im 15./16. Jahrhundert, Meckl. Jahrbücher 100 (1936), S. 199ff.

4 Gottfried Holtz in: Niederdeutsch als Kirchensprache. Festgabe für Gottfried Holtz, hrsg. von Dieter Andresen ..., Göttingen 1980, S. 40.

5 Holtz 1980, S. 41.

6 Kirchenrechnungsbuch Lichtenhagen I, S. 490.

7 Freimüthiges Abendblatt 17 (1835), Sp. 752.

8 Hermann Teuchert, Beiträge zur Geschichte der mecklenburgischen Mundart, Jahrbuch des Vereins für niederdeutsche Sprachforschung 82 (1959), S. 207–236.

9 Hermann Teuchert, Entwurf einer mecklenburgischen Sprachgeschichte, Wissenschaftl. Zeitschrift der Universität Rostock. Gesellschafts- und sprachwiss. Reihe 7 (1957/58) Heft 2, S. 87–92, führt das auf den bewußten Abstand der bürgerlichen städtischen Bevölkerung von der langsamen ländlichen Sprechweise zurück. Die Gewerbetreibenden und Arbeiter sprächen auch in den Städten den Diphthong.

10 Hermann Teuchert, Mudding ‚Mütterchen'. Zeitschrift für Mundartforschung 21 (1953), S. 2ff.

11 Jürgen Gundlach, Plattdeutsch in Mecklenburg heute. Bericht über die Tonbandaufnahmen der mecklenburgischen Mundart 1962/63. Rostocker Beiträge 1 (1967), S. 173 bis 194, S. 180.

12 Bei dem Gegensatz *fäuhren/führen* handelt es sich um unterschiedliches Verhalten von o^1, $ö^1$, e^4 vor r, die in Ostmecklenburg zu offener Qualität gesenkt und zu u, ü bzw. i verengt wurden, während Westmecklenburg, wie auch das westliche Vorland, mit au, äu, ei diphthongischen Charakter aufwies.

13 Zu den Besonderheiten des Südostens, wie sie heute auffällig sind, vgl. Gundlach (wie Anm. 11) S. 181.

14 Nach Karten des Deutschen Wortatlas (DWA) von Walther Mitzka u. Ludwig Erich Schmitt, Gießen 1951ff.

15 Wossidlo/Teuchert (wie Anm. 2) Bd. 7, 1979ff., Sp. 59.

16 Ebenda, Bd. 6, 1976, Sp. 261.

17 Zur geringeren Beständigkeit von wortgeographischen Differenzierungen vgl. Gundlach (wie Anm. 11) S. 182.

18 Archiv für Landeskunde 17 (1867), S. 447.

19 ‚De schreeben Schrift möht töwen, Dat Schnackend iß man Schien'. Diederich Georg Babst, ‚Allerhant schnaaksche Saken tum Tiedverdriew' 3 (1790), S. 162.

20 Vgl. Jürgen Gundlach, Fritz Reuters Werk aus soziolinguistischer Sicht, in: Umgangssprachen und Dialekte in der DDR, Jena 1986, S. 54–73.

21 Freimüthiges Abendblatt 7 (1825), Sp. 150.

22 F. Schildt, Ein Bauerndorf im Großherzogtum Mecklenburg-Schwerin vor 50 Jahren, Schwerin 1907, S. 105f.

23 Freimüthiges Abendblatt 7 (1825), Sp. 145ff.

24 Gernentz (wie Anm. 1) S. 121.

25 Angaben bei Wilhelm Raabe (Hrsg.), Meklenburgische Vaterlandskunde 1. Teil, Specielle Ortskunde beider Großherzogthümer Meklenburg, Wismar und Ludwigslust 1857; Mecklenburgisches Ortsverzeichnis, Rostock 1930.

26 Vgl. Ulrich Bentzien, Wörter der modernen Technik in der mecklenburgischen Mundart, Jahrbuch des Vereins für niederdeutsche Sprachforschung 87 (1964), S. 87ff.

Abbildungsnachweis

Alle nicht datierten Neuaufnahmen im Terrain entstanden 1985 und 1986.

Standorte in Museen (usw.):

Alt Schwerin, Agrarhistorisches Museum (S. 90f., 99, 142)
Boizenburg, Heimatmuseum (S. 80)
Dömitz, Heimatmuseum (S. 76, 93, 197, 269 oben, 297)
Goldberg, Heimatmuseum (S. 41, 174, 305, 308f.)
Güstrow, Museum der Stadt Güstrow (S. 56)
Hagenow, Heimatmuseum (S. 343)
Hagenow, Sammlung Karls (S. 183, 185f., 338, 372, 393)
Kröpelin, Heimatstube (S. 92, 196f.)
Ludwigslust, Privatbesitz (S. 133)
Neubrandenburg, Historisches Bezirksmuseum (S. 105)
Neubrandenburg, Privatbesitz (S. 390f., 395)
Rostock, Kulturhistorisches Museum (S. 200, 233, 270 unten, 341)
Rostock, Schiffahrtsmuseum/Heimatmuseum Warnemünde (S. 195, 234, 240)
Rostock, Schiffbaumuseum (S. 211, 216f., 221, 288)
Rostock, Stadtarchiv (S. 46, 214, 235, 350, 358)
Rostock, Universitätsbibliothek (S. 13f., 49, 51 unten, 150, 208)
Rostock, Wossidlo-Archiv (S. 65, 67, 69, 73, 113, 355, 379, 405)
Rostock, Ostsee-Druck, Betriebsarchiv (S. 371)
Rostock, Privatbesitz (S. 107f., 166, 201, 238, 245, 369f., 398)
Schönberg, Heimatmuseum (S. 123, 126, 131, 268 oben, 271, 293, 312–315, 323)
Schwerin, Historisches Museum/Freilichtmuseum Mueß (S. 47f., 54f., 76, 87, 129, 131, 162, 172, 175, 194, 267, 268 unten, 296 unten, 299–303, 306f., 316–318, 320, 322, 339, 342, 353, 356, 361, 377)
Schwerin, Staatliches Museum (S. 30, 32f., 52 oben, 89, 125, 181, 270 oben)
Schwerin, Staatsarchiv (S. 90 unten, 102, 114, 154, 163, 178, 199 oben, 319
Schwerin, Privatbesitz (S. 394)
Stavenhagen, Fritz-Reuter-Literaturmuseum (S. 45, 63)
Sternberg, Heimatmuseum (S. 187)
Wismar, Stadtgeschichtliches Museum (S. 199 unten)
Wittenburg, Mühlenmuseum (S. 95)

Vorlagen aus der Literatur:

Abhandlung vom Haaken als einem vorzüglichen Ackerwerkzeuge an statt des Pfluges, Berlin 1774 (S. 14, 150)
Actien-Gesellschaft „Neptun“, Schiffswerft und Maschinenfabrik Rostock i. M., 1850–1910 [Festschrift, 1910] (S. 68)
Beltz, Robert, Hausmarken in Mecklenburg. Quartalsbericht des Vereins für meklenburgische Geschichte und Alterthumskunde 60 (1894/95), S. 26–29 (S. 23)
Großherzoglich Mecklenburg-Schwerinscher und Mecklenburg-Strelitzer Kalender auf das Jahr Christi 1886, 1890, 1905 (S. 61, 64, 71)
Kunst- und Geschichtsdenkmäler des Freistaates Mecklenburg-Strelitz, Bd. 2. Das Land Ratzeburg, bearb. von Georg Krüger, Neubrandenburg 1934 (S. 294f.)
Mecklenburg's Volkssagen, ges. u. hrsg. von A. Niederhöffer, Bd. 2, Leipzig 1859 (S. 403)
Meklenburg in Bildern, red. von G. C. F. Lisch, Jahrg. 1–4, Rostock 1842–1845 (S. 18f., 50, 51 oben, 198, 310f.)
Schmaltz, K., Schmiedeeiserne Grabdenkmäler. Mecklenburg 6 (1911), S. 115–121 (S. 328)
Ueber Land und Meer. Allgemeine Illustrierte Zeitung Jg. 1868, 1882 (S. 46, 358)
Wendt, Ralf, Das Waldglas [Katalog], Schwerin 1977 (S. 321)

Zeichnungen:

Henry Gawlick (S. 133, 259f., 297, 343)
Mathias Rohde (S. 23, 41, 131, 151, 254, 261, 273, 275, 287, 294f., 299, 321f., 328f., 427, 429)

Farbfotografien:

Martin Dettloff (außer S. 91 unten, 267 oben von Prof. Ulrich Bentzien, S. 94 von Wolfhard Eschenburg und S. 96 von Ernst Schäfer)

Schwarzweißfotografien:

Dr. Karl Baumgarten (S. 113, 283)
Walter Bedau (S. 101, 140)
Prof. Ulrich Bentzien (S. 290)
Martin Dettloff (S. 87, 123, 129, 172, 175, 233f., 240, 255, 293, 300f., 303, 341, 356)
Heinz Dittmann (S. 373)
Karl Eschenburg (S. 21, 24f., 27, 77f., 84f., 135, 138, 157, 165, 167, 170, 176f., 189, 219, 277f., 326, 333–335, 344, 360, 365, 392, 394, 435)
Wolfhard Eschenburg (S. 245, 396)
Wolf Grünke (S. 118)
Hildegard Levermann-Westerholz (S. 118, 225, 243, 247, 249)
Kuno Karls (S. 372)
Dr. Siegfried Neumann (S. 419)
Lothar Reher (S. 36)
Mathias Rohde (S. 41, 47f., 82, 126, 136, 159, 174, 256, 263, 280f., 285, 339, 342, 377, 413)
Ernst Schäfer (S. 111)
Dr. Ralf Wendt (S. 145)

Reproduktionsfotografien:

Martin Dettloff (S. 18f., 39, 61, 63f., 67, 69, 71, 73, 76, 107f., 113, 125, 145, 162, 189, 201, 283, 323, 353, 361, 369, 381, 398, 403, 405, 419)
Wolfhard Eschenburg (S. 65, 68, 166, 288, 355, 370f., 379, 390f., 395)
Kuno Karls (S. 183, 185f., 338, 393)
Hanjo Volster (S. 238)
Gabriele Hahn (S. 105)

Weitere Fotografien stellten zur Verfügung:

Agrarhistorisches Museum Alt Schwerin (S. 99, 142)
Heimatmuseum Boizenburg (S. 80)
Heimatmuseum Sternberg (S. 187)
Historisches Museum Schwerin (S. 302)
Schiffbaumuseum Rostock (S. 211, 216f., 221)
Seereederei Rostock (S. 251)
Staatliches Museum Schwerin (S. 30, 32f., 181)
Staatsarchiv Schwerin (S. 102, 114, 154, 163, 178)
Stadtarchiv Rostock (S. 46, 214, 235, 350, 358)
Universitätsbibliothek Rostock (S. 13f., 150, 208)

Register

ERARBEITET VON INGEBORG MÜLLER

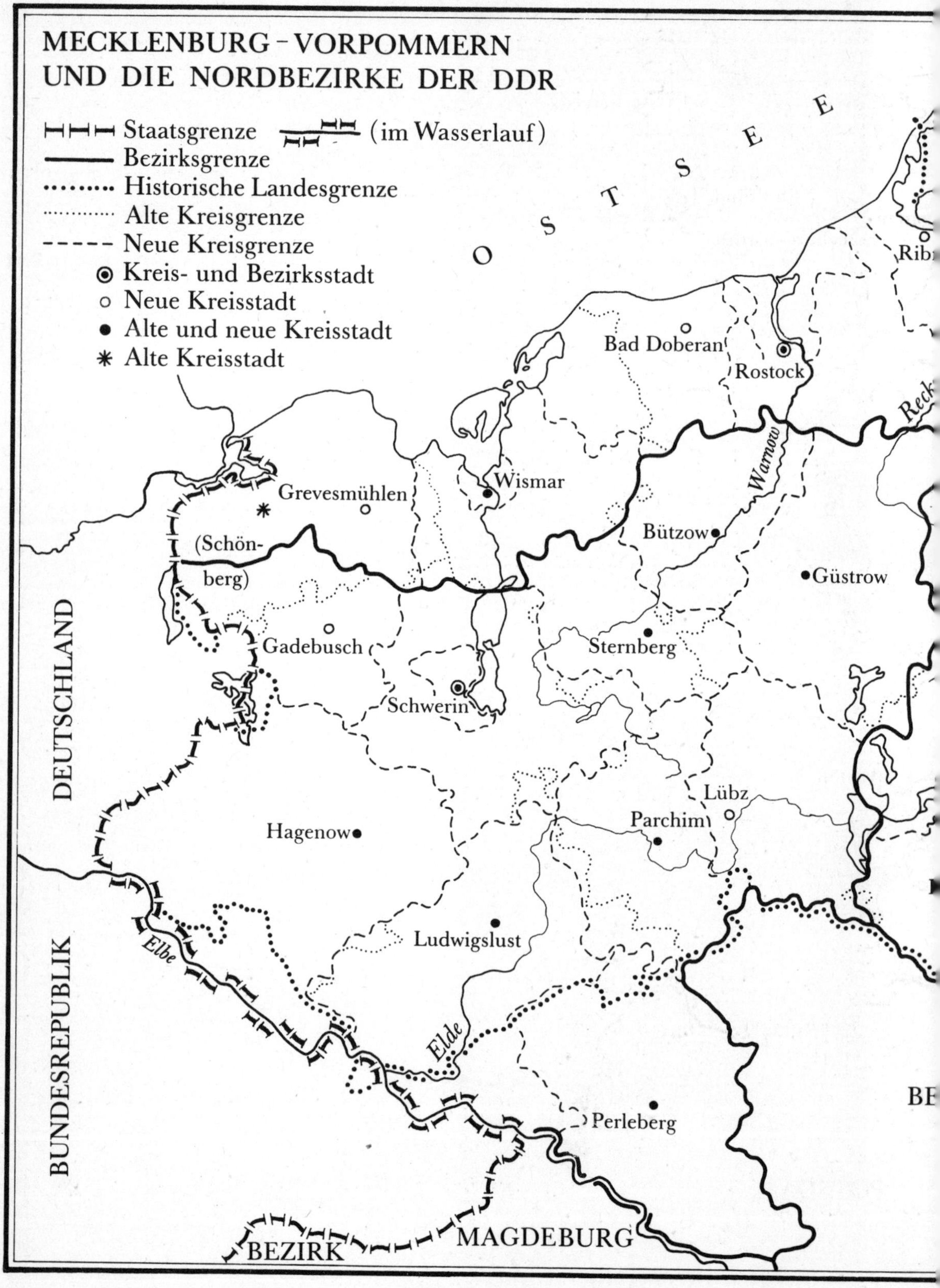

MECKLENBURG – VORPOMMERN
UND DIE NORDBEZIRKE DER DDR
Staatsgrenze
(im Wasserlauf)
Bezirksgrenze
Historische Landesgrenze
Alte Kreisgrenze
Neue Kreisgrenze
Kreis- und Bezirksstadt
Neue Kreisstadt
Alte und neue Kreisstadt
Alte Kreisstadt
O S T S E E
Rib
Bad Doberan
Rostock
Reck
Warnow
Wismar
Grevesmühlen
(Schön-
berg)
Bützow
Güstrow
Gadebusch
Sternberg
Schwerin
DEUTSCHLAND
BUNDESREPUBLIK
Lübz
Parchim
Hagenow
Ludwigslust
Elbe
Elde
Perleberg
BE
BEZIRK
MAGDEBURG